中共中央党校文史部创新工程
现代化进程中的城乡社会文化重建丛书　徐平　主编
中国马克思主义研究基金会资助出版

汶川十年

抗震救灾与社会文化重建

徐平　等著

中国大百科全书出版社

图书在版编目（CIP）数据

汶川十年：抗震救灾与社会文化重建 / 徐平主编.
--北京：中国大百科全书出版社，2018.6
（现代化进程中的城乡社会文化重建）
ISBN 978-7-5202-0284-8

Ⅰ.①汶… Ⅱ.①徐… Ⅲ.①文化发展—成就—汶川县
Ⅳ.①G127.744

中国版本图书馆CIP数据核字（2018）第101597号

责任编辑：于淑敏　徐文静
封面设计：润一文化
责任印制：魏　婷

中国大百科全书出版社 出版发行
（北京阜成门北大街17号　邮政编码：100037　电话：010-68315606）
网址：http：//www.ecph.com.cn
新华书店经销
北京杰瑞腾达科技发展有限公司排版
北京玺诚印务有限公司印刷
开本：710毫米×1000毫米　1/16　印张：32.5　字数：528千字
2018年6月第1版　2018年6月第1次印刷
ISBN 978-7-5202-0284-8
定价：95.00元

目录 Contents

第三编 羌族文化的抢救与新生

第四编 城乡社会文化重建

第五编 汶川经验与应急机制

第六编 灾害社会学研究

第七编 伟大的抗震救灾精神

第八编　核心价值与道路自信

导 论

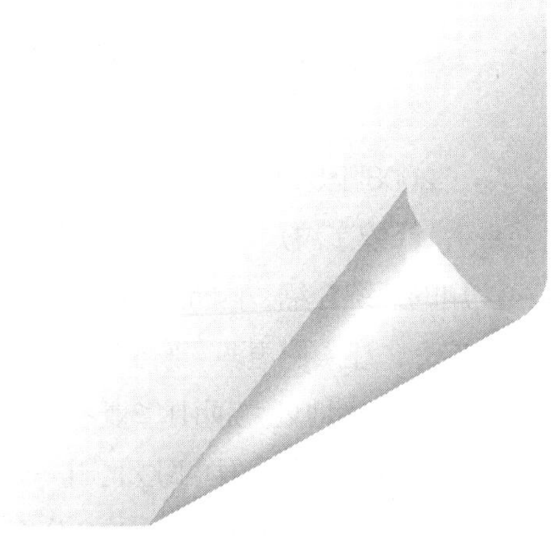

汶川告诉世界什么？

徐　平

2008年“5・12”大地震发生的时候，我正在北京的课堂里给研究生上课。远在内蒙古的同学当即打来了电话：你的家乡汶川地震了！下课后才发现和家乡所有的联系都已中断，那里还生活着母亲和三弟一家，家乡变成了牵肠挂肚的悬念，只能从媒体铺天盖地的报道中去寻找。

一、面对大灾难，汶川人不哭！

2008年5月27日，我在中共中央党校《学习时报》上发表《汶川，我的家乡》，介绍了汶川的基本情况以及地震的成因和破坏。这是最早对“出名”后的汶川的系统介绍，因而在网络和报刊上广泛转发。我用文字，表达了对家乡汶川的挂念，让人们更多了解到汶川的情况，也把我和家乡更加紧密地联系在一起。

汶川县地处九顶山华夏系构造带，主要有三条大断裂斜穿全县。西边是青川—茂县断裂带，中部是北川—映秀断裂带，东部是江油—都江堰断裂带，呈北东—南西方向斜穿60—113公里，影响宽度13—32公里。历史上就沿着这三大断裂和褶皱穿插断裂，沿南东方向不断形成地震群。而这次有记载以来最严重的“5・12”汶川大地震，就是以中部的北川—映秀断裂带为主线暴发，加之是浅源性地震，因而破坏力度极大，形成南为映秀—北为北川的重灾区，地震几乎波及全国，沿三条大断裂呈放射状对周围九省形成巨大的人员伤亡和财产损失，严重破坏地区超过10万平方公里，其中极重灾区共10个县（市），较重灾区共41个县（市），一般灾区共186个县（市）。截至2008年9月18日12

时，“5·12”汶川地震共造成69 227人死亡，374 643人受伤，17 923人失踪，是中华人民共和国成立以来破坏力最大的地震，也是唐山大地震后伤亡最严重的一次地震。

《汶川县志》上确切的地震记载，始于明宪宗成化十三年（1477），到1947年共有31次。1657年那次大地震，留下了“地震有声，昼夜不间，至初八日山崩地裂，江水皆沸，房屋城垣多倾，压死男妇无数”的记载。1933年在茂县附近发生的里氏7.5级强烈地震，将古镇叠溪整体淹没在地震造成的堰塞湖中，周边各县损失惨重。三个月后湖水溃堤，洪灾再次袭击沿岷江两岸村镇，成为老人们经常讲述的悲惨故事。1952年以后，汶川地区有记载的较大地震又发生近200次，其中以1976年的松潘、平武7.2级地震影响较大。

有学者提出青藏高原是人类最早的发源地，因为迫使猿猴从树上下地行走从而完成向人的进化，需要相应的剧烈地质气候变化条件，目前只有青藏高原的演进史最为具备。人类最早是走出非洲还是走出青藏高原，让学者们去争论，但汶川地区自古就有人类生存，各个历史时期的考古发现非常丰富。最迟在新石器时代，汉藏羌各民族的先祖就已经在岷江河谷繁衍生息，岷江是蜀文化的重要发祥地之一。据《华阳国志·蜀志》记载：“有蜀侯蚕丛，其目纵，始称王。死，作石棺石椁，国人从之，故俗以石棺椁为纵目人冢也。”汶川紧邻的茂县叠溪镇西就有蚕陵山，都江堰市西则有蚕崖关、蚕崖石，相传都与蚕丛有关。近几十年来在阿坝州的汶川、理县、茂县一带发现了不少石棺葬，当地羌族传说为“戈基人”墓，联系起来看，应该与古蜀人有关。1933年被大地震深埋在岷江中的叠溪镇，相传就是蚕陵古镇，今尚存古石刻“蚕陵重镇”四个大字和城门遗址，以及唐代的摩崖佛像，宋代的点将台等。

在学术界普遍存在一种说法，上古时期西南地区的大部分民族都居住在古康青藏大高原（包括四川甘孜、阿坝两州、青海和西藏），依山势而居，垒石为屋，农牧兼营，后人将这些居住在岷山河谷的人称为蜀山氏。大约在公元前3000年，蜀山氏的女子嫁给黄帝为妃，所生的后代就是古蜀王国的开山鼻祖——蚕丛，他便是后来三星堆蜀人的嫡系祖先。司马迁《史记》中明确记载：“禹兴于西羌。”此外扬雄的《蜀记》，焦延寿的《易林》，赵晔的《吴越春秋》，陈寿的《蜀志》，谯周的《蜀本记》，郦道元的《水经注》，常璩的《华阳国志》，萧德言、顾胤的《括地志》，李吉甫的《元和郡县志》等史书中，都先后有同样的记载。

民国时期的汶川县长祝世德，曾专门编著一本《大禹志》，阐明在今之汶川县绵虒镇，即旧汶川县城南十余里处的飞沙关，山上有一平地，为夏禹出生地，地名石纽村刳儿坪，至今尚有遗址。尤其是飞沙关绝壁之上有“石纽山”和“禹迹”两处石刻，字迹苍劲古朴。而史书所称大禹之妻为“涂山氏”，有学者指出就是距石纽山很近的今绵虒镇涂禹山村人，那里也是一个历史悠久的古老村落。汶川各地还有禹碑林、禹王宫、圣母祠等地名和遗迹相呼应。是不是大禹的故乡，也让学者们去考证，至少说明这里很早就有人类的文明。汶川确切的历史记载，是公元前111年汉武帝设西南六郡，就在这里设立了汶山郡，数千年来人类就在这块起伏不定、多灾多难的地区顽强生存，毁了建，建了毁，人类从来没有屈服过。

从西北向西南呈弧形分布的横断山脉，形成无数的群山沟壑，自古就是内地通中亚和南亚的陆上“丝绸之路”和沟通农耕文明与游牧文明的“茶马古道”。从川西平原的都江堰市出发，沿着岷江河谷上行，山势越来越险峻，到汶川县农作物种植从大米变成玉米等耐旱作物，再向西北前进，就变成荞麦和青稞等耐寒作物，牧业的成分也不断加大，当海拔达到三四千米以后，畜牧业就逐渐替代了农业，地势逐渐演变为相对平缓的高原。相应形成西北部以藏族为主、中部是羌族聚居区，南部以汉族为主的民族分布。处于沟通平原和高原通道上的汶川，也就成为藏、羌、汉、回等多民族杂居区。

这次地震正好发生在汶川、茂县、理县和北川这几个羌族集中分布的县，羌族同胞损失最为惨重。《说文解字》说羌字从羊从人，远古时期他们游牧在西北甘青草原。正如中国历史上无数次北方游牧民族不断南迁中原，逐渐演变为农业民族一样，古羌人也沿着这些连接青藏高原和成都平原的高山峡谷通道，从西北不断南迁。这种历史上不间断的民族大迁徙，沿着整个青藏高原东部一直到东南亚，形成汉藏语系的各个民族。留在岷江河谷的古羌人，从游牧民族改变为山地农耕民族，在这个地震带上，垒石为屋，形成今天勤劳勇敢的羌族人民。

汶川山势险峻，干旱少雨，高山峡谷中仅有的几块冲积台地，就形成村落城镇。人们在这块贫瘠的土地上辛勤劳作，顽强地和恶劣的自然环境抗争。形成农业为主，牧业为辅，农闲外出打工相配合的生存方式。著名的都江堰水利工程，就有许多汶川人参与修建，甚至打井垒石曾经成为羌人在川西平原赚钱的主要技能。几千年来汶川人活得很辛苦，也很顽强，除了饱受自然环境的制约和自然灾害的频繁袭扰外，民族间的冲突和旧制度造成的压迫也增加了苦难。虽然早在二千多年前就曾经纳入中央大一统之下，但在历史上分分合合，你来我往，想过点平静的生活并不容易。

新中国成立以后，建立了各民族平等团结和共同繁荣的新型民族关系。1954年成都到阿坝的公路通车以后，汶川作为阿坝藏族羌族自治州的第一个县，凭借交通优势和靠近成都平原的地缘优势，率先得到发展，特别是改革开放以来的三十多年，更呈现出加速发展的趋势，成为阿坝州的工业重镇和文化重镇，有中央、省、州、县属企业288家，各类学校38所，人口发展到11万，经济建设和社会发展都蒸蒸日上。

一场突然的大地震，给汶川造成空前的灾难。汶川前进的步伐，被暂停在2008年5月12日14时28分上。基础设施严重破坏，刚刚修建完成的都江堰到汶川的高速公路几乎要推倒重来，县城80%的房屋需要重建，农村房屋普遍倒塌，而农民的生活还不富裕。当抢救生命的接力赛完成以后，活着的人怎么办，灾后如何建设更美好和牢固的汶川，是汶川人最关心的问题。1976年松潘、平武大地震以后，政府建房基本都在抗震七级以上的标准，因而当这次更大的灾难到来时，县城的房屋大多只是开裂而没有粉碎性坍塌，我仍旧生活在汶川县城的亲人才得以幸免于难。汶川人经历了太多的苦难，也磨炼出乐观和顽强的性格。面对大灾难，汶川人不哭！

二、地震面目全非，何处可以寻故乡？

大地震发生一个月后，我作为文化部聘请的专家组成员，总算有了看望灾后家乡的机会。汶川却因为道路严重破坏而不能进入，我们只考察了都江堰、绵竹、北川的毁损情况。北川县城的惨状令人痛心疾首，汶川县城似乎要幸运一些，但城乡同样遭受了前所未有的损失。直到春节，我才在成都见到灾后的亲人，知道一些同学、熟人在地震中遇难，仅我毕业的母校绵虒中学，就因为一块飞奔的巨石在操场转了一圈，当场就碾死12名空地避难的学生。随后三弟开车送我进山实地考察，我们开始了心惊胆战的回故乡之旅。

从都江堰出发，公路已是崭新的柏油路，不时出现的扭曲和破碎的旧路，提醒人们刚过去的悲剧。地震的痕迹随着海拔高度而递增，绿色的大山开始破裂，山体滑坡从一道道的细流变为宽大的瀑布。车到震中映秀，大山已经斑驳陆离，到处是大片的塌方。新公路穿过老公路断裂的高架桥，构成进入震中的大门。公路边巨大的滚石被刻上“5·12震中映秀”几个红色的大字，成为一个鲜明的地震灾区标志。

老映秀镇整体上变成了一座废墟，由武警把门看管起来。地震灾害历历在目，阳光下一片死寂。漩口中学垮塌的教学楼前，放着温家宝总理春节慰问时摆放的花圈，黄色和白色的菊花带着露水，像人们伤心的眼泪。不时有人前来悼念，这里成为震中映秀的祭台。灾后新建的棚户区构成新映秀镇，生活依然在继续，透露出灾区人民顽强的生命力。我们登上半山的地震遇难者公墓悼念，这里集体埋葬着映秀镇六千多位遇难者。新立的墓碑上的几张照片，让我们感受到曾经有过的鲜活生命，土堆上残留的各式祭品，表达着亲人们刻骨铭心的痛苦。望着山下的映秀全景，我才回忆起她原来的样子，她被地震蹂躏得满目疮痍。旁边新建的棚户区闪光的屋顶和忙碌的施工场面，预示着一切都在重新开始。

映秀再往北走，景象更加触目惊心。岷江变得又细又激，越发顽强地挤出峡谷，大山失去了植被，几乎全变为秃子，满目晃眼的白色，飞沙随风弥漫。往日熟悉的场景荡然无存，只有裸露的山体、巨大的塌方和塞满河道的石块。公路上每隔三五百米，就有一位安全员站岗，监督仍旧不断滚落的飞石和塌方，交通时断时续。都江堰到汶川70多公里的距离，过去只需不到一个多小时的车程，现在却变成了无法预计的漫漫长途。高山峡谷地形，使映秀以北地区的山川、道路、村庄几乎完全毁损，处处是大地震带来的惨烈景象。比之汶川县城朽而未倒，广大农村就没有这么幸运，当地依山而建、垒石为屋的羌族民居普遍坍塌，许多村寨被夷为平地。我曾经做过学术调查的羌锋村，房屋毁损达95%，村民死亡11人，受伤百余人。村里历经叠溪、松潘等大地震考验的千年古碉震塌了一半，当年我请费孝通先生题写的“西羌第一村”铜字招牌，也只剩下一个“羌”字。

一路拜访了许多亲友，每一个人都有一段惊心动魄的故事，生死仅在一瞬间。他们讲述时都显得十分平静，就像谈别人的事。我知道，这平静来自于九死一生后的幸存感。对比伤者，肢体健全就是一种幸运；对比死者，活着更是一种幸福。他们把地震的苦难暂时埋藏在心底，因为还必须面对现实生存的挑战。灾区人要背负的痛苦太多了，以至于有些麻木。他们在外人面前总是显得很坚强，也很乐观，只有酒和情分都到位的时候，你才会听到那种撕心裂肺的痛哭。每家几乎都有亲人或朋友死亡或受伤，伤亡来得太突然，而且非常惨烈。震后忙于自救和重建，白天的日子还好过一些，一旦夜深人静面对真实的自我时，灾难造成的噩梦挥之不去。这种噩梦会随着生活回归正常和平淡而加重，使许多人难以走出心理的阴影。灾后综合征可能会在半年、一年甚至数年后才爆发，让时间来治愈心灵创伤，可能与恢复被破坏的自然生态环境一样，将是一个漫长而且艰难的过程。仅汶川县就有15 000多名中小学生需要异地安置读书，无论死伤孩子的家庭还是在读家庭的孩子，都因为这次大灾难造成生离死别，牵动着几乎所有灾区家庭的神经。

我在2009年5月10日，又发表了一篇《不能忘却的纪念》，表达我在汶川大地震一年后的心情："我知道，我的家乡是顽强的。从公元前111年（元鼎六年）汉武帝设汶山郡到今天二千多年来，她一直处在青藏高原边缘的断裂带上，大地震和其他的天灾人祸从来就没有停止过，屡毁屡建，她代表着人类不屈不挠的精神。我知道，我的父老乡亲是坚强的，藏、羌、回、汉亲如一家，在这块并不丰饶的高山峡谷区生生不息，汶川县一直是阿坝藏族羌族自治州发展最好的县，他们坚强而乐观，具有一种大山的坚定品格。我知道，我们伟大的祖国是强大的，万众一心、众志成城的抗震救灾精神，以及现在实施的对口支援等各项政策，一直体现着中华民族的凝聚力和社会主义制度的优越性。我也知道，灾后重建的道路是漫长的，灾区人民的生活依然十分艰难。当汶川大地震一周年来临之际，我们不能忘却这次灾难，应当继续关注灾区重建，关注灾区的民生，关注灾区的未来。"

三、灾后十年重建，汶川告诉世界什么？

每当"5・12"汶川大地震的纪念日到来，都会让我止不住思念汶川，想念家乡的父老乡亲，我深切知道家乡重建的道路艰难而漫长。当安居的问题解决过后，乐业就成为更加艰巨的任务。汶川本来就面临着人多地少的矛盾，地震灾难和灾后重建又带来大面积土地减少，山地农耕基础越发动摇。从游牧走向山地农耕的古老羌族，不仅面临着灾后重建的短期任务，更面临着市场经济环境下的第三次文化转型。尤其是灾后重建带来的打工机会逐渐减少之后，老百姓的生计和地方的可持续发展问题会更加突出。更何况地震和重建不仅掏光了老百姓的家底，而且还使很多家庭债台高筑。虽然当地政府和群众都在努力奋斗，但要彻底走出地震灾难的阴影和获得更好的发展，无疑还需要国家和全国人民的继续关心和支持。

2009年的夏天，我率领研究生组成的六人调研团队，重新踏上回故乡之路。到达都江堰市已经是下午四时，因为交通堵塞正采取单向限行。我们迫不及待地坚持当天进山，就为早一刻看到思念中的汶川。一路的拥堵可谓前所未有，灾后重建使得这条还未完全康复的道路严重超载。在长长的隧道里，因为一辆大货车故障而导致全面堵死，汽车排放的尾气让人头晕目眩，很可能发生严重的群体性窒息事故。我们立即担当起临时交通疏导员，忙碌了两个多小时才恢复交通，终于在晚上十时到达汶川县城。疲惫的司机说感觉不好，固执地空着肚子返回成都，第二天上午就听说他刚过罗圈湾就发生了大塌方，接下来是一个多星期的交通中断。故乡就这样迎接游子的归来。

我们的调研课题是灾后重建和羌族文化保护，在当地有关部门的帮助下很快确定以布瓦寨、雁门村和羌锋村为调查基地，开始和当地群众生活在一起。汶川灾后重建可谓方兴未艾、遍地开花，从官员到民众一片忙碌，城镇和乡村到处是工地。从军绿色组成的救灾大军，变成了操南方口音的广东援建大军。广东的概念，汶川人从抽象到具体，从遥远到切身，从陌生到亲切。政府的办公室里，老百姓的抗震篷里，几乎所有的建筑工地上，到处是熟悉的广东人。我回到长大的古镇绵虒，乡亲长辈抱着就痛哭，他们有太多的痛苦和悲伤。哭完过后说的是不怕，有党和政府的领导，有全国人民的关心，有广东人的援助呢。我当年做博士论文调查时的房东王志高老人，就在老房子的废墟前，用他习惯的羌族山歌，讲述了地震的灾难以及对党和国家的感恩，直唱得我们都泪流满面。

灾后重建，让家乡汶川变成了大工地，记忆中熟悉的印记和大地震带来的伤痕，正在一点一滴地抹去。故乡的明天会怎么样？2010年的夏天，我接到了家乡的《大禹文化论坛》的会议邀请，这次我是带着全家回去的。“三年援建二年完成”的目标大部分已经实现，对口支持绵虒镇的广东省珠海市，没有满足于上级布置的援建任务，在圆满完成十大民生工程外，还着力于当地的长远发展和老百姓生计。他们经过深入考察，结合当地实际，提出了以绵虒镇深厚的大禹文化、羌藏民族文化及古县城文化为基础，着手绵虒旅游基础设施重建规划，构建以发展当地旅游产业和生态观光农业为主体的产业发展模式。将绵虒镇定位于“大禹故里、西羌门户、震中姊妹、九寨驿站”，在史料有载、传说有根、现实有据的高店村建立以大禹祭坛为核心，包括禹王纪念馆、纪念馆副馆等设施，并对石纽山上的刳儿坪进行整体开发。大禹故里景区不仅成为九环旅游线上的一颗新的明珠，也激励着汶川人民延续大禹精神，重建美好新家园。

这次回到绵虒，熟悉变成了陌生。这个有着二千多年历史的古镇，已经发生了翻天覆地的变化。跨河大桥将周边的几个村庄联系在一起，乱石林立的河岸变成了沿河走廊，河边建立了漂亮的珠海渔女雕像。残存的旧城墙和新建的城楼、广场、办公楼、医院、学校建筑融为一体，中间矗立着高大的大禹铜像。就连那块碾死学生的巨石，也变成精心打造的街心花园一部分，成为永久的大地震纪念物。老街按照规划被完整地保留下来，带着大地震的伤痕成为历史的遗迹，破败的禹王宫已经重修一新。居民搬进了新开发的城区，正忙着新楼房的装修和开始他们全新的生活。最壮观的是新建的大禹祭坛及其配套工程，展现着汶川历史的新篇章。

又岂止是绵虒古镇，整个汶川县的城乡都演绎着沧海桑田的故事。依山成寨、木石结构的传统民居，普遍更新为有着浓厚民族特色的二、三层现代建筑，各乡各村都被重新打造，灾区人民艰苦奋斗、自强不息精神令人肃然起敬。震中映秀镇集聚了世界优秀建筑设计师的作品，三江镇、水磨镇体现了传统和现代的结合，县城所在的威州镇更变成了一个巨大的城市花园，连父亲长眠的公墓都得到精心的修复。特别是夜色中的灯光装扮下，县城简直就是如梦如幻。几乎所有的人都说，灾后重建使汶川的经济社会文化的整体发展，至少提前了三十年。

汶川大地震形成的灾区“对口援助”，已经成为中国特色的应急救灾、扶贫助困的特有模式，发挥着越来越重要的作用。经国务院批准，自2009年起，每年5月12日也成为全国“防灾减灾日”。一场汶川大地震，上演了一方有难、八方支援的历史大剧，“万众一心、众志成城，不畏艰险、百折不挠，以人为本、尊重科学”的伟大抗震救灾精神，矗立起中华民族“用理想凝聚力量、用信念铸就坚强、用真情凝结关爱”的丰碑。不仅那些灾后重建的雄伟工程和灾区日新月异的变化，给人们留下难忘的印象，应当说人们心目中更高大的，是抗震救灾中的无名英雄们，还有那些灾后重建中无数的援建者，灾区人民永远不会忘记他们的无私贡献。

我经常想起珠海援建绵虒镇的组长陈仁福博士，他有着一副大嗓门和雷厉风行的工作作风；在援建中受伤一直拄着拐奔波在工地上的张工，把援建看作自己人生价值的一次实现；还有长期住在板房中以苦为乐的其他成员，那是一群充满活力的年轻人。他们只是灾后援建大军中的一员，不仅创造出一个一方有难八方支援、以东支西共同繁荣的“汶川对口支援模式”，而且通过这一模式实践着一个更加伟大的信念：多难兴邦，中国人民是不可战胜的！“中国社会主义制度的优越性”、“中华民族是一家”、“平等团结互助和谐的民族关系”这些抽象的口号，正是在援建的行动中变得具体而坚定，社会主义的核心价值体系也因此得以展现，成为鼓舞全国各族人民团结奋斗的强大精神动力。

弹指一挥间，汶川地震灾区走过十年的艰苦重建，已经发生了翻天覆地的巨大变化。大地震带来了大破坏，大破坏也带来了大建设，大建设矗起大丰碑。2018年2月12日上午，习近平总书记前往汶川县映秀镇考察。在漩口中学遗址，他向汶川特大地震罹难同胞和在抗震救灾中捐躯的英雄敬献花篮并三鞠躬，叮嘱一定要把地震遗址保护好，使其成为重要的爱国主义教育基地。他强调，灾后恢复重建发展取得历史性成就，展现了中国共产党的坚强有力领导和我国社会主义制度的优越性，要在推动产业发展、民生改善等方面继续发力，把人民家园建设得更加美好。伟大的抗震救灾精神，已经成为社会主义核心价值体系的重要组成部分；汶川的灾后重生，也成为社会主义核心价值体系的载体和实例。在这片灾难中新生和崛起的热土上，必将开出更加美丽的花朵。

汶川告诉世界什么？这本《汶川十年：抗震救灾与社会文化重建》，或许能给你一个回答。汶川，我的家乡，我曾经为你哭泣，也不断为你惊喜。我期待着，你继续展现人类不屈的精神和无限美好的未来！

（作者徐平，中共中央党校文史部二级教授、博士生导师，中共中央党校创新工程“现代化进程中的城乡社会文化重建”首席专家）

第一编　阔步迈进新时代

狠抓“关键管理”，推动汶川五个变化

张通荣

“空谈误国，实干兴邦”，这是千百年来人们从历史经验教训中总结治国理政的一个重要结论。古人曰：“道虽迩，不行不至；事虽小，不为不成”，“为政贵在行”，“以实则治，以文则不治”。执行是领导工作的基本职责和优良传统，是党实事求是的思想路线和工作作风的具体体现，是谋事之基、成事之道、执政之要。如果执行抓得不好，再好的方针政策也只是一纸空文，再好的工作思路也只是空中楼阁，再好的发展机遇也只是过眼云烟，再伟大的目标任务也实现不了。决策必须执行，执行贵在实干，实干体现水平，水平展示能力，换言之，“执行就是能力、落实就是水平”。

“十三五”特别是十九大以来，在建设康养汶川加速转型发展，决胜脱贫奔康的过程中，汶川县坚持“执行执行再执行，落实落实再落实”的理念，让汶川的政治生态发生了深刻变化；让汶川老百姓比以往更加懂得感恩；让人民群众拥有更多获得感和幸福感；让汶川干部队伍作风得到根本性转变；让汶川城乡环境卫生发生很大变化，这“五个变化”得到了各级领导、社会各界的充分认可。通过对这些变化的深入复盘分析，结合长期以来的治理实践，汶川以混沌系统理论为依据，鲜明提出“关键管理”新政理念，切实抓住关键人群、关键目标、关键任务、关键路径、关键时间、关键措施、关键效果，有力提升了全县治县理政的总体效能。

一、“关键管理”的内涵

县一级是我们国家最基本的执政单元。长期的治县实践，让汶川县委、县政府深感对一个县的治理，具有典型的“混沌系统”特点，这个系统对于初始条件极为敏感，输入端微小的差别会迅速放大到输出端，类似“一只蝴蝶扇动翅膀，引起一场风暴”的现象在社会治理、政策执行、经济转型过程中经常出现。

对于既是前沿指挥部，又是规划决策层；既要对重大事项做出决断，又要直接处理细小问题的县级党委政府来说，面对县一级治理这种混沌系统而言，各种内外条件、各方利益主体、各类思维形态均在执政者的掌控之外，而实施治理的方方面面，又不得不受制于这些问题。因此，众多决策进入执行层面就开始走样，到了基层已经大变样，决策初衷和远期效果呈离散状态，直接影响了决策落实，甚至一些变样的执行会变成引起风暴的“蝴蝶翅膀”。正是为了解决这种执政难题，汶川所提“关键管理”的核心就是抓执行和抓落实，在推动千头万绪工作的时候，找准主要矛盾、把握矛盾的主要方面，紧抓关键环节、建立执行势能，确保决策行为在“混沌系统”中向着最优目标运行，最终确保执政行为的路径最短、畸变最小、动力最强、结果最优。

二、推行“关键管理”新政理念的背景和原因分析

（一）背景

混沌系统具有对于初始条件或“初值”敏感依赖的特性，对于治县理政这个“混沌系统”来说，决策从制定到显效，必须经过执行的过程，执行就是这个“混沌系统”的初值。在现实中抓执行，必然会遇到许多矛盾和问题，只有努力解决好各种矛盾和问题，才能把工作真正抓好、抓出成效。抓执行，贵在持之以恒，也难在持之以恒。目标确定了，任务明确了，就要咬定青山不放松，不达目的不罢休。而一旦出现执而不力，在“混沌系统”中出现初值扰动，就会产生执行末端畸变，最终行而无果。在当前的执政实践中，主要存在三种执行打折扣导致的“初值扰动”现象：一是消极执行，推一推才动一动，甚至推着也不动，对工作浅尝辄止、蜻蜓点水，工作一阵风过去，效果一点没有。二是完全机械执行，以会议贯彻会议，以讲话落实讲话，以文件落实文件，完全是个“传声筒”和“复印机”，甚至有的曲解政策意图，不顾条件强推硬上，引出重重矛盾。三是低效执行，工作没有中心，做事没有重点，只求面面俱到。

力量分散的结果，就是执行的低效甚至无效。因此，“关键管理”就是牢牢抓住了执行这个“混沌系统”中的“初值”，在推动县域经济发展、保障民生、促进稳定方面起着显著作用，“关键管理”之于执行的价值也显而易见。

（二）原因分析

在宏观层面，“5·12”汶川特大地震重建任务完成后，汶川大规模、高强度重建投资“输血”戛然而止，政策性收入大大减少，刚性支出不断加大，投资速度趋缓，财政形势不容乐观，经济有失速滑坡的可能。“十三五”时期，是全面建设小康社会的关键时期，是汶川县推进转型发展，实现全面振兴的攻坚时期。面对人民日益增长的美好生活需要和不平衡不充分的发展之间的矛盾，县域经济转型难度持续加大，区域发展竞争愈发激烈，发展面临的新情况、新问题不容忽视。在微观层面，资源与环境约束性日益凸显，处于岷江上游的汶川，引进高效、节能、环保项目的门槛越来越高；工业园区空间不足，引进大规模企业供地受限；新常态下，国家层面经济由高速增长向高质量发展转变，更多的是靠“微刺激”，大项目、大投资的争取难度加大。在思想层面，在灾后重建各类利益的触动下，一部分群众的心理发生了微妙的变化，从灾后初期的对外部帮助感恩戴德转变为后期的心态失衡，又从心态失衡发展成为一种“病态”依赖。危机面前，如果满足于以往格局，以老办法应对新情况，就不可能开创转型发展的新局面，已经取得的灾后重建成果也有可能丧失。因此，我们唯有始终敢于直面问题，抢抓机遇，善变通达，以“关键管理”为开创工作的有力工具，勇于突破“不可能”的思维局限，真正打破按部就班的思维定式，找出主要矛盾、把握矛盾的主要方面，及时抓住机会窗口，高标准定位、全方位谋划、大手笔推进，方能全力以赴加快转型发展，确保长治久安。

三、实施“关键管理”的主要路径和方法

（一）建立绝对忠诚的政治自觉

党的十八大以来，中央以党的建设为“关键一招”，推动中国特色社会主义建设事业进入了全新境界，人民群众对党的认知、全国的经济形态、国家在

国际上面貌均发生了深刻的变化，人民、党和国家的命运由此改变。如果说县域治理是一个混沌系统的话，国家治理更是如此，中央牢牢抓住加强党的领导，提出政治自觉的要求，在国家治理中坚持“党政军民学，东西南北中”，无论是哪一个行业、哪一个领域、哪一个地区，都要坚持党的领导，服从党的指挥，落实党的路线方针政策，这就赋予了国家治理这个“混沌系统”以一个清晰、强力的“初值”，进而在国家发展各个层面、各个领域取得了良好的治理效果。在县域治理中，我们同样需要坚决维护和执行加强党的领导这个“初值”，坚持下级服从上级、少数服从多数、全党服从中央，任何工作不得以任何理由游离于党的领导之外、不能脱离党的领导，任何人都决不允许自行其是、各自为政，决不允许有令不行、有禁不止，决不允许搞上有政策、下有对策，各级党组织必须毫不动摇地把上级党组织决策部署全面加以贯彻落实。只有建立了这个县域治理的“初值”，形成政治自觉，关键管理才有可能形成责任压力，进而传到执行层面，生成工作推动力。

（二）建立科学认真的执行理念

实施关键管理，关键在于执行理念的建立，我们通过党建工作持续发力，真正把“四个意识”落实在执行全过程。在政治意识上，自觉把政治自觉贯穿于工作始终，立场坚定、旗帜鲜明，绝不回避，绝不含糊、动摇。在大局意识上，引导广大干部坚持以着眼全局作为考虑一切问题的出发点和落脚点，对工作必须以大局的定位思考谋划，不可陷入事务主义；判断是非得失必须以大局利益作为根本标准，不可因小失大；在事关大局的重大问题上必须旗帜鲜明，不可随波逐流。在核心意识上，以习近平总书记视察汶川映秀为契机，开展“落实总书记来汶讲话精神，汶川怎么办？”大讨论，让每个干部群众在思想上认同核心、在政治上围绕核心、在组织上服从核心、在行动上维护核心，把政治品格贯穿于思想和工作的各个方面。在看齐意识上，不仅要求在思想上向党中央看齐，做到党中央提倡的坚决响应、党中央决定的坚决执行、党中央禁止的坚决不做，更要求全县在方法措施上看齐，在为民情怀上看齐，在以身作则上看齐。通过努力，“四个意识”深入了干部思想，在执行中最终见到了效果。如在脱贫攻坚中，汶川深度实践“户户入・入户户”新时代群众工作法，迅速扭转群众满意度不高的问题。在应对地质灾害中，汶川严防死守，果断决策、坚决执行，取得了龙溪乡阿尔村“4·8”山体滑坡灾害“排查险情不漏一丝一毫、应急转移不落一户一人、临灾决断不缓一分一秒、灾害发生不伤一户一人”的重大胜利。

（三）汇聚真实有力的转型动能

混沌不是简单的无序，而是具有无穷嵌套内部结构，蕴含着各种周期窗口的非典型、非平庸有序。在县域发展中，这样的机会窗口和周边变化显得尤为重要，要开展关键管理推动发展，重在科学选定关键方向。汶川作为民族地区、地震灾区、贫困地区，肩负着维护社会稳定、灾后重建、脱贫奔康、发展振兴的重要使命。如何让百姓尽快住进好房子、拥有好身子、过上好日子，与全国全省全州同步实现全面小康，是汶川努力工作的关键目标。在审视县情的基础上，汶川动员全县各方力量，在治县理政方面进行了深入谋划，谋定了“南林北果·绿色工业+全域旅游（康养）”总体思路和“五型”经济（康养创新型、“三态三微”精致型、水生态文明型、“互联网+汶川特色”型、“三资”融合型）发展路径。针对社会治理面临新挑战和汶川发展新动力汇聚不足等问题，提出了汶川价值观（县为民造福、民为县立业）和汶川精神（我为汶川、汶川为我，身为汶川人、乐在汶川中），并以“文明四风”（文明家风、校风、民风、政风）为抓手，强力进行宣传和弘扬，力求从思想上打破群众与公职部门之间的隔阂，形成共同推进汶川经济社会建设的合力。通过全县干部群众在关键方向上的埋头苦干，汶川经济逐渐解冻，仅2017年，群众就从“南林北果”“康养旅游”产业中增收超过8亿元，老百姓为县立业的激情澎湃，社会风气为之一新，经济社会转型速度明显加快。

（四）实施“种瓜得瓜”的奖惩机制

关键管理要有力，最终必须落脚到每个公职人员的切身利益上来。近年来，汶川县委县政府立足转型发展需求，审视干部队伍建设现状，科学借鉴家庭联产承包责任制和企业的人力资源管理方法，着力从干部队伍人力资源科学运用、创新行政管理方式入手，以解决干部职工“不敢为、不愿为、不想为”等突出问题为目标，大胆创新目标绩效管理模式，以“四统四分四合三重”（统一规则、统一指标、统筹覆盖、统揽考核，分类考核、分层考核、分期考核、分区考核，选拔任用、评先评优、绩效奖励、追责问责结合，重内控管理、重考核管理、重基层管理）为统揽，建立“种瓜得瓜”绩效追溯目标内控管理机制，探索出了“全员责任制、全员积分制、全员绩效制”的汶川办法，在建设康养汶川加速转型发展的实践中发挥了积极作用。考核将管人与管事相结合，科学的考评体系，把工作成果作为评价公务员队伍的客观性标准，显明干部评价的价值导向。同时，每个责任主体的岗位职责、工作目标、完成时限明确，使工作任务与工作职责密切结合，工作效率与工作时间密切结合，工作效果与奖惩密切结合，使公职人员能准确地了解到本单位干部和自己在德、能、勤、绩、廉等方面的评价，有效解决了部分公职人员“不愿意工作、不好好工作、干不好工作”等突出问题。“种瓜得瓜”目标绩效管理模式得到了群众的热烈欢迎、干部的真心支持，更为实施关键管理、强化执行落实注入了“强心剂”。

四、“关键管理”与执行力落实力的融合

作为一种全新实践，“关键管理”新政虽已成功开局，但是要推进这项工作向更高水平看齐、深远未来发展，还必须坚持问题导向，强化正向激励，建强制度保障，使“关键管理”始终保持旺盛的生命力。

（一）实施“关键管理”，强化执行力落实力要克服“四种倾向”

一要克服安于现状、不思进取的不良倾向。“5·12”汶川特大地震以来，汶川的经济社会发展取得了瞩目的成绩，但是我们不能在成绩面前停滞不前，更不能躺在过去的功劳簿上睡大觉，满足于纵向看成绩的现状，“步子不大年年走，成绩不多年年有”这种看似发展却崇尚现状的现象我们要坚决克服。良好的精神状态和优良的作风是提升执行力落实力的基础，特别是要健全人人负责、层层负责、环环相扣、科学合理、行之有效的工作责任制。汶川县在建设康养汶川加速转型发展决胜脱贫奔康进程中，根据年度目标任务，把具体责任分解到部门、具体到项目、执行到岗位、量化到个人，做到责任主体明确、进度要求明确、完成时限明确，形成一个自上而下明确责任、自下而上层层负责的工作落实体系，形成千斤重担大家挑、人人头上有指标、个个肩上有压力、项项工作有着落的责任氛围。

二要克服墨守成规、怕担风险的不良倾向。这是加快转型发展的苦口良药，要加快转型，我们就必须坚决纠正劳而无功的常规办法，坚决消除根深蒂固的陈规陋习，坚决克服习以为常的惯性思维，勇于担当、敢于破难、重于实干，努力在锐意创新中寻求工作突破。

三要克服虎头蛇尾、干劲不足的不良倾向。“愚公移山”“精卫填海”是持之以恒、坚持不懈精神的最好表现，是建设康养汶川加速转型发展决胜脱贫奔康的力量支撑。要把中央、省、州各项决策部署贯彻好、落实好，就必须克服虎头蛇尾、干劲不足的不良倾向，要抓住重点、突出亮点，要一干气勇、再干气足、三干气稳，克服始干衰、再干竭、继干涸的倾向。

四要克服本位主义、胸无大局的不良倾向。执行得好、执行得快，群众就拥护；执行得不好、执行得慢，群众就会有意见。因此，抓执行的重心一定要放在基层一线，解决执行不到位问题的思路和办法也要到基层和群众中去寻找。要大力倡导“一线工作法”，让干部走出办公室，走进村庄、走进社区，深入人民群众，全面联系群众，围绕中心任务、重点工作，坚决纠正各自为政、办事拖拉的现象，始终保持政通人和的良好局面。

（二）实施“关键管理”，强化执行力要做到“三个坚持”

一要坚持找准关键目标，锁定关键任务。进行关键管理，关键在于科学确定目标和任务。对于汶川来说，最为关键的目标任务就是建设康养汶川、加速转型发展，决胜脱贫奔康，最终造福全县人民。关键目标任务的切入点是转型，落脚点是人民。因此，县委县政府必须始终坚持践行以人民为中心的治县理念，群众需要作为第一选择，把群众满意作为第一标准，努力实现好、维护好、发展好十万汶川人民的根本利益。同时，更要把对人民的赤诚体现在完成关键任务上，决不搞虚政绩、假把式，而是要通过艰苦努力，穷尽一切手段，把康养经济建设和转型发展的各项目标任务谋划好、执行好、落实好，像全县发展“汶川三宝”和康养旅游产业一样，把转型发展的过程变为惠及全民利益，提升群众满意度和幸福感的过程，真正践行好“县为民造福、民为县立业”的汶川价值观。

二要坚持选准关键人群和路径，紧盯关键环节。进行关键管理，重点要找准对象、选准方法、紧抓时机。关键人群，就是人民群众，所谓“金杯银杯不如老百姓的口碑”，有了群众这个关键人群的支持，关键任务才能得以有序推进，关键目标才能得以按时达成。关键路径，就是始终坚持为人民服务，发扬自力更生、艰苦创业、功在长远的实干精神，唯有始终坚持为人民谋利益的政绩观，始终坚持“功成不必在我”的理念和境界，不贪一时之功、不图一时之名，坚持以服务群众为切入点，多干打基础、利长远的事，各项决策才能减少执行阻力，达成良好效果。关键环节，就是打造和运用好高效联系服务群众机制和平台，抓住脱贫攻坚、康养经济建设等时机，继续深入持久地践行“户户入·入户户”新时代群众工作法，深入持久地开展“不忘初心、牢记使命”主题教育活动。深入推进公职部门效能建设，不断提高机关和干部工作效率、服务质量，确保便民服务措施的全面执行，形成便民、为民的良好风尚，进而为决策落实构建良好执行环境。

三要坚持紧盯关键时间，务求关键效果。关键管理的最终要点在于减少执行周期，提升政策效能，达成良好效果。在宏观环境、微观环境和思想状态难以控制的前提下，发展的机遇窗口稍纵即逝，因此必须盯紧关键时间节点，完善督查、信息反馈、情况通报、重大责任追究等制度。为此，汶川建立并实施了“协同六步法”的督查机制，把台账建起来、协同督起来、目督严起来、监察建议紧起来、政治提醒敲起来、责任追起来。对工作推进全过程各方面进行评估、研判、督促等全方位控制，工作质量得到了确保。最终，关键管理要落脚到关键效果上。具有混沌现象的系统，其短期行为是可知的，但经过长期演化，其结果是不确定的。因此，我们对于关键效果的控制不仅要看到短期变化，更需要对于执政行为的长期演变进行谋划和预判，这样才能确保执政的科学性，减少负面“蝴蝶效应”。

（三）实施“关键管理”，强化执行力要健全“三大机制”

一要健全执行心理动因机制。心理动因也叫心理学动机，是一种心智动力模式，人希望求学、求胜、求利，立德、立功、立言都是心理动因，按照马斯洛需求层次论，正是心理动因驱动人类为满足更高层次心理需求而行动。在关键管理过程中，相比健全执行内控机制，改变公职人员心智，引导其强化自控、主动执行则更加重要。因此，实施关键管理必须在改变执行者心智上发力，通过有效宣传引导、强化正向激励、明确用人导向等综合手段，激发公职人员和群众对家乡的深情热爱，建立“祖国好、汶川好、大家才好”的思想共识，形成“干事光荣”的心理预期，就一定能提升执行者扑下身子埋头苦干，求真务实狠抓落实的主动性、创造性和执行力。

二要建立执行者战胜自我和困难的心理激励机制。两军对峙，一方如果粮道被绝，即使实力占优，也必定心理崩溃，不战而败。可见，人的自我认知、自我暗示、自我激励往往能左右人的行为。面对执行中的困难与矛盾，抉择迎难而上还是临阵退缩，取决于环境对执行者心态造成的影响。因此，实施好关键管理，必须在建立执行者战胜自我和苦难的心理激励上做文章，县委、县政府要全力为干事创业者营造鼓励创新、奖励执行、允许试错的良好工作环境和心理氛围；通过积极为干事创业者“谋利益、谋保障、谋发展、谋荣誉”建立正向心理暗示，只有这样，干事创业者才会激励自己挑战自我、挑战困难，把有难度、有矛盾的工作抓好、抓实、抓出成效。

三要营造在执行中体现执政公平的环境。公平正义在治县理政中具有定海神针的作用，对群众公平，社会才能稳定，对公职人员公平，工作才能推进。目前，有的干部胸无大志、滥竽充数，平平安安占位子、忙忙碌碌装样子。还有一些干部“上台拼命干、次年就平淡、三年等着看”，工作毫无起色，群众怨声载道。如果对不干事者妥协，就是对干事者的不公，因此，关键管理务必落实问事必问人、问人必问责、问责问到底的责任追究制度，让那些项目建设进度慢、产业培育成效差、民生改善无起色、人民群众意见大的“太平官”不再太平，坚决防止干多干少一个样、干好干坏一个样、干与不干一个样。只有如此，关键管理才能得到干事者的拥护，才能管到关键之处。

以“混沌系统”理论解释纷繁复杂、千头万绪的县域治理行为，为我们认识治县理政的本质提供了全新的视角。而汶川县的“关键管理”新政旨在混沌中求清澈、复杂中抓关键、执行中促落实，为提升治理效能提供了现实路径。“关键管理”的理论框架已经搭建，全新实践已经起航，但要在工作中进一步丰富其内涵，拓展其应用，还有很长的路要走。我们坚信，以“关键管理”为依托，提高各级干部的执行能力，建设康养汶川加速转型发展，决胜脱贫攻坚的伟大事业定能在智慧与汗水的浇灌下枝繁叶茂、盛放芳华。

（作者张通荣，中共汶川县委书记）

坚持生态立县　加速转型发展

——康养汶川建设的路径选择和实践

旺　娜

为深入践行“绿水青山就是金山银山”的绿色发展理念，近年来特别是党的十八大以来，汶川县始终坚持生态立县、绿色发展理念，按照“南林北果・绿色工业+全域旅游（康养）”的总体思路和“运动康养・生态颐养・老年文养”主题定位，全面加快建设川西北特色生态康养目的地，康养经济发展成效初显，逐渐成为汶川县域经济社会转型发展的新增长点和新引擎，“绿水青山”正加速变成“金山银山”，走出了一条以康养引领发展的汶川路径。2017年全县地区生产总值57.57亿元，比2008年增长2.6倍；城镇居民人均可支配收入29 472元，比2008年增长1.7倍；农村居民人均可支配收入12 243元，比2008年增长3.5倍；该县先后被表彰为“四川省县域经济发展先进县”“四川省农民增收工作先进县”“四川省重大农村改革任务年度推进示范县”等称号，县域经济呈现稳中向好、稳中有进的良好态势。

一、建设康养汶川的提出背景

（一）建设康养汶川是实现经济转型的现实需求

“5・12”特大地震发生后，汶川得到了各界的广泛关注和大力支持，灾后重建使汶川实现了跨越式发展，群众生活质量有了极大提高。但是随着重建红利的耗尽，经济下行压力持续增大，经济社会发展面临诸多瓶颈和挑战。一是投资支撑力度不够。2010年全县固投达到了92亿元的高峰，随着灾后重建的完成，固投逐年回落，2017年固投只有25亿元，仅为2010年的四分之一，项目投资“被边缘化”倾向越发明显，大项目、好项目不多。同时，社会资本、民间投资热情不高，导致投资后续支撑难度大。二是经济发展质量不高。全县GDP的增长主要还是依靠第二产业的发展，产业发展层次低、链条短，内部结构不尽合理，新兴产业发展培育缓慢，科技创新能力较弱，产业总体竞争力和抗压能力不强，内生动力不足，新旧动能接续转换仍需时日。三是经济总量增速放缓。全县经济总量继续保持全州首位，但兄弟县（市）经济增长势头迅猛，甘孜州康定市2016年县域经济综合实力首次把汶川挤出全省51个少数民族县（市）前三，全县面临前有“标兵”与后有“追兵”的双重挑战。

（二）建设康养汶川是坚持绿色发展的重要路径

一是绿色发展已成为环境与经济领域的必然趋势。中共十八大以来，以习近平同志为核心的党中央高度重视生态文明和环境保护，生态文明建设上升为重大的国家战略，绿色发展理念成为实实在在的治国方略，党的十九大报告中“生态”一词出现43次，“环境”一词出现29次，“绿色发展”一词出现4次，全文十三个部分里，有三个部分论述了“绿色发展”的有关内容，报告全面阐述了绿色发展的时代背景、现状、理念、建设重点和目标等，成为我国未来一段时期绿色发展的行动指南，绿色发展理念深入人心，逐渐成为全民共识。二是康养产业有利于破解当前经济结构转化和动能转换的难题。汶川作为岷江上游的重要生态屏障，成都平原的重要水源地和水资源涵养地，承担着岷江流域水生态综合治理的重任。当前，环保、资源开发监管趋紧，投资下行压力加大，在这一关键时期，要求我们必须准确把握发展经济和保护资源环境之间的矛盾。康养产业对拉动经济发展不仅有着巨大潜力，而且覆盖面广，产业链长，带动力强，是推动产业结构调整和供给侧结构性改革，实现经济转型的新兴的战略性支柱产业和突破口，有利于促进人与自然和谐发展以及经济社会稳中向好发展。三是建设康养汶川是实现可持续发展道路的必然选择。建设康养汶川是绿色发展理念的生动实践，就是要破解发展困局，把汶川作为阿坝州南大门的地缘优势、交通枢纽的优势、“区域三中心”[①]的服务优势、阿坝州工业重地优势、阿坝州康养最佳目的地优势以及健康阿坝先行先试区等六大优势转化为产业优势、发展优势、转型优势，坚持走生产发展、生活富裕、生态良好的可持续发展道路。

（三）建设康养汶川是保障改善民生的有效举措

康养产业作为现代产业的重要组成部分，一头连接民生福祉，一头连接经济社会发展，涵盖养老、养生、体育、旅游、医疗等多个领域，已成为改善民生、增加就业、扩大消费、促进经济社会转型升级的重要着力点。建设康养汶川，不仅是一项惠及百姓、造福社会的民生工程，更是引领社会发展的强大动力，有利于持续改善群众生产生活条件，拓宽群众增收渠道，带动群众增收，巩固脱贫攻坚成效，为全面建成“好房子、好身子、好日子，物质富裕、精神富足”的小康汶川打下坚实的基础。

二、建设康养汶川的优势机遇

（一）面临的“天时”机遇

1. 上级政策支持

一是国家顶层设计。2013年以来，国务院先后出台了《关于加快发展养老服务业的若干意见》《关于促进健康服务业发展的若干意见》《关于促进旅游业改革发展的若干意见》等指导性文件，逐步形成了国家对康养产业的顶层设计，为康养产业发展带来重大战略机遇。二是省级大力培育。2014年，省政府印发《四川省五大新兴先导型服务业发展工作推进方案》，将养老服务、健康服务等康养产业与电子商务、现代物流、现代金融、科技服务一并明确为全省五大新兴先导型服务业，作为新的经济增长点大力培育。2015年，出台《四川省养老与健康服务业发展规划（2015—2020年）》，明确构建以藏羌地区为主体的川西民族特色康养服务业发展带。三是各项利好政策。省第十一次党代会明确提出把川西北生态经济区建成国家生态文明先行示范区和国际知名生态文化旅游目

① 区域三中心：指汶川县为阿坝州教育、医疗、物流中心。

的地，州委州政府坚持把发展生态经济、建设川西北生态经济示范区作为全州经济发展的基本取向，为汶川发展康养产业，建成川西北生态经济示范区先行地和川西北特色生态康养目的地提供了政策利好的大环境。

2. 市场前景广阔

一是人民群众对健康生活的需求。随着经济社会快速发展，人民群众希望过上高品质生活的愿望越来越强烈、要求越来越高，健康已成为人民群众生活的一种普遍追求。同时，中国已经进入并将长期处于人口老龄化社会，养老问题受到越来越多人的重视，“身体健康、心情愉快，生有所养、老有所乐”成为人民群众对幸福生活的基本诉求。二是康养产业发展潜力大。涵盖养老、养生、医疗、文化、体育、旅游等诸多业态的康养产业已引起了国家的高度重视，开始在中国蓬勃发展，康养产业既是涉及亿万群众福祉的民生事业，更是具有巨大发展潜力的朝阳产业。汶川毗邻两大千万级人口大城市成都与重庆，每年观光旅游人数多。2017年，全县旅游接待600.15万人次，实现旅游总收入27.03亿元，市场潜力大。

（二）拥有的“地利”优势。

1. 自然条件优越

汶川具有典型完整的垂直气候，平均海拔800—1 300米，全年平均空气指数50—60，可吸入颗粒物（PM2.5）值在30左右，年均气温13.5℃—14.1℃，雨量充沛，日照充足，冬无严寒、夏无酷暑。大气环境质量为国家一类一级，空气质量达标率达99.2%以上，年均优良天数达360天，负氧离子比成都高出1万倍，十分适宜居住养老。

2. 旅游资源富集

汶川动植物资源丰富，孕育了大熊猫、金丝猴、珙桐等国家级珍稀保护动植物，拥有国家5A级景区汶川特别旅游区、国家4A级景区大禹文化旅游区，是国家级羌族文化保护区的核心区域，境内烟雨三江、丹青水磨、天地映秀、熊猫家园、大禹故里、古韵羌山等“汶川六景”，风光秀美、特色鲜明，向世人昭示“阳光谷地·熊猫家园·康养汶川”的汶川旅游独特魅力。

3. 区位优势明显

汶川是九环线和省旅游西环线的必经之地，南距省会成都110公里，北离州府马尔康202公里，是成都平原进出川西北高原的要塞和前往卧龙自然保护区、九寨沟、黄龙、四姑娘山等世界级风景区和大草原的必经之道，素有阿坝州南大门和“川西锁钥”之称，随着都汶高速全线贯通，逐步融入成都一小时经济圈，康养旅游时间成本、进入成本都较低。

4.基础配套完善

灾后重建以来，汶川基础设施配套实现了脱胎换骨的巨变。一是基础设施保障能力明显提高。交通、通信、能源、水利等基础设施功能全面提升，环境治理力度不断加大，防灾减灾能力增强，重点重建城镇面貌焕然一新，村庄布局、村落规划有序。二是公共服务设施水平大幅提升。学校、医院硬件设施实现了大升级，建成一大批社会福利院、敬老院、社区服务中心、村民活动中心等公共服务设施和映秀国际学术交流中心、水磨西羌汇、汶川博物馆等核心会展场馆。三是旅游接待能力不断增强。拥有新国旅酒店、梅朵天堂酒店等星级酒店，藏羌民俗风情客栈、乡村农家乐和以漩口赵公福地、三江鹞子山等为代表的生态经济庄园星罗棋布，全县餐饮、酒店、宾馆、农家乐等设施不断增强，服务和接待水平不断提高。

（三）深厚的“人和”根基。

1.社会风尚基础良好

汶川深入践行社会主义核心价值观，以“文明四风”①建设等为载体，大力弘扬“我为汶川、汶川为我，身为汶川人、乐在汶川中”的汶川精神，牢固树立“县为民造福、民为县立业”的汶川价值观，引导群众融小我为大我、兴小家顾大家、创家业立大业。充分发挥群众主体作用，以感恩情怀培育工程为抓手，培育群众铭恩奋进、知恩图报的感恩情怀，重塑人人知恩感恩的社会风尚，确保群众以饱满的精神状态投入到建设康养汶川加速转型发展中。

2.健康理念深入人心

“5·12”特大地震给汶川带来毁灭性灾难，也让汶川感受到人间大爱，经历了大地震，汶川老百姓更加真切感受到生命的脆弱和健康的可贵，如何保证身心健康、环境健康和可持续发展，逐渐成为汶川县委县政府、汶川群众对生

---

①　文明四风：指文明“家风、校风、民风、政风”。

命守护共同关注的重大课题，汶川全民健康、全域健康更成为全县上下的共识，人民向往健康美好的生活为我们选择康养汶川的道路指明了方向。

3. 人文底蕴丰富深厚

汶川历史悠久、文化灿烂，是藏、羌、回、汉各族人民交汇融合的地带，是全国四大羌族聚居县之一，在历史的长河中，孕育了治水文化、羌藏文化、熊猫文化、大爱文化“汶川文化四朵花”，同时，绚丽多彩的藏羌服饰文化以及独特的饮食文化、藏历新年、羌历新年等民俗文化异彩纷呈。《花儿纳吉》《羊皮鼓舞》《爱在汶川》等民族风情浓郁、人文特色鲜明的优秀节目登上了省、州乃至国家、国际舞台。

三、建设康养汶川的路径选择

（一）立足实际，探索康养汶川发展路径

一是探索健康中国战略实践的“汶川解法”。2010年，基于对生命价值的思考和未来发展路径的抉择，汶川率先在全国提出了建设全民健康示范县的目标，作出了“迈向全民创造健康的新汶川”这一重大历史抉择，以“大健康”引领“大发展”，开始探索建设康养汶川发展路径。二是探索新农村建设2.0版普适经验。以生态经济庄园建设为依托，全力打造川西北特色生态康养目的地，以鹞子山养生堂、仁吉喜目谷、赵公福地、艽山枣园、大禹农庄等为代表的生态经济庄园连点成线、连线成面，带动高半山村联动发展。三是探索康养旅游发展新路径。按照“三态三微”[①]的要求，结合乡村振兴战略实施，加快康养旅游产业发展，积极引导群众提升改造乡村农家乐，创建康养民宿品牌，龙溪达拉布、水磨绿水青山、三江牧田山居等一批康养民宿如雨后春笋般涌现，推动瓜果李杏、鸟语花香的农家庭院建设，打造休闲农业、乡村旅游等康养新业态。

（二）明确定位，做出康养汶川历史抉择

全面贯彻中共十八大和十九大精神，紧紧围绕党中央、国务院“健康中国”战略，牢固树立和贯彻落实“四个全面”战略布局和“五大”发展理念，

---

① 三态三微：生态、文态、业态，微景观、微田园、微环境。

按照省委“三大发展战略”“两个跨越”总体要求，立足全县各区域不同特点，有效对接全州加快建设国家全域旅游示范区战略，明确了“南林北果·绿色工业+全域旅游（康养）”的总体思路，作出了建设康养汶川加速转型发展的历史抉择，着力推动以康养创新型、“三态三微”精致型、水生态文明型、“互联网+汶川特色”型、三资融合型等“五型”经济为支撑的经济增长点，规模凸显，康养产业与旅游、体育、卫生、教育、文化等产业融合发展的复合型康养产业体系形成，康养汶川品牌享誉全国，切实将汶川建成集医疗、文化、运动、休闲、度假、养老于一体的川西北特色生态康养目的地。

（三）科学规划，抓好康养汶川顶层设计

坚持突出前瞻性、安全性、特色性，按照“大美养眼、气候养身、生态养康、文化养心”发展思路，以康养理念为引领，以独特而优越的生态环境为本底，以藏羌、道家养生文化为支撑，以健康农业为特色，以大爱文化为依托，以现代高科技养生手段为保障，科学编制《汶川县生态康养区总体规划（2016—2030）》《汶川县生态经济发展规划》《阿尔沟生态文化旅游规划》等规划，明确康养产业在全县经济发展的重要战略地位。

四、建设康养汶川的主要成效

（一）注重康养与农业提质增效相结合，生态农业取得新发展

以农业供给侧结构性改革为主线，大力发展绿色、生态、有机农业，着力推动农业与康养产业融合发展。

一是基础设施不断夯实。积极推进省级“四好农村路”示范县创建，大力实施农村公路水毁修复、通达通畅、安保工程，农村交通运输条件不断改善。实施高半山小微蓄水池和渠系管网建设，有效解决高半山土地灌溉问题。引导建设“汶川三宝”专销市场，构建特色农产品三级销售体系。全力推进全国电子商务进农村示范县建设，借助微商、互联网等电商平台等促进特色优质农产品和康养产品营销。

二是产业发展态势良好。按照“南林北果+特色畜牧”的农业产业布局，

推动农业差异化发展，南部万亩笋用竹、枫香树基地、林下中药材、茶叶等林业立体产业格局基本形成，北部甜樱桃、脆李子、香杏子等特色水干果达13.6万亩，总产量达1.1万吨。狠抓农业技术推广，制定《绿色食品汶川甜樱桃体系标准》，积极开展甜樱桃中截矮化、农作物病虫害绿色防控，不断提升农产品品质。围绕农副产品生产、加工、销售、运输等重要环节，深挖特色农产品等优质资源潜力，大力发展甜樱桃、茶叶等农副产品就地深加工。

三是品牌效应不断扩大。大力培育“净土阿坝·康养汶川”品牌，打赢甜樱桃品牌保卫战，加强“三品一标”申报认证，“汶川三宝”（甜樱桃、脆李子、香杏子）已经成功申报3项国家地理标志证明商标，11家合作社成功申报有机食品转换认证，绿野生猪等5个产品取得无公害产地认定，“大土司”黑茶作为唯一茶品牌代表参加“一带一路”海上丝路推介活动，农产品知名度、竞争力和附加值不断提升。

（二）注重康养与工业转型升级相结合，绿色工业构建新格局

紧抓灾后重建契机，大力发展绿色工业，加速转型升级和结构调整，着力为建设康养汶川提供坚强支撑。

一是“腾笼换鸟”焕生机。震前，汶川作为阿坝州重要的工业基地，工业产值占全州70%以上，但在全县287户工业企业中，高耗能、高污染企业近200户。“5·12”灾后重建中，汶川把绿色发展、生态保护作为经济社会发展的“命门”，以壮士断腕的决心做出“工业外迁、腾笼换鸟”的决定，充分考虑环境承载能力，科学合理调整水磨、漩口和桃关工业园区布局，关闭搬迁了大部分企业。在“换血”阵痛中，不仅彻底摆脱了传统的高污染企业，而且成功完成了向绿色工业、生态农业、康养旅游的转变。

二是“飞地经济”引活力。在广东的对口援建下，坚持重建与发展并举，不断提升自身造血功能，高起点建立成阿工业园“园中园”—广东汶川“飞地”工业园。园区在招商资源共享、产业集聚提升等方面与广东进行深度合作，积极承接产业转移，着力发展高科技、高附加值产品，延伸铝、锂、磁材等产业链，南联食品机械、兴华玻璃、力晖食品等29户企业落户园区，成为加快助推经济增长新引擎。

三是“转型升级”提效益。坚持绿色、低碳、循环工业发展理念，科学编

制工业园区总体规划，加快推进绿色百亿工业园区建设，积极推动工业产业由单一型资源开发向复合型加工制造转变，以新材料、新医药、新能源、新科技、锂、铝、新型建材为主导产业，初步形成以锂、氧化锆、电解铝、液氧液氮、生态医药为主的产业集群，“一园两区一线+飞地经济”绿色工业发展新格局初步形成。

（三）注重康养与文旅融合发展相结合，康养旅游呈现新态势

以深入实施乡村振兴为契机，按照“三态”融合、“三微”联动的要求，紧紧围绕“运动康养・生态颐养・老年文养”的主题定位，全面加强基础设施配套和业态培育，推动康养旅游蓬勃发展。

一是着眼“运动康养”，北部康养“提质惠民”。依托“北果”和民族文化元素，将龙溪阿尔沟开发作为北部康养经济建设龙头，注重挖掘“文化四朵花”内涵，将龙溪羌人谷、雁门萝卜寨、绵虒古镇大禹祭坛等景致和甜樱桃、香杏子、脆李子为主的“汶川三宝”特色水果等有机农产品资源优势结合起来，将民俗文化传承与保护，藏羌特色民俗体验产品培育和发展乡村休闲、旅游观光、农耕体验结合起来，引导建设龙溪达拉布、克枯鹰嘴岩、雁门借山居・云龙山等特色康养基地，开发了赏花摘果、农耕体验、大禹文化、释比文化等农旅文产品，着力建设以农耕体验、山地运动、阳光沐浴、民俗体验、拓展训练等业态为主的运动康养区。依托北部充足的阳光资源和县城较好的服务业集聚基础，进一步优化医院、酒店等康养配套设施建设，有效承接来汶康养人群的消费需求，加快建成秀而美、小而巧，功能更加齐全的康养县城。积极举办甜樱桃、脆李子等各种鲜果“采摘”活动、熊猫热土・环汶川国际越野挑战赛、“康养杯”羌族传统体育运动会等活动，让运动康养理念持续升温。

二是着眼“生态颐养”，南部康养“联动创品”。依托国家5A级汶川特别旅游区核心，融入“南林”发展布局，精准承接都市人渴望休闲康养的需求，依托森林康养、度假休闲等精品线路，重点发展森林康养、运动康养、膳食疗养、医疗康养、老年文养等业态为主的生态颐养区。加快寿溪河流域、茶马古道等旅游资源开发，推进大熊猫国家公园、映秀特色培训小镇等建设，启动水磨特色小镇寨子坪开发创新实践，夯实发展支撑。同时，依托水磨汶川中医院（二级甲等医院）、阿坝师院等资源，创新研发了当归黄芪滋补土鸡、重楼煲猪

肚等35种养生药膳；建成“鹞子山养生医疗服务中心”，实行“医院+基地+农户+延伸病房”模式，做到24小时随叫随到的医疗服务。依托水磨全国主动健康小镇，加快推进中医药健康旅游示范基地建设、鹞子山森林公园式康养基地等建设，积极承接特种康复中心相关服务，实现主动健康、主动康复和健康业态融合发展。正式启动汶川县森林自然教育“100+1”计划，积极举办“世界水谷”论坛、“康养汶川·森林颐养”论坛、汶川（卧龙）大熊猫节、汶川马拉松赛事等，逐渐吸引越来越多的康养项目入驻汶川，带动三江、水磨、映秀等乡镇森林颐养产业发展驶入快车道，吸引更多不同年龄阶段的游客愿意来到汶川、选择汶川、留在汶川。

三是着眼“老年文养”，全域康养“融合升级”。通过南北两区各具特色的康养旅游建设，形成了“双轮驱动”康养旅游发展格局，同时以突出康养品质的“文养”越来越受到众多旅居老人的青睐。加快汶川“无忧城”历史文化品牌的挖掘、保护及开发，成立了“无忧城三有读书会”。加快发展“银色产业”，全州首个康养书院在三江镇正式揭牌成立，设立了国学与民俗文化、健康生活与艺术、茶艺、手工艺、羌绣等九大专业，康养书院采取一校多点的办学模式，在老年康养市场逐步成熟的三江镇、水磨镇启动后，按照规划逐年向全县其他乡镇推广覆盖。采取“总部基地+一户一品”的流动授课模式，将康养书院教学点与农家乐、康养民宿、酒店等紧密相连，实现康养实体经济与康养书院有效结合，促进全民健康事业共建共享。同时，加快推进老年养护院、日间照料中心和中医药健康旅游示范基地建设，为老年群体提供了更加完善、专业的养老服务平台，为老年群体“文”养提供了更加多样的选择，推动“老年文养”在汶川落地生根。

（四）注重康养与生态环境保护相结合，生态建设获得新成果

坚持“像对待生命一样对待生态环境”，全面加强生态文明建设，着力为建设康养汶川提供良好的生态环境。

一是生态环境持续改善。突出生态立县、绿色发展，坚持全民共治、源头防治，筑牢岷江上游生态屏障。全面启动绿化全川行动、岷江流域水生态综合治理，天保二期、退耕还林等项目有力实施，森林覆盖率提高到42.08%、森林蓄积达1 147万立方米、林地保有量达273.6万亩。做好生态保护红线划定工

作，严格落实国家重点生态功能区产业准入负面清单，县级及乡镇集中式饮用水水源地水质达标率100%，全县主要河流出境断面水质达到Ⅲ类水域标准。

二是环保整治坚决有力。以蓝天、碧水、宁静、绿地和细胞环境保护“五大工程”为抓手，实行最严格的生态环境保护制度，以“一江四区”[①]环境污染整治为主线，全力打好大气、水、土壤污染防治“三大战役”。开展环境整治全覆盖行动，实行挂图作战、销号管理，着力解决涉及群众切身利益的突出环境问题。持续强化责任追究，保持严厉打击环境违法行为高压态势，确保问题不反弹、不回潮。

三是环保机制不断健全。坚决落实“党政同责、一岗双责、失职追责”要求，成立县环境保护委员会，健全部门协调联动机制。全面落实河长制，设立县级河长11名、乡级河长36名，编制“一河一策”“逐条逐段”保护方案，扎实开展清河、护岸、净水、保水“四项行动”，着力构建河畅、水清、岸绿、景美的河湖生态环境。加强全民环保宣传教育，形成人人关心环境保护、人人宣传环境保护、人人参与环境保护的良好氛围。

（五）注重康养与公共服务提升相结合，康养汶川延伸新内涵

坚持以人为本，始终以人民为中心，全面改善和提升公共服务水平，让全县群众共享康养汶川建设成果。

一是深入践行“大健康”理念。坚持把“大健康”理念融入治县理政全过程，依托区域医疗中心建设，完善全民健康公共服务标准化体系和“5321”主动医疗服务模式，积极探索特色养生医疗，以“未来式体检”为健康理念，实行“医院+基地+农户+延伸病房”模式和“一卡通”报账制度运作和管理。大力实施汶川公共服务标准化行为自觉行动和汶川健康创新发展行动，加快建设健康中国汶川实验地和健康创造汶川实体店，推进“医联体”[②]“医共体”[③]建

① 一江四区：指岷江，保护区、工业园区、养殖区、生活区。

② 医联体：指在保持资产归属关系不变、行政隶属关系不变、财政投入渠道不变的情况下，由不同级别、类别医疗机构之间，通过纵向或横向医疗资源共享分工合作的医疗机构联合组织。

③ 医共体：县域内医疗服务共同体的简称，目的是推进县域内医疗资源纵向整合、完善城乡医疗服务体系、同步提高县乡两级医疗服务能力。

设，推行“互联网+服务项目”订单模式，有效提升了服务能力和质量，县人民医院成功创建“三级乙等”综合医院、县妇幼保健院成功创建“二级乙等”妇幼保健机构。

二是积极构建“大扶贫”格局。围绕“两不愁、三保障”目标，从党建引领、规划先行、产业增效、群众工作等方面，下足“绣花”功夫，精准扶贫精准脱贫。全县设立五大战区，县五套班子对全县12个乡镇实行分片包干，深入开展“户户入·入户户”和网格化管理，设置网格1 532个，为1.9万余农户配备帮扶责任人，广泛开展群众性活动，惠民政策宣讲、矛盾纠纷化解、感恩教育等工作扎实推进，脱贫奔康走进群众心坎里。截至目前，完成27个贫困村退出、1 209户4 042人稳定脱贫，贫困发生率降至0.65%，高质量通过省级考核验收和第三方评估。

三是全力打造“大教育”基地。以建设区域教育中心为抓手，加快“南北学区教育联盟”建设，推进教育现代化建设，着力发展优质均衡教育。办好学前教育，提高保育质量，学前三年入园率达90%以上。积极探寻高职院校与基础教育合力发展内容，提升特殊教育、职业教育和藏汉双语教育质量，深入实施“15年免费教育”“学生营养改善计划”、教育扶贫资助等政策。重视发展素质教育，强化学校体育、艺术教育和社会实践等工作，积极推动汶川中学创建四川省一级示范学校工作。支持阿坝师院、阿坝电大、汶川中学、威师校等扩大办学规模、提高教学水平，着力将汶川建设成为全省民族地区县域教育完整体系示范区。

（六）注重康养与平安汶川建设相结合，基层治理展现新作为

坚持依法加强和创新基层治理模式，深化“平安汶川”建设，积极构建和谐稳定的良好社会环境，确保康养汶川建设有力有序推进。

一是社会治理体系不断健全。坚持运用法治思维、法治方式推进基层治理工作，积极构建自治、共治、德治、法治、网格化“4+1”社会治理格局，确保人民安居乐业、社会安定有序，着力构建知行合一、明德守法的汶川社会。本着“尊重历史、面对现实、妥善解决”的原则，加强对“5·12”汶川特大地震以来历史遗留问题的化解，引导群众通过正当渠道合法、理性地表达诉求，坚决打击缠访闹访与非法集访行为。

二是全方位防控网确保稳定。坚持“打防结合、预防为主，专群结合、依靠群众”原则，进一步完善治安巡逻防控、流动人口管控、行业场所防控等体系，强化“天网工程”“雪亮工程”建设，构建“横到边、纵到底”“打防控一体化”的社会治安防控网。始终保持打击违法犯罪的高压态势，加强对重点企业、重点行业的专项治理，深入开展“扫黑除恶”专项整治，维护社会和谐稳定。

三是精神文明建设成果丰硕。大力弘扬社会主义核心价值观，深入开展“文明四风”建设活动，扎实推进群众性精神文明创建，孝老爱亲的道德正能量不断释放。加强感恩教育、法治教育和宣传引导，开展身边好人讲故事、学典型事迹等活动，激励群众向上向善。以农民夜校、文化院坝、善行义举榜等为载体，大力开展移风易俗全覆盖行动，引导群众自觉养成好习惯、形成好风气，映秀镇被评为“全国文明村镇”。

五、建设康养汶川的经验启示

（一）必须始终坚持和加强党的领导

十年沧桑巨变，旧貌已换新颜！汶川从灾区变景区、家园变花园的十年嬗变，饱含了国家领导人的关心和全世界人民的无疆大爱，凸显了中国共产党的执政能力和执政水平，彰显了社会主义制度的优越性。在这感天动地、波澜壮阔的奋斗历程中，我们坚定维护以习近平同志为核心的党中央权威和集中统一领导，牢固树立“四个意识”，坚决贯彻执行中央、省、州的各项决策部署，全面加强党的建设，充分发挥各条战线上的党员干部先锋模范作用，以“党建指数”全面提升“战斗指数”，凝聚了干事创业的强大合力，为加速汶川经济社会转型发展，推动社会事业全面进步，提供了坚强的政治保障。汶川深切体会到，只有坚持和加强党的全面领导，才能取得建设康养汶川的全面胜利。

（二）必须切实回应人民群众的期盼

坚持在发展中保障和改善民生。在建设康养汶川的进程中，我们始终把人民拥护不拥护、赞成不赞成、高兴不高兴、答应不答应作为衡量一切工作得失的根本标准，坚持一切相信群众、一切依靠群众，充分发挥群众的积极性、主动性和创造性，引导群众主动参与到康养汶川建设当中。坚持把拓宽群众增收渠道、促进群众增收致富、带动群众脱贫奔康作为根本目的，将建设康养汶川、发展康养旅游产业与脱贫攻坚深入融合，切实加大民生投入力度、产业扶持力度，不断完善提升群众生产生活基础配套设施，着力解决好人民最关心最直接最现实的利益问题。汶川深切体会到，群众是建设康养汶川最重要的力量，群众的支持和拥护是建设康养汶川顺利推进最基本的保障。

（三）必须坚定走差异化发展的路子

坚持因地制宜发展产业，让绿水青山充分发挥经济社会效益。在特色发展上，坚持着眼长远，将旅游与健康养生、文化休闲、体育运动、医疗服务、生态农业融合发展，建成了三江鹞子山养生堂、漩口核桃坪赵公福地、水磨仁吉喜目谷、克枯巴布纳庄园等各具特色、各具优势的生态经济庄园，避免了同质化。在产业互动上，将一、二、三产业串联起来，使之联动融合发展，变“加法效应”为“乘法效应”，变传统农业的单一生产功能为生产、生态、旅游、文化、教育等综合功能的综合型开发。在产品开发上，紧扣“吃住行游娱购”六大要素，积极打造健康体验项目，发展生态茶体验等旅游项目，开发生态膳食等康养项目，提升了游客的参与度和体验度。汶川深切体会到，只有坚持差异化发展思路，宜农则农、宜旅则旅、宜业则业，才能实现可持续发展。

（四）必须构建综合保障的体系

强化全方位的综合保障能力，以服务高效、生态优美、配套完善的综合环境，持续提升康养汶川的吸引力和承载力。在机遇把握上，紧抓上级加快培育发展五大新兴先导型服务业等重大机遇与政策，以全省“加快构建川西民族特色康养服务业发展带”为契机，深入推进川西北生态康养目的地建设，将其作为生态经济重要增长点来抓。在资金整合上，注重统筹整合，在资源、科技、政策、项目推进、基础设施建设等方面建立协调机制，加强与金融机构对接合作，建立分险基金、产业引导资金，出台健康免税岛十条措施，鼓励民间资本注入，加大康养产业的投入力度，把生态康养产业作为特色产业进行重点扶持。在综合保障上，强化基础设施建设，不断完善配套功能，丰富产业业态；加强旅游从业人员技能培训，不断提升服务水平；加大宣传营销力度，通过加强与新闻媒体合作、举办承办各类节庆活动等方式，不断提升汶川康养旅游的知名度和影响力。汶川深切体会到，只有通过“抢抓机遇、练好内功、善借外力”，才能推动创新协调发展。

（作者旺娜，中共汶川县委副书记、县人民政府县长）

社会主义核心价值观落地汶川的现实途径

龙 跃

“5·12”汶川特大地震的发生，使汶川这座川西北小县迅速以灾难发生核心地的形式走向了世界。随着灾后重建任务胜利完成，汶川的经济和社会深刻变动、利益格局深刻调整、思想观念深刻变化，社会风尚呈现出多元性、多维性、多样性的特点。从整体现状看，自尊自信、理性包容、铭恩奋进、自力更生、团结友爱等积极健康的社会风尚仍是汶川的社会主流。但不容忽视的是，社会中贪得无厌、急功近利、冷漠自私、道德滑坡、“等”“靠”“要”、懒惰怨恨等一些不良的社会心态也在一定程度上存在，这些不良心态给建设“物质富裕、精神富足”的小康汶川带来了极大的负面影响。

因此，汶川县始终把社会主义核心价值观教育作为改善和处置社会不良风气的主要办法，贯穿到全县重点工作的始终、贯穿到群众工作的始终。坚持以化解社会负面情绪和群众积怨为导向，把践行社会主义核心价值观作为实现社会良序的重要杠杆，以“孝善和俭”创建活动、“文明四风”建设、感恩情怀培育行动，找到了让核心价值观落地汶川的现实途径和办法。

首先，科学合理的顶层设计，是实现核心价值观落地的关键所在。我县始终把社会主义核心价值观培育工程列为一把手工程，在县党代会、县委全委会、县人代会、县政协会上进行专项部署，通过召开中心组创新实践活动、专题常委会等形式对该项进行专题研究，工作中我们做到了四个“到位”。一是从“单兵作战”到“矩阵联动”实现了履责到位。制定出台了工作实施意见、方案、领导考核细则等系列文件，建立了以县委负总责、宣传部总协调，各乡镇、党政机关、县境内企事业单位具体抓的工作机构，形成了党政齐抓、全员共谋的工作体系。二是从“软提升”到“硬投入”实现了保障到位。工作经费列入县级财政预算，保证有年度专项资金，如遇重大节庆活动由县财政及时保障全县117个村（社）全覆盖开展群众文化活动。工作纳入建设康养汶川加速转型发展项目库，通过汶川县重点项目电子管理平台实行项目动态化管理。三是从务虚的资料检查到务实的绩效运用实现了奖惩到位。工作纳入汶川县“种瓜得瓜”年度重点工作专项目标考核体系，实行多维度的跟踪问责监督，实行目标绩效化管理，工作成果以绩效考核等次结果兑现年终奖金，充分体现了工作的正向激励。四是从社会亚文化突显到主流文化响彻汶川大地实现了效果到位。通过“孝善和俭”创建活动、“文明四风”建设、感恩情怀培育等行动，社会主义核心价值观如春雨般润物无声，渗入人们的日常生活，为推动发展凝聚了强大的社会能量，让汶川变得更有温度，更有力量。

其次，大胆创新的治理模式，是推动核心价值观落地的破冰之举。我们始终把修正不良社会风气，化解和处置不良社会恶习作为工作切入点，从社会不文明撕裂处入手，以培育淳善家风、构建和谐民风、塑造良好校风、营造清明政风为目标，推动社会主义核心价值观在干部群众的工作和生活中落小落细。一是以“文明四风”建设厚植文明土壤。通过开展文明家风、校风、民风、政风建设，把文明细胞植入千家万户，贯穿到宣传教育的每一个环节，植入老百姓的心中。对标脱贫攻坚“四个好”，大力整治和改善农村环境卫生，以“微笑随行”“情倾特教·爱暖夕阳”等大型主题志愿服务活动，重点帮扶空巢老人、留守儿童、困难职工、残疾人等困难群体；评选“汶川好媳妇”“汶川好婆婆”“榜样少年”“城市美容师”“汶川贴心人”等一大批社会各类群体中的平凡榜样，评选活动不设门槛、不定评判标准，把评选的话语权和决定权交给群众，最大限度地调动群众参与文明创建工作。二是以感恩教育培育铭恩奋进的汶川精神。把感恩作为汶川精神瑰宝和力量源泉，设立5月12日为汶川“感恩日”，以感恩主题教育活动、感恩教育文化创意活动、感恩心智培育活动、感恩践行引领活动、感恩教育“五进”行动为支撑，通过开展寻找“汶川恩人”、失信农户大清理、建立诚信经营“红黑榜”等活动，推动感恩教育融入人们的日常生活，引导全县广大干部群众树立“祖国好、汶川好、大家才好”的思想意识，在全社会培育感恩奋进的汶川精神和时代精神。三是以移风易俗塑造良好的生活风尚。最大限度地发挥村民自治组织的作用，全县117个行政村（社）均成立红白理事会，通过完善村民自治管理制度，破除红白事大操大办、铺张浪费、虚荣攀比等陈规陋习，简化红白喜事流程，把宴席用餐标准纳入村规民约。通过建设移风易俗示范村，形成了以点带面的示范效应，使公序良俗在最基层生根发芽。四是以群众文化活动涵养社会主流价值。深入挖掘汶川“文化四朵花”的精神内涵，建设独具汶川特色的“孝善和俭”文化广场，打造乡村文化院坝，通过“送文化”和“种文化”相结合，指导基层文化队伍每年自编自演文艺节目200余场，以羌历新年、春节、大禹文化旅游节等重要民俗文化节庆为契机，全县117个行政村（社）全覆盖开展民族文化大联欢活动，推动核心价值观扎根本土文化，融入群众的精神血脉。大力推动健康汶川建设，发展健康有益的大众文化，引进登山越野、拳击运动、马拉松等时尚健康的运动娱乐项目，以健康向上的精神风貌传播主流文化。

第三，细致入微的群众工作，是推动核心价值观落地的根本保证。社会主义核心价值观培育是新时代浩大的凝心聚力工程，群众的价值认同感是工作是否落地的唯一标尺，工作中我们坚持用心沟通、以情化人，处处体现人文情怀。一是精选骨干力量及时传达上情。在全县干部群众中优选19名政治素质过硬的“草根宣讲员”组建县委兼职讲师团，开展基层政策巡回宣讲；组建22支志愿服务大队，深入田间地头、街头巷尾，开展社会主义核心价值观宣传教育。二是发动业余大军精准把握下情。以“户户入·入户户”新时代群众工作法为基本遵循，建立新型网格化管理模式，实行格长负责、格员包户的责任机制，开展千名干部进百村入万户政策宣讲工作，实现老百姓与党委政府的一对一精准沟通，使情况在一线掌握、问题在一线解决、矛盾在一线化解。三是聚合社会力量共建共享文明城市。搭建文明商者等信息交流平台，开通社情民意窗口。县委、县政府积极采纳信息交流平台中关于城市治理的可行性意见和建议，有效探索“我为汶川、汶川为我”共建共享的社会治理模式，编织了一张全员参与、上下联动的群众工作大网，实现了社会主义核心价值观从职能部门的单向灌输到全县人民主动参与践行的良性互动。

社会主义核心价值观培育工程是一项永久性的塑魂工程，要想扎根发芽、开花结果靠的是践行。今年我们将用一场场感恩情怀培育行动感恩祖国、感恩援建、感恩社会、感恩同胞、感恩家人，在感恩中奋进，在感恩中成长，在感恩中获得力量，在感恩中坚定信念，不忘初心，牢记使命，以实际行动，重塑新时代汶川人的精神风貌。

（作者龙跃，中共汶川县委常委、宣传部部长）

聚合社会力量，推动持续发展

——以汶川渔子溪和天津泰达村企十年“五联共建”为例

李晓刚

我国是灾害多发的国家，重大灾害事件会给人民造成巨大的生命财产损失。历史证明，不管有多大灾难，在中国共产党的英明决策下，在集中力量办大事的优越体制下，在社会各界千里驰援的基础上，我们都能获得抗击灾难的胜利。灾难必将过去，重建才是崭新开始，发展才能获得新生。中国有句古话：救急不救穷。社会各界力量的支援主要是帮助受灾地抗击灾难和做好重建，而要再次实现发展振兴就需要自身努力了。而事实上，如果受灾地在自强不息的基础上，还能够一直得到帮助力量的关心，始终做到帮扶力度不减、情感不断、标准不降，无疑会加快受灾地的发展振兴速度和质量，成为受灾地的宝贵“财富”。下面以十年间汶川县渔子溪村党支部和天津泰达蓝盾集团临时党支部开展村企“五联共建”为例，探索凝合社会力量实现灾后发展振兴之路。

汶川县映秀镇渔子溪村是“5·12”汶川特大地震震中村，震前经济基础差、文明程度低，是有名的“弱村”，人均纯收入仅有2 100元。震中全村房屋全部损毁、人员伤亡惨重、产业百废待兴。“一方有难，八方支援”，该村党支部和天津泰达蓝盾集团临时党支部结下了深厚友谊，得到了十年如一日的帮助，共同践行的村企“组织联建、队伍联育、情感联系、发展联抓、社会联治”五联共建模式，成为联系党心民心、建优活力动力、加快乡村振兴的有效探索。2017年人均纯收入已达19 079元，实现了从“软乡弱村”到“四好新村”的完美转型，开启了支部强起来、产业壮起来、群众乐起来的和谐新局面。实践证明，只要在中国共产党的坚强领导下、在基层党组织的强力组织下，我们才能战胜各种困难，无往而不胜。那么，如何发挥党支部的作用，如何把党的力量凝成一股合力，把一切积极因素调动和凝聚到发展振兴的工作上来，渔子溪村作了有益探索。

一、“组织联建”是纽带

党的基层组织是党全部工作和战斗力的基础，而党支部是党的组织系统中最基层的组织形式。人与人的交往有时会因时间、空间等原因而中断，但党组织是永远存在的，党组织之间的交往是不会中断的。因此，汶川县渔子溪村和天津泰达蓝盾集团从一开始就注重党支部的结对共建，这成为十年间坚不可摧的纽带。无论抗震救灾、灾后重建，还是发展振兴，双方始终致力于创新优化组织联建方式，不断增强党组织的凝聚力、战斗力，带领党员干部群众迈步走进新时代。

灾后第一时间，天津泰达蓝盾集团就选派6名党员组成抗震救灾小分队赶赴映秀渔子溪村，当即成立临时党支部，并与渔子溪村党支部结成对子，拉开了双方十年如一日的结对共建序幕。抗灾中，双方共同制定救灾方案，将党员干部进行分组分工，“党员先锋队”“党员服务队”在最短时间内携手同心、守望相助，解救受伤群众10余人，安全转移群众1 000多人，成为群众最坚实的后盾，做到哪里有救灾任务哪里就有党的组织，哪里有受灾群众哪里就有共产党员。随后，共同组织12名专业心理辅导医生驻村疏导群众情绪，及时、足额、公平、公开兑现过渡安置补助政策，并对“老弱病残”无依无靠的特殊群体采取特别救助措施，没有发生饥荒、没有出现流民、没有暴发疫情、没有引发社会动荡，确保了村庄治安稳定、政治稳定、社会稳定。

重建中，按照“抓紧恢复和重建在地震灾害中受损的党组织”的要求，双方积极提出科学规划意见建议，建成新党群活动中心，并按照支部结对共建协议，对渔子溪村阵地功能进行拓展，建立娱乐活动室、群众健身房、健康服务站等场所设施，高高飘扬的旗帜，成为凝聚人心的坚强堡垒。根据上级党组织的要求，两个党支部发挥各自优势、协同发力，对全村进行科学重建，第一时间完成基础设施建设，241户人人有安全住房、户户有安全用水用电、家家有入户道路，并修建地震博物馆、遇难者公墓等建筑。十年间，每年双方通过党员座谈会、支部主题党日、农民夜校等载体，共同开展学习十九大、主题党课、党旗上联名签字、重温入党誓词、“听党话、跟党走”宣誓等活动60余次，联合开展“向遇难者致敬祭拜”“重走长征路”“汛期突发地质灾害演练”等活动10余次，党组织凝心聚力的作用得到了有力彰显。为进一步深化组织联建，今年3月集团临时党支部正式更名为“汶川映秀投资有限公司党支部”，董事长邹凌担任该公司支部书记，兼任渔子溪村第一书记，公司6名党员组织关系转到该支部，全力推进党组织建设、设施建设、产业发展，形成更直接、更有力的组织联建新格局。

二、“队伍联育”是保障

党员干部是抗击灾害的先锋，是发展振兴的人力保障。要想适应时代发展，双方愈发意识到党员干部视野要宽，要有干劲、有思路，建立一支战斗力强、带头作用好的队伍显得尤为重要。

只有选好配强“两委”班子，才能凝聚全村发展“张力”。在换届之际，双方联合开展了“村两委竞争上岗”，3名30岁左右的优秀人才脱颖而出，从大学生村官、致富能人、退伍军人等优秀人才队伍中培养后备干部4名，并有意识地跟踪培养，村级班子更加坚实。对无职党员进行专题培训，强化无职党员设岗定责，设立理论政策宣传员、党风党纪监督员、民事纠纷调解员、环境卫生督导员等职务，引导党员发挥先锋模范作用。

发挥集团业务广、视野宽的优势，天津泰达蓝盾集团党支部为渔子溪村党员干部培训提能搭建平台，先后5次组织40名党员干部，赴北京、天津等地考察，学习花卉种植、乡村旅游、电子商务等经验，开阔视野、拓宽思路，许多好的做法经过汲取已经开始实施。联合开展“学先进、比先进、重建家园树形象”、“学技术、长知识、重建家园谋发展”等活动，不断激发党员干部带头意识。为提高党员干部能力素养，从汶川投资有限公司党支部中选派文化程度高、思想观念新、综合能力强的骨干党员担任党建指导员，帮助村支部健全运行规则、抓好队伍建设、理清发展思路。采取“一对一”“一对多”方式，组织汶川投资有限公司党支部6名党员与渔子溪村党支部18名党员结成帮扶对子，通过帮思想、帮业务、帮技能，带动提升该村党员“双带”能力。

为切实加强群众服务，集团将管理经验融入村级事务管理中。双方制定了《村干部坐班制度》，规定村干部全天候集中办公。建立了涉及村情民情、矛盾纠纷、产业规划、基层党建以及困难群众5本台账，完善了村一事一议、村级财务管理、“四议两公开一监督”等制度，使村“两委”服务更透明。设立村民办事流程一览表，细化办事流程，由以往的被动服务转化为主动服务，逐渐形成具有村庄特色的基层服务型党组织。成立环境整治队伍，建立治安联防队，配备卫生室人员，定期在村民活动中心为全村群众提供免费体检，建立了全省联网的村民健康信息库。随着干部队伍体系的不断完善，党员干部队伍战斗力的不断提高，在发展振兴中党群齐心、攻坚克难，取得了一个又一个的胜利。

三、“情感联系”是关键

中华民族自古讲规矩、善交往、懂感恩，凡事都以良好感情作为基础。俗话说：亲戚越走越亲，情谊越聚越浓。正因为是双方十年随时的交流互动，让友谊长存、情比金坚。

每年中秋，天津泰达蓝盾集团临时党支部都会为渔子溪每户送上月饼，每年春节都会为每户送上年货；同时，每年渔子溪村党支部也会捎去甜樱桃、脆李子等汶川特色农产品，双方感情始终如初。每年春节，集团临时党支部都会到渔子溪和群众欢度新年，共同举办“村晚”，开展丰富多彩的文艺会演、摆坝坝宴、举办篝火晚会，拉家常、谈发展、话未来，欢声笑语、其乐融融；村口都会悬挂“欢迎亲人回家”的大幅标语，群众都会自发送上锦旗、感谢信、羌绣和土特产等，并开展“羌绣展”“手工展”“摄影展”等文化联谊活动。每逢5月12日和国庆、重阳等节日，双方共同组织党员干部开座谈会，看望慰问“三老人员”、贫困群众等，帮助树信心、想办法、解难题，患难与共、情同一家。

大爱沐浴下的渔子溪村深深感受到人间温情，永远铭记这份世间大爱。在天津泰达蓝盾集团党支部身体力行的感召下，村党支部积极带领群众铭恩奋进，用纯净的心灵、用实际的行动回馈社会的无疆大爱。双方致力于感恩情怀培育，以“感恩于祖国、感恩于援建、感恩于社会、感恩于同胞、感恩于家人”为主题，每年组织开展“送唱看讲”系列活动，送党课入户、技术上门；讲外界发展、家乡变化；唱感恩歌曲、民族歌谣；看发达地区、先进经验，让干部群众明知“惠从何来、恩向谁报”。联合开展“感党恩、爱家乡、过羌年”“脱贫奔康齐欢心，再唱山歌给党听”等活动，通过丰富多彩的形式，让“听党话、跟党走”意识深入人心。当别人受灾受难时，渔子溪村都会用绵薄之力施以援手，第一时间前往雅安、鲁甸参与救援，中新网等曾以《情系彝良　四川渔子溪18村民千里驰援》为题，报道了渔子溪村的令人动容之举。这些举动也得到了天津泰达蓝盾集团党支部的高度认可，大家心往一处想，劲往一处使，感情越来越浓。

四、“发展联抓”是动力

震后的渔子溪村百废待兴，如何在有限的土地上进行科学重建和发展是双方最重视的问题。灾后重建，既不可脱离实际，只立足“原地起立”，还应具有广阔的前瞻性视野，着力“发展起跳”；既要满足当代人的需要，又要为子孙后代着想，这就必须将灾后重建建立在科学的理念基础之上。双方多次商议，按照“把村寨作为一个景点来设计，把农房作为一个文化小品来改造”的要求，围绕前庭后院、房前屋后、种瓜种菜、鸡犬之声相闻进行新村规划布局。如今的渔子溪村人居环境、生活质量等方面都发生了巨大变化，充满了生机。

坚持把设施建设与新村发展同规划、同部署、同推进。借助企业管理经验，双方推行“碰头议事、集体定事、公开晒事”制度：定期组织召开一次碰头会，对重大事项民主决策；按照“一事一议”机制，在联席会上进行集体研究；对研究事项执行落实情况，公开晒账，还拟定“渔子溪河流域综合治理”“四组新建桥梁”等重大事项6项。

震后渔子溪村人均不足二分地，靠传统种植增收难以维持生计。“新村建好了，村民要致富，该走什么路？”这是双方经常研讨的问题。尽管双方定期商议产业发展，但为了表示感激，村党支部多次到天津向集团汇报思想和想法，得到了更大的支持和帮助。在两个党支部的商议下，按照“公司+基地+农户”的发展模式，制定了产业发展思路：把休闲观光农业作为新的增长点加以培育和发展，培育集农业观光和现代服务为一体的精致农庄。一是大力发展旅游业。依托震中纪念馆和“5·12”遇难者公墓等地震旅游资源，修建了村口寨门、感恩祠堂，提升民族手工艺品的制作水平，倾力打造一批特色鲜明、民族风情浓厚的旅游产业新的增长点，解决群众就业，带动群众增收致富。二是开发优势资源，壮大集体经济。纯净的山泉水是渔子溪村的优势资源，双方采取“支部领头、公司注资、群众参与”模式，着力包装成瓶装水销售，培育发展村集体经济。集团已投入200万元前期资金完成规划设计、勘探检测，待水厂建成后，不仅可以解决全村80余人就业，还可以带动运输业、物流、电子商务等现代服务业的发展。三是发展观光农业。在前期组织调研的基础上，双方致力于“花海”景点的打造，集团已投入资金10万元，栽种玫瑰花600余株，后期预计再投资300万元，通过休闲观光农业，促进农旅融合，带动村民多元增收。为加强长期的结对共建，今年3月，集团已成功注册资金1个亿的汶川映秀投资有限公司，对下一步渔子溪村的转型发展提供保障。四是拓宽电子商务。借助天津泰达蓝盾集团业务广、人脉广的优势，村上致富能手全部通过电商销售模式网上销售豆腐干、腊肉、羌绣、土鸡蛋等农特产品，2017年网上销量达100余万元，大部分都是天津泰达蓝盾集团介绍的客户，这些都为村庄发展振兴提供了源源动力。

五、“社会联治”是基石

发展振兴需要和谐稳定的社会环境，双方采取治理联创方式，共同化解矛盾、树立新风正气、构建文明新村。

灾后重建，许多利益关系和社会矛盾往往汇集，这就要求基层党组织必须切实承担起化解矛盾的责任，提高化解矛盾的能力，做好化解矛盾的工作。双方认真研究和把握灾后重建工作的特点和规律，把涉及群众切身利益的问题都应当做大事来对待，群众提出的意见都真心实意地去听取，并妥善采取措施把矛盾问题解决在萌芽状态。双方合力践行“户户入·入户户”新时代群众工作法，分别将村上相邻的10—20户群众划为1个网格，由村干部或村上党员担任“格长”。并将双方党员干部分成3个小组，按照包调查、包处理、包督办、包结案、包息诉息访、包稳定和定领导、定措施、定时间、定责任的“六包四定”原则，入户深入细致做好法制宣传和思想教育工作，引导群众在法律和政策范围内给予解决，确保件件有落实、事事有回音，切实维护群众利益和社会稳定，打牢了发展的坚实基础。特别是在重建中，群众没有正确理解政策，不愿搬入灾后重建的新房，天津泰达蓝盾集团临时党支部动之以情、晓之以理，妥善消除了群众的误解；在去年集镇统一规划中，6户农户不愿搬迁，天津泰达蓝盾集团临时党支部多次入户讲政策，引导群众感党恩、顾大局、展望未来，群众心服口服，表示支持配合。

从抗震救灾到灾后重建再到脱贫攻坚，双方都将实施关爱行动放在重要位置。重建之时，采取多种形式给受灾党员、困难党员和老党员送温暖、办实事，帮助他们渡过难关。集团临时党支部每年都为渔子溪群众送上粮油，御寒设施等年货，确保群众能够"温暖过冬"。脱贫攻坚期间，双方建立"就学必扶、重病必帮、困难必助"常态机制，先后将马锡章、李术群等身患重病群众接到天津免费医治，对连华梅、罗春丽等患者提供2万元医疗救助；向该村大学生赠送笔记本电脑，对贫困学生进行助学金资助，把党组织的关心和温暖及时送到广大党员和群众中。经常性深入90岁高龄的精准扶贫户刘桂芳等家中，面对面促膝长谈，关心近期的身体和生活情况。老人不时感动地说："现在的日子是好过得很了，共产党好啊！"这些举动都进一步拉近与群众的距离，增进了与群众之间的感情，为打赢脱贫攻坚战奠定了基础。

双方坚持精神家园重建和物质家园重建并重，高标准、高起点、多视野推进精神家园重建。灾后重建时期村民一度坐享其成、无所事事，喝酒、打游戏、搓麻将等不良风气盛行，双方通过开展丰富多样的主题活动，凝聚了正能量、提振起精气神。大力实施乡村振兴战略，共同开展"文明四风"建设，细化村规民约，对举办"红白喜事"做出明确规定，带领群众自觉移风易俗，践行"孝善和美"的传统美德。建成集宣传教育、文体娱乐、科技普及等功能一体的文化院坝，开展"健康文明，你我同行"趣味运动会、"最美家乡味·厨艺大比拼"活动、"文明乡村·美丽家园"锅庄比赛等活动，引导群众树立积极向上的精神面貌。联合开展"十星级文明户"评选活动，按照农户自评、村民互评、村级审核、党委审批、授牌表彰共五个步骤，在全村评选出爱党爱国星、勤劳致富星、移风易俗星、环境卫生星、学文重教星、遵纪守法星、孝老敬贤星、生态保护星、诚实守信星、义务互助星等"十星级文明户"共计29户，并在宣传橱窗、善行义举榜上发布，形成以得"星"为荣，创"星"争"星"的浓厚氛围。按照"住上好房子、过上好日子、养成好习惯、形成好风气"的标准，设立环境卫生督导员，集中对村脏、乱、差的现象进行清查，所有村民自觉拆除了雨棚和路边圈舍。如今，渔子溪村村庄整洁、家庭和谐、邻里和睦，不断彰显“县为民造福、民为县立业”的汶川价值观，群众充满了对美好生活的向往，2017年成功创建县级“四好村”，现正向州、省“四好村”创建目标迈进。

渔子溪村从地震瞬间“归零”到经济重振、社会重构、文化重生，是因为我们有一个坚强的党，有一个强大的祖国，有一个伟大的民族。中国特色社会主义集中力量办大事的优越体制在渔子溪村得到了全面彰显，渔子溪村的变革也证明了依靠社会力量帮助“原地起立”，实现“发展起跳”是灾后振兴的有效途径。作为受援地，需要指出的是：最重要的是要依托党组织的共建来凝聚力量、沟通协调，发挥枢纽作用；要建强队伍、完善制度来保障工作落地；要用真诚朴实情感打动对方，才能维系长远；要通过自身努力获得对方认同，才能建立长期稳定的共建体系。人间奇迹铸就时代丰碑，时代丰碑激荡时代旋律，十年间渔子溪村和天津泰达集团开展村企“五联共建”，将中国制度优势、党的组织优势、民族文化优势、基层干群优势进行了有力彰显，为重建发展提供了更大的人力物力和智力支持，成为灾后重建的又一个有益探索。

（作者李晓刚，中共汶川县委常委、组织部部长）

汶川县培育本土特色乡村文化品牌的实践

——以映秀“茶祥子”制茶坊为例

徐 锐

映秀，这个曾因“汶川地震”震中而令世界瞩目的震殇之地，浴火重生十年后，同全国人民一道走上了全面实现小康社会之路，成为习近平总书记十分挂念又甚感欣慰的地方。

2018年2月12日上午，习近平总书记到汶川县映秀镇视察灾后恢复重建情况。在“茶祥子”制茶坊里，总书记了解发展茶产业带动映秀镇及周边群众致富的情况，还亲自操作打酥油茶。听说茶祥子作为非物质文化遗产川茶代表参加了“沿海上丝路，讲中国故事”活动，总书记详细询问映秀茶出访了哪些国家和地区？并勉励“茶祥子”的主人蒋维明要精益求精、创造名牌，为“一带一路”建设多做贡献。蒋维明激动万分地说：是总书记倡议的“一带一路”为我们民族地区的茶创造了走向国际舞台的机会。

映秀“茶祥子”制茶坊对汶川县优秀的传统农耕文化和茶马古道文化资源——“藏茶”茶艺进行创造性转化，培育出“大土司”西路边茶这一本土特色乡村文化品牌，带动了周边群众致富，为少数民族地区推进乡村振兴战略探索了一条重要的路径。

一、从历史中走来的西路边茶

（一）从茶马互市到茶马古道

藏人与茶的结合，是为满足生活的需求。青藏高原海拔基本在三四千米以上，属极寒之地，生活于此的藏族同胞主食为牛羊肉、奶类、酥油、糌粑等高脂肪、高热量食物。由于没有蔬菜，体内长期缺少维生素，过多的脂肪摄入难以分解，为达均衡营养之效，藏人生活中必须有“茶”这种饮品伴侣。茶叶，内含儿茶素、胆甾烯酮、咖啡因、肌醇、叶酸、泛酸等成分，既有分解脂肪，防止燥热，又能补充维生素之效，呵护健康，《滴露漫录》记载：“腥肉之食，非茶不消；青稞之热，非茶不解。”当饮茶成为藏人一种生活习惯，汉藏间关于茶的贸易便成为一种必然。《史记》记载，西汉蜀郡商人常以特产与大渡河外的少数民族交换牦牛、马匹，茶作为蜀之特产，当已在交换物内，此时的交换处于自发、无序状态。唐初，随着汉藏交往的增多，茶叶正式进入藏民生活，出现了延续至今的喝酥油茶、马茶的高原生活习俗，茶叶正式成为藏族的生活必需品。王明达述：“早在公元7世纪上半叶，吐蕃人已经像离不开盐、帛、刀、玉一样离不开茶叶。”（《藏人喝茶溯源——与杨海潮先生商榷》）

汉人与骡马的结合，是为维护阶级利益的需要。中国历代统治者为了加强对国内少数民族的统治，在控制盐、铁的基础上，都把茶叶作为重要的统治工具，严加管控。在内地，民间役使和军队征战都需要大量的骡马，供不应求，在以冷兵器为背景的时间里，以茶叶换取国家的骑兵装备成为历代政府巩固边防的重要国策。同时，朝廷在茶和马为主要内容的边贸交易中收取了大量的赋税，成为国家财富的重要部分。

茶马古道诞生于时代的需求，发展于利益的扩张。它是以马帮为主要交通工具的民间商贸通道，是西南民族经济文化交流的走廊，是农耕文明和畜牧文明的交汇的产物。源于西南边疆和西北边疆的茶马互市，兴于唐宋，盛于明清。藏区不产茶，但出良马，互偿性需求产生了互补性生产，以茶和马为代表的交易即“茶马互市”应运而生。藏区出产的骡马、毛皮、药材等物资和川滇及内地出产的茶叶、布匹、盐和日用器皿等货物，在高山深谷间，南来北往，流动不息。贸易中产生的巨额利润，成为商号发展的动力，也是平民冒险参与的原因。随着茶马互市日趋频繁，最终形成一条为其服务并延续至今的茶马古道，内地农耕地区也出现专门为其生产服务的相关产业。历朝历代结合自己所处的位置与周边环境，茶马古道有不同的表现形式，近代中国著名的茶马古道有三条：陕甘茶马古道、陕康藏茶马古道（蹚古道）和滇藏茶马古道。陕康藏茶马古道是当时唯一可以在国内跨区贩茶的茶马古道，川藏茶马古道便是其中的一部分，而汶川县正是这个古道的重要节点。

（二）西路边茶与汶川的渊源

边茶，又称藏茶，属全发酵茶，原料比较粗老，制造过程中往往要堆积发酵较长时间，叶片大多呈现暗褐色，是中国黑茶的典型代表。四川边茶自唐朝有史记载以来，距今近1400年的历史。清雍正年间，四川边茶分为两路，从成都府治出南门销往西康、西藏的称南路边茶，以雅安为制造中心，以打箭炉（康定）为集散地；出西门销往川西北阿坝州及毗邻之甘肃、青海境域的为西路边茶，以灌县、汶川、彭县、安县等产茶州县为制造中心，以松潘、理县为集散地。西路边茶贸易沿松茂古道（又称灌松茶马古道），全长300多公里，以茶马盐贸易为主要内容，既是交通要道，又是军旅要道、商旅之道、文化通道。汶川古道是其中重要的一段。

汶川县位于四川盆地西北部，居阿坝藏族羌族自治州东南部，是汉藏地区交界之地，境内民族多为藏、羌，现居的回、汉人多是茶马古道兴旺时和新中国成立后进入的。汶川南部属山地亚热带湿润季风气候区，山峦起伏、降水充沛，古木成荫、常年叠翠，终年雨雾缭绕、溪流纵横，得天独厚的自然环境培育了当地的茶园，是历史上边茶重要的生产地。《汶川县志》记载："汶川茶叶分细茶、粗茶、红白茶、苦丁茶4种。以细粗茶为主。茶树栽培多是茶、粮间作，历史悠久，一般有七八十年、上百年老茶树。"从茶品来看，"茶叶条索紧细带毫，色泽黄褐油润，香气浓郁、滋味醇正、外形肉质均佳，享有盛名，据称曾作为'贡茶'"。从产量来看，汶川在西路边茶中占有相当的部分，"民国初年，川边'边茶'茶号总销细茶1 400至1 500担，其中汶川县1 000担（即50 000公斤）；粗茶2.5万包（大方包茶每包50公斤）。1935年茶叶经营为灌、汶籍人，改大方包茶为小方包茶（每包35公斤）。1940年总销4万包，尔后战乱饥荒频繁，细、粗茶产量逐年大减。1949年产细茶34 800余公斤，粗茶7 500余公斤、红白茶500公斤，苦丁茶250公斤"。

由于重农轻商意识和战乱的影响，新中国成立后交通的改善和以粮为纲的要求，西路边茶逐年走向衰落，《四川灌县加工西路边茶始末》记载：陕人经营时，民国初年为全盛期，后由于叠溪洪灾和苛捐杂税、军阀混战，至1936年趋于没落。《汶川县志》记载："1956年产青毛茶5 995.5公斤、黑毛茶1 116公斤、西边茶（粗茶）2.59万公斤。1959年至1962年人民公社化初期粮食减产，种茶粗放，年产细茶有所下降。1964年改造梯田，损失茶丛近三分之一。”盛极一时的西路边茶走出了历史的视野。

（三）复兴西路边茶的茶祥子

近年来，以地域品牌为代表的茶产业在各产茶区风生水起，成为富民产业，六大茶类中，尤以黑茶需求增速快，以“康砖”为代表的南路边茶经营得红红火火，但同属黑茶系的西路边茶却一直藏身深闺。

蒋维明是茶祥子的老板，现代制茶圆融艺术创始人，融合六大茶类制作理论和思想，推动“圆融工艺”炮制温性茶的主要代表。他在雅安从事蒙顶山茶生产研究多年，并以“茶之韵、祥气和、子午归”之意创建了“茶祥子”手工传习坊，研制生产系列绿茶、青茶、黄茶和红茶。

蒋维明和西路边茶结缘于第三届中国成都国际非物质文化遗产节上，他正宗地道的蒙顶山手工制茶技艺引起了阿坝州文化部门的注意，希望蒋维明能将传统制茶技艺带到汶川，帮扶与支持灾区西路边茶制作技艺的复兴和茶产业发展。2012年初，阿坝州规划映秀东村非物质文化遗产主题文化创意园，希望复兴西路边茶藏茶文化，政府向蒋维明抛出了橄榄枝，双方一拍即合。蒋维明查阅大量古书，收集有关西路边茶工艺的记载；他走访尚在世间的茶工，了解制茶工艺和精要；他花3个多月时间徒步察看原料区，终于在映秀山坡上，发现大量老茶树和2000多亩古茶林，找到了传统西路边茶优质茶叶主产区。2012年4月，他创办“汶川县映秀人民茶业”（映秀茶祥子制茶坊），开始在汶川县映秀镇的创业，也使西路边茶再生。

西路边茶的传承必须要有自己的品牌产品作为载体和支撑，蒋维明根据茶马古道文化和汶川历史特点为自己的品牌定名为“大土司”。好品牌必须要有好产品来证明，他带领制茶团队长期致力于大土司黑茶口味提升和保健功效的研究。2012年10月他从藏区陈放了30年的康砖（南路边茶）中成功分离培养乳酸菌菌株，应用于西路边茶发酵工艺。他还通过独特的储藏方式发酵，产生更多的茶黄素，把茶味从醇和提升到醇爽，获得鲜爽、甘甜的新口感，找到了与史书中记载相似，又绝不相同于南路边茶的滋味。目前，大土司西路边茶已初显在黑茶领域的品牌影响力，逐渐成为代表四川西部人文地理精神的品牌，“西路边茶非物质文化遗产”成为促进藏彝走廊文化多样性的基础，是对人类创造力遗产的传承和保护。

2013年“西路边茶（藏茶）传统手工制作技艺”被列入国家非物质文化遗产；2014年蒋维明完成“大土司黑茶”系列产品的研制，2015年参加“万里千年文明交融——重走丝绸之路”大型国际文化交流体验活动；2016年产品通过SC认证；2017年参加主题为“沿海上丝路，讲中国故事”——“盛世号”海上丝路首航特别活动；2018年到台湾地区展出。

短短六年，生产大土司西路边茶为代表的映秀“茶祥子”从无到有，像婴儿走向少年，与生产绿茶、红茶为主业的雅安“茶祥子”手工传习坊遥相呼应，各干各业，相互补充，共同承担四川省委省政府做大做强“川茶”事业的使命。

二、文化人蒋维明

我们要以茶祥子创建品牌的故事为例，来谈民族地区培育本土特色乡村文化品牌这个话题，就绕不开品牌的创建人蒋维明，他的创业思维、营销理念、品牌保护观念和生活态度以及他是怎样创品牌、保品牌的。

茶性亦德性，茶品即人品。蒋维明虽是制茶、卖茶人，但映秀当地人都称呼他为“蒋老师”。他不像是位茶叶经营者，更像是文化传播者，他用儒家理念、佛家思想和道家行为影响着周围人。每天早上八点半到晚间九点，茶祥子门口都会立着两个茶桶和两盘茶杯，时时熬着“大土司”黑茶，旁边立一牌子，正书“自取”，背书“不浪费茶”。大家在茶祥子喝茶都很随意，喝多喝少随你，久坐短坐随便，群坐独坐都行。这就是他说的“茶之道，常在安乐之道”。

（一）茶祥子的创业思维——一芽一世界（尊重）

茶叶，是茶和人的结晶，是茶在为每一个技艺人给予自己的生命，又因每个技艺人的性格、心情变成一个独特的味道。让你珍惜身边的一切，怀着对世界万物感恩的心，珍惜你的拥有。茶祥子的创业理念就是尊重，对生命的尊重和对传统文化的尊重。蒋维明说：处于“时间上游”的我们对处于“时间下游”

的后代，至少保持西路边茶人文与地理文化的质与量，不因时间推移而递减和变质，特别是保持西路边茶传统核心价值和核心技艺形态以及未来延续。

他尊重茶的品质。大土司黑茶原料采自茶马门户——南路的邛崃山系和北路的龙门山脉，茶山终年云雾缭绕，温暖湿润，山高林密，地广人稀，远离污染。这里的土壤是由花岗岩、紫色岩和砂石等岩石长期风化发育而成，土壤有机质含量高，持水量大，透气性好，土层深厚。这里同为大熊猫和多种珍稀动植物的产地，是中国南路边茶和西路边茶优质茶叶的主产区。这里出产的茶被誉为“大自然孕育而成的天然绿色食品”，是“‘天涵之、地载之、人育之’三才合一，化为瑞草嘉叶精华而成”。他尊重制茶的功夫。大土司黑茶采用传统干仓陈存慢发酵工艺，工艺少不得半分，才能形成大土司黑茶色泽明亮、甘滑、活顺、陈香的特点，具有众多保健功能。他尊重制茶的工艺。大土司黑茶要经过和茶、顺茶、调茶、团茶、陈茶等五大工序和三十二道工艺，原料陈化历时三至五年，制作约六个月，原料的拼配以秋叶、秋梗为主，取其性平、甘、秋香，调以夏茶、夏梗、春梗，取其味酽以耐熬煮，才形成了大土司黑茶红、浓、醇、陈四绝特色。他尊重茶的传承。蒋老师收徒条件很简单，只要愿意学习、踏实勤劳就行，他言传身教，以身作则，五年功夫不到，不能出师。

（二）茶祥子的营销理念——一叶一如来（随缘）

《华严经》讲，这个世界是至真、至善、至美，是一真法界，万法自如，处处成佛，时时成道。在蒋维明眼里“人皆善良”，他的营销理念就是随缘，他认为买卖不只是钱与东西的交换，更是人与物的结合。在茶祥子喝茶，没有强迫销售，品其味后愿买则买，买多买少自愿，他只强调茶类要与你身体状况相符；在茶祥子买茶，生人熟人一个价，绝不要有打折企图；在茶祥子里，隔着透明的玻璃墙，你可以看见整个茶叶的加工流程；茶祥子没有网店，没有代理商，也不分给周边商铺零售，产品只通过雅安、映秀两个实体店销售。蒋维明说：茶叶是种特殊性的商品，保存不好就会损失安全、健康和营养成分。对一些熟客订制，他必亲自邮送。

（三）茶祥子的品牌保护观念——一水一自在（品质）

《华严经》云，自在者，神通无碍也。命自在、心自在、财自在、业自在、生自在、愿自在、信解自在、如意自在、智自在、法自在，得此十种法，故于诸世间教化调伏一切众生。蒋维明的品牌理念就是质量，只有确保质量才是对历史的尊重，对自己的尊重，对消费者的尊重，对茶的尊重。

蒋维明致力于将大土司黑茶打造为全国品质最好的黑茶。除了严苛的材料和工艺要求，他还坚持鲜叶可追溯，确保来源品质。茶祥子只收没有使用过农药、化肥，野生野养的自然茶源。所收每一斤新鲜茶叶的产地、等级、数量、销售人等信息，都有详细记载，确保茶叶可追溯；茶祥子坚持保障产品的食品安全，蒋维明邀请州、县食药监等行业主管部门和食品安全保障体系专家现场指导，2016年，茶祥子获得SC认证。他为品牌的品质保证，长期坚持自家实体店销售，宁可扩张的步伐慢一点，也不给假冒伪劣产品任何机会。

（四）茶祥子和生活理念——一念一福田（仁义）

人应当在心里的“功德田”上，播下一颗颗善的种子，以智慧的雨露浇灌，令其生发觉悟的嫩芽。蒋维明的生活理念就是仁义，他感恩他人，尊重社会，做好表率。在他编写的《茶祥子》宣传册里，“茶浓仁怀”篇列出了从蒙顶山父老乡亲到映秀镇父老乡亲，从四川省对外友好协会到映秀镇人民政府等系列单位名称，这些都是曾给予他帮助的人和单位；在“源远流长”篇里，他列出了对他的技艺和人生有影响的十位良师益友的名字。他说，处于“时间上游”的我们对处于“时间下游”的后代，开发西路边茶非物质文化遗产的经济价值，直接作用于社会实践，变成生根于汶川映秀的直接生产力，形成新产业样式，很有意义。

他将制茶坊与映秀乡亲的关系形容为“唇齿相依”。为能收购本土野生金银花品种，他结合中医、藏医和羌医原理，采用西路边茶制作工艺，全国首创出“火毒清”“血毒清”发酵金银花茶饮品，经四川省茶叶产品质量检验中心检验，产品各项指标均合格并高于国标生化理化指标，给百姓增添一个创造财富的项目；他收茶区域涵盖汶川县南部片区的映秀镇、水磨镇、漩口镇、银杏乡、卧龙镇、耿达乡等乡镇，涉及上千家农户；收茶对象由最初都是老人，发展到现在的几乎全部人群，让一些非劳动力人群也能通过自己的劳动创造财富；茶品收购类型全，新鲜荒荒茶叶、新鲜金银花、新鲜绞股蓝，按等级收购；坚持高于市场价收购鲜叶，直接让村民参与品牌利润同享：低等茶叶鲜叶，收购价从市场每斤1元多提高到6元，高等茶叶鲜叶，收购价从每斤50元提高到65元。绞股蓝收购价每斤5元，高于全国平均收购价2至3倍。金银花收购价每斤20元，高于全国平均价4至5倍；他茶叶货款兑现快，对于每天收购的鲜叶，都是“现过现”，不拖欠老百姓一分一秒、一毫一厘。

2017年“茶祥子”制茶坊从本地收购制茶原料达11万斤，花费近200万元。今年随着自己实力的增强，“茶祥子”还给出了更高的收购量和收购价，希望让更多村民增收。

经过五年的努力，汶川县映秀人民茶业（映秀茶祥子制茶坊）从非物质文化遗产展示的茶叶加工坊，向小而精、精而专、专而特的独特方向迈进，逐步发展为西路边茶加工龙头企业。目前，在做好大土司黑茶为代表的西路边茶系列品牌的同时，蒋维明还专心研制民族地区的藏茶产业，为群众提供更加洁净、安全和营养的藏茶。

三、努力培育本土特色乡村文化品牌

创造性转化优秀传统文化资源，培育本土特色乡村文化品牌，是少数民族地区推进乡村振兴战略的一条重要路径，也是汶川县长期努力推进的工作。实施乡村振兴战略，是全面贯彻习近平新时代中国特色社会主义思想的重大部署，是新时代“三农”工作的总抓手。要紧紧围绕推动农业全面升级、农村全面进步、农民全面发展要求，准确把握乡村振兴科学内涵，最终实现农业强、农村美、农民富的奋斗目标。当前，汶川全县正着力推进农业产业与县域经济深度融合发展，农民福祉与乡村文明深度融合提高，农村城镇联动与生态环境融合提升，形成具有汶川特色的乡村振兴道路。

在历史的长河中，汶川这片神奇的土地上孕育生长了海纳百川的治水文化、悠远厚重的藏羌文化、天人合一的熊猫文化，守望相助的大爱文化，这些为我们提供了广阔的创造性转化空间和本土品牌培育基础。各级党委政府都要进一步研究农耕文明与现代文明融合发展机制，健全政策体系，实现既要留住乡愁，又要助力现代文明建设目标。映秀茶祥子制茶坊创造性继承和发展了优秀的川西农耕文化，创造性地复制出大土司西路边茶品牌，其“西路边茶（藏茶）传统手工制作技艺”被列入国家非物质文化遗产，取得了较大的成就，在其经营过程中，给映秀镇的老百姓带来了相关的收益，其产品得到了市场的认同，其富民效应和推动映秀东村乡风文明效果得到了政府的肯定。茶祥子现象为少数民族地区如何创造性转化农耕文化资源，助推乡村振兴战略提供了一些现实的经验。

（一）以市场需求为导向，为培育本土特色乡村文化品牌找准方向

《中共四川省委四川省人民政府关于实施乡村振兴战略开创新时代“三农”全面发展新局面的意见》中提出，要以农业供给侧结构性改革为主线，建立健全农村一二三产业融合发展的体制机制，加快抢救保护乡村优秀文化遗产，挖掘农耕文化、茶马古道等文化资源，打造农村民俗文创产品，建设一批农村文化创意产业示范基地和乡村旅游创客基地。这为我们传承优秀传统文化，培育本土特色乡村文化品牌，提供了方向保证和政策支持。

培育本土特色乡村文化品牌得先找准方向。首先，要进行市场可行性分析。以市场需求为导向，是社会主义市场经济的基本要求，是农业供给侧改革的方向。切实推出本土文化特色鲜明，市场认可度高的产品，是施行品牌战略的前提。要提升品牌含金量，形成人无我有的地域资源特色，才能切实给本地老百姓带来收入，从而推动农村产业兴旺。茶祥子的成功就在于创建了大土司西路边茶品牌，在于产品符合创新、协调、绿色、开放、共享的发展理念，在于产品符合人民对健康的需求，更在于前几年黑茶代表云南普洱茶在全国风行的市场背景；其次，要创造性振兴传统工艺。工艺是创造性的手工劳动和因材施艺的个性化制作，市场在强调产品质量的同时更看重工艺水平。要深挖传统文化中的历史传承和民族地域特色，充分发挥非物质文化遗产保护在城乡发展中的塑魂、兴业、育人、添乐、扬名等功能。推进传统工艺创造性转化、创新性发展，建设农耕文化创意产业示范基地，带动农村生态变美、农民生活致富。茶祥子的成功在于他对传统工艺的那份坚守和创新，在于西路边茶技艺的复活，在于从制茶坊到“西路边茶非物质文化遗产”技能展示园再到龙头企业的发展，更在于“国家非物质文化遗产”牌子的获得；第三，形成自己的市场。特色产品生产要展示可见的生产环境、工艺流程、劳动工具、生活用具，展示本土特色乡村文化品牌生产的全部过程，从而让市场相信产品，放心购买产品；同时，要注重风俗习惯、礼俗仪式的恢复保护，促进优秀传统文化与现实生活的融会

贯通，不断丰厚内涵，形成民俗旅游目的地；还要保持做好原住民生活状态的延续性，增设参与互动类项目，拉长产业链条，让各类人都能从中“记得住乡愁”。茶祥子的成功在于他对传统工艺的坚守，在于他的无保留的生产过程展示，在于他只在本店销售别无他号，更在于政府对展示园建设的巨大投资，包括各类高层次的品牌推介机会，更包括茶马古道景观打造，“文化遗产传艺园”格调氛围营造、茶室建造等大资金的投入。

汶川县正致力于将大土司黑茶打造为全国优质黑茶，带动全县茶产业发展、茶农增收；正在建立完善茶园管理机制，大力发展绞股蓝、野生金银花、卧龙紫菊代用茶等饮品；以茶叶有机肥替代化肥示范项目为契机，打造生态、有机茶叶产品基地；支持引导茶祥子、九寨茶叶等发展壮大，加强与科研机构在茶叶技术培训、技术咨询、研究开发、市场营销等方面的合作，大力引进省内外知名茶叶企业，运用其先进技术和管理经验，促进汶川茶产业的转型升级。同时，也在大力扶持与西路边茶有同样历史渊源的映秀豆腐干、绵虒豆花、水磨腊肉等特色农耕文化产品；推动“汶川三宝”“汶川六景”等品牌的建设推介工作，推动贫困地区通过传统文化和生态农业开发，培育本土品牌，实现农业的可持续发展。

（二）继承与发展相结合，为培育本土特色乡村文化品牌找到根基

中国几千年的农耕文明博大精深，传统文化是我们现代文化发展的底本和底蕴。在实施乡村振兴战略中，必须把振兴优秀传统文化作为主线贯穿始终，坚持创造性转化原则。

首先，要挖准本土文化特点。特别是挖掘出本地历史传统文化具有独特性、差异性乃至唯一性特征，形成最大的卖点和特色。茶祥子复原西路边茶的工艺，正是挖掘出汶川农耕文化和茶马古道文化中的精华，弥补了四川茶业中只见南边不见西边的空白，蒋维明继承了南路、西路边茶制造工艺中的精髓，创新了二者的结合，创造出大土司黑茶品牌。其次，要挖深本土文化附加值。要注重将产品与本地传统的生产力、民俗礼仪、风土人情、生活方式等结合起来，融入品牌的打造中，要融合形成特色文化产业，守正出新，注入新的文化内涵，创造性转化、创新性发展，最大化提升产业的内在价值和持续发展效能。茶祥子突出了藏茶饮品文化特色，展示了藏族神秘的生活习俗和好客习惯，传

承了长久以来的民族大团结，创新了人们对茶的含义的理解。第三，要提升群众的参与度。实施乡村振兴战略就是要通过不断提高乡村居民在乡村产业发展中的参与度和受益面，促进实现当地群众的长期稳定增收，有效解决农村产业、农民就业问题。挖掘本土文化资源，更好地发挥各类手工劳动者的创造力，发掘各类手工劳动者的创造性价值，增强传统街区和村落活力，带动农村变美、农民致富，乡村文明与乡村富裕相适应。茶祥子通过高于市场价格收茶，让老百姓得到了收益，但基于茶产品的特殊性和品牌保护的必要性，学艺五年以上才能开制茶坊，目前老百姓还无法进入售茶和制茶环节。当前，汶川县正把西路边茶品牌产业链拉长，培植千亩茶园，将藏羌特色民俗体验产品培育与发展旅游观光、农耕体验有机结合，打造休闲农业、乡村旅游等农村新业态，让更多的群众在培育本土特色乡村文化品牌的产业链条中受益。

（三）弘扬社会主义核心价值观，为培育本土特色乡村文化品牌找准魂

思想是行动的先导，价值是行为的标准，要把社会主义核心价值观融入社会发展各个方面，转化为人们的感情认同和行为习惯。农耕文化是现代乡村文化的根源和底蕴，“应时、取宜、守则、和谐”为其内涵，这也是社会主义核心价值观的重要精神来源。同时，传统农耕文化也包含着等级制度、男尊女卑、王权思想、宿命论等糟粕，这与我们现在倡导的“富强、民主、文明、和谐，自由、平等、公正、法治，爱国、敬业、诚信、友善”社会主义核心价值观格格不入，为此，我们必须为培育本土特色乡村文化资源找准魂。首先，要吸收精华理念。农耕文化中孕育了内敛式自给自足的生活方式、文化传统、农政思想、乡村管理制度等，与今天提倡的和谐、环保、低碳的理念不谋而合，应该大力提倡；其次，采取多种形式吸收其文化品格。在传统乡村文化中孕育着爱国主义、团结统一、独立自主、爱好和平、自强不息、集体至上、尊老爱幼、勤劳勇敢、吃苦耐劳、艰苦奋斗、勤俭节约、邻里相帮等文化传统和核心价值观，值得今天充分肯定和借鉴；第三，传承“耕读传家”家庭模式，既要有“耕”，通过物质生产来维持家庭生活，又要有“读”，通过精神文明建设来提高家庭的文化水平。崇尚耕读生涯，提倡合作包容，而不是掠夺式利用自然资源，这符合今天的乡风文明建设和和谐发展理念。

当前，汶川县正通过深入开展移风易俗、社会综合治理、历史遗留问题化

解等工作，弘扬传播社会正能量；以乡贤引领、社群自治、家庭自律为核心，完善提升县乡村三级服务管理体系，发挥群众、社会组织对社会治理的作用；组织乡贤人士、威望老人、致富能人讲政策、传技术、话党恩，不断提高人民素质；积极开展文明村镇、文明家庭、道德模范和汶川好人等创建评选活动，形成向上向善的社会风尚；深入挖掘治水文化、羌藏文化、熊猫文化、大爱文化内涵，培养正确的历史观、民族观、国家观、文化观，激发民族自信，促进民族团结。

创造性转化本土特色文化资源是一个长久的大课题，需要各级党委政府结合自身实际，对传承者给予大力的支持。在映秀镇“茶祥子”制茶坊的发展过程中，阿坝州委、政府，汶川县委、县政府，映秀镇党委政府和省、州、县相关部门都提供了大量的政策、资金、信息的支持；在“大土司”西路边茶品牌的形成和推广中，提供了参展中国西部博览会、中国食品博览会、国际非物质文化博览会等众多推广平台；推进大土司黑茶参加“藏博会”“中国西藏–尼泊尔经贸洽谈会”和拉萨举办的川藏丝路“茶维民生·康养汶川·圣洁拉萨”西路边茶推介会。同时，汶川县还以国资投入、企业使用的方式为“茶祥子”制茶坊更换先进制茶设备，建造冻库，打造扩建茶室，提升茶坊环境，花费几百万元。为了品牌的长远保护，汶川县还开展古茶树的分类普查和保护工作，打造水磨镇西路边茶基地建设，为全县优秀农产品品牌保卫战提供实打实的支持。

民族地区在培育本土特色乡村文化品牌过程中，始终要坚持以农业供给侧结构性改革为主线，市场需求为导向，社会主义核心价值观为灵魂，坚持企业主体，政府主导。政府要搭建政策、资金、技术、品牌保护等支持平台，增强创新企业抵抗市场风险能力，为本土特色乡村文化品牌创造者加满油、把稳舵、鼓足劲、启好航，牢记总书记在映秀镇视察时的重托：要在推动产业发展、民生改善等方面继续发力，把人民家园建设得更加美好！

（作者徐锐，中共汶川县委党校副校长）

第二编　多难兴邦，众志成城

阿坝州灾后重建成效分析与政策完善研究

郎维伟 陈 瑛 黎 雪

2008年5月12日14时28分，四川省阿坝藏族羌族自治州（以下简称阿坝州）汶川县发生了7.8级（5月18日修正后定为8.0级）地震，这是新中国成立以来破坏性最强、波及范围最广、救灾难度最大的一次地震。汶川地震形成多条破裂带，波及川、甘、陕、渝、滇等10省市417个县区，4 656个乡（镇）、47 789个村庄受灾，灾区总面积44万平方公里，重灾区面积12.5万平方公里，受灾人口4 624万。[①]地震造成的经济损失、人员伤亡、环境破坏和次生灾害是罕见和空前的。面对这场人类历史上突如其来的巨大灾难，中华民族将如何应对，容不得有半点迟疑和懈怠，党中央和各级政府迅速调集力量投入抢险救灾，并对灾后重建科学规划，历时三年完成灾后重建，这在人类救灾史上不能不说是一个奇迹，不仅体现了中国人民的伟大民族精神，在开展灾后重建的实践中，有许多值得总结的经验和需要加深的认识，笔者以此为视角略作归纳，献给为灾后重建做出贡献的我们这个伟大的民族。

一、阿坝州七个重灾县灾后重建成效分析

灾难有天灾和人祸之分，其结果都是给人类造成严重损失和痛苦。2008年“5·12”汶川特大地震显然属于天灾，而且带来的损失和痛苦都十分巨大。应急抢险救灾后实时转入灾后恢复重建，是降低灾难损失，恢复再生产能力，树

① 回良玉：《国务院关于四川汶川特大地震抗震救灾及灾后恢复重建工作情况的报告》，中国人大网，2008年6月24日。

立战胜灾难信心的关键，更是对灾难发生的国家和社会能力的考验。实际上，国际社会对任何国家的自然灾害往往以道义和力所能及的帮助为主。面对灾难，尤其是像汶川这样的特大地震所蒙受的灾难，要靠强大的民族精神，即中华民族奋斗、团结和创造的精神，靠“灾难兴邦”的民族凝聚力去战胜，还要有强大的物质支撑做后盾，改革开放以来日益增强的国力为战胜灾难奠定了物质基础。同时要有一个良好的制度体系，才能保证快速有效地应对如此巨大的自然灾害。综合以上因素，在灾后较短的时间内，国务院组织完成了《汶川地震灾后恢复重建总体规划》，一场声势浩大的灾后重建工作全面启动。

阿坝藏族羌族自治州地处青藏高原东南缘，横断山脉北端与川西北高山峡谷的结合部，为多民族聚居区。“5·12”特大地震的震中位置处在阿坝州汶川县境内，经灾情调查，阿坝州有汶川、茂、理、黑水、小金、九寨沟、松潘七个县为地震重灾县，其中汶川县和茂县为极重灾县。灾难造成的损失十分惨重，据统计，阿坝州受灾人口接近70万，严重受灾面积占四川省严重受灾面积的31.4%，工农业均遭重创，与2007年比，阿坝州的国内生产总值下降近40%，汶川县下降 52%[①]，受灾地的人民面临巨大的困难和挑战。根据国务院颁布的《汶川地震灾后恢复重建总体规划》，确定以国家为主导、对口援建为支撑、灾区人民为主体的灾后重建模式。国家统一规划灾后重建工作，根据灾情确定援助和受援双方，以一个省对口援助重灾区一个县，具体由广东省援建汶川县，山西省援建茂县，湖南省援建理县，安徽省援建松潘县，吉林省援建黑水县，江西省援建小金县，九寨沟县由本省确定对口援建。通常对口支援是指在政府主导下，建立发达地区对不发达地区实施一种比较稳定的支援关系，其中包括政府部门、事业单位、企业、行业之间的对口支援，而这一次是针对灾后重建的特殊事件，在具体实施方面呈现以下特点。

（一）民生优先，重建生活家园

地震最直接的破坏是建筑，建筑又以民居恢复重建最关紧要。汶川地震致使阿坝州倒塌房屋33 526户，损毁房屋44 852户，一般受损40 855户。按照规划住房灾后重建三年内完成，2009年当年完成59 531户农村居民住房重建，

① 四川年鉴社编:《四川年鉴2008》，成都：四川年鉴社，2008年版，第468页。

使各族受灾群众灾后一年住进新建房屋，同年城镇住房维修加固28 831户。历时三年阿坝州所有因灾造成的城乡居民均住上新建或维修加固的房屋，而且把农村住房建设和地质灾害治理结合起来，城镇住房建设和城镇化发展结合起来，使城乡功能全面提升，为此后的阿坝州全域旅游和乡村振兴奠定了良好基础。

重建是把基础设施和公共设施建设放在重要位置，同时也为未来的经济发展夯实基础。基础设施和公共设施建设可以从固定资产投资情况反映出来，阿坝州地震当年固定资产投资仅为82亿元，2009年增至351.3亿元，同比增幅328.4%，增速位列四川省第一。2010年、2011年均维持在362.4亿元和380.22亿元的高位。据统计，2009至2011年三年灾后重建，累计完成固定资产投资1 093.92亿元，是自建州到2007年总和的1.87倍。项目建设涵盖了基础设施、公共服务、产业发展、生态建设等各个领域，阿坝州发展后劲得到增强。据有关评估表明，灾区学校医院等公共服务设施超过震前水平，降低了灾区民众享受公共服务的成本，提高了人们抵抗风险的能力，降低区域脆弱性。公共基础设施大大超过灾前水平，奠定了灾区扶贫开发和长远发展的良好硬件基础。①

在2011年三年灾后重建完成后，固定资产投资仍然维持在高位，长效支持机制已见成效。七个重灾县中，极重灾县汶川县和茂县2009年固定资产投资完成额分别为86.44亿元和68.11亿元，相较2008年，激增847.3%和429.6%，体现了项目投资对灾后重建立竿见影的支撑作用。重灾区理县、黑水县、小金县、九寨沟县和松潘县2009年固定资产投资完成额增速也分别高达346.3%、111.7%、336.1%、343%和487.3%。即便灾后重建结束后，七个重灾县固定资产投资完成额多呈现回落态势，但均大幅高于地震前2007年的水准，显示经济基础恢复良好，经济指标已呈现良性健康增长态势。（见图1）

① 黄承伟、[德]彭善朴主编：《〈汶川地震灾后恢复重建总体规划〉实施社会影响评估》，北京：社会科学文献出版社，2010年版。

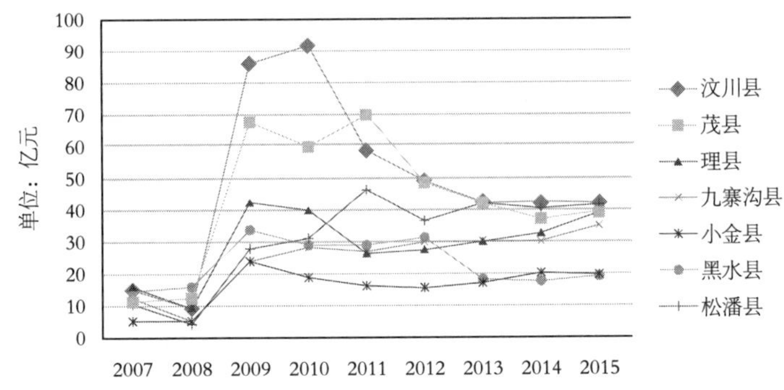

图1　阿坝州7个重灾县固定资产完成情况[①]

（二）恢复生产力，重建经济能力

地震对生产力的破坏是显而易见的，以工业为特征的第二产业表现尤为明显，2008年阿坝州因地震第二产业增加值约22亿元，相较于2007年的约45亿元，几近腰斩，本就薄弱的工业基础受到极大损毁。其中极重灾区汶川县是阿坝州的经济中心和工业基地，2007年该县第二产业增加值（22.2亿元）接近阿坝州总量的一半（48.9%），2008年仅有8.13亿元，下降72.39%。如图2所示，极重灾县和重灾区多数县和阿坝州第二产业占比均在2008年呈现断崖式下滑态势：阿坝州第二产业占比从2007年的43.18%下降到2008年的30.29%，汶川县第二产业占比从2007年的77.16%下降到2008年的59.39%，茂县第二产业占比从2007年的52.71%下降到2008年的41.91%，理县第二产业占比从2007年的64.14%下降到2008年的44.30%。

灾后恢复重建与优化生产力布局、结构调整、产业上档升级有机结合，重点以推进工业化和新农村建设作为突破口。2009至2011年间，全州第二产业增速分别为88.1%、29%、24%，第二产业占比从2009年开始呈现回升势头，主要受灾县均在三年重建期内恢复到震前占比，第二产业占比超过2007年的水平。（见图2）

---

① 本表2007年至2015年统计数据均来源于四川年鉴社主编的《四川年鉴》，2016年数据来源于各地方政府网站统计数据。本文中所有图表均按此出处收集数据制作，不再重复说明。

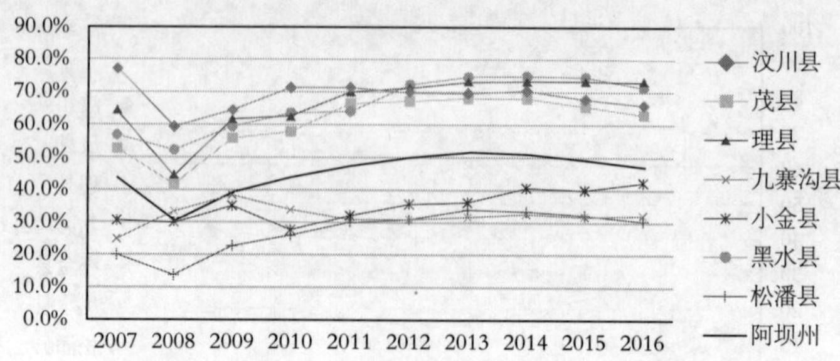

图2　阿坝州及7个重灾县第二产业占比变化情况

同时，产业结构得到调整和不断优化，如图表3所示，地震对灾区的产业结构带来了极大影响，阿坝州一、二、三产业占比由2007年的18.6：43.2：38.2变为2008年的26.7：30.3：43。经过灾后重建，经济结构在2010年恢复到震前水平，2011年一、二、三产业占比优化为17：47.7：35.3，突出恢复发展水电工业、特色农牧业和旅游业等主导产业，特色产业得到新的支持，并提供了大量的就业机会。7个重灾县，均于2011年或更早实现了产业结构的进一步优化调整。（见图3）

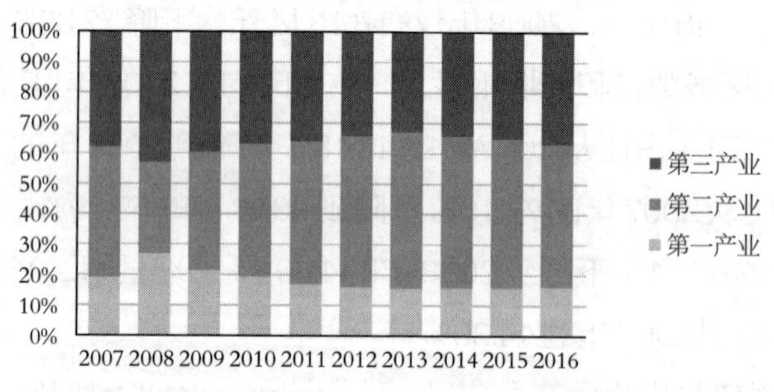

图3　阿坝州产业结构变化情况

（三）财政扶持，重建各项事业的发展能力

中央和省级财政及时对阿坝州严重受损的财政能力给予帮助，为使各项事业恢复重建，进一步增强自我发展的“造血”功能。阿坝州属于老革命根据地、少数民族地区、贫困地区，地方财政能力不强，受此重灾更是雪上加霜，2007年全州一般预算支出仅为44.77亿元，灾后重建期间，在全州支柱产业受灾严重、财政收入锐减的情况下，中央和省级财政给予一定的补助尤为重要。仅

2008年下半年实施灾后恢复重建政策起，全年一般预算支出达101.4亿元，增幅为126.49%。2009年为136.94亿元，2010年为203.8亿元，2011年为138.35亿元，对灾后重建形成了有效财力支撑。如图4所示，7个受灾县中，极重灾区汶川县和茂县2008年财政一般预算支出分别为15.98亿元和14.4亿元，相较地震前的2007年，激增379.88%和350%，2010年一般预算支出达到了30.75亿元和29.81亿元，分别为2007年的9.23倍和9.32倍，体现了国家财力对灾后重建的倾斜性支持。重灾区理县、黑水县、小金县、九寨沟县和松潘县2008年财政一般预算支出增速也分别高达268.1%、165%、75.4%、93.6%和92.5%。即便2011年三年灾后重建结束后，7个重灾县一般预算支出有所回落，但随后企稳，再呈增加态势，均大幅高于地震前2007年的水准，显示了财政支持的长效作用，经济恢复、结构趋于合理，财政供给的基础得到夯实，震区综合实力明显增强。

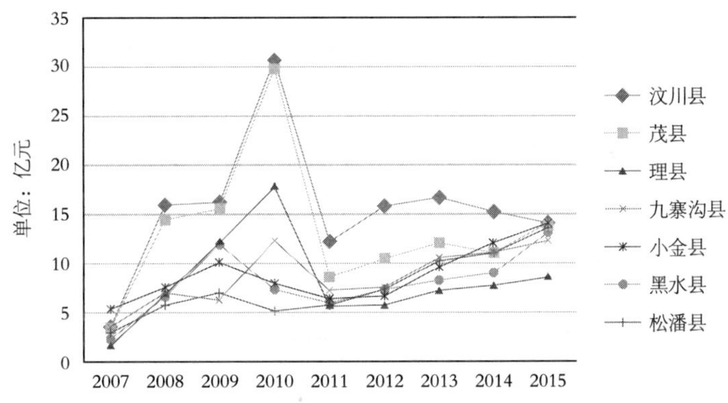

图4 阿坝州7个重灾县财政一般预算支出情况

（四）对口援建向对口合作转型，重建灾区适应市场的能力

为帮助阿坝州灾后形成新的经济增长极和产业集聚发展效应，在重建构想上不只拘泥于以往的方式，援助方把援助与市场化的生产要素结合起来，更好地发挥区位、资金、人才、物流的带动优势，把对口援建向对口合作推进，开展跨区域异地帮扶，调动和发挥市场能力，实现合作双赢。例如：成都市政府和阿坝州政府签署《关于合作共建工业集中发展区的协议》，共建成都—阿坝工业园区（以下简称成阿工业园区）。成阿工业园区享有异地园区共建、六省对口

支援、集成政策倾斜三大优势。成阿工业园区落地成都市金堂县，是全国唯一的地震灾后异地产业重建园区。金堂位于成遂渝交通主轴，依托成渝城市区位优势明显，且地形平坦，无地质灾害隐患。在对口支援六省的共同支持下，异地园区不但承接六省工业产业的转移项目，承接阿坝州水电、铝业、锂电池的深加工项目，同时纳入成都市大工业产业布局圈。六省对口支援利用各地优势资源的整合，同时激发阿坝州工业的内生动力，把对口支援升级为对口合作。在政策倾斜上，成阿工业园区享有国家支援灾后重建政策，引入重点项目享受国家扶持藏区产业发展规划政策，成都统筹城乡发展综合配套改革试验区建设的集成政策优势。园区的成功建设成为共同力量重建震灾地、异地工业区打造、城乡一体发展、区域资源互动和各民族共同发展繁荣的范式。

在全国人民的支持下，灾后重建历时三年，到2011年6月，阿坝州共获得援建项目1 352项，总投资201.55亿元，其中对口援建资金166.69亿元；已完工项目1 339个，在建项目13个；累计完成投资195.98亿元，其中援建资金163.89亿元。对口援建阿坝州重灾县的六省共投入援建资金164.89亿元。从表1所示，恢复重建后，6个重灾县均扭转了经济下滑局面，至今保持增长态势，而且以经济结构适应市场的增长取代单纯依赖投资性增长，经济形式的好转带动灾区整体发展，同时为减贫增添动力，实践证明灾后重建形成了由输血到造血的成功转变。（见表1）

表1　阿坝藏族羌族自治州地方生产总值统计表（2007—2016年）　单位：亿元

统计地		2007	2008	2009	2010	2011	2012	2013	2014	2015	2016
阿坝州		105.10	75.60	109.60	132.70	168.48	203.74	233.99	247.79	265.04	281.32
极重灾区	汶川县	28.77	13.69	23.64	33.77	40.89	46.08	48.65	54.99	55.67	56.65
	茂县	10.13	6.60	12.22	14.39	21.43	24.89	28.69	31.82	31.92	33.94
重灾县	小金县	4.50	4.32	5.48	6.28	7.71	9.13	10.39	11.94	12.94	14.06
	黑水县	4.93	4.39	7.26	8.81	10.50	14.09	18.00	19.57	21.34	21.73
	松潘县	8.20	5.44	7.12	8.58	11.08	12.60	14.84	16.02	17.82	19.29
	九寨沟县	15.05	8.71	11.21	12.18	15.01	17.95	20.16	22.34	24.40	24.60
	理县	6.33	3.86	7.38	9.14	13.12	15.11	18.17	20.10	21.97	23.26

二、灾后重建的精神家园建设成就分析

精神与物质是相对的但并非是相对立的一组概念，马克思主义认为，关注人的全面发展，也包括精神层面的发展，并且要把人的精神发展与特定的社会历史实践相结合。汶川地震造成惨重的人员伤亡和巨大的经济损失，给灾民带来的沮丧、恐惧、疑虑、焦躁、不安等情绪和反应，往往会导致个体精神障碍，而家庭解体、严重伤残等问题也给社会带来了巨大的冲击。汶川灾后重建重视对人的心理层面和精神层面的呵护，重视社会关系的重建，通过文化抚慰、心理辅导、助学助教等社会关爱活动，及时有效预防或治疗巨灾中极易发生的心灵创伤、心理障碍等心理问题，增强了灾区人民重建家园的信心，减少和消解了社会矛盾。在经过抗震抢险阶段、灾后重建实施、心理精神层面的救助活动后，据调查评估，民众心理和谐程度的降低幅度不大，心理状况出现一定恢复，灾民对心理援助、法律援助的满意度非常高，社会治安形势平稳，灾区群众的安全感明显增高。①

与此同时，对阿坝各民族文化的抢救，也成为灾后重建在精神层面关注的重点。在对口援建中，民族文化遗产保护和文物抢救修复做到应保则保、应修则修，各地调集了一批文物专家现场指导，对民族传统村落恢复重建。例如，茂县作为最大的羌族聚居区，也是羌族文化核心区，在震后2个月内，成功完成文物抢救和转运工作，援建方规划建设了全国唯一、软硬件设施一流的羌族博物馆。茂县开展了“一区一园一廊”建设，以羌民族生态保护核心区、羌文化产业园区和羌文化走廊为主要内容。湖南在理县投资2亿多元，为保护和展示嘉戎藏族文化和羌民族文化，恢复重建甘堡藏寨和桃坪羌寨。灾后重建的三年中，据不完全统计，到2011年5月，7个重灾县的文化遗产灾后恢复重建规划项目完成45个，项目投资近8亿元。这些文化保护项目，既有效保护了少数民族文化，使民族文化记忆得到传承，也丰富了中华民族文化。文化保护又促进了阿坝州掀起的乡村旅游、人文旅游等项目和旅游产业的发展。

灾后重建体现了出中华民族伟大的团结精神，再一次证明中华民族是守望

① 黄承伟、[德]彭善朴主编:《〈汶川地震灾后恢复重建总体规划〉实施社会影响评估》，北京：社会科学文献出版社，2010年版，第13页。

相助的大家庭，不论遇到多大的困难我们这个民族都能做到一方有难八方支援。实际上，灾后阿坝州获得了各种方式的支持，有智力和技术的援助，包括人才培训、异地入学入托、劳务输入输出、农业科技援助等，还有各单位组织提供的医疗、教育、警力支持、治安维护、心理疏导和社区重建等服务，有效帮助灾区增强了自我发展的能力。其中，志愿者数量和钱物捐赠数量出现“井喷”现象，奔赴灾区从事救援和灾后重建的各类非政府和非企业的公民组织成为一道亮丽的风景线，在灾后重建这一持久艰巨的工作中发挥了不可替代的作用。根据民政部社会福利和慈善事业促进司与中民慈善信息捐助中心发布的《2008年度中国慈善捐赠报告》统计，汶川地震后，深入灾区的国内外志愿者队伍总量在300万人以上，在后方参与抗震救灾的志愿者人数在1 000万人以上，其经济贡献约185亿元。有调查显示，灾后重建中NGO[①]发挥的功能十分广泛：包括住房重建的资金支持和技术指导、高质量的医疗卫生服务、帮助灾民恢复生计重建家园、生态环境和资源保护、心灵重建、教育发展、文化保全，以及资金、信息和咨询服务等资源支持。[②]以至有人评价2008年为“中国NGO元年”，作为政府的有力补充，各种社会组织和公众个人，站出来勇敢地承担社会责任，改革开放以来积蓄已久的社会公益力量，在汶川灾后重建中爆发出惊人的力量。

公民社会是国家或政府系统，以及市场或企业系统之外的所有民间组织或民间关系的总和，是官方政治领域和市场经济领域之外的民间公共领域[③]，其主体是公民和公民所结成的民间组织，以公共空间或称公共领域为重要组成部分。汶川地震灾后重建中公民和公民组织所展现的风采，可以毫不夸张地说，2008年是中国公益事业发展的转折点，公民的这种自觉行动不仅是中华民族传统精神的再现，也是中华民族时代精神风貌的体现。

---

① NGO作为一个外来词，直译为汉语即“非政府组织”，与“公民社会”“公民组织”“非营利组织”和“民间组织”等名称在一定意义上指的是同一类组织，因此在不严格界定的情况下，这些名称通常可以互换使用。参见李卓：《中国NGO的定义与分类》，《中国行政管理》，2003年第3期。

② 张强等著：《NGO参与汶川地震灾后重建研究》，北京：北京大学出版社，2009年版。

③ 俞可平：《中国公民社会：概念、分类与制度环境》，《中国社会科学》，2006年第1期。

三、灾后重建需要完善的政策思路

（一）灾后重建法治化

新中国成立以来，我国一直按照民政部提出的“政府主导，分级管理，社会互助，生产自救”的方针指导救灾，形成了一套救灾管理体系。首先，在法律制度方面颁布了《中华人民共和国突发事件应对法》，对突发事件的预防、监测、应急处置与救援、法律责任做了规定。《中华人民共和国防震减灾法》对地震监测预报、预防、应急救援、灾后过渡性安置和恢复重建做了规定。还有一些规章、制度、规划性质的文本，如《国家突发公共事件总体应急预案》《国家自然灾害救助应急预案》《救灾捐赠管理办法》《国家突发事件应急体系建设“十三五”规划》。另外，2008年6月出台的《汶川地震灾后恢复重建条例》，是规范汶川灾后重建的重要行政法规，弥补了当时抗震减灾相关立法不足的缺陷。其次，建立了以国家减灾委员会为核心的组织指挥系统，规范了救灾工作具体程序，建立了独具特色的四级应急响应系统。使救灾管理制度实现反应迅速、救灾及时、统一指挥、部门协调的整合优势，发挥了政府作为国家管理机器在救灾重建方面的作用。2018年在《深化党和国家机构改革方案》中，国务院将组建应急管理部，整合国家减灾委和国务院多个部委的防灾救灾职责，以期有效管理和提升应对各种自然灾害和突发事件的能力。

但是，从“5・12”汶川特大地震抗震抢险和灾后重建的实践来看，目前救灾管理主要侧重突发事件应急体系建设，侧重突发事件的事前和事中部分，现有两部法律对于灾难发生后的恢复与重建仅有原则性规定，实施起来不易准确把握。而且，作为政府主管部门的应急管理部，其职责也主要是防灾救灾中的应急管理、灾害防治和安全生产监督等，并非承担灾后重建工作职责的常设机构。党的十九大报告进一步强调推进国家治理体系和治理能力的现代化，在依法治国背景下，灾后重建也需要法治化，应当构建市场化背景下的灾后重建长效机制和完备的组织机构体系。至少需在两个方面加以完善，一是出台灾后重建的基本法律，为灾后重建提供更加有力的法律保障。可以从两个途径考虑，制定有针对性和可操作性的灾后重建专门法律，《汶川地震灾后恢复重建条例》可以作为灾后恢复的成功案例，或者修订原有相关法律，增加灾后重建的程序保障、机构保障、职责保障、财政保障和监管保障等切实可行的条款，使灾后重建做到有法可依、有章可循，由规范的法律来科学推动，而不是更多地依靠政治动员、行政命令或上级安排。二是设置灾后重建的工作责任部门，如今自然灾害已经是高频率发生的事件，随之而来的灾后重建工作不可或缺，尤其是大灾后出现的区域性或全国性动员，甚至某个局部全员参与，都投入很大的人力、财力和精力，这就有必要设置工作责任部门或牵头部门。可以考虑增加现有相关管理部门的工作职责，以确保灾后重建的时效和实效，同时避免政出多门、多头指挥造成的无所适从或资源浪费现象。

（二）对口援建理性化

汶川地震发生后，国家制定了《汶川地震灾后恢复重建对口支援方案》，国务院按照“一省帮一重灾县”的原则，安排19个经济水平相对较高的省市开展对口援建。这一举措，不仅成功解决了灾后重建问题，也在实践基础上更加丰富了对口支援的理论和政策。自此以后，对口支援呈现出规模升级、内容升级、形式多元、市场机制与行政手段相结合、单方受益向共赢发展等特征。但是，援助过程中也出现一些非理性化的问题①，归纳起来，存在统筹和协调机制、管理和监督机制、法律和法规体系不健全的问题。并且，在我国区域发展不平衡和灾难多发的现实背景下，经济较为发达地区承担了较重的对口支援工作，以山东省为例，承担了支援西藏、新疆、青海、贵州、重庆和地震灾区的任务。如何实现对口支援这一具有中国特色创新之举的良性可持续发展，的确是一个值得研究的课题。

我们相信，随着前面述及的灾后重建法治化的推进，对口援建相关的法律法规政策也必然会完善，这里不再赘述。现仅就完善对口援建工作提出以下建议：

① 有学者认为灾后重建存在着管理评价和考核机制不健全、援建资源的使用效益有待进一步提高、政府间救助方式单一等问题；还有研究者指出存在行政体制不适应、支援省市之间缺乏统筹和协调、整体资金安排欠平衡和评估机制不完善等问题；此外还有法律法规不健全、舆论纠错功能滞后、巨灾保险机制不健全等问题。参见李关宾主编:《灾后重建中对口援建机制研究：山东省对口援建北川县》，济南：山东大学出版社，2013年版；倪峰等:《汶川大地震对口援建初步研究》,《经济与管理研究》，2009年第7期；王颖等:《我国地方政府对口支援模式初探》,《当代世界与社会主义》，2010年第1期。

一是理性统筹对口援建，合理配备对口援建力量。政府主导并不等于政府包办，充分发挥政府的综合指导和统筹协调功能，根据实际灾情和各地经济特点，坚持具体问题具体分析，科学确定对口援建的规模、重点、组织和运作方式。

二是理性安排援建资金，软性建设与资金支持并重。大量投入到灾区的援建资金，往往更多地关注周期短见效快的硬件设施，导致建设标准过高、建设内容过多、设施功能难以发挥等浪费现象，应该加强监督和评估。并且，大量资金的涌入造成的强烈外力，使灾区社会分化的速度超过社会道德准则发展的速度，经济占据主导地位，形成一元独大局面，就会破坏由功能领域相互依赖构成的现代社会整体性，极有可能造成“社会失范”，出现社会矛盾和社会冲突。所以，应该把教育培训、心理修复、文化交流、人才技术等软性建设放在与硬件设施建设同等重要的地位。

三是理性明确援建双方权责。一方面要激发援建方的积极性，随着对口支援向纵深发展，国家对援建工作提出量化标准，要求汶川地震的援助投资实物量不低于上年财政收入的1%，援藏则是按1‰来安排，以此为标准，援建成效和评估也应该量化，简单的定性描述过于模糊，不能科学衡量成效。并且应该制定合理的激励机制，形成系统完整的评估标准；另一方面要激发受援方的主动性，作为重建主体的灾区人民的主动性是灾区重建以及发展的内生动力。以对口援建为契机，加强合作交流，发挥双方优势，实现共同发展。

（三）公民组织参与制度化

公民组织作为公民社会的核心结构要素之一，必然会随着中国与世界接轨的发展，越来越多地登上历史舞台。以斯蒂芬·戈德史密斯（Stephen Goldsmith）为代表的合作治理理念，认为政府通过合作治理创造的公共价值远比通过层级管理模式创造的公共价值更大，倡导在应对危机中，最有效的政府反应是激活各种富有活力的，掌握了各种应对危机专业技能、信息、资金和物资设备等资源的组织网络，不仅限于管理人员和项目，更在于动员和组织资源。[①]事实上，在灾后重建中，公民组织和政府正好可以优势互补。依靠完备的行政

① Stephen Goldsmith，William D. Eggers. *Governing by Network*. The Brooking Institution Press. 2004.

网络系统，政府能够自上而下地举全国之力，集中有限资源，快捷高效甚至不计成本地解决问题，尤其在恢复关系民生的基础设施和公共设施建设上成效明显。但对于一些适应性问题和个性化需求，比如心理抚慰、社区重建等，政府往往难以高效和持久，这时，公民组织的专业性、灵活性、合作性和资源性优势就凸显出来了。因此，公民组织参与制度化是非常必要的，这里的制度化，一方面是指国家层面统筹推进参与制度的完善，另一方面是指公民组织内部制度的完善。

新中国建立以来，我国一直提倡“依靠群众，生产自救”的方针，但是，正如前所述，我国救灾管理体系对于灾后重建的规定过于原则性，尽管在各类法规、预案和规划中都明确了公众参与的原则，却缺乏公民组织参与的具体办法规定。目前，唯有红十字会是原国家减灾委34个成员单位中仅有的公民组织代表，也就是唯一具有制度化畅通参与渠道的公民组织。另有中华慈善总会是在民政部备案注册，政府批准的非营利公益社会团体，在实际操作中，地方慈善会往往与民政部门是一套班子两块牌子，可以比较便捷地依附于民政部门参与救灾和重建。除此之外的其他公民组织基本没有正式的参与渠道，大多是通过依靠地方政府、依托业务主管单位的组织网络、与具有官方背景的大型公民组织联合等方式参与重建，具有明显的行政印记。参与渠道的不畅通可能会挫伤公民组织的积极性，政府应该为公民组织参与灾后重建提供良好的法律和政策条件，畅通的信息渠道和规范的准入渠道，尊重公民组织的自治和自立特征，不以行政命令干涉，最大程度地发挥其优势。同时，公民组织要获得良性发展，理顺自身内部制度也是非常必要的。因为发展时间不长，中国的公民组织，尤其是草根公民组织，大多自身发育不够完善，普遍存在起点低、规模小、专业性不强等现象。很难想象一个内部管理混乱，缺乏制度规范，公信度低，社会影响力弱，工作透明度差的公民组织能有所作为。所以公民组织应当加强自身制度建设，包括筹资、财务管理、人力资源管理、专业化人才队伍建设、项目设计与管理、监督管理以及绩效评估等制度，做到公开透明，完善监督机制，这样才有助于公民组织迅速成长，实现可持续发展，更好地承担社会责任。

综上所述，“5·12”汶川特大地震和灾后重建已经过去十年，回望历史，所有经历过这次地震的存活者无不感受到自然界巨大无比的破坏力，在极短的时间内摧毁了人们的财富和幸福。但是，中华民族百折不挠、坚忍不拔，勇于战胜一切灾难的气概是这个民族永恒的精神力量。“5·12”汶川地震灾后重建历经三年的奋斗，十年的努力，一个崭新的阿坝州呈现在世人面前。抗震救灾和灾后重建给我们留下许多值得汲取的经验和教训，只有通过不断的实践认识，再实践，再认识，才能使我们在应对每一次巨大事件中变得更加成熟，中华民族不仅有自力更生光复旧物的决心，而且有把决心转化为脚踏实地、科学理性的实践动力。

（作者郎维伟，西南民族大学教授、博士生导师；作者陈瑛，四川警察学院研究员、西南民族大学博士；作者黎雪，西南民族大学教师、西南民族大学博士）

汶川特大地震对口援建中的文化融合

翟 琨

灾后重建的对口援建制度是中国特色社会主义制度下独有的“集中力量办大事”的特殊机制，这一机制不仅令资金、人才、产业迅速从东部向灾区集结转移，使先进的改革经验与管理模式迅速在重建中推广传递，为灾后文化重建提供了最具特点的重建方式，带来特色鲜明的文化融合。来自东部和中部地区的18个省市与四川18个重灾县结成对子，将各自的带有鲜明异域文化的建筑风格、园林景观、文化符号与当地的文化传统相结合，京派文化、海派文化、齐鲁文化、江南文化、燕赵文化、潇湘文化、中原文化、三秦文化等各种文化在巴蜀大地上开花结果、异彩纷呈，体现了文化的互补性，实现了文化的交融性，展现了中华民族的共同性，文化重建让中华民族大家庭的文化丰富性和多样性展现在世人面前。在具体的重建过程中，城乡文化的融合使都市文明为新农村建设推波助澜，区域文化的融合为巴蜀文化输入新的文化因子，传统文化与现代文明的融合相得益彰、交相辉映，18个对口援建省市的先进理念、管理机制和工作方法更是深刻影响着灾后重建，产生了深远的影响。这种全方位、立体化的文化融合，让四川从地震的阴影里迅速走出，带着新思路、新观念、新方式，踏上文化重建的新征程。

一、城乡文化融合缩小文化权益差别

灾后文化重建通过城乡文化融合，使城市与乡村在文化服务上的差别缩小。成都市通过“送文化、种文化”的形式使城乡享受同等质量的文化服务。

成都市青羊区康庄社区是一个有3 000多名居民的涉农新型社区。面对曾是农民的居民，社区提供了电脑、插花、美容等技能培训，帮助实现就业。在青羊区派来的“文化信使”带动下，社区成立了快板队、小品队、太极拳队、儿童滑轮队等特色文化队伍，社区居民已经完全融入城市生活。在社区综合文化活动中心建设时，成都抓住灾后重建的机遇，推进硬件基础设施、文化服务机会均衡发展，初步实现了城乡群众基本享有同质同量的公共文化服务。

受灾严重的都江堰积极探索“新市镇”城市发展机制，使灾后重建从单一城市功能的应急恢复向系统提升转变。“壹街区”是上海市对口支援都江堰市灾后重建第一个功能完整的街区建设项目，它将上海的都市元素融入街区建设，呈现四个特色：一是建筑特色。社区内环境优美、交通便捷、功能完善，形成集川西风貌、上海风情于一体的综合性城区。按照“一街区、一家人”的理念，“壹街区”的设计规划融入海派元素，条条小巷纵横交错，住房建设相对集中，建筑风貌体现上海特有的“弄堂”风情。二是命名特色。“壹街区”的名称不仅包含着都江堰人民对援建者的感恩之心，更是传递着新的文化理念和突出其综合功能，让人耳目一新。当初在为该项目命名时，都江堰为了感恩上海援建、铭记援建者的恩情，提出叫“上海花园”、“上海城”或“上海村”。但被上海援建者拒绝：“援建不是恩惠，这个项目应该传递更新的理念，拥有更响亮的名字。”而且该项目拥有开放式的特点，无线网络将覆盖于整个区域内，所以“壹街区”也是“E街区”。三是功能特色。为了提升都江堰城区的可持续发展力，“壹街区”建设项目通过对口援建、联建等共同参与重建的新模式，形成功能提升的“新市镇”城市发展机制。“壹街区”是集居住、学校、医疗、购物、观光、休闲于一体的综合性城区，公共设施配套完善，对居民的安居乐业和城区发展具有重要意义，打造出都江堰城区重建的特色街区。四是产业提升特色。水是都江堰城市的灵魂，在“壹街区”中充分利用现有优质生态环境，做足水文章，打造河、岸、林、园的生态体系。将蒲阳河的河水引流到区域中心，打造人工湖，建成一个诗意栖居、旅游兴旺、“借水还水”、灵性活泛的生态城区。

在城市文化下乡的同时，乡村文化也在积极寻求走进城市。2009年5月，第二届成都国际非物质文化遗产节在成都开幕，非遗博览会特设“四川重灾区非物质文化遗产抢救保护成果展区”，看羌绣艺人绣鞋垫，品雅安南路边茶，听梓潼洞经音乐，观桂花土陶制作……来自阿坝藏族羌族自治州的“羌族瓦尔俄足”表演获得第二届成都国际非物质文化遗产节太阳神鸟金奖。四川灾区传承人的活态表演与各种非遗项目资料图片交相辉映，丰富而精彩的成果展就像一首流动的人类文化史诗。

二、区域文化融合促进民族空前团结

援建方在灾后重建中带来了各具特色的文化样式，这其中既有在改革开放中形成的先进理念和工作精神，也有千百年传承下来的地域文化传统。灾区与援建工作者在灾后重建的合作中，使来自两地的不同文化交融在一起，形成崭新的文化景观和特有的文化现象。

负责援建什邡市的北京援建者，在灾后重建中体现出勇于争先的意识、尊重科学的理念和无私奉献的精神，促进了什邡人民观念的转变和精神的提升，与“感恩奋进、创新争先、诚信和谐”的新时期什邡精神交相融合，形成了情感相融、血脉相通的特有文化现象。这其中包括超越界限多方联动的“协力文化”、超出一般意义帮助与感谢的“感恩文化”、南北碰撞相互包容的文化交流等。北京援建者主动融入什邡人民之中，把自己看作“什邡人”，把什邡当成北京的“第19个区”，满怀的是担当、责任、奉献，体现的是认真、严谨、规范，丰富和完善了北京特有的“首都理念”“首都意识”“首都标准”和“首都精神”；什邡人民以有北京援建而自豪、自信、自强，满怀的是感恩、奋进、争先，体现的是抢抓机遇、爬坡上行、实干苦干，二者相互促进、相得益彰，成为又好又快推进什邡灾后重建、促进什邡发展提升的强大动力。负责援建广元市剑阁县的黑龙江省，在援建工作中一丝不苟、全心全意。黑龙江援建指挥部总指挥刘国会被剑阁人民称为“铁人指挥长”，“我们应该是剑阁最后一个搬出板房的人”、“我恨不得将百姓的房子用双手扶起来”[①]，大庆精神、铁人精神、北大荒精神让剑阁人民深受感动，赢得了灾区人民的良好口碑。

四川绵竹与苏州桃花坞、天津杨柳青、山东潍坊并称中国四大“年画之乡”。2006年6月，绵竹木版年画与苏州桃花坞木刻年画一起，被列入国家级

① 朱睿然、王坤：《“铁人”指挥》，《黑龙江日报》，2009年7月31日。

非物质文化遗产。一场特大地震，让四川绵竹年画陷入了传承、发展的绝境。如何将村落恢复重建与地域文化相结合？通过调研，苏州援建指挥部提出一个大胆的设想，让绵竹年画与苏州桃花坞年画“联姻”，借鉴苏州桃花坞年画与高校、与书法艺术相融的经验，打造绵竹年画的文化品牌。苏州先后投入3 000万元，在绵竹孝德镇箭台村打造了一个含接待中心、展示馆、年画湖和14套年画作坊等8个子项目的年画产业基地。现在的箭台村被誉为“中国年画村”，新造的川西民宅青瓦白墙，简约古朴，墙面上随处可见各式年画：抱着鲤鱼的送福童子，神气活现的武将，娇羞丰腴的仕女……在打造年画村的同时，苏州搭建各种平台，促进桃花坞木刻年画与绵竹木版年画的交流。2009年3月3日，“同心同行桃花坞——绵竹年画联展”在苏州桃花坞文化创意产业园内举行。联展包括苏州、绵竹两地的200多幅代表作品，并有两地10位工艺大师参加展演。桃花坞文化创意产业园内，设立了绵竹年画永久性展馆和创作、销售基地，借台唱戏，延伸艺术展示窗口，以苏州发达的旅游业和大量的国内外游客，将绵竹年画推向更广阔的市场。苏州援建方还组织了苏州年画大师和苏绣大师赴绵竹开展年画传习讲座和从业人员培训，探索绵竹年画和苏绣的结合，从而拓宽绵竹年画的种类。如今，箭台村已经汇聚了30多家“前店后院”式年画作坊，近千人在此传承年画艺术、从事年画产业，年画产品已经达到100多种，年产量也从震前的数千幅增加到如今的几万幅，产品销往50多个国家和地区，年销售收入2 000万元左右。同时，苏州援建者还在积极协助孝德镇以年画基地为核心，以年画道路为主轴，以大乘村农户集居示范点为重点，以4A级景区为标准，全力打造一条农村旅游精品线路，努力做大做强年画产业。预期目标是，通过产业基地等建设，在两三年内把绵竹年画产业年产值增加到5 000万元，农户人均收入从5 000元提高到1万至1.5万元。

中华文化传统也在灾后重建中迸发出交相辉映的美丽火花。当“诗仙”和“诗圣”千年之后重新聚首欢颜时，展现在世人面前的是同样悠久的古蜀文化与中原文化的完美融合。江油市李白纪念馆在地震中受损面积达14 000平方米，一些主体建筑受到结构性损坏；李白故居受损严重，建于1788年的故居建筑陇西院、粉竹楼山门、照壁全部坍塌；33.3米标志性建筑的太白楼在地震中也成了危楼，景区建筑损毁面积达1.66万平方米。河南援建指挥部派出数批救援专家考察后制订方案，将恢复重建李白纪念馆、李白故居列为“交钥匙”工程，按照国家一级博物馆和国家5A级旅游景区标准建设，从大门到内部装修都追求唐代园林风格，“将唐风进行到底”。而最特别之处是在展示区内新增了“杜甫堂”。李白纪念馆副馆长敬道树说：这一设计思路是2009年2月提出来的，受到一些文博人员的质疑，认为少见先例，不太合适。但专家们在“会诊”中很欣赏这思路中蕴涵的“大文化”“大历史”观念，认为川籍“诗仙”李白与豫籍“诗圣”杜甫，在真实历史中就交情很好，洛阳相会已经传为千古佳话。如今李白纪念馆中新增“杜甫堂”，续写李杜所代表的源远流长的川豫情谊。

三、古今文化融合展现时代创新风貌

汶川特大地震灾区多是传统历史文化悠久的地方。援建者在工作中不仅保留当地的民族文化传统，又将现代文明的成果注入援建工程中，使历史文化与现代文明交相辉映。灾区建筑的格制和形态都包含当地文化特色，建筑手法和材料都运用现代科技，住房、医院、学校、卫生院、福利院都是9度设防，可抗8级地震。

山东援建者在北川重建中立足羌族文化，同时又在建筑中注入现代文化符号，吉娜羌寨的重建充分体现了这个特点。吉娜羌寨既突出了地域和民族风格，又融入现代建筑科技工艺。由于羌族人崇尚自然，许多房屋是天然的白石砌墙，但这种不规则的白石墙经不起地震的考验，吉娜羌寨将现代防震技术运用到房屋建设的各个环节之中，地面设计成钢筋内撑，外面配以石墙，这就做到了传统不丢失，而抗震强度可达8级。设计图纸经过当地69户灾后重建安置居民的手手传阅，几乎“全票通过”。现在的吉娜羌寨被誉为“羌族的香格里拉”。

汶川县水磨镇，位于青城后山，是阿坝藏族羌族自治州进入成都平原的南大门。2008年8月，当佛山市援建工作组到达汶川县南部的水磨镇时，发现水磨镇竟被污染工业包围，共有63家高耗能、高污染企业。佛山援建队伍决定，不仅要在废墟上重建水磨镇，还要彻底改变小镇的产业形态，在废墟上建一座以民族特色为招牌的低碳旅游小镇，建一座“汶川生态新城、西羌文化名镇”。禅寿老街最能体现援建者“造一座西羌文化名镇”的重建思路。老街的建筑以重檐木构为主体，融合了川西羌藏传统建筑精华。长达800米的街道以红色、白色、青灰色为主。“家、店、院落”三位一体的设计充分体现了以人为本的理念，既解决了灾后居民的居住问题，也可以开店做生意，自食其力。禅寿老街还修复了一大批古建筑，明代的古戏台、清代的大夫第成为老街的重要景观。淘汰高污染企业，大力发展生态农业，广东力推的产业转型升级在水磨率先得到了实现，不仅还水磨青山绿水，而且实现了从昔日高污染工业园到宜居生态新城的涅槃。造血比输血更重要。“一铺养三代”，本是广东商人的千年商经。这种商业意识在汶川灾后重建中与农耕文化形成奇异的碰撞与组合，以新的城镇格制和商业经营方式，培育了受灾群众全新的市场观念和价值观念。汶川县水磨镇家家有铺面，形成了前店后居的新格局，为当地文化旅游纪念品、餐饮娱乐、超市等提供了条件，基本解决了群众再就业、转行从事服务业的问题。佛山市对口支持水磨镇恢复重建工作组组长刘宏葆说，“我们不仅输血——捐资建房，更帮助当地造血——解决群众生产生活问题”。① 2010年4月，联合国为这个小镇颁发了“全球灾后重建最佳范例”奖牌，成为人类灾后文化重建的典范。

对口援建体制实现的援建地区与灾区的文化融合，这是文化自强意识的精彩呈现。生活方式是最生动、最恒久、最具体的文化价值、文化生态和文化样式，援建单位将文化重建和灾区新农村建设相结合，使现代生活方式走进灾区，务实的精神和先进的管理思想、运作模式推动着灾区群众生活方式的变革。18种文化遍布四川灾区，从某种意义上说，这场冲击和融合的意义比“湖广填四川”和“三线建设”所带来的冲击和融合更具体、更广泛、更深远。时任中共四川省委书记刘奇葆同志指出，对口支持是一座不朽丰碑，生动记载了共建美好家园的坚韧历程。18个对口支援省市竭尽所能把心目中最美好的构想诗意地呈现在震区大地，促进了灾区城乡整体布局的优化和环境风貌的提升。对口援建中的文化融合，是异质共生理论的最佳诠释。异质共生理论是日本学者丸山孙郎从生物共生控制论角度提出的，这个理论认为，增加异质性、负熵和信息的正反馈可以解释生物发展过程中的自组织原理。在自然界生存最久的并不是最强壮的生物，而是最能与其他生物共生并能与环境协同进化的生物。异质性

① 文远竹：《广东“一铺养三代”古训扎根汶川》，《广州日报》，2009年8月30日。

和共生性是生态学和社会学整体论的基本原则。[①]灾后文化重建借用这一理论思想，并创造性地运用到文化遗产的保护和利用当中，通过不同地域文化的交融，取长补短，展现出中华民族文化的多样性和丰富性。

（作者翟琨，四川省社会科学院副研究员）

① 丸山孙郎：《异质发生学和形态发生学——通向一种新科学观》，《自然科学哲学问题》，1986年第3期。

灾害应对中的发展性社会工作模式：探索与讨论

——基于绵竹青红社工服务

陈　锋　陈　涛

在灾害应对中，社会工作时常可以扮演一定的角色，尤其是在灾后安置和恢复重建中发挥积极的作用。例如，2008年的“5·12”汶川大地震后，许多社会工作团队即在救灾和重建中发挥此种作用。当时，社会工作界以不同方式参与了抗震救灾和灾后重建工作。特别是在灾区前线，一些社工服务团队设立站点，面向当地受灾民众及相关人群开展专业服务，构成了灾后重建中一支不容忽视的力量。据不完全统计，“5·12”一周年之际，汶川地震灾区的各类“社工站”有约20个，分布在几乎各个重灾市州（《中国社会工作》编辑部，2009）。到三年重建期结束时，这些社工站中有一些经过登记，成为当地的正式社会组织，在当地持久开展社会工作专业服务。

社会工作介入灾害应对和相关服务有不同的模式，它们可能带来的影响效果也不一样。那么，社会工作者在灾害应对和灾后重建中究竟承担什么角色，发挥什么作用？又应当怎样理解和把握自己的专业使命并适应社会的需要，更好地发挥作用？对这些问题，已有一些论者做出过思考和探讨（陈涛，2008a；张和清，2011）。尤为值得关注的是，一些社工团队采用了“发展性社会工作”理论模式作为指导，进行了富有新意的探索。从理论上讲，发展性社会工作属于比较典型的“综融”或“整合”模式，能够较好地回应灾害情境的综合性与复杂性，加之其作为新近提出的理论模式，吸纳了社会工作实践最新的一些视角和要素（包括增权、优势视角等），因而有可能构成灾害社会工作服务中更有效的模式。

但是其实际效果如何呢？本文以“绵竹青红社工服务”为例，展示发展性社会工作模式在灾后服务中的具体应用情况，并对其效果及相关问题做出讨论，以助于更好地思考灾害应对及其中社会工作的作用等。笔者认为，基于“青红社工”在四川绵竹等地开展的专业社会工作服务的经验，表明发展性社会工作理论模式是适用且有效的，能够更好地发挥社会工作在灾后重建等方面的积极作用。

一、绵竹青红社工服务的基本情况

绵竹青红社工服务是指汶川地震发生后，由中国青年政治学院等高校的社会工作及相关专业师生为主建立的“绵竹青红社工服务站”及随后登记为民办非企业单位的“绵竹青红社工服务中心”，在四川绵竹等地开展的社会工作专业服务。绵竹“青红社工”团队的主体最初是中国青年政治学院等川外高校社会工作及相关专业的师生，随着服务的发展，团队的成员越来越多地包括了四川省和绵竹市当地的有关人员及川内高校的社会工作专业师生。

2008年秋，在团队一些主要成员前期参与了灾后社会工作需求调研和相关介入活动、特别是与遇难学生家长有关的专业介入后（陈涛，2008b；Chen Tao，2009），中国青年政治学院中国社会工作研究中心联合中国政法大学、北京师范大学、中央民族大学等校社会工作及社会学专业的师生，向中国红十字基金会提出申请，参加其“5·12灾后重建公开招标”项目。经评审获得“红基会”资助后，2009年4月10日“绵竹青红社工服务站”正式揭牌，在四川绵竹汉旺镇武都板房区的东方职业技术学校内设站开展专业服务。至2009年底，绵竹青红社工服务站主要开展了扶持当地伤残人发展生计的“家庭生计互助小组”项目，培育起自我管理、自我运行的“青红家庭生计互助组”，并提供资金支持组员家庭在互助组的框架内启动了有关生计活动。2010年春，项目获得红基会第二期经费资助，同时获中国社会工作协会与南都基金会“民办社会工作组织”试点工程的经费支持用于规范完善机构建设，遂正式登记成立了民办非企业单位——“绵竹青红社工服务中心”，由绵竹市民政局担任业务主管单位。

自2010年4月绵竹青红社工服务中心完成登记至今，一方面继续在绵竹汉旺等地开展以扶持伤残人员发展生计为主的家庭生计互助小组项目，培育了第二个青红家庭生计互助组，并与第一个组合并开展有关生计互助活动；另一方面，“中心”陆续与“恩派”（NPI）非营利组织孵化中心、中国扶贫基金会等合作，在绵竹土门镇、天池乡以及北川新县城等地开展“阳光社区中心”服务和“绿色生计合作社”等项目活动。2011年，以银杏苗圃建设经营为主要内容的“青红种植专业合作社”经过培育正式成立，开展运作；2012年，在社工支持下青红家庭生计互助组的部分女性组员又组建成立“春燕手工作坊”，开始探索玻璃串珠制品的生产营销。到目前，绵竹青红社工培育出三个在地居民的合作性质的生计组织，即“青红家庭生计互助组”、“青红种植专业合作社”和“春燕手工作坊”，他们当中还在不断孵化产生其他如合唱团、骑游队等自组织。与此同时，绵竹青红社工服务中心的工作团队逐步趋于“本地化”，家庭生计互助组的成员进入机构管理层、共同参与中心的日常决策运作，三个在地居民合作生计组织分别由最初的互助组管委会成员、现在的中心副主任们带领，而一线工作员也更多地吸纳了四川当地或周边地区高校的社工专业师生、承担主要的服务执行任务。

综观绵竹青红社工服务，可以清楚地看到它是一个不断变化发展的过程，不管内容还是形式都是如此。从内容上说，红基会资助的两期项目都是明确围绕扶持以当地伤残人为主的弱势群体发展互助型的家庭生计为中心的，重点是培育伤残人员为主体的青红家庭生计互助组，并支持其在组员民主选举产生的“管委会”的带领下进行互助合作的生计活动；而执行“恩派”的“阳光社区中心”项目则偏重于面向多元人群提供各种社区服务；获得扶贫基金会资助的项目则以培育发展与生计有关的合作社、手工作坊等为主要内容。与项目服务内容相关联的是服务地域和人群对象的不同。例如接受红基会资助的项目主要在绵竹市汉旺镇开展，面向的是汉旺及周边乡镇的伤残人员为主的人群。而“恩派”委托的两个项目一个在绵竹市土门镇的民乐村，一个在北川县文化馆，分属于乡村和城镇的不同区域，基本人群的构成也存在某种差别。至于扶贫基金会的绿色生计合作社（青红种植专业合作社）项目，则主要是在绵竹市天池乡的山里开展，地域条件和所针对的人群与前两者也有不小的差异。就形式来看，最初青红社工的服务是以非正式服务站的方式开展，服务的运作实际上是一种项目制的团队模式。之后登记成立作为“民非”的中心，则转变为正式机构，长期持续地提供服务并进行一系列管理运作，工作人员团队的构成也发生了诸多变化。

不过，另一方面，在绵竹青红社工服务所呈现的诸多变化之外，也可以见到某些不变的东西，特别是其服务的理念和基本做法方面。总的来说，以下几点构成了绵竹青红社工服务项目活动背后所贯穿的主要线索。

1.服务是以社区为本的

绵竹青红社工服务现有的各种活动，都是深入在社区当中进行的。这不单是指服务的场所是以社区为基础——无论是最初绵竹青红社工服务站设在板房区内、成立绵竹青红社工服务中心后办公地点在居民小区中，还是执行“恩派”的两个“阳光社区中心”项目是在村里或城镇贴近居民的地方，抑或是绿色生计合作社就是在山村里面培育和运作、春燕手工作坊设在社区居委会的楼里，更是指服务的目标旨在促进居民参与和社区关系的改善。可以说，以社区为本的服务之关键要素就是培育发展以社区居民为主体的各种社区组织，使其自我运作、自我服务。家庭生计互助小组是这样的社区组织，青红种植专业合作社与春燕手工作坊也是具有此种性质的组织。同样，在“阳光社区中心”服务中，绵竹青红社工团队也十分强调通过各种活动增强居民之间的关系，推动其形成和建立各类组织，使其能在社工的支持下自我管理和运作，直到将阳光社区中心作为平台，进行自我服务。

2.服务高度关注生计

绵竹青红社工现已开展的各个服务项目，其中“青红家庭生计互助组”和“青红种植专业合作社”“春燕手工作坊”都是完全围绕生计这一领域的，只是采取了不同的介入模式，即互助组和合作社以及个体工商户（指注册方式，而实质运作仍是高度强调互助合作性的）三种模式。而阳光社区中心项目中，与生计有关的主题也一直是关注重点，包括在绵竹土门镇民乐村与食用菌厂和獭兔养殖场等集体生计项目的连接，在北川与羌绣编织和销售相关的活动支持等。可以说，绵竹青红社工服务虽有许多面向，但生计相关的服务是其核心重点，一直贯穿在各个项目的设计与服务执行中。

3.重视服务者与被服务者的伙伴关系

绵竹青红社工服务的实施，始终是在青红社工团队与当地有关人群的合作伙伴关系中进行的。从绵竹青红社工服务站建站伊始，正是依靠板房区里前来参加东方职业技术学校培训的一些伤残人员，逐步与当地更多的残疾人建立联系，之后培育发展出“家庭生计互助小组”并使其有效运转。在青红家庭生计互助组的整个运行中，青红社工与互助组组员尤其是“管委会”成员密切协作，共同推动这项事业。到绵竹青红社工服务中心成立后，管委会的成员更是直接进入中心管理团队，共同参与决策和执行。而天池乡的绿色生计合作社之培育和运作，则又直接依靠之前青红家庭生计互助组及其管委会，是青红社工与他们共同设计和实施的。春燕手工作坊是由青红家庭生计互助组组员和管委会成员之一倡议发起的，青红社工更多是与其一起协助推动。在阳光社区中心项目执行的过程中，青红社工团队也同样重视依赖所服务的当地居民，共同开展活动，并且逐步与之合作设计实施更多的服务。可以说，在绵竹青红社工服务中，不存在截然区分的服务者—被服务者关系，而是社工团队与当地居民携手合作、共同进行有关实践的过程。至今，当初加入青红家庭生计互助组接受社工服务的许多组员，尤其是后来又与青红社工一同培育带领青红种植专业合作社、春燕手工作坊等在地组织的那些居民领袖和骨干们，时常自豪地宣称自己也是“青红社工”。对此，青红社工团队的专业老师和同学们，完全发自内心地表示认同和称赞。事实上，这即是沿着发展性社会工作的道路走下去，社工与所服务的人们的关系，就一定会从照顾者再经历陪伴者，终而成为为共同的理想携手并肩的同行者。

二、发展性社会工作的目标与效果

绵竹青红社工服务之所以有前面所说的几个特点，是跟团队明确以“发展性社会工作”作为理论指引分不开的。

在青红社工正式开始当地的有关服务活动之前，团队的一些成员已多次到过四川地震灾区进行一些调研和服务，包括核心成员（项目团队总负责人）曾经到绵竹市的富新镇去做过遇难学生家长的服务工作。在对灾区的各种情况与各方需求有比较多的了解的基础上，特别是由于核心成员对社会工作发展所持的特有理解与视角，团队在项目论证与基本设计阶段即已形成了一些初步的共识，表达出发展性的关切与取向。例如，首先认识到生计问题对于灾区的许多群众来讲是比较突出的，也是灾区政府较为关切的问题，而多数社会工作的服务对此还回应得很不够；又如，认识到投入生计重建的行动对于受灾群众既是眼前的现实必要，更对其震后复原与正常生活发展具有重要的意义，但同时包括政府在内的有关各方也注意到要使群众这样行动起来中间还存在着一些不小的障碍。另一方面，团队成员认同欲追求社会工作在灾后重建中对有关群众的帮助能发挥可持续的效果，应致力将专业服务与居民可持续的生计重建与发展结合起来，提供以发展为突出取向的综合性社会工作服务介入，这意味着一种“发展性社会工作”视角的明确采纳（陈涛，2011）。

在此背景下，当青红社工正式启动在绵竹汉旺武都板房区的服务站有关工作之初，基于进一步对当地各有关方面情况的了解和关于项目工作的理性思考，明确提出了“团结社区、发展生计”的口号，作为项目一切工作和服务行动的指引。可以说，这个口号恰当地反映了青红社工整个行动的理念、目标以及服务项目的基本内涵。概括地说，就是青红社工谋求以发展性社会工作为基本取向，在当地震后情境中开展一个“社区生计”的介入服务项目，这个项目的核心目标从操作上可以把握为两个方面，即社区团结与生计发展。

首先，青红社工以“发展性的社会工作”作为在当地展开实践活动的一个大的、基本的取向，也以之作为各项具体的专业服务行动的总的理论指导。这就是说，青红社工不自限于传统主流的社会工作理解，将其功能主要定位在“治疗性”“补救性”或“恢复性”的方面，并由此使社会工作的介入与服务主要指向处理人的缺陷和不足、解决既有的问题或满足既存的需要，在实务形态上以个人辅导式、家庭治疗式等个案工作，社工主导的无论是疏导型、社交康乐型、成长型还是社会目标型的小组工作，以及某些学习训练或社会支持类的活动为主，且几乎都不与服务对象的经济生活方面发生任何关系。相反，青红社工的理解是：社会工作的所有介入和服务都应以支持和促进服务对象的全面发展为目的和依归，始终相信人的发展动力与潜能，并致力于以各种方法去释放这种发展的可能性，实现服务对象可持续的积极发展，为此不但不排斥对相关人们经济生活方面的关注与介入，而且必须将之作为重要的目标或策略部分；相应的，青红社工将更接受任何非由社工主导而是赋予服务对象自主发展空间的工作手法、介入方法或服务模式选择，倾向于使自己的实务具有积极的正向的意味，并灵活呈现正式、非正式的多种形态以促进发展。概言之，青红社工所理解并自觉遵循的发展性社会工作取向意味着直面正视灾区居民与生计相关的需要并以生计重建作为介入点寻求带来一系列发展方面的效应。

其次，青红社工以设计和开展一个震后“社区生计”项目作为统摄具体服务活动展开的框架。在发展性社会工作的取向下面，青红社工自然较多地关注并接受将专业社会工作服务与社会的经济发展结合起来，谋求社会工作服务可以综合地贡献于社会发展和经济发展，在更具体的层面上，也就较多关注并接受社工的介入和服务与居民生计的建设、改善和发展相结合，寻求社工的介入服务实现居民的社会性发展和同时生计改善发展的双重目标理想。但具体如何做呢？在进入当地灾区的实际情境后，通过比较深入的社区调查，分析了当地居民的生计状况包括生计策略模式以及相关的问题之后，也对比了其他一些机构组织解决灾区民众生计问题或者一般贫困者生计问题的策略与手法，青红社工基本上明确了展开工作的思路和服务项目设计的框架。这就是，针对地震灾后不少居民个体的生计重建与发展能力不足（尽管其相应的需求却很强烈）的问题，为实现其有效的生计重建和发展，同时也为了追求当地社区社会的发展，使两者可以相互促进实现综合的可持续，即协调一体的社会经济发展，以“社区生计”为介入战略和项目框架，来统摄一切具体的介入与服务活动。具体来说，这个项目设计所要开展的一系列介入服务是旨在培育社区力量来共同开展生计行动，即促进社区集体的生计实践并谋求成功，居民的生计重建和改善活动是在社区中、通过社区和由社区（组织）来进行的，社区为了生计实践、经由生计实践并在生计实践中得以增强行动能力，获得结构的改善与发展，即成为和谐和可持续发展的社区。换言之，作为一个项目框架，既可以称青红社工计划开展的是“社区生计项目”，也可以叫它“生计社区项目”。

再次，一如口号所显示的，青红社工谋求通过社区生计项目要达到的目标是两个方面的结合，即社区团结和生计发展。就各自的意义来说，“社区团结”强调通过项目工作和社工的具体服务介入，当地社区在有机的联系性、有序的组织化、有效的行动力等各个方面都有提升，概而言之可说是更趋向一个和谐、团结、共进的社区，也更能为其成员提供多方面的（包括生计活动方面的）支持与满足；而“生计发展”更强调通过项目介入，社区单个成员或若干群体在实际上成功地进行了生计活动，取得实质性改善生计状况的效果，也就是既能更好地进行自己的生计活动，也实实在在地从自己的生计活动中得利，生活因之而得到改善。作为衡量项目成效的标准，这两个方面可以分别来看，即单看社区的团结性指标方面有何变化，或单看成员生计发展的情况如何，而完整的评估则须综合这两方面的结果得出。但是，在项目的设计与执行上，这两个方面却不可以分开，必须被视为一个整体、当作一枚硬币的两面来对待和把握。青红社工相信，在项目所服务的当地灾区，灾害所造成的破坏性后果，使得社区团结离不开生计发展，同样，生计发展也离不开社区团结，只有把两者紧密联系在一起、始终牢固地结合起来，也才能在共同的实现中获得各自的成功。

应当说，贯注“发展性社会工作”取向的青红社工服务取得了应有的成效。以“青红家庭生计互助组”项目为例，在不到一年的时间里，青红社工实现了生计互助小组的组建、培育、发展，并使其实际投入到集体互助的生计行动中，个别生计项目进展良好，生计互助小组也在管委会的带领和青红社工的协助下基本能够很好地自我运作、发挥对组员多方面的积极功能。同时，青红社工在有关个人、家庭、社区乃至更大范围的组织机构层面所进行的介入和提供的相关服务，也受到了有关各方的欢迎，并对其带来了积极的影响。

该项目本身取得明显成效，这可以从与项目目标直接相关的方面来做以审视和评价。

在较具体的层面，即对直接接受服务的相关方面的影响和效应来看，特别明显地体现在参加生计互助小组的那些组员个人及其家庭身上。各种观察和服务对象的主动反馈都表明，他们从参加小组前比较低落的精神状态和生活状况中明显地改变了，变得更有自信、更加乐观，对周围的看法也有明显积极的变化，抱怨少了、不信任少了，提到自己要自力更生走向未来的多了，特别是对小组其他组员和青红社工等相关方面的感情与信任变得很深很强。一个参加小组的遇难学生妈妈原来对什么都不想了，后来决定自己要好好准备再生一个小孩，现在并准备着投入自己的一个生计项目。而多数的组员已经开始了自己的生计活动，虽然还会感到一些困难，但懂得向小组的人及青红社工诉说，也都决心要做好，这本身就是一个很好的证明：他们一起恢复了自身的力量。如同一个三人合伙的小组生计项目——经营食杂店——将店名命名为“梦想起飞”所显示的，组员们如今都重获动力，要为新的生活理想而奋斗。组员的这种变化也对其家庭生活带来积极影响，这点毋庸置疑。此外，许多虽未参与这个小组但了解到其一些情况的当地居民（既有残疾人也包括其他人），对“青红小组”都给予很高的评价，也有不少人提出了强烈的要求，希望加入这样的小组。当地的一些组织机构包括党政方面，对青红社工及其服务行动都有越来越多的接纳和好评，也更加主动积极地支持青红社工的各项工作。

在绵竹青红社工服务的介入下，参加家庭生计互助小组的服务对象在家庭生计方面进行了一系列实践。

——组员LGJ的“梦想起飞”超市：最初在武都板房的帐篷店发展到如今汉旺新镇天池宜苑小区内规模最大的超市。

——组员LZQ的“梦想启程”干杂副食品店：在以干杂副食品为主的同时兼卖烟草，下一步还准备申请福利彩票专卖。

——组员MXS的“银杏树苗种植”：马兴书一直在其家庭原址大天池村的山坡上种植银杏树苗，现得到支持，将进一步扩大规模。

——组员ZMJ的“药品代理”：郑明军一直在从事药品推销，还准备购进一批土鸡进行饲养。

——组员LCY的“居帘布艺”：第二批加入小组的刘春艳将规模进一步扩大，加盟了中盛家纺床上用品的专卖，用优质的质量和服务态度赢得了市场占有率。目前已搬入新的门面，争取更好的效益。

——组员HJQ的“养鸡事业”：第二组组员黄金琼开展养鸡项目已赚了一些钱，继续探索发展自己的养鸡事业。

——组员YWM的“小酒厂”：第二组组员杨万明原有的小酒厂在地震损失巨大。现在他重新振作起来，购置齐全所有设备后重新开张，每月可出上千斤粮食酒。

——组员ZZX的“服装店”：在搬入新门面后，第二组组员朱兆霞准备加盟服饰专卖店，通过高质量的服务谋求市场。

——组员FCJ的“麻将馆”：第二组组员凡昌菊利用自家地理位置优势，开了一家麻将馆。下一步还准备购进电瓶车等设备，上午出售自制的凉片粉，下午和晚上经营麻将馆。

——女组员们的“手工作坊”。两批组员中的一些妇女们，打算联合做一个家庭手工坊，现正行动起来进行筹划准备。

以项目的两个相互关联的目标来衡量，事实上，必须说青红社工已做的事情只是漫漫征途走出了头几步，但走出这几步也不容易，而且所开启的方向应当说是正确的，接下来还有很长的路要走。具体来说，以“社区团结”来要求，通过青红社工的介入和服务至少这个生计互助小组成员间的团结无疑是得到了很大的增强，同样可以观察到的是，这个小组的组员们与周围社会的联系增强了，其作为一个整体与社区中有关群体和组织机构的关系也获得了正向的改善发展，同样可以肯定的是，伤残人员作为功能社区也借以增进了内部团结，例如互助小组的组员经常会说，如果自己的生计成功了要帮助更多的其他残疾人，而伤残人员与社区其他各类人等的关系也有改善。虽然有这些积极的效应，表明项目介入在“社区团结”这个目标上取得了相当的成果，但必须承认，它的范围还比较小，还远未达到更理想的水平，比如，首先是在当地残疾人社区内部就还未发挥更大的团结效应，更不说促进整个社区团结的明显发展。而以“生计发展”这一方面来看，现在生计互助小组的组员除了极个别特殊者外都已投身到自己的生计行动中，并且决心要好好做下去，也会运用互助小组来寻求获得行动的支持，有个别的这种行动进展还比较顺利，开始能实现获利和对有关组员家庭生计的改善效果。不过，要说多数的这类具体生计项目活动都一定能够成功、实现最终明显和实质性地改善有关家庭生计状况的结果，目前肯定是不适宜的，可能这方面的目标达成更多是在他们已投身到自己的生计行动中这一点，即“自力更生”的行动已经普遍发生这一点上。再从更重要的两方面结合，即“社区生计”所要求的团结起来、共同行动以追求自力更生来看，可以说以生计互助小组越来越好地展现出所要求的东西，正朝着小组成员互相帮助、管委会带领下小组作为一个整体来进行生计实践的状态发展。不过对这一成就同样不能过分乐观，还存在着一些不稳定的因素。更主要的，这个小组本身规模范围有限，组织的性质还处于初级阶段（陈涛，2011）。

正是出于以上这些反思，青红社工团队从2011年秋开始，在天池乡村民中开展“绿色生计合作社”的项目，寻求对社区组织模式的进一步探索，以更好地积累发展性社会工作的实践经验。而到2012年，青红社工又坚决地支持“春燕手工作坊”从组建到开展生产经营的实践。到现在，“青红种植专业合作社”成为社员们归属感很强的集体经济组织，发挥出了突出的社会功能；春燕手工作坊的姐妹们经历了最初艰难求存的阶段，已经能够独立运作，基本实现了自负盈亏、收入较稳定的目标，而且已开办了淘宝网店，寻求更大规模的发展。最为难能可贵的是，无论是“青红家庭生计互助组”、“青红种植专业合作社”还是“春燕手工作坊”，都成了所有组员、社员和姐妹全心认同的自己的组织，组员们、社员们、兄弟姐妹间表现出强有力的社会支持，并向更大的社区范围辐射，开始体现越来越多的助他性质。在这些组织与当地政府各方的关系中，也出现了越来越积极的变化，例如春燕手工作坊的运作就得到了从社区到镇直到县市妇联、残联等多方的关注支持。可以说，地方社区和社会结构层面，确已发生了重要的积极改变。

三、社会工作理论与实践的反思

无论是在汶川地震后的灾害社会工作领域，还是在更一般的社会工作理论与实践中，都存在着多种不同的取向。不过，有人指出当前中国的社会工作之主流，是表现出“技术化”“微观化”的强烈偏向，而忽视了专业的变革取向和宏观—结构的关切与承担（郭伟和，2010；张和清等，2011）；有人更直接地指出，按照当前中国社会工作专业的发展趋势，其有“沦为国家控制工具”的危险。此处，笔者主要关注与此不同的另外一种社会工作取向即“发展性社会工作”，并对其反思和讨论。

首先必须指出，除了绵竹青红社工服务，关于“发展性社会工作”无论在国际上还是国内都已有一些理论和实践。

从国际上看，米奇利（Midgley）是突出的代表。他在其“社会发展”理论下关于“发展型（社会）福利”“发展型社会政策”做过不少的论述，也关联到社会工作的发展性取向。1995年他提出“社会发展”理论（Midgley，1995），在批评只关心经济增长的“扭曲的发展”之余，主张走向“社会与经济目标相容的社会计划”。在其理论主张中，虽仍强调经济发展的重要性，但也指出它的非唯一性。之后，他提出“发展性福利”的概念（Midgley & Tang，2001），明确谈到其三个“公理”或基本原理，即:（1）国家层面的组织安排（协调经济与社会政策，可持续和以人为中心的发展担当）;（2）宏观经济政策（促进就业、达致以人为中心的经济发展结果）;（3）社会计划的投资取向与生产性（促进经济参与和回归）。而在具体做法（实务）上提出：投资人力资本，投资就业和自就业计划，投资社会资本形成，投资资产开发，投资有成本效益的社会计划。

在他与人合著的《发展型社会政策》一书（哈尔、梅志里，2006）“第七章社会工作与社会服务”论及社会工作和社会管理（行政）的发展型或“社会发展型”思路/手法，作者指出，这种思路或手法视野宽广，着重关注贫穷和匮乏问题，试图推动更具进步性的社会变迁，而与传统主流的基于城镇、补缺型的社会工作和社会服务方式（主要表现为院舍照顾、心理咨询等）相别。他也用了“生产型”社会工作或社会福利模式来指称这种不同的社会工作形态。关于这种社会工作他说：“或许最具有挑战性和最有意义的发展变革，是在全面整体的、以社区为基础的框架内，努力整合社会工作和社会服务的补救性、预防性和发展性功能。这要求广泛使用团体和社区的社会工作方法，但并不是完全排斥补救性干预措施；因为人们认识到，总是有那么一些人需要利用这些措施来满足其特殊需要。”（哈尔、梅志里，2006：第322页）。同时他也强调这样的社会工作应是一种“整合式方法”。

除米奇利外，南非的格雷（Gray）在1998年编有《南非的发展性社会工作》（*Developmental Social Work in South Africa*）一书。而瑞典哥德堡大学教授马伦·柏克在《国际社会工作》上发表过一篇文章“发展性社会福利能改变不公平世界吗？”（Bak，1999）。他以南非的一些实务经验为基础，讨论发展性社会工作（developmental social work）的意义和价值，突出其是为变革的社会工作（social work for change），强调“增权”的含义。

其次，应当说对“发展性社会工作”还欠缺系统清晰的论述。

例如米奇利更多是在论述社会发展，特别是发展型福利的实践做法，他自己也说，对此概念澄清和理论阐述等尚未臻明晰清楚。而其本身对待社会工作的态度、对它体现发展取向的潜力之看法也存在矛盾。虽然他提到西非社会工作者在20世纪40年代已总结了发展型社会工作的要素，但对之未有具体介绍和交代。另外，虽从国际文献上已可见到“发展性社会工作”的明确叫法和用法，但使用者对其具体内容取向的理解认识也不尽相同。如前述柏克是将它与结构取向的社会工作或进步甚至激进社会工作相关联，而米奇利更侧重指卷入经济发展的社会工作，很多时候等同于社区发展工作。

与之相关联，有关“发展性社会工作”在具体做法中的理论（实务/实践理论）层面，还有许多问题有待探讨。

比如，如果发展性社会工作的实践之主体部分是社区组织与社区经济，但社区经济组织有不同层次，比如从互助组到合作社再到（人民）公社。应当如何定位把握？又如，在发展性社会工作中，社工的角色究竟是怎样的？特别是其卷入经济发展活动应到何种程度？从绵竹青红社工服务的经验来看，疑惑常常在于社工推动培育起生计互助小组、组员家庭投入自己的生计活动后，他还应当做什么？以米奇利之意，在社区的个人、家庭或互助组织与外部的经济关系方面，市场经济仍是作为首选途径，应当由这些个人、家庭和组织自己去面对和投入市场。而另一些国内的探索者似乎在采用"社会经济"概念和理论指引进行相关的实践，指向取代市场经济模式，意味着发展性社会工作者也要更多地投身组织新型的经济体系。但微观（社区经济）组织的改变如何通向宏观（经济）结构之变化？这中间仍然留存着很多的议题待解。

但是，可以同意米奇利等倡导的发展性的社会工作取向所针对的情境跟中国等发展中国家是吻合的，从而应当高度认真地对待其提议。在这一点上，印度权威的社会工作教育家坎杜卡就说过，在一个充斥着贫困、匮乏和不公正的社会里，社会治疗性的措施是显得多么格格不入，而社会工作如果继续这样做就是缺乏基本的责任意识。他强烈敦促采用新的关注发展的实践模式来促进经济和社会的发展（Khinduka，1971）。

笔者认为，关于"发展性社会工作"对整个社会工作选择之意义，有这样几点需要予以注意：

1.或者现在我们可以把社会工作的基本形态划分出两种：发展性社会工作对补救/治疗性社会工作，或者是"发展性社会工作"对"照顾性社会工作"。另一种相类的区分，从社会工作者与服务对象的关系类型来看，则是"照顾者的社会工作""陪伴者的社会工作"和"同行者的社会工作"，最后一类"同行者的社会工作"基本上可与"发展性社会工作"画等号。

2.米奇利反复指出传统主流（西方所代表的）社会工作是城市取向的，代价高昂、措施不力，且是补救性和补缺型的，使依赖固化。这种社会工作的补救性、不投身促进经济发展的活动，是他的两点突出批评。但是，米奇利本人也认为不能完全排斥补救性干预措施，因为对照顾的需要始终是存在的。也就是说，米奇利本人认为照顾性的社会工作有其存在的必要。

3.考虑选择何种社会工作，还必须联系着福利体制乃至社会政治经济体制来考虑。社会工作的形态也取决于其实施方式，而这跟福利体制所决定的服务活动的组织提供方式密切相关。例如，在福利院舍的社会工作和在社区的社会工作肯定会有不同的实施情况，影响到其可能的形态。基本上而言，福利体制是“福利国家”型的还是“福利社会”型的，会影响社会工作的实践形态，而整个社会政治经济体制是一元科层化（官僚制）的“系统世界”，还是多元有空间、生态可持续的，也将影响到社会工作形态的可能性。

4.也许，社会工作的不同形态将并存，因为（福利和社会政治经济）体制也不是铁板一块，从而可以容纳不同的社会工作实践。又或许，其中还是会有某个体制占主流，因而也决定社会工作的主流形态将是何者。

2010年，米奇利与康利合著出版《社会工作与社会发展——发展性社会工作的理论与技巧》一书，尝试将包含在其最初所提的“社会发展”理论中的发展性社会工作的取向落实为更具操作性的社会工作模式与技巧，并提供了基于美国社会工作服务体系的若干实务案例或介入角度讨论。在此，结合青红社工服务的经验与反思，亦提出如下几点可对话之处。

首先，依据绵竹青红社工团队的实践，我们认为米奇利等关于发展性社会工作的一些基本要素之把握是恰当的。实际上，绵竹青红社工服务的基本思路和许多具体的实务做法是与米奇利等论述的有关要素高度一致，无论是整个介入的基础假设与服务的整体特征，如反对“扭曲的发展”、改变人群之间不均等和经济与社会发展脱节的局面，强调整合的以社区为本的干预，拥有全球和国际视野等，还是重视社会投资、人力资本培育、能力建设的基本策略取向，以及融合社会资本发展的合作社、小微企业等经济发展手段的采用，以至寻求使弱势贫困群体更充分参与和卷入整体经济社会发展，等等。其关于传统社会工作方法如个案、小组与社区工作、社会倡导等在发展取向的社会工作实务中有所变化的运用之阐述，与青红社工服务的经验也是吻合的。因而，我们认为米奇利等可称为发展性社会工作勾画出恰当的轮廓，特别是相比于之前更显宏观及宽泛的“社会发展”，在理论与实践上的确更加清晰可鉴，易于把握。

其次，基于绵竹青红社工在灾后介入中的实践与思考，我们认为，米奇利等关于发展性社会工作的核心要素仍有不少可以补充的地方。或许是因为米奇利等主要立足于西方国家的基础，当发展性社会工作理论要构建为更普遍地适用于包括中国这样的情境的有效理论模式时，它还有相当多可以改进完善的余地，或者，某些要素需要得到更多的强调。例如，优势视角应当在该理论中占据更突出的地位。又如，增权或增能、培力，同样需要赋予在其中更大的重要性。甚至，以中国乃至许多地方灾后的脉络情境来看，“调谐”的视角在这一理论中间，或至少在其运用于特定介入阶段中时，也需被视为一个重要的视角。此外，米奇利等比较重视一些特定的经济活动或经济组织形式抑或较大的发展项目在发展性社会工作介入中的实务手法或措施地位，这或跟其是从较偏宏观的“社会发展”下降而来有关。而按照青红社工的实务路线，更微细的家庭或集体生计手法，和更小型的组织与项目，也许更符合发展的实际。看来，自上而下与自下而上的两种路向，适宜做更好的结合，以打通建构更为合理适当的发展性社会工作实践模式。

最后，诚如“实践出真知”这句名言所昭示的，我们正是从青红社工服务以及许多类似的探索践行当中，总结提出了社会工作者与服务对象之间的三阶段角色关系模型，即从照顾者、经由陪伴者、直到同行者的概念模式。我们认为，借助这三个概念，我们或能更简明而扼要地抓住发展性社会工作的精髓。但凡自觉怀着发展性的取向去开展发展性社会工作的实践者，必从全心全意做好人们的照顾服务者的角色开始，然而也必要适时地将自己转变为人们的陪伴支持者角色，最后并必定追求成为那些人们的同行者，与之相互砥砺、一同前行。而倘若社工与人们之间做到了这些，那么，发展性社会工作的道路，自然就走通了。因此，这一角色关系的三分法，或者应当构成对米奇利等有关发展性社会工作理论的最重要补正。我们期待着，中国的社会工作实践可以如此为全世界的社会工作理论与实践的发展做出更多贡献。

四、结论

通过绵竹青红社工团队围绕当地地震伤残人员为主的受灾民众家庭生计恢复发展的介入实践，可以看到社工专业服务是能有效改善处境不利居民的家庭生计的，并同时促进社区关系的改善、社区成员互助合作的增进，在社区团结方面实现积极的效果。有关实践的结果也可以初步表明，以发展性社会工作为取向来指引社会工作专业服务的实践，可以为包括伤残人员在内的受灾民众提供更好的帮助，既实现补救恢复其社会功能的效果，更增强其能力，有利于以之为主体的可持续发展。当然，目前绵竹青红社工服务团队以发展性社会工作为取向的服务实践还只是一个初步的探索，进一步的效果，亦有待更长时间的检验和评估。从行动研究的角度来说，还需要后续更多阶段的行动与反思总结，直到完成更多的螺旋式上升的循环。

从另外一个更普遍的角度看，则可以说发展性社会工作提供了社会工作理论和实践的一种新的可能，尤其在联系中国作为发展中国家正在经历多方面的转型这一现实背景来说。但同样对于其真正的适合性还有待更多的实践探索与理论澄清才能给出答案。或许在相当长一段时间里，从中国社会工作的开展来看，随着更多地认识到其与整个社会福利和社会变迁的组织体制及相关环境的关系，将出现更多不同取向和形态的自觉的实践探索与理论探讨。不管怎样，这可以改变相对单一的社会工作样貌，从而也使之能够更好地回应真实存在的多样的社会需要。

（作者陈锋，成都信息工程大学社会工作系主任、讲师，绵竹青红社工服务中心常务副理事长；作者陈涛，中国社会科学院大学社会工作学院教授）

红十字运动在汶川地震救援重建中的实践与启示

黄　进　罗华兰

“5·12”汶川特大地震抗震救灾和灾后重建掀起了整个中国红十字运动发展的巅峰，书写了中国红十字发展史上的壮丽诗篇。红十字运动在地震波的强烈冲击下，经受住了新考验，不辱使命；取得了新业绩，成就辉煌；拓展了新空间，大有作为；树立了新形象，深入人心。本文以红十字运动在汶川特大地震抗震救灾和灾后重建中的伟大实践为主轴，梳理和总结了国际红十字运动在四川的实践和经验。

中国红十字会最重要的特征是承受着“三重赋权”，一是政府赋权，二是国际红十字运动赋权，三是社会公众赋权。根据权利与义务对等的原则，“赋权”既是授予权利，也要履行义务，“三重赋权”也是“三重义务”。正当行使“三重”权利，认真履行“三重”职责，协调好“三重”关系，贯穿中国红十字运动的始终。“三重赋权”既是中国红十字会的立身之本，也是红十字会运动在中国的实践之源，更是检验红十字运动在中国成功与否的标准，“三重赋权”还是认识和理解中国红十字运动的理论基础和关键。因此，本文以“三重赋权”为出发点，以社会需求为基本导向，以政府需要为基本视角，以人道准则为国际视野，聚焦国际红十字运动在汶川抗震救灾和灾后重建的实践。

一、国际红十字运动的“五大”行动

众所周知，“5·12”汶川特大地震是新中国成立以来破坏性最强、波及范围最广、救灾难度最大的一次地震。汶川特大地震，是地球内力的大爆发，更是人道主义在四川的大行动。当灾难袭来时，四川红十字会、中国红十字会高高举起红十字的大旗，在政府的大力支持下，在国际红十字联合会和其他国家红十字组织的支援下，开展了“五大”行动，书写了“人道至上”的精彩篇章，广泛播扬了“人道、博爱、奉献”的红十字精神，红十字人身上所展现的人间挚爱和人道情怀更加深入人心。

（一）紧急救援大行动

紧急救援是红十字会的第一大任务。在汶川大地震的当日，中国红十字总会立即启动一级灾害应急响应，2008年5月12日下午4时就调拨救灾物资发到灾区，在次日就成立了抗震救灾总指挥部。四川各级红十字会与死神赛跑，克服人员特别少、任务特别重、工作量特别大、时间特别紧等多重困难，发扬英勇顽强、不畏艰苦、不怕疲劳和连续作战的作风，上下齐心、反应敏捷、行动迅速。5月13日，四川省红十字会组织了1 320名志愿者，分成若干救援队，宣誓后分赴灾区。救援队很多成员得到过红十字会的培训，学习过基本救护知识，户外救生经验也很丰富。到达北川县28人的救援队，两天两夜从废墟中救出260名群众。红十字会的紧急救援效果明显：从危房和废墟中解救受灾人员7 200余人；抢救伤员12 000余人；协助转运灾民121 000余人；心理救助灾民53 000余人。

以往按部就班的捐赠工作，在突如其来的灾难面前，工作量像洪水决口一样突然增长。大量的清点、签收工作，在最初几天排山倒海般压过来。尽管如此，红会战士仍然坚持战斗在一线，没有一人退缩，没有一人胆怯。在紧急救援阶段，大批红十字志愿者在红十字会的组织下前往灾区，来自五湖四海甚至异国他乡的志愿者奋战在抢救现场、转运物资现场、灾区安置点、医疗救助点及募捐现场等，为紧急救援、过渡安置发挥了积极作用。据不完全统计，仅四川省灾区就有来自全国各地参与抗震救灾工作的红十字志愿者近18万人。

（二）社会募捐大行动

2008年5月13日，中国红十字会和四川红十字会相继向红十字系统和全社会发出紧急救助四川地震呼吁，掀起了一场有史以来最大规模的募捐活动，成为新中国成立以来募集资金最多、捐助人数最多的募捐活动。在地震发生最初的两个月，每天涌来上万笔捐款，小到一角，大到上亿元，光存根就300公斤，相当于红十字会两名财务人员5年的工作量。平均每天都要收到数千吨物资，最多一天有60个火车车皮，飞机30架次。全国红十字系统共接受汶川地震救灾款物199亿元，其中资金160亿元，物资价值39亿元 。四川红十字系统共接受爱心捐赠64.3亿元，超过了建会以来历年募集款物的总额。

各级红十字会工作人员深入灾区踏勘灾情，制作灾后重建项目书，积极申报重建项目资金，认真细致做好爱心对接。根据大量的需求调查，确定重点支持地震灾区全部倒塌或严重毁损需要整村重建或相对集中重建的农户住房建设，支持重建村兴建村卫生站和村民活动室，援建乡镇卫生院、乡镇学校以及社区防灾减灾设施等。红十字系统最终确定4 524个灾后重建项目，安排重建项目资金49.21亿。

（三）重建援助大行动

全国红十字系统高度重视四川灾区恢复重建工作，科学规划项目，积极筹集资金，细致督导实施，认真评估验收。中国红十字总会成立了灾后恢复重建工作领导小组，四川省红十字制定了《“5・12”灾后重建方案》《灾后恢复重建项目管理办法》，开展经常性督导检查，保证项目规范运行，确保项目质量。中国红十字会在川援建项目1 902个，资金为171 435.2万元。中国红基会在川援建项目779个，资金57 948.76万元，重建项目分布在成都、德阳、绵阳、广元、雅安、阿坝等18个市州。四川省红十字会下拨资金、市州红十字会募集项目共1 192个，总资金73 469.3万元。

（四）境内外合作大行动

香港、澳门特别行政区红十字会、台湾红十字组织，以及红十字会与红新月会国际联合会、有关国家红十字会（或红新月会）不仅在紧急救援阶段做了大量工作，而且也积极支持和参与灾后重建项目。汶川地震后，国（境）外红十字会（组织）纷纷在川设立办事机构，援建项目515个，高峰时期项目执行人员近100人，四川省红十字的办公楼俨然成为一个小“联合国”。四川省红十字会倾心服务驻川机构，真情当好“东道主”。省红十字会建立了联席会议制度，每月一会，增进了解，凝聚共识，会商研判具体问题，优化项目执行方案，加快项目建设进度，确保建设质量。

香港红十字会在四川援建项目316个，总资金50 370.82元；澳门红十字会在川援建项目53个，资金6 003万元；台湾红十字会组织在川援建项目22个，资金10 411.55万元。在依靠国内力量做好救援工作的同时，中国也以高度开放的姿态面对国际援助，这使得中国红十字会作为国际救援平台的作用得以充分发挥，开展了良好的国际合作。国际联合会在四川援建项目28个，资金40 406.266万元。日本红十字会在川援建项目66个，资金7 025.734万元。韩国红十字会在川援建项目4个，资金2 196.295万元。

（五）人道传播大行动

传播人道主义精神和原则是红十字事业的重要组成部分，救灾重建既是一场人道主义的正义战争，也是一次人道主义的正面宣传。中国红十字会和四川红十字以援建项目为阵地、以重要时节为时机、以人道精神为内容，积极开展红十字文化宣传。

严格按照“五统一”标准规范项目碑、牌设置，将援建项目冠名为“红十字博爱医院”“红十字博爱学校”“红十字博爱新村”等，最大限度提升援建项目的人道、公益形象。现在一进入汶川地震灾区，到处可见有红十字标牌的公益设施，随时随处都可以让人们感受到红十字文化和红十字精神。通过媒体广泛宣传红十字精神，扩大对红十字会和红十字精神的社会认知。通过举行展览会、主题宣传活动、创办杂志、理论研讨等途径创新宣传方式，增强红十字会的影响力。利用“5・8”世界红十字日、“5・12”汶川地震纪念日开展抗震救灾、灾后重建主题系列宣传活动。

四川人民接受了境内外众多爱心人士和组织的巨大援助，感恩自强是拜谢世界、实践红十字精神的最好方式。通过灾后重建，红十字运动知识在灾区得到普遍传播，红十字精神在灾区群众中得到普遍认同和高度赞誉，“感恩”成为四川地区最流行的话语。

二、国际红十字运动的启示

通过回顾红十字运动在四川抗震救灾和灾后重建的历程和成效，本文认为以发展中国特色红十字事业为主线，正确处理中国国情与国际运动的关系、政府主导与人道助手的关系、人道需求与现实可能的关系、本土文化与外来理念的关系、内练素质与外树形象的关系，是国际红十字运动在四川实践的基本经验。

（一）坚持国情实际与国际原则相结合，发挥特色优势

将各国实际情况与国际普遍原则相结合，揭示了中国国情与国际红十字运动之间的关系，这是红十字运动生存发展的基础。红十字运动只有与各国具体情况相结合，才能有力、有效地推进国际红十字运动的普遍发展。国际红十字会联合会东亚办公室主任马丁先生认为："中国的举国体制虽然在全世界少见，但并不意味着就有多特殊，因为每个国家面临的问题都非常不同，所以红会应该是一个灵活的组织，能够适应各个地区、国家的制度、文化等。关键是能不能适应，适应之后，能不能发挥成效。"

在抗震救灾和灾后重建过程中，中国红十字会充分发挥"全国红会是一家"的特殊优势，动员各省市区红十字会对口援建四川灾区；充分利用党政领导作为红会名誉会长、会长的政治优势，积极动员和利用政府资源，发挥人道救助的乘数效应；充分利用"红十字会法"的法律保障优势，积极推动防灾救灾、卫生健康的法律制度建设和贯彻落实；充分发挥党和政府人道工作助手的优势，将红十字事业纳入"五年规划"，获得各级政府全面支持；充分利用民间外交的优势，积极争取外援，学习国际经验，提升自身能力。

坚持国情实际与国际原则相结合，发挥特色优势，就要把红十字事业作为中国特色社会主义事业的重要组成部分，在"政府主导、红会组织、公众参与、国际支援"格局下，共同筑起人道主义平台，使红十字会真正成为我国党和政府人道工作领域的得力助手、构建社会主义和谐社会的重要力量、精神文明建设的生力军和民间外交的重要渠道。

（二）坚持政府主导与人道助手相结合，服务发展大局

政府主导与人道助手相结合，揭示了政府与红十字组织之间的关系，这是

红十字运动发展壮大的关键。围绕政府中心工作，服务经济社会发展大局，才能凸显红十字会职能，放大其功能作用。

抗震救灾中，四川省红十字会率先到省政府请战，主动配合政府开展紧急救援大行动，成为抗震救灾的重要主体，充分践行了人道主义理念：第一时间向全社会发出紧急救援呼吁；第一时间协调、接受国内外搜救队和医疗队来川开展救援工作；第一时间组织规模庞大的红十字志愿者队伍参与救灾。在灾后重建阶段，紧紧围绕“建设美好新家园”工作大局，将本系统灾后恢复重建项目与政府灾后重建总体规划紧密衔接，确保重建项目规范有序实施。在汶川地震抗震救灾过程中，政府对红十字参与救灾方面作出了巨大努力。例如，中国红十字会在帮助国外救援队办理入境手续时，外交部给予了大力支持；物资调运中，海关、民航等为中国红十字会开辟绿色通道，免费安排飞机等；民政部在紧急救灾和灾后重建过程中给予中国红十字会很多政策支持。

坚持政府主导与人道助手相结合，服务大局，就要善于在政府整体工作中寻找拾遗补阙的契机，捕捉并拓展更多发展机遇和空间；就要积极参与政府统筹安排，放大人道主义力量；就要尊重政府行政理念，善于在政府推动的相关工作中注入人道主义元素，做到帮忙不添乱，努力争取政府支持。马丁先生指出：“中国红十字会与政府的关系是中国红十字会强大的重要原因，这是中国红会的优势，我们也很骄傲中国红十字会具备这些优势。”

（三）坚持社会需求与现实可能相结合，拓展成长空间

社会需求与现实可能相结合，揭示了人道期待与红十字自身作为之间的互动关系，这是加快发展的内在动力和环境支持。只有准确把握人道需求和现实条件，体察民情，努力作为，才能真正拓展红十字的生存发展空间。

为了准确把握灾后的民生需求，红十字会深入基层，走村串户，制定了科学的重建方案和工作原则，将支持重点确定为灾区最急需的人道援助：支持对房屋全部倒塌或严重毁损村寨的农房重建，支持重建村卫生站和村民活动室，援建乡镇卫生院、乡镇学校及社区防灾减灾设施，开展心理援助、防灾避险知识普及、改水改厕、健康教育等项目。红十字会的重建项目在政府与市场的薄弱环节和空白点开拓空间，既发挥了自身优势，又紧扣民生，效益显著。

坚持社会需求与现实可能相结合，拓展成长空间，就要准确了解最需要帮

助的易受损人群，准确预测和把握人道需求的特点；准确分析现实社会所能够提供的支持条件，积极争取资源；在需求中把握方向与机遇，在现实中寻找动力和接点，拓宽路径。

（四）坚持本土文化与外来理念相结合，彰显现代文明

本土文化与外来理念相结合，揭示了中华文化与人道主义价值观之间的内在渊源，这是弘扬红十字文化的重要路径。本土文化，就是传统文化与社会主义核心价值体系，是民族精神之魂；外来理念，就是“人道为本、博爱为怀、奉献为荣”的人道主义价值观，是现代慈善之核。“立天之道，曰阴与阳；立地之道，曰柔与刚；立人之道，曰仁与义。”三千多年前，中国的《周易》就将“仁义”作为人道的核心，有力地证明了人道主义传统在我国自古有之。

抗震救灾和灾后重建的过程，是传统美德被进一步诠释与深化的过程，是红十字精神引起广泛共鸣与认同的过程，更是抗震救灾伟大精神大爆发与大感召的过程。大灾袭击四川，大爱汇集四川，全国红十字系统共接受汶川地震救灾款物199亿元，四川红十字系统共接受爱心捐赠64.3亿元，四川各级红十字会募集的款物超过了建会以来历年募集款物的总和。三年来汇集的爱心捐赠，仅账单票据就达500余公斤。广大志愿者不分国籍、不分种族、不分语言，从天南海北、四面八方潮水般涌入四川，仅国（境）外红十字组织援建项目就达515个、援建资金达12.1亿元。“一方有难、八方支援”的本土文化和“人道、博爱、奉献”的红十字精神在中外共同救援、共同援建中互动激荡、水乳交融。

坚持本土文化与外来理念相结合，弘扬时代精神，彰显现代文明，就要将人道精神与传统伦理相结合，将现代公益理念与传统文化精髓相统一，将红十字精神与社会主义核心价值体系相对接，凝结成具有中国特色的红十字文化。

（五）坚持内练素质与外树形象相结合，提升品牌能级

内练素质与外树形象的关系揭示了红十字运动“一体两面”的内涵，这是提升红十字运动品牌效能的关键。内练素质关系红十字运动的持续发展与潜力释放，外树形象关系社会公众对红十字运动的评价与认可，二者高度协调统一，才能提升红十字的品牌能级。

繁重的救灾重建任务既是巨大的挑战，也是难得的机遇。四川省红十字会化危机为机遇，既圆满完成救灾重建的伟大任务，又抓住了千载难逢的机遇，有力地提升了自身能力。排山倒海的工作量，磨炼了队伍的战斗力；数额巨大的捐助资金，磨炼了资金管理能力；众多的援建任务，锻炼了项目管理能力；频繁的对外合作与交流，锻炼了国际运作能力。特别是提升了红十字会在民众中的影响力和公信力。红十字会以援建项目为阵地、以重大事件为契机、以人道精神为内容，积极开展红十字品牌和理念宣传，着力把每一个援建项目都打造成传播人道精神的丰碑和博爱品牌的阵地，最大限度地提升援建项目的公益形象。2011年省红十字会承办了中国红十字会总会举办的“汶川地震三周年纪念系列活动”，向社会公众和国际国内红十字组织报告三年重建工作的成绩，充分展示了四川“从悲壮走向豪迈”的感人形象和不屈精神。

红十字运动在四川的实践经验不仅属于四川省红十字会，更属于中国红十字会，属于国际红十字运动大家庭。经历了汶川地震的能力大检阅、思想大考验、精神大洗礼、境界大提升，四川省红十字会将进一步强化使命意识、大局意识和创新意识，抢抓机遇，高位求进，加快发展，替政府分忧、为百姓解难，高扬人道主义精神旗帜，在中国特色社会主义道路上向着更高水平、更高目标、更高阶段迈进。

（作者黄进，四川省社会科学院社会学研究所所长、研究员；作者罗华兰，四川省社会科学院法学研究所助理研究员）

试论川西北藏羌少数民族应对突发自然灾害的生存智慧

陈　东

川西北地区是地震、泥石流等自然灾害频发的区域。据统计，该区域自1169年以来迄今共计发生破坏性地震26次[①]，平均每30多年发生1次。仅以20世纪为例，1933年8月25日突发的叠溪7.5级地震曾使岷江断流，之后堰塞体溃破致岷江下游沿岸群众严重受灾，“漂没”2万余人[②]。1976年8月16日与22日，松潘—平武连续两次发生里氏7.2级地震。2008年5月12日14时28分，突如其来的汶川大地震是自新中国成立以来破坏性最强、波及范围最广、救灾难度最大的一次地震[③]。每次大震都会导致植被毁坏、山体松软，接踵而来的就是泥石流、塌方、滑坡等突发性自然灾害。2008年9月24日，强降雨导致位于北川县西山坡沟暴发大规模泥石流，老县城几乎全部被淤埋[④]；2010年8月中下旬，特大强降雨又导致“5·12”震区各地滑坡塌方、泥石流等灾害频发，境内国道、省道等一度全部中断，堰塞体甚至造成岷江改道以及多处居民点被淹埋。2013年7月10日，暴雨致汶川境内多地突发泥石流，甚至导致岷江改道。

---

① 《羌族词典·地理类》“地质”条记“自1169年以来共发生破坏性地震25次”，加上“5·12”汶川大地震共26次。参见《羌族词典》编委会:《羌族词典》，成都：巴蜀书社，2004年版，第60—61页。

② 沈家五:《1933年四川叠溪地震堵塞岷江的特大水灾》,《民国档案》，1988年第1期。

③ 李绍明:《汶川大地震后羌区文化重建问题》,《西南民族大学学报》，2008年第9期。

④ 唐川、梁京涛:《汶川震区北川“9·24”暴雨泥石流特征研究》,《工程地质学报》，2008年第6期。

2014年7月17日14点45左右，茂县石大关乡超限站附近路段突发山体滑坡。2017年6月24日6时许，茂县叠溪镇新磨村突发山体高位垮塌，造成40余户农房、100余人被掩埋，松坪沟河道堵塞2公里。而就在笔者整理本文时，搜狐新闻客户端更是弹出了一则《汶川突发大规模山体滑坡 沙石铺160米415人大撤离》的消息 。

需引起重视的是，以上突发自然灾害破坏最严重的区域恰恰是羌、藏等少数民族世居之地，其先民在历史上显然经历了若干次重大突发性自然灾害，那么羌、藏等民族应对地震、泥石流等突发性自然灾害的手段是什么？对此问题的讨论，不仅有益于我们加深对该区域人与自然之间关系的认识，即对其日后建设与发展亦具有借鉴与参考价值。

一

羌族自称“尔玛”，分布于岷江上游地区及涪江上游的部分地区，行政区划上主要包括阿坝藏族羌族自治州的汶川、理县、茂县、黑水、松潘和绵阳市的北川、平武，以及甘孜藏族自治州的丹巴县。羌族“四普”（1990）总人口约19.6万人，“五普”（2000）总人口约30.61万人，“六普”（2010）总人口约30.96万人。其中，“5·12”汶川特大地震约造成2万左右羌胞遇难[①]。关于川西北羌人的记载最早可追溯到《后汉书·西羌传》，其记秦献公时河湟地区的羌人在卬的带领下“附落而南”进入到藏彝走廊东缘地区；同书《南蛮西南夷列传》载汉代汶山郡“其山有六夷、七羌、九氐，各有部落”。此后有关该地区羌的记载一直不绝于书。如“蜀郡徼外羌”“广汉徼外白马羌”[②]、邓至羌、冉龙羌、龙涸羌、白狗羌、白兰羌、西山羌、茂州羌[③]、扶州诸羌[④]等。

---

① 喇明英：《汶川地震对四川羌族人口的影响》，《四川省情》，2008年第6期。

②《后汉书·光武帝纪》云：建武十三年（公元37年），“秋七月，豪率种人内属”。唐李贤注曰：“羌有百五十四种，在广汉西北者为白马羌。”同书《西羌传》曰：“建武十三年，广汉塞外白马羌豪楼登等率种人五千余户内属，光武封楼登为归义君长”；又云：“桓帝建和二年，白马羌千余人寇广汉属国，杀长吏，益州刺史率板楯蛮讨破之”。

③《元一统志》记：“列鹅村，在茂州羌之列鹅村。其跗口羊膊，则江水所出也。”

④《元史·国宝传》记：“时扶州诸羌未附，国宝宣上威德，于是呵哩禅波哩揭诸酋长皆归款，从国宝入觐。”扶州在今九寨沟县一带。

川西北藏族主要有白马藏族、嘉戎藏族以及居住在海拔较高的草地藏族。白马藏族自称“贝”，主要分布在阿坝藏族羌族自治州九寨沟县与松潘县、绵阳市平武县，以及甘肃文县等地，总人口约2万人。[①]学术界一般认为，白马藏族系由古氐人演变而来，《史记·西南夷列传》称这一带的部落人群曰“白马氐”。宋元以来，该地区人群被称作“白马番”。从族称、分布及相关文化习俗看，龙门山区的“氐”与今白马藏人有密切的渊源关系，可见白马在龙门山区的历史活动一直未曾中断。嘉戎藏族自称“格如”，分布于岷江上游以西及大渡河上游等地，行政区划主要包括阿坝藏族羌族自治州的马尔康、金川、小金以及理县、壤塘的部分地区，甘孜藏族自治州丹巴县的大部分地区。嘉戎藏族人口，据2000年出版的《四川省志·民族志》称操该语言的人口有116 900人，[②]现今其具体人口尚缺乏准确统计。学术界一般认为，今嘉戎藏族与秦汉岷江上游的冉駹夷、隋唐之嘉良夷有密切关联。[③]草地藏族因居住在海拔较高的草原地区，自然灾害主要为极大恶劣气候，受地震影响相对较小，且无塌方、泥石流之忧，本文暂不予讨论。

二

羌族、白马藏族、嘉戎藏族等既为川西北世居民族，其所在的龙门山断裂带历史上一直是地震、泥石流、塌方等突发性自然灾害频发之地，那么这些民族传统上是如何应对的呢？一般来说，统计突发自然灾害如地震、泥石流所造成的损失通常以人、房屋、牲畜为对象，而这三者往往与人群的居处方式及日常行为关联密切。鉴于此，笔者拟重点考察羌族、白马藏族及嘉戎藏族的居处与日常生活中的防灾避灾策略。

首先，这些民族传统上对居住地域的选择充分体现了避免突发自然灾害的

---

① 刘志扬：《藏彝走廊里的白马藏族——习俗、信仰与社会》，北京：民族出版社，2012年版，第1页。

② 四川省地方志编纂委员会编纂：《四川省志·民族志》，成都：四川科学技术出版社，2000年版，第262页。

③ 石硕：《藏族族源与藏东古文明》，成都：四川人民出版社，2002年版，第202—209页；马长寿：《嘉戎民族社会史》，《马长寿民族学论集》，北京：人民出版社，2003年版，第126—131页。

智慧。《后汉书·南蛮西南夷列传》记汶山郡“其山有六夷、七羌、九氐，各有部落……皆依山居止”，表明汉岷江上游“夷”“氐”“羌”各部落是过着“依山居止”的生活。《隋书·附国传》有类似记载，曰：“无城栅，近川谷，傍山险。”此史料表明生活于高山峡谷区域的人群在居处上常“依山”或“傍山”而居，即选择生活于依山傍水的二级台地或缓坡上。据调查，今岷江上游羌族传统上“一般都是三、五十户聚居成一个寨子，分布在高山、半山或河谷台地上，故称为山寨”。[①]说明“依山”或“傍山”而居的方式几千年来并无变化。至于藏族，其居住平均海拔较羌族高，大多生活于中高山或高山区。刘志扬通过对白马建房选址的考察，指出：“在过去，白马藏族的房屋不修在公路下侧，因为他们喜欢高处，不愿意活在别人脚下，所以总是在高处修房子。”[②]这种喜欢选择高处而不是低地实为传统避灾的一种生存智慧，只不过以其他喻义或方式表达而已。

耐人寻味的是，羌、藏民族对居住地域的选择与考古学反映的情况相一致。徐学书先生在对姜维城、箭山寨、阿尔村等新石器时代遗址研究后，指出：“遗址分布上形成与山区环境相适应的皆在居高临下、背水据山的山前台地或缓坡上的择址规律。”[③]今岷江上游已发现的石棺葬基本全部位于岷江及其支流两岸的二级台地上，在理县佳山寨石棺葬遗址上还同时发现面积14万平方米的房屋建筑遗址[④]，说明山前台地应是当地居民理想的居处与活动场所。据此可认为，在川西北地区传统上选择以中、高山地区为居处活动地域，却极少选择河谷沿岸或海拔较低的区域。古人之所以作出如此选择，应与以下两点因素相关：

一是地质因素。由于地质、风化等因素，山前二级台地及中高山缓坡的地质相对稳定，而河谷坝区多系河流冲击形成，故地质松软。从建筑的安全性与稳定性角度而言，山前二级台地、中高山缓坡较之河谷地带更宜修建房屋等

① 冉光荣、李绍明、周锡银：《羌族史》，成都：四川民族出版社，1985年版，第333页。

② 刘志扬：《藏彝走廊里的白马藏族——习俗、信仰与社会》，北京：民族出版社，2012年版，第29页。

③ 徐学书：《岷江上游新石器时代文化的初步研究》，《考古》，1995年第5期。

④ 阿坝藏族羌族自治州文物管理所、理县文化馆：《四川理县佳山寨石棺葬发掘清理报告》，《南方民族考古（第1辑）》，成都：四川大学出版社，1987年版。

建筑。

二是出于避灾考虑，特别是避免滑坡、塌方、泥石流、洪灾等自然灾害带来的影响。由于高山峡谷地貌及历次地震、余震均导致山体松软，极易诱发滑坡、塌方、泥石流、洪灾等次生灾害。这些灾害会吞噬或掩埋河流沿岸的道路与村庄，严重的会阻断河道、淤积河床并不断淹没河谷地带，而堰塞体溃决又给下游沿岸造成无法估量的损失，1933年叠溪地震形成的堰塞湖即是典型案例之一。比较而言，山前二级台地及中高山地区由于所处海拔较高，受滑坡、塌方、泥石流、洪灾等次生灾害的影响小。

综合以上两点因素，可认为河谷地区在川西北世居民族传统观念中应是一个极度危险的区域。从民族分布看，羌藏民族的海拔分布显然高于其他民族（如汉、回）也间接印证了这一点。[①]

其次，传统建筑类型与工艺具有抗震、减震作用。鉴于地震发生的不可预测性，且人类大部分时间是在室内活动，故提高建筑物的抗震性能是应对地震灾害的理性思考。藏羌民族既然长期在一个地震频发区域，其房屋等建筑具有抗震因素是显见之事。羌族、白马藏族与嘉戎藏族的房屋等传统建筑可大致分为两种类型：一类是碉楼或碉房建筑；一类是板屋建筑。碉楼建筑最早明确见于《后汉书·南蛮西南夷列传》，云："累石为室，高者至十余丈，为邛笼。"唐李贤注曰："今彼土夷人呼为'雕'也"。《隋书·附国传》对其形制、功能有较为详细的记载[②]。碉分为碉楼与碉房，高数十米者为碉楼，普通民居为碉房（一般两至四层）。历史上，岷江上游是碉楼分布比较集中的区域之一，迄今仍保留了许多古碉，而碉房建筑也是今岷江上游羌、藏民族的主要居住方式。对于碉能抗震，已有相关研究成果揭示，此不赘述。[③]板房建筑历史十分悠久。《诗·秦风·小戎》曰："在其板屋，乱我心曲"，《毛传》云："西戎板屋"；《南

① 石硕：《岷江上游走廊的历史演变与民族文化特点》，《四川岷江上游历史文化研究》，成都：四川大学出版社，1996年版，第43—54页。

② 《隋书·附国传》曰："其巢高至十余丈，下至五六丈，每级丈余，以木隔之，基方三四步，巢上方二三步，状似浮图。于下级开小门，从内上通，夜必关闭，以防贼盗。"

③ 陈晓华：《羌族碉楼的建筑历史与抗震研究》，《羌族研究（第二辑）》，1992年；唐飞：《羌族碉楼与震后调查》，《中国文化遗产》，2008年第4期；雍承鑫：《从汶川大地震看羌族碉楼的抗震性能》，《西南民族大学学报（自然科学版）》，2009年第5期；裴蕾、陈四四：《古碉楼：震不垮的奥妙》，《四川日报》，2008年6月27日。

齐书·氐传》记氐人“无贵贱，皆板屋土墙”。氐在先秦时期属“西戎”系统，可知“板屋”乃是历史上氐人的传统建筑。今生活于涪江上游被学界称为“氐”之后裔的白马藏族也以板屋土墙为主要居住方式。木建筑明显具有抗震功能，笔者通过对凉山州冕宁、木里等地震频发区域的考察，发现当地有许多民族的传统建筑正是以木为主。在汶川大地震中，白马藏族的生命与财产损失显然低于其他地区。

木建筑具有抗震功能并不难理解，但岷江上游羌、藏等民族的石建筑亦能抗震则颇令人深思。“5·12”汶川大地震发生后，调查发现岷江上游大部分碉楼与羌、藏村寨皆完好无损，只是局部受损或地基沉降，而倒塌的绝大多数是用现代工艺修筑的屋宇及碉楼。[①]此现象说明传统技术修建的碉楼比现代技术修建的碉楼更具抗震性。《蜀王本纪》记古蜀王蚕丛即居于“岷山石室”。《后汉书·南蛮西南夷列传》称汶山郡夷人“累石为室”，《华阳国志·蜀志》记其人“冬则避寒入蜀，庸赁自食，夏则避暑反落，岁以为常”。马长寿先生调查后指出：“嘉戎佣工精二术，莫与高者：一为凿井；一为砌壁”，“砌壁更为此族绝技。嘉戎居地无陶砖，屋壁皆以石砌。石片厚一二寸，虽不规则，而嘉戎所斫制契石，辗转调度。故所砌壁，坚固整齐，如笔削然，汉匠不能也。”[②]可见，川西北地区的石砌技术历史渊源十分悠久。

除精湛高超的石砌技术外，建址的选择也是碉楼抗震不可忽视的重要因素之一。羌族老者称，碉楼施工时“先在地面挖成正方形或六角、八角形，深三四米的沟（一般挖至硬岩）”[③]。今存于岷江上游地区的古碉，基本都建于地基坚实的硬岩之上，由于碉楼本身非常坚固，其结构的“自振周期”相对较长。陈晓华先生对此撰文指出：“从结构动力学角度分析，若结构与基础的‘自振周期’相差较大时，不会因‘共振’而加重震害。”[④]这一认识十分正确。此外，碉楼与民居在选址时与周边的山脉、河流走向是否隐含有某种对应关系，民居的居住格局、门的朝向等是否包含有抗震因素在内，限于篇幅不一一讨论，但

---

① 唐飞：《羌族碉楼与震后调查》，《中国文化遗产》，2008年第4期。

② 马长寿：《嘉戎民族社会史》，《马长寿民族学论集》，北京：人民出版社，2003年版，第129页。

③ 陈晓华：《羌族碉楼的建筑历史与抗震研究》，载《羌族研究（第二辑）》，1992年。

④ 陈晓华：《羌族碉楼的建筑历史与抗震研究》，载《羌族研究（第二辑）》，1992年。

更深一步的调查与系统深入的研究十分必要。[①]

再者，传统上藏羌民族对外交往通常都会选择避开滑坡、泥石流等灾害频发的河谷地带。川西北位于四川盆地向青藏高原的过渡区域，南北走向的河流、山谷垭口以及较低的海拔等因素使得该地成为西北与西南间民族迁徙流动的走廊，同时也是青藏高原人群向低海拔区域活动的“阶梯”，在某些特定时期还一度承担着作为商贸通道的重要功能。其中，人群迁徙，如历史上的羌人南迁、胡系民族南下、吐蕃东渐，商贸往来，如魏晋南北朝时期盛极一时的“岷江道”[②]、自唐宋以来的“茶马互市”以及明清至民国时期回商进入等都说明了这一点。直到今天，该地区也是G317、G213、S205、S302、S209等国道、省道的必经地，是成都平原通往藏羌民族地区的“锁钥”。可见，龙门山民族地区既是一条重要的文化过渡带与汉、藏文明的边缘带，也是一条平原与高原间的经济文化“路桥”。从某种意义上说，该区域日后建设与发展最迫切需要解决的是其交通问题。

但在该地发展交通绝非易事。汶川大地震之前，滑坡、塌方、泥石流等自然灾害已使外界通往阿坝州的交通日受困扰，大地震来袭更使得几十年的筑路心血及高额修建的都汶高速公路顷刻间毁于一旦，并基本丧失交通作用，为抢时间救人，当时国家甚至采用绕行千余里、五千米高空险降以及不惜花高昂成本打通生命通道的不得已做法。多次教训已表明，在岷江上游河谷地区发展现代交通公路存在诸多隐患。[③]2010年8月中下旬的泥石流又再度造成阿坝藏族羌族自治州及北川、平武等地通往外界的国道、省道全部中断。近年来，因塌方、泥石流造成该交通路线中断通行更是屡有发生，尤其集中在每年5月至9月雨季期间。

历史上，羌、藏等民族的交通路线多沿山脉走势从半山腰取道，经山脉

---

① 如刘志扬先生调查发现，白马藏族传统房屋门向均朝向山与山之间的垭口。参见刘志扬:《藏彝走廊里的白马藏族——习俗、信仰与社会》，北京：民族出版社，2012年版。

② 陈东:《3—6世纪胡人入据岷江上游及对“岷江道”的开拓》,《贵州民族研究》，2007年第5期。

③ 相关论述可参见范晓:《汶川大地震下的奥秘》,《中国国家地理》，2008年第6期；石硕:《汶川地震灾区：岷江上游的人文背景与民族特点——兼论岷江上游地区灾后重建过程中对羌文化的保护》,《西南民族大学学报》，2008年第9期。

与山脉之间的垭口通往外地，而江面之上则架设索桥或溜索[①]，其最大优点是能有效避开河谷地带易受滑坡、塌方、泥石流以及山洪侵扰的危险。但现代的交通路线无一不是沿河谷取道，显然无法避开滑坡、塌方等自然灾害。路是人走出来的，古人不选择河谷作为通行路线显然是经验的总结，他们走不通的路今人也未必就一定能走得通。鉴于无法回避的交通问题，笔者认为既往在该地区沿河谷修筑现代交通公路的做法值得商榷，应在尊重历史经验的基础上认真调研传统路线或另辟蹊径。不过，汶川大地震后交通专家发现地震等突发性自然灾害对隧道影响较小，且隧道通行基本不受塌方影响，只不过建设和维护成本较高。

三

综合以上分析，笔者认为，传统上川西北地区羌藏民族应对突发性自然灾害的策略主要有：选择山前台地或中高山缓坡作为生活场所，避开河谷平坝地带；选择抗震的木、石建筑，并在选址、技艺上植入防震减灾因素；对外交往避开河谷地带，出行取道半山腰或垭口，跨河选择溜索或索桥。究其原因，在于该地区河谷平坝受地震、泥石流、塌方、滑坡等灾害的影响几乎是致命的，规避风险极高的河谷平坝而选择安全系数相对较高的中高山缓坡及二级台地是经验与理性的结合，再加上在建筑类型与工艺上植入抗震因素，就可以把地震灾害带来的损失降到最低。因此，与其说该区域当地世居人群自新石器时代以来一直选择中高山地区作为活动场所是理性的选择，倒不如说是他们出于生存目的应对地震、泥石流等突发自然灾害的经验总结。

改革开放以来特别是西部大开发战略实施至汶川特大地震发生前，川西北地区未发生重大突发性自然灾害，河谷地带由于交通等基础设施改善而得到迅速发展：大量水电、工矿项目建成投产，服务业快速发展，旅游业异军突起，城镇化建设日新月异，致该地区布局拥挤、人口稠密，生命与财产总量呈几何级增长。但突如其来的汶川大地震使几十年的辛劳成果几乎毁于一旦，当前河谷地带的灾后重建成果每年亦要承受泥石流、塌方、滑坡等次生自然灾害的

① 庄学本：《羌戎考察记》，成都：四川民族出版社，2007年版，第11—15页。

“侵蚀”。鉴于当地世居民族传统上选择安全系数相对较高的中高山缓坡及二级台地作为生活空间，笔者认为，该区域在日后建设发展中忌在河谷平坝投入大、布局密，并积极借鉴当地世居民族应对突发自然灾害的生存智慧，把人民群众的生命财产安全置于首位，特别是针对中高山区“易地重建”的思路需重新检视，从长时段视角重新审视并规划该区域今后的发展。

（作者陈东，四川省民族研究所副研究员，历史学博士）

汶川城乡重建中的文化价值建设

于佩丽

中国处于全球现代化进程之中，社会面临多重转型，各地发展不平衡、不充分。汶川现代化是中国现代化的重要组成部分，因地震灾害，原有的发展进程被打断。十年重建，各种现代化元素迅速涌入，政治、经济、文化、社会、生态多种因素交织，形成新的“历史的合力”。现代与传统并非二元对立，要促进汶川城乡均衡发展，实现人的幸福生活，应根据文化的不同层次、功能，探索汶川文化重建路径。考察汶川文化特质，动员政府、社会和个人力量，为汶川发展提供文化价值指引，提供更具文化适应力的生活方式。

一、文化分层与文化价值

生活是整全的，文化是人们获得善好生活方式的途径。人类为谋求生存、获取慰藉、凝心聚力构建起一整套价值体系。按照社会学家费孝通先生的观点，“文化是指一个团体为了位育处境所制下的一套生活方式”。“成套的原因是在：团体中个人行为的一致性是出于他们接受相同的价值观念。人类行为是被所接受的价值观念所推动的。”①

“位育”有“适应”的含义，体现的是人和团体、自然相互适应以达到生活的目的。生活在一定自然状态中的人，在生产实践活动中组成团体、社群，创造生产、生活所需要的文化，反过来，也受到所属团体文化、价值观念的约

① 费孝通:《中国社会变迁中的文化结症》，载《费孝通江村经济》，呼和浩特：内蒙古人民出版社，2010年版。

束、影响。文化的传承与创新发展并不是二元对立的，而是一种双向互动过程。

特定人群在一定的自然地理环境与历史条件中采取不同的生产、生活方式，形成独特的文化心理结构，但具有地域特点、民族特色的文化并不是与整个人类文化相对立、相孤立的文化孤岛。在与外来文化或多或少的交流互动中，本土文化会产生速度或快或慢的变革。在不平衡的发展进程中，文化会表现出吸纳积极、进步因素的方向性。

文化价值体系服务于人的生活目的，为人的行动赋予意义、提供指引。现代工业社会以经济为目的，经济发展在现代化进程中作用凸显。文化与经济二者的关系不应对立。汶川处于中国当前“不平衡不充分发展”的整体环境之中，通过对当地文化的考察，可以发现因民族融合所呈现出的丰富性、多元性。传承至今的文化遗产并不单纯服务于经济目的。非经济因素往往取代经济因素，在区域特色文化中发挥重要作用，对历史发展产生重大影响。

以儒家为主流的中国传统文化重视文化教化和整合的作用，强调社会稳定和价值体系的维系。汶川当地居民的生活方式、审美情趣、价值理念已沉淀出比社会政治结构更具稳定性的文化传统。富有羌、藏、回、汉等多民族融合特色的文化符号、文化遗迹和非物质文化遗产，既出于“日用伦常”考虑，也服务社会事务管理需要，还体现出不同宗教信仰对客观世界的超越，满足不同精神文化需求。

汶川发展，归根结底取决于当地生产力水平的提高和社会生产关系的调整。社会变迁具有丰富性、复杂性。“社会内在发展机制的强弱，取决于一切关系在其中同时存在而又相互依存的社会机体中多元因素能够获得多大的活动空间，这是内部孕育的渐变力量能否壮大的重要条件。”[①]社会固有的社会矛盾不会因地震自然灾害而消失，灾后重建如不能适应当地居民的生活习俗和文化心理，有可能加剧社会矛盾，已经取得的经济成果也容易丧失。改善人们的生产水平、生活方式，改变人们的精神文化面貌，既要考虑历史文化传统，也要以现代化进程为参照。

费孝通先生提出文化应“各美其美、美人之美、美美与共、天下大同”，形象指出了文化其实具有不同层次、不同功能以及共同的核心价值。“作为一种

① 罗荣渠:《现代化新论》，上海：华东师范大学出版社，2013年版，第59页。

整体的文化或者文明，主要有三层结构组成，可以分为工具、审美和价值信仰三个不同层次。外围系统是工具系统、认知系统，是文化的第一层工具部分。文化的第二层结构是审美系统部分。主要是一个民族，一个种群，他的情感的型，特定的型，很多时候无关乎先进落后，好坏优劣。文化的第三层结构，是最内核系统——价值信仰系统。更难以用先进落后、正确错误、优劣高下去评价。”[①]汶川的城乡文化传承与保护可以从中获得启发。

第一，从文化系统的工具层面看，为促进人与自然的和谐相处，满足人的生存和发展需要，人的要素和技术要素应成为汶川社会变迁和新文化形成的重要因素。为适应中国现代化潮流和世界潮流，汶川的器物、制度层面可以通过学习、创新，不断追赶先进，与时俱进。

第二，从文化系统的审美层面看，为满足人的精神文化生活需要，应充分保护和积极培育汶川长期积累的历史文化遗产，在市场经济环境下活起来、活下去，需要考察当地经济、社会发展状态，抽取多层次文化样本，通过政府引导，调动社会力量构建“名城、名业、名人、名景”四位一体的“名城保护体系”，通过传承、保护、发展有形与无形的文化载体，实现城乡文化变迁中农业文化、工业文化、信息文化的有序“继替”。

第三，从文化系统的价值层面看，文化价值是文化的核心。人是生产实践活动和文化创造活动的主体。建筑、器物、制度是文化的承载形式。在中国社会的多重转型中，如果没有稳定的文化价值体系指引，支持社会长久发展的动力系统就会发生紊乱，社会转型也会发生断裂、失范、失序乃至变异。

汶川作为羌、藏、汉聚居区，各族在漫长的历史交往过程中，形成具有地域适应性和内在稳定性的信念、信仰、理想、价值文化系统。汶川文化是中华文化的有机组成部分，受中华文化的浸润、滋养，也不断丰富中华文化的内涵。汶川在重建过程中，城乡与外界的联系将更加紧密与广泛，经济、政治、社会、文化发展将呈现多元化趋势。

对汶川现代化进程起稳定、导向和催化作用的中华优秀传统文化价值需要确立与弘扬。中华传统文化中的人本理念，仁爱思想有利于现代社会人与人、人与社会秩序的建立。传统文化也需不断创新发展。中西文化中所蕴含的高度

---

① 周熙明：《核心价值体系建设与意识形态创新》，载《文化回归与价值重建》，北京：中国书籍出版社，2013年版，第10页。

理性化因素与强烈的成就动机，是汶川现代化发展最有利因素。汶川城乡的现代化建设应关注人的尊严，保护人的生活热情，需要构建体现区域特色、时代精神与民族精神的社会主义核心价值体系，做出符合当地实际的文化调适，凝聚力量创造汶川“美好新生活”，形成中华各民族共同发展的“多元一体格局”。

二、汶川文化重建的内外条件

汶川的经济与社会发展依赖于当地的现实生产力水平的提高以及生产关系的优化、调整。二者共同为汶川发展提供基础。按照大致划分的社会生产力类型来看，自然形态的生产力、农业（畜牧业）生产力、工业生产力与信息生产力在历史上循序渐进的发展，受各种因素制约，经济、政治、文化、社会、生态并不可能均衡、充分发展。汶川经济、社会与文化表现出原生、次生、再生的复杂层次，加之地震灾难之后因家园毁损、亲友丧失等严重打击产生的精神改变，社会结构易出现分层加剧乃至断裂的危险。亟待教育和文化的双重整合，价值观重新确立。

在汶川重建的过程中，人与人之间的关系从传统“乡土社会”如波纹一样一圈一圈推出去的“差序格局”叠加为纵横交错的“立体网络连接状态”。汶川城乡中不同民族、不同宗教信仰、不同生产生活方式的人，经济利益诉求和文化理念并不相同。传统社会结构沉淀的价值观具有相当的稳定性，为社会回复秩序、争取发展机会创造条件，但其中的消极因素也应剥离、剔除。

为弥合社会变迁中的分层和断裂，在赈灾的特殊语境下，政府成为建设的主要规划者和推动者，社会主义核心价值观发挥指导作用，社会与民间的资本和技术力量成为最活跃因素，助推汶川重建与发展。但从长期发展考虑，必须充分发挥市场作用，为汶川可持续发展提供内在动力。

首先，在规划、建设、建成的城市新区应尽可能完善城市的不同功能，为满足人的多样性需求创造条件，使传统的精神文化和现代的生活方式通过公共空间的营建得到沟通，使人们的精神获得慰藉。“想要理解城市，我们必须完整地涉及城市不同用途的结合或混合用途，而不是单纯处理这些用途。”[①]

---

① ［加拿大］简·雅各布斯：《美国大城市的死与生》，南京：译林出版社，2006年版，第131页。

其次，通过文化与科技融合，利用现代通信手段的便利，快捷的水陆空交通网络，内地与沿海、不发达地区与发达地区的空间距离大大缩短，农村对现代城市的文化隔膜与物质依赖相对减轻。

再次，汶川城乡文化重建离不开现代教育体系的支撑。城乡与地区发展不平衡，容易出现当地人才留不住、外地人才引进难的“通病”。为改变长期以来城市对乡村人才、资源的单向吸引状态，整合、引进中国乃至世界科研院所的优质教育资源，培育、引进并留住与汶川资源与发展阶段相匹配的文化、技术等人才，提高调动汶川社会资源和人力资源的动员能力。

伴随中国整体经济的较快发展、技术的不断进步和现代化教育体系的日益完善，凝结在城乡文化传统中的血缘、地缘、学缘、业缘关系，经过城市和乡村文化的“陶养”，可以通过家庭、亲属、学业、事业等发生转化，创造具有时代特征的乡规民约或具有区域特色的社区文化内容，加速现代城乡社会的整合。

三、“以人为本”的文化价值重建

“以人为本”始终应该是汶川发展的出发点和落脚点。从政府的层面来说，发展汶川及周边地区的产业，要通盘考虑，不能考虑经济和效率，更要兼顾社会公正、公平，尊重个体对自由和幸福的理解与愿望，动员城乡最广泛的力量和积极因素共同推动文化发展，带动乡村与城市共同发展。

只有城乡共赢，才能发挥出一个地区应有的潜力。对乡村资源、人才的掠夺式发展模式，将不能产生城乡建设的良性互动关系，地方建设就会失去最可靠的基础，社会的功能将会失灵，社会有机体也会遭到严重破坏。传统社会中，城市是在文化上享有优越地位的一方，但对于以农村占据国土广大面积的中国来说，不能对乡村的文化需求视而不见甚至歧视、漠视。近代中国的现代化进程受到外力入侵与冲击而阻断，经过近百年以来的工业化努力，使得中国城乡在同一生产中逐渐有分工，有合作。

“中国现代化在20世纪下半叶才进入了真正的大转变时期。在新时期，传统文化作为一个整体已经解体了，而来自苏联与美国的不同影响也都在损坏着民族文化传统并增添许多新的因素。在这种新形势下，传统与变革的关系与启动时期已大不相同。由于现代化的大环境已发生了重大变化，传统文化中受到制度与结构压抑的许多合理性因素才得以变成促进变革的条件；或转换原有的功能，变成现代经济增长的助力。”[①]汶川在城乡建设中，城乡安置性建筑会改变原有社区和乡村的人口结构。在城市产业升级、转型和人才、技术、资金引进过程中，城乡文化要素通过生产、生活方式的互动，重新熔铸。城乡的权力结构、治理方式影响人口的行为方式和流动方向，文化移植与本土化冲突明显。需要从个人的行为选择变化、国家政策变迁、技术引进影响方面理清汶川文化发展的根脉和变迁轨迹。

要解决因为个性的冲突而导致的矛盾，需要不断扩大社会分工合作的范围，以安全、繁荣的共同价值信念凝聚、团结群体。费孝通先生认为，文化和技术“体用相连”。“一个健全的和能平衡的文化必须站在有机循环的基础上。”[②]社会主义市场经济体制的确立，推动资源的市场化配置，现代技术不断重组，影响人的生活方式和思想观念，文化随之发生改变。文化在新的社会格局中传承、创新、发展，要产生的社会认同，仍然要以人为目的，确立“以人为本”的发展理念。

在费孝通先生提出的“美好社会”概念中，群体性生活不可缺少的意念，“表现为诸如神话、传说、宗教、祖训、哲学和学说等多种多样形式的价值信念”，“体现了组成群体的各个人生活上追求的人生导向，而且也是群体用社会力量来维护人跟人相处的规范。它是个人的主观意识和群体社会律令内外结合的统一体。”[③]面对复杂的社会变迁，现代化生产过程中难以避免的人的“异化”会破坏社会有机体的完整，需要传统和现代文化、制度、法治的调控和保障，提高社会和个人的文化自觉。

在促进经济发展的过程中，文化一方面要启蒙、教育个人对团体、社会的责任，一方面要教化、整合社会，强调对人的尊严、价值的肯定，加强人权保护。费孝通先生提出“活动、生活、社会三者要能结合得起来”，“在完整的社

---

① 罗荣渠：《现代化新论》，上海：华东师范大学出版社，2013年版，第415页。

② 费孝通：《损蚀冲洗下的乡土》，载《费孝通江村经济》，呼和浩特：内蒙古人民出版社，2010年版，第241页。

③ 费孝通：《对“美好社会”的思考》，《费孝通论文化与文化自觉》，北京：群言出版社，2005年版，第126页。

会里社会所要个人做的事，个人会认真觉得是自己的事”。

在文化价值体系确立的基础上，构建新的文化认同，形成最大限度的共识，有助于凝聚民族强大的凝聚力和向心力，巩固汶川改革开放取得的成果，影响中国改革开放的进程。汶川羌、藏、回、汉各族对生命、自然、土地、社会、国家的认识，作为一种文化联系，维系着社会有机体的良性循环，与地理气候密切相关的生产生活方式、行为习惯、交往方式应得到传承和延续。至今依然起作用的价值观念、道德规范、应该被重新认识，并通过甄别、筛选加以创新、转化。具有地域、民族特色的习俗、乡规民约等应该得到尊重与保护，使之更适应人的情感需要，并能为经济发展创造一定的物质条件，使人的完满德性与幸福所依赖的外界条件得以匹配，让每个人自由而全面发展成为一切人自由而全面发展的条件。

（作者于佩丽，中共中央党校研究生院博士生）

第三编　羌族文化的抢救与新生

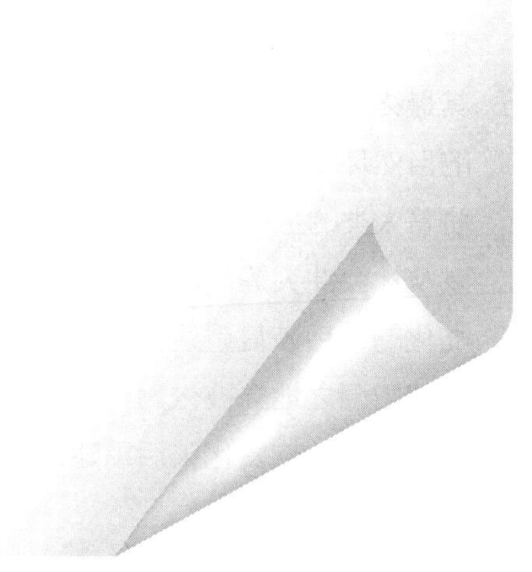

自然灾害与民族文化转型

——以汶川羌族文化灾后重建为例

王春英　王　文

地震、洪水、蝗患、疾疫、风、雹、霜、雪、旱灾等，主要是人类不可控的自然力引起的突发性灾害，具有一定的时间性和地域性。但随着时间的推移和发生次数的增多、强度的增大，这些灾害实际上成为人类活动对环境造成的压力和破坏的结果。众所周知，自然环境是人的环境，环境的任何灾难性变异，其最终的厄运都要降临到人的头上——频繁严重的自然灾害，使人类赖以生存的自然环境或者在短时间内产生急剧的异动，或者长期恶化、衰败，严重地威胁着人类的生存。①学界已有研究非常关注自然灾害导致的人口变迁、农业危机以及社会冲突等问题，但很少有人对自然灾害对文化传统的冲击，尤其是民族文化的灾后恢复重建及其转型予以研究。本文以2008年“5·12”汶川特大地震的震源之地并被誉为“大禹故里”“释比文化原生地”“神秘羌人谷”的四川省汶川县羌族文化灾后重建为例，探析自然灾害与民族文化传承、发展的密切关系。

一

近几千年灾害史表明，中国经历了夏禹宇宙期（约4000年前）、两汉宇宙期（公元前206—公元220年）、明清宇宙期（1500—1700年）的三个重大灾

① 周积明、宋德金主编：《中国社会史论》（下卷），武汉：湖北教育出版社，2000年版，第628—629页。

害群发期和两个较小的灾害群发期，即清末宇宙期和20世纪60年代末迄今正在进行着的自然灾害相对频繁时期。[①]仅以20世纪的地震灾害来看，凡7级以上的地震活动显示出几十年的活跃和平静交替出现的幕式活动韵律，整个民国期间造成万人以上死亡的7次地震均集中在1920至1933年不到14年的时间内，1920年甘肃海原（今属宁夏）大地震、1927年甘肃古浪大地震、1931年新疆富蕴大地震，震级均在里氏8级以上，其中的海原大地震死亡人数不低于30万，是其中破坏性最大的一次地震。[②]

2008年5月12日14：28，突如其来的里氏8级特大地震仅仅80秒钟就造成中国的灾区面积达44万平方公里，其中，四川灾区面积28万平方公里，重灾区12.5万平方公里，极重灾区1.1万平方公里，受灾人口达2 961万人，全省死亡6.88万人、失踪1.79万人、受伤37.5万人，直接经济损失8 451亿多元。[③]"5·12"汶川特大地震，成为新中国成立以来破坏性最强、波及范围最广、救援难度最大的一次地震，尤其是围绕汶川县映秀镇到绵阳市北川县这条断裂带，这次地震彻底改变了羌族人民宁静平和的生活："全国唯一的羌族自治县北川县城彻底损毁了，伤亡近一半人口；羌族集中聚居区的汶川、茂县、理县县城90%以上成了危房，羌族分布较多的四川松潘、平武、都江堰以及陕西省的宁强县、略阳县等也饱受地震危害。居住在广大乡村的羌族群众更是损失惨重，普遍痛失亲人，财产房屋毁灭。羌寨的碉楼、吊脚楼垮塌损毁，理县桃坪羌寨、茂县的黑虎羌寨、汶川的萝卜羌寨、北川小寨子沟等羌族风格独特的羌寨遭受毁灭性破坏，其他羌族民居也大多数倒塌，大量代表羌族民间文化的文化器物，如宗教活动使用的法器、羌族服饰、乐器等被埋或遭严重毁损。"[④]作为一个历史悠久而人口只有三十多万的少数民族，羌族文化的命运引起全社会的共同关注。

---

① 据中国自然科学工作者高建国、马宗晋、任振球等相关研究成果，参见周积明、宋德金主编:《中国社会史论》(下卷)，武汉：湖北教育出版社，2000年版，第622页。

② 周积明、宋德金主编:《中国社会史论》(下卷)，武汉：湖北教育出版社，2000年版，第622—623页。

③ 四川省灾后恢复重建委员会:《四川抗击汶川地震灾害的实践与启示》,《四川党校报》，2010年5月15日。

④ 本资料由北京市社会科学院社会学所副研究员、博士包路芳女士提供。

汶川县[①]是2008年“5·12”特大地震的发源地，全县13个乡镇在地震中几乎夷为平地，该县14.5万人（包括暂住人口）全部受灾，200多家工矿企业毁于一旦，9万亩耕地受灾（其中灭失土地4.2万亩，严重受损4.8万亩）[②]。截至2008年6月27日，全县死亡15 941人，失踪7 295人，受伤34 583人；县域内损坏房屋30余万间，倒塌房屋20余万间，经济损失达643亿元。[③]该县境内的中国最大黄泥羌寨“萝卜寨”被夷为平地、龙溪乡以阿尔村为代表的羌文化原生态资源受到严重破坏、羌族的建筑瑰宝“布瓦黄泥群碉”[④]的3座泥碉仅存三分之一，石碉全部倒塌、7个非物质文化传习场所损毁倒塌，有2名释比[⑤]传承人和5名羌族艺人遇难。[⑥]汶川特大地震使羌族文化生态环境遭到毁灭性破坏，重建羌寨并使羌族文化得以保护和传承，成为汶川县地震灾后重建的重中之重。

---

① 汶川县位于中国四川省阿坝藏族羌族自治州境内，是中国四个羌族聚居县之一，汉朝时称绵虒。汶川县因汶水得名，据《元和郡县志》：“梁置汶川县，因县西汶水为名。”汶川县地理坐标北纬30° 45′—31° 43′与东经102° 51′—103° 44′之间，东西宽84公里，南北长105公里。汶川地处四川盆地西北缘，龙门山脉和邛崃山脉分别位于县域东北与西南部；岷江及其支流杂谷脑河、草坡河、寿江为境内主要河流。汶川县地质构造复杂，地层发育完整，岩浆岩分布广，矿产资源丰富，特别是非金属矿产品种较多。气候随东南向西北地势上升，呈比较完整的垂直，可分为8个不同的自然气候区，故有“十里不同天”之说。县域面积4 085平方千米；人口110 118人（2000年），主要民族为汉、羌、藏和回族。东邻彭州市、都江堰市，南接崇州市、大邑县，西界宝兴县与小金县，西北至东北分别与理县、茂县相连。汶川县辖6个镇、7个乡，分别是：威州镇、绵虒镇、映秀镇、卧龙镇、漩口镇、水磨镇、龙溪乡、克枯乡、雁门乡、草坡乡、银杏乡、耿达乡、三江乡。

② 罗振宇等:《震中汶川应急救援综合应对》，郭伟等主编:《“5·12”汶川地震灾害应对案例集（上）——应急救援篇》，北京：中共中央党校出版社，2012年版，第21页。

③ 同上，第20页。

④ 布瓦，羌语音译，意为黄土山峰。峰上的布瓦村，是一个典型的羌族村庄，黄泥碉群林立，与龙山浑然一体，黄泥碉均为四角碉，通高18米至23米，汶川县境内最多时有49座。参见中共汶川县委宣传部、汶川县文体局编:《震前汶川100个经典记忆》，北京：中国戏剧出版社，2008年版，第46页。

⑤ 释比，是羌族原始宗教经典的传习人和羌寨宗教仪式活动的主持人，也是羌族社会最权威的文化人和知识集成者。参见陈煦等:《汶川县灾后羌寨重建与文化保护》，郭伟等主编:《“5·12”汶川地震灾害应对案例集（上）——应急救援篇》，北京：中共中央党校出版社，2012年版，第337页。

⑥ 本资料来源于陈煦等:《汶川县灾后羌寨重建与文化保护》，郭伟等主编:《“5·12”汶川地震灾害应对案例集（上）——应急救援篇》，北京：中共中央党校出版社，2012年版，第340页。

二

羌族，是甲骨文里唯一记述的远古民族，迄今历经五千年，成为历史上分布最广的伟大民族。正如学者所言：在中国56个民族中，还没有哪个民族像"羌"的记载那么久远，远到了传说中的三皇五帝时代，一直可以追溯到中华文明的童年时期；在世界文明史上，没有任何一个民族，像"羌"一样数千年称谓一贯，至今仍旧作为一个民族实体生生不息。①

在远古时代，古羌人游牧于甘青高原，过着逐水草而居的游牧生活。大约在战国至秦汉之间，其中的一支羌人越过大雪山，迁徙到岷江河谷，成为今天羌族的直系祖先。岷江河谷较甘青高原更为温暖湿润的气候，以及并不广阔的生存环境，迫使他们渐渐从游牧走向农耕。千百年来，他们逐渐形成了以农业为主的生产方式，传统的畜牧业逐渐退居第二位，成为辅助产业。山地农耕是羌族人民赖以生存的基本生产方式，他们经过数辈人的不懈努力，在并不富饶的岷江河谷及其无数的支流上，开垦出小块的台地和坡地，修村建寨，聚族而居。历史上主要种植大麦、荞麦等耐寒耐旱植物，近代引进的玉米、小麦、土豆、红薯逐渐成为主要的粮食品种。羌区解放后，通过品种改良、改土造田、灌溉配套、乡村道路建设、种植方式革新等手段，粮食产量不断增加。改革开放以后，利用山区和成都平原的海拔差以及特殊的自然环境，商品蔬菜大规模推广，林果业也得到很大的发展。羌族群众，从过去主要以玉米等自产粮食为主，现在逐渐通过商品交换改变为主食大米、白面等外来食品，生活水平不断提高。②

"大禹出西羌""大禹生汶川"，位于四川盆地西北部、岷江上游的汶川县自古以来就是羌族聚居地，羌村山寨历史悠久，民风淳朴。据《汶川县志》记载："远在西汉元鼎六年（公元前111年），即在威州南沟侧古城坪（今习称姜维城）建置绵虒县，晋改绵虒县为汶川县，刘宋时撤，梁于汶山县地置汶川县，明宣德年间迁县治于寒水驿北（今绵虒乡），1952年仍迁回威州。"③新中国成立

① 本资料由北京市社会科学院社会学所副研究员、博士包路芳女士提供。

② 本资料由北京市社会科学院社会学所副研究员、博士包路芳女士提供。

③ 四川省阿坝藏族羌族自治州汶川县地方志编纂委员会编:《汶川县志》，北京：民族出版社，1992年版，第1页。

后县辖变化，到1982年第三次人口普查时，全县面积4 083.069平方公里（包括森林、荒山、河流），每平方公里人口密度为20.8人。在2008年“5·12”地震发生前，汶川县有羌族人口36 700人，羌族“在全县总人口11万多人中，占36%还多”①。县域境内有布瓦村黄泥碉楼、萝卜寨黄泥碉房等一批重要的羌族文物建筑群落，其中，萝卜寨是古羌王的遗都，寨中的房屋都是由黄泥筑成，每家每户之间有错综复杂的狭窄巷道，使家家相通、户户相连，整座寨子地处海拔1 970米的高山之上，依山而建，错落有致。②经考证，它已经历了4000多年的风雨，被誉为“世界上最大最古老的用黄泥建造的民族村落”③，萝卜寨是汶川羌族地区最大的一个寨子，地震前全村有204户1 000多人口。④此外，汶川县还有3名国家级民族文化传承人和9名省级民族文化传承人，是羌族非物质文化遗产保留最充分、羌族原生态文化最浓郁的县区之一。

生活在高山峡谷地形中的羌族，以山地农牧业为主要的生活来源，决定了他们和大自然的亲密关系，特别是岷江河谷从来就是地震和各种自然灾害频发地区，敬畏自然、依赖自然成为羌族精神世界的显著特征。汶川县地处龙门山华夏系构造体系的中南段，即九顶山华夏系构和薛城—卧龙“S”形褶皱构造带两大体系。在地壳运动、岩浆运动、岩层挤压作用下，两大构造上，岩层破碎，断层、断裂繁多，青川—茂汶断裂带、北川—中滩堡（映秀）断裂带、江油—灌县断裂带等三条主要大断裂带斜穿全县，县境及邻区地质构造复杂，地震活动较为频繁。根据年代和震中范围、震级统计：1952年前，有记载的历史地震30次；1952年至1982年，2.5级以上的地震46次，2.5级以下的132次。在300公里以内波及汶川4级以上的地震60次。⑤大山里生存的羌族人是艰辛但乐观坚定的，他们重人事，敬鬼神，更尊崇和感激大自然的恩赐，在他们看来万物有灵，人只是大自然中的一分子，而大自然中所有的

---

① 中共汶川县委宣传部、汶川县文体局编：《震前汶川100个经典记忆》，北京：中国戏剧出版社，2008年版，第4页。

② 同上，第30页。

③ 中共汶川县委宣传部编著：《震中汶川·100个惊心动魄》，成都：四川民族出版社，2009年版，第30页。

④ 四川省阿坝藏族羌族自治州汶川县地方志编纂委员会编：《汶川县志》，北京：民族出版社，1992年版，第604页。

⑤ 同上，第110页。

生物，与人一样都是有生命有灵魂的复合体，都需要像经营人类社会那样精心维持。在人的世界之外，还有一个看不见的神鬼世界，这个世界既有死去的列祖列宗，又有大自然所有生物的灵魂，有帮助和扶持人类的神，也有破坏和加害人类的鬼，而沟通人和这个虚拟世界的媒介就是“释比”，他们经过长期的修炼和特殊的培养，能够让看不见的神灵附身，就像人世间协调人与人的关系一样，可以通过遵从、劝慰、恐吓、驱赶等许多方式与鬼神世界建立良好的关系。①

2008年5月12日汶川特大地震的突发，让身处重灾区的羌族人民的发展成就特别是改革开放之后的发展成果被一笔勾销，甚至祖祖辈辈的辛苦努力也化为乌有。地震重灾区和羌族聚居区完全重合在一起，使本来人数不多的古老羌族一下子损失了十分之一的人口，每家几乎都有亲人或朋友死亡或受伤，伤亡来得太突然，而且非常惨烈；汶川县的城镇大部分楼房都成了危房，农村传统土石结构的房屋更是普遍毁损，美丽的映秀镇被夷为平地，云上羌村萝卜寨变成废墟②，布瓦羌寨的黄泥土雕成为遥远的绝响，大熊猫繁衍的家园受到严重破坏。③作为山地农耕民族，羌族地区本来土地资源就极其匮乏，远远低于全国平均水平，不多的平坝地因塌方而缩小，更多的是挂在山腰上的坡地，在地震中许多都荡然无存，汶川县耕地80%以上遭到破坏，其中有一半彻底消失。而大地震造成的地质灾害，如塌方、泥石流、堰塞湖、大风沙等更将长远地影响羌族人民的生存基础。古老的羌族如何在地震的废墟上重新焕发生机，重建物质文化与精神文化，其道路都十分漫长。

三

“5·12”特大地震突如其来，震级之高、破坏之烈，是有史记载以来几千

① 本资料主要借鉴中共中央党校文史部教授徐平先生的研究成果。

② “5·12”地震发生80秒钟后，萝卜寨的绝大部分黄泥建筑都变成瘫在地上的黄泥堆，能够侥幸立着的，也只是那些摇摇欲坠地脱离了墙体的木门框和四壁无存的房屋架。参见中共汶川县委宣传部编著：《震中汶川·100个惊心动魄》，成都：四川民族出版社，2009年版，第31页。

③ 中共汶川县委宣传部编著：《震中汶川·100个惊心动魄》，成都：四川民族出版社，2009年版，第9页。

年第一次，震源在汶川县映秀镇牛眠沟，深度14公里，属于浅源地震[①]，受灾的整个核心区域有2万平方公里，其中，汶川县有3 000平方公里，而汶川县全部面积为4 800多平方公里。“5・12”汶川特大地震灾害，给灾区羌族人民的生活、生产、文化等各个方面都造成了巨大损失，一般的物质性损失大多数在灾后重建中予以恢复和补偿，时效性不强。而文化生态本来就十分脆弱的羌族地区，因灾难造成的文化传承之损失，不仅难以弥补，而且会随着时间的推移越来越严重，因此，在灾后重建的过程中应当以开放性和发展性的眼光，将抢救民族传统文化与丰富村寨羌民的生活紧密地结合在一起，从文化根源上保护羌族“活态”文化。

第一，以多重性文化思维重建羌寨，积极传承民族村寨生活方式。无论物质文化还是非物质文化，羌族特色文化皆依托于传统的羌寨生活方式而传承至今。羌民族大多居住在高山和半山一带，十余户或几十户相聚为一个村寨。羌人生活于碎石和黄土遍布的山区环境，村寨建筑也就地取材建成“碉”（羌语“邛笼”），碉楼，又称碉房、羌碉，或采用黄泥黏结不规则的小片石块成石碉，或用黄土版筑为墙成黄泥碉，其高度一般都在30米左右，层数多在10层之间，上小下大，上薄下厚，远处眺望，犹如高大的烟囱，形状有方形、菱形等。[②]在战火纷飞的年代，不但可以住人，还有攻守防御的作用，历经数千年建筑技艺的积累，羌碉被称为“土与石的艺术”。在“5・12”汶川特大地震灾后重建中，汶川县形成了三种羌寨建筑模式：一是一般羌寨民居，从抗震和宜居考虑，完全采用现代建筑材料与工艺；二是重要文物的羌寨建筑，重建与维修完全采用羌族传统建筑材料与工艺；三是在以旅游开发为目的的羌寨重建中，外部保持羌族建筑特点而内部结构使用现代建筑材料，如萝卜寨、阿尔村等羌民聚居、羌文化浓郁的重点村寨，从羌族文化保护和未来羌族民俗旅游发展考虑而实行了“修旧如旧”原则，在确保羌族建筑的原有习俗、原有工艺、原有材料的基

① 根据地质调查所测量，震源深度约在地表下十公里处承受了相当于251颗广岛原子弹的威力，地震烈度达11度，属于“毁灭性地震”，意即“只有少数建筑物尚未倒塌。桥梁毁坏。铁路轨道明显弯曲，地下管道完全不能使用，地面有很多裂缝、大规模滑坡、山崩，地表产生相当大的垂直和水平断裂”。这地震属于浅层的“板块内地震”，推测与喜马拉雅山造山运动有间接关系，释放出的能量超过台湾“9・21”大地震的五倍。

② 四川省阿坝藏族羌族自治州汶川县地方志编纂委员会编：《汶川县志》，北京：民族出版社，1992年版，第604页。

础上，尽力增强传统羌寨民居建筑的抗震强度。[①]

第二，以释比说唱方式传扬信仰祭祀文化，更好地体现羌族社会的文化功能。古羌文化诞生于人类文明史之前，羌族是一个缺乏自身民族文字建设和文本记忆的古老族种，文化的延续主要依赖于民间一代代的口传身授，存留着专门从事自身文化传承的一种人，他们自称为释比。释比是羌族文化的传承者，羌族人对释比“有着发自灵魂的一种敬畏”[②]。在汶川县，几乎每个村寨都有自己的神山神树一样的释比。释比唱经是羌族的百科全书，涉及天文、历法、医学、建筑、历史、饮食、生育、生死、纺织、战争、语言、信仰、婚配、牧养、农耕、神鬼方面的内容；释比说唱是羌族资源尊崇的法典，表现手法都是为了族群的利益，除了主持祭祀，立门安神，打卦占卜，还要救治病人或心神不定的人。释比的活动也有很多禁忌，如：禁用羊皮鼓做枕头；做盛大的法事活动时，必须从两三个月前就开始禁嘴，特别是禁食葱、蒜之类的食物；皮褂不净不能穿，皮鼓不净不能用等。[③]释比的存在，是羌族得以凝聚和生存的现实之源。[④]龙溪乡是羌族聚居区中“释比”最多的地方，震前有政府登记在册者19人，其中有4人在地震中遇难。[⑤]传统上，释比均是通过父子或师徒相传，形成释比世家，而现代社会中，年轻一代多不愿学释比，很多老释比找不到传人。为解决这一问题，汶川县利用羌寨重建的机会，在阿尔村新建了释比文化传习所，打破释比家族内部传承的局限，逐步向羌族社会公开，有效地扩大传承面，进一步促进羌文化发展。

第三，利用羌族民俗文化开发旅游产业，注重激发羌村本土的文化自觉性。文化，只有转化为生产力，才能得到更好的保护和传承。总体来看，旅游

---

① 陈煦等:《汶川县灾后羌寨重建与文化保护》，郭伟等主编:《“5·12”汶川地震灾害应对案例集（上）——应急救援篇》，北京：中共中央党校出版社，2012年版，第349页。

② 中共汶川县委宣传部、汶川县文体局编:《震前汶川100个经典记忆》，北京：中国戏剧出版社，2008年版，第174页。

③ 四川省阿坝藏族羌族自治州汶川县地方志编纂委员会编:《汶川县志》，北京：民族出版社，1992年版，第609页。

④ 中共汶川县委宣传部、汶川县文体局编:《震前汶川100个经典记忆》，北京：中国戏剧出版社，2008年版，第175—176页。

⑤ 陈煦等:《汶川县灾后羌寨重建与文化保护》，郭伟等主编:《“5·12”汶川地震灾害应对案例集（上）——应急救援篇》，北京：中共中央党校出版社，2012年版，第344页。

开发有利于羌族文化的继承和发展。地处岷江上游的汶川县旅游资源得天独厚：沧海桑田形成了数不胜数的可开发的人文景观和自然景观，其中包括新石器时代彩陶文化、大禹文化、古羌文化、石棺葬文化、三国文化、熊猫文化以及岷江大峡谷风光、草坡风光、卧龙风光，等等，不仅有古遗址姜维城、点将台、威州明城墙、绵虒古城、古墓葬、古建筑、石碑，重要摩崖造像，而且还有地景（山、谷、崖、石）、水景（河、瀑、泉、湖）、生景（猫、鲵、麝、猴、花、果、色、林）等，境内花卉植物众多，仅杜鹃就有40多种。[①]同时，地处都江堰、黄龙、九寨旅游环线的黄金通道，距离成都100多公里而拥有区位优势。在地震灾害重建中，汶川县在成功打造三江国家4A级生态保护区和水磨国家4A级人文生态保护景区基础上，着力打造威绵片区国家5A级羌禹生态文化体验区——以大禹故里和羌人谷为核心，将国道213线、317级上的三个乡镇全线贯通，建成汶川文化产业恢复的范本。[②]在当前文化发展的新形势下，羌族的村寨文化和文物保护，应当与旅游开发相辅相成、共同发展，但旅游业的介入，也会在一定程度上消解民族文化的内涵。目前，尽管政府已在倾力建立羌族文化保护体系，但仍然跟不上羌文化受现代文化冲击的速度，对此，只有唤起羌族民众对传统文化的热爱并自觉地去保护自己的文化，古老的羌族文化才能真正长久地传承下去。[③]

“5·12”特大地震发生以后，面对坍塌、废墟、伤残、死亡，地震灾区人民不仅要重辟生存环境，而且要重建精神家园。相对来说，文化重建比物质重建显得更重要，更长久。从源头上看，人类文化分为游牧文化、农耕文化、商业文化等三种类型。各地文化精神之不同，“穷其根源，最先还是由于自然环境有分别，而影响其生活方式。再由生活方式影响到文化精神。”[④]严重的地震灾害，能极大地破坏以乡镇聚落为中心的农村居住环境，缩小人们的生存空间，恶化生活的环境质量，造成农田生态系统的大面积受损或退化，但“天无绝人

---

① 四川省阿坝藏族羌族自治州汶川县地方志编纂委员会编：《汶川县志》，北京：民族出版社，1992年版，第539—541页。

② 中共汶川县委宣传部、汶川县文体局编著：《震后汶川100个精美画卷》，成都：四川民族出版社，2011年版，第103页。

③ 陈煦等：《汶川县灾后羌寨重建与文化保护》，郭伟等主编：《“5·12”汶川地震灾害应对案例集（上）——应急救援篇》，北京：中共中央党校出版社，2012年版，第350页。

④ 钱穆著：《中国文化史导论》（修订本），北京：商务印书馆，1994年版，第2页。

之路”——从广泛的意义上来说，地震疏松了土壤层，“土壤流失灾害固然恶化了高地或上游的生态环境，但其产生的泥沙被流水搬运到下游，淤积在河道、湖沼、海坦上形成的沙洲、沙滩、沙坦，又为沿岸人民拓宽了生存的空间”①。而“5·12”特大地震，也为遗存于今的古老羌族文化焕发生机创造了特殊有利条件，这场灾难极大地唤起人们对灾区非物质文化遗产保护的关注，特别是饱受大地震危害的羌族文化，更成为各方关注的热点，从中央到地方，从政府到学界，都在为保护羌族的古老文化积极行动起来，确保了汶川县的文化重建与物质重建同步，其主要表现在于民族文化元素的借鉴和吸收上，展现在积极保护羌禹文化、大力弘扬感恩文化、深入挖掘农耕文化、精心打造旅游文化、高度重视建筑文化等方面，羌族文化的灾后重建及其转型发展，对中华民族文化的传承具有一定的根源性意义。

（作者王春英，中共四川省委党校“5·12”汶川地震灾害应对研究与培训中心教授、四川大学历史学博士；作者王文，中共汶川县委党校副校长）

① 周积明、宋德金主编:《中国社会史论》(下卷)，武汉：湖北教育出版社，2000年版，第629页。

“5·12”大地震后羌区田野调查纪实

贾银忠

“5·12”汶川大地震虽然已过去十年，但悲惨的一幕幕情景仍旧在我的脑海中闪现，耳边还时时回响起灾区传来的痛苦哀鸣，心情至今难以平静。汶川及周边方圆数百里内，是我们56个民族大家庭中羌族人民的主要聚居区。“5·12”汶川大地震给原本快乐生活着的羌族人民带来了毁灭性的打击，他们失去了生产、生活上千年的家园；同时，羌族这个有着悠久而璀璨历史文化的民族也正处于文化传承的濒危困境之中。灾后不久，我先后六次进入羌区田野调查，采集了大量的第一手资料，同时也搜集到许多鲜为人知的故事。

一、羌族文化保护工程学术志愿者团队的诞生

“5·12”大地震的发生，我当时被电视里传来的灾情画面深深震撼，心情一直难以平静，尤其为羌区的灾情感到非常难过，这期间常常想为灾区做点什么。在我的提议和组织下，我们于2008年5月19日成立了西南民族大学“羌族文化保护工程学术志愿者团队”，当时人员达到70余人，除了本校的羌族师生外，校外也有爱心人士参加进来，甚至有阿坝州羌学会的同志也愿意与我们一道积极为羌族灾区文化保护贡献智慧。接着我们这个志愿者团队为灾情严重的羌族村寨做了许多急需援助的方案，并将其中的一些方案翻译成英文，发往国外相关爱心机构，目的是为羌区的村寨争取更多物资援助，这些方案中有的产生了效果，达到援助的目的；有的方案正在与外方的爱心人士们合作准备继续向羌寨献出一份爱心。我们通过与“来自西雅图的爱心”“华盛顿大学”“中

国地震救援组织”（美国）等多方面协调，先后为羌寨争取到了高级睡袋，小学生需用的图书、教学用具、体育器材等。最近又为羌族的文化传承人争取到御寒大衣，这些冬衣是华盛顿大学的豪瑞教授、“中国地震救援组织”（美国）、教师无国界组织及爱心人士派克·文（Joe Parker）、任远琴等捐助的，我和我的团队向他们提供了村寨羌族文化传承人的名单，后又配合他们购物，并一道专车将冬衣送到羌族文化传承人的手中。

羌族这个有着悠久而璀璨历史的民族也正处于文化传承的濒危困境之中。地处四川成都的西南民族大学对羌族地区有着多年的研究历史，积累了一些经验，2008年5月19日我们成立的“羌族文化遗产保护工程学术志愿者团队”中有70余名队员，包括羌族、彝族、藏族、壮族、白族、土家族、回族、汉族等17个民族的专家教授、博士、硕士研究生和大学本科成员。团队成立后便立即针对羌族文化遗产的保护开展了工作，灾后不到一星期就有团队成员冒着生命危险首次进入灾区调研灾情。

这次大地震使进入羌区的道路基本毁坏，大多数地区信息不通，外界对羌区的灾情、传统文化与羌族文化传承人的报道是零星的，为了让社会和国家相关部门更进一步、更全面地了解羌区的灾情、传统文化与羌族传承人遭受的损失和目前的生存现状，我们“羌族文化保护工程学术志愿者团队”先后两次冒着余震深入羌族灾区调研羌族传统文化受损情况。针对阿坝州羌族居住的“空间结构”是以村寨为主这一特点，将团队分为五个组进入羌族村寨，由于都汶路（都江堰至汶川213公路）被阻断，松潘、理县、茂县三个小组只有绕道800余里从成都经德阳、绵阳、江油、平武、川主寺进入灾区，调研完成后又从原路返回成都。

为使调查具有真实性、全面性、时效性，我毅然决定参加到汶川、北川小组中，这意味着要冒最大的安全风险，走完最艰苦的历程。从都汶路进入灾区，在不通车的地方只能徒步向前，经映秀步行进入汶川，在汶川调查了五个比较典型的村寨和一些文化传承人，后又深入“羌族文化核心区”——茂县的村寨调查，接着进入北川县的小寨子沟（青片乡）调查，然后徒步数十公里对北川的羌文化进行沿途调查，最后从北川县的禹里乡乘船至漩坪，再由漩坪翻越七八座大山才走到北川县的擂鼓镇。这期间的调查，团队成员们个个非常努力和认真，每个组员平均负重三四十斤，在调查途中都要躲避滑坡、飞石、泥石流及不断发生的余震。毫不夸大地说，几次羌区之行，组员们是冒着生命危险才完成了这次非常的田野调查。

我和团队调查了12个羌族村寨，认真询问和填写了羌族村寨的灾情问卷和文化传承人生存现状方面的问卷，对村寨和文化传承人的专访均做了摄像、拍摄、录音等工作，搜集了大量的第一手资料，为有根有据地撰写调查报告奠定了基础。团队成员们从资料中选取69位羌族传承人的原始资料写成了57篇有代表性的"个人单项报告"，12篇羌族村寨的专项调查报告，这样共完成近70篇调查报告。并且撰写了7篇有一定深度的灾后重建的文章。每一篇报告基本上都对羌族村寨及文化传承人的灾后现状进行了真实的反映，并针对相关问题提出具体实用的对策和建议。最后我主编《濒危羌文化》一书，全书45万字，各章中配有近200张彩图，2008年12月交相关出版部门正式出版。

2008年5月12日汶川大地震的发生，使整个羌区受灾面积21 319平方公里，共计93个乡镇遭灾，羌族遇难人数37 315人，占全省遇难人数54.35%，占全国羌族人口的10%；羌族受伤86 480人，占全省受伤人数24%；失踪16 456人，占全省失踪人数94.33%。羌区房屋受损严重，坍塌面广。北川县城、汶川县映秀镇等部分城镇夷为平地。羌族聚居的农村房屋毁损达95%以上。茂县、汶川、理县、汶川县城20%房屋损毁，80%房屋成危房。所以，我们呼吁国人更多地关注和帮助羌族及羌族的濒危文化。我们"羌族文化遗产保护工程学术志愿者团队"编写《濒危羌文化》一书的主要目的和意义就是：

（一）这次大地震的发生加重了羌族文化濒危的程度，除了对羌族物质文化的破坏以外，主要还表现在对羌族活态文化的巨大损毁，也使羌族非物质文化的传承人急剧减少。此书对羌族村寨传统文化和羌族传统文化传承人的现状调研，以便让社会各界更深入地了解羌族及其文化现状，有效吸引社会各界参与保护羌族文化遗产；此外也可列入羌族文化数据库，以便社会各界今后进一步研究。

（二）向社会传递灾后羌族文化面临的濒危处境，引起社会各界的广泛关注，保护羌族的濒危文化。羌族文化遗产在遭受重灾后，光靠个别人或少数团体是不可能有效保护羌族文化遗产的，此书欲向社会各界呼吁，共同壮大保护羌族文化的队伍，以便更加有效地抢救羌族文化遗产。

（三）让政府机关和社会各界人士更多地了解灾后羌族地区文化传承人的

生存处境与现状及灾后重建意向。灾后羌族人民的生存处境和羌族文化面临的濒危处境还应该引起社会的广泛关注和政府进一步的重视。该书通过学术团队最直接的田野调查，为社会各界提供最真实的文字资料和影像资料，以便社会各界实施灾后重建、政府制定相关措施时借鉴。

（四）为政府或相关机构提供最直接的参考资料，提供对策建议。我们在各村寨的专项调研报告中提出了目前存在的主要问题和对策建议，反映了灾区羌族人民的意愿。

二、徒步进入灾区羌寨

我和团队组员们在公路不通的情况下深入羌区，虽然十分艰苦和危险，我们还是调查了12个有名的羌族村寨。而有的村寨灾后道路实在太危险，加之余震不断，滑坡和泥石流的威胁，我们没能进入调查，我们将在适当的时候再次进入调查。

（一）西羌第一村——羌锋

我们田野调查的第一站是羌锋村，汶川县绵池镇羌锋村处于阿坝州的南大门，“5・12”大地震后这个村成为死角，许多人对这里的情况并不了解，媒介也很少报道该村灾情。羌锋村95%的房屋倒塌，所有财产基本被埋，村民的直接经济损失达1 691.8万元。走进村子，看到的是一片废墟和惨景。羌锋的古碉位于簇头沟旁，呈四角式样，由石块、泥土、木头堆砌而成，高十余米，底部有道十分矮小的门，内部有木楼梯能攀到碉顶。连村里最老的老人也说不清关于它的历史。这古碉楼共经历了三次大的地震，第一次是1933年的叠溪大地震，第二次是松潘大地震，而在这次汶川大地震之后，素有“千年碉不倒”之说的碉楼也岌岌可危，建筑物整体出现了裂缝，顶部和底部遭到严重损坏。1996年由著名社会学家、民族学家费孝通先生在碉楼上题名的“西羌第一村”，现今只剩下一个“羌”字及费老的名字。作为羌锋村的主要标志，当地村民十分希望古碉楼能尽快得到有效的修复。

2008年8月灾民们都住在帐篷和自己搭建的棚子里，主要靠政府的救济生活；11、12月我再到村里时，有的灾民已修复自己的房屋，有的正在新建中。

1996年10月羌锋村被国家文化部授予“中国民间艺术之乡—— 羌绣之乡”的称号。羌锋村女性心灵手巧，十多岁以上的女性几乎都会羌族刺绣，格式精美的羌族民间刺绣工艺远近驰名。尤其是以汪斯芳为代表的羌绣传承人的绣技最好，全县比赛时她曾获第一名。她的家被地震毁坏，一家住的帐篷外还从山上滚下巨石，险些砸到她们的帐篷。

2008年8月初，我们对释比传承人王治升进行专访时，王治升刚从磨坊背玉米面回来，75岁的老人要背100斤的玉米，走了2公里的山路。这本应是尽享清福的年岁，却仍然从事着较重的农活，加之这次重大灾难的打击，文化传承人以后的日子会更加艰苦。王治升在沟头的老房子在地震中倒塌，目前寄住在二女儿的家里，他最大的心愿就是能够尽快恢复自家的住房。2008年12月我们送冬衣给他时，我又一次问老人：“招收到徒弟没有？”他说：“没有年轻人愿意学呀！”

羌锋村的羌族文化传承人保留较为完好，他们所掌握的技艺较为全面。除有释比王治升外，还有一位集羌族历史、文学、释比经典、民歌、锅庄舞等多种才艺于一身的老人，名叫王治高，今年已82岁，是我们调查到的羌族民间中高级知识分子，是羌区难得的人才，也是羌区唯一保留古羌人发辫的老人。新中国成立前王治高在羌锋学堂一共读了十余本书，至今仍能流利地背出十来岁时学的三字经、百家姓和四书五经等。年轻时候的王治高十分能干、勤劳，是干活做事的一把好手，他当过两次劳动模范。第一次是在1952年，他因为种植出高产麦子而被评为全国劳动模范。当时给他的奖励是一件价值16元的蓝布毛皮衣服，这在当时是很贵重的奖品。本来他可以作为劳模代表去北京见毛主席，但是当时社里和家里繁重的劳务走不开，后来是村里其他人代替他去了北京。第二次是1955年7月，他在参加修路中被当时的“四川省藏族自治区”评为甲等劳动模范。老人的二女儿随即进屋给我们找出这次劳模时发的笔记本，上面印有“四川省藏族自治区”字样。这本破旧并且发黄的笔记本，似乎也记载着老人沧桑辛劳的一生。

当我们专访老人时，他希望文化部门给他颁发一个文化传承人证书。我们认为他是国家非物质文化遗产人才库中的重要人物。据了解，灾后四川省非遗办已将王治高老人申报为国家级非物质文化遗产的传承人，报送材料已交北京方面。还有一位羌族医生，名叫汪清泰，已经58岁，他为当地人治病，懂得部分羌族传统医学，卫生部门给他颁发了农村医疗证书，但没有纳入羌文化传承人的名单。在大地震中，羌锋村的六位文化传承人的房屋倒塌，财产大部分被埋；地震不仅给他们造成了物质上的巨大损失，而且在精神上也经受了一次前所未有的打击。

（二）“天地水”——三官庙村

我们的第二站是三官庙村，该村所在的绵池镇位于汶川县西南方向，距县城18公里，距省会成都130公里。都汶公路纵向从村境内穿过，成为出入阿坝州的大门，区位优势十分明显。三官庙村的名字是根据村寨庙宇中供奉天地水三官（即尧、舜、禹）而得来的。三官庙村海拔高1 400米，地处岷江上游河谷地带，全村辖两个村民小组，总人口539人。该村将510亩坡耕地以110万元的价格租赁给岷江生态股份有限责任公司实施生态工程，每年仅利息收入就有13万元。三官庙村发展特色经济作物种植，共投入资金16.46万元，种植了岷江甜樱桃200亩长势良好，大部分已经开花挂果。丰产期每亩可产樱桃1 000公斤，按照目前的市场价格进行预算，仅此一项，就可能带来400万到800万元经济收入。目前全村仅甜樱桃一项就能创收20万元，实现每户平均收入1 400元。据一位卖樱桃的高姓村民介绍，地震前他差不多一天可销售30多公斤，每公斤能卖10—12元，若不是遭灾，今年他家樱桃至少也有4 000元的收入。

据当地灾民讲，地震发生时，正有游客采摘大红樱桃，当地摇山动时，大多数人都趴在地上，有的也紧紧抱着樱桃树，地面晃动不已，人们行走艰难。当山上有巨石群滚落下来时，游客吓得四处逃窜，天空顿时黑了下来，尘土飞扬，空气中弥漫的尘土让人窒息。40多分钟后才逐渐看清了人和物，游客和当地的羌族百姓几乎全部瞬间变成了灰粉泥人。

在三官庙村村口为展现社会主义新农村风貌而新建的石木结构牌坊在地震中严重受损。村内两座庙宇也严重受损，70%以上的房屋垮塌，佛像也毁坏严重，部分倒塌。三官庙村属于羌语的南部方言，同和平、白土坎等地共同使用绵池土语。村里能说羌语的人很少，仅占总人口的5%。灾后村里的婚礼都尽量从简，不再按羌族传统举办，但葬礼仍按传统习俗。目前村寨中仅有10%的人穿传统羌服。羊肉是羌历年必不可少的食物，转山会中必备的物品是羊头。大地震后，三官庙村在羌族咂酒、茶等饮品方面的制作工艺不变。主要的发酵食品有荞面馍。犁头、锄头和镰刀仍是主要的农业生产工具，没有能力用动力机具耕种。当地羌族人对传统文化保护的积极性比较强，目前有100多位年轻人愿意学习羌族的各类传统技艺，占总人口的20%。三官庙村羌族非物质文化传承人仅余国莉一人，是羌绣传承人。该村寨最大的问题是加强羌族文化的学习和现存羌族传统文化的保护。

（三）拥有世界最高黄泥夯土建筑的——布瓦寨

我们的第三站是汶川县的布瓦寨，布瓦寨位于岷江与杂谷脑河汇合之处的高半山坡台地上。该寨有最高的黄泥夯土建筑，是黄土羌寨的典型代表。2006年5月，黄泥碉群被国务院公布为第六批全国重点文物保护单位。2007年，作为“藏羌碉群与村寨”的一部分被列入《中国世界遗产预备名单》。据村主任朱德平介绍，布瓦寨的黄土羌碉始建于春秋战国时期，有战碉、官碉和风水碉之分。最早的碉群由45座夯土碉组成，历经千年，其中42座黄土碉已被损毁，余下仅有的这三座也在地震中遭到严重毁坏。现在这三座黄泥碉已被相关部门用南竹等材料保护起来，防止余震再度毁坏。布瓦寨目前正等待县上联系专家来做鉴定，以便进行下一步的重建修复工作。布瓦寨共有四个村民小组，90%的人愿意原址重建，10%的人一度愿意迁到其他的村子或其他的县。布瓦寨的房屋内部损伤相当严重，基本上无法继续居住。2008年12月20日我受邀和相关专家、广州市对口援建工作组的同志们又去了该寨，是以国家旅游局“四川“5·12”汶川地震灾后旅游业重建规划指导小组专家组成员”和四川省委组织部“四川灾后恢复重建专家组成员”的身份去的。我们主要是为灾后重建去的，重点看了几户灾民，也专门约见了两位舞龙的羌族传承人杨泽祥、马明星，他们二人已近80岁，马明星的视力已成问题，好在他们已经传授给10位徒弟。广州市对口援建工作组的同志们对当地的灾民非常好，还特别给遇见的老人和幼儿发了慰问金。

（四）释比文化传承地——阿尔巴夺寨

我们田野调查的第四站是龙溪乡的阿尔寨，它是汶川县的“释比文化传承地”，这里的释比与其他羌寨相比是最多的。寨子的主羌碉上端部分垮塌，从上至下震裂的口子清晰可见，塌下的石块砸坏了内部的木拉条，坠落后堵在古碉门口。传统羌族民居最有代表和最为典型的要算释比马永清家的老房子了，据考证已有数百年的历史，可为典型而难得的古老民居。这座老房子主要是由木柱、木板、木条及少量的石块修建而成，房内许多木质结构的地方雕有动物和植物，雕花工艺精湛，现在羌区已经很难找到这样技高的羌族木匠来修复这样的传统民居了，这是羌族建筑文化的一大损失。阿尔巴夺寨总共有168户人家，35户房屋坍塌，其他没有坍塌的房屋约80%成了危房。

当地的主业是反季蔬菜的种植，灾后已全部瘫痪。大地震发生之前，由于阿尔巴夺寨的气候和周围的山地均适合种植反季蔬菜，所以他们在20世纪90年代就开始种植蔬菜，并在成都打开了市场。他们生产的蔬菜除运销到成都的大批发市场外，也运销到其他大城市。种植的蔬菜主要有：莲花白、大白菜、土豆、萝卜等，其中产量最高的是大白菜和莲花白，每亩可产4 000公斤左右，灾前蔬菜的产地批发价每公斤约为1.00元，这样每亩可收入4 000元。勤劳的村民有的采用蔬菜套种方式，收入比一般的种植户高出一倍。但是，大地震发生后交通阻断，使阿尔巴夺寨乃至整个阿坝州的蔬菜运输线全部瘫痪。许多菜农生产的蔬菜因无法运出而烂在地里。我们在阿尔巴夺寨看到他们种植的莲花白，基本上被菜虫糟蹋得面目全非，辛辛苦苦种下的蔬菜一分钱也难以收回，当时灾民们主要顾及的是他们的生存问题。

畜牧经济的恢复面临资金缺口。2008年6月17日，阿尔巴夺寨村民服从县、乡两级“大转移”的命令，一天时间内，全村寨的人都全部转移到玉龙一带。由于明确了这次“大转移”是不再回来，背不走的东西，只得廉价处理或抛弃。所以，村民只能将自己无法背走的牛、羊、猪等都全部廉价处理了。村民对这次“大转移”意见特别大，每户都造成了万元以上的直接经济损失（具体原因省略）。这也使该区域的畜牧经济遭受了前所未有的挫伤。当时阿尔巴夺寨的灾民在过渡期间的生活主要靠政府救济，每人每天一斤大米，三个月给了每人2.9斤食用油。阿尔巴夺寨在灾后重建中，灾民要靠自身的能力重新恢复和发展畜牧经济，存在较大的资金缺口。

阿尔巴夺寨打算灾后三年内，恢复损坏的两三座羌碉以及神庙等建筑。村民们还打算恢复祭祀塔，在祭祀塔上供放白石头以表示通天。供放白石头是他们信仰的一个方面，释比在做上坛经仪式时也要祭拜白石头。阿尔巴夺寨是汶川县的“释比文化传承地”，这里诞生过相对数量较多且有名的释比，如最有名的94岁老释比余明海已在灾前去世，现有朱金龙、朱元良、余仕云、余仕华、马永清、马成德等释比传人住在寨子里。释比的神圣法器羊皮鼓、法铃等法器严重损坏。马永清对我说：“灾后相关部门到了阿尔巴夺寨动员释比们把法器集中起来，由他们统一保护，还说砸坏了的法器也要拿去办展览，拿走时都打了借条给我们。”2008年11月上旬我们送冬衣进汶川时，见到了朱金龙、朱元良、余仕云等释比，同时也得知释比马成德已卧床不起，他的冬衣是他的孙女来领取的。

马成德老人对我们说：“马成林是我的大哥，他当过红军，现在已经病逝多年，去世时68岁。他有三个女儿，有个孙孙已经在汶川县工作。马成林大哥教过一个徒弟（马成龙），这个徒弟学了一阵，但是他不行动（不做法事的意思），以后只能做一些小的法事。我以前要实践，要行动，做法事是做大的，现在不搞了，一点都不搞了，现在没眼（没用）了。…下坛经也不搞了，主要害怕，文化大革命整得这么凶的，哪个还敢搞呢？所以我一直不敢行动了。”他还讲述：“文化大革命开始后我就不敢‘行动’（不做法事）了，徒弟也不敢收一个，主要害怕别人整（陷害）。”以前他什么样的法器都有，现在只有一根神杖在家里。

当我们反复问马成德老人今后打不打算收徒弟时，他心有余悸地说，早就不打算收徒了。当我们做了一番耐心的解释后，老人才说：“只要有人学，找到我，我就愿意传授，只是目前还没有人愿意来学。”我们问老人为什么不把技艺教给自己的孙子，老人很严肃地说道：“这个是不能随便教的，要等孙孙有儿女后才敢教他们，因为这个很危险，绝对不能乱教乱学，也不敢乱表演的。”看得出，老人把他的释比技艺看得非常神圣和神秘。马成德老人耳朵略聋，老人年轻时是一名剿匪英雄。根据老人目前的近况，我们建议国家相关部门应给予一定的生活补贴。

（五）古羌王的遗都——萝卜寨

我们的第五站是汶川县雁门乡萝卜寨，这是羌区最大的羌寨，也曾是非物质文化遗产——“文化空间”保留得最为完整的地方。“5·12”大地震的发生使萝卜寨的224座房屋无一幸免，最大的黄泥建筑群落100%的垮塌和损毁，全寨人的家庭财产几乎全部被埋。非物质文化遗产方面的损失则难以估算。据统计，萝卜寨在这次地震中共有44人遇难，200余人受伤，文化资源和其他设施也基本被破坏，直接经济损失达4 000多万元。还有龙王庙古迹及附属设施、塑像、庙中设施也损毁严重，东岳庙全部被毁坏。特别是年迈的张福良释比老人（93岁），在地震当天便遇难，他是羌区有名的羌族释比之一，这是羌族释比文化的一大损失。释比的神圣法器如神棍、猴皮毛等也都被埋或损坏，他的徒弟王明杰的法铃被砸成两半，好在其他法器还能使用。萝卜寨羌绣传承人的纺织、羌绣工具被砸坏，部分绣品被埋，从废墟中挖出来后已损坏部分。羌族老木匠王久安的各种工具大部分被埋在废墟中，他告诉我们："萝卜寨200多家房屋，我就参加修建了72家，他们的木工活全部是我做的，那些维修的还不计算在内。"灾后王木匠又重新购买了几件工具，如斧头、杀锯、手刨、弯尺等，为灾后搭建临时棚子时所需用。

现在，萝卜寨的灾民们都住在自己搭建的油毛毡棚子里，条件十分艰苦，好在村上的领导们很能干，实实在在为村民办了许多好事。2008年6月西南民族大学"羌族文化保护工程学术志愿者团队"为萝卜寨争取了境外捐赠的1 005个高级睡袋，每人都得到了一床，我们调查组的成员都很高兴。我们问村支书马前国和王村主任，永久房何时建时，他们说，已在对口支援单位（广东省江门市）的帮助下初步做完了重建规划，马上要开始动工了。他们还说："有人一开始叫我们搬迁下山，我们的村民都不愿意，我们坚持下来啦。"虽然如此，这个寨子目前最大的问题还是缺水，缺水会给灾后重建带来不小的困难。2008年12月上旬我们团队和美国华盛顿大学、"中国地震救援组织"（美国）的爱心人士一道送冬衣到羌区给文化传承人们，还专门安排了一辆面包车把萝卜寨的七位文化传承人接下山，在发放冬衣的现场，释比王明杰说："贾教授，自从你8月动员我教徒弟后，我就开始招收徒弟了，现在我已经带三个徒弟了。"得知此事我也很高兴，在开会时我特别宣讲王明杰的事迹，要求在场的数十名羌族文化传承人向王明杰学习，多教徒弟，毫无保留地传授自己的技艺。

（六）东方城堡——桃坪羌寨

我的第六站是桃坪羌寨，大地震前这里一直是以旅游业为主导产业，由于经济效益好，为加大景区游客容量，他们在发展和利用了老寨资源的基础上又新建"新寨"，新寨的工程除少数的已经建好营业外，绝大多数都还在建设当中。大地震发生后，老寨由于多数房屋都是相互连着的，所以坍塌的房屋不多，但也出现裂缝、屋顶垮塌等灾情。幸运的是在此次地震中，桃坪羌寨并没有人员伤亡。老寨有几座古羌碉，是全国重点文物保护单位，这次大地震对古羌碉来说没大的损坏，受损的地方国家文物局已经安排人维修。然而新寨就没那么幸运了，用来接待游客的房屋由于全是整栋单体，地震时没有左右连接，所以几乎全部倒塌，没有坍塌的也是处于摇摇欲坠的状态。据统计，全寨新建和在建的羌寨房屋震塌了90%，房屋受损36 647.26平方米，直接经济损失约计9 600万元。

"溯源古羌"博物馆由现年67岁的羌族老人王嘉俊创办，成立于2003年6月19日。几年来一直免费为游客开放，是羌区村寨中不可多得的羌文化博物馆。大地震将博物馆的房顶掀翻，二楼保管室被砸毁，主展厅屋顶塌陷，造成一、二层展厅报废，部分展柜被损坏，展品保管室垮塌，库存文物被砸毁，两间展室则被滚落的石头瓦片砸穿不能使用，原来接待客人用的厨房和寝室也都成了危房。博物馆有二十多件古铜器，其中包括战国时期的铜戈、箭镞、剑和剑柄等；一百多件陶器，其中包括未展出过的太阳、谷神、星辰、文字、印章、图语、异型以及典型马家窑文化代表物红陶双耳罐等系列珍稀双耳罐。地震发生后，有人帮助把文物展品下了架，有人帮助拿出了文物展柜，这当中又有部分损失，主要是在"乱"中遗失和外力碰撞损坏，具体损毁文物数目和受损程度目前在清点整理中。

我们在6月和8月两次到桃坪羌寨调研，见有200多名村民都住在一个很大的自搭棚子里，正在领救灾物资，老人们都显得很无助。但当我们与他们交流时，他们从内心发出了"感谢国家，感谢共产党"的声音。老人们还对我们说："解放前的地震我们经历过，那时候有谁来问候我们一声？更不可能给我们送帐篷、矿泉水、食物了，我们的党中央太好了，解放军太好了。"8月中旬时，桃坪羌寨的灾民们已开始搬进自建的板棚内，情况好了许多，但是仍然为新寨的经济损失所焦虑，因为大部分村民都是贷款和借来的资金修建的新房，现在仍不知如何是好。

（七）莎朗舞诞生地——西湖寨

我们的第七站是茂县曲古乡西湖寨，这是国家级非物质文化遗产"瓦尔俄足"节的诞生村寨，在这次地震中坍塌和损毁的房屋达80%，多为石、木结构的传统建筑，剩下的20%也需要加固维修。河西村二组有一座官寨，是新中国成立前王泰昌的私人官邸。新中国成立后，王泰昌曾担任过西藏自治区党委副书记。王泰昌官寨共有120间房屋。在地震中损毁了60%，但还能够进行有效修复。西湖寨跳莎朗舞必不可少的“仙女塔”“尔米柱塔”等四个祭祀塔都在地震中严重损毁，已经没经济能力修复，因为要花费2万余元，对他们来说是一个不小的数目，国家级的非物质文化遗产保护项目“瓦尔俄足”在西湖寨搞了这么多年来，他们总共只得到2 300元的活动经费。

西湖寨的村民们灾后用政府援助的油毛毡、花彩条布、木板等搭建了棚子，作为永久房建好之前的住所。由于交通不便，村民们灾前种植的蔬菜无法运出去销售，只有烂在地里。村民们主要靠政府援助来维持生活。10月份这里便开始下雪，气温将降至−8至−12℃。单薄、四处通风的棚子是难以对抗海拔3 300米高的寒冷气候的，而这也正是村民们最担忧的事。2009年1月18日我在成都与西湖寨的团支部书记余新宝夫妇见了面，他们是受邀来成都参加一个会议。43岁的余新宝仍然担任着该寨的团支部书记，这是中国目前最年长的团支部书记了。从他们口中再次了解到，西湖寨的水源地震之后断流了，现在全寨仍没恢复饮水的问题，重建房屋也成了大问题。这是需要爱心人士关心和帮助的村寨。

（八）将军留英名——黑虎羌寨

我们的第八站是黑虎羌寨，该寨的古羌碉是国家级文物保护单位。整个黑虎乡共有古羌碉遗址数百处，现存碉群十余处。黑虎羌寨因有充满神奇色彩的黑虎将军而得名，在距乡政府二百米处，保留有黑虎将军官寨遗址、黑虎将军衣冠墓、民族特色纯朴浓厚的羌族民居、祭祀寺庙等文化资源。《后汉书·南蛮西南夷列传》有记载：“冉駹者……众皆依山居止，垒石为室，高者十来丈。”这证明古羌人建造羌碉的历史已很悠久。“5·12”地震发生后，黑虎羌寨的羌碉遭受了墙体裂缝、顶部折断、中间墙体爆出、基座下沉等不同程度的损坏，其中最高的一座已经完全垮塌。黑虎乡有255户居民房屋坍塌，约占全乡居民户数的45%。有148户房屋严重受损，全黑虎乡村寨房屋受灾面积145 847平方米，直接经济损失16 774万元。有125公里引水管道和35口储水池受损，有30公里乡村公路受到损毁，近期进入受到制约。此外，全乡因地震灾害造成林业损失8 500亩，寨内非物质文化遗产的损失目前还难以估算。

受损最为严重的属黑虎乡当地居民的房屋，由于当地民居的房屋主要是石木结构，缺乏框架承重支点，致使地震时房屋受力面积过大，造成绝大多数房屋受损，目前修复困难。恢复重建所需求的资金量很大，纯粹依赖政府的力量予以解决是不现实的。政府只能解燃眉之急或起一定的辅助作用，而更长远和根本的办法，只能是发展当地经济，带动当地尤其是灾民全面参与经济发展。黑虎羌寨区域大地震发生后，3个多月没有下雨，灾民的玉米较去年减产60%以上。花椒等经济作物的收入也大幅下降，辛辛苦苦种出的青辣椒1斤0.10元都无人买。黑虎羌寨最具开发价值的是羌碉群，这里的灾民非常希望把当地的旅游发展起来。

（九）专访“羌笛王”何克志，他赠我珍贵羌笛

我在羌族文化核心区茂县调研时，特意专访了最有名的羌笛传承人何克志老人，他时年79岁。老人的房屋在大地震中被毁，住在临时搭建的棚子里。老人拿出两支羌笛讲道：“上世纪60年代初，苏联领导人赫鲁晓夫等人指责中国，说我国消灭了羌族，毛主席得知后，很生气，就专门组织了一次全国少数民族文艺会演，我作为羌族的演员和代表之一，在北京做了表演，还专门为毛主席、刘少奇、周恩来、朱德等党和国家领导人表演过羌笛演奏。”他儿子从震塌的废墟里找出老人当时与毛主席、刘少奇、周恩来、朱德等领导人合影留念的照片给我们看，老人为我们演奏了几曲，还赠送给我一支年代久远极其珍贵的老古董羌笛。羌笛的演奏不同于一般乐器，因为它需要非同寻常的演奏方法——鼓腮换气法，即鼓起双腮，让气流从鼻孔自由出入于肺部，这实际上是一种循环换气法，演奏一首乐曲，无论长短，一气呵成，绝不停顿。

羌笛有两管6孔，是用当地高山上生长的箭竹制成，竹节长、管身较细，双管并排用线缠绕联结在一起。管身全长为13–19厘米，管口直径约1厘米，笛管上端装有4厘米左右长的竹制吹嘴，吹嘴正面用刀削平，并在上端约3厘米处，用刀切开一薄片作为簧片。羌笛主要用于独奏，有十余首古老的曲牌，乐曲内容比较广泛，主要是传达羌族人的思念向往之情。何克志老人讲，羌笛是竖着吹奏的，两管发出同样的音高，音色清脆高亢。我们听老人演奏后，总觉得有些悲凉之感，尤其大地震发生后又面临不断的余震，听到乐声更感悲伤；

也使我们想起那著名的诗句“羌笛何须怨杨柳，春风不度玉门关”。古时羌笛管身有竹制、骨制两种，羌笛材料是选羊或鸟的腿骨，现在这门骨制羌笛的技艺已难在羌区见到了（彝族中还有这样的制作技艺）。到目前为止，虽有一些年轻人愿意学羌笛，却难坚持学成，他们更不会制作，有的虽然能制作管身，但无法把簧片做好，导致最终发不出声，羌笛的演奏和制作技艺均处于严重的濒危状态。

据调查，现在羌笛的传承人已经不多，能演奏、能制作且技艺高超者在羌区不上10人。何克志老人灾前本来要与县宣传部一道办羌笛学习班，他制作了100余支羌笛，地震后他的房屋成了废墟，羌笛也埋在废墟里。好在何克志老人早年教的徒弟何王权，现在制作技能娴熟、演奏技艺超群，他也教授了10余名弟子，这让人非常欣慰。

（十）北川小寨子沟与西窝羌寨

北川小寨子沟是我带领的行动小组的第九大站，我在选点实地调查小寨子沟旅游景区西窝羌寨之前，首先到了青片乡人民政府，对整个青片乡小寨子沟景区的概况进行大体了解。青片乡是北川羌族自治县羌族文化保存最完整的少数民族乡，全乡96%的人口都是羌族。为了宣传和传承羌族古老的民风与民俗文化，展示羌族淳朴的民族风俗和生活环境，2002年在青片乡成立了小寨子沟旅游开发区，引导当地羌族村民开展民俗旅游接待。到2008年，小寨子沟景区内已经开发旅游接待项目的羌族村寨有西窝羌寨、五龙寨、龙门峡、神树林等10余家，这些以羌族民俗文化为主的接待点，形成了小寨子沟景区日接待游客2 000人次的规模，年经济收入超过千万元。

“5·12”特大地震发生后，北川青片乡小寨子沟内羌寨的旅游接待全部瘫痪，正在修建的从青片到神树林羌寨的水泥路被迫停工，景区内已修建好的旅游道路多处塌方和严重受损，旅游车辆无法进入。最为严重的是从北川至青片乡（小寨子沟景区）的主道路彻底损毁，短时间内无法恢复通畅；特别是唐家山堰塞湖的形成，淹没了大坝至禹里乡一带数十公里的主干线，这给青片乡小寨子沟的旅游业发展带来了致命的打击。小寨子沟景区内所有旅游接待站点的碉楼、寨房共倒塌120间，演职人员遇难17人。现在，景区内羌族村民没有经济收入，75%以上的强劳动力都已外流打工；当地羌族的民俗活动也因大地震的发生而终止，羌族传承文化的保护受到严峻考验。虽然如此，我们对小寨子沟景区灾后的整体评价是：自然资源保存完好，人文资源相对其他羌寨损失较小，只要旅游主干线恢复，游客依旧不会减少。小寨子沟景区灾前已有近10个小羌寨先后从2002年以来搞旅游开发，搞得比较好的是五龙寨和西窝羌寨。就地理位置、寨子的地势等条件而言，西窝羌寨是小寨子沟景区内最具有典型特点和优势的羌寨。

大地震发生时，西窝羌寨的村主任及4位村民在北川县城不幸遇难，村民都无伤亡，因为西窝羌寨的房屋是传统的穿木结构，比较抗震。大地震发生时，西窝羌寨有5位村民在山上采药，村民们都以为他们难以生还，万幸的是他们在大山中寻找安全地带躲过了劫难，安然无恙地回到了寨子里。

值得称颂的是，大地震时，王安全、应育炳的应急措施做得很好，没有游客伤亡，他们对交通中断被困在羌寨中的150余名游客照顾非常周到，无偿提供了四五天的食宿。在与外界隔绝的几天里王安全迅速想办法和外界的旅游部门联系，后来解放军派了3架直升机把全部游客分批接出了小寨子沟景区（西窝羌寨）。游客们被西窝羌寨的这种精神所感动，时常打电话关心和询问寨子的旅游恢复情况，并说以后还会到西窝羌寨旅游。王安全、应育炳无偿提供他们修好不久的羌族文化表演大厅，作为全村300余人抗震期间的避难场所；我们调查小组也在大棚表演厅里住宿，大棚里的铺位摆放整齐，村民们都把自己家的床和席梦思抬到表演大厅，晚上除小孩时有夜闹外，基本上无人聊天、喧哗，秩序非常好。王安全、应育炳一家的善举受到了游客及政府的好评，也给我们调查组留下了深刻的印象。

西窝羌寨灾后面临的问题是：旅游主干线的损毁造成大量村民徒步翻山外出打工。北川县至青片乡（小寨子沟景区）主干道在唐家山形成了堰塞湖，使数十公里的主干线全部淹没在水下，至今仍然无法通行。道路的损毁使青片乡（小寨子沟景区）完全与外界隔绝，整个景区内羌族村民基本上没有了经济收入。据我们调查，小寨子沟景区内已有80%以上的青壮年外出打工，如西窝羌寨的青壮年劳动力基本上都到外地打工去了，寨子里只剩下老人和学龄前儿童。这给当地的灾后重建以及羌族传统文化的传承和保护带来了前所未有的困难。

2008年8月22日，我们对他们外出打工的路线进行了（沿线）实地考察。目前，禹里乡以上的道路基本上可以通行，禹里乡治城以下公路被唐家山堰塞湖的水淹没。羌族老百姓和学生一般是晚上走到治城码头夜宿，第二天6点钟起床排队领乘船的号票，这个码头只有三艘客船，每艘只能乘坐30人。因此，有的人等了两三天都领不到一张乘船的号票；只能从治城翻大山到擂鼓镇。尤其是8月16日至19日这几天，学生已临开学，有大量的学生乘船。这里乘船只领号不付费，我们调查组也是6点起床排队领了号票，从治城出发，在堰塞湖上乘了90多分钟的船，三艘船一起到了漩坪乡，然后所有人从这里翻越七八座高山，一般人需要6至7小时才能翻出大山到擂鼓镇。这条由数十万人次走出的崎岖不平的山路，充满难以用言语描述的艰辛和危险。所有的北川人都认为道路的中断给他们造成太大的负面影响。

三、羌族传统文化的濒危和希望

由于羌族人口少，加之受外来文化的冲击，羌族人能用自己母语交流的人越来越少。根据我们调查，汶川县绵池镇三官庙村的羌民一般不用母语交流，而距三官庙村2公里的羌锋村，无论男女老少一般都用母语交流。我们调查的有名羌寨是萝卜寨、羌锋村、阿尔寨、箭山村、西湖寨、黑虎羌寨、大尔边村、埃溪村、桃坪羌寨、布瓦寨、三官庙村、西窝羌寨，这12个羌族村寨中，前7个羌族村寨都能在日常生活中主动使用母语，桃坪羌寨是只有年长者才讲一些羌语，年轻人基本都说汉语。而布瓦寨、三官庙村、五龙寨、西窝羌寨的羌族几乎都讲汉语。我们在西窝羌寨的调查中发现50—60岁的羌民都不懂羌语，今年72岁的老释比梁玉平，他诵念经坛用的不是羌语，而是汉语。王泽兰老人今年67岁，她是羌族口弦的传承人，我们两次专访老人，并住吃在她家，她已不能用自己的母语交流。现在，西窝羌寨能说羌语的人不到10%，甚至连84岁的老人陈福秀平常也不再说羌语。根据以上现状，我们认为，羌语早已进入濒危期。羌族没传统文字，只有语言和推广了18年的拼音文字方案，鉴于目前现状，我们建议国家相关部门重视和批准羌文羌语方案的推广实施。

文化的保护及传承靠的是一种文化自觉。当代年轻人缺少对传统文化学习的热情，大都忙于外出挣钱。另外，羌文化传承人作为羌族民间知识分子，他们的社会地位并不高。长辈们将读书走出山区作为培养后一代的首要目标，认为学习本民族文化没用。羌文化是以人为载体来进行传承，没有人来学习继承它，这个文化又怎么能够存在下去呢？又如释比文化是羌文化的重要组成部分。释比不仅在羌区日常生活中发挥着重要作用，更是羌族文化知识的继承者。释比经典十分晦涩难懂，被看作是“羌族的百科全书”。其传承的特殊性在于口传心授，口传不难，难就难在心授，不仅需要时间的积累，更要有悟性。根据我们调查，羌寨当前的释比文化也已处于濒危状态，甚至可以说是后继无人，濒临灭绝，对它的保护与传承人的培养变得更为迫切。

文化，本来就是一个意味深长的话题，更何况是一个没有传统文字，全靠世世代代口传心授的民族文化；尤其是遭受了特大地震冲击的在夹缝中生存的文化。对于它的保护和继承，我们需要的不是一时的热情，一些人或者某个集体的努力，需要的是整个国家，整个民族和社会的关注，我们所肩负的任务重大，要走的路还很长。大地震发生以前，羌文化属于“自然传播”，这种自然传播是羌族人的一种自发活动，局限性太强，难以及时广泛而持久地在羌区建立起有效的传播关系，以致羌族文化在外来强势文化的冲击下逐步走向濒危。大地震发生以后，羌族文化的抢救力度、重建力度，以及羌族文化的传播都发生了巨大变化，从原来的“自然传播”变为由国家相关职能部门推动的“拯救式传播”，这是特殊事件、特殊情况发生后由国家层面，国家相关职能部门，社会大爱人士，学界文化人士等从不同的层面共同发起和推动的最有效的传播形式。

这种“拯救式传播”所建立的传播关系稳定而持久，其传播力度、速度超过了以往任何文化形式的传播。“拯救式传播”是具有社会责任、社会荣誉感的，这种传播一般不看重经济利益，相反还要投入拯救保护资金建立灾后传播关系网。这种传播形式只有在中国能彰显如此大的力度。大地震后羌区的女性掀起了穿羌族服饰、学习羌族刺绣的热潮，在广大羌族群众中迅速扩散，有的甚至把羌绣进行改良和创新，即把绣品框入相框里作为羌族艺术品销售，这种文化现象的扩散就属于羌族文化的刺激扩散。

事实证明，灾区的重建力度、文化的抢救和恢复，以及羌族文化的“拯救式传播”与各类非遗传袭所的建立是前所未有的，这一切只有在中国共产党的领导和大力度推动下才得以实现。所以，羌族人民发自肺腑地喊出“永远跟着共产党走”的呼声。

（作者贾银忠，西南民族大学教授）

羌族地区传统村落建筑的变迁与保护

陈安强

传统村落，是人们依托自然构建的人文空间，它包括山水田园、村落建筑、民风民俗、生产生计等多个方面的内容，是人们赖以依存的物质场所和精神家园。它肩负着重要的社区功能。在传统村落中人们的宗教信仰、文化习得、教育传承都通过它而凝聚和传播，因而保护传统村落具有重要的意义和价值。

羌族地区传统村落如同时代的指针，随着现代化、全球化进程的推进，旅游业的兴起，尤其是地震灾害等的巨大影响，它亦随之出现摆动。村寨的传统建设整体上出现“洋房化”“同一化”的倾向，但在某些旅游点则出现“传统建筑”的复兴。本文试着观察羌族地区传统村落建筑的变迁问题，略述管窥之见。

一、传统的村落建筑

史书《后汉书·南蛮西南夷列传》云：冉駹者……皆依山居止，累石为室，高者至十余丈，为邛笼。[①]《天下郡国利病书》中引《寰宇记》云：威、茂，古冉駹地，垒石为碉以居，如浮图数重，门内以梯木上下，货藏于上，人居其中，畜圈于下，高至二三丈者谓之鸡笼，十余丈者谓之碉。[②]

冉駹是今天羌族的先民，南朝刘宋时期的史家范晔在《后汉书》中，对古代羌族地区的村落选址布局作了精当的刻画，“皆依山居止”，对一般的村落居所“室”和高碉“邛笼”也作了区分。明末清初的大儒顾炎武对羌族村落民居

① ［南宋］范晔:《后汉书》，北京：中华书局，1965年版。
② ［清］顾炎武:《天下郡国利病书》（第十九册），北京：商务印书馆，1936年版。

建筑作了更进一步的分析，指出了建筑的结构层次和功能，“门内以梠木上下，货藏于上，人居其中，畜圈于下”，也细分了两类建筑，高二三丈的叫“鸡笼”，高十余丈的叫“碉”。这种功能和称谓古今无异。

英国牧师陶然士（Rev. T. Torrance）写道：“这些栖居山峰的寨子，看上去就像西方中世纪的城堡，密密麻麻地耸在山上……碉楼很多，墙角从上到下，成笔直一线，就像设计图上的一般，他们的石造工艺很好地体现了建造精湛的技术。”①

释比所唱的一首哲理诗章，很好地总结了羌族传统村落和建筑布局的审美趣味。山有寨则美。寨因何而美？巷陌交错才美。屋因何而美？有了“纳萨”②才美。“纳萨”因何而美，“卡朱”③相配才美。“卡朱”因何而美？“裴谷”④相衬才美。“裴谷”需房顶，房顶需大梁。大梁虽好柱头支，柱头下面白方盘。上方位是尊者位，父子不和其位卑。媳妇贤惠父子尊，女子不贤家不旺。炊具好看需摆设，房屋好看需端正。石墙好看有扇门，大门好看有高圈。圈中养着大牯牛，栏中养了些肥猪。肥猪好看因有门，白狗忠心守着门。⑤

这首诗好就好在它将羌族传统理想的村落文化、建筑文化刻画出来。村落选址要依山而势，房屋布局要层层分明，文化空间要搭配有序。这样，自然与人文融为一体，诗文将村落、建筑与文化的和谐关系精细地勾勒出来，充分体现了羌族人对传统村落建筑的审美情趣。

二、羌族传统村落建筑剖析

羌族地区传统村落建筑主要分为两个部分。一是高地神林建筑系统。包括神塔、神庙、神林。二是村寨中的建筑，包括各家各户碉房和碉楼、寨门、巷道、水系、偏桥、栈道、磨坊、梯田。

---

① Rev. T. Torrance，F.R.G.S. *China's First Missionaries*：*Ancient 'Israelites'*. Daniel Shaw. 1988，pp.28—30.

② 纳萨：白石神塔。

③ 卡朱：房顶的装饰墙。

④ 裴谷：装饰墙上面薄薄的石板。

⑤ 四川省少数民族古籍整理办公室主编：《羌族释比经典》（下卷），成都：四川民族出版社，2008年版，第1921—1923页。

（一）高地神林建筑体系

高地神林建筑体系，围绕神山、神林和释比出师的圣地“比足巴朵”（bi zu ba do）[①]而建，主要建筑物包括神庙、神塔。

神山被视为通天的神路，由天神“阿巴木比”（a ba mu bi）的众多儿子管理。在汶川县、理县，最大的神山是“佩柔”神山（prreu ），它位于汶川县、理县和小金县交界处，即“雪宝顶”。次一级的神山是“罗罗”神山（lo lo），紧挨着“佩柔”神山。这两座神山都被视为可通天地的圣山。释比说唱的史诗中大量提到了它们。

在茂县，人们认为“木兜坞布”（mu ddeu wu bu）“冰开山”（bin kai）和“九鼎山”（jeu din）是三大神山。“木兜坞布”位于羌语所称“赐支”（zi zi）之地，大概是松潘县、九寨沟县的某处大雪山。它排位老大，被视为目前羌族迁徙来源的圣地，亦是人去世时的魂山。至今，茂县永和乡、沟口乡一代的人去世时，释比必然将其魂魄送归“木兜坞布”神山，希望亡者与众位祖先团聚。

大神山的再次一级，才是各个村寨。各个村寨都有自己的地方保护神，他们是天神阿巴木比的儿子。例如，汶川县雁门乡月里村的地方保护神叫“热巴瑟”（rrea ba si），汶川县威州镇布瓦寨的地方保护神是“碉房神”（jea wo si），茂县牟托寨的地方保护神是“咔边瑟”（ka bbia si）。

各地村寨地方保护神的名字多有不同，就像人的名字，也有差异。这些地方保护神被视为管理地方山水和村寨的神灵，他们类似于一个地方的“行政长官”。有些学者将羌族村寨的地方保护神和山神混同起来，实际二者是有区别的。地方保护神是天神的儿子，所以其位置非常重要，各地祭祀之时必然邀请他们，在神庙中、白石神塔中亦有他们的神位。

神庙是神林建筑体系的核心部分。羌族地区各地神庙分布比较广泛，但多已毁坏，残迹多，新修的少。各寨的神庙通常设立在神林旁边，神庙的部分神龛亦散见山林、村寨各处。神林中神庙是村寨宗教活动的公共空间。传统的年节活动在这里举行，村寨最大的献祭唱诗活动“国阿若”（ggua rro）就在神林举行。

---

① 羌文，下同。

“国阿若”说唱仪式举行的时间各地不一。有二月初一到初二的，有五月初四到初五的，有农历七月三十到八月初一的，有九月三十到十月初一的。时间选择虽不同，但是其寓意大致不差。它的核心意义是凝聚社区与村寨，祈愿村寨吉祥安康。

庙内供奉的神灵各地有些差异，建筑也是当地民居建筑的翻版。20世界初期，有的寺庙仅供奉着象征众神的白石。例如理县的白空寺（bai kong），萝卜寨的“育姆觉窟”神庙（yo mu ji ku）。不过，更多的情况是儒释道众神都被请进了当地神庙中，一起加以供奉，或者专门设庙，虔诚供奉。天神的形象变成了“玉皇大帝”。这种局面，明清时期就已兴起，到目下，趋势难挡了。

神塔是神林建筑的重要部分。高约1米至5米不等。石头和着黄泥砌成。形状多为圆柱形、长方体形。背靠神山，顶端摆放一块或者数块白石。在汶川，有人说它是为纪念一位18岁去世的年轻小伙子而修建的。而在茂县曲谷乡，人们说是为了纪念有功的祖先而建立的。塔身背后插着神枝。显然，神塔的功能更多地和宗教信仰联系在一起，因为据信众神可以通过插着的神枝降临信众身旁。

（二）村寨建筑体系

在羌族地区，村寨建筑体系有三种类型。一是石头碉房建筑体系，二是黄泥碉房建筑体系，三是墙体混干栏式建筑体系。

墙体混干栏式建筑体系，即所谓“板屋土屋者”。这种建筑在汶川县的羌锋村、在松潘县的小姓乡、在茂县的土门、在北川县等地尤为常见。其特点是，干栏式木架构结合石墙，上面则盖两面坡的瓦片。兹不重点论述。

具特色的是碉房建筑体系，分石头砌成的和黄泥筑成的两种形制。这就要视当地的建材情况而定。黏性强的黄土多的地方，容易发展成黄泥碉房建筑群，以布瓦黄泥碉房为代表；石头多的地方，则容易发展为石砌碉房建筑群，以理县桃坪羌寨、卡子寨，茂县黑虎鹰嘴河，汶川县布兰寨、跨坡寨、龙溪寨为代表。但是，从整体来看，石砌的碉房群居多。

村寨建筑皆依山而建，忌讳在沟壑中修建。在《羌戈大战》史诗中，戈人修建的碉房就因为选址不佳，建于沟壑，所以深受洪水、泥石流灾害的侵害。村寨房屋一般都是背靠神山，门向沟谷。

典型的石砌碉房，是石木结构的高大建筑物。一般分为四层。第一层是畜圈，关养牲畜和当作过道。第二层是住所，是造饭、会客休闲和住宿的地方，专设有大火塘。第三层是储藏层，用于存放杂物和草料，第四层是房顶和罩楼。房顶是一个略有坡度的大平台，便于晾晒庄稼和供老幼玩耍。在靠山的一面则砌有罩楼，便于储藏粮食，在罩楼靠山的墙上，则修建一尊白石神塔“纳萨”。①

在碉房建筑中，通常神塔、火塘位于一条中轴线上，从而显示了房屋布局的神圣性。神塔、火塘是神圣的地方，禁止晾晒或焚烧不洁净的东西。在房屋各层等级方面，第四层最神圣，次之第二、三层，再次是第一层。

碉楼是传统村寨的标志性建筑。远远望去，其形状如一根高大的烟囱，近看，它又是一幢“摩天大楼”。碉楼一般的高度有20米左右。棱角分明，有四角、五角、六角、八角等。碉楼按照建筑的材料来分，又分为黄泥碉和片石碉。黄泥碉的代表是汶川县布瓦寨的碉楼，片石碉的代表是茂县鹰嘴河的碉楼群。

碉楼的功能是综合性的。有很多学者指出，碉楼具有战争防御的功能。不可否认，这的确是碉楼的功能之一。但是，除此之外，碉楼还有宗教、权力展示的功能。

据笔者观察，很多碉楼顶端都设有献祭的白石神塔，或供奉着一块至多块白石。在汶川县雁门乡月里寨，据说当时碉楼竣工时举行了盛大的献祭还愿仪式。寨民专门到松潘购来牦牛，在碉楼四周搭建了登碉的木梯，释比率领信众登顶，将牦牛献祭给天神。这些都充分说明碉楼有宗教的功能，有人称之为“天梯”。

碉楼还是村寨中各个族房财富和势力的象征。比如，汶川县龙溪乡龙溪寨原来有十二戈族房，每个族房在寨中都修有自己家族的“族房碉”。据笔者调查，库苏毕沃家（ku su bbia vvo）、沃俩布家（vveu lia bu®）、布基祚家（bbu ji zo）、亚斯博洁家（ja si bo jea）、戴格缅阿沃家（dea gea mia vvo）、格佳霍尔家（gea ja vor）、莫尔洁家（mor jea）、协鹤维兜家（xea lhia vvuea ddeu）、库沃洁家（ku vvo jea）、玉若洁家（yu rro jea）、喜夸洁家（xi ka jea）都有自己的“族房碉”。

① 在汶川县龙溪乡雁门乡、绵虒镇，白石神塔叫纳萨（na sa），在龙溪乡叫纳察（naca），在茂县曲谷乡叫纳赫萨（nea vhsa）。

传统羌寨典型的布局分为两种，一种是“户户紧挨”，另一种是“户户独立”。在汶川县、理县、茂县等地，村寨的特点是“户户紧挨”。因此，远远望去，村寨整体的气势很像一个密密匝匝的城堡。户与户之间往往共用一朵墙垣。一家到另一家只需要搭一张木板就能自由穿行。在松潘、北川等地，村寨户与户之间的间隔比较远，因此，村寨呈现另一种布局风格。

三、传统村落建筑的变迁

羌族传统村落建筑的变迁由来已久。可以说，每个时代都在变化着，每个村落都在变化着。只是变化的剧烈程度不同。不过，我认为，最近几十年来，传统羌寨变迁的主要因素有两个方面。其一是羌族传统村落建筑受现代化、全球化、旅游经济等因素的影响，其变迁早已在进行了。其二是受“5·12”汶川大地震的影响。这突如其来的自然灾害让羌族地区传统村落建筑的面目发生了根本的变化。

（一）现代化潮流影响着羌寨建筑变化

现代化、全球化的文化潮流影响着村寨中建筑的审美。“小洋楼”的兴起是其典型特征。

20世纪80年开始，羌族地区出现了“小洋楼”热。谁家修了小洋楼一时成为众人模仿的对象，这被视为“先进”“洋气”“新潮”“现代”的标志。直到现在，这种洋楼热的风潮尚有余温，很多人还对此有所依恋。这是我国建筑现代化推进的必然结果。这种潮流深刻影响了人们对房屋建设的设计，至今已成不易逆转之趋势。

现代小洋楼不仅影响了羌族传统建筑的整体格局，而且还影响了一些“老式”建筑的结构。人们将钢筋水泥与传统的片石建设融为一体，兴起了一场“房顶改革”的革命。

羌寨传统建筑的房顶原来都是用黄泥铺成。其缺点就是如果不时常夯实，则容易漏雨。还有一个缺点是房屋的黄泥土比较多，晾晒东西时容易混入泥沙。然而，最近20年，人们开始改造房顶。房顶全部采用钢筋水泥结构，墙体则仍旧是片石结构。

除了房顶外，传统建筑的其他部分也在悄悄发生改变。钢筋水泥混入的趋势占比越来越大。房内的黄泥地板也换成了水泥地板，墙体则抹上了“白灰”，条件好的人家则已经铺上了地砖。

所以，现在羌族的传统建筑有“里面现代化”、“外观民族化”的趋向。但是，这也带来了一个突出的问题，即原来生火冒烟的厨房不得不移开，以免将“白灰墙”弄黑。人们的生活方式也发生了变化，不烧明火，改用电炉或炭火取暖。

受到现代建筑文化的影响，传统建筑审美的标准也发生了很大变化。原来审美标准是房屋应高大，空间应宽敞，楼层应全木。从现在的趋势来看，羌族的传统村落建筑正越修越矮。从原来的四层建筑，变为三层建筑或者两层建筑。

这种变化有三层原因。第一，为了卫生上的考虑。很多村寨已经把传统的四层建筑减为三层甚至两层了。畜圈分开了，并且单独设立了猪圈、牛圈、羊圈、鸡舍、卫生间。这样四层建筑少了一层。第二，信仰的弱化、生产方式和生活方式的转变使得人们趋向于修建矮一些的建筑。楼顶的神塔几乎在羌村绝迹了，一些人家也不特意设小楼这一层神圣空间了。第三，建筑成本的提高也造成了很大影响。首先是政府提倡生态文明，木材砍伐受到了越来越严格的限制。因而出现了“一木难求”的情况。其次是到外地购买木料花费和成本颇大，也使得人们有所顾忌。再次，石匠、泥匠、帮工的人工成本飞升，使得人们有心而无力。

（二）汶川地震的毁灭性影响

汶川地震对羌族传统村落建筑影响尤巨。可谓“传统民居，十之存一”。很多村寨全部毁坏了，部分村寨损毁严重，极少部分影响不大。毁坏严重的如萝卜寨、布兰寨、龙溪寨、西湖寨等。幸好，“5·12”汶川地震中，凭借建筑木石结构的坚固，极大地减轻了伤亡程度。

一方有难，八方支援。羌族地区村寨的灾后重建，得到了党和政府的有力领导，得到了全国人民的大力支持。灾害恢复重建时间短，任务紧，但是取得了重大成就，村寨的人们在很多的时间内又恢复了正常的生活。恢复重建有几种情况。

有的村落，以修旧如旧的原则，恢复了传统民居的形态。例如、萝卜寨、布瓦寨，这些村落在地震时期受到严重破坏。为了保护与传承传统民居建筑，这些地方在灾害重建的时候，按照修旧如旧的原则，恢复了传统建筑的模样。恢复重建后，这些寨子的功能得到了很大提升，房屋格局、村寨巷道、公共娱乐空间都得到了科学规划和设计。

绝大部分村落，就近重建，靠近老屋或稍微远点，在工期和条件的限制下，人们迅速修起了大量的小洋楼。羌族地区灾后重建工作中，这样的重建规划的占比非常大。因此，现在羌族地区的村寨，如果远远地望去，它既有“城堡式的建筑”，又有新式的“小洋楼”，或者二者兼备。这些小洋楼一般都只有一层。但是这些小洋楼的战线往往拉得比较长，只要哪里安全合适，就在哪里修建。

有些村寨，属于异地搬迁重建，搬迁近一点的，就搬迁到其他村寨或者城边，买地建房，当然这些都是“小洋楼”。有的村寨搬迁地比较远。例如，汶川县龙溪乡的夕格村、直台村就搬迁到了邛崃市南宝山镇去了。这些搬迁的村寨得到了政府大力支持，房屋修建仍然是模仿羌式传统建筑，这些村寨现在成了新式的旅游村落。有的村寨，受损小点，修补后重建，这些幸运的村寨其传统特征比较明显，因而，它们在地震后逐渐成了旅游的明星村，有的甚至获得了“中国传统村落”称号。

（三）旅游村落

羌族传统村落的乡村旅游，非常有吸引力。国内近30年旅游的火爆，给羌族地区传统村落的旅游燃起了熊熊大火。阿坝州和绵阳市积极推动乡村旅游建设。靠着良好的区位优势，有些羌族传统村落已经驰名中外。例如，陶坪羌寨、萝卜寨。

桃坪羌寨以石砌建筑闻名，萝卜寨则以黄泥建筑群闻名。旅游给传统村落带来了什么影响呢？我认为有两点。

第一，人们保护村落建筑的意识加强了。实际上，桃坪羌族、萝卜寨都将老寨、新寨，分开经营了。老寨主要供游客参观，新寨则搞接待。功能上有区分，便于保护。这是一个好路子。

第二，文化商业化。这是传统文化面临旅游文化冲击产生的矛盾局面。譬如陶坪村，旅游虽然发展起来了，但是其羌语则基本消失了。人们都关心旅游经营的收入，关心传统文化的少了。在萝卜寨正出现相似的问题。在恢复重建村落的时候，重要的神庙“育姆觉窟”没有修建，把“比足巴朵”圣地的巨石却搬走扔掉了，反而修建了东岳庙、莲花寺。当然，羌族地区引以为傲的释比文化传承也基本断绝。

因此，我们不得不思考传统村落保护的目的。我认为，它至少包含两层意思，第一，我们当然首先是保护村落建筑，第二，更为重要的是，我们也应该保护村落传统的文化。否则，传统村落保护可能只剩下物质的东西，商业的气味亦太浓，而更为深层的精神层面的东西则会出现滑坡。在这层意义上说，传统村落不仅是建筑空间的居所，更应是精神守望的家园。

四、羌族传统村落建筑的复兴

有一个问题摆出来了，那就是关于传统村落中传统和变革的问题。目前，学界主要有两种观点。一些学者坚持认为，必须一成不变地保持传统村落的“原生性”，而另一些学者则认为，这是根本不可能的，我们必然挡不住时代的潮流。

前面的那派学者认为，羌族村落建筑中，房屋的外墙不能变、火塘不能变、里面的一墙一土都不能变，要的就是一种原生的味道，认为这才是传统的羌村聚落。后面的一派学者认为，既然挡不住时代的潮流，那么这些建筑全部都将成为现在司空见惯的小洋楼，这是必然，何必花费力气保护，纯粹是多此一举。

孰是孰非呢？我认为，传统村落或多或少变化是必然的，而且是应该的。试想，如今谁还愿意待在那光线暗弱的高墙大屋下呢？人们必然的选择就是更漂亮更精致更舒适的装潢装饰。窗户改大了，油烟减少了，晾晒方便了。但是，仅有舒适度是不够的，必然要有特色化，这是旅游发展的必然要求，也是人们创业增收、脱贫致富、美满生活的进一步要求。向传统建筑的特色化、舒适化、民族化回归，这是羌族地区传统建筑复兴的一种趋势。

一些迹象表明，羌族传统村落在旅游大环境的刺激下有所复兴。例如在龙溪乡的东门寨，2010年后，在政府的主导下，传统建筑的功能得到了很大提升，现在已经成了一个小有影响的旅游新地。该寨在地震中房屋受损比较小，旅游打造后，其传统建筑的墙面、地板、物件都千方百计回归木质元素。原来的白色石灰墙面，地砖都木质化、装饰化了。其特点是给人以特色、干净、大方之感。龙溪乡阿尔村也正试着回归传统村落的格局，在水泥外墙贴上当地的石片，然后修葺装饰。当然，这些建筑元素都需要一种新的整合，需要新兴的民族特色建筑产业的支撑。从整体来看，羌族传统村落的复兴还有很长的路要走，需要不断探索，积累经验。但它很难真正回归到“原汁原味”的阶段了。

（作者陈安强，四川省民族研究所副研究员）

汶川县羌语资源库建设

黄成龙

一、缘起

羌族自称rma、ʐme、ʐmɑ 或mɑ “尔玛”，各地读音略有差异。根据2010年全国第六次人口普查统计，羌族总人口数为309 576人。羌族主要分布在四川省阿坝藏族羌族自治州的茂县、汶川县、理县、松潘县，绵阳市的北川羌族自治县①，少量分布于四川省甘孜藏族自治州的丹巴县及贵州省铜仁市的石阡县、江口县等地。大约有60 000多羌族和50 000多黑水县藏族目前还使用羌语。说羌语的人中多数是生活在茂县、汶川县、理县、松潘县境内的羌族，其余是生活在黑水县被划为藏族的人所使用。居住在甘孜藏族自治州的丹巴县、绵阳市的北川羌族自治县和贵州省铜仁市石阡县、江口县的羌族都已经转用汉语了（黄成龙，2006）。早在60多年前，羌族地区，如汶川县漩口镇、绵虒镇各村寨、雁门乡各村寨、理县很多乡镇都还在使用羌语。20世纪80年代大多数羌人都会说汉语，并接受汉语教育。而有些地区年轻人不再说羌语，转用汉语（孙宏开，1988）。60多年后的今天，羌语使用地区急剧萎缩，漩口镇羌族早转用汉语，绵虒镇只有羌锋村簇头寨还在传承羌语，其他村寨羌语代际传承已经中断，尽管理县蒲溪乡、汶川县龙溪乡、茂县赤不苏片区、松潘县镇江关片区羌语还在传承，但羌语代际传承也受到极大的威胁（黄成龙，2009）。

---

① 清代称为石泉县，2003年前叫北川县；2003年国务院批准为北川羌族自治县。

羌语分为南北两大方言，各分为五个土语，方言土语之间差别非常大，一般不能通话（孙宏开，1981）。其中龙溪土语和绵虒土语（萝卜寨羌语属于此土语）分布在汶川县境内，汶川县也是羌语分布最南地区。在2008年“5·12”汶川大地震前，笔者于2006年初步接触汶川县萝卜寨羌语。雁门乡除了萝卜寨和大寨子羌语还在传承外，其他村寨羌语代际传承出现中断。龙溪乡政府周边已经转用汉语，高山村寨还在使用羌语。

新中国成立前后闻宥先生曾发表过两篇介绍汶川县羌语的论文，如《汶川县瓦寺羌语音系》（闻宥，1943）和《萝卜寨羌语词汇简编》（闻宥，1951），闻宥和傅懋勣（1943）还合作发表过一篇介绍萝卜寨羌语语音的论文。何星俊作为汶川县龙溪乡玛德村土生土长的母语人发表过三篇龙溪羌语的论文（何星俊，1991，1992a，1992b）。自21世纪以来，余文生（Evans，2001）出版了一本《龙溪羌语和绵虒羌语语音比较》专著。郑武曦作为龙溪乡出来的第二代羌族知识分子，发表了两篇龙溪羌语研究论文（郑武曦，2010，2016），2016年她完成了博士论文《龙溪羌语语法》（Zheng，2016），该博士论文2017年在德国慕尼黑出版（Zheng，2017）。王保锋也发表了两篇龙溪羌语研究论文（王保锋、王蓓，2015；王保锋，2016），2017年还完成了博士论文《萝卜寨羌语语法》（王保锋，2017）。尽管近些年笔者也进行过汶川羌语使用情况方面的调查研究和羌语内部形态句法的比较研究（黄成龙，2009，2010a，2010b，2013，2015），但是，我们对汶川县羌语的调查研究还是十分薄弱，对汶川县羌语所蕴含的价值了解不深，需要全面、系统的抢救和保护。

2008年“5·12”汶川特大地震的震中与羌族文化中心有着高度的重合性，羌族语言及其非物质文化遭受毁灭性的破坏，所以，羌族文化的保护和重建受到广泛关注。震后由中央民族大学中国少数民族研究中心牵头，联合南京大学中国语言战略研究中心、中国社会科学院民族学与人类学研究所和四川省民族研究所等科研单位组成的“羌族语言和非物质文化灾后重建需求调查”成立专项课题组。课题组成员由民族学、语言学、人类学等相关学科背景的专家学者组成，自2009年2月1日始，该课题组深入灾区一线，进行为期半月的一轮试调研，力图把握住羌族非物质文化的状况并探索今后应有的对策。选择这一时期是为了避开灾区震后暂时的混乱期以及灾后重建的繁忙期。在调查期间，三个小组通过在成都、郫县（阿坝师专暂住地）、都江堰、茂县、理县、汶川、北川、马尔康的座谈会，广泛地征集了包括各民族学者、现职行政干部、地方精英等各方的意见，并深入村寨，了解到了基层的第一手资料。通过实地调查和多方收集，课题组深入考察了灾后羌区文化重建的需求和存在困难，并积累了大量关于羌族语言和非物质文化的录音、图片及文字材料，其后迅速展开汇总分析。经全体成员紧张有序的工作，现已完成预期目标并取得阶段性成果。其中包括课题总报告和三个专题报告（张曦，2009：2—3），同时，集结出版了《持颠扶危：羌族文化灾后重建省思》（张曦，2009）。该文集分上下两编，上编以灾后羌族地区的田野调查为依据，在充分考察羌族语言和非物质文化灾后现状后，全面阐释了在灾后重建过程中对其进行保护的必要性，以及羌族语言及非物质文化保护的内在需求和当前重建措施的不足。6篇报告里有3篇讨论羌族语言保护和文字推行问题。下编6篇研究论文从学术角度探讨羌族语言文化，力图加强对羌族文化的综合意义上的认识（张曦，2009：3—4）。该文集出版后得到良好的学术和社会反响，台湾"中研院"史语所所长王明珂曾对该文集评价："羌族语言的内涵、学术研究、当前濒危状况，以及学者对灾后拯救羌族语言的建言，在这本书中占了相当篇幅，可说是本书最主要的内容……。本文集既是我们实践成果的一次汇报，也是我们今后开展相关研究的新起点。笔者真诚希望读者能开卷有益，同时也热切期待本书能为灾后文化重建贡献应有的力量！"（王明珂，2010）。

2008年"5·12"汶川大地震后国家非常重视羌族文化保护与重建，批准设立了国家级"羌族文化生态实验保护区"以及2014年文化部启动了"藏羌彝文化产业走廊"建设项目，对羌族文化的保护与传承起了一些推动作用。然而，羌族文化的核心载体"羌语"没纳入"羌族文化生态实验保护区"建设中，随着重建以后羌族原来的传统村落被打破，大部分羌族分散到各地安家落户。羌族原来的村落格局打破以后，羌族之间的交流媒介，文化之源泉——羌语面临失传的危险。尽管国家领导人对羌族文化的保护做了批示，有关部委也采取了一些保护措施，但是语言被排斥在非物质化遗产之外，汶川地震灾区迫切需要语言学者介入对汶川羌语进行有声纪录、抢救和保护。

二、羌语资源库建设的意义

语言是一切记忆文化的核心，是其他文化的媒介，一旦语言消失了，由语言作为载体的民族民间文学、民族歌舞、民族音乐、民族宗教等非物质文化也就随之消失。2008年“5·12”汶川特大地震使羌族文化遭受重创，羌族语言文化的传承面临巨大挑战。为了震后记录和保存汶川县羌语，语言学者积极介入抢救和保护汶川县羌语资源，竭尽所能，投入一定的人力先后申报一些项目，创建汶川县羌语资源库，现已经初具规模，为今后羌语资源的开发与应用打下坚实基础。

语言资源库是用录像、录音、图片和文本方式对某个语言进行全方位、全面的记录，它与语言描写有本质上的差异：描写语言学把语言看作是一个抽象的结构和规则系统，主要关注语法和词典编纂，其服务对象只是语言学者。多媒体记录语言是对一种语言永久性的、多用途的记录，其服务对象不仅是语言学者，还包括人类学者、民俗学者、文学家、音乐家等都可以从记录的语料中获得有益的材料。汶川县羌语资源库建设的意义在于：

（一）尊重当地群众，充分利用羌族成员对自己语言文化的偏爱，积极调动他们参与到羌语记录中，并让他们用自己的母语叙述自己的文化，从而促进羌族人民的民族自信心和凝聚力。

（二）以羌语为载体展示羌族的物质与非物质文化。

（三）利用多种媒体，如：录像、录音、图片和文本的形式全方位展示羌族文化的全貌。

（四）达到汶川县羌语言与文化永久性的活态保护与传承。

（五）为语言学各分支学科和其他学科提供高保真的可靠资源。

（六）把所记录和开发的羌语多媒体资源库、长篇语料、词汇集反馈给当地群众，有利于这些资源的传承和保护，从而促进羌语在羌族内部的保护与传承。把记录和开发的羌语多媒体资源库捐给文化馆、图书馆和博物馆保存，以便于人们查阅，也有利于羌语的活态保护。

（七）以前调查的资源，因缺乏录音、录像，个人调查的语料别人无法检验，更不能与他人共享。有声记录羌语不仅可以重复检验，并可以通过各种渠道和平台实现充分共享。总之，有声多媒体记录羌语便于羌族地区、人文社会科学研究人员以及其他人士使用，促进该语言有声资源、画面得到长期活态保存（黄成龙，2013）。

三、汶川羌语资源库建设的主要内容

汶川县羌语资源库建设实际上是视频、音频、图片和文本为一体的数据库。要进行语言资源库建设，首先要了解摄像、录音、摄影设备的一些基本知识，学会操作这些设备。目前学者们在田野调查时，一般用录音笔或者用电脑软件记录和收集语料，作者把这种收集语料的方法称之为静态收集语料方法。还有一种方法是在田野点用音频、视频、图片收集自然语料，作者把这种方法称之为动态收集语料方法（或者称为移动工作室）。汶川县羌语资源库建设利用数字多媒体手段，以静态和动态相结合收集语料方法对龙溪羌语、萝卜寨村羌语进行全方位、全面的记录、标注、数字化，达到永久性的活态保存。

（一）数字多媒体记录汶川县羌语

2010年由笔者牵头申报国家社科基金重点项目《数字多媒体记录汶川县羌语资料库的开发与利用》，项目顺利立项。经过6年时间的语言资源收集、整理、标注、数字化，2016年10月顺利结项。其最终成果为《汶川县羌语多媒体资源库（上卷）：萝卜寨羌语文本》、《汶川县羌语多媒体资源库（下卷）：龙溪羌语文本》、汶川县羌语多媒体资源库（音频、视频、图片）以及两个微信群。

该项目共收集萝卜寨羌语原始资料（音频、视频、图片）96G，整理归类上交资料28.7G。收集的龙溪羌语原始资料（音频、视频、图片）81G，整理归类上交资料26.3G。该成果具体呈现了萝卜寨羌语和龙溪羌语从基本词汇到特色词汇，从基本句法构式到特殊构式，从特殊构式到谜语和谚语，从构式到自然话语的各种特点。

（二）萝卜寨羌语多媒体资源库

四川省汶川县雁门乡萝卜寨羌语资源库包括词汇数据、语法数据和长篇语料数据。词汇数据为5 000余个，涵盖天文地理、人生礼仪、宗教信仰、动作行为、性质性状、数量历算等语义场的日常词汇。语法数据涵盖构词、词类、句法、句型、句类等功能—类型学关注的重要参项。长篇语料数据主要是经典的民间文学。

1. 萝卜寨羌语多媒体资源库元数据库

元数据库是指多媒体数据库背景信息，包括：

（1）调查地点

汶川县雁门乡萝卜寨村

（2）创建人及时间

文件创建者：黄成龙、王保锋

创建时间：2011 年 1 月

完成时间：2016 年 10 月

（3）发音合作人信息

王明吉，男，羌族，1941 年 4 月出生于四川省汶川县雁门乡萝卜寨村，小学文化程度，长期生活在雁门乡，母语为羌语，兼通汉语西南官话灌赤片阿坝话，平时主要使用羌语交流。以农耕为生，通晓当地羌族人生如礼仪和习俗，是萝卜寨村最有名的释比（巫师），会吟唱很多歌曲。父亲是萝卜寨本地人，会说羌语和汉语；母亲是小金县人，会说藏语、羌语和汉语；配偶也为萝卜寨人，同样会说羌语和汉语。

王金龙，男，羌族，1956 年 1 月出生于四川省汶川县雁门乡萝卜寨村，小学文化程度，母语为羌语，兼通汉语西南官话灌赤片阿坝话，平时主要使用羌语交流。务农兼匠人，主要活动范围为汶川、理县和茂县。父母亲和配偶都是萝卜寨本地人，都会说羌语和汉语。

王福兰，女，羌族，1957 年 7 月出生于四川省汶川县雁门乡萝卜寨村，小学文化程度，母语为羌语，兼通汉语西南官话灌赤片阿坝话，平时主要使用羌语交流。以农耕为生，擅长羌绣。父母亲和配偶都是萝卜寨本地人，都会说羌语和汉语。

王绘红，男，1972 年 9 月出生于四川省汶川县雁门乡萝卜寨村，高中文化程度，长期生活在雁门乡，母语为羌语，兼通汉语西南官话灌赤片阿坝话。曾是雁门乡萝卜寨村小学代课教师，现在务农兼匠人，主要活动范围为汶川县。父母亲和配偶都是萝卜寨本地人，都会说羌语和汉语。

（4）录制场景

主数据录音场景：户内的非专业录音棚，录音效果尚属理想，可用满足实验研究之需。

次数据录音场景：户外；村子里；野外。

（5）摄录时间

课题组成员，2014 年—2016 年三次分别录制。

（6）标注与翻译

国际音标标注者：课题组成员，2014—2016 年标注。

翻译者：课题组成员，2014—2016 年翻译。

校对者：课题主持人，2015—2016 年校对。

技术处理者：课题主持人，2015—2016 年进行技术处理。

（7）资源库多媒体存储格式

文档（Doc）；数据（Excel）、图片（JPG）、音频（WAV）、视频（MPEG-2）。

（8）资源库多媒体的获取

文本：doc 文档；pdf 文档

图像：照片 JPG

录音：U 盘音频；U 盘数字

影像：U 盘视频；U 盘数字

（9）资源库书写字体

西文（Times New Roman）；汉字（GB 宋体）；国际音标（IPAPanNew）。

2. 萝卜寨羌语资源库内容

（1）自然生态与人文资源

表 1

编号	语义分类	记录内容	记录方式	存储格式	容量	讲述人
001	植物	花草、树木、作物	录像、图片	mpeg2，jpg	4.22GB	王明吉、王金龙
002	实物	自然实物	录像、图片	mpeg2，jpg	94.1MB	王明吉、王金龙

续表

编号	语义分类	记录内容	记录方式	存储格式	容量	讲述人
003	农具	生产生活	录像、图片	mpeg2，jpg	3.6GB	王明吉、王金龙
004	饮食	饮食词	录像、图片	mpeg2，jpg	142.2MB	王明吉、王金龙

（2）词汇资源

以物质形态与非物质形态为基础，进行详细的语义分类，记录龙溪羌语、萝卜寨羌语各4 000—5 000个词。记录方式采取录像、录音、图片的形式，如表2：

表2

编号	语义分类	记录内容	记录方式	存储格式	容量	讲述人
005	词汇	实词	录音	wav	1.35GB	王金龙、王绘红
		虚词	录音	wav		王金龙、王绘红
		语法标记	录音	wav		王绘红、王金龙
		特色词	录音	wav	223.8MB	王绘红、王明吉
		音系词	录音	wav	49.5MB	王金龙
		对立词			36.5MB	王金龙
006	汶川县羌语词汇简编（萝卜寨方言－闻宥1951）		录音	wav	279MB	王明吉

（3）语法资源

表3

编号	内容	数量	记录方式	存储格式	容量	讲述人
007	语法基本构式	534句 +534句	录音	wav2	860MB	王明吉
008		1329句	录音	wav2	502MB	王绘红
009	存在结构	118句	录音	wav2	53.8MB	王绘红
010	比较结构	330句 +330句 +185句	录音	wav2	396.3MB	王明吉、 王金龙、 王绘红
011	连动结构	129句	录音	wav2	52.5MB	王绘红

（4）谜语、谚语

表4

编号	内容	数量	记录方式	存储格式	容量	讲述人
012	谜语	23条	录音	wav2	23.8MB	王明吉
013	谚语俗语	179条	录音	wav2	134.9MB	王明吉

（5）自然话语资源

记录以羌语作为载体的物质形态，如山名、地名、村寨名等以及民族民间文学、民族歌舞、民族音乐、民族宗教、谚语等非物质文化形态，采取录像、录音、图片形式的记录方式，其内容见表5：

表5

编号	记录目录	记录内容	记录方式	存储格式	容量	时长（分）	讲述人
014	自然生态	空间方位	录像、图片	mpeg2，jpg	392MB	3.60	王明吉
		老寨情况	录像、图片	mpeg2，jpg	1.5GB	10.50	王明吉、 王金龙
		山名地名	录像、图片	mpeg2，jpg	1.72GB	13.20	王明吉、 王金龙

续表

编号	记录目录	记录内容	记录方式	存储格式	容量	时长（分）	讲述人
015	传说故事	白马寺的传说	录音、录像	mpeg2，jpg	450MB	5.40	王明吉
		萝卜九寨的传说	录音、录像	mpeg2，jpg	563MB	8.12	王明吉
		水井的传说	录音、录像	mpeg2，jpg	49MB	0.56	王明吉
		莲花寺的来历	录音、录像	mpeg2，jpg	800MB	7.00	王明吉
		萝卜寨的来历	录音、录像	mpeg2，jpg	481MB	5.15	王明吉
		人不要脸鬼都害怕	录音、录像	mpeg2，jpg	313MB	3.10	王明吉
016	神灵	火塘	录音、录像	wav，mpeg2	157MB	2.40	王明吉
		神龛及神名	录音、录像	wav，mpeg2	158MB	2.45	王明吉
		纸钱模板	录音、录像	wav，mpeg2	735MB	6.56	王金龙
017	释比文化	法器	录音、录像	wav，mpeg2	382MB	3.71	王明吉
		还愿	录音、录像	wav，mpeg2	216MB	3.15	王明吉
		祈雨	录音、录像	wav，mpeg2	613MB	9.00	王明吉
018	人生礼俗	婚俗	录音、录像	wav，mpeg2	180MB	1.80	王明吉
		结婚送礼	录音、录像	wav，mpeg2	70MB	0.98	王明吉
		出嫁	录音、录像	wav，mpeg2	168MB	1.50	王福兰
019	服饰		录音、录像	wav，mpeg2	996MB	10.50	王明吉
020	娱乐	扑克	录音、录像	wav，mpeg2	2.88GB	9.20	众人
		象棋	录音、录像	wav，mpeg2	855MB	2.60	众人
021	文化实践	羌绣	录音、录像	wav，mpeg2	136MB	1.20	王福兰
022	个人经历	王金龙个人经历	录音、录像	wav，mpeg2	681MB	5.81	王金龙
023	歌曲	耕地歌	录音、录像	wav，mpeg2	312MB	4.70	王明吉、王金龙
		敬酒歌	录音、录像	wav，mpeg2	163MB	2.00	王明吉、王金龙
		花儿纳吉	录音、录像	wav，mpeg2	148MB	1.88	王明吉

续表

编号	记录目录	记录内容	记录方式	存储格式	容量	时长（分）	讲述人
023	歌曲	迎亲歌	录音、录像	wav，mpeg2	74.6MB	0.80	王明吉
		祝福歌	录音、录像	wav，mpeg2	160MB	2.33	张孝安
		喜歌	录音、录像	wav，mpeg2	84.3MB	1.15	王金龙
		背粪歌	录音、录像	wav，mpeg2	90.3MB	1.31	王明吉、王金龙
		拉木头歌	录音、录像	wav，mpeg2	132MB	2.00	王金龙
		释比法师歌	录音、录像	wav，mpeg2	49.5MB	0.72	王明吉
		请神歌	录音、录像	wav，mpeg2	67.6MB	1.00	王明吉
		丧葬歌	录音、录像	wav，mpeg2	365MB	5.32	王明吉、王金龙
		十愁歌	录音、录像	wav，mpeg2	47MB	0.70	王明吉
024	自然交流	羌绣的制作过程	录音、录像	wav，mpeg2	538MB	8.00	王金龙、王福兰
		做买卖	录音、录像	wav，mpeg2	830MB	2.5	众人

（二）龙溪羌语多媒体资源库

四川省汶川县龙溪乡阿尔村巴夺寨羌语资源库包括词汇数据、语法数据和长篇语料数据。词汇数据为3 000余个，涵盖天文地理、人生礼仪、宗教信仰、动作行为、性质性状、数量历算等语义场的日常词汇。语法数据涵盖构词、词类、句法、句型、句类等功能—类型学关注的重要参项。长篇语料数据主要是经典的民间文学。

1.龙溪羌语多媒体资源库元数据库

（1）调查地点

四川省汶川县龙溪乡阿尔村巴夺组

（2）创建人及时间

文件创建者：黄成龙、王保锋

创建时间：2011 年1 月

完成时间：2016 年10月

（3）发音合作人信息

朱光亮，男，1935 年8 月生于四川省汶川县龙溪乡阿尔村巴夺组，小学文化程度，长期生活在龙溪乡，母语为羌语，兼通汉语西南官话灌赤片阿坝话，以农耕为生，通晓当地羌族人生礼仪，是羌族释比（巫师），会吟诵“下坛经”，懂很多占卜方式。他是四川省省级非物质文化传承人。

余世荣，男，1948 年11 月生于四川省汶川县龙溪乡阿尔村巴夺组，初中文化程度，长期生活在龙溪乡，母语为羌语，兼通汉语西南官话灌赤片阿坝话，以农耕为生，通晓当地羌族人生礼仪和习俗，龙溪乡原释比余明海次子，是释比（巫师），是祭师，懂“上、中、下坛经”，会吟唱很多歌曲，知识最丰富的释比。他是四川省阿坝州州级非物质文化传承人。

朱金龙，男，1951 年11 月生于四川省汶川县龙溪乡阿尔村巴夺组，高中文化程度，长期生活在龙溪乡，母语为羌语，兼通汉语西南官话灌赤片阿坝话，以农耕为生，通晓当地羌族人生礼仪和习俗，是国家级非物质文化传承人。

朱金勇，男，1965年11月生于四川省汶川县龙溪乡阿尔村巴夺组，中专文化程度，长期生活在龙溪乡，母语为羌语，兼通汉语西南官话灌赤片阿坝话。他原是阿尔村小学校长，现在是龙溪乡中心小学教师。他长期关注当地羌族语言文化。

何世芳，女，1967年7月生于四川省汶川县龙溪乡阿尔村巴夺组，高中文化程度，长期生活在龙溪乡，母语为羌语，兼通汉语西南官话灌赤片阿坝话，以农耕为生，目前在龙溪乡小学食堂上班，羌语十分流利。

陈水清，男，1965年11月生于四川省汶川县龙溪乡阿尔村巴夺组，初中文化程度，长期生活在龙溪乡，母语为羌语，兼通汉语西南官话灌赤片阿坝话，以农耕为生，目前在汶川县城打工。羌语十分流利。

陈水林，男，1969年2月生于四川省汶川县龙溪乡阿尔村巴夺组，初中文化程度，长期生活在龙溪乡，母语为羌语，兼通汉语西南官话灌赤片阿坝话，在汶川县电站上班。羌语十分流利。

何世花，女，1970年10月生于四川省汶川县龙溪乡马灯村，初中文化程度，长期生活在龙溪乡，母语为羌语，兼通汉语西南官话灌赤片阿坝话，在汶川县电站上班。羌语十分流利。

余水花，女，1965年12月生于四川省汶川县龙溪乡阿尔村巴夺组，初中文化程度，长期生活在龙溪乡，母语为羌语，兼通汉语西南官话灌赤片阿坝话，在汶川县电站上班。羌语十分流利。

除了以上主要发音合作人外，还有下列短期提供语料的合作人：

耿士红，男，1969年10月出生，初中文化程度，长期生活在龙溪乡，务农兼在附近电站上班。

余成国，男，1956年12月出生，初中文化程度，长期生活在龙溪乡，务农兼在附近电站上班。

余正国，男，1982年1月出生，高中文化程度，长期生活在龙溪乡，为释比文化传承人，现在以务农和运输为主，曾任阿尔村小学代课教师。

王平，男，1980年10月出生，初中文化程度，长期生活在龙溪乡，务农，农闲时节在汶川打工，曾在陕西和北京打过工，总体时间不超过2年。

杨俊清，男，1973年11月出生，初中文化程度，长期生活在龙溪乡，为羌族羊皮鼓舞传承人，现在以务农为主，曾任阿尔村团委书记。

（4）录制场景

主数据录音场景：户内的非专业录音棚，录音效果尚理想，可满足实验研究之需。

次数据录音场景：户外；村子里；野外。

（5）摄录时间

课题组成员，2014—2016年三次分别录制。

（6）标注与翻译

国际音标标注者：课题组成员，2014—2016年标注。

翻译者：课题组成员，2014—2016年翻译。

校对者：课题主持人，2015—2016年校对。

技术处理者：课题主持人，2015—2016年进行技术处理。

（7）资源库多媒体存储格式

文档（Doc）；数据（Excel）、图片（JPG）、音频（WAV）、视频（MPEG-2）。

（8）资源库多媒体的获取

文本：doc文档；pdf文档

图像：照片 JPG

录音：U 盘音频；U 盘数字

影像：U 盘视频；U 盘数字

（9）资源库书写字体

西文（Times New Roman）；汉字（GB 宋体）；国际音标（IPAPanNew）。

2. 龙溪羌语多媒体资源库内容

（1）自然生态与人文资源

表6

编号	语义分类	记录内容	记录方式	存储格式	讲述人
001	植物	花草、树木、作物	录像、图片	mpeg2，jpg	余世荣、朱金勇
002	实物	自然实物	录像、图片	mpeg2，jpg	朱光亮、余世荣
003	农具	生产生活	录像、图片	mpeg2，jpg	余世荣
004	饮食	饮食词	录像、图片	mpeg2，jpg	余世荣

（2）词汇资源

以物质形态与非物质形态为基础，进行详细的语义分类，记录龙溪羌语、羌语各4 000个词左右。记录方式采取录像、录音、图片的形式。

表7

编号	语义分类	记录内容	记录方式	存储格式	讲述人
005	词汇	实词	录音	wav	朱金勇
		虚词	录音	wav	朱金勇
		语法标记	录音	wav	朱金勇
		特色词	录音	wav	余世荣、朱金勇

（3）语言结构资源

表8

编号	内容	数量	记录方式	存储格式	讲述人
006	语法基本构式	1 329句	录音	wav2	陈水清、陈水林
007	存在结构	118句	录音	wav2	陈水清、陈水林
008	比较结构	330句	录音	wav2	陈水清、陈水林
009	连动结构	129句	录音	wav2	陈水清、陈水林

（4）谜语、谚语资源

表9

编号	内容	数量	记录方式	存储格式	讲述人
010	谜语	23个	录音	wav2	朱金勇、何世花、余水花
011	谚语	119个	录音	wav2	朱金勇、何世花、余水花

（5）自然话语资源

记录以羌语作为载体的物质形态，如山名、地名、村寨名等以及民族民间文学、民族歌舞、民族音乐、民族宗教、谚语等非物质文化形态，采取录像、录音、图片形式的记录方式。

表10

编号	记录目录	记录内容	记录方式	存储格式	讲述人
012	自然生态	阿尔村的地理位置	录像、图片	mpeg2，jpg	朱金勇
		自然资源	录像、图片	mpeg2，jpg	朱金勇
013	历史	阿尔羌碉历史	录像、图片	mpeg2，jpg	朱金龙
		巴夺寨历史	录像、图片	mpeg2，jpg	朱金勇

续表

编号	记录目录	记录内容	记录方式	存储格式	讲述人
013	历史	姓氏来源	录像、图片	mpeg2，jpg	朱金勇
		余氏家族历史	录音、录像	wav，mpeg2	余世荣
014	个人经历	朱光亮经历	录音、录像	wav，mpeg2	朱光亮
		余世荣经历	录音、录像	wav，mpeg2	余世荣
015	神灵	山神	录音、录像	wav，mpeg2	朱金勇
		地盘业主	录音、录像	wav，mpeg2	余世荣
		祭祀塔	录音、录像	wav，mpeg2	朱金龙
		安家神	录音、录像	wav，mpeg2	余世荣
		敬神	录音、录像	wav，mpeg2	余世荣
016	经典	上坛经	录音、录像	wav，mpeg2	余世荣
		中坛经	录音、录像	wav，mpeg2	余世荣
017	释比文化	释比的职责	录音、录像	wav，mpeg2	朱金龙
		法器	录音、录像	wav，mpeg2	王明吉
		神杖	录音、录像	wav，mpeg2	朱金龙
018	信仰	还天晴愿	录音、录像	wav，mpeg2	朱金龙
		祈雨	录音、录像	wav，mpeg2	朱金龙
		转山会	录音、录像	wav，mpeg2	朱金龙

续表

编号	记录目录	记录内容	记录方式	存储格式	讲述人
019	占卜	踩犁铧	录音、录像	wav，mpeg2	朱光亮
		穿钎	录音、录像	wav，mpeg2	朱光亮
		打油火	录音、录像	wav，mpeg2	朱光亮
		招魂	录音、录像	wav，mpeg2	朱光亮
020	人生礼俗	礼俗	录音、录像	wav，mpeg2	朱金龙
		开坛词	录音、录像	wav，mpeg2	余世荣
		成人冠礼	录音、录像	wav，mpeg2	朱金龙
		婚恋	录音、录像	wav，mpeg2	余世荣、朱金勇
		撵杀	录音、录像	wav，mpeg2	余世荣、朱金龙
		丧葬	录音、录像	wav，mpeg2	朱光亮
021	歌舞	羊皮鼓舞	录音、录像	wav，mpeg2	朱金龙
		犁地歌	录音、录像	wav，mpeg2	余世荣
		诉苦歌	录音、录像	wav，mpeg2	余世荣
	婚礼歌	xideugga	录音、录像	wav，mpeg2	余世荣
		Vhara	录音、录像	wav，mpeg2	余世荣
		Livvuea	录音、录像	wav，mpeg2	余世荣
		哭嫁歌	录音、录像	wav，mpeg2	余世荣

续表

编号	记录目录	记录内容	记录方式	存储格式	讲述人
022	文化实践	观天象	录音、录像	wav，mpeg2	朱金勇
		编背篓方法	录音、录像	wav，mpeg2	余世荣
		羌绣制作	录音、录像	wav，mpeg2	何世芳
		酸菜制作	录音、录像	wav，mpeg2	何世芳
		咂酒制作	录音、录像	wav，mpeg2	何世芳
		麻布制作	录音、录像	wav，mpeg2	何世芳
023	自然对话	1	录音、录像	wav，mpeg2	余世荣、朱金龙
		2	录音、录像	wav，mpeg2	朱金龙、朱金勇
024	文化传承	羌文化传承问题	录音、录像	wav，mpeg2	朱金龙
025	服饰与饰品		录音、录像	wav，mpeg2	何世芳

（二）语言资源保护工程

为了更好地抢救和保护我国语言资源，传承和弘扬中华优秀传统文化，为国家建设和发展战略提供服务，落实《国家中长期语言文字事业改革和发展规划纲要（2012—2020年）》的任务要求，教育部、国家语委自2015年起启动中国语言资源保护工程，在全国范围开展以语言资源调查、保存、展示和开发利用等为核心的各项工作。

语言资源保护工程是对原有中国语言资源有声数据库建设的进一步扩充、整合，其目的是利用现代化技术手段，记录和收集汉语方言、少数民族语言和口头语言文化的动态语料，通过科学整理和数字化处理，建成大规模、可持续增长的多媒体语言资源库，并开展语言资源保护研究工作，形成系统的基础性成果，进而推进深度开发应用，全面提升我国语言资源保护和利用水平，为传承中华优秀传统文化、促进民族团结、维护国家安全服务。该工程有以下三项任务：

中国语言资源调查：少数民族语言调查：300个点、汉语方言调查：900个点、濒危语言方言调查：200个点（民语100、汉语方言100）、语言方言文化调查：100个点（民语20、汉语方言80）、在线采录、文献典藏（已有资源汇聚）。

中国语言资源平台建设：中国语言资源库建设、中国语言资源管理系统建设、中国语言资源采录展示系统建设。

中国语言资源保护研究：中国濒危语言志、中国濒危方言志、中国语言方言文化典藏、少数民族语言地图集、汉语方言地图集、中国语言文化遗产名录。

2015年教育部、国家语委启动重大专项任务中国语言资源保护工程，从2015—2017年分别建设“羌语南部方言理县蒲溪话”、“羌语南部方言汶川县萝卜寨话”、“羌语南部方言汶川县绵箎话”、“羌语南部方言汶川县龙溪话”、陈兴龙主持的“羌语北部方言茂县曲谷话”和“羌语北部方言黑水县麻窝话”、刘汉文主持的“羌语北部方言黑水县芦花话”以及黄成龙主持的濒危语言志丛书之一“四川松潘羌语志”。

有关汶川羌语方面的资源库建设，有黄成龙主持的国家社科基金重点项目2010—2016年“数字多媒体记录汶川县羌语数据库的开发与应用”以及2015年主持的中国语言资源保护工程·濒危语言项目子课题“羌语南部方言萝卜寨话”，2017年周俊勋主持的中国语言资源保护工程·濒危语言项目子课题“汶川羌语南部绵箎方言”，2017年郑武曦主持的中国语言资源保护工程·濒危语言项目子课题“汶川羌语南部方言龙溪话”。根据语保工程要求，统一标准、统一模板、统一格式，每个点的内容包括以下7方面的内容：

（1）概况：包括调查点概况、发音人情况、调查人情况、调查情况。

（2）音系：包括声调（如有）、声母或辅音、韵母或元音等系统及其例词。

（3）词汇：包括“汉民通用词表”（简称“通用词”，共1 200词）和“民语扩展词表”（简称“扩展词”，共1 800词）。

（4）语法：100个语法条目。

（5）话语：包括7个话题，发音人可任选一个或多个话题进行讲述，话语部分总时长共20分钟。

（6）口头文化：包括“歌谣”“故事”“自选条目”。口头文化部分总时长共20分钟。主要调查搜集各级各类非物质文化遗产名录中与语言相关的条目。

（7）地方普通话：①讲述1个话题，时长要达到3分钟。②朗读2篇文章。对某个发音人需要调查哪些内容。

项目结束时要提交的内容包括：

表11　需交文件电子版文件夹系统

<table>
<tr><th>文件夹</th><th>文件夹</th><th>文件夹</th><th>文件夹</th><th>文件夹</th></tr>
<tr><td rowspan="14">需交文件
电子版</td><td rowspan="8">模板表</td><td rowspan="5">民语发音人</td><td rowspan="8"></td><td>音系.xls</td></tr>
<tr><td>音系说明.doc</td></tr>
<tr><td>词汇.xls</td></tr>
<tr><td>语法.xls</td></tr>
<tr><td>话语.xls</td></tr>
<tr><td>口头文化发音人</td><td>口头文化.xls
0001歌谣.baf
0001歌谣.eaf
0001歌谣.xls
…</td></tr>
<tr><td rowspan="2">其他</td><td>概况.xls</td></tr>
<tr><td>转写校对记录表.doc</td></tr>
<tr><td rowspan="6">录音</td><td rowspan="4">民语发音人</td><td>音系</td><td>0001声母或辅音.wav…</td></tr>
<tr><td>词汇</td><td>0001太阳.wav…</td></tr>
<tr><td>语法</td><td>0001小张昨天.wav…</td></tr>
<tr><td>话语</td><td>0001当地情况.wav…</td></tr>
<tr><td>口头文化发音人</td><td>口头文化</td><td>0001歌谣.wav…</td></tr>
<tr><td>地普发音人</td><td>地普</td><td>0001讲话话题.wav…</td></tr>
</table>

续表

文件夹	文件夹	文件夹	文件夹	文件夹
需交文件电子版	视频	民语发音人	音系	0001声母或辅音.m2ts…
			词汇	0001太阳.m2ts…
			语法	0001小张昨天.m2ts…
			话语	0001当地情况.m2ts…
		口头文化发音人	口头文化	0001歌谣.m2ts…
		地普发音人	地普	0001讲述话题.m2ts…
	照片	发音人	民语发音人	0001张三.jpg…
			口头文化发音人	0001李四.jpg…
			地普发音人	0001王五.jpg…
		调查过程		0001调查.jpg…
		其他		0001贡山.jpg…

中国语言资源保护工程项目所有课题与中国语言资源保护中心签订了版权协议，使用受到限制，若想利用其调查的汶川县羌语资源可与课题组和中国语言资源保护中心联系。

四、汶川羌语资源库主要成员

汶川县羌语资源库以国家社科基金重点项目“数字多媒体记录汶川县羌语资料库的开发与应用”和教育部、国家语委重大专项中国语言资源保护工程三个汶川县羌语子课题为基础构建。

（1）国家社会科学基金重点项目“数字多媒体记录汶川县羌语资源库的开发与应用”项目成员：

本课题属于多学科、多机构组成课题组，成员包括中国社会科学院民族学与人类学研究所、中央民族大学、中国社会科学院研究生院、四川省委民族工作委员会、四川省汶川县史志办公室、四川省理县教育局、四川省茂县史志办公室、四川省阿坝州黄龙管理局等单位，课题组主要成员如下：

黄成龙，男，羌族，语言学博士，中国社会科学院民族学与人类学研究所研究员。

张　曦，男，羌族，人类学博士，中央民族大学民族学与社会学学院副教授。

周发成，男，羌族，在职语言学博士研究生，四川省委民族工作委员会办公室主任。

陈维康，男，羌族，中学高级教师，四川省茂县凤仪镇学校。

袁善来，男，汉族，语言学博士，河南省南阳师范学院文学院讲师。

何星俊，男，羌族，编辑，四川省汶川县史志办公室。

余文发，男，羌族，中学中级教师，四川省理县教育局原副局长。

毛明军，男，羌族，四川省阿坝州黄龙管理局干部，松潘县政协委员。

王术德，男，羌族，中学中级教师，四川省茂县史志办公室/四川省茂县黑虎乡党委副书记。

王保锋，男，汉族，硕士研究生，中央民族大学少数民族语言文学系。

李文宇，女，傈僳族，硕士研究生，中国社会科学院研究生院民族系。

（2）中国语言资源保护工程濒危语言调查·子课题“萝卜寨羌语”项目组成员：

黄成龙，男，羌族，语言学博士，中国社会科学院民族学与人类学研究所研究员。

张　曦，男，羌族，人类学博士，中央民族大学民族学与社会学学院副教授。

陈维康，男，羌族，中学高级教师，四川省茂县凤仪镇学校。

毛明军，男，羌族，四川省阿坝州黄龙管理局干部，松潘县政协委员。

王术德，男，羌族，中学中级教师，四川省茂县史志办公室/四川省茂县黑虎乡党委副书记。

王保锋，男，汉族，硕士研究生，中央民族大学少数民族语言文学系。

魏久乔，男，羌族，硕士研究生，北京大学中国语言文学系。

董　瑶，女，羌族，硕士研究生，北京大学中国语言文学系。

宋　佳，女，汉族，硕士研究生，中国社会科学院研究生院民族学系。

（3）中国语言资源保护工程少数民族语言调查·子课题“绵篪羌锋羌语”项目组成员：

周俊勋，男，语言学博士，西南交通大学人文学院教授、博士生导师。

高　韬，女，博士研究生，西南交通大学人文学院。

韩　鑫，男，硕士研究生，西南交通大学人文学院。

（4）中国语言资源保护工程少数民族语言调查·子课题“龙溪羌语”项目组成员：

郑武曦，女，羌族，语言学博士，西南交通大学人文学院讲师。

李武伟，男，语言学博士研究生，西南交通大学人文学院。

张 琳，女，语言学硕士研究生，西南交通大学人文学院。

五、采集语言资源新方法

在记录语言时，田野调查者把发音人叫到乡、镇或者到旅店，记录语音、词汇和语法（Hyman 2001），这是过去描写语言最常用的方法。近年来，多数学者用录音笔或者用电脑软件进行录音，摄像资源很少。作者认为，录音笔录音，其质量参差不齐，有时候录音效果不是很好，无法收集高质量的录音材料。利用电脑软件、外置声卡和麦克风录音效果比较好，但不太适合动态记录语言。电脑软件比较适合在录音室或者室内录音，不太适合在当地采集自然语料（natural data）。

在进行田野调查时，要充分调动母语人的积极性，让他们积极主动地参与到田野调查中，使田野调查起到事半功倍的效果。在逐词对译自然语料时，翻译人有时无法翻译某个词的意义，此时我们往往为了明白该词的意义，编一些句子，让翻译者翻译，直到了解该词的意义为止，如果翻译者无法翻译该词，我们往往主观地把该词记录为附加成分（形态丰富的语言），或者记录为助词（形态不太丰富的语言）。作者在田野调查时，也常常遇到此种情况，在此情况下，作者一般不会编一些句子让翻译者翻译，而是采用让翻译人用该词或者该语素自己造一些句子，充分利用翻译者对本民族文化和乡土知识造出一些当地人最自然、较熟悉、较贴切的一些句子。

本课题组成员亲自奔赴田野调查点现场，在当地老百姓家里同吃同住，运用多媒体手段对一个语言社团的日常用语及其语言相关的非物质文化遗产进行录音、摄像、拍照，并对所收集的语料进行标注、逐词对译和意译。方法的创新程度、突出特色和主要建树主要体现在以下三方面：

（一）动态记录方法

多媒体资源库实际上是视频、音频、图片和文本为一体的数据库。目前学者们在田野调查时，一般用录音笔或者用电脑软件记录和收集语料，这种收集语料的方法称之为静态收集语料方法。还有一种方法是在田野点用音频、视频、图片收集自然语料，这种方法称之为动态收集语料方法（或者移动工作室）。羌语多媒体资源库创建利用数字多媒体手段，即动态收集语料方法随时根据所收集的对象、场所进行动态跟踪和摄录，对萝卜寨羌语和龙溪羌语进行了多视角、全方位的摄录和记录。

（二）浸入式方法

采用浸入式田野调查（immersion fieldwork）方法（Everett，2001：168；Aikhenvald，2007；Dixon，2007；罗仁地，2007），课题组到所要调查的语言点雁门乡萝卜寨村和龙溪乡阿尔村巴夺寨，记录语言，了解社会文化知识，尽可能地收集与当地文化息息相关的一些语料。除了记录羌语语音、词汇、语法结构外，还通过多媒体方式记录有关文化信息，如服饰、建筑风格、地名、日常生产生活方式、特别的风俗及其仪式，包括口传故事、歌舞、宗教礼俗以及直接观察语言在村落中的使用情况。

（三）利用新媒体

充分利用新媒体的信息现时更新和普及面，创建龙溪羌族和萝卜寨羌族微信群，引导和鼓励当地百姓用羌语聊天和交流。一方面促进羌语的活态传承；另一方面从微信聊天中获取活生生的对话资料。

六、结语

汶川县羌语多媒体资源库突破了以往单一记录、转写、描写语言的方法，过去的方法没有留下有声资源，出版的论著读者面很窄，绝大多数本民族成员无法分享其研究成果。汶川县羌语多媒体资源库不局限于什么读者，无论男女老少，无论识字的还是不识字的都能分享，从中受益。

汶川县羌语多媒体数据库存放在相关图书馆或博物馆等。通过羌语多媒体资源库，可以提升国内语言的有声多媒体记录水平，对语言学各个分支学科以及民族音乐学、民间文学、影视人类学等学科在理论和方法上具有一定的参考借鉴价值，丰富和发展羌族文化提供最为坚实的基础资源。现已通过微信平台上传萝卜寨羌语和龙溪羌语的有声资源和文本，当地人已经意识到要保护和传承自己的语言文化。今后通过羌语多媒体资源库开发羌语及羌族文化学习软件和在线学习平台。

在羌语多媒体资源库的基础上，不仅可以进行语音、语义、形态、句法、语用和话语分析，而且还可以进行跨学科合作，如语言学、人类学、动植物学、心理学和计算机科学，深入分析和建构羌族知识本体（ontology），即羌族的文化体系和认知体系。

（作者黄成龙，中国社会科学院民族学与人类学研究所研究员、博士生导师）

汶川地震灾后羌文化保护与开发

陈　叙　陈　煦

汶川，这座“三山雄秀、二水争流”的山水小城，自汉武帝时代设下汶山郡，有建制的历史已有2100多年。北宋文人范仲淹曾欣然为之写下：“岷山起凤，汶水腾蛟”。山水眷顾，赋予了汶川瑰丽神奇的自然风光和厚重的历史人文积淀。新石器时代的姜维城遗址诉说着汶川悠久的历史，奔腾的岷江孕育了江源文明的发祥之地，也孕育了大禹的传奇。汶川又被称为“大禹故里”，刳儿坪、禹迹、禹穴、洗儿池、石刻等默默见证着华夏五千年的历史。汶川是全国仅有的四个羌族聚居县之一，羌文化积存厚重。汶川位于阿坝藏羌自治州的门户之地，是汉、藏、羌等多民族文化交流的重要走廊。文化的多元成为这个山水小城傲人的资源。2008年“5·12”特大地震给汶川文化带来的破坏是全面性的。汶川县公共文化服务设施损毁严重。文物古迹遭受重创，国家级文物保护单位姜维城遗址和布瓦黄泥群雕遭严重损毁。地震给汶川县原本脆弱的羌文化生态带来了巨大的打击。非物质文化遗产受到毁灭性的破坏。

灾难发生后，灾区人民在中国共产党的领导下，在全国各地人民的支援下，以昂扬奋进的精神开启了文化重建，为保护和传承中华优秀传统文化留下了宝贵的经验，为谱写中国精神注入了时代要素。

一、在传统固守与现代适应之间的羌寨重建

在重建过程中，如何对待和处置少数民族特色建筑及其文化，是一个无可

规避的问题。由于羌族特色文化，无论是物质文化或非物质文化，皆依托于传统的羌寨生活方式而传承，故羌寨重建中，羌文化的恢复与保护是必须考虑的重要方面。在建筑对象上如何保留和体现出羌文化特点，最终形成不同视角、不同层次的理解。汶川羌寨重建中的羌文化表述也因此而呈多样化。我们试将其归纳为三种主要类型，即：严格的原样恢复类型、外表装饰性象征类型、传统形式与现代材料相结合类型。

（一）传统建筑的原样恢复

羌语称碉为“邛笼”，其建筑文化的历史在2000年以上。据《后汉书・南蛮西南夷列传》记载：生活于汶山的“冉駹……依山居止，垒石为室，高者至十余丈，为邛笼”。目前，理县桃坪羌寨、茂县黑虎鹰嘴河寨碉群和汶川县布瓦村黄泥群碉等著名羌碉建筑，已被确定为国家重点文物保护单位。羌碉建筑文化是由特定的建筑材料和建筑方式所决定。羌人生活于碎石或黄土遍布的山区环境，村寨建筑亦就地取材。一是采用黄泥黏结不规则小片石块方式，堆砌为墙体，屋面架木，逐层上垒并收分，至屋顶覆树枝、草和黄土，称石碉；另一是用黄土夯筑为墙，内部架木为楼，称黄泥碉。几千年建筑技艺的积累，羌碉特色建筑已可称为土与石的艺术。

灾后的汶川，也能见到按羌族村寨传统建筑式样而重建的项目，主要为国家文物保护方面所进行的古羌碉等文物的修复工程。比如，汶川县布瓦村的黄泥群碉为国家级文物保护单位。地震使布瓦的3个黄泥碉严重毁损，其中一座原高29米的碉楼，只剩下11米。灾后，受损羌碉则由国家文物局按文物保护原则进行原样修复。整个维修严格地按羌族传统工艺进行，仅使用片石、黄泥等羌族传统建筑材料，钢筋、水泥等材料则被排除。为保证修复质量，该工程最终由北京一家具有一级资质的古建公司承担，而工程的施工人员则全部聘用当地熟悉羌碉修建工艺的羌族工匠。文物修复必须保证做到修旧如旧，其费时、费工、费钱是必然的。但显然，只有少数的、可定性为文物的古建筑，才能完全遵循羌族建筑文化传统，进行灾后的原貌复建。

（二）对口援建民生工程的羌文化表述

灾后重建中数量最多、影响最大的是广东省对口援建的各村寨民居项目。

援建者在羌文化表述上，则选择了与文物修复完全不同的另一条路径。

灾后重建总归是“民生项目”，必须以抗震、宜居和快速完成为重点。在灾民的安置优先、生计优先的情况下，文化自然被后置。在汶川，一个村落建筑群体的援建，一般仅花费一年左右的时间便可完成。故重建项目只能采用钢筋、混凝土等现代建筑材料，其设计也多采用熟悉的现代民居建筑的模板样式。至于涉及羌文化的问题，一般都是在建筑物外观上考虑，如外墙上点缀些羌族文化元素，勾勒某些线条、图案，再在房顶上立四只角，等等。由于摒弃了羌族传统的黄泥、片石材料，整个建筑群落与羌族旧有碉屋相去较远，其羌文化更多是处理为一种装饰性风格。如珠海援建的三官庙村，村内建有两排小别墅式的羌族民居。建筑采用的是钢筋混凝土材料，设计和建造者为了表述出羌寨风格，将水泥涂料等调合成黄泥色彩，抹在建筑的外墙上。

（三）第三类羌文化表述形式

汶川的重建中还出现了折中以上两种思路，兼顾于传统与现代的羌式建筑创新类型，颇具特色。所谓折中，即建筑的外部仍用黄泥、片石等羌传统建筑材料，内部结构则使用钢筋混凝土等现代建筑材料；最终建成的房屋既抗震、舒适，又保持了羌族传统建筑的原有形态和整体风貌。汶川人对此总结的是：“外观如旧、功能现代”。此类主要是为汶川着力打造的旅游观光产业服务，故一般出现在规划为旅游开发重点村寨的重建之中。在具体的操作上，又可细分为两种重建方式：第一种为政府定标准，村民自己建；如汶川县龙溪乡阿尔村。汶川县准备以阿尔村为中心，打造“羌人谷”旅游景区。羌人谷旅游总体规划通过了省上的评审，拟投资5 000多万。为此，政府首先请专业设计单位为阿尔村的每户民居量身定制，按羌寨民居建筑风格设计出图样。之后，每户分到了一定的建房补贴和建材物资，要求遵循设计修建。第二种为政府主持的整村重建。如汶川县萝卜寨的重建为例。萝卜寨是全国最大的黄泥羌寨，有229户。被称为“古羌王遗都，云朵上的街市”。该寨旅游开发已有数年。萝卜寨被地震摧毁后，政府选安全平缓的高坎岗建永久性安置点，称新寨。新寨由广东江门市对口援建，房屋按自然院落分布，依然保持黄土墙外观，内部采用8级防震框架结构。2009年5月，村民搬入了新寨。在安置村民的同时，萝卜寨老寨则按照“修旧如旧”的原则和“尊重自然、尊重历史、尊重文化、以人为本”

的文化遗产保护抢救指导思想进行重建。并将萝卜寨重建工艺的探索，定位为“实验性”和“开创性”的，该项目亦被称为“萝卜寨村老寨维护修缮实验工程”。

（四）灾后重建与羌文化关系的思考

总体看，汶川县灾后的羌寨重建中，已经形成了三个层次的羌文化表述方式：即原汁原味表述、外表装饰性表述、整体风貌的表述。

由于国家在灾后重建中对羌文化有要求而无确定的标准与规范，这必然导致重建羌寨的羌文化表述成为比较自由的选择，产生三种羌寨重建模式并不意外。相比较，完全按文物保护修旧如旧原则最能保持羌文化原貌，但这并不适用于一般羌寨民居的重建。因为，要求羌寨建筑只用石块黄土以保持原汁原味，而不准使用钢筋、水泥等现代材料，这是不人道的；羌寨民众也有权力享受现代化的成果。故羌寨建筑文化的变化是必然的。但必须强调，如果完全彻底地抛弃羌文化特色，走向另外一个极端，也将带来新的问题。应当以开放性和发展性的眼光，正视灾后重建中出现的多重性文化理解现象。

二、公益性扶持与商品化开发并举下的羌绣遗产

在日益现代化的今天，少数民族村寨中原生活态的非物质文化遗产如何得到有效的保护，并获得进一步发展，这应当为一个世界性的难题。

汶川在灾后重建的过程中，以羌绣文化遗产的保护与发展为中心，将社会慈善援助、商品市场经营和政府公益性服务有机地组合起来，进行了积极的探索，形成一种全新的羌绣文化保护与发展的社会运作机制。

（一）羌绣——羌族文化的瑰宝

羌族的挑花刺绣为羌族文化的瑰宝，是羌族传统手工艺的主要组成部分。1996年，羌绣由文化部确认为中国少数民族优秀文化遗产。汶川县绵虒镇的羌锋村，因羌绣的基础非常深厚，被文化部命名为“中国民族民间艺术之乡——羌绣之乡”。2008年6月，羌绣又被纳入《第二批国家非物质文化遗产目录》，得到国家的重点保护。当地随之还公布了一批国家级和省级羌绣文化遗产传承

人，汶川县绵虒镇的汪国芳就荣获国家级羌绣文化传承人称号。

羌绣在明清时期就开始盛行于羌族社会，自此以后，手工挑花刺绣就已成为每一位羌族妇女必备的生活技艺。所谓“一学剪，二学裁，三学挑花绣布鞋”，她们从小便受到严格的训练，所掌握的刺绣技艺已成为衡量一个羌族妇女聪明才智的重要标准。一直到改革开放前后，羌绣在羌区村寨妇女群体中仍得以广泛流传。羌绣技艺为羌族妇女自小习得，绣时不需要打样、画线，只要拿起针线就可随心应手地绣出各色花样。因此，传统羌绣作品在羌族特有的审美趣味之下，既有程式化的规范，同时又充满了自由想象。

不过，自改革开放以来，羌区受现代生活方式的冲击，平坝地区的羌族在日常生活中多改穿汉式服装，不再用羌绣来装饰自己，羌绣的技艺传承逐步呈衰落的态势。据20世纪末一项中日联合调查所称：“河坝寨子的妇女们不常做绣花鞋”，而只有“高山寨子的妇女们依然把做绣花鞋当作日常生活的重要部分”。[①]之后，随着民族地区旅游业的发展，一些羌寨开始搞民族民俗旅游。羌族妇女们也把自家织的羌绣如绣花鞋、腰带等放在旅游区小摊上寄卖，多为自产自销，销量有限，市场化程度不高。也出现了个别的市场化经营的绣庄，但创意设计能力和销售渠道都较为有限，处于极小规模的初放经营阶段。“5·12”汶川大地震发生之后，灾区旅游业中断，羌绣的市场销售几乎陷入停顿，羌绣面临最大的一次生存危机。

（二）羌绣文化保护：社会帮扶、商品化开发模式

2008年7月，中国红十字会下属的李连杰壹基金与成都高屯子文化机构一起，在成都联合启动了一项社会帮扶计划，所筹的2亿善款用于“壹基金羌绣帮扶计划”。在阿坝州政府的大力支持下又成立了阿坝州妇女羌绣就业帮扶中心。该中心为社会公益性机构，在以羌绣为主题的救灾扶贫援助行动中，逐步衍生出一种保护少数民族濒危文化的、可持续发展的新模式。

羌绣帮扶中心运营的五大目标是解决就业、自我造血、脱贫致富、文化拯兴、复苏经济。为实现这一目标，帮扶中心搭建了一个较为庞大的运作体系，贯穿产业链的上下游。帮扶中心除了在原材料、运输和人工成本上为羌绣生产

① 卢丁、[日]工滕元男主编：《羌族历史文化研究》，成都：四川人民出版社，2000年版，第65页。

提供帮助外，还承担羌绣图案设计、羌绣技术培训、产品的市场推广等工作，涉及范围比较广。如在研发方面，2008年，帮扶中心在成都就建立了“羌绣创意开发/产品设计研发中心”和“羌绣创作体验基地”等机构。帮扶中心联合中央美术学院设计学院、清华大学美术学院、北京工业设计促进会、视觉中国网站共同成立“羌绣爱心设计联盟”，发起“创意设计羌绣作品爱心行动”，倡议所有具有热血和爱心的华人设计师、创意人、设计公司、艺术院校行动起来，用爱心和创意为传统羌绣赋予新世纪的生命力。在培训方面，帮扶中心构建起羌绣培训体系，和政府形成了良好的互动。

在生产组织体系方面，帮扶中心采取“帮扶中心 + 帮扶站 + 帮扶点 + 灾区妇女绣工”的运营模式。同时为了达到三年后自我造血的功能，也扶持一些羌绣经营公司。比如，茂县的李兴秀为国家级羌绣文化传承人，她早在1994年就与人合作开办了一个“茂县羌寨绣庄”。2004年9月，李兴秀又注册成立了“四川羌寨绣庄有限责任公司”。地震之后，李兴秀就积极参与妇女羌绣就业帮扶中心活动，并任帮扶中心的生产品控部部长。而李兴秀的“四川羌寨绣庄”便成为帮扶中心开展活动的重要支撑实体。此外，在妇女羌绣就业帮扶中心旗下，注册成立了成都盛世文锦投资有限责任公司（当地称成都文锦公司），在汶川又成立了一个汶川文锦羌绣产业有限责任公司（当地称汶川文锦公司）。这些社会企业按企业方式开展羌绣产销经营，再加上四川羌寨绣庄有限责任公司等专营羌绣生产的经营实体的加盟，于是，帮扶中心与各地绣女的接触、与市场销售的接触，便主要透过这些经营实体进行。具体的操作方式为：公司首先向社会推出设计图样并向客户征求订单；在确定订购品种数量之后，公司再向签约的绣女分派图样和生产数额，并由公司免费提供所有的材料；各村寨绣女按要求提供绣成品（半成品），最后由公司绣工按客户订货需要再进行成品加工，形成帮扶中心——经营性公司——羌绣农户这样的生产组织体系。

羌绣帮扶计划实施中的关键环节是销售市场的开拓和推广。在产品尚未实现规模化的前期，帮扶中心以大客户定制的市场作为切入口。当时正值灾后救援重建阶段，社会各界对灾区的聚焦热度仍在持续，羌绣帮扶中心很快找到第一批企业客户，产品一度出现供不应求的局面。由于有慈善基金注入的背景，帮扶中心的社会公益性质也让它取得了不少大客户的慈善订单。通过慈善基金的运作和推广，时装界名人范思哲背上有羌绣装饰的提包，著名时装设计师梁子牵手羌绣帮扶中心，将莨绸与羌绣进行创意结合，提升其艺术性和功能性，推出“羌绣莨缘”高端服饰系列。在研发设计上，目前的羌绣产品的应用范围已极大扩展，羌绣已不局限于传统的服饰装饰，逐步向艺术与生活日用品领域拓展。在社会力量的支援下打通了羌绣从研发、设计到销售、推广的产业链条，以公益的模式实现了羌绣的市场化推广。

（三）羌绣技艺传承：社会帮扶、政府给力、民众参与模式

羌绣文化保护之核心是羌绣技艺的传承保护。政府无疑承担有羌绣技艺传承保护的责任，而致力于羌绣产业开发的帮扶中心也必须处理好保护与商业开发之间的关系。就具体的操作而言，对于创意设计、绣品分发和市场销售等政府力量不便进入的领域，壹基金等社会力量发挥了打通产业链的积极效应；在文化保护方面，当地政府与帮扶中心能够通力协作，最终形成一种良好的运作模式。

首先，在政府的支持下，由帮扶中心初创一个灾区羌绣技艺培训体系框架。最初开展的羌绣技艺传承培训工作，主要依托于阿坝州妇女羌绣就业帮扶中心。帮扶中心制定了“3年3万人次就业培训规划”。当时是将培训任务分派给中心下属的各地“工作站”。各工作站请有经验的老绣工担任教师，开班培训。但各地站点的培训水平和经验不一，影响到培训的效果。于是，专门成立技能培训学校，使绣艺技能培训专门化和经常化。在形式上，培训学校主要采用“送培下乡”方式，将培训班办到乡村。为了激发村寨妇女参与培训的热情，还给每位受培训妇女发放补贴。根据对象又将培训分为“初级班”和“高级班”。过去羌寨中流行的不过三五种针法，经帮扶中心及所属公司研发团队的研究，目前已抢救和修复了羌绣16种传统技法，并研发出创新产品100多类。

其次，在帮扶中心初建的培训体系基础上，政府逐步接手，介入羌绣技艺培训的文化保护工作。从2010年开始，阿坝州和汶川县将羌绣技艺培训纳入政府的公共服务系统。为此，政府划拨羌绣保护专项资金，并采用发包的形式，面向全社会不定期打包推出一批批培训项目，随之配备相应的专项培训经费。社会上凡具备办学培训资质者，皆可参与竞标。之后，政府再对中标者的开班培训情况验收检查。由此而来，原先独立负责羌绣技能培训的帮扶中心逐步从该项工作中抽身出来；政府接手，表明羌绣文化遗产保护亦纳入地方政府的长

期性社会公益计划项目之中，羌绣技艺培训呈现出政府主导，社会参与的良好局面。

（四）羌绣商品化模式下的思考

迄止目前，灾区羌绣文化的发展致力于探索一种政府主导、社会参与的新模式。由社会慈善资金通过当地政府支持设立项目机构（帮扶中心）和专项计划（三年羌绣帮扶计划）；帮扶中心提供三个方面的支持：一是羌绣技艺培训支持，二是商品市场开拓支持，三是羌绣产品技术支持；羌绣局面打开之后，羌绣的生产、销售等逐步转移到社会企业（文锦公司等）来负责；培训体系建立起来后，逐步转交给政府，由政府公益性投入承担；项目计划完成，羌绣的研发设计、生产销售、技能培训等体系完备，社会慈善资金退出。

羌绣在公司化大规模化生产的情况下，羌族民间原有的随手而绣已不复存在了：所有绣品都由专职设计员设计出来，有固定的图样、花色和技法规定。虽然此时羌族的刺绣技艺还存在，甚至有所发展，但羌绣的个人创意已完全消失。照此发展，作为羌族传统的民间文化特色有可能被商品市场完全吞噬。如何把羌族传统中信手绣制、充满自由想象的绣品提选出来，作为更具文化含量的作品予以强调，实现羌绣大宗商品与独特创意作品的双葩并放，仍是羌绣这一非物质文化遗产进行生产性保护的难点。

灾难发生后，借助社会对灾区的广泛关注，灾区非物质文化遗产羌绣得以及时得到传承与保护，但随着灾后重建的结束，全社会对灾区的关注度逐渐减退，各界出自慈善意图而订购绣品的热情消退，羌绣的市场销售仍面临比较严峻的局面。随着精准扶贫以及乡村振兴战略的实施，打造非遗文化特色村镇，开展乡村旅游，为羌绣的生产、展示、销售带来了另一个市场，尽管市场容量仍然有限，但羌绣技艺展示无疑增加了乡村旅游的文化内涵。由于羌绣仍沿袭于手工制作，成本较高，导致产品定价也偏高。旅游市场偏爱大众化的旅游商品，也有羌绣公司尝试研制羌绣的机绣。但如果羌绣走上用机器化生产代替手工制作的道路，在经济方面可能带来规模化商品生产的利益，但文化方面则可能使羌绣的性质改变。羌绣原本是作为一种非物质文化遗产，作为民族民间传承的技艺文化而存在。可见，羌绣的生产性保护依然任重而道远。

三、资源整合与文化再造下的文化旅游产业

震后汶川社会的重建，产业再造亦是当地政府重点考虑的问题。而在汶川的产业再造活动中，涉及文化并对文化的保护与建设发挥了重要作用是旅游产业的新一轮打造。旅游与文化的关系非常复杂。就目前的现代化发展趋势判断，无论是少数民族的村寨活态文化，还是民族地区的文物或历史文化，其生存能力都非常弱，处于不断流失之中。因此，搭上旅游产业的快车，无疑有利于文化的保护与发展。从汶川经验来看，文化可以与旅游开发形成相辅相成、共同发展的关系。旅游开发总体上是有利于羌区本土和本民族文化的发展。

（一）文化的深度挖掘与新文化再造

震后汶川提出，要大力发展旅游产业，促进旅游升级换代，并成为汶川的支柱性产业。如何从汶川既有文化资源中再一次深度挖掘，将一些隐形的、休眠的文化资源重新激活，通过发现亮点，打造出文化精品，甚至再造出能吸引眼球的文化新品种，使汶川旅游产业再上台阶，这是摆在震后汶川人面前的一个艰巨任务。汶川由此踏上了文化发现之旅。

1. 禹羌文化的发掘

汶川的诸多文化资源中，大禹的故乡毫无疑问是一个亮点，但似乎被人们所遗忘。古籍载“禹生石纽”，而石纽据称是在汶川县绵虒镇风沙关旁边的一座高山。此处原本存留有若干与大禹相关的文化遗迹。汶川的村寨老人还能记述几十年前所见：刳儿坪、圣母祠、禹王庙、禹王宫、历代碑铭刻石等。由于长期以来未引起人们的关注，这些古迹遗存近年来也逐步废圮。

灾后，以大禹为主题的古羌文化渐次被人们发掘出来。加之大禹治水、战天斗地的精神，也与汶川人坚韧不屈、勇抗震灾的精神相契合，打造禹羌文化亦成为汶川人的共识，也是当地政府所致力的重要项目。来自珠海的援建者在绵虒镇干部陪同下，徒步上石纽山探寻，到刳儿坪等地见证禹迹，最终确定为汶川建造一座纪念大禹的建筑——大禹祭坛。祭坛下方有一个建筑群，为大禹文化研究中心和大禹博物馆之所在地。以这座大禹祭坛为中心，若干流散在汶川的大禹文化资源被重新整合，凝聚为一个整体。通过有强大视觉冲击力的纪念性建筑，将汶川羌禹文化的悠久与深厚牢牢地刻写在旅游者的心中。

2.地震遗址文化的再造

“5・12”自然巨灾后的人类应对，成为汶川人以及全中国人内心中不可磨灭的一页。灾难之后的举国动员，从援救到重建，深深地感动着亿万人，牵动了亿万颗心，这为汶川留下了一份独特的、内涵复杂的社会文化遗产。对这份遗产，汶川不能任其白白地流失掉。要把握住这个遗产，就需要有一个社会的文化再造过程。汶川县结合旅游产业的开发，通过一系列的旅游打造行为，将灾难和援助用文化来赋形，使地震事件凝结成为一个社会文化产品。汶川以映秀镇为中心，再造了一个内容丰富的地震遗址文化。具体的在操作上，则选择映秀镇这个汶川特大地震的震源地，在此创建“5・12”地震遗址公园和地震博物馆；在保留对“5・12”地震历史具有重要影响的建筑物和自然景观之同时，通过电影、电视剧、舞蹈等文艺形式再现中华民族的守望相助精神，并举办多种形式的纪念性活动，等等。

（二）文化资源整合与旅游产业布局

震后汶川县以高起点和高视角，重新审视和开展旅游产业的布局，形成一轴线两片区的旅游产业规划。除了涉及自然山水、熊猫等珍稀动植物观光之类，其南北轴线所串联起来的一系列特色文化旅游景点被强调，这使汶川纷杂的文化得到梳理而走向系统化，对文化资源的集中保护、价值凸显、获取发展空间等皆有重要的意义。比如由南至北规划了若干文化旅游开发的重点镇、村。如三江乡，重点强调区域内的藏族文化风貌。该乡以三江独特的自然水系为依托，通过打造极具民族特色的水乡藏寨，突出展示藏家生活与藏俗风情，使之成为汶川旅游产业中的一道独特风景。水磨镇，重点展示汶川县域内各民族的民居建筑文化特征。映秀镇，重点打造地震遗址文化。羌锋村，重点是羌绣文化品牌的打造。绵虒镇，重点是大禹文化的集中展示。布瓦寨，重点是羌族黄泥群碉为代表的羌族特色建筑文化精粹。萝卜寨，重点为羌族歌舞艺术和“古羌王都”的文化展示。阿尔村，重点是以“释比”文化为中心的羌族原生态文化展示。借助旅游这一产业平台进行文化资源挖掘、保护与文化再造，对民族优秀传统文化无疑是一条有效的路径。

四、感恩奋进，重建精神文化家园

“5·12”大地震使汶川一度沦为半废墟状态，汶川的公共文化和民族社会文化领域遭受重创。某种意义上说，汶川既有的文化因灾难而整体上断裂。灾后重建，除了物质方面、产业方面之外，社会精神文化领域的重建工作也将是最为重要的任务之一。其较为独特之处在于：一方面，精神文化要依托于物质存在，即需要以物质性的建设为基础；另一方面，精神文化主要涉及人们的社会生活方式、文化满足和精神面貌等，更多与群体社会的观念与心理状况相关。因此，重建精神文化家园不仅是资金投入的问题，还需要创新方法，开阔思路，这是汶川灾后重建中的一大挑战。

（一）文化断裂后的抢救与修复

当地政府的重要任务是，对震灾重创的羌族传统文化积极开展抢救和保护。汶川政府为此做了很多工作，一是积极申报获取国家提供的文化保护，二是大力推进羌族文化生态保护实验区工作，三是切实加强县域内非物质文化遗产的抢救和保护。

按有关部门在文物保护和非物质文化遗产保护方面进行的考查和研究，羌族文化精粹集中体现在羌碉建筑文化、信仰祭祀文化、音乐歌舞文化和衣饰刺绣文化诸方面，其中多数是属于非物质文化遗产范畴。非物质文化是浸润在民族生活中的“活态”文化，所强调的保护主要涉及文化技艺传承和村寨生活方式，是以人为中心的文化活动保护。对此，通过政府行为，以制度方式将羌文化精华纳入国家保护范围，这既是政府职责的体现，也是引起全社会重视和保护羌族文化的一条重要途径。

汶川县震后加快了羌族文化遗产项目的申报工作。萝卜寨已申报（待批）第七批全国重点文物保护单位。羌年和羌绣则申报世界级非物质文化遗产项目，特别是“羌年”已经入选联合国教科文组织非物质文化遗产保护名录的初选名单。此外，羌族《释比经典》、羌族黄泥碉及民居建筑建造工艺等，也已成功申报为省级非物质文化遗产项目。

2008年10月，文化部正式设立羌族文化生态保护实验区，并将羌族文化生态保护实验区建设纳入国家汶川地震灾后恢复重建总体规划。汶川县还发起举办了羌族文化生态保护实验区抢救性保护工作联席会议，与茂县、理县、松潘、黑水等5县一起通过了《关于共同抢救保护羌族文化遗产的倡议》，建立羌族文化生态保护实验区轮值联席会议制度。汶川县积极开展各种非物质文化遗产实物、图片、影像资料等的征集工作，并在县非物质文化博物馆建立数据库。汶川县在6个羌族聚居乡镇分建6所非遗传习所。

（二）精神文化家园的建设迅速跟进

首先，汶川县充分利用一切条件，努力调动各方资源，加快配套和完善各乡村的文化活动设施。各乡镇都建成有综合性的文化服务中心。文化服务中心在灾后的新农村文化建设中发挥了重要作用。各乡镇依托于文化服务中心，设置乡镇本土的民族文化陈列，举办羌绣培训班，举行感恩演唱会等，农村社会文化活动有了自己的舞台。

其次，汶川县在保障农民群众基本文化权益的基础上，大力开展农村精神文明创建活动，将精神文化家园的建设深入每一个村寨。从2009年开始，汶川提出在全县农村开展"三百示范工程"，其中包括打造100座幸福美丽村寨。特别注重村寨文明风貌的提升改造，注重恢复和发展村寨群众文化活动，注重培育村落中互助温馨的邻里关系，注重发挥每一位村民对村寨良好文化氛围的自觉维护。所有的新村新寨不再是外人（政府或援建者）的赐予，而是每一位村民亲身参与并亲手建造的美丽家园；村民发自内心地热爱新家园，并能从中获得充分的幸福感和满足感。汶川政府以多渠道、多层次、多方式地组织和开展了各类社会文化活动，使灾后的精神家园建设长期保持着强劲势头。先后举办了一系列文艺演出活动，有抗震专题、感恩专题、羌族文化专题，节庆专题，也有到援建省市专场表演的；组织汶川本土诗人、作家创作了大量的文学艺术作品，通过缅怀逝去的同胞，鼓舞未来的希望，以焕发重建家园的斗志；从大众参与的广场锅庄舞到羌族喜爱的莎朗舞、羊皮鼓舞，从演讲大会到感恩歌曲演唱会，群众性精神文化活动蓬勃开展。通过丰富多彩的文艺活动，鼓舞汶川人民从灾难的废墟中站起来，营造积极向上的社会文化氛围。

再次，充分发挥农民的主体地位，广泛动员村民参与到社会文化活动中，激发民众对村寨文化的自觉维护行为，这无论是对新农村的精神文化家园建设，还是羌族村寨传统文化的保护，都有非常重要的意义。2009年11月17日（农历十月初一）羌年来临之际，汶川龙溪乡阿尔村，一个由120多位村民自建的“中国汶川阿尔羌文化保护志愿者”组织正式成立，村民自愿为阿尔村的羌文化保护贡献力量。为了不使阿尔村悠久的羌文化消失在现代化的长河中，该组织发动全村羌民自己动手，编写了一本名为《阿尔档案》的书。该书梳理了阿尔羌的历史，全面记述了羌寨的文化遗产、生活方式及人文脉络。事实证明，开展由政府主导、全社会广泛参与的多种形式的社会公共文化活动，充分发挥社会公共文化活动的感染力和引导性，可以很好地鼓舞人心，建立自信，带动全汶川人重建家园的热情和积极性。

［作者陈叙，中共四川省委党校社会和文化教研部（藏区发展研究所）主任、教授、博士；作者陈煦，中共四川省委党校社会和文化教研部（藏区发展研究所）教授］

第四编　城乡社会文化重建

农村家庭灾后恢复研究：基于可持续生计的视角①

韩自强　巴战龙　辛瑞萍　钟　平

灾后恢复研究相对较少，是灾害与应急管理生命全流程（减灾、备灾、救灾和灾后恢复）中最有待提高的部分，目前的研究甚至难以满足人们的实践需求。我国的灾后恢复研究在2008年汶川地震后开始逐渐出现，但是多侧重于物理和工程方面的重建，而缺少全面的视角。然而实际上，灾后恢复应该是一个动态的、包含不同交互阶段，包含各类活动和决策过程的一个复杂的社会过程，而不是一个线性的、可以完全预测的静态过程。而从发展的视角来看，因为灾后恢复本身就与发展紧密相关，因此有必要把灾后恢复与可持续发展的概念连接起来。通过借鉴发展领域内的可持续生计分析框架，特别是其五大生计资本（金融资本、物质资本、自然资本、社会资本、人力资本），本文对受汶川地震影响的农村家庭的灾后恢复状况进行了跟踪研究。通过对比2012年夏和2009年初相同家庭的调查数据，对被调查家庭在金融、物质、自然、社会和人力资本五个维度上的变化模式进行了分析，并探讨了可持续生计分析框架在综合灾害治理研究中的适用性。

一、可持续生计与灾害研究

可持续生计的概念和理论源自于20世纪发展领域内对反贫困问题的思考：

① 本文发表于《中国人口·资源与环境》2016年第4期。

贫困问题并不仅仅表现在经济方面，而具有多维度和复杂性。生计的概念包含维持生活的能力，资本（既有物质方面，也包含社会资源）和活动。可持续生计指的是某种生计方式能够应对外界压力或冲击，并能在不损害其自然资源的基础上维持或提高其本身的能力和资本。基于可持续生计的概念，不同的机构开发和采用的可持续生计分析框架也稍微有所不同。其中，来自于英国国际发展署（Department for International Development of the United Kingdom，DFID）和发展研究所（Institute for Development Studies）的可持续生计分析框架（Sustainable Livelihood Approach，SLA）成为影响最广，被借鉴最多的分析框架之一。总体上来说，可持续生计分析框架包含五部分：脆弱性背景，五大生计资本（物质资本，金融资本，自然资本，社会资本和人力资本），生计策略，政策和机构变化过程以及生计产出。基于不同的背景和可获得的生计资本，当不同的家庭或社区在面对灾害或外在冲击的时候，他们会根据政策和机构变化过程，采用不同的生计策略，从此得到不同的生计产出（以生计资本的形式衡量）的循环过程。可持续生计分析方法被广泛地应用在各种情景的实证研究中，特别是在发展和反贫困领域。由于国内不少学者对可持续生计分析框架进行过比较系统的梳理和介绍，并对其本土化适用性进行了探讨，本文就不在此对DFID的可持续生计分析框架进行赘述。

发展中国家自然灾害频繁发生，而且受到影响更大，可以说灾害是影响可持续发展最常见的威胁之一。通过增强人们的可持续生计资本，提高人们诸如健康、营养条件，促进人们生计策略的多样化，是增强人们灾害抗逆力的重要方式。因此，可持续生计框架在近些年来开始被用在灾害研究领域，特别是脆弱性分析方面。可持续生计框架中的五大生计资本是全面测量人们脆弱性和应对灾害冲击能力的标准。因此，可持续生计框架也被提议作为分析脆弱性的一种框架，特别是在全球气候变化的背景下作为全面测量脆弱性的内容。使用可持续生计分析框架分析灾害应对、气候变化、脆弱性等方面的实证研究不但出现在亚洲，也出现在非洲的发展中国家。可持续生计资本是可持续生计中的核心内容，也是家庭应对外来冲击可以调用的核心资源，因此也是家庭抗逆力的主要来源。

本文将借鉴可持续生计分析方法，使用可持续生计分析框架分析受2008年汶川地震影响的农村地区家庭灾后恢复状况。重点以生计资本为标尺，衡量农户灾后恢复进度，从而为整合可持续发展和灾害研究做出一份实证贡献。

二、研究方法

（一）研究设计

来自于DFID的可持续生计分析方法，特别是其中的五大生计资本——人力资本、金融资本、自然资本、社会资本和物质资本可以作为一个有效的脆弱性分析工具。根据DFID1999年的指南，人力资本代表家庭成员为了达到生计目标，实行生计策略所拥有的技能、知识、健康和劳动能力；社会资本是人们通过社会网络、正式组织隶属、社区信任、互助等方式获取资源，实现生计目标的方式和能力；自然资本指的是为了实现生计所需的自然资源储备；物资资本指的是那些支持生计的基础设施和生产工具等；金融资本指的是人们为了达到生计目标而可获取的金融资源，主要包含储蓄和收入。根据DFID的生计资本测量指南，以及国内学者的本土化研究，本研究分别使用了家庭年收入、家庭所拥有的不动产状况、家庭所拥有的土地状况作为金融资本、物资资本和自然资本的测量指标。另外，人力资本由家庭劳动负担与教育水平计算而得。社会资本的测量主要从世界银行的指南中提取了家庭成员的组织参与、社区信任和社会支持三个维度，其中社区信任和社会支持维度具体的测量则参考了国内相关学者的研究。

（二）数据收集方法

本文所使用的数据主要来自于一项家庭跟踪研究，数据采集时间分别为2009年1月和2012年夏季。在首次数据采集之前的2008年6月（汶川地震后一个月内），作者当时作为国家减灾委—科技部汶川地震应对政策专家组成员去灾区对灾情做了快速评估。在本次为期两周的快速评估中，通过对地方政府工作人员、村干部、灾民、志愿者、记者、军人等的观察和非正式访谈，作者团队认识到灾后生计恢复是灾区居民未来面临的主要问题，因此设计了灾后居民生计调查研究，并在2009年1月进行了问卷调查和访谈。此次研究采用了混合型研究方法设计，以入户问卷调查为主，深度访谈为辅。在开展此次调查的时候，在征得被访者同意的基础上，作者收集了被访者家庭关键联系人的信息，以便于后期的跟踪研究，本次入户调查共有效完成家庭问卷515份。2012年夏，作者对2009年第一次调查的家庭进行了一次关于生计恢复的回访，共成功回访了415户家庭。因此，本文主要是基于该415份家庭纵向数据进行分析。

在2009年1月第一次入户调查的时候，本研究采用了分层抽样的方法。首先作者把W县所有乡镇按照经济发展水平分成了高中低三档，在每一档中随机抽取了一个乡镇。由于W县属于山区，每个村子所处的地理位置在很大程度上决定了该村的综合经济社会发展水平，因此作者随后在每个乡镇中按照村子所处的地理位置（山上、山腰和山谷）分别抽取了三个村。村内家庭实行的是方便抽样的方法，原计划在每个村抽取60户人家，这样将总共有540户（60户/村×3村/乡镇×3乡镇），但是由于实际限制，在2009年1月入户调查中总共完成有效问卷515份。在2012年夏天的跟踪研究中，由于跟踪的是原来的家庭，因此并不存在抽样问题，2012年成功回访了其中的415户。

三、基于可持续生计视角的灾后恢复

W县是汶川地震51个重灾区之一。在汶川地震中，全县20个乡镇都有不同程度的影响，全县共有111人因灾死亡，1 456人受伤。根据W县发改委的汶川地震灾损报告，5月12日的主震及后续余震共造成约118亿人民币的损失，其中约82亿主要来自于房屋损毁。汶川地震之后中央和对口援助省份给灾区投入了大量的人力、物力和财力帮助灾区恢复重建。根据我们的访谈得知，灾后重建阶段中央共向该县投入了30亿人民币用于灾后基础设施、公共服务设施和房屋重建等。在地震之前，W县全年财政收入仅仅有1个亿，也就是说在灾后重建阶段，中央对该县投入的资金大约是该县30年的财政收入。因此，该县实际上借助于灾后重建的机会，大大提高了各类基础设施和公共服务设施条件，大部分人们也大大提高了住房条件。本文将从生计资本的视角对受影响家庭的灾后恢复情况进行分析。

（一）金融资本及变化

本研究中的金融资本主要通过家庭年收入来测量。家庭年收入主要包括种植、养殖、工资、获得救助和其他收入（经营等）。另外，为了让两次比较更科学，本文根据世界银行提供的中国CPI数据对2008年的收入进行了调整，全部调整到了2011年标准，具体内容如表1所示。

表1　金融资本及变化

变量		平均值			标准差u		
		2009	2012	P（|T|>|t|）	2009	2012	P（|T|>|t|）
	金融资本（年收入）	20 449.62	22 254.84	0.096 2	14 073.65	18 060.00	0.00
	种植	1 395.59	1 754.46	0.00	1 422.67	1 665.69	0.00
	养殖	2 616.94	3 582.99	0.04	6 218.11	8 395.74	0.00
	工资	4 495.00	14 046.02	0.00	7 671.40	12 824.62	0.00
	救助	4 564.80	2 187.23	0.00	2 900.46	4 574.55	0.00
	其他	7 376.90	640.77	0.00	10 199.49	4 589.15	0.00
		感知的收入变化（2009VS震前）			感知的收入变化（2012VS震前）		
		频次	百分比		频次	百分比	
	增加	69	16.63%		98	23.61%	
	差不多	107	25.78%		159	38.31%	
	减少	239	57.59%		158	38.07%	
合计		415	100%		415	100%	

从表1可以看出，家庭年收入平均值和标准差在灾后恢复阶段都有所增加。本调查家庭2008年年均收入约为 20 449.62 元，2011年的年均收入约为22 254.84元，增加了约8.83%。在年收入均值增加的同时，年收入的标准差也有所增加，从14 073.65增加到了18 059.99，增加了约28.32%。这种趋势说明了在灾后恢复阶段，虽然整体上家庭收入都有所增加，但是不同家庭之间收入差距加大了。

通过两次调查所得收入结构比较发现，人们2011年工资收入（打工）占总收入的比重有所增加。在2008年，工资性收入仅占到家庭总收入的约21.98%，而这一数字在2011年高达63.11%。在2008年，政府救助和其他形式的救助所占年收入比重较高（汶川地震后中央政府对灾区“三无”灾民提供了每人每月300元的临时生活救助，共持续三个月。在执行层面上，基本上所有的农村灾民都获得了临时生活救助。一些家庭特别困难的弱势群体，中央政府在三个月之后又追加了三个月的生活救助。）在三年之后的2012年，来自于救助的收入就理所当然的很少了。相比地震发生的2008年，虽然来自于养殖和种植活动的收入在2011年有所增加，但是其在农户总收入中所占比例有所减少。

这些收入结构的变化其实反映了当地农户生计策略的转变。在地震发生之前，当地基本上是一个贫困、半封闭的社会。虽然也有不少人外出打工，但是很多家庭都是过着自给自足的生活，来自于种植和养殖的产品和收入虽然不能让人们致富，但是也可以满足人们基本的生活需要。地震造成了当地绝大多数农户房屋的倒塌，虽然有国家补贴，但是房屋重建让大部分家庭背上债务负担，因此在完成房屋重建后，很多家庭为了偿还建房所欠债务，都加大了外出打工挣钱的生计活动（短期来看，外出打工收入要比在家种植、养殖收入性价比高）。

除了对收入的相对客观的测量，我们还问了农户自己对地震前后收入变化的感知。在2009年初，57.59%的人认为他们的收入比地震前减少了，25.78%的人们认为自己家庭的收入和地震前一样，剩下16.63%的人们感觉自己家庭的收入比地震前多了。在2012年夏天的时候，感觉自己家庭收入比地震前增加、保持一致和减少的百分比分别是23.61%、38.31%和38.07%。

（二）人力资本及变化

在本研究中，家庭中全职劳动力数量、兼职劳动力数量、家庭总数人以及家庭成员中最高教育水平被用来计算人力资本因子（公式1）。首先，用家庭中劳动力数量占家庭总人数的比例作为家庭劳动负担比，其中全职劳动力的权重是1，兼职劳动力的权重是0.5。然后，家庭劳动负担比与家庭成员中最高教育水平的乘积作为人力资本因子。教育水平分别是未受过教育、小学、初中、高中/技校/中专、大专及以上，由低到高分别赋值为1—5。

人力资本因子＝教育水平

$$\frac{N(\text{全职劳动力})+0.5N(\text{兼职劳动力})}{N(\text{家庭总人数})} \quad (1)$$

表2 人力资本及变化

变量		平均值			标准差		
		2009	2012	P（|T|>|t|）	2009	2012	P(|T|>|t|)
人力资本因子		2.33	2.49	0.00	0.98	1.11	0.00
	家庭成员数量	4.10	4.47	0.00	1.21	1.44	0.00
	家庭全职劳动力人数	2.57	2.81	0.00	1.20	1.35	0.02
	家庭非全职劳动力人数	0.97	0.87	0.10	1.04	0.93	0.03
	家庭成员受教育最高水平	3.07	3.34	0.00	0.98	1.13	0.00

从2009年初到2012年夏，本调查家庭中的人力资本因子平均从2.33增加到2.49，增幅约为6.89%。从劳动负担比来看，从2009年到2012年反而是降低的，因此可以说人力资本因子的增加主要归于受教育水平的增加。平均来说，被访家庭的总人数在这三年都有所增加，全职劳动力数也有所增加，但是兼职劳动力数则减少了大约10%。通过对人力资本相关变量标准差的分析发现，除了非全职劳动力之外的其他变量的标准差都有所增加。因此，从2009年初到2012年，本调研家庭中的人力资本平均值有所增加，同时，不同家庭之间人力资本的差距也变大了，而且这些变化都具有统计显著性。

（三）自然资本及变化

本文中的自然资本因子是用家庭所拥有的各类土地面积总和测量的。土地类型分为水浇地、旱地、果园、池塘、草地、林地、荒地和其他。自然资本的变化如表3所示。自然资本因子的平均值从2009年到2012年有所增加，而且也具有统计显著性。但是仔细分析发现，实际上可耕种土地在地震之后是有所减少的。本调研区域是山区，果园、池塘和草地都非常少；水浇地、旱地和荒地是当地主要的土地资源类型。大部分水浇地位于山谷中相对平坦的地区，也是比较适合人们居住的地区。山上是旱地和荒地的主要所在位置，也有一些村落。地震之后，为了规避地震风险，在当地政府的帮助和指导下，一些村庄和家庭成功地从山上搬迁到了山谷地带。因此，从表3中也可以看出，水浇地的平均值从2009年初的0.12亩降低到了2012年的0.11亩，旱地平均值从2009年的2.36亩降低到2012年的2.17亩，但是t检验显示水浇地和旱地的变化统计不显著。

表3　自然资本及变化

变量		平均值			标准差		
		2009（亩）	2012（亩）	P（ITI>ItI）	2009（亩）	2012（亩）	P（ITI>ItI）
自然资本指标		3.55	5.71	0.00	3.90	9.99	0.00
	水浇地	0.12	0.11	0.32	0.34	0.36	0.35
	旱地	2.36	2.17	0.14	2.28	2.41	0.24
	果园	0.05	0.07	0.47	0.40	0.39	0.85
	林地	0.15	2.03	0.00	0.84	8.71	0.00
	池塘	0.00	0.00	0.50	0.01	0.05	0.00
	牧地	0.10	0.01	0.39	1.98	0.25	0.00
	荒地	0.60	1.29	0.00	1.71	3.16	0.00
	其他	0.18	0.03	0.02	1.14	0.48	0.00
与地震前相比，你家土地是怎样变化的？（2012）					频次	百分比	
	增加				4	0.99%	
	减少				216	53.47%	
	差不多				184	45.54%	
土地减少的原因是？	地震破坏				85	39.35%	
	重建使用				58	26.85%	
	政府重建征用				24	11.11%	
	其他				49	22.69%	

从家庭所拥有土地类型变化来看，用于耕种的土地面积都是减少的，林地和荒地以及果园面积是增加的。因此，就可以理解虽然灾后重建占用了大量耕地，但是自然资本因子仍然增加的原因。通过分析家庭拥有的土地类型结构发现，自然资本因子增加主要来自于林地和荒地的增加。灾后重建过程中，一部分人从山上搬迁了下来，原来位于山上的一些耕地和牧地被迫放弃，转变成了容易打理的林地。另外一方面，具体的数据结构显示被访家庭中有80%以上的都没有林地，但是少数的家庭拥有大面积的林地，因此这些少数的极端值拉大

了整体上的平均值。

在2012年第二次回访的时候，我们问了被访者对自己土地变化的感知。在415户中，约有53.47%的被访者认为自己家所拥有的土地与地震前相比是减少了，另外45.54%的人们认为自己拥有的土地与地震前差不多，只有约1%的被访者家庭的土地有所增加。具体到土地减少的原因，39.35%是地震破坏，26.85%在重建中使用，11.11%的是被政府重建征用，另外还有22.69%的是被其他使用方式占用。

（四）物资资本及变化

本文的物资资本因子主要是用家庭所拥有的不动产价值来估计的。另外，在调查中，也收集了家庭所拥有建筑物的建筑材料和建筑面积。根据房子的建筑材料，本调研地点的房子可分为草房、土木、砖木和砖混四种。在2009年第一次问卷调查的时候，我们也让被访者回顾了地震前他们家主要建筑的信息。因此，物质资本实际上包含了3个节点的情况：地震前，震后8个月（2009年初）和地震过后4年的（2012年夏），平均值和标准差以及相关t检验结果如表4所示。

表4　物资资本及变化

变量		平均值			标准差		
		震前	2009	2012	震前	2009	2012
物资资本因子（房屋估价元）		48 155.93	34 417.3	133 921.3	44 030.12	37 525.67	115 664.1
面积（m^2）		115.87	84.89	142.78	62.49	64.31*	85.86
建筑材料类型		震前合计（m^2）		2009 合计（m^2）		2012 合计（m^2）	
	草房	5 428		4 040		550	
	土木	23 616		16 500		14 754	
	砖木	14 120		10 630		14 732	
	混凝土	4 920		4 060		29 218	

*标准差震前与2009年对比，t检验不显著；其他平均值/标准差震前与2009对比，2009与2012年对比显著。

无论从建筑材料、居住面积还是房子估计价值来说，当地居民的居住条件在灾后恢复过程中都有了很大的提高。如表4所示，物质资本因子（估计房屋价值）在地震前的平均值是人民币48 155.93元，地震后降低到34 417.30元，2012年升到133 921.30元。就房屋建筑面积来说，地震前每户居住面积大约为115.87平方米，地震后户均居住面积减少到大约84.89平方米，在2012年的灾后恢复阶段上升到户均142.78平方米。建筑物所使用的材料也有很大提升。在地震前，本调查中所有住户的草房建筑面积总和为5 428平方米，该数字在2012年下降为550平方米。抗震性能比较好的砖木和砖混结构房屋的建筑面积有了较大增长，分别从14 120和4 920平方米增加到14 732和29 218平方米。

综上，无论从建筑材料、建筑面积还是房屋估价方面来说，家庭物资资本在震后恢复过程中都有很大提升。当然，这些指标除了平均值增加之外，标准差也都增加了，从某种程度上显示当地家庭所拥有物资资本的不平等程度也增加了。

（五）社会资本及变化

本研究中的社会资本包含三个维度：组织参与、社会支持和社会信任，最终的社会资本因子是组织参与度、社会支持问题均值和社会信任问题均值相同权重加权计算得出（公式2）。组织参与因子是家庭成员参与组织活动得分总和，社会支持和社会信任因子是每部分问题的平均得分。

$$\text{社会资本因子} = \sum\left(\text{组织参与}, \overline{\text{社会支持}}, \overline{\text{社会信任}}\right) \qquad (2)$$

如表5所示，计算所得的社会资本因子在灾后恢复过程中有所增加，社会资本因子得分平均值从2009年初的7.80增加到2012年的8.52。社会资本的三个子因子，组织参与、社会支持和社会信任也都有所增加。其中组织参与因子得分从1.19增加到1.51，社会支持因子得分从2.88增加到2.97，社会信任因子得分从3.73增加到4.05。总体上来看，社会资本增加是显著的。从社会资本因子及其子因子的标准差来看，标准差都有所减少，这也说明了不同家庭所拥有社会资本的差异在灾后减少了，虽然仅有社会信任子因子的标准差变化统计检验是显著的。

社会支持："如果你家遇到困难需要别人帮忙，是否能从上述组织或个人得到帮助？"被用来测量家庭从9种可能来源可以获得的社会支持度。答案分值为1—5，分别代表了"肯定得不到帮助""可能得不到帮助""不好说""可能得到帮助”“肯定能得到帮助”。根据之前的社会支持研究以及本地实际情况，本研究选取了朋友、邻居、子女、其他亲戚、村集体、乡镇政府、银行、信用社和其他这9种作为可能的社会支持来源。这9种来源的支持得分平均值即为社会支持得分（子因子）。

结果显示个人和家庭的非正式网络是人们获得社会支持的主要来源，无论是在地震发生之后短时间内还是在4年后的相对常态的时候（来自于亲朋、邻居的社会支持得分平均值明显比来自于村委会、乡镇政府的社会支持得分高）。另外，从比较危机时刻（地震发生之初）和相对常态的时候（2012年）人们可以获得的社会支持程度变化可以发现，相较于常态时，人们在地震发生之初可以从诸如村委会、乡镇政府、银行等正式机构获得更多的支持。在地震4年后的相对常态阶段，人们可以从正式组织获得的支持明显减少。无论是在危机时刻还是在常态时候，非正式社会网络都是个人和家庭社会支持的主要来源，人们在常态时候可以从家庭非正式网络获得更多支持。由于大部分家庭的社会网络都是基于本地的，在诸如汶川地震这样的巨灾发生之后，当地大部分家庭的绝大部分社会网络都受到了影响，在地震发生之初，非正式网络的社会支持作用被削弱。正如不少村民表示“亲戚朋友们也都遭了灾，没地方借，也不好意思开口借”。因此，来自于正式组织，特别是政府的支持就起到了非常重要的作用。

表5　社会资本及变化

变量		平均值			标准差		
		2009	2012	P(|T|>|t|)	2009	2012	P(|T|>|t|)
社会资本因子		7.80	8.52	0.00	2.29	2.29	0.99
	组织参与因子	1.19	1.51	0.00	2.01	2.01	0.99
	社会支持因子	2.88	2.97	0.06	0.74	0.70	0.26
	社会信任因子	3.73	4.05	0.00	0.53	0.47	0.01
社会支持	朋友	3.84	3.87	0.73	1.15	1.32	0.01
	邻居	3.83	3.94	0.21	1.09	1.28	0.00
	子女	2.60	3.34	0.00	2.34	2.18	0.15
	其他亲戚	3.88	4.27	0.00	1.08	1.08	0.98
	村集体	2.80	2.73	0.42	1.24	1.40	0.01
	乡／镇政府	2.54	2.11	0.00	1.16	1.15	0.85

续表

变量	平均值			标准差		
银行	2.27	2.17	0.22	1.16	1.23	0.30
信用社	2.31	2.04	0.00	1.19	1.08	0.05
其他（说明）	1.55	2.24	0.00	1.43	1.08	0.00
社会支持问题：如果你家遇到困难需要别人帮忙，是否能够从上述组织或个人得到帮助？答案：1 肯定得不到；2 可能得不到；3 不好说；4 可能得到；5 肯定能得到						
社会信任						
1.在这个村中，如果你需要帮助的话，大多数人都会愿意帮助你的	3.79	4.09	0.00	0.82	0.80	0.60
2.你为大家的利益吃亏受罪，大家会拥护你	3.57	4.09	0.00	0.88	0.86	0.50
3.住这个村中的大多数人是可以相信的	3.69	3.83	0.00	0.70	0.66	0.23
4.村里有人遇到困难，需要借钱时，大家一般都会借给他	3.54	3.65	0.04	0.78	0.75	0.50
5.如果你家有小孩，你有事临时外出，孩子总是托给别人帮忙照看	3.53	4.00	0.00	0.90	0.75	0.00
6.如果你家有红白喜事，大家都会来帮忙	4.25	4.61	0.00	0.69	0.60	0.00
社会信任问题：你是否同意下面的说法？ 答案：1 完全不同意；2 不同意；3 一般；4 比较同意 5 完全同意						

组织参与		2009		2012	
		频次	百分比	频次	百分比
家庭成员中有组织隶属的人数	没有	257	61.93	212	51.08
	1个	86	20.72	102	24.58
	2个	47	11.33	57	13.73
	3个或以上	25	6.02	44	10.6
拥有领导岗位（对比无领导岗位）		397	95.66	395	95.18
	1个以上	18	4.34	20	4.82
是否活跃（对比不活跃）		298	71.81	273	65.78
	1个	72	17.35	101	24.34
	2个	32	7.71	30	7.23
	3个或以上	13	3.13	11	2.65
合计		415	100	415	100

社会信任：本研究中的社会信任是用被访者对有关社会信任的6条陈述的同意程度来测量的，被访者对这6条有关社会信任陈述的同意程度的平均值被用来作为社会信任因子的得分。对每条陈述的同意度得分为1—5，分别代表了“完全不同意”“不同意”“不好说”“比较同意”“完全同意”。结果显示，从2009年初到2012年的灾后恢复阶段，人们对所有6条关于社会信任的陈述认可程度都有所增加，而且这些增加都是显著的。其中“如果你家有红白喜事，大家都会来帮忙”这个陈述无论是在2009年初还是2012年夏，都是得分最高的，分别为4.25和4.61（满分5分）。“如果你为大家的利益吃亏受罪，大家会拥护你”这句陈述是在灾后恢复阶段增幅最大的，从2009年初的3.57分增加到2012年的4.09分，分值增加了0.52分。从标准差来看，本文所使用的与社会信任相关的6个测量得分的标准差从2009年到2012年都有所降低（部分条目统计检验不显著），这反映了不同家庭之间的社会信任得分差距在灾后恢复阶段降低了。

组织参与：本研究中的组织参与由三个变量计算而成，第一个是每个家庭成员参与组织的个数，第二个是组织参与者在组织内是否活跃，第三个是在组织内是否担任领导岗位。本研究团队根据中国农村各类组织发展情况及之前对该地区的了解，列出了当地可能出现的12种组织，然后分别询问了被访者及其家庭成员参与这12种组织的情况。如果有家庭成员参与某个组织，则询问了其活跃程度及是否担任领导岗位。活跃度和领导岗位两个变量都是二元变量，分别被赋值为1（否）和2（是）。这三个变量的乘积被用来作为每个家庭成员的组织参与度，所有家庭成员的组织参与度之和就是整个家庭的组织参与因子得分。总体上来说，人们的组织参与度从2009年到2012年有所增加。

在2009年初，本调查的415户家庭中约有38.07%的家庭有家庭成员隶属于某种组织，而这一数字在2012年增加到48.92%。对于有家庭成员参与某种组织的家庭，大部分家庭仅有1个家庭成员参加了某种组织，只有极其个别的家庭有多个成员有组织隶属。另外，从担任领导情况来看，在2009年初有18个人在其所参与的组织中承担了领导岗位，在2012年该数字增加到20。从活跃程度来看，在2009年初，约28.19%的家庭至少有一名家庭成员在组织中很活跃，该数字在2012年上升到34.22%。从参与组织的类型来看，虽然本研究中列出了12种可能出现的组织，但调查结果表明本地村民只隶属于两种组织，一类是政治类组织，如中国共产党或者青年团，另一类是宗教组织，主要是佛教和基督教。

（六）生计资本标准化

在上面的分析中，由于各类生计资本的单位都不一样，并不利于横向和纵向比较，因此本文参考UNDP人类发展因子的建构方法，对每一类生计资本进行了标准化转换。对于每一个生计资本因子，用实际值减去最小值，然后除以最大值与最小值之差，这样每一个生计资本就被转换成0—1之间的标准分。在实际数据分析时，为了避免由于极端值而造成指标过小，选用了99%分位值来代替最大值。

$$\text{生计资本维度因子}=\frac{\text{实际值}-\text{最小值}}{\text{最大值}-\text{最小值}} \tag{3}$$

表 6　标准化生计资本指标因子得分

指标	平均值		标准差	
	2009	2012	2009	2012
金融资本	0.217 6	0.263 1	0.191 4	0.247 0
人力资本	0.403 0	0.434 3	0.189 9	0.215 7
自然资本	0.087 3	0.140 2	0.095 7	0.245 7
物资资本	0.078 5	0.277 9	0.076 4	0.231 1
社会资本	0.377 2	0.431 5	0.172 3	0.172 2

标准化后的生计资本因子平均值和方差如上表所示。平均来说，从2009年初到2012年的灾后恢复过程中，生计资本的每个维度在灾后恢复阶段都有所增加。物质资本有最大的增幅，平均得分几乎增加了4倍，从2009年的0.078 5增加到2012年的0.277 9。人力资本增幅最少，从2009年的0.403 0增加到2012年的0.434 3。倒数第二增幅的是社会资本，大约增加了10%。金融资本和自然资本的增幅居中，分别从2009年的0.217 6和0.087 3增加到2012年的0.263 1和0.140 2。

之前的研究表明灾后恢复阶段不平等状况可能会加剧，本研究进一步验证了该论述：除了社会资本外，不同家庭之间的其他生计资本差距都增大了。经济相关的物资资本的标准差从2009年初到2012年几乎增加了3倍，金融资本的标准差也从2009年的0.191 4增加到2012年的0.240 7。与此同时，自然资本的标准差也增加了大约2.5倍，人力资本的标准差也小幅增加，从0.189 9增加到0.215 7。但是社会资本因子的标准差有小幅降低，从2009年的0.172 3降低到2012年的 0.172 2。灾后恢复过程中，虽然不同家庭之间经济相关的生计资本差距增大了，但是这些家庭之间的社会资本差距缩减了。

四、总结与讨论

本文利用可持续生计分析框架，比较了受汶川地震影响的农户灾后恢复阶段的生计资本变化。总体上来说，以房屋建筑估值为测量标准的物资资本受地震影响最大，也是灾后恢复提高最多的生计资本。以年收入为测量标准的金融资本、以家庭拥有土地面积为测量标准的自然资本以及人力资本的平均值在灾后恢复阶段也都有所增加。但是，值得注意的是这四类生计资本平均值在增加的同时，它们在不同家庭之间分布的差距也变大了。从社会资本的角度来看，灾后恢复阶段家庭所拥有的社会资本平均值有所增加，但是不同家庭之间所拥有社会资本的差距反而减小。

灾害事件作为突发性社会变动会放大灾前的社会发展趋势，特别是增加不同阶层之间的不平等状况，本研究也从与经济相关的方面证实了之前的研究结论。但是，本文的社会资本指标则显示了不同的结果。虽然在资源稀少的情况下，灾区可能出现为争取资源而产生的冲突，也会出现一些人对政府的不信任，但是本跟踪研究表明了灾害可以从某种程度上改变人们的价值观，对促进社会资本的产生起到积极作用。社会资本在灾害治理中发挥着重要的作用，灾害也影响着社会关系变革。另外，本分析也表明，可持续生计分析框架可以比较好地用来分析家庭和社区的灾后恢复状况，并可作为一种比较全面的监测灾后恢复的工具。

（作者韩自强，四川大学—香港理工大学灾后重建与管理学院副教授；作者巴战龙，北京师范大学社会发展与公共政策学院副教授；作者辛瑞萍，济南大学政治与公共管理学院副教授；作者钟平，四川大学—香港理工大学灾后重建与管理学院讲师）

从“共同体”到“集合体”：岷江上游羌村“城镇化”进程的省思

王海燕

羌民族的主体主要聚居于四川岷江上游，其余分布于四川绵阳市、陕西宁强县、贵州石阡县等地。“5·12”地震前，岷江上游地区的羌族多是居住于高半山的自然村寨或者村庄中。相邻的几个自然村寨则形成村落。村落是相对河谷地区城镇市集的特定生活空间。由于地理区隔及历史渐变等因素，村落往往会形成独特的自我历史根基以及文化小传统，而这正是羌民地方归属感的根本来源。地震后，羌区通往高山村寨的道路、水电等基础设施损毁，寨子中的房屋垮塌，水源消失。羌族面临社会经济文化各方面的恢复重建。

灾后重建规划普遍实行异址[①]重建政策，致力于加快推动新型城镇化向农村辐射，将人口和产业向城镇集中，城镇基础设施向农村人口聚居地延伸，使农民变居民，放弃对羌族传统居住村落的重建。汶川地震灾后重建为岷江上游羌区创造了加速城镇化进程的“机遇”。本文以岷江上游盘沟羌村历经2008年“5·12”地震及2013年“7·11”山洪泥石流两次灾难，从一个充满共同体意识的传统村落最终被迁移安置到城镇社区的过程，思考少数民族城镇化模式应该如何为乡村文明复兴与发展留出足够的空间，如何让民族传统文化实现永续发展并发扬光大，进而使面临剧烈城镇化浪潮冲击的少数民族在这场现代化运动中依然能够拥有共同体意识，能够找回地方归属感。

---

① 异址，同区域内从高山到河谷，从沟里到沟外的搬迁。

一、“共同体”的阐释视角

“共同体”的概念源于滕尼斯的“Community and Society”，中文将其译为“礼俗社区与文明社会”。滕尼斯辨析“社区”与“社会”的区别认为，社区是本质意志的共同体，其特点是亲密无间、相互信任、守望相助以及拥有共同信仰和风俗习惯，是持久的和真正的共同生活；社会是选择意志的联合体，是一种暂时的表面的共同生活。因此，共同体应该被理解成一种生机勃勃的有机体，而社会应该被理解成为一种机械的聚合和人工制品。[①]他强调的是共同体对个体的重要意义，认为现代化的整个文化发展是从“社区”到“社会”的转化趋势，而社会的本质又不是人类历史发展的最佳结局。费孝通先生认为，共同体是指以一定地区作为基础经营共同生活的团体或人群。这群人是在一定地区的人文世界里进行各种活动，这些活动并不是个人无序的自发行为，而是按照人文世界规定的准则相互配合着的语言和动作。[②]英国社会学家麦基弗（Robert Morrison Maciver）强调，共同生活的领域，村落、乡镇，或地区、国家，甚至是更大的地域，都可以用“共同体”这个词来描述。无论如何，一个共同体应该具有与他者相区别的特征，比如风俗习惯、传统、体质外貌、生物及心理意义上的差别等。[③]麦基弗指出共同体必须建立在成员的公共利益基础上，其主要特征是具备地域上的共同生活以及共同意识。

学术概念上，“村落”常常和“社区”等同。村落是滕尼斯“共同体”一词所指的典型形态。民族地区的城镇化过程则是少数民族传统村落共同体被解构转化为社会联合体的过程。

二、盘沟村的历史简况

盘沟村位于四川岷江上游L县，距离县城6公里，是一个以羌族为主体民

---

① ［德］费迪南·滕尼斯：《共同体与社会：纯粹社会学的基本概念》，林荣远译，北京：北京大学出版社，2012年版，第54页。

② 费孝通：《费孝通文集》（第十三卷），北京：群言出版社，1999年版，第418页。

③ R. M. Maciver, *Community: A Sociological Study*(Fourth edition), Frank Cass and Co. Ltd, 1970, pp. 22—23.

族的行政村，五个自然村落顺着盘沟沟域分别坐落于岷江河畔、盘沟沟口、盘沟沟内河坝地区以及沟域两侧的高半山腰。岷江上游高山峡谷地理特征使得盘沟河坝与高山村寨间海拔差距近千米，村落各寨之间的农业生产呈立体气候特点。当高山寨子冰冻未开时，河坝地区已经春暖花开。盘沟属于典型的旱作农耕沟域。清朝以前，当地主要种植青稞、小麦、胡豆。嘉庆年间，玉麦[①]传入L县。到光绪年间，洋芋进入岷江上游。后两种作物自进入就成为当地主要粮食作物。红薯进入L县的时间确切到1940年，是从成都坝区引进。除了玉麦和洋芋，小麦[②]、荞麦[③]产量次之。新中国成立后，盘沟的农业生产方式仍然是"刀耕火种、二牛抬杠"[④]，每当秋收后与第二年春播前夕，是当地翻地篼土的时候，整条沟都飘荡着牛山歌。[⑤]除了农业生产，村民还养牛羊，玉麦秆主要用作牛羊的冬草，而小麦、荞麦等麦秆则被切细了作为猪饲料。

农牧结合的生计方式直到20世纪90年代才发生变化。受市场经济影响，盘沟当地开始种植甜椒、洋葱、白菜、西红柿等经济作物。牛羊所需草料减少，农民拥有的坡地草场也有限，导致牛羊的数量下降。1999年国家实行天然林保护工程，开始退耕还林，村里牛羊的数量更少了。很多人家在退耕还林的地里种植甜樱桃。经营经济林木逐渐成为当地主要的收入来源。

从高山到半山再到河坝，盘沟沟域内五个寨子之间由血缘姻亲构成的亲属关系错综复杂。村民作为主体，他们的宗教信仰、社会习俗、道德法律等构成了一个共同体得以维系的内在要素。这种共同体的"集体意识"成为村落内部人群之所以能够延续祖先血脉，记住家门兄弟情谊的根基。

---

① 玉麦（Zea mays L.），禾本科玉米属一年生草本植物，在川中地区称为苞谷，在北方叫作玉米。茎直立，通常不分枝，基部各节具气生支柱根。叶片扁平宽大，线状披针形，基部圆形呈耳状，无毛或具疵柔毛，中脉粗壮。颖果球形或扁球形，成熟后露出颖片和稃片之外，其大小随生长条件不同产生差异。雌雄同株异花，花果期秋季。

② 麦子有数种，秋天下种，夏天收获的称宿麦；颗粒很小的称为米麦；麦穗短并且有毛的称为草麦；麦穗长而颗粒多的称为青稞。盘沟还产莜麦，也称雀麦，这种麦子仅在当时的L县有产。蓝麦，是小青稞的一种，当时也有少量生产。

③ 荞麦，又称荞子，分苦荞和甜荞两种。甜荞开花时是红色，叶子为三角形，茎比较细小，呈白红色。苦荞开花时为白色，叶子也为三角形，茎比较粗壮，为青色。荞子年产量在一九四三年是二万四千石，是当时羌区除芋麦之外最主要的粮食。

④ 指二牛耦耕，长犁辕系于木轭上，在坚硬犁刃木安上铧头，使牛肩部拉着犁行进。

⑤ 牛山歌，羌民耕地的时候，耕者要给耕牛唱歌，边唱边吼，牛才能顺着犁头走。

三、盘沟村城镇化的历程

中国特色的城镇化是指农村人口比重不断减少，城镇人口比重不断增加，以农业为主的传统村落社区逐渐向以工业、服务业等第二第三产业不断积聚，城镇规模扩大的现代城市社会转变的历史过程。盘沟村的城镇化道路却并不是按照产业结构调整计划进行转变，而是以灾后重建为“契机”，人为加速城镇化。

（一）从山下到山上，盘沟工业化影响

盘沟在历史上是川西茶马古道上的重要驿站，现在是国道213和317的必经之路。从20世纪50年代开始，盘沟与岷江交汇处地势平坦的冲积坝，先后有拖拉机修配厂、造纸厂、铁厂、金刚砂厂、汽车队等工矿企业建立起来，成为岷江上游藏羌地区的工业核心区。盘沟工矿企业大量招收来自内地汉区的年轻人，在交流交往过程中，给当地少数民族带入现代文明气息。

到80年代，盘沟村被纳入L县县城规划区域。该村道路电力等基础设施建设也随着时代的需求而逐渐改善。L县相继在盘沟河坝地区征用农业用地，修建污染极其严重的县城区域垃圾填埋场，储备仓库以及高危炸药库等。20世纪末，国家进行金融体制改革，工矿企业改制。盘沟村的工厂倒闭，工人下岗。盘沟轰轰烈烈的工业化时代成为历史。

盘沟的工业时代虽然就此结束，然而山下的工业文明对高山村寨的人产生了强烈的吸引力，从20世纪50年代开始，陆续有村民从高山搬到河坝地区居住，盘沟村的人群聚落开始发生缓慢的迁移。

（二）从高山到河坝，盘沟半城镇化

“5·12”地震使盘沟村的地质地貌、自然生态环境发生改变，传统村落风貌建筑受到严重破坏。地震灾后重建，L县把盘沟规划为新区，进行产业布局。盘沟的土地城镇化成为政府工作的首要目标。农业用地征收制度和使用制度对城镇化具有不同的经济效应。土地征收制度赋予土地征收以政府属性，而土地出让则为市场属性，因此两种行为的不同使得政府在土地征收中能够获得较大

的利差。[①]灾后重建过程中，政府计划在盘沟河坝地区重新修建垃圾处理厂及电厂升压站。农村土地属集体所有，在土地征收价格上，升压站项目方征收土地价格为每亩75 000元，其中3 000元要上交集体，农户得72 000元。但是地震之后盘沟河坝的土地市场价格最高可达每亩10万元[②]，所以部分农户不愿意以72 000元进行交易。当地人的主体性行为导致政府只好找愿意以这个价格销售土地的村民进行交易。除了升压站，地震灾后重建还有几个项目也计划在盘沟的农地上进行。根据L县人民政府发布的《L县农村房屋拆迁及附属物赔付标准》，住宅地比种植农作物的土地能得到更多的征地赔偿（见表1）。

表1　L县农村房屋拆迁及附属物赔付标准

项目	全框架	框混	全砖混	砖木瓦房	石墙房	全木房	土墙房	简易房
单价（元/m^2）	1 200	900	700	450	400	200	180	70

备注　框混：局部框架，局部砖混；全砖混：平屋顶；砖木瓦房：坡层顶；简易房：屋面为油毛毡、石棉瓦、玻纤瓦、水泥瓦。

利益驱使下，村民们效仿身边类似的博弈事件[③]，也在自己的土地上搭建彩钢板房，希望在土地被征用时获得更大利益。[④]从政府发布要在盘沟开展各类项目的消息开始，到征地测量土地，再到项目开工时间，几乎持续大半年。在这大半年的时间内，盘沟河坝地区原本油菜花遍地的百亩沃土上陆续出现大片蓝色彩钢板房。如此多的房屋，对政府来说，土地征用赔偿金比原计划征地费用多了不止一倍，因而放弃了这些项目在盘沟的实施。

从1986年盘沟被纳入县城规划区到“5・12”汶川地震，随着工业化和城镇化的推进，原本就紧张的土地资源已成为联结农村和城镇的重要纽带，土

① 范进、赵定涛：《土地城镇化与人口城镇化协调性测定及其影响因素》，《经济学家》，2012年第5期。

② 灾后重建过程中，高半山住户到河坝地区购买宅基地，导致河坝土地价格上涨。

③ 盘沟村内两个紧邻原国道213的寨子在灾后修建都汶高速公路征收土地时，村民在征地范围内搭建临时建筑，获得高额赔偿。后L县自来水厂在盘沟修建，某村寨村民以同样的方式获得利益。位于沟域内的村民效仿他们居住于沟外的同村人，也在自己沟内的土地上修建临时建筑、搭建板房。

④ 郭磊：《博弈论简论》，《山东经济》，1999年第6期。

地问题也成了各方利益的交结点。政府推行的城镇化在土地使用上未能与盘沟村民达成共识，村民们为了阻止城镇化，或者为了获得更多的征地赔偿金，纷纷在农业用地上搭建房屋、板房，暂时延缓了盘沟的城镇化，盘沟达到半城镇化。

（三）从河坝到沟口，盘沟全面城镇化

灾后重建三年完成，村民们陆续开始利用土地上搭建的板房开展养殖业。2013年7月，盘沟暴发特大山洪泥石流，顷刻间将整条沟吞噬殆尽。那些密密麻麻搭建在农业地上为了获得更多赔偿金的临时板屋也在一夕之间彻底消失。当年，L县人民政府发布《特大山洪泥石流灾后群众住房重建实施意见》，要求在年底完成受损房屋维修加固，争取在山洪泥石流灾害发生一周年的时候基本完成房屋重建。安置方式有集中联建，将盘沟受灾村民集中安置于河坝沟口；货币补偿安置，鼓励受灾家庭购买商品房进行自主安置；分散安置，受灾家庭户可以恢复利用原宅基地面积进行重建。参考地震时候的补助标准，L县对需加固维修及重建的农房先进行鉴定，[①]然后分别对不同情况实施相关补助标准。对于加固维修的农房，平均每户发放3 000元维修加固资金。实际操作过程中，对重建农房的家庭，根据家庭人数分三档实行分档补助（见表2）的基础上，对选择不同重建方案的平均补助却不一样。

表2　盘沟受灾户房屋重建补助标准

<table>
<tr><td>受灾家庭户</td><td>加固维修</td><td colspan="6">重建</td></tr>
<tr><td rowspan="3">补助金额（单位：元）</td><td rowspan="3">3 000</td><td colspan="3">不同重建方案平均补助</td><td colspan="3">重建分档补助</td></tr>
<tr><td>统规联建</td><td>货币安置（买房）</td><td>原址重建</td><td>1—3人家庭户</td><td>4—5人家庭户</td><td>6人及以上家庭户</td></tr>
<tr><td>10 000</td><td>20 000</td><td>0</td><td>16 000</td><td>19 000</td><td>22 000</td></tr>
</table>

村民最初对三种重建方案都不愿意接受。统规联建是指自己出钱建房，在政府指定的地点给受灾户划分地基。为减少土地使用面积，受灾户必须以12户

① 该鉴定以L县城乡规划建设和住房保障局组织具有相关资质的鉴定单位出具的鉴定结果为认定依据。

为一个单位联合修建单元房，一梯两户，总高六层。这种重建补助方式为每户每人1万，在此基础上，按照分档补助的标准进行。12户受灾户家庭要先行垫付统规联建所需资金，工期完成一半才能得到四分之三的补助，工期全部结束拿剩下四分之一补助。按正常家庭人口3—5人算，能得到49 000至69 000元的补助相较于修建一座楼的资金至少需要六七十万来说，灾民完全无力承担。如果选择货币安置，受灾户既可以在本地买房也可以到外地购买，每户每人获得两万补助，再加分档补助资金。所有补助也必须是在购买了房屋，房产手续齐全的情况下才能得到政府的补助款。

实际上，关于灾后房屋重建，要修建什么样的房屋，多数时候是由一个家庭的经济情况和实际功用决定。但是政府给出的房屋重建方案，是在重建完成一定阶段，甚至是付清全部房款、拿到所有手续的情况下，才给予相应补助。很显然，这些补助方式并不能解决灾民的燃眉之急。

统规联建或者购买商品房，实际上都是把农民从农家院“赶上”楼房居住，这两种居住方式与环境和城镇居民的房屋居住格局一样。盘沟羌族生计方式以半农半牧为主。洪水之前，从高山到河坝，当地羌族房屋经过原来三层或四层传统民居的演变，由立体变成平面，一般由三个部分组成：主体房屋，包括客厅、卧室；厨房；牲畜圈。羌族有杀年猪的风俗，每家每户年年都养二三头猪，喂养时间通常为一年，到羌历年后天气转冷开始宰杀，猪肉很少出售，大部分用来腌制腊肉，供全家一年食用。杀猪当天请亲朋好友、乡里邻居到家中吃肉。当地的猪、鸡等牲畜全部使用玉米粮食喂养，和现在用饲料喂养的猪肉在肉质和味道上有天壤之别，羌族腊肉也成为当地有名的特产。动物粪便则是宝贵的有机肥料。“住上楼”后畜牧生计没有条件进行。羌族农村家庭人口较多，如果住在不到一百平方米的楼房，家庭婚丧嫁娶，新年节日走亲串友，住宿是一个很大的问题。而且居民楼面积小，没有多余空间存放农具，农业收成也没有地方收藏。这些风俗习惯，在面临灾后房屋重建时候，村民们就想到了。以上两种重建方式都意味着当地人不能再延续传统习俗。村民们希望政府能够考虑本地区的实际情况，在盘沟沟口几十亩土地上，给灾民们每户单独划分地基，恢复传统的房屋类型。但村民的诉求并没有得到受理。不愿意接受货币安置、想在自家原来房址上重建房屋的村民不但得不到补助，还要跟政府相关部门签订一份免责协议书，保证今后若再遭受地质灾害，政府不会承担任何责任。

政府实际上极其希望村民选择货币安置方式，其中的原因比较复杂，最主要的有两个：一是达到盘沟城镇化的目的，二是政府需要将大量积压的地震安置房商品化。

盘沟沟口的城镇小区是地震灾后广州援建的城镇居民安置房及部分廉租房。小区房屋共有680余套，最终分出去钥匙的400多套，实际入住率只有300套左右。这300套房屋中，大概还有一半是长期工作在外地，只偶尔回盘沟居住。所以小区日常入住率仅30%左右，相当一大半的房子是空置状态。恰好借助“7·11”山洪泥石流灾后重建的机会，政府将闲置的地震安置房、廉租房等各种性质的房屋商品化，尽量卖给灾民。在这种背景下，货币安置成为村民们唯一的选择。

（四）盘沟村民的“城市”生活方式

盘沟村最开始居住于高半山村寨的原住民，在地震前的几十年间受山下工业文明的吸引，逐渐下山。于2008年地震灾后重建全部搬迁，生活于河坝地区。2013年的山洪泥石流灾后重建彻底废弃村民们的传统居住空间，将村民从沟内“冲到”沟外，从平房“冲上”楼房，在物理结构上打破了盘沟村民与城镇社区居民之间最后一层区隔。盘沟由灾难引起的快速城镇化给当地社会造成巨大而彻底的影响。城镇化原本不仅仅是指农村人口向城市移动，更是指农民生计方式、生活习惯、习俗法律等的根本性转变。然而盘沟村的城镇化则仅仅是将村落人口整合进入城镇小区，原本具有紧密联系的共同体被解散，城镇社区在形式上成为集合体。村民们进入居民小区之后，生计仍然以农业为主，却要面临对城镇生活环境的适应以及失去以村落共同体为归属单位的失落感。

盘沟几百亩被冲毁的土地以治理地灾的名义被征收，村民仅在高半山还有少量土地可以使用。白天，村民各自回到原来的高山村寨照顾田地。车厘子、红脆李等经济林木自国家推行退耕还林政策开始种植以来，如今已成为当地主要的经济收入来源。农民住进楼房，人与土地分离的农业耕作方式，使得有机肥料无法进入土地再循环，而是直接污染城市和水源。而高半山大面积的果木种植大量使用复合肥料，时间一长便会威胁土地的质量，破坏土壤的良性循环。雨水冲刷将化学肥料带入河沟，进入岷江，给下游人群的用水也会造成污染。盘沟村落的城镇化模式带来的是人与自然之间的矛盾加深。

灾后安置的灾民虽然住进城镇社区，但身份仍然是农民，无法享受与城镇居民同等的医保社保待遇。因而虽然住在楼房小区，村民们却感到他们的生活状况远不如从前。很多村民甚至因住在城镇社区增加生活成本而返贫。盘沟村民与城镇社区居民在文化观念上也时有冲突。这些矛盾常常引发村民们对往日村落共同体紧密关系的怀念。

四、对民族地区城镇化进程的几点思考

国家新型城镇化政策注重对以往“大干快上、人为推进城镇化”的实践进行反思，提出坚持实行最严格的耕地保护制度。我国少数民族多聚居于西南、西北地区。西部地区的生态自然环境脆弱，社会经济发展先天滞后，民族宗教文化多元交融。因而民族地区的城镇化建设不应照搬沿海及内地发达地区城市化的经验，只有因地制宜，才能走可持续发展的道路。岷江上游盘沟羌村的城镇化模式是西部广大民族地区城镇化进程的缩影，因而具有研究和分析意义。

（一）加强民族地区生态文明治理

盘沟羌村的彻底城镇化是在地震次生灾害发生后进行的。如果说地震是纯粹的自然灾害，那么特大山洪泥石流则是人祸成分更多一些。盘沟历史上森林砍伐、垦殖土地、开采矿石、修建电站、震后排险不彻底不得力等人为活动，加上地理地形陡峭、山石风化作用、季节性的持续强降雨等自然因素，二者巧妙耦合造成悲剧的发生。

西部少数民族地区地广人稀，却在我国的生态战略中具有重要地位。仅盘沟所处的岷江上游，便是长江重要支流。少数民族自身文化具有一整套规束人与自然世界和谐相处的法则，具有保护自然生态环境的自觉性。如果在城镇化进程中，地方政府能够意识到民族文化传承的积极作用，则生态文明建设亦能以乡村为基础开展起来，达到真正的“望得见山、看得见水，记得住乡愁”的新型城镇化。在民族地区生态良好的基础上再进一步推进农业现代化，转变农村经济增长方式，增加农民收入，夯实乡村新型城镇化发展的物质基础。

（二）建立民族地区法制化城镇路径

盘沟村的城镇化模式告诉我们，制定灾后重建规划中，不切合实际地强调推进城镇化，试图“一步到位”，使受灾户重建负担过重，不仅在适法性[①]上存在问题，而且易引发社会矛盾。政府将灾后重建方案与一个地方的发展规划进行适度结合原本具有合理性，但是如果忽视民众的合法权益，只会适得其反。

今日中国建立法制化和谐社会需要在政策法规上进行规范改革。首先，要对户籍制度、就业政策以及福利保障进行完善，努力消除长久以来少数民族农村人口在城镇就业、住房方面所受到的歧视待遇；其次，要对涉及城镇化的少数民族地区的医疗体制和养老保障制度进行改革；第三，对生态环境脆弱的西部少数民族地区，各级政府在规划城镇化或正在城镇化的民族地区，要贯彻一条准则，即要走低碳生态、环境低污染、因地制宜合理配置利用资源的新型城镇化道路；第四，针对西部民族地区，特别是岷江上游这样的生态功能区，在用地指标、收益分配上面要进行政策完善。

（三）体现少数民族在城镇化中的主体性

城镇化的核心是人的城镇化，根本目的是让更大范围的人群能够享受现代化的成果。岷江上游盘沟羌村这样的城镇化模式是一种脱离实际，依托灾后重建项目将村民从其赖以为计的生境中剥离出来，在灾后安置区提供“插花式”的安置方式。这对一个村落共同体来说，不仅会完全打破当地人的社会网络，割裂他们的文化与当地环境的关系，在事实上也可能变成“城镇消化”，对于原来的共同体来说风险是极大的。这种城镇化模式对当地政府来说或许是保持国内生产总值（GDP）增长的方式，但对于当地少数民族而言，则意味着他们要放弃祖辈们的生活方式。人是有自然属性的，兼有生物、经济、社会、政治和文化特点的道德和文化动物，他们在追求物质生活需求时，也要追求生活意义和当家做主的地位和尊严，追求自身、来世和子孙后代的幸福感。农民对祖辈生活的土地，往往有很深厚的精神情感，如果一味强调区域城镇化、土地城镇化，而不关注人的城镇化，那么这种发展模式也不利于民族地区的社会和谐。

---

① 适法性，指行政主体在行使行政权管理公共事务的过程中，必须依法行政的原则，即必须有法律授权并且依照法律规定进行。

人的城镇化，需要努力提高少数民族的知识技能、文化素养，从而帮助少数民族获得一份可以发挥专长的工作，不但使少数民族在物质生活稳定的同时拥有经济上的主体地位，更重要的是保留他们精神文化层面的主体性。

五、结语

民族地区的城镇化是一个对传统文化进行锻造重构的过程。乡村社区倚靠地方传统知识，原本具备自我保护力最强的结构，在现代化城镇化运动中变得脆弱，极易受到伤害。不可否认，推进城镇的健康发展对于地方经济条件的改善具有积极作用。但健康的城镇化方式应该是一种自然积累的过程，不应盲目追求攀比城镇化比率，而简单以经济、货币财富的标准来看待少数民族地区甚或是中国的乡村，否则只能带来价值迷失、人本异化、发展的悖论以及大量的文化生态家园受害者和自然生态牺牲品。中国新型城镇化的道路，需要主导者帮助各民族找到其文化自信与智慧，继而发现更适合当地人的发展方式，从文化与主体缺失而盲目城镇化的进程中，转型以立足民族文化根基、以生态文明为目标导航的城镇化上来，推动原生共同体社区转化为“共同体社会”而非社会集合体的模式。

（作者王海燕，四川省民族研究所助理研究员）

迁移、社会网络和知识体系建构

——茂县蓝店坡村震后羌族自发移民的适应性研究

耿　静

我们从蓝店坡村可以看到，从高山下迁，是羌族自发迁徙式的移民，是他们保障自己生存安全，获得更好发展机会的实践，也是其积极应对自然与社会环境的一种策略。他们在迁移的过程中，通过强化其社会网络的弹性，规避了一般移民容易遇到的风险，并在这一过程中建构了自己城乡之间的身份，在与蓝店坡村村民和城市居民的互动中，使得羌文化的知识体系发生了流变，呈现出一种逐步消融地方差异的状况。

一、引言

随着研究对象从固定的社区向移动的人群扩展，人类学认识到迁移的重要性，并上升到知识体系的角度，"这就是知识（获得和表述知识的行为）、身份和迁移之间的关系：人类是根据在不同范畴间——身份、关系、民族、群体、社会、文化、环境和时间等——的迁移来想象自己的生活的。在这种运动的连续性当中并通过这种连续性，人类持续解释着他们生活的迁移的理由"。[①]可见，迁移不仅是一种空间的移动，而且关系到知识和身份的变革。

岷江上游高山峡谷地带是羌族的主要聚居地，2008年发生"5·12"汶川特大地震后，出现了较大规模的人口迁移。迁移方式有两类，一类是政府主导

① ［英］奈吉尔·拉波特、乔安娜·奥弗林著:《社会文化人类学的关键概念》，鲍雯妍、张亚辉译，北京：华夏出版社，2005年版，第232页。

的异地安置[①]，另一类是自发迁移。即许多羌族群众出于避灾的动因，自发从高山搬迁至河谷交通沿线或县城附近。这一现象在茂县尤为突出，特别是大部分人口迁往县城所在的凤仪镇。调查显示，如果按每户迁移3口人计算，凤仪镇仅蓝店坡村就有96户288人，加上静州、南庄、宗渠、水西、坪头等村，总数约4 000人。由于这些人口大部分在2008—2010年间迁移，而且具有很强的延续性，可以成为我们观察羌族民众迁移行为的窗口。本文将通过笔者于2011年4月和11月对茂县蓝店坡村的两次田野调查[②]，观察羌族民众空间迁移行为的动力、身份认同变化和知识建构的特点。

二、生存安全与发展渴望——自发移民空间移动的动力

（一）生存安全

为了避灾而迁移，是灾害多发区人们的自觉选择。羌族的传统观念中非常重视房屋的修建，房屋是“家”的代表，修建房屋是“几辈子人的大事”，要耗费大量的人力和财力。灾后重建，重在家园的修复，也就是居所的重建。在房屋修建成本极高，修建过程极其艰难的情况下，对选址更为慎重，总是希望可以建设最安全、稳固的房屋。过去，人们的迁移受到户籍、土地、建房资金的限制，而灾害重建则提供了户籍迁移、土地调整的政策支持，还提供了建房资金补助，使得人们的避灾愿望得以满足，人们对于迁移带来的生存安全状态的改善都是肯定的。

茂县位于四川省阿坝藏族羌族自治州东南部，辖区面积3 885.6平方公里。地处青藏高原向川西平原过渡地带、龙门山地震带，一直是地震高发区。县志

① 相关研究成果较多,参见徐全利等:《异地安置对羌族非物质文化的影响及对策》,《乐山师范学院学报》2011年第6期；王俊鸿:《汶川地震羌族移民异地安置和生计方式转型——四川省邛崃市木梯村和直台村田野考察报告》,《民族学刊》，2011年第6期；周毓华等:《异地安置羌民的“第一个羌历年”——四川省邛崃市南宝山木梯村羌历年田野调查报告》,《民族学刊》，2011年第6期。

② 参加调研的还有：四川省民族研究所李锦研究员、西南民族大学研究生冉璐。冉璐参与访谈与资料整理，茂县博物馆的余慧敏担任翻译工作，李锦研究员对本文提供了重要指导，在此一并致谢！

记载，从明弘治元年（1488）至1975年，境内发生4.5级以上的地震12次，其中1933年叠溪地震震级达7.5级，震后堰塞湖溃堤坝“造成全国地震史上罕见的地震水灾”[①]。此外，受地质及气候条件制约，茂县泥石流、滑坡、洪涝灾害、旱灾及风雹灾严重。在茂县，凤仪镇是县治所在地，辖20个村60个村民小组，3个居委会。大部分村落分布在岷江两岸的台地上，面积约423平方公里，地质条件相对较为稳定。2008年，全镇有人口35 738人，羌族人口占85%以上。蓝店坡村又写为“南店坡村”。紧邻县城，在岷江河畔的东南冲积台地，自然条件较好。2008年地震中，房屋受损严重，但垮塌较少，70%只是需要维修加固，伤亡人员不多。

而我们调查的移民，全部来自曲谷乡、渭门乡、维城乡、叠溪镇等地，即当地群众称为“上三区”[②]的地区，这些区域的村落大部分位于岷江及其支流两岸陡峭的山坡上，受地震的影响非常大。地震中，大部分村落的房屋倒塌，住房重建中很难找到安全的地点。政府允许这些地方的居民投亲靠友，并从入户、建房补贴等方面进行了支持[③]，避灾，成为人们迁移的主要原因。

我们访谈的移民户A[④]，她和老伴都是茂县曲谷乡河东村人，老伴在县上工作，是公职人员。她自己一直在曲谷家中，养育了5个孩子。她说：

“我44岁时仍然下山打工，承包土地，打扫卫生，做粉条，摘花椒，采猪草，干过很多活。也经历过1976年的松潘大地震，当时很吓人的。这次地震更可怕，山上的房子和县城住房都垮塌了。因为兄弟在蓝店村上门，对蓝店村非常熟悉，加上自己也经常在此打工，与本地人关系良好。于是，在孩子们提议下，联系到亲戚，协商后，用2.8万元买了0.28亩地。并申请了异地重建资金

① 四川省阿坝藏族羌族自治州茂汶羌族自治县地方志编纂委员会编：《茂汶羌族自治县志》，成都：四川辞书出版社，1997年版，第102页。

② 即指曲谷、雅都、维城赤不苏一带。

③ 参见《汶川地震灾后恢复重建条例》第二章第七条：“（临时安置方式）对地震灾区的受灾群众进行过渡性安置，应根据地震灾区的实际情况，采取就地安置与异地安置，集中安置与分散安置，政府安置与投亲靠友、自行安置相结合的方式。”《汶川地震灾后恢复重建总体规划》第四节“在政府有序组织和政策引导下，遵循市场规律，对少量自愿通过投亲靠友、自主转移等方式到其他地区安家落户的灾区群众，尊重其自主选择。”

④ 被访谈人A：羌族，女，61岁，农民。笔者2011年4月23日上午在其家中访谈。

补助[①]，办完了各种手续，就在河边拉石头和沙子，2009年春节后花了半年时间建好了房屋，全家都搬来了。”

与之同时迁来的B[②]也证实：

“地震时房屋垮塌严重，土地受损不严重。地震后我们寨子陆续搬走了10多家，占了寨子里户数的一半。”

而据蓝店坡村村支书C[③]介绍，地震前，全村有村民108户，羌族占全村人口80%，汉族和回族各10余户。地震发生后，移民陆续开始迁来蓝店村，迁来的有羌族、藏族。5户藏族主要来自黑水县色尔古、石碉楼一带，羌族主要来自曲谷乡、渭门乡、凤仪镇的勒石村、维城乡、较场乡等地。村中羌族比例由震前80%上升到90%。由于搬迁的人很多，无法控制，2010年7月后，村上便停止为移民办理入户手续。至2011年4月，全村已经由原来的108户发展到204户，增加了96户。尚有20户左右已经修建房屋但未办理入户手续。他说：

“茂县各乡镇中高山羌族搬迁现象很多，据我了解，（凤仪镇内）北门的静州村外来户有600户左右，是全县自发移民最大的一个村；南庄村外来户在300户以上，宗渠、水西村200户以上，坪头（村）100户以上。”

大部分迁居到凤仪镇的居民，认为与高山坡地上的环境相比，这里相对安全一些，即使发生大的灾害，救援也比较容易，居住的安全感提高了很多。

（二）获得就业和发展机会

蓝店坡村因为紧邻县城，与农产品消费市场近，经济发展水平较高，公共基础设施较为完善。这里20世纪60年代通电，70年代通自来水。80年代后，苹果、梨、李子种植为当地农户带来巨大收益，大部分村民将房屋翻修为两层的红砖瓦房。90年代以来，随着凤仪镇城市化对土地的需求不断增加，村里的土地大多被占用，农户凭征地协议逐渐农转非。至地震前，全村仅剩土地60余亩，90%本地居民已经没有土地。大部分人不再从事农业劳动，主要做生意、办企业或就近务工，也有的外出打工。土地未被征用完的家庭还少量种植蔬

---

① 按照灾后重建政策，重建农户按人口多少进行补助，3人及以下家庭1.6万元，4—5人家庭每户1.9万元，6人及以上家庭每户2.2万元。

② 被访谈人B：羌族，男，58岁，农民。笔者2011年4月23日下午在其家中访谈。

③ 被访谈人C：羌族，男，51岁，村书记。笔者2011年4月27日上午在其家中访谈。

菜水果、养猪。总体来说，蓝店坡村的经济发展水平远远高于高山村寨。移民B说：

“我们村子海拔太高，运输（距离）太远，交通不便，（种的）蔬菜卖不了钱（指价格低，运输费用高、交易不方便），有时候在地膜和人工（花费）上还要倒贴。”

迁到蓝店坡村后，就业机会增加很多，特别是灾后重建过程中，国家投资创造了大量就业机会，仅蓝店坡村就投入上百万增修水库、维修公路等基础设施。这几年大部分移民都未外出打工，仅仅本地的就业，就提供了比较稳定的收入。例如，D[①]家在地震前收入主要来源于种植业（辣椒）及挖药，人均每年现金收入约2 000元。迁居到蓝店坡村后，家庭经济来源主要依靠长子打工。他购买了一辆农用拖拉机，时常到邻近的工地拉沙石，打工时间比地震前多，偶尔才去挖药，现收入人均3 000元，比迁居前略高。

访谈的移民认为决定从高山往河谷、城镇迁徙是一种明智之举。尽管修房花费了很多钱，来了迁入地也存在着种种的不适应，但一点也不后悔。他们一致认同这是搬迁过程中必然会面临的一些问题，在灾难和高寒偏远之地的生活面前不值一提，心里早有此准备，因而以积极的心态去适应新环境，并对新生活感到满意，对未来充满憧憬。一位老人说：

“住在山上海拔太高，冬天太冷，夏天热的时候又非常热，温差太大，山下方便很多，很愿意搬迁下来，与村上的老人也常来往，亲戚也很多，大家互相帮助，很习惯这里的生活。有的搬迁户通过比较生产方式的不同，看到了务农和务工之间的差异，说：搬下来就是好，我家经济条件在山上算可以的，来到这里后，才知道高山与河坝的羌族差距又好大。和这里一比就是比较差的了。”

交通、教育、卫生条件的改善，是人们获得发展机会的重要条件，蓝店坡村的交通条件，是全县最好的，居住在蓝店坡村，孩子可以在凤仪镇小学就读，老人可以享受县城质量更高的医疗服务。因此，来到蓝店坡村的移民一般都没有回到原居地的打算。移民户D和儿子住在一起，地震时，老家的房子全部垮塌。地震后搬迁到蓝店坡村，全家6口人中，4人在蓝店坡村入户。大孙子因为村小拆除，从曲谷乡中心小学转至县城读书。还有一个孙子和孙女在县城读小

---

① 被访谈人D：羌族，男，66岁，农民。笔者2011年4月24日下午在其家中访谈。

学及学前班。建房资金有异地搬迁重建补贴2.2万元，贷款2万及亲戚朋友借的10多万元，为了省钱，把老家垮塌的老房子的全部木材和横梁都拆下来搬来用了。新房子基本是按照老房子的形制修的，有“勒色”，用白石头堆砌而成，房檐有四角，但是大门上没有白石，神龛[①]还没有修建。在经济条件不好的情况下还是下定决心修建了两栋房子，“主要是考虑到两个儿子的未来，他们要娶媳妇，所以分开修建了两栋新房。尽管地基不多，房屋间距很近，但今后可以相互照应”。可见，这种迁移是具有很大的稳定性的。

三、风险规避——保持社会网络弹性

通常情况下，迁移会带来社会网络的破碎，会影响移民对新环境的适应。然而，蓝店坡村的移民，正是充分运用了其传统社会网络的弹性，迅速适应新的环境。羌族的血缘与地缘关系大致吻合。传统的羌族村寨聚族而居，是以家庭为中心向外扩张，村落内部与附近村落间关系盘根错节。一旦一户发生变动，对周边亲友必然有影响，产生模仿效应。蓝店坡村移民非常重视社会网络的维护和重建，并主要体现在两个方面：

（一）在新居地迅速复制传统社会网络

蓝店坡移民很少是单家独户迁移的，大多数是依靠先期迁来的移民作为介绍人，与当地人交涉房屋、土地、上户等具体问题。因而一家迁来之后，亲戚朋友也迅速迁来，很快复制了传统的社会网络。例如，移民Ａ一家搬来后，通过自己的关系网介绍了很多亲戚朋友搬到蓝店村来，我们一起数了一下，共有14户。不仅Ａ家的兄弟姐妹，而且包括其老伴家的五个兄弟姐妹，全部落户于此。她说，现在我们在蓝店村的亲戚很多，相互之间的联系也很紧密。将来陆续还有亲戚来。在异地复制自己传统的社会网络，不仅加强了亲属本身的聚合能力，而且利于促进移民在异地的适应力。

① 传统的神龛是摆放在堂屋上，面向东方，供奉祖先牌位。

（二）充分利用原有的社会网络规避风险

移民迁入蓝店坡村后，住房问题得到了解决。房屋宅基地[1]来自于亲友双方私下的协商，但蓝店坡村没有土地，因而移民都不能在当地从事种植业。在这种情况下，移民主要依靠三种方式来维持生计，一是继续耕作原居住地的土地，作为家庭生活的粮食来源；二是外出打工；三是亲友帮助。

移民户B曾在老家担任过村干部，家中共有9亩承包地，还有部分开荒地。他1994年开始种植洋葱，是村上进行蔬菜种植的示范户。种植了大白菜、莲花白、花菜、韩国萝卜、莴笋、洋葱等蔬菜3—4亩，玉米1亩多，年产1 000多斤，其余土地种土豆和胡豆。2002年部分陡坡地退耕还林，每年可以领到1 800元现金。2007年又开始种沙棘、油松。他认为，刚开始的几年蔬菜的收益很好，每年1万多元，基本上能满足全家人一年的生活。家里还饲养有牛、羊、猪。每年全家要购买600斤大米和400斤面粉，有时候也需要购买约600斤玉米。通常在卖蔬菜时就一次性采购全家一年的口粮。另外，还可以采摘羊角菌增加收入。退耕还林后养羊规模逐年减少，地震前已不饲养羊了。

地震后，他迁到了蓝店坡，他说："2009年4月我来到蓝店坡村，在上门的舅子那里买了2分自留果树地修建房屋。来到这里后，老家的牲畜都卖了，现在只有黄牛1头，由于亲戚还是很多，牛由亲戚管理，春天迁上山，秋天接回来。山上的土地仍然在种，种了1亩多土豆，3亩胡豆，其余的种小麦，品种比以前有所调整。一到了种植的季节就回去突击劳动几天，靠天吃饭，中途会回去好几次，要给土地除草，再是到了季节上山收获。现在家庭的主要收入除山上种植以外，还有打工的孩子补贴一些家用。"

75岁的移民户E[2]是曲谷乡麻塘寨人，有3个子女，两个女儿分别出嫁到洼底乡和三龙乡；儿子和两个在读中学的孙子和他们一起生活。他们在曲谷的房屋地震中损毁严重，在表姐和表哥的帮助下申报了异地重建。原来家中6口人10多亩地，因为只有儿子一个劳动力，就全部给亲戚种。购买3分多地基，修建了3层楼房，钱大多是找亲戚朋友借的。目前，其儿子和孙子的户口在蓝店坡，她的户口还在曲谷，家中的主要收入依靠儿子在黑水县给别人修石头房子，

---

① 往往是原住户家中的自留地。

② 被访谈人E：羌族，女，75岁，农民。笔者2011年4月23日下午在其家中访谈。

平时也打零工，一般80元/天。

移民的迁居是固有社会网络的延伸与扩展。他们以投亲靠友的方式而来，不仅体现出羌族传统的互助习俗，而且巩固了亲属关系。在他们看来，来城镇周边并不孤独，有亲友的帮助和照应，而且自己来了以后，也有义务为其他人的到来尽到责任。所有的受访者都表示：现在房子修好了，亲戚朋友也很愿意往来，可以免费接待山上的亲戚，省去了他们（在县城）住宿的费用。

从上述情况可以看到，移民的原居地均在高山上交通不便之地，迁来河谷地区后，除了要解决生活问题，还面临开支水、电、教育、医疗等系列费用。由于没有土地、果园，促使他们必须继续利用原有土地，要么请亲友照看牲畜、耕种，要么长途跋涉自己耕种、多次往返看护和收割，以解决家庭用粮、用肉之需。同时，在种植品种上也进行了调整，将种植蔬菜品种又调回管理较为间断的玉米、小麦、豆类，有效避免了频繁往返的艰辛。另外，劳动力普遍外出务工，比过去打工时间更为持久和稳定，有的开小卖部，有的在建筑工地打工、有的搞运输、有的和他人一起做生意，以增加现金收入，备家庭不时之需。

因此，在笔者看来，其选择搬迁，是移民们自我决定，综合思考的结果。特别在入户问题上，他们是做了充分的考量，往往采取家庭人口的部分人员在迁徙地入户的对策，既能有效解决生活问题，减轻城镇生活压力，又兼顾了农村惠民政策的动向。他们与当地人和睦相处，与亲友相互照应，在迁入地开始了新生活。这是防御异地安置中各种风险的有效方法，是一种生存的智慧和策略。

建立这样具有弹性的社会网络的努力，也使得移民对自己身份的确定出现了弹性。“身份的确立是基于自我的认同身份和他人的认可身份的统一。在新的环境中移民努力寻求与当地居民相一致的身份，即本地化，这就是他们的身份适应的努力。”[①]对迁居至蓝店坡村的移民而言，由于其迁入地仍然是羌文化为主流文化的区域，加之社会网络得以维持，他们与蓝店坡村的村民间并未相互排斥或产生距离，关系十分融洽。当地政府部门为之提供方便，办理入户手续，修建住房，通水通电。因此，移民对新环境的适应较为快速。

蓝店坡村原有住户已经农转非，属于城镇户口。享有城市社会保障。但迁

---

① 刘有安等:《民族学视野下的移民“文化适应”研究》,《黑龙江民族丛刊》，2007年第5期。

居的移民身份依然具有双重性，一方面，他们并未将户口悉数转至蓝店坡村，多选择迁移孩子和老人的户口，而保留有1—2人户口留在原居地，与原居地仍有着紧密联系；另一方面，他们根据搬迁后的情况，开始提出诸如对老人给予低保待遇的要求。例如，移民F①，来自曲谷乡河东村罗窝寨，他说：

“我家有7口人，6个人的土地。现在搬迁了4口人下来，出于粮食和土地的考虑，老伴和老二户口仍在山上。这里的村委会还是比较关心我们这些搬迁户，修好了各户之间的道路，要求大家要打扫干净垃圾。全家现都买了医保，我目前最大希望是家里人能享受到低保待遇，纳入社区管理。”

迁居而来的移民并没有抛弃高山上的土地和林地资源，没有脱离农业生产者的角色，并一如既往地进行养殖业。不同之处是将劳作者从自身转移到未移居的亲友手中。而且，他们在日常生活中，不辞辛苦地远距离来回，始终使自己与土地紧密地联系起来，这既是在迁入地面临无土地的无奈之举，又是在城市生活的必然选择。最早来的移民A很后悔地说：“地震前，我全家8个人9亩多地，退耕还林2亩。现在，把山上的户口全部迁到了蓝店坡村，土地全部给亲戚种了。所有来自土地的收入都取消。现在看来很不合算，我打算还是将两个人的户口迁回去。”

因此，在每个家庭里普遍同时存在“农转非”和“农村户籍”的人。移民从农村到城市身份的过渡性特征明显。

四、羌文化的知识流变和新的建构

由于蓝店坡村位于城镇边缘，与移民们原来居住的上三区相比，保留的羌文化特征很少。例如蓝店坡村原有的羌族居民已经不会讲羌语，日常生活中完全使用汉语，一般着汉装。而移民到来之后，为适应这里的生活，其传统文化也出现变迁。在双方的互动过程中，羌族文化呈现出新的面貌。

地震后，从高山下迁而来的移民因为原居地生活环境较为闭塞，保留了完整的羌族文化，全部能说羌语。但由于搬迁户多，又来自不同地方，各地羌语土语有别，在一起交流并不通畅，在公共场所讲羌语的人反而减少。一般而言，

① 被访谈人F：羌族，男，55岁，农民。笔者2011年4月24日下午在其家中访谈。

亲友之间、家庭内部多以羌语交流。曲谷、雅都、洼底、三龙、白溪、松坪沟、太平一带的语言大都相通，如果大家相见，还是能用羌语交流。但是，移民中的年轻一代情况已经发生变化。一些人原来在学校就不讲羌语，很多人只能听不能说。来到县城附近后，讲羌语的机会更少。

移民中的中老年妇女平时都穿羌族服饰，逢喜庆佳节，着节日盛装。在县城购买的盛装是已经舞台化了的，形式统一，不能体现出羌族服饰的地方性差异。特别是将袍改为及地裙装，使用绸缎制作，色彩艳丽，配以精心打制的银饰，深得年轻女性喜爱。但一位老人还是认为：以前在山上的时候穿羌族服装，现在很少穿了，只有女人和小孩现在还穿。移民的到来，使得在县城及村庄着羌装的群众明显多于以往，增添了都市的色彩，并对羌族文化的宣传起到了积极作用。

移民下山后，仍保持了过去的饮食习惯。来到蓝店坡村后，他们开始使用现代的炊具制作传统饮食，如洋芋糍粑和烧馍馍。仍然保持饮酒习惯，平时大多喝啤酒，但仍然喜欢在家中酿造咂酒，他们普遍认为“咂酒是重大活动不可或缺的物品，有咂酒才体面”。

移民的灾后重建房受宅基地面积和经济条件限制，由农户自行设计，选址不可能讲究朝向，建材从石片变为水泥、砂石、砖和钢筋修建框架或砖混结构建造。房屋布局以安全、舒适、敞亮、环保为主，房屋功能划分为客厅、饭厅、厨房、卧室。外观上有的为水泥，有的外敷石灰白墙。值得关注的是传统文化元素在新型住房内既有所体现，但文化内涵发生变化。比如，传统的火塘被取缔，以火炉代之；客厅一角安放简易神龛；有的房顶中部仍然修有“勒色”[①]，蕴含保平安之意，但祭祀活动减少；有的用白石镶嵌于房屋大门及窗户四周，以美化房屋；还有的将放置白石的勒色简化，顶部四角直接修建成三角状来表示。

移民B谈道：这些白石头只是起装饰作用了，传统房屋要建“勒色”塔子，只有工匠才知道尺寸大小，还有四角，主要是辟邪的作用。房屋中间的“额子”（即窗眉ezi），是白石头装饰，是房屋的腰带，起装饰作用。

从高山迁到县城附近，移民普遍觉得娱乐活动较多。一方面，县城每天都

---

① “勒色”，北部羌语称呼，在羌语南部一带称之“纳萨”。即房屋顶部的塔子，有专门的形制，起敬神灵、避邪保平安作用。

有居民自发组织跳莎朗，既是锻炼身体的良好方式，又宣传了羌族文化。另一方面，地震后，随着国家重视羌族文化的保护，成立羌族文化生态保护实验区等，茂县亦掀起了羌族文化保护的热潮。其中，群众自发成立的羌情协会、尔玛协会等民间组织，开展了形式多样的活动。蓝店坡村的移民亦积极投身其中，已经有10多人参加羌情协会。通过跳舞（如打麦子舞）、唱歌等活动，积极保护羌族非物质文化遗产，并增强了民族自豪感。

一位老妈妈谈到国家级非遗项目瓦尔俄足时说："曲谷一带山上的寨子都有各自的歌，各个寨子的瓦尔俄足歌不一样。西湖寨的歌只有西湖寨的才会，那里的歌曲完整，年歌有十二首，结婚和喜庆的节日都可以唱，我是到这里后参加了茂县古尼羌情协会开展的活动才学会的，还参加了慰问部队的演出。"

在移民与蓝店坡村居民和城市居民的互动中，羌文化的知识体系也发生了新的流变。

五、结语

从蓝店坡村可以看到，从高山下迁，是羌族自发迁徙式的移民，是他们保障自己生存安全，获得更好发展机会的实践，也是其积极应对自然与社会环境的一种策略。他们在迁移的过程中，通过强化其社会网络的弹性，规避了一般移民容易遇到的风险，并在这一过程中建构了自己城乡之间的身份，在与蓝店坡村村民和城市村民的互动中，使得羌文化的知识体系发生了流变，呈现出一种逐步消融地方差异的状况。

（作者耿静，四川省民族研究所副研究员、四川大学历史文化学院博士）

芦山重建：走生态文化旅游融合发展新路

李后强　翟　琨

2013年4月20日，四川省雅安市芦山县发生强烈地震。习近平同志要求芦山地震灾后恢复重建必须“突出绿色发展、可持续发展理念”。国务院批复的《芦山地震灾后恢复重建总体规划》要求建立“雅安生态文化旅游融合发展试验区”。在中央统筹领导下，四川省委省政府作为责任主体领导指挥整个重建工作，市县作为执行主体落实重建工作，省市县三级联动合力推动重建。在灾后恢复重建实践中，灾区以生态为基础、文化为特色、旅游为载体，努力探索生态文化旅游融合发展新路，取得明显成效，正逐步走出一条经济持续稳定发展、能源资源高效利用、生态环境良性循环、社会文明明显提高的灾后恢复重建新路。

一、永续发展：生态文化旅游融合发展的战略意义

在重大自然灾害之后，如何认识自然、利用自然，与自然和谐相处，进而实现永续发展，保持社会和谐稳定、长治久安，这是恢复重建中必须认真思考的重大课题。芦山地震灾后恢复重建积极推进生态文化旅游融合发展，其意义在于：

有利于由输血向造血转变，促进可持续发展。灾后恢复重建，关键是如何快速实现由输血向造血转变，促进区域经济可持续发展。芦山地震灾区大多属于国家生态主体功能区，其资源主要集中在自然生态资源和特色文化资源方面，发展旅游业的优势突出、潜力巨大，具有带动生态农牧业、文化产业、民族手工业、医药保健业和其他服务业发展的重要作用。围绕发展旅游业，大力推进

文化、生态与旅游融合发展，有利于促进灾区经济发展转型升级，推动发展方式由“输血型”向“造血型”转变，形成可持续发展新格局。

有利于由维稳向治理转变，促进长治久安。雅安位于四川盆地西缘，东靠成都、西连甘孜、南界凉山、北接阿坝，素有“川西咽喉”“西藏门户”“民族走廊”之称，战略地位极为重要，其社会稳定对整个藏区稳定具有重要影响。在芦山地震灾区推动生态文化旅游融合发展，能借助生态共享平台、文化互鉴平台、旅游交流平台，有力推动该区域与其他地区文化交流融合与相互理解尊重，促进该区域先进文化传播、思想观念更新、文明素质提高，增强人们的国家意识和公民意识，加强民族团结，为维护民族地区稳定发挥重要作用。

有利于由守业向创业转变，促进民生改善。芦山地震前，雅安市经济发展较为缓慢，群众增收渠道单一。旅游产业被公认为富民产业，对改善民生、富民增收具有重要作用。芦山地震灾后恢复重建将旅游业与特色城镇和新农村建设、交通和通信等基础设施建设、公共服务建设有机结合，形成多领域、多行业的互动融合发展，能有力促进当地居民创业就业、增加经济收入。尤其是以旅游业为主导的文旅融合、农旅融合，可吸收各年龄段劳动力以多种方式进行创业，行业门槛低、投入见效快、经济效益好，对改善民生的作用十分明显。

有利于由保护向建设转变，促进生态建设。雅安是川滇森林及生物多样性生态功能区的重要组成部分，在芦山地震灾后恢复重建中，保护和修复生态环境、维护生物多样性、提供生态产品的任务十分艰巨。推动生态文化旅游融合发展，实现生态环境保护与生态经济发展有机结合，有利于将生态资源优势转化为生态产业优势，促进生态资源保护与合理利用良性互动，提高生态资源综合利用率，更好地发挥生态建设综合效益，改变以往“杀鸡取卵”式的资源开发模式，避免建设性破坏，实现由被动生态保护向主动生态建设转变，确保灾区重要自然生态系统结构的完整性，增强自我恢复和调节能力，切实推进生态文明建设，实现可持续发展。

二、绿三角模式：生态文化旅游融合发展的模式创新

当前，在经济全球化和高新技术迅速发展的大趋势下，产业融合已经成为

一种新型发展模式，对促进传统产业创新、推进产业结构优化与相关产业快速发展具有不可忽视的作用。在芦山地震灾后恢复重建中，推进生态文化旅游融合发展的实质就是促进产业融合发展，目的是在自然灾害多发、生态资源丰富、区域经济发展水平较低的区域探索新的经济发展模式。

雅安推进生态文化旅游融合发展的模式，可以概括为“绿三角模式”，即以生态为基础、文化为特色、旅游为载体、融合发展为核心，推进区域发展，实现富民增收和长治久安。通过利用现有资源、防止闲置浪费来盘活存量，通过融合互补叠加、促进经济增长来做大增量，促使生态、文化、旅游融合发展带来的效应大于其简单的叠加。用公式表示为：生态、文化、旅游1+1+1=3+Δx，Δx就是增量，增量部分就是融合发展带来的各种放大效应，如资源聚合效应、发展辐射效应、品牌宣传效应等，最终实现生态、经济、民生、社会和谐稳定的综合发展。

从时代背景来看，绿三角模式植根于经济发展新常态的客观要求，是主动适应经济发展新常态、提高发展质量和效益、加快转方式调结构促升级、着力防风险补短板增后劲的新动力；植根于生态文明建设大局，是中国特色社会主义事业“五位一体”总布局下资源观、整体观、发展观的新探索；植根于探索灾后恢复重建新路径的现实要求，是认识自然、利用自然的灾后恢复重建的新路径；植根于新型城镇化建设的核心要义，是促进人的全面发展、提高区域竞争力的新方略。

从系统构成来看，绿三角模式是一个以融合发展为圆心的发展同心圆。稳定和发展是芦山地震灾区区域发展的两大主题。从长远、治本和全局来看，地震灾区和民族地区稳定的核心是民心问题，民心问题的核心是民生问题，民生问题的核心是增收问题、发展问题，群众增收致富才有稳定的基础。绿三角模式通过生态保护促进绿色发展，通过文化传承促进社会发展，通过旅游富民促进经济发展，最终形成一个以融合发展为圆心，包括民生、稳定、社会和谐、区域长治久安多个圈层的发展同心圆。

三、有机交融：生态文化旅游融合发展的实现路径

芦山地震灾后恢复重建通过建立保护与利用融合、空间融合、项目融合和

产品融合四大机制，推进区域生态、文化与旅游业有机交融，建设国家生态文化旅游融合发展基地。这为促进生态文化旅游融合发展提供了实现路径。

保护与利用融合机制。在生态文明建设方面，灾区积极树立尊重自然、顺应自然、保护自然的生态文明理念，不断推进各项生态工程落实和生态文明体制改革，深入实施国家主体功能区战略，积极争取生态补偿政策。在文化发展方面，不断加强对自然遗产、文化遗产和非物质文化遗产的保护利用，挖掘雅安熊猫文化、茶及茶马古道文化、汉代文化、藏羌彝民族文化、红色文化、川西农耕文化等地域特色文化，并对这些文化资源加以整理，推进文化资源向旅游产品转化，开发一批特色文化景区景点，丰富文化旅游产品体系。

空间融合机制。芦山地震灾区在恢复重建过程中，尽量辐射周边区域，通过空间融合实现优势互补、资源共享、市场共建、信息联动、共同发展。2015年3月，雅安召开生态文化旅游融合发展区域合作圆桌会议，来自成都、攀枝花、乐山、雅安、眉山、阿坝、甘孜、凉山8个市州的代表签署了《国家生态文化旅游融合发展试验区旅游合作联盟框架协议》，并就构建区域旅游合作联盟、共同推进生态文化旅游融合发展达成基本共识。通过空间融合，8市州按照“保护生态、长期合作、互利共赢、统筹协调、共同推进”的原则，实现优势资源共享、统筹机制共建、企业主体共铸、市场产品共创、发展平台共搭、特色品牌共彰、专业人才共用、合作利益共赢，在实现区域旅游业整体利益和长远目标的同时，兼顾各市州的局部利益和具体目标，为各市州提供充足的发展空间。

项目融合机制。项目是发展的载体。芦山地震灾后恢复重建通过项目来挖掘和整合公共文化、文化遗产和自然生态资源，实现生态文化旅游与一二三产业融合，最终实现全域融合、全程融合、全面融合、全新融合。“大熊猫家园”“茶马古道”“美丽芦山乡村”“西蜀雅雨”等六大生态文化旅游融合发展项目，统筹了灾区生态、文化、国土、城乡建设、交通、农业、林业等多种要素，以“旅居一体”为理念，形成山、茶、田、林、庄交织互融的田园新居景象，打造“景、城、村、业”融合发展的现代乡村旅游度假区。

产品融合机制。随着灾后恢复重建的推进，雅安市突出灾区气候适宜、自然环境优良的生态优势，强化对区域内生态旅游资源的保护，利用区域内优良的空气、水质及绿色环境等生态优势，开发生态度假、避暑养生、户外运动等高品质多样化综合性休闲度假产品。这些产品以休闲街区、特色村镇、旅游度假区为载体，集康体、养生、运动、娱乐、体验为一体，满足了广大群众个性化旅游需求。

（作者李后强，四川省社会科学院党委书记、教授；作者翟琨，四川省社会科学院副研究员）

“5·12”汶川特大地震灾后文化重建的价值取向

李明泉

汶川特大地震灾后文化重建没有先例可循，没有经验可依，完全是一次探索性的、全新的重建任务。灾区文化工作者用最新的理念、最快的速度、最优的绩效，在断壁残垣上描绘出一幅幅波澜壮阔的时代画卷。

一、战略布局：文化设施纳入重建总体规划

汶川特大地震使四川灾区的文化系统遭到巨大破坏。党中央国务院迅速制订各项重建规划，将文化设施纳入灾后重建总体规划，推动文化设施建设融入灾后重建的各个方面，在城乡重建规划中提出优先恢复重建的是满足灾区群众基本文化需求的覆盖城乡的各类公共文化服务设施；在产业重建规划中提出恢复发展文化产业和实施重振旅游工程，建设文化产业基地、打造优势文化品牌，恢复重要景区景点，打造民族特色旅游城镇和村落，恢复发展以农家乐为主要形式的乡村旅游设施，通过文化旅游产业转变经济发展方式；恢复重建受损的演出展览、创意动漫、图书音像发行分销、文化娱乐、艺术品经营等网点设施。同时，对于一些受灾极重的城镇和乡村，不论是原址重建还是异地重建，更是将文化理念和文化元素融入整个重建工程，建成后的新城和新村本身便成为一个新的文化景观，成为灾后重建的文化标识。如重建的汶川县博物馆将现代与民族风格融为一体，成为一处靓丽的文化新坐标。

文化设施纳入城乡重建规划，主要体现在合理布局公共文化设施、建设特色文化地标，将各种先进的文化理念和生活方式融入新农村建设中。地震发生后不久，文化部向地震灾区及各对口援建省份下发了《公共文化设施灾后重建规划指导意见》，要求灾区安置点板房达到1 000户，相关援建省市就要援建一个板房文化站。农房重建注重将文化理念与房屋风貌改造、农村环境综合整治、农村基础设施等结合，通过新农村建设，进一步改善群众的生产生活环境。

文化设施纳入城镇重建中，使重建的新城镇散发出浓厚的文化韵味。作为震后唯一整体异地重建的县城，北川新县城的每一栋建筑、每一条街道、每一个角落无不融入文化内涵，它已经成为城建工程的标志、抗震精神的标志和文化遗产的标志。

文化设施纳入四川全省产业重建规划，为文化产业振兴提供了良好的发展机遇。中国成都现代印务基地2009年开工以来，已投入2.2亿元；总投资5亿元的四川新华发行集团总部基地“新华之星”项目进展顺利……经过中期调整，四川灾后重建的文化产业项目由原来的41个上升到62个，上亿元的项目超过半数。

将文化设施纳入灾后重建的总体规划，这是文化自觉意识的生动体现。灾后重建突出文化设施的重建与整个灾后重建的相互联系，体现了灾后重建的战略意识、大局意识和整体意识，从文化重建与经济社会全面发展的角度，高起点、高品质地推动公共文化设施的现代化建设，全面提升硬件建设和服务能力，极大地提高了灾区的文化发展能力。

二、精神驰援：文化抚慰发挥独特功效

汶川特大地震使中华民族紧密团结在一起，爱国主义、集体主义精神空前高涨，不屈不挠、顽强拼搏、团结互助的伟大民族精神充分展现，这笔宝贵的精神财富为经济社会发展和家园重建提供了强大的精神动力。地震发生后，受灾群众的“心灵家园”建设成为文化重建的迫切任务和重要内容。四川通过有效的精神文化生活和心理救治，让受灾群众走出悲痛的心理阴影，正确认识灾难，勇敢面对困难，坚定生活信念。

文化服务带来精神温暖。地震发生后，灾区群众被及时安排到集中安置点，住进活动板房，痛苦和焦虑不断。在这一特殊时期，文化发挥着安定人心、疗治伤痛的特殊作用。地震发生后仅3天，四川省文化部门就立即在全省重灾乡村启动“文化安民”行动，快速启动了“十万场公益电影进灾区安置点放映活动”，组织全省各级文艺表演团体在灾区开展各类文艺演出，建设集中安置点文化服务站，提供流动图书，开展巡回艺术展览，组织自娱自乐的群众性文化活动，满足他们参与社会文化活动的基本需求。

灾难诗歌抚慰受伤心灵。“5·12”特大地震发生后，诗歌以井喷之势，生动表达着迎接灾难、抗击灾难、抚慰心灵、振奋斗志的激情，成为人们的“心灵火把”。据统计，地震发生后的一年内，全国共有70多家出版社策划、编辑、出版了100余种地震诗集，形成在中国出版界多年来少有的“地震诗集井喷出版”现象。地震诗歌潮使灾难诗歌不仅成为抒发感情的艺术载体，更成为鼓舞斗志、激励抗震救灾的思想武器。

文化抚慰在灾后重建中发挥出特殊功效，这是文化自省意识的深刻体现。以文化抚慰心灵、安定人心；以文化疏导心理，塑造信心；以文化化解矛盾，促进和谐。通过调集国家资源开展文化抚慰，突出社会主义先进文化和科学发展观以人为本的特性，展示执政党的人文关怀，通过受灾地区干部群众、灾区文化工作者互助、互爱，疗救自我伤痛，重树生活信心，文化抚慰充分发挥了独特功能。

三、普遍均等：文化事业实现全面提速

四川灾区文化事业重建以政府为主体，以统筹城乡文化一体化发展为目标，以构建公共文化服务体系为手段，积极推动公共文化服务均等化。灾后文化重建的大力推进，使四川初步形成了以省级公益性文化单位为龙头，市州为依托，乡镇、村为基础的覆盖全省的公共文化服务体系。全省各级公共图书馆积极延伸服务，省图书馆巴蜀讲坛文化惠民百场公益讲座、成都市图书馆“金沙讲坛”、雅安市图书馆“雅州论坛”等系列公益性讲座已成为四川文化惠民的重要品牌。

在“文化暖冬”行动中，在纪念活动中，在社区文化重建中，文化事业在

灾后重建中全面提速，这是文化自生意识的充分展现。通过文化重建体现了公共文化服务的公益性、均等性、基本性和便民性，文化生产和文化服务在重建中超越灾前水平，实现了城乡普遍均衡发展。

四、资源重组：文化产业转变发展方式

灾区文化产业重建面临两大困境，一是地震对文化产业和文化旅游景区的破坏带来困境，二是国际金融危机对文化产业发展带来困境。但是，由于文化产业以其智力经济的特性可以逆势上扬，在加快转变经济发展方式、调整经济结构中具有独特作用，面临新的机遇，这为灾后重建和拉动内需为文化产业的发展提供了广阔的市场空间。

在灾后文化产业重建过程中，汇聚成资源配置的各种理念和方式，推动灾区文化产业的集群式发展。民间资本和外来资本成为灾后文化产业重建的重要力量。就在国家九部委《关于金融支持文化产业振兴和发展繁荣的指导意见》向社会发布不久，国家开发银行与成都签订备忘录，推动重大文化产业项目建设，联合打造占地43平方公里的“成都东村”。对口援建也是文化产业重建多方合力中的重要力量。汶川绵虒镇的大禹祭坛园区是广东珠海投资6 000万元援建的综合性文化旅游景区，形成了祭祀、观光、休闲、商务等产业链条。

文化产业推动了灾后重建进程，促进了经济结构调整和经济发展方式转变。剑阁县借助灾后重建的契机，在国家和对口援建方的支持下，集中打造剑门关文化产业园，大幅度提升景区品位和接待能力。其文化产业已成为剑阁灾后重建乃至全县经济社会发展的支柱产业。

通过文化产业的恢复和振兴转变灾区发展方式，这是文化自立意识的具体体现。通过民族文化、地域文化的资源重组，不仅使原有的文化产业，如演艺、传媒等恢复发展，而且培育了一大批新型文化产业，如创意农业、新型农家乐等，打造了一批新的文化旅游景区。文化产业的迅速崛起，推动了灾后重建进程，促进了经济发展方式转变和经济结构调整。

五、聚集效应：文化建设形成区域融合

对口援建是中国特色社会主义制度下独有的“集中力量办大事”的特殊机制，这一机制不仅令资金、人才、产业迅速从全国向灾区集结转移，使先进的改革经验与管理模式迅速在重建中推广传递，同时也为文化重建带来特色鲜明的文化融合。来自东部和中部地区的18个省市与四川18个重灾县结成对子，京派文化、海派文化、齐鲁文化、江南文化、燕赵文化、潇湘文化、中原文化等在巴蜀大地开花结果，异彩纷呈。城乡文化的融合使都市文明为新农村建设推波助澜，区域文化的融合为巴蜀文化输入新的文化因子，传统文化与现代文明的融合令历史文化与时尚文化相得益彰。这种全方位、立体化的文化融合，让四川从地震的阴影里迅速走出，带着新思路、新观念、新方式，踏上文化重建的新征程。

区域文化融合促进民族空前团结。援建方既有在改革开放中形成的先进理念和工作精神，也有千百年传承下来的地域文化传统。灾区与援建工作者在灾后重建的合作中，使来自两地的不同文化交融在一起，形成崭新的文化景观和特有的文化现象。江油市李白纪念馆、李白故居在地震中受损严重，河南援建者在展示区内新增了“杜甫堂”，续写李杜所代表的源远流长的川豫情谊。

古今文化融合展现时代创新风貌。汶川特大地震灾区多是传统历史文化悠久的地方。援建者在工作中不仅保留当地的民族文化传统，又将现代文明的成果注入援建工程中，使历史文化与现代文明交相辉映。“一铺养三代”，本是广东商人的千年商经。这种商业意识在汶川灾后重建中与农耕文化形成奇异的碰撞与组合，以新的城镇格制和商业经营方式，培育了受灾群众的全新市场观念和价值观念。汶川县水磨镇家家有铺面，形成了前店后居的新格局，为当地文化旅游纪念品、餐饮娱乐等提供了条件，基本解决了群众再就业、转行从事服务业的问题。

对口援建实现的援建地与受援地的文化融合，这是文化自强意识的精彩呈现。生活方式是最生动、最恒久、最具体的文化价值、文化生态和文化样式。援建单位将文化重建和灾区新农村建设相结合，使现代生活方式走进灾区，务实的精神和先进的管理思想、运作模式推动着灾区群众生活方式的变革。18种

文化遍布四川灾区，从某种意义上说，这场冲击和融合的意义比“湖广填四川”和“三线建设”所带来的冲击和融合更广泛、更深刻、更具体、更深远。

六、精神家园：文化自信彰显中国力量

都江堰二王庙在地震时殿宇垮塌，唯独李冰的塑像巍然不倒。不倒的李冰塑像成为四川人的一种精神象征。四川人民的精神家园基础来自于数千年巴蜀文化的积淀，这使得灾区群众在突如其来的灾难面前迸发出强大的精神力量。巴蜀文化是巴蜀地区的本土居民和源源涌进的外来移民在千百年间的历史长河中共同创造、培育的优秀地域文化。这种文化孕育出四川人忍辱负重、愈挫愈勇、敢为人先、智慧包容的精神气质。这种文化精神基因，一直都存在于四川人的生命血液中，每到历史的紧要关头，它有如运行的地火井喷而出，焕发出巨大的精神力量。“5・12”特大灾难，集中彰显了川人众志成城、大爱无疆的高尚品格，不屈不挠、勇于抗争的顽强意志，乐观豁达、知恩图报的人性光辉。所有这一切，都是灾后精神家园建设的根基和依托。

创造了灾后重建伟大奇迹的巴蜀大地，本身就是一个鲜活的爱国主义教育基地、社会主义核心价值体系培育的基地、开展民族团结进步的宣传教育基地是展示中国发展理念、发展道路的窗口。通过建设北川地震纪念馆、映秀镇震中纪念地、汉旺东汽地震工业遗址纪念地、都江堰虹口深溪沟地震遗迹纪念地，以更加集中地展示全党全军全国人民和四川人民抗震救灾的时代风貌和精神力量。

在绵竹市汉旺镇，不屈的东汽人真正做到了“泰山压顶不弯腰”。“东汽精神”是在严重自然灾害和国际金融危机冲击下形成的一种勇于拼搏、勇于创新、勇攀高峰的精神，它是中华民族精神在抗震救灾中的升华。在重建现场，一大批内容深刻精辟、语言生动形象的标语和口号层出不穷，来自灾区群众的“出自己的力、流自己的汗、自己的事情自己干”，来自援建者的“晴天抢着干、雨天巧着干、晚上挑灯干、双休日加班干、合理安排科学干”等口号，鼓舞斗志，催人奋进。在援建过程中形成的地域文化交融，进一步体现了民族团结，增强了民族自信，彰显了抗震救灾和恢复重建最核心的文化动力。

灾区精神家园建设是文化自信意识的大力彰显。灾区精神家园建设使得灾

区群众思想道德素质得到提高，灾区群众的重建精神和感恩文化展现了四川新形象新风貌新境界。举国援建体制体现了一方有难八方支持的“大爱文化”精神，是社会主义核心价值体系的生动实践，丰富和发展了中华民族的精神内涵，体现了无比强大的中国力量。

（作者李明泉，四川省文联副主席、二级研究员）

合作改变生活

刘　忱

改革开放以来，农村基层经济社会主体发生了很大变化。人民公社时期大一统的基层治理结构解体，形成多元化、分散化、原子化的社会结构，一些农村也不再有集体经济。这对农村的整体发展形成了莫大制约。农村现实也催生农村新型组织。合作社就是一种新型农村组织形式。当前，在中央和地方政府的大力扶持下，我国农村合作社正在发生一系列转型。由单一的专业合作向劳动、技术、资金、土地等多要素合作方向转变，在推进农业现代化、促进农民增收和社区建设中发挥着越来越大的作用。合作社既是一种企业主体，又是一种社会组织。2013年中央一号文件提出，“农民合作社是带动农户进入市场的基本主体，是发展农村集体经济的新型实体，是创新农村社会管理的有效载体”，这个界定显示出合作社对所在社区发展兼有发展经济和服务社会的双重属性。全国范围而言，经济社会整体发展状况较好的地方，都有较好的合作组织基础。如农业专业技术协会、农民专业合作社，包括农业企业、家庭农场等。

2017年2月，《中共中央、国务院关于深入推进农业供给侧结构性改革加快培育农业农村发展新动能的若干意见》发布，其中提出：“要加强农民合作社规范化建设，积极发展生产、供销、信用‘三位一体’综合合作。”党的十九大提出的乡村振兴战略提出的乡村全面发展、城乡融合发展、统筹发展的思路，在2018年初，又明确规定了《中华人民共和国农民专业合作社法》，都明确提出合作社的发展方向要朝向“三位一体”的综合性发展，同时也为合作社的发展提供了一个更为广阔的平台和空间。如何在农村治理中，发挥农民综合合作组织的作用，是一个新课题。其中安徽省阜阳市颍州区南塘合作社的经验值得总结。

南塘合作社位于安徽省阜阳市颍州区三合镇三星村。这个地区位于淮河北岸的江淮平原腹地，当地农作物主要有小麦、玉米等。长期以来就是贫困地区。据《阜阳县志》记载，历史上这个地区曾屡遭洪水、干旱或瘟疫肆虐，农民生活一直十分艰难，遇到荒年就四处逃荒要饭。即便发展到今天，整体发展水平不高，缺乏现代工业产业支撑，大量人口外出务工，农村主要是老人、妇女、儿童留守人员，农民生活仅属温饱阶段。南塘就处于这样的自然环境之下。2006年行政区划调整后，南塘村孙庄和赵王3个行政村合并而成“三星村”，归阜阳市颍州区三合镇管辖。合作社现有840多户入股社员。社员来自周边两个县20多个自然村。合作社下设老年协会、妇女文艺队、留守儿童活动中心、农资统购统销项目组、资金互助项目组、高粱酒坊等常设部门，是一个综合型的农业合作社。

南塘合作社的发展已有近20年历史。1998年时，因反对农民负担过重，干部作风粗暴和贪腐行为，南塘村民自发组织了维权行动，多次到阜阳市上访，还曾4次进京上访。后经省里领导亲自过问，处理了违纪的干部，维权取得阶段性成功。随后自发维权行动发展为有组织的“维权协会”，2003年维权协会转型，以维权骨干为基础，成立“老年协会”和“妇女文艺队”，2004年又在老人协会和妇女文艺队等民间自组织基础上成立“兴农合作社”，随后开展了包括农资采购与销售、内置金融合作、农民专业技术培训、关爱老人与留守儿童以及各种文体活动，在2008年又承接国家农业综合开发试点项目。在这个过程中，合作社从发起之初的一贫如洗发展到今天总资产1 000多万元，农民增加收入共150多万元。最近又以合作联社的方式扩大了合作的范围和业务。除此之外，社会效益也十分明显，上访农民经历了从哭着维权到笑着建设的意识转化，也锻炼了能力，拓宽了眼界，积累了社区建设经验，甚至还积累了部分媒体、公益组织等社会资源。南塘合作社近18年的发展历程表明，以杨云标、唐殿林为代表的中国农民身上孕育着无尽的创造能量。他们用自己的勤劳和智慧改变着家乡的面貌，带领乡亲们走富裕的道路，也重建了乡村的精神价值。合作社从内到外改变了村庄的面貌，改变了人的精神状态。这个改变也给当今时代培育农民新型合作组织、如何带领群众共同致富以及如何在基层治理中发挥农民的主体作用等新课题都带来有价值的启发。

南塘合作社的核心发展理念是：以文艺促进参与、以参与促进合作，以合作促进发展。这个理念的提炼可不简单，这是农民在切身的经历中建立起来的切身体会，也是他们的体面和尊严，饱含了他们对生活的感悟和反思，也由于在实践中形成的这种共识，吸引了更多农民源源不断地参与进来。只要把这种力量动员和凝聚起来，农村的前景不是梦想，而是可期可待的现实。

一、文艺与公共生活的建立

合作社的农民自20世纪末开展维权行动实属迫不得已，在取得维权初步成功以后，却遭遇了一个难题：维权行动并没有带动农民发展经济，更没有使村庄进一步团结，相反，还由于利益关系复杂使村庄陷入不断的矛盾冲突。维权骨干意识到，这本不是维权的目的，更不是乡村建设的目的。要使农村真正良性发展，还必须放下分歧，弥合因维权带来的分裂，开展社会合作。出于这个单纯而善良的目的，合作社首先开展了文化活动。文化活动不仅是南塘合作社转型的关键，也是当地乡村建设的起点。维权骨干们商议，要想把乡村建设好，不能指望别人，只能靠村里的这些老少爷们儿团结起来一起干。这就必须转变村民的私利观念，动员村民关心、参与村庄公共事务，通过这种方式把村民们团结起来。做自己家乡的主人。人心需要聚拢，精神必须重建，生活不仅要富裕，还得幸福而有尊严。于是，维权骨干从村民最关心的问题入手，从最容易下手的环节开始。

阜阳是外出务工集中地区，村里90%以上的青壮年已经外出务工，村庄里的人口主要是老人妇女儿童。维权的骨干也是这些老人和妇女。2003年时以维权骨干为主就成立了“老年协会”和“妇女文艺队”，村庄60岁以上的老年人自愿、免费参加老年协会，合作社负责给协会提供活动场地和棋牌桌凳、文娱等设备供老年人日常开展文娱棋牌活动，老年人在白天可以到合作社唱歌、跳舞、学习健身操。妇女文艺队则有30多名妇女参与，一起学跳广场舞、演唱民歌和戏曲，把本村的好人好事编到节目里进行表扬。老人和妇女拥有了一个展现自己精神面貌的舞台。有文艺特长的老人把六七十年代时喊劳动号子劳动的场景也编排成一个舞蹈节目，铿锵有力的号子声勾起了人们对当年集体劳动的美好记忆。不是靠产业扶贫带动，而是靠文化活动使淡漠的人情关系回暖，人们原先紧绷着的表情逐渐松弛下来，换上了由衷的微笑。文艺生活贯穿着宣传法律政策、宣传计划生育、家庭和睦邻里团结的小故事，合作社成了各项方针政策宣传的阵地。一时间，合作社的小院里热闹非凡，成了村里最有吸引力的地方。

老人协会和妇女文艺队除了参加合作社日常活动外，还走出去，打响了自己的品牌：2011年与阜阳师范学院合作“城乡共舞”演出，2012年5月与北京工友之家共同举办“劳动者之歌”，2013年初参加北京“打工春晚”的演出，三星村因为与社会公益组织的合作而成为系列“大地民谣音乐会”的长期合作机构。这些文艺活动和演出活动每年都更新主题，形式百变。自2012年后合作社每年都推出“舞林大会”“敬老文化节”，为了能有一个表演的场地，合作社在大院内修建了戏台。合作社大院内经常锣鼓喧天、舞裙翻飞，吸引了周边村庄的老人妇女来这里看戏、跳舞、比赛。老年协会和妇女文艺队是合作精神和村庄公共空间建设的第一步，同时也为合作社的进一步发展奠定了基础。这一文艺活动的传统就这样延续下来，至今还是南塘合作社的显著标志。

二、开展生产服务，走共同富裕之路

仅仅有文艺活动不是合作社的真正目标，合作社的核心功能还必须落在开展经济类服务上。从一个低起点开始，合作社发动村民入股，以生产、供销、金融、社区服务“四位一体”为内容，开展为农民的服务。南塘合作社主要做了四个方面的服务。

1.农资统购统销。当地老百姓以种植小麦、玉米为主，合作社之前，村民买农资都是单独到阜阳市购买，但缺乏辨别能力，从市场上购买价格高而且容易买到假货，有的农民为了省下几个钱，骑自行车奔波几十里到阜阳市的店铺挨个打听最廉价的商品，既浪费时间，又不能保证质量。2004年始，合作社对种子、化肥、农药进行统购统销。由合作社派人到生产厂家低价统购物资，再以低于市场的价格销售给社员。这样就减少了中间流通环节，降低了社员生产成本。目前合作社每年春季和秋季统购统销化肥200多吨。合作社的服务业务近年来又扩展到年货采购上。过年时节，手头已经宽裕起来的农民，都是开着农用三轮车来合作社买牛奶、点心、糖果、年画等年货的。曾经发生过一件趣事：一位不法商贩因为不服气合作社抢生意，向工商管理部门投诉南塘合作社卖假货。结果，工商部门来调查，恰恰认定合作社卖的是真货，而那位商贩才是卖假货的。这一调查，使合作社的声誉不降反升。

2.高粱小酒坊。阜阳地区的老百姓喜好喝白酒，也有酿造白酒的传统工艺，但是近几年，勾兑的劣质白酒流入监管不严的农村，导致了不少食品安全事件。2010年，合作社社员自愿入股成立高粱小酒坊，自酿高粱酒，开创了“南塘大曲”品牌，先是以低于市场同类白酒一倍的价格，供应社内居民，后来经过质量检验合格后又在市场上流通。目前，酒厂的利润已经达到每年30万元。成了合作社的支柱型产业。

3.互助金融。农民贷款难问题是制约农村发展的难题，农民仅仅靠种粮食没有多少收入，手里没有活钱，而当时三地权不能作为抵押物到银行抵押，农民难以从银行获得贷款；如果农民打工或经商，手里有了活钱，也不能产生增值，只能存到银行吃利息。由于广大农民不能和中小企业一样得到平等贷款的机会，农村经济发展缓慢。基于这个考虑，南塘合作社在2005年开展社区互助金融，社员自愿入股，一股为100元，后来增加到每股200元。合作社以担保借贷形式，为社区居民生产生活提供急需的资金支持。金融互助有严格的章程，也没有盲目扩大资金规模，在可控的范围内，在熟人之间开展合作服务，所以避免了呆账、坏账出现。2011年7月，社区互助金融重整，目前有流动股金360多万。去年合作社的金融资产已经达到300多万元，为合作社社员提供贷款200多笔，总计900多万元。获得纯利息30多万元。而且从来没有出现过呆账坏账。

4.生态农业的尝试。虽然农民深知粮食安全的大道理，但如果不是集体合作，单靠农民个人不可能进行生态农业生产，也承担不起生态生产的风险。生态农业必须以合作为前提，实现社会化生产。这就看出了合作社的威力。自2005年起，合作社就动员社员尝试有机种植，先后种植过蔬菜、西瓜、菊花，虽然因市场销售困难很受挫折，但生态农业的观念还是被农民慢慢地接受。目前只保留生态种植作物面积5亩，已经获利1万元，为解决有机种植的肥料问题，2008年与区农委合作，成立“沼气工程队”，为社员建设和维护沼气池，2008—2013年，已建成300多座沼气池。合作社还计划做休闲农业，名为“掩龙渔庄”的休闲农业工程正在施工，农业一、二、三产融合发展的前景可期。

三、移风易俗，改变村庄的社会风气

在文艺活动的组织召唤下，合作社把下一步工作重点深化到重塑传统伦理和促进村庄文明进步的领域内，介入村庄治理当中。倡导敬老爱老是重塑文明乡风的一个抓手。不仅给老人开辟、组织文娱活动，还以老年协会的名义探访慰问生病老人、孤寡老人，合作社还以评选十佳好儿媳和十佳好婆婆活动，转变社会风气，调解家庭纠纷。在重阳节和中秋节期间，老年人协会还经常为他们送去月饼和慰问金，肯定和感谢他们为社区的贡献。这样的老人活动，提升了老人的自尊自信，也使老人协会树立了威望。

早在延安时期，毛泽东主席就倡导以开追悼会寄托哀思的方式，来纪念在战争中牺牲的烈士。南塘合作社借鉴了这一官方化的丧葬仪式，逐步改革本地烦琐冗长、攀比摆阔的丧葬陋习。中国传统乡土社会讲究“慎终追远”，然而近年农村这一观念在拜金主义影响下，出现不少“薄养厚葬”奇事，办丧事也演变成了相互攀比、借机敛财的恶俗。对此，农民不堪重负却无可奈何。再者，年轻人终日忙于生计，结婚后另盖新房，不与老人同住，乡村敬老的传统也慢慢淡化，欺老、虐老甚至打骂老人的现象都不是个别现象。杨云标和合作社同仁决心倡导新民俗改变这一陈规陋习，倡导不搞大操大办那一套，改行新式葬礼。合作社做了一项决议，当合作社社员老人去世，征得家属同意后，合作社理事会就上门慰问亲属，赠送花圈，为死者撰写悼文，举办追思会以示尊敬和悼念。经常的情形是，当主持人朗读悼文，追思老人平凡的一生的操劳和磨难时，在场的亲属莫不泪流满面，感动万分。有的儿女没有在老人在世时好好尽孝倍感自责，转而对健在的亲人及村里的老人更加亲近、更加关心。自1998年开始，合作社至今已经为6位去世老人举办了这样的葬礼。新式葬礼的倡导效果非常明显。一是最大限度地减少了农民丧事开支费用，二是表达了对平凡生命的尊重，三是促进了良好风气形成。举行新式葬礼已经成为三星村兴农合作社的一个新民俗。合作社还准备在条件成熟后推进婚俗、生育、盖房等民俗改革。

四、爱心互助小组，积攒公益的能量

合作社除了在生产和销售环节上互助合作，合作社开始承担村里更多公益性事务。为了帮助村里的困难儿童，合作社利用自己的公益影响力，招募了多批高校学生志愿者来村里为孩子举办各种活动。还承包了村里废弃的村小，经过改造后成为留守儿童夏令营营地。对村里的盖沼气池、修路、农田治理等公共事务，合作社也充当了主力。而且，合作社用近年来搞经营的微薄利润收入，配合村委会工作，对村里的困难户进行救助。合作社还积极寻找外部资源，搭建社会公益组织、爱心人士与困难群众的沟通桥梁。如给公益机构提供开展工作、请文化人参与乡村工作、请高校为本地培养人才等。如与中国滋根（公益慈善组织）、中国人民大学梁漱溟乡村建设中心、山西省永济市蒲韩合作社等公益机构、培训机构、合作组织，都有不同层次的合作。合作社还设立了公益岗位，把村里一位残疾青年杨振聘为合作社“维农汇”便民电商服务中心的负责人。这些合作也让村民开阔了视野。

五、合作社的生产培训功能

合作社不定期举办各种培训与讲座，包括种植养殖技术、政府惠农政策解读、健康养生知识讲座，还有合作社内部管理培训，社员也通过参与合作社各部门的经营、文化等活动锻炼提高了自己的素质和能力。合作社还组织社员到外地参加有关的培训和进行参观考察，开拓了事业，增加了知识。

与其他地方推行的“能人治村”思路不同，南塘合作社积极培育了村民的民主参与意识。这个起因实属偶然，2010年时，在社会公益组织的推荐下，合作社邀请北京学者袁天鹏来合作社进行“罗伯特议事规则”培训，原本是为了促成基金会的一项经济支持，结果却歪打正着地搞成了民主式开会的培训班。在村民和学者的共同努力下，培训班采用村民熟悉的小品表演、模拟场景等方式辅助培训，短短四天内，合作社竟奇迹般地消化了这一来自美国政治学家的高深理念，并根据罗伯特议事规则的原则，独创了《南塘开会十三条》，乡亲们戏称“萝卜白菜规则”。每次开会时，“我提议”“我附议”“我反对”这些专业名词都从合作社的社员嘴里准确地说出。民主化培训的成功，不仅让村民懂得了开会的程序和遵守规则的重要性，更产生了民主意识，增加了自身的主体感和责任感。虽然在实际生活中，大家也感到履行民主程序太麻烦、太耽误事，不太习惯，但也意识到履行民主程序，对实现公平公正和村庄的长远发展是有长远益处的。南塘人从学习如何开会开始，建立适合本地的民主推进方式。这个体现“萝卜白菜规则”的《南塘开会十三条》也受到中国学术界的关注。

六、对南塘合作社的评价与反思

为了对已经过去的历史进行总结和评定，继往开来，合作社在2012年修建了“合作的丰碑”，碑文中刻着这样的句子：

一九九八年以来，南塘兴农合作社经历：抗争维权、文艺建设、生产服务、乡村综合发展四个阶段。先后有两个县四乡八村的450户乡亲参与兴农合作社的建设。

我们铭记：抗争维权时的正气、勇气和凝聚。

文艺队、老年协会的热情、奉献、歌声。

建大楼、农发项目、小母牛项目……

艰难与坚持，内乱时纠结与伤痛……

我们铭记，张俊贺、王绍成老人维护合作社利益的坚定立场

王思林、王思敬的积极勤劳

北京梁漱溟乡村建设中心的刘老石、市物价局的张洪均的无私关心、支持

我们铭记：我们走过的弯路、犯过的错误、从合作社离去的背影……

我们相信，团结就是力量，合作改变生活。

……

这个碑文不同于一般碑文铭事记功，而是表现为反思历史和自我勉励。特别是以极大的勇气和坦诚记下了“走过的弯路、犯下的错误、从合作社离去的背影”，表达了合作社反思历史和坦诚面对错误的态度。也正是这种态度，夯实了南塘合作社成长进步的底气。在名为“南塘民府”的微信群中，合作社的工作人员每天都总结刚过去的一天的合作社工作，并以“我们每天都在进步！”作为总结的结尾。笔者观察了两年左右的时间，这句总结语每天都出现在群里。也许这个细节不起眼，但也证明着南塘合作社没有懈怠，每天都坚持着初心往前走。

笔者第一次到南塘合作社大院访问时，正值冬季，江淮平原农村没有取暖设备，天寒地冻，冷风刺骨。但合作社里弦歌不停，妇女文艺队正在排练节目，准备正月里的舞林大会，来购买年货和农用物资的农用车络绎不绝，老年人裹着厚棉衣在棋牌室打牌，金融信贷室里八旬老人唐金铎在值班，拄双拐的残疾小伙儿杨振正在管理维农汇商城电子商务店铺，出现在合作社大院的年轻面孔越

来越多，返乡潮正在涌动。附近学校老师义务为乡亲们写了一整天春联。放了寒假的小孩儿在简陋的滑梯上爬上爬下，玩得乐不可支，一派热闹兴盛的场景。

第二次到南塘时恰逢春种时节，刚好中国农业大学胡跃高教授前来调研，并帮助乡亲们种植生态生姜。为了向胡教授学习种植技术，合作社特地成立了由72岁的原妇女主任王秀华领头的特色生态农业生产小组，开展种植实验。合作社带头人已经形成了奉献和服务精神的传统，特别是杨云标和唐殿林、王秀华等当时的维权骨干，敢于吃苦勇于奉献，能担当负责，一心一意带领合作社谋发展，在当地群众中有很好的口碑，是名副其实的乡贤。他们获得了“爱故乡”人物、全国十大乡村建设案例等全国性荣誉，在社会上有巨大的正面影响力。他们不仅给合作社办好事，还经常给村民讲解党和政府的政策，调解村民之间的纠纷，还多次劝阻那些试图上访把事“闹大”的村民，要按照法律规则办事，与对方协调沟通，不要越级上访。可见，他们已经是乡村的稳定因素。是当代乡村治理应该倚重的力量。

观察了南塘合作社的运作过程和开展的活动之后，笔者认为，南塘合作社是一家有合作基础、有经济活力、有文化创造力而且运作规范的综合性合作社。在村庄文化引领、经济发展、公共事务、公益事业以及村庄社会治理等方面都能发挥主体作用。相比大龙头企业下乡扶贫和能人治村的高投入、高消耗，培植家族势力等负面效果，南塘合作社对农民的组织化，使农村有了新的凝聚力，使各项工作有了推进的抓手，组织化、合作化也增强了农村自我造血、自我服务、自我发展和民主治理的能力。综合起来看，综合性合作社成本低、效益高、村民参与面广、获得感增加等综合性、整体性效应更加明显。南塘村合作社的发展方向，就是新时期的社会主义集体化、合作化道路，这条道路是大有前途的。南塘合作社不仅刷新了我们对合作社功能的认识，也激发起我们对进一步搞好综合性合作社的思考。

南塘合作社的生存环境也显而易见存在发展中的问题。首先，合作社要密切关注党中央关于乡村振兴的一系列方针政策，时刻牢记党中央的嘱托，在全面建设富裕民主和谐文明美丽的新农村的道路上走得更稳、更扎实。出现问题是不奇怪的，更不可怕，一定要牢记初心，把全心全意为农民服务作为自己的中心工作。

其次，在合作社要进一步完善和健全内部机制。合作社的思路值得肯定，但仍然有优化内部结构的空间，如何将责任和权利义务落实好，提高农民的收入、提升村庄的品质，还需要多方开源、建立更多平台，无论在经济事务还是在公共事务中，还需要更加细致、更加完善的制度和措施建设，以保障合作社保持一贯的精气神，使合作化的大路越走越宽广。

再次，要好好与地方基层政府以及村支两委进一步协调。合作社风生水起，承担了大部分村庄的公共事务。而且合作社的社员横跨两个乡镇，这给地方基层政府的管理带来了新问题，很容易产生纠纷或摩擦，因此，与乡镇政府、村支两委保持了良好的沟通合作关系至关重要。三星村村委会杨主任是通过村民选举当选的“能人”，在当地很有号召力。虽然他一直在阜阳市做生意，但对合作社十分关心支持，给合作社提供了很多方便。但合作社与村支两委应该对彼此的合作关系进行认真深入的讨论，制定出彼此认可的规章制度。明确彼此的责、权、利关系，该什么部门来做就由什么部门来做，合作社不能代替政府履行公共服务职能，但可以参与公共服务事项，否则，将来就很难避免矛盾纠纷。为村庄的长期发展计议，建议各方在中办、国办《关于加强乡镇政府服务能力建设的意见》指导下，认真研究这个问题。

最后，希望政府给予多多肯定和支持。南塘合作社因维权而兴起，当时农民的维权有特殊的时代背景，所申诉的也是带普遍性的问题，当时“三农”问题突出，农民处于弱势，为了生存、万般无奈才上访告状。农民不是为个人利益上访，更不是闹访。随着我国各项法律法规的建立健全，这一阶段已经过去。但当地政府一直对南塘合作社心存疑虑，由于这个历史包袱，基层干部明明知道合作社做了很多工作，需要政府支持，却观望上级眼色，自己不敢轻易担当。笔者呼吁，各级政府要勇于放下历史恩怨，不能被这种历史恩怨绑架了工作目标。农民尚且能反思历史，作为人民公仆的政府部门为什么就不能正视问题呢？我们的官员和政府面对群众的创举应该有包容有担待，如果由于历史原因没有站在群众前面，至少不能落后于群众，拖群众的后腿。只有跟上群众的思路，听取群众的意见，才能引导群众的方向，才能找到本地经济社会发展的根本出路。

（作者刘忱，中共中央党校文史部副教授、硕士生导师）

第五编　汶川经验与应急机制

汶川地震应对经验与应急管理中国模式的建构路径①

——基于强政府与强社会的互动视角

张　强　陆奇斌　张秀兰

一、引言：应急管理中国模式的解读

近年来，随着世界巨灾的频发，如何构建高效有序的危机应对体制已经成为全球各国高度关注的焦点问题，其中折射出的国家能力异同成为人们关注危机应对的重要视角。在汶川地震之后，一种以政府为主导，党、政、军、民全社会万众一心、共同参与的举国救灾模式，第一次通过中外媒体全方位地展现在世人面前。于是，在各国不同应对模式的对比中，人们开始反思以汶川地震应对为典型代表的应急管理“中国模式”是不是具有一定的全球推广性。

如何认知汶川地震应对体现的中国应急管理模式？不同的学科视角会有不同的看法。一种认为这是中华民族几千年的文化传统“中国精神”或“中国心”的典型表现，而“中国精神”，就如同那些被广泛认同的西方价值一样，也是一种“普世价值”。胡锦涛同志指出，在同特大地震灾害的艰苦搏斗中，我们的民族和人民展示了“万众一心、众志成城，不畏艰险、百折不挠，以人为本、尊重科学”的伟大抗震救灾精神。另一种解读是侧重于中国政府实行的不同于以往的新举措，其最主要的特点就是“伟大的透明”及其所体现的“国家的自信与政府执政理念之变”，从而形成了一种“开放的，全透明的，全民参与

---

① 本文发表于《中国行政管理》2011年第5期。

的现代救援体制”。第三种解读，不但不与遥远的传统直接挂钩，而且区别于西方倡导的所谓慈善热情或救助体系，它解释为具有中国特色的社会主义救灾制度，主要内容有：中国共产党坚强、有力与富有成效的领导；以人为本，人民的生命高于一切的执政理念；集中力量办大事，举全国之力救灾抢险；开放的态度，接受国际社会的援助。其发展趋势就是社会主义的民主。

用什么样的理论框架能够清晰全面地解读汶川地震反映的中国应急管理系统？回答这一问题，就需要有更为开阔的视角。在不同应急管理模式的比较中，利用国家能力的比较模式已经浮现。最近的例证就是清华大学薛澜教授提出的关于应急管理系统变迁的阶段分析，把中国应急管理视为一个由政府和其他各类社会组织构成的应对突发事件的整合网络，是一个包含法律法规、体制机构、机制与规则、能力与技术、环境与文化的系统。哈佛大学肯尼迪学院的研究者开始讨论美国“卡特里娜”飓风应对和中国汶川地震应对的能力比较，其基本的考量维度就是两国国情的相似性和应对能力的差异性，特别是中央与地方政府的协同关系。由此不难发现，一种基本的考察视角是在应对过程中政府层级之间以及政府与社会的互动关系，究竟形成什么样的应对格局。这样的关系格局也就和考察国家能力的演变趋势一致，也就是从“国家中心理论”（the Center–Periphery Model）向“社会中的国家”模式（State in Society）以及“国家与社会共治”（State–Society Synergy）演进，也就是在现实复杂的世界需要将从上至下（the Top Down Approach）和自下而上（the Bottom Up Approach）两种不同的视角进行有机融合。

目前关于汶川地震的大部分研究都集中在应急管理具体的管理技术或者公民社会发展的宏观图景，而本研究希望勾勒出应急管理的体制建设中折射出的国家与社会互动的政策路径。如何准确认知汶川地震以及中国应急管理体制建设中的制度演进，国家与社会互动的理论框架将是一个更为深入、全面的路径。同时在应急管理这样非常态的公共管理行为中，也即将加强对国家与社会互动中的权力边界、国家与社会互动的机制、国家与社会互相赋权的条件等理论问题进行实证性的探讨。

二、国家和社会互动解析框架的引入

在引入国家社会互动视角之前，本研究需要对几个基本范畴进行界定。

（一）关于国家的定义

本研究参照乔尔·米格代尔（Joel S. Migdal）对“国家”的界定，即“国家是被分为理想的和实践的”，前者构成传统分析模式中的一致的整体，在这个意义上，国家与社会区别开来；而后者则指出国家是由多个不同部分的实践活动所构成的，其中，国家自上而下可以分为四层：最高决策中心、中央政府、地方政府、执行者。

（二）关于社会的认知

“社会”是一个网状结构，各种社会势力并非团结一致对抗国家，它们之间的竞争导致了多种不同的规则制定逻辑和各种公开或者隐蔽的社会冲突，最终是没有一个社会势力可以统治全局，社会的变化结果难以预料。国家作为政策制订者也不是凌驾于社会之上，而是存在于社会中，构成社会的一部分。实践中的国家很少能够摆脱社会而独立自主，国家的“效力”同它们联系着的社会紧密相关，国家的自主性、政策的倾向、领导人的威信及其本身的一致性都深深受到它所运作的社会的影响。因此，无论是国家还是社会都无法独立主导社会的变迁。

（三）国家与社会互动的多元性

这里对国家与社会间的关系，认可“社会中的国家”模型提出的国家与社会处于相互形塑的动态变迁过程以及国家中心论者提出的“国家与社会共治”，即国家与社会的良性互动。具体而言是指国家与社会、公与私之间并没有明确的分界，公民参与可以加强国家力量，国家制度可以建立一个促进公民参与的环境，二者互为条件，通过一定的制度安排将国家嵌入社会或者让公众参与公共服务，实现国家与社会共治。

（四）关于强国家的界定

强国家或弱国家通常指向国家能力的强弱，国家能力是国家领导人运用国家机构让人民去做领导人希望他们做的事情的能力。具体而言，国家能力的强与弱的区别在于其对社会控制的强与弱，国家能力体现的指标，按照米格代尔的研究主要有三项，分别是服从、参与及合法性，即社会大众对国家要求的配合度愈高、被国家动员的程度愈高，对于国家法令的接受程度愈高，则国家能力就越强，反之就愈弱。从国家角度，加布里埃尔A. 阿尔蒙德（Gabriel · A. Almond）和小G · 宾厄姆 · 鲍威尔（G. Bingham Powell · Jr.）指出，当国家对社会的汲取力、管制力、分配力、象征力及回应力等能力强，则国家能力强，反之则为弱。当然与此相应的是，国家和社会在一定条件下能够相互促进，形成双赢局面，即“强国家，强社会”。

（五）关于强社会的界定

在当前语境下，通常采用社会三分法来界定社会，第一部分是政治社会，即国家系统，政治社会的主体是政府组织，主要角色是官员；第二部分是经济社会，即市场系统，主体是企业，主要角色是企业家；第三部分是公民社会，即民间组织系统，主体是民间组织或社会组织，主角是公民。国家的社会嵌入与互动论分析范式的进步之处是认为私人领域（个人权利）、公民社会、有限政府的形成是通过互动内生而成的。具体到中国的公民社会如何界定，学术界都有不同的认知，与西方概念有所差异，常常被称之为“典型的政府主导型的公民社会”，具有明显的官民双重性。国家与社会的强弱互动关系，如表1所示。

表1　传统意义上的国家与社会强弱的四种组合①

		社　会	
		强	弱
国家	强	国家与社会都试图主导但维持均势	国家主导社会发展
	弱	社会主导国家向民主转型	国家与社会均无主导故维持均势

如果接受上述立场，那么我们的分析要素也将不再是完整意义上的国家组织阶级，或是市民社会，而是“基层社会的具体行动者（企业、社会组织）和体制的相互造就关系”。正如孙立平指出，社会内部也同样具有复杂结构，应将社会结构的视角引入国家/社会关系分析。

正如许慧文（Vivienn Shue）指出，强大的社会团体可以和强大而具有弹性的国家并存，也就是说“强社会”并不一定意味着“弱国家”，可以实现社会和国家的互相赋权，但是，没有嵌入社会的“强”国家事实上是脆弱的，不能经

① Stephen D. Krasner, *Defending the National Interest: Raw Materials Investment and U.S. Foreign Policy*, Princeton, Princeton University Press, 1978, pp55—60.

受社会变迁的考验。在总结汶川经验的时候，政府与社会之间的合作关系得到了充分的凸显，已经从以争取公民权利为主的抗争阶段（Right-oriented approach）向以善治为目标（Governance-oriented approach）的合作阶段迈进。就国家与社会关系而言，权利导向路径强调公民社会制衡国家，公民社会对抗国家；而治理导向路径则强调二者之间的合作、互利共赢关系，强调二者之间的良性互动。

三、国家与社会解析框架的应用：汶川地震应对解读

（一）巨灾发生阶段：从“强国家-弱社会”状态变为“弱国家-弱社会”

8.0级特大地震使四川、甘肃、陕西等地受到重创，这场地震是新中国成立以来破坏性最强、波及范围最广、救灾难度最大的一次地震，已造成69 227名同胞遇难、17 923名同胞失踪，需要紧急转移安置受灾群众1 510万人，房屋大量倒塌损坏，基础设施大面积损毁，工农业生产遭受重大损失，生态环境遭到严重破坏，直接经济损失8 451亿多元，引发的崩塌、滑坡、泥石流、堰塞湖等次生灾害举世罕见。

政府应对体系面临巨大的公共政策困境，从而呈现出“弱国家”的能力状态：一是政策需求差异大。此次地震影响范围广，有四省（市）417个县受灾，受灾人口达到4 624万人。灾区间差异极大，地理上囊括深山区、浅山区、丘陵和平原；经济发展方面既有什邡、绵竹这样的四川省十强县，也包括国家级、省级贫困县；产业方面既有工业为主的县（市），也有农业为主和劳动力输出为主的县（市）。这种地域经济结构的差异必将带来多种不同的政策需求，也就给恢复重建政策设计带来非常大的困难和挑战。二是公平性挑战。由于此次灾区面积过于广大、受灾群众数量过于庞大，灾区恢复重建政策的公平性问题格外受到普遍关注。灾区恢复重建政策的公平并非是相等，也不是简单地依据灾情损失排先后等级次序，更大程度上是受灾群众的心理感受。因此，灾区恢复重建政策的公平性是无法仅从政策结果获得，而更需要从政策制定过程中获得。三是政策的执行难题。在日常的政策设计和制定中，都自觉不自觉地将政策的执行当作理所当然，或者通过对基层政府的督促检查来确保其正常实践。但是在本次地震灾害中，基层政权和行政事业机构本身同样受到严重破坏，人员、财产、房屋损失同样惨重。在设计制定政策的时候不能忽视灾区基层政府严重

受损的事实，而过高地估计基层政府政策执行的能力。四是信息不对称对灾区恢复重建政策制定的不利影响。虽然信息不对称普遍存在于所有的政策设计和制定中，但从实地调研的情况看，四川灾区当前信息不对称的情况尤为突出。这种信息不对称的加剧首先是因为受灾县（市）太多，原本相互差异就很大，灾害破坏的不同更加剧了这种差异，从而造成极端复杂的政策信息环境；其次，地震灾害的特点使得抗震救灾工作十分紧迫，灾区各地的情况变化非常迅速；第三，灾区各地基层政权都不同程度地受到破坏，同样损伤了正常的从基层一直传递到中央的信息渠道，这也加剧了信息的不对称。

（二）应急救援阶段：从“弱国家—弱社会”状态变为“弱国家—强社会”

汶川地震救援初期，由于通讯和大量道路中断，无法快速获取和传输灾情到前方指挥部，造成灾情分布和程度不清，海事卫星在5月13—14日也出现堵塞现象，无法对指令进行快速的传送，救援队伍得不到准确的救援地点信息，达不到最需救援的区域，在一定程度上延误了最佳救援时机。地震救出总人数87 000余人，其中自救互救约70 000人，专业救援队合计救出7 439人，军队救出约10 000人，为我国有史以来之最、近年国际巨灾救援之最。曲国胜描绘的汶川地震应急搜救队伍的变化情况也清楚地说明了这一点，在地震救援的最初主要是靠自救和互救这种嵌入社会内部的自身力量，如图1所示。

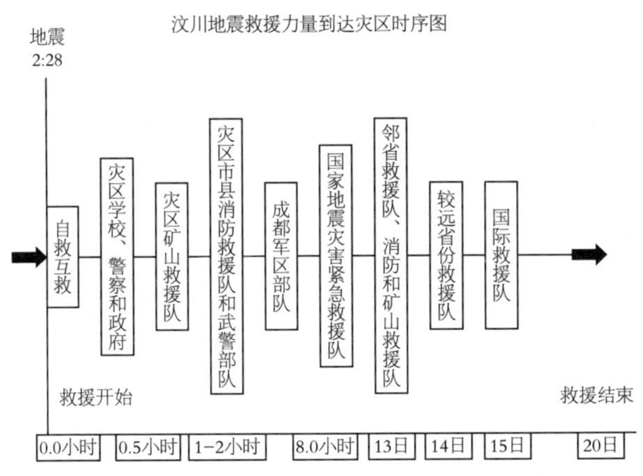

图1　汶川地震应急搜救队伍变化情况[①]

① 曲国胜:《汶川地震专业救援综述：经验、教训与建议》，中国地震应急搜救中心，2009年2月27日。

汶川地震灾害范围广、受灾程度大，亟待救援的区域和场点众多，与如此巨大的救援需求相比，国家救援队的救援力量、装备等显得严重不足，尤其是适应于道路难以通行山区的轻便型救援车辆和救援设备，还不能满足强震巨灾的救援需要。

1. 个体参与

据初步统计，截至2008年6月5日，志愿者方面仅经四川省团委的渠道进入灾区提供服务的志愿者累计达一百多万人。民间公益组织所涉及的捐款、物资估计超过10亿元。同时，各民间公益组织的相关人员还积极提供了诸如灾区一线救助、志愿者协调、信息技术支持等直接服务。

2. 社会组织参与

在灾区，志愿者和民间公益组织的服务范围覆盖了成都（都江堰市和彭州市）、阿坝藏族羌族自治州、德阳市、绵阳市、广元市、雅安市这六个四川省内的主要重灾地区，服务的足迹遍及汶川、茂县、绵竹、都江堰、北川等受灾最严重的县（市）。在灾区后方，在北京、上海、贵州、广东、厦门等10余个省区，民间公益组织积极开展了后方支援灾区的活动，为灾区筹备物资和捐款，提供志愿者以及信息技术支持。

NGO在抗震救灾过程中的社会影响力，已经达到相当规模。《亚洲周刊》评论说："一场惨痛的灾难，一夜间令大部分中国地下NGO都站到亮处，承担救灾义务。这大批无偿的义务民间组织，过去十年来在中国散播人道关怀和培训志愿者的种子，使得这次救灾工作一呼百应。"

追索到参与抗震救灾的NGO共263家。笔者所在学院的研究团队研究了137家组织的进入服务信息，其中有8家在5月份之后未计入，另外129家的结果如图2所示。其中，横坐标数字表示5月份的日期，纵坐标表示该日开始灾区工作的组织个数。

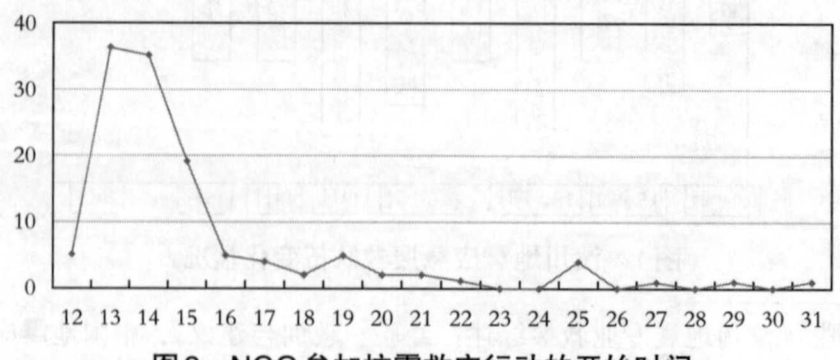

图2 NGO参加抗震救灾行动的开始时间

从图2可以看出，民间组织响应的速度非常快。不仅如此，速度之快还表现在他们迅即进行了NGO联合行动的网络构建。正如一篇报道中称："在灾难发生后的第一时间，全国各地的NGO组织都吹响了'集结号'，联合起来向灾区施以援手。"地震发生后第二天，成都城市河流研究会即迅速与成都、北京、贵州、上海、云南等地的NGO及志愿者协商成立了"5·12民间救助服务中心"，为NGO和志愿者有序参与四川的抗震救灾活动提供救助信息服务。同日，40多家来自四川本地以及云南、贵州等地的NGO倡议发起民间救援行动，最后参与倡议的NGO达100多家。5月14日，"NGO四川地区救灾联合办公室"在成都成立，并在成都"根与芽环境文化交流中心"办公室正式开展工作。

在应急救援过程中，NGO大致通过以下四种方式提供服务：一是提供款物支持；二是在一线灾区现场开展专项服务和救助，并配合政府进行宣教倡导；三是提供技术和信息支持；四是针对志愿者进行协调管理，以及提供专门的培训。在抗震救灾中，一些组织暂时放弃了自己的主要服务领域而转向为灾区提供紧缺的服务，见表2。通过调研还发现，很多NGO的本职工作不是救灾，但在地震后这些组织也积极投入到赈灾活动中来。这种倾向在一些地方性NGO上表现尤为明显。

表2　NGO原本活动领域与赈灾中活动领域比较　　单位：%

	教育	扶贫与社区综合发展	组织能力建设	卫生保健与疾病防治	环境与动物保护	文化多样性保护	妇女儿童	国际文化交流
原领域	56.7	40.0	26.7	25.0	15.0	13.3	11.7	3.3
赈灾中	33.3	68.3	——	41.7	11.7	——	——	——

中国科学技术发展战略研究院课题组进行的2008年度灾区社会资本调查显示，在灾区居民参与的公益活动中，由群众自发组织的比例最高，接近七成（67.9%）。社会资本的研究者们特别强调，灾区群众的自发组织和社会力量（包括非政府组织）的积极介入成为一个亮点，这是公民社会基本特征即公民自发的社会参与的充分展示。

（三）减灾与灾后恢复重建阶段：从“弱国家—强社会”状态走向“强国家—强社会”或者“强国家—弱社会”？

随着重建工作的开展，社会生活和社会制度逐步恢复常态。2009年调查显示，在此阶段，村/居委会等基层组织一跃成为公益行动的主要组织者，68.5%的居民参加的公益行动是由这些基层组织来组织开展的，非政府组织在此阶段的作用较地震初期有明显下降，比例由2008年的4.1%降到2009年的0.5%，见图3。从图3的NGO参加抗震救灾行动的开始时间也可看出，随着5月26日四川有关部门发出请志愿者另择时机前来的信息后，基本就没有NGO再进入灾区。

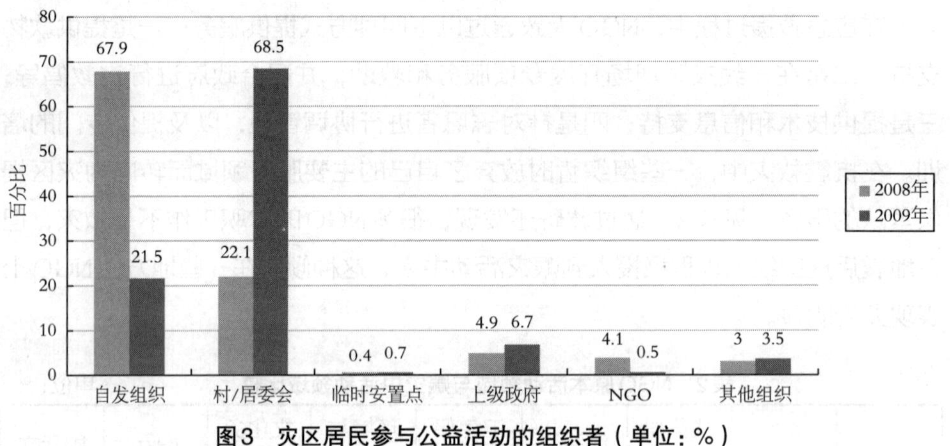

图3　灾区居民参与公益活动的组织者（单位：%）

注：由于此题为多项选择，故各项比例加总不等于100%，经检验，除“临时安置点”和“其他组织”外，2009年与2008年各项比例差异均在0.001水平上显著。

与此同时，基层政府作为灾后重建工作实施的主体，受灾群众对其工作的评价并不高。2010年，笔者团队采用分层抽样问卷调查的方法，对四川某地集中灾区板房和城镇社区的受灾群众对基层政府巨灾应对的满意度展开了研究，结果见表3。总体来看，无论是板房社区样本还是城镇社区样本，对基层政府的评价均不高。

表3　板房社区和城镇社区样本基层政府满意度的均值、标准偏差和独立样本t检验结果

测量条目	板房社区		城镇社区		独立样本t检验		
	Mean（A）	S.D.	Mean（B）	S.D.	Mean差（A–B）	t值	P值
应急处置能力	3.10	0.91	2.92	0.94	0.18	1.492	0.49
应急处置效率	3.17	0.94	2.87	1.04	0.30	2.259	0.90
应急策略合理性	3.24	0.84	2.92	0.97	0.32	2.691	0.64
重建能力	3.09	0.92	2.90	1.08	0.19	1.400	0.06
重建效率	3.14	0.88	2.82	1.01	0.32	2.556	0.09
重建政策合理性	3.29	0.86	2.98	0.95	0.31	2.605	0.83
累积满意度	3.23	0.99	2.97	1.02	0.26	1.922	0.42

减灾和灾后重建阶段，应该采用“弱国家—强社会”状态走向“强国家—强社会”还是“强国家—弱社会”，在中国巨灾应对语境下，仍然存在诸多不确定的因素。

（四）小结：一个强国家与强社会共赢的期待

综上所述，巨灾冲击反映出国家与社会互动的关系路径，如图4所示。在灾难冲击的第一时段，从“强国家—弱社会”状态直接进入“弱国家—弱社会”状态，随着灾后第一时间的救援与救助开始的黄金72小时，其实我们国家的政府面临着一系列的公共政策困境，适应性决策能力很弱，于是此时进入了弱国家—强社会的状态，自救的数据和广大信息孤岛里的乡镇都证明了这一点，抗逆力开始扮演着重要的支撑力量；随着交通和通讯的逐步恢复以及灾后重建的开始，我们的政府又开始回归常态的能力，此刻面临的抉择是我们应该走向何方？两个选择，其一是回归“强政府—弱社会”的状态，这一选择显然为全球发展的实践与理论所诟病。所有的国际经验都强调，在灾后救助和重建中，政府、学界、民间和企业四个方面应该组成通力合作的团队。而不同部门在每个阶段都有其不同的需要和角色。

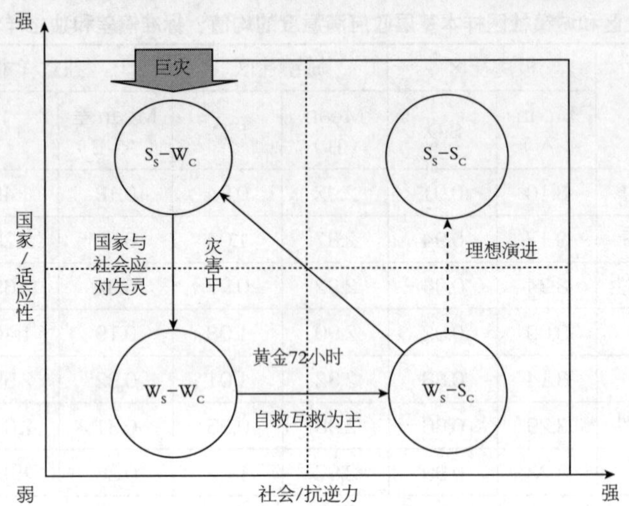

图4　汶川地震应对中的国家与社会互动变迁框架示意图

表4是台湾“9·21”大地震之后，不同部门在紧急救援、安置和重建三个阶段的不同角色和定位。另一个理想选择就是继续走向“强国家—强社会”的组合。在这一过程中，我们可以发现一个可行的路径就是增强抗逆力建设和政府间适应性决策模式的采用。当然，理想很丰满，现实很骨感，可以预想的现实就是在这两个选择之间徘徊，我们需要进行变革的部分还有很多。

表4　不同阶段不同部门的角色和定位

阶段	政府	科研机构	企业	民间机构和志愿者
紧急救援	主导者 执行者	支持者 信息提供者	资源提供者 支持者	支援者 资源调查整合者
安置	主导者 资源提供者	监督者 信息提供者	资源提供者 服务提供商	协调者 参与者
重建	支持者 政策制订者	监督者 支援者	资源提供者 服务提供商	协调者 服务执行者

四、国家与社会解析框架的应用：中国应急管理体系建设历程回顾

对于中国应急管理体系的回顾，不同的学者都有不同的视角和解读。薛澜

认为第一代应急管理系统为中华人民共和国成立后至2003年“非典”事件；第二代则为2003年“非典”事件之后。在闪淳昌、周玲的发展脉络回顾中，则对2003年至2007年按年度进行了定位，从全面加强应急管理工作的起步之年（2003）、中国应急预案的编制之年（2004）、全面推进“一案三制”的工作之年（2005）、全面加强应急能力建设之年（2006）到应急管理工作向纵深推进、夯实基础之年（2007）。笔者参与的国家发改委“十二五”规划重大问题“我国灾害应急体系建设”研究中，对新中国成立以来应急体系历程划分成四个阶段：第一阶段是全民运动式的救急阶段，时间跨度从新中国成立直至20世纪70年代末；第二阶段是现代应急管理体系萌芽阶段，时间为1978年至2001年底；第三阶段是现代应急管理体系初具规模，时间为2002年初至2005年；第四阶段是应急管理体系的完善阶段，即2006年至今。

本研究则从国家与社会互动关系的角度，对中国应急管理体系建设进行相应的阶段划分，具体如下：

（一）第一阶段：“强国家”与“弱社会”的结合（自新中国建立至“非典”事件）

中国作为一个多灾害的国家，新中国成立以来就很重视应对灾害工作。1949年底中央政务院设立内务部，主管包括救灾工作在内的多项民政事务，同时在各大行政区设立民政部，在各省、自治区、直辖市设民政厅，大城市设民政局，专区设民政处、科，形成了全国性的减灾救灾职能体系。1950年成立了中央救灾委员会，由原政务院副总理董必武任主任，委托内务部（民政部前身）办理该委员会的日常工作。但之后基于当时中国行政体系的特点，很快就形成了专门部门应对单一灾种的体制，如水利部负责防洪抗洪、地震局应对地震灾害等。

1978年改革开放后，随着社会经济发展，特别是工业化进程加速，包括自然灾害、疫情以及各类生产事故等的数量、频率、规模以及影响范围都在不断增加扩大，单灾种单部门的处置方式出现了大量协调方面的困难。对此，在不断进行的政府部门结构重大调整的基础上，主要的解决方式是在单灾种单部门应对机制的基础上，增设跨部门议事协调机制。于是，在国家和国务院层面先后建立了国家减灾委员会、国家防汛抗旱总指挥部、国务院抗震救灾指挥部、国家森林防火指挥部、国家核事故应急协调委员会和全国抗灾救灾综合协调办公室等机构。在省及以下地方各级政府中也采用了同样的机制，建立了许多对应机构。其中，较为特殊的是国家减灾委员会。

从国家与社会的互动关系来看，此时的应急管理系统体现出的主要格局就是“强国家与弱社会”。在抽象的公共利益下，国家对社会生活实现了较强的全面控制，治理体系呈现出极强的高度集中性，其中自上而下的政治动员和事后的集中指挥部始终是重要的应对机制，此时的社会由于长期的社会细胞化（social cellularization）造成了社会的两极化，一端是政策制定的最高层，一端是直接执行政策的地方官员，在这中间则是各级很少拥有真正权威的组织。同时，随着单位制的形成、盛行和崩溃，社区结构在逐步发展，但尚未构成社会的有效基础单元。于是，自下而上的社会组织能力基本没有显现，与此同时，由于中央集中指挥机制使得地方政府缺乏“第一响应人”应有的主动姿态，这就形成了长期以来的中央应对为主，地方和社会缺失的格局。这一格局造成应急管理系统缺陷。正如2003年7月胡锦涛同志在全国防治“非典”工作会议上指出，通过抗击“非典”斗争，我们比过去更加深刻地认识到，我国的经济发展和社会发展、城市发展和农村发展还不够协调；公共卫生事业发展滞后，公共卫生体系存在缺陷；突发事件应急机制不健全，处理和管理危机能力不强；一些地方和部门缺乏应对突发事件的准备和能力。即便是在为世人所周知的抗洪抢险领域，我们也逐步发现单一行政性体系抑制了市场机制和非政府机构，应该构造一个包含政府、社会捐赠、灾害保险等三大支柱的救灾和灾后重建体制。

（二）第二阶段：“强国家”与“强社会”的萌芽（自SARS之后至汶川地震）

“非典事件”对中国高层领导应对灾害（突发事件）的观念造成了很大的冲击。国际政治、经济、社会和自然环境的变化，特别是全球化所带来的前所未有的影响，与中国国内高速经济增长和快速经济体制转轨所带来的复杂社会变动，二者相互作用，带来了空前复杂的应急管理环境。传统的单灾种单部门应对机制和跨部门综合议事协调机制很难有效地应对这种环境变化。对此，调整中国减灾和应急管理体制和机制已经迫在眉睫。2003年10月，中共十六届三中全会审议通过的《中共中央关于完善社会主义市场经济体制若干问题的决定》强调:“要建立健全各种预警和应急机制，提高政府应对突发事件和风险的能力。”为了在短时间内推动应急管理工作开展，并逐步摸索可行有效的应急管理体制、机制，当时的国务院有关领导确定了“一案三制”(应急预案、应急管理体制、应急管理法制和机制)的应急管理体系建设战略。这一战略的核心是从建立应急管理预案体系为突破口，先从规范应对突发事件的流程入手，逐步转变、调整和建立应急管理法制、体制和机制。

这一阶段的特征就是我国进一步强化了中央政府的综合协调职责和地方政府的权能以及社会参与，在国家总体应急预案中明确，“在党中央、国务院的统一领导下，建立健全分类管理、分级负责，条块结合、属地管理为主的应急管理体制”，建立联动协调制度，充分动员和发挥乡镇、社区、企事业单位、社会团体和志愿者队伍的作用，依靠公众力量，形成统一指挥、反应灵敏、功能齐全、协调有序、运转高效的应急管理机制。

到2007年底，中国应急管理体系建设的“一案三制”战略基本完成实现，逐渐从以往过分倚重功能型机构和临时性机构，向使能型(enabling)机构和功能型机构相结合、临时性机构和常设性机构相结合转变，逐渐建立和完善“统一领导、综合协调、分类管理、分级负责、属地为主”的应急管理体系。特别是在SARS之后，强国家作用减弱，强社会框架进入了发展萌芽阶段。从传统的响应式政治动员模式开始转向多元化的社会性、制度性、防范性、长期性应对体系。

(三)第三阶段：强国家与强社会的形成阶段(自汶川地震至今)

2008年以来，中国应急管理工作受到了一系列重大事件的严峻考验，包括年初的南方严重雨雪冰冻灾害及其衍生的电力、交通和物资供应等一系列突发事件，西藏拉萨“3·14”事件，贵州瓮安事件，四川汶川大地震以及北京奥运会的安保工作等。在这些事件的应对中也折射出我国应急管理体系建设进入了新的历史阶段，即在政策框架中实现强国家和强社会的协同建设。

从政府层面而言，应急管理职能多部门碎片化分布，使得决策主体多元且能力缺失。在实际的操作过程中，决策重心的形成和变化会受到个人利益、部门利益、个人能力等多种因素的影响，造成信息点和决策点分离、主体协同不畅、决策权限受限等诸多现实问题。各部门习惯于常态下的协作决策行为模式和思维定式，缺乏应对突发性事件协同决策的模拟与演练。

从社会层面来看，应急管理的有关职能分布在多个部门以及不同层级的政府，面临着功能定位不清、职能不完善、行政能力较弱、激励和约束机制不健全等多种制度问题，不仅缺乏对决策主体的激励机制，而且常常处于“政府包办”的管理现状，社会参与机制不甚清晰，缺乏与包括公众、媒体、志愿者、NGO等外部资源的交流与合作。

五、结语：建设“强国家—强社会”的路径

本研究希望勾勒在应急管理的体制建设中所折射的国家与社会互动的政策路径。当然需要讨论的不仅是历史过程的解读，还需要对未来建设的框架建构。对此，我国的“十二五”规划中已经将社会管理体制的改革列入重点，这也就意味着制度层面的变革方向。针对地震巨灾、金融危机等全球面临的多元风险挑战，我们提出了社会抗逆力（Social Resilience）的概念发展框架。它意在进行文化、制度的建构，调动起社会每个细胞、每个系统抵御风险的潜在能力，分散风险，分散承担风险的主体，以少投入、多收益的原则来进行风险管理。笔者认为，从应急管理的体制建设而言，建立社会抗逆力建设框架，是实现从中央到地方政府有效协同并实现与社会基础单位有机融合，形成“强政府”与“强社会”共赢状态的可能路径。

（作者张强，北京师范大学社会发展与公共政策学院教授、副院长，风险治理与社会创新研究中心主任；作者陆奇斌，北京师范大学社会发展与公共政策学院讲师、风险治理与社会创新研究中心研究总监；作者张秀兰，北京师范大学社会发展与公共政策学院院长、教授）

需求法则还是优势法则？汶川地震中资源分配研究[①]

尉建文　韩　杨　施　晨

一、导言

作为一个灾害频发的国家，中国在历史上就形成了源远流长的“荒政”传统。无论是出于儒家意识形态的压力，还是出于皇权统治的考虑，国家都积极介入救灾活动，甚至全部接管救灾行动。现代灾害管理研究表明，政府的应急管理能力是救灾止损的重要部分，政府的应急管理能力的提高，能够有效减少自然灾害带来的损失。2008年以来，中国政府对“汶川地震”的应对，则全面展示了政府主导的救灾和重建模式。灾区经济社会发展水平和群众基本生产生活条件明显超过了灾前水平，实现了一个大的跨越。汶川灾后重建形成了以政府介入为核心的灾后恢复的“中国经验”。

汶川地震之后，中国又连接发生了青海玉树地震、四川雅安地震、云南鲁甸地震和四川九寨沟地震等一系列重大地震灾害。在汶川地震发生十年之际，我们有必要再次回顾汶川地震，回顾汶川地震救灾和重建所形成的独特的实践模式及其宝贵经验。在诸多实践和经验中，本文将主要关注中国政府资源分配问题，它对于灾后重建的成功与否至关重要，同样也是民众最为关注的议题。本研究的意义在于，一方面总结汶川地震灾后重建中政府资源分配的经验和规

---

① 本文发表于《东南大学学报（哲学社会科学版）》2018年第1期。

则，丰富中国灾害管理的知识体系；另一方面，为今后政府如何应对巨大的灾害，如何增加社会救灾政策的公平感、提高灾民对政府的满意度、提高救灾物资使用的效率提供借鉴。

二、文献回顾与研究假设

在汶川地震灾后重建中，中国政府共投入恢复重建资金10 205亿元，其中，中央财政安排灾后恢复重建基金3 026亿元。此外，19个援建省市共投入825亿元，累计接受社会捐赠资金和物资797亿元。面对如此巨大的资源，人们最关心的问题是政府是如何分配的？分配程序和标准是什么？大量研究表明，灾民的恢复水平如何，在很大程度上取决于他们所得到的正式与非正式援助的多少，但研究者们在灾后援助的分配原则问题上有着不同的看法。

对中国政府而言，抗震救灾资源的分配首先是基于相关政策的分配。在救灾和重建期间，国务院和民政部先后出台一系列文件，对救灾和重建物资分配提出了具体的指导意见和具体细则①，确保高质量地完成恢复重建的任务。各省市也出台相应的地方性救灾政策和物资分配措施，以保证救灾物资公正、公开、公平的发放，保障灾民的基本生活。但在实际物资分配中，地方政府也存在政策执行偏误，从而导致资源分配不公的问题。而灾害社会学研究表明，灾后重建过程中的资源配置受到"相对需求法则"和"相对优势法则"的共同作用。基于以上分析，本研究基于2009年四川德阳和绵阳市受灾居民的调查，对其过渡房补贴、自建永久住房补贴和临时生活补贴等物资发放情况进行分析，并探究资源分配的影响因素，从而总结出政府资源分配的逻辑和机制。

（一）相对需求法则

研究者对灾后恢复资源分配问题进行了大量的经验研究。其中，一部分研

① 国务院先后颁布了《国务院关于支持汶川地震灾后恢复重建政策措施的意见》（国发〔2008〕21号）和《国务院关于做好汶川地震灾后恢复重建工作的指导意见》（国发〔2008〕22号）等文件；民政部等部门先后颁布了《汶川地震抗震救灾生活类物资分配办法》《汶川地震抗震救灾资金物资管理使用信息公开办法》和《关于进一步做好汶川地震灾区救灾款物使用管理的通知》等相关的文件。

究者发现灾后的资源分配遵循着一种比较公正的“相对需求分配法则”。相对需求法则是指人们灾后接受的援助水平与受灾程度紧密相关，且在接受援助的问题上没有表现出明显的社会群体差异，根据受灾者的需求强度分配资源，强调“谁最有资格获得”。因此，我们提出：

假设1.1：灾区居民地震中所受到的损失越严重，则获得政府分配的资源越多。

同时，研究还发现，震前贫困家庭在灾后重建市场上获取收入的能力更差。这不仅导致他们可能无法通过灾后重建提供的市场机会获得部分建房资金，而且可能他们与其他群体间的贫富差距较灾前更大。国家在政策上对重灾地区，低保户、五保户，遇难者家庭、伤残者家庭以及其他困难群众给予重点帮扶，受灾省、市接收的社会捐赠资金，重点用于农户倒损房屋恢复重建。[①]因此，我们得出：

假设1.2：灾区居民震前的社会经济地位越低，则获得政府分配的资源越多。

（二）相对优势法则

另一部分研究者却发现，灾后恢复过程中仍存在着社会不平等：个人和社区在灾后得到的援助多少直接受其社会背景的影响。少数族群、老年人、社会经济地位较低者等弱势群体受灾害影响更为明显，灾后恢复情况也更差。在受灾较严重的地区，原有的社会不平等可能使部分底层群体面临绝境。在这些研究者看来，灾后的资源分配遵循的并不是“按需分配法则”，而是“相对优势分配法则”，那些在社会中拥有相对优势的群体和个人更可能得到灾后支持，更快地恢复正常生活。“相对优势法则”是指根据受灾者获取资源的能力差异分配资源，强调“谁最有能力获得”。

在相对优势中，人力资本是一种非常重要的资本形态，表现为人所拥有的知识、技能、经验和健康等。一方面，由于个体受教育程度越高，在地震应急过程中越可能采取正确的应急措施，而且地震后越有可能采取各种措施来弥补地震的损失，由此可能会呈现“受教育程度越高，地震影响则会越小”的现象。

---

① 参见2008年民政部、财政部、住房和城乡建设部颁布的《做好汶川地震房屋倒损农户住房重建工作的指导意见》。

另一方面，人力资本具有很强的信号功能，更高的人力资本特征能更有效地发出“偿还能力”的信号，更可能从金融市场上获得灾后恢复所需的金融资源。与之相对，贫困家庭（个体）可能由于缺乏技能、身体残疾、年龄偏大等原因，缺乏上述资源而使得他们在整个灾后恢复过程中困难重重。因此，我们得出：

假设2.1：灾区居民的个体人力资本越高，则获得政府分配的资源越多。

家庭经济状况同样对于灾后恢复和重建产生重要影响。家庭的经济社会地位越高，就越有资源来消除灾害的影响，从而导致地震对不同经济状况的受灾家庭的影响存在显著差异。震前家庭社会经济地位不仅直接决定了灾后家庭重建的资源数量，而且还在很大程度上决定了家庭能否从其他渠道筹集更多的资源。研究发现，在灾后信贷市场上，震前优越的家庭经济社会地位能发挥着重要的“发送信号”功能，有利于家庭在银行成功贷款，从而加速恢复重建。由此，我们得出：

假设2.2：灾区居民个体的经济资本越多，则获得政府分配的资源越多。

研究发现，相对于经济资本和人力资本而言，社会资本在灾害中受到损失更小，因而是受灾群众灾后重建中最可依赖的资本。是否拥有丰富的社会网络资源和社会资本，正是决定受灾者能否得到援助和能否迅速恢复的重要影响因素。在灾害发生后，个人可以通过自身的网络来调动各种正式的或非正式的嵌入性资源，为自己摆脱灾害的影响、恢复正常生活提供了条件。如果受灾者拥有更紧密、规模更大和性别分散性更高的网络，则他们就更可能获得帮助和支持。因此，我们得出：

假设2.3：灾区居民的社会资本越多，则获得政府分配的资源越多。

在中国社会，政治资本对获取各类社会资源有重要的意义。其中，党员是政治资本的一个重要指标。党员在资源分配和职位升迁中占据优势地位。相关研究发现，在灾后重建时，地方干部在分配资源时，会存在对群众区别对待的问题，村民与干部的关系远近程度决定了分配物资的好坏。由此可能会出现暗箱操作的现象，造成分配上存在不公、群众产生了被剥夺感而对乡、村干部有看法。因此，我们得出：

假设2.4：灾区居民的政治资本越多，则获得政府分配的资源越多。

三、数据、变量与方法

（一）数据来源与说明

本研究数据来源于清华大学信义社区营造研究中心开展的汶川地震灾后重建研究项目。该项目对汶川地震灾区进行了为期三年的问卷调查①。本研究选择使用2009年的调查数据，基于两点原因：一是从时间上来看，汶川地震发生一周年之后，灾后重建的各项工作已经全面展开，各项政策基本落实，是观察灾区恢复重建的最佳时期；二是从资源的分配来看，2009年灾后重建的任务已过大半，临时生活补贴、临时住房补贴、住房补贴、住房贷款基本发放完毕，是研究资源分配的最好时机。本研究的样本情况如表1所示：

表1　样本的统计描述

变量	平均值	标准差	最小值	最大值	样本数
户主性别	0.05	0.22	0	1	556
户主年龄	50.8	12.8	18	90	557
户主是否为党员	0.08	0.28	0	1	558
户主的教育程度	6.04	3.48	0	14	552
是否在外打过工	0.66	0.84	0	4	558
持劳动证书人数	0.14	0.39	0	2	558
耕地面积	2.47	1.40	0	7	555
林地面积	0.33	1.73	0	30	555
家庭规模	3.20	1.10	1	7	558
是否为困难户	0.05	0.21	0	1	557
是否为低保户	0.06	0.23	0	1	558

注：户主性别中，0为“女”，1为“男”；党员、困难户和低保户中，0为“否”，1为“是”。

（二）主要研究变量

本研究的因变量是灾区群众从政府实际收到的各种资源，具体包括：过渡

① 尉建文、谢镇荣：《灾后重建中的政府满意度——基于汶川地震的经验发现》，《社会学研究》，2015年第1期。

房补贴、自建房永久补贴、临时生活救助金和银行贷款。我们在调查中设计的题目分别是：1.地震后您得到了多少过渡房补贴？ 2.地震后您得到了多少自建房永久补贴？ 3.地震后您得到了多少临时生活救助金？ 4.依照政府政策，您向银行总共贷了多少钱？

自变量则根据需求法则和优势法则分为两大类，其中，验证需求法则的变量分别是：家庭伤亡情况、房屋毁坏情况、耕地损失面积、林地损失面积、家庭贫困情况、最低生活保障情况以及从事非农生产情况。验证优势法则的变量分为四种：1.人力资本，包括户主的文化程度，以及家庭获取职业证书的情况；2.经济资本，包括从事农业生产的收入以及从事非农生产的收入；3.社会资本，包括家庭的社会网络规模以及非农职业数占比；4.政治资本，即是政治面貌，家中是否有人是党员。为了控制其他因素对研究可能产生的影响，确保结果的可靠性，本研究控制了户主的性别和家庭规模两个变量。

（三）统计方法

本研究的因变量群众灾后获得的补贴或贷款额度属于受限因变量（limited dependent variable），均为删截数据（censored data），因为某些观测值集中在一个点上（在这里是指集中在0上）。根据因变量的特点，故我们采用Tobit模型。方程表达式如下：

$$\ln Y = \begin{cases} \ln Y_i^* = \alpha \sum_{k=1}^{k} \beta_k X_{ik} + \sum_{j=1}^{j} \beta_j Z_{ij} + \epsilon_i ; & \text{if } \ln Y_i^* \geqslant 0 \\ 0 & \text{if } \ln Y_i^* \leqslant 0 \end{cases}$$

其中：Y是指真实的补贴额，Y_i^*是指补贴额在第i处的潜在真实值；X_k是影响补贴额的k个自变量，Z_j是指影响补贴额的j个控制变量；k代表自变量的个数，j代表控制变量的个数；α 是常数项，ε_i是指误差项；β_k是指在控制其他变量影响的条件下，第k个自变量对获得多少补贴额的影响；β_j是指第j个控制变量对获得多少补贴额的影响。

另外，不同于补贴额的数据分布特点，因变量贷款额是一个具有选择性的样本（selected samples），存在大量的缺失值（missing values），如果采用传统的OLS估计，那么会导致选择性偏倚（selection bias），不满足无偏估计的要求，为了保证样本的完整性以及克服选择性误差，故采用样本选择模型（Sample Selection Models）——Heckman 二阶段模型（Heckman two-step model）。其方程表达式如下：

$$(1)\text{Probit}(Y_0) = \alpha_0 + \sum_{i=1}^{k} \alpha_i x_i + \sum_{1}^{m} \gamma_i z_i + \varepsilon_1;$$

$$(2) S = 1 \qquad\qquad \text{if probit}(Y_0) > 0;$$

$$(3)\ln(Y_1) = \beta_0 + \sum_{i=1}^{j} \beta_i x_i + \sum_{i=1}^{n} \theta_i t_i + \beta_i \rho_i + \varepsilon_2 \qquad \text{if } S = 1$$

其中：公式（1）为Heckman model第一阶段的选择模型，Probit（Y_0）则表示村民是否选择向政府申请贷款，α_0为该选择模型的常数项，X_i是指影响该选择的自变量，与公式（3）中的自变量X_i相同，α_i则是该自变量对Y_0的影响；Z_i是指除了自变量之外，影响Y_0的变量，该变量与Y_1无关，其相关系数为0，而γ_i是指该变量对Y_0的影响，ε_1为该模型的误差项。

在公式（2）中，S是指样本是否被观察到，如果被观察到S=1，相反，S=0。

公式（3）为Heckman model第二阶段的OLS模型，Y_1就是指村民拿到的贷款额，β_0为常数项，X_i是影响贷款额的j个自变量，β_i是指控制其他自变量影响的条件下，第j个自变量对Y_1的影响；t_i是指影响补贴额的n个控制变量，θ_i指第n个控制变量对Y_1的影响；ε_2为该模型的误差项；最后，该方程与普通的OLS模型最大的不同在于加入了逆米尔斯比率（ρ_i），从而克服了样本的选择性偏差。该比率是通过公式（1）算出来，然后将其带入公式（3）中，如果$\rho_i>0$，OLS估计会存在正向的选择性误差，因而选择Heckman二阶段选择模型是恰当的。

四、分析结果

（一）需求法则

表2汇报的是需求法则的要素对政府资源分配的影响。从住房恢复情况来

看，在模型1中，耕地损失面积和林地损失面积显著影响到受灾家户过渡房补贴的数量，家庭在地震中的耕地和林地损失面积越大，得到的过渡房补贴越多。在模型2中，房屋的毁坏情况显著影响到受灾家户自建永久住房补贴。与住房未受损坏的家户相比，房屋受损和坍塌的家户获得更多的自建房补贴，且房屋毁坏程度越严重，得到的永久自建房补贴越多。因此，从住房情况来看，家户在地震中的损失越严重，尤其是耕地和林地的损失面积越大，住房的损坏程度越严重，其从政府得到的住房补贴也就越多。

从生活恢复情况来看，在模型3中，家庭的伤亡情况显著影响到家户的生活补贴，家庭伤亡情况越严重，家户从政府得到的生活补贴越多。但从事非农业生产活动则会增加农户从政府获得生活补贴。通常，在农村地区从事非农产业的收入要比农业活动要高。这在一定程度上反映出，震前农户的经济收入或非农产业的投入，有利于农户从政府获得更多的生活补贴。

从获得的贷款情况来看，在模型4中，低保户对家户拿到贷款的数量呈显著的负影响。这说明家庭越困难，拿到的贷款数额就越少。另外，耕地和林地损失面积，则对家户贷款额度呈现正向影响。耕地和林地损失面积越大，家户能够得到的贷款也越多。这反映出贷款的对象不一定针对有需求之人，比如困难户、低保户，而是主要针对那些有一定的经济实力、能按期偿还贷款之人。

表2　需求法则对政府资源分配的影响

变量	模型1	模型2	模型3	模型4
	过渡房补贴（对数）	自建房补贴（对数）	生活补贴（对数）	贷款（对数）
伤亡情况	−0.251 （0.323）	0.891 （0.668）	0.173*** （0.046）	−0.0325 （0.107）
房屋毁坏程度（未受损为参照）				
部分受损，可居住	0.321 （0.823）	3.864* （1.977）	0.116 （0.088）	−0.0486 （0.196）
受损，无法居住	0.498 （0.776）	5.555*** （2.067）	0.181** （0.083）	−0.0176 （0.189）
倒塌，无法居住	0.339 （0.774）	8.008*** （1.803）	0.108 （0.084）	0.00527 （0.185）

续表

变量	模型1	模型2	模型3	模型4
	过渡房补贴（对数）	自建房补贴（对数）	生活补贴（对数）	贷款（对数）
低保户（非低保为参照）	−0.344（0.801）	−1.92（1.409）	0.0436（0.080）	−0.360**（0.183）
困难户（非困难户为参照）	0.533（1.094）	1.272（1.394）	−0.102（0.120）	0.421（0.289）
从事非农生产（未从事为参照）	0.15（0.177）	0.198（0.454）	0.0708**（0.035）	0.0152（0.058）
耕地损失面积	1.180***（0.215）	0.181（0.207）	−0.00574（0.013）	0.190***（0.067）
林地损失面积	0.225***（0.059）	0.00817（0.020）	0.00821（0.005）	0.698***（0.243）
家庭规模	0.212**（0.084）	−0.369（0.257）	0.189***（0.014）	0.025（0.022）
户主的性别	0.134（0.660）	−4.646***（1.750）	−0.196**（0.084）	−0.306*（0.183）
常数项	6.177***（1.109）	6.823***（2.188）	7.550***（0.122）	1.289***（0.272）
sigma常数	1.887***（0.484）	4.509***（0.690）	0.632***（0.003）	
athrho常数				−0.0471（0.368）
lnsigma常数				1.165***（0.046）
pseudo R−sq	0.048	0.036	0.059	
Log lik.	−1117.5	−1412.5	−532	−73.54
Chi−squared				22.5
F	499.3	4.323	45.19	
N	551	551	551	521

注：*p<0.1 ** p<0.05 *** p<0.01

（二）优势法则

表3汇报的是优势法则的要素对政府资源分配的影响。从住房恢复情况来看，在模型1中，家庭的经济收入对过渡房补贴有显著影响，家庭的农业收入越多，得到的过渡房补贴越多。社会资本对于家户获得更多的过渡房补贴有显著正向影响。家庭的社会网络规模越大，得到的过渡房补贴也越多。在模型2中，人力资本对家户领取自建房永久补贴有显著影响，家庭成员拥有技术证书，家户能够从政府拿到更多永久自建房补贴。同样地，社会网络规模越大，拿到的自建房永久补贴也越多。由此可见，从住房情况来看，经济资本、社会资本和人力资本都显著影响到家户从政府获得的住房补贴数量。

从生活恢复情况来看，在模型3中，构成人力资本的两个变量对临时生活补贴都有显著的正影响，户主的受教育年限越多，家庭成员拥有技术证书，都能提高家户从政府获得更多的生活补贴。经济资本的作用同样显著，家户的农业收入越高，其获得政府的生活补贴就越多；社会资本中社会网络的异质性作用显著，尤其是社会网络中非农职业数占比越高，家户从政府获得的生活补贴就越多。由此可见，从生活恢复来看，经济资本、社会资本和人力资本，在很大程度上都显著影响到家户从政府获得生活补贴的数量。

从获得的贷款数量情况来看，在模型4中，测量经济资本的两个变量对拿到贷款的多少均具有显著的正影响。农业收入和非农收入越高，家户能够获得的贷款数额越大。这反映出在银行贷款方面，家户的震前经济地位以及偿还能力是非常重要的影响因素，更多地体现的是相对优势法则。

表3　优势法则对政府资源分配的影响

变量	模型1	模型2	模型3	模型4
	过渡房补贴（对数）	自建房补贴（对数）	生活补贴（对数）	贷款（对数）
教育年限	0.0255 （0.027）	−0.0503 （0.080）	0.0369*** （0.005）	−0.00204 （0.005）
职业证书 （以没有证书为参照）	−0.45 （0.287）	1.414* （0.827）	0.0869** （0.044）	0.0272 （0.045）
农业收入	0.180** （0.072）	0.131 （0.223）	0.0419*** （0.013）	0.0394** （0.020）

续表

变量	模型1	模型2	模型3	模型4
	过渡房补贴（对数）	自建房补贴（对数）	生活补贴（对数）	贷款（对数）
非农收入	0.00249 （0.055）	−0.0413 （0.116）	0.00389 （0.005）	0.0287*** （0.007）
社会网络规模	0.00857* （0.005）	0.0387*** （0.014）	0.000666 （0.001）	−0.00081 （0.001）
非农职业数比例	−0.00032 （0.004）	−0.00711 （0.011）	0.00136** （0.001）	0.00118 （0.001）
政治面貌（非党员为参照）	−0.262 （0.268）	−0.887 （0.862）	−0.0567 （0.061）	0.0636 （0.079）
家庭规模	0.177** （0.087）	−0.453 （0.283）	0.164*** （0.017）	0.0209 （0.029）
户主的性别	0.00423 （0.440）	−3.575** （1.674）	−0.0953 （0.081）	−0.323 （0.293）
常数项	6.726*** （0.621）	11.71*** （1.948）	7.382*** （0.118）	1.207*** （0.250）
sigma 常数	2.071*** （0.068）	4.919*** （0.787）	0.631*** （0.006）	
athrho 常数				0.0168 （0.130）
lnsigma 常数				−1.133*** （0.197）
pseudo R−sq	0.008	0.011	0.08	
Log lik.	−1113.2	−1381.4	−505.4	−76.23
Chi−squared	18.22			87.78
F		1.563	81.18	
N	525	525	525	494

注：*p<0.1 ** p<0.05 *** p<0.01

五、简要总结

本研究从相对需求法则和相对优势法则的角度出发，分析和总结汶川地震灾后重建中政府资源分配的机制和逻辑，主要研究结论如下：

第一，相对需求法则是政府资源分配的首要原则。政府资源分配最为重要的依据是中央和地方各级政府的政策。保证资源分配的公正、公开、公平是对各级政府最基本的要求。研究发现，政府的资源分配中，住房补贴和生活补贴大致遵循了相对需求的法则。从住房补贴来看，家户的住房损失越严重，林地和耕地受损越大，农户从政府得到住房补贴款就越多。从生活补贴来看，家户中人员伤亡状况越严重，非农业生产中越受到损失，家户从政府中得到的生活补贴款就越多。

第二，相对优势法则在政府资源分配中的作用显著。在震后的资源分配中，中央政府的政策多是原则性和指导性，具体的政策落实则要靠地方政府，尤其是基层政府。在灾后重建时间紧、任务重的压力之下，各种政策的执行和落实则会出现变通甚至扭曲。家户的经济收入越高，户主的受教育年限越长，越具有技能，社会资本越丰富，其从政府得到住房补贴款和生活补贴的数量就越多。

第三，银行贷款则更多的是遵循相对优势的法则。家户的农业收入和非农收入越高，其能够获得的贷款数额越大。与之相反，震前家庭越困难，家户拿到的贷款数额越少，尤其是对低保户的影响更为显著。

第四，政治资本对于资源配置的影响不显著。先前研究显示：在政府资源分配中，存在少数乡镇或村庄干部利用自身权力，为自己或家人谋取私利的问题。但我们研究发现，家户的政治资本对于提高家户获得政府资源分配没有显著的影响，党员身份没有给家户带来更多的资源。

汶川地震震级高，破坏大，波及范围广，政府投资的资源巨大。因此，政府资源分配涉及中央政府、地方政府和对口支援地区的各级政府，是一个复杂的过程。本研究仅对极重灾区的居民进行调查，研究结论仅能推广到所调查的区域。“管中窥豹，可见一斑”。本研究对政府资源分配机制和逻辑的分析，希望能够为政府以后如何分配资源，提高资源分配的公平性，增加群众的满意度提供有益借鉴。

（作者尉建文，北京师范大学中国社会管理研究院与社会学院教授、博士生导师；作者韩杨，香港中文大学社会学系硕士生；作者施晨，北京师范大学社会学院硕士生）

汶川对口援建模式与巨灾风险分担路径创新

杨正文

自20世纪末以来，全球进入了“风险社会”时代，灾难与灾害风险的不确定性与巨大灾害的频繁发生，引起各国展开应对巨灾风险管理理论与分担机制实践的探索。灾害风险管理研究认为，超大型巨灾风险分担机制已经历了从单一的保险市场到保险市场与资本市场的融合，最后是政府融入风险分担的发展过程[①]。然而，从近10年所发生的“印度洋海啸”（2004）、美国新奥尔良“卡特里娜”飓风灾难（2008）、“5・12”汶川大地震（2008）及日本地震大海啸（2011）等超大型巨灾中，政府以何种方式融入，形成何种巨灾风险分担机制才能提供有效的灾害损失分担和灾后重建资源，值得进一步探索。“5・12”大地震重灾地区在较短时间内不仅能够恢复重建，且获得显著程度的跨越式发展，无疑益于“对口援建”的灾害风险和灾害损失的跨区域分担机制效率的发挥。因此，检视和探讨“对口援建”巨灾风险分担模式，对创新灾害风险管理与实践路径具有十分重要的意义。

一、对口援建成为中国特色的灾后重建模式

对口援建机制建立，是促成“5・12”地震受灾地区得到迅速恢复重建乃

① 王颖、董垒:《我国灾后地方政府对口支援模式初探——以各省市援建汶川地震灾区为例》,《当代世界与社会主义》，2010年第1期。

至跨越超前发展的根本保障。有研究认为，对口支援模式，早在20世纪50年代就开始萌芽，60年代初正式提出和实施。只是该模式过去大多运用于工农业之间、城乡之间、发达地区与前发达地区之间及对边疆民族地区的援助等方面，一般集中在教育、扶贫、技术人才等领域或经济社会发展等全面对口援助，如对口支援西藏、新疆等。相对而言，对口支援在灾害救助和灾后重建领域的应用和拓展，则是“5·12”汶川大地震前后才开始。“5·12”大地震是新中国成立以来破坏性最强、波及范围最广的一次地震，这次突如其来的灾难使得抗震救灾以及灾后重建的工作空前艰巨，仅依靠灾区地方政府和中央政府的力量是不够的。为了在最短时间内安置受灾群众，帮助灾区人民脱离险境并尽快恢复正常的生活，中央政府高瞻远瞩，充分发挥社会主义制度的政治优势，提出“一方有难、八方支援，自力更生、艰苦奋斗”的方针。2008年5月20日，在汶川大地震发生后的第八天，国务院抗震救灾总指挥部发布了《关于对口支援四川汶川特大地震灾区的紧急通知》，进一步推动地震灾区群众生活安排和恢复重建工作，统筹协调赈灾捐赠资金和物资。6月11日，国务院办公厅正式印发了《汶川地震灾后恢复重建对口支援方案》（以下简称“方案”）和《汶川地震恢复重建对口支援方案的通知》（以下简称“通知”），进一步明确了在汶川地震灾后恢复重建阶段对口支援的工作任务、目标和工作方法，明确按照“一省帮一重灾县”的原则，依据支援方经济能力和受援方灾情程度，合理配置力量，建立对口支援机制。至此，标志着“5·12”地震灾后重建对口援建机制的建立。

“方案”明确灾后恢复重建对口支援省市为19个，受援方为四川省18个重灾县（市），以及甘肃省、陕西省受灾严重地区县市，对口支援期限按3年安排；各支援省市每年对口支援实物工作量按不低于本省市上年地方财政收入的1%考虑，具体内容和方式与受援方充分协商后确定。

“方案”要求，对口支援坚持“硬件”与“软件”相结合，“输血”与“造血”相结合，当前和长远相结合，调动人力、物力、财力、智力等多种力量，优先解决灾区群众基本生活条件。

对口支援的内容和方式包括：提供规划编制、建筑设计、专家咨询、工程建设和监理等服务；建设和修复城乡居民住房；建设和修复学校、医院、广播电视、文化体育、社会福利等公共服务设施；建设和修复城乡道路、供（排）水、供气、污水和垃圾处理等基础设施；建设和修复农业、农村等基础设施；

提供机械设备、器材工具、建筑材料等支持。

对口支援的内容和方式还包括：选派师资和医务人员，人才培训、异地入学入托、劳务输入输出、农业科技等服务；按市场化运作方式，鼓励企业投资建厂、兴建商贸流通等市场服务设施，参与经营性基础设施建设等。

继中央政府的“方案”和“通知”之后，各援建省市、受援省市县均按照中央“方案”和“通知”精神，制定了各地方的实施方案和印发了实施方案的通知。如，四川省人民政府于2008年6月20日印发了《关于印发汶川地震灾后恢复重建对口支援实施意见》、阿坝州政府6月23日印发了“关于《阿坝州地震灾后恢复重建对口支援实施方案》的通知”、汶川县政府7月9日印发了“关于印发《汶川县灾后恢复重建接受对口支援初步实施意见》的通知”等。从而使“对口支援”成为一个自上而下贯通的、有规可循的灾后重建机制。经过三年的灾后重建实践显示，对口援建的灾后重建模式，是在中国政治生态环境中萌芽、发展和不断完善的一项具有中国特色的政策模式。[①]

二、政府主导是对口援建灾后重建模式的基本特点

对口支援无疑是个依托于中央集权的抗灾救灾及灾后重建的特殊体制，无论在资源动员与配置上，还是在重建中的援建方与受援方互动方面无不显示出政府的主导性。

首先，以中央政府为核心，进行统一指挥，采取非常规手段，集聚全国之力抗震救灾，即采取了“全国一盘棋、集中力量办大事”的举国体制。2008年6月5日，中央政治局常务委员会议研究部署汶川地震灾后恢复重建对口支援工作。会议指出，为加快灾后恢复重建，必须充分发挥社会主义制度能够集中办大事的政治优势，举全国之力。要坚持一方有难八方支援，自力更生、艰苦奋斗的方针，按照“一省帮一重灾县”的原则，合理配置力量，建立对口支援机制，组织有关省市对口支援灾区，加快灾后恢复重建。在国务院办公厅印发的《汶川地震灾后恢复重建对口支援方案》中，要求支援和受援双方要按照中央统一部署，设立机构，协调配合，抓好措施落实，并在中央的领导下统一政策，

① 王颖、董垒:《我国灾后地方政府对口支援模式初探——以各省市援建汶川地震灾区为例》,《当代世界与社会主义》，2010年第1期。

统筹安排。以至于安排哪一个省对口援建哪一个县市，援建的内容、方式，以及提出各援建省市每年对口援建实物工作量按不低于本省市上年度地方财政收入1%比例等，无不是中央政府指令的体现，显现了对口援建是在中央政府主导下进行的。换句话说，中央政府颁布了政策法规，为灾后重建提供了制度性保障，动员了全国的力量，为灾区重建最大限度地奠定了物质基础。

其次，援建和受援建的双方互动，是地方政府间的互动，也体现了社会动员与资源配置的政府主导性。本文所涉及的受援方汶川县政府与援建方的广东省政府之间的互动，基本上是围绕“援建方式、内容”展开的。广东省被确定为汶川县对口支援的援建方后，很快于2008年5月22日发出了《关于投身灾区重建规划工作的倡议书》，启动了汶川援建规划的前期准备工作，自2008年7月中旬始，统筹组织了17支规划编制队伍近200人奔赴汶川开展恢复重建规划的编制工作，共完成了县域城镇体系规划、县城（威州镇）等6镇7乡恢复重建规划以及萝卜寨、秉里村等村庄试点规划。并在前期资料收集、专题研究、专家座谈、现场调研等工作的基础上，制定了《广东省对口支援汶川灾后恢复重建规划工作方案》，对重建规划工作内容、工作组织、工作进程等作出明确规定。受援方汶川县在制定的《汶川县灾后恢复重建接受对口支援初步实施意见》中，提出要“依据地震灾后恢复重建总体规划和专项规划，确定对口支援的项目、规模和技术要求，经与广东省支援方就对口支援的具体内容和方式进行协商后，制订工作方案，细化建设任务，有序组织实施”。[①]并根据受灾程度和恢复重建的难易程度，将该县县城及各乡镇进行排序。援建方广东省则确定“一市对口支援一乡镇”的原则，选取13个经济实力较强的城市对口援建汶川13个乡镇，形成了广州市－威州镇、珠海市－绵虒镇、汕头市－草坡乡、佛山市－水磨镇、惠州市－三江镇、东莞市－映秀镇、中山市－漩口镇、江门市－雁门乡、湛江市－龙溪乡、茂名市－银杏乡、肇庆市－克枯乡、潮州市－耿达乡、揭阳市－卧龙镇等13个结对援建关系。广东省要求各援建单位要加强与汶川县委县政府和省对口援建工作组的沟通，切实做到支援不是包揽，配合不是替代，确保重建规划工作到位不缺位、不越位，切实保障重建规划符合对口援

① 四川省汶川县人民政府：《汶川县灾后恢复重建接受对口支援初步实施意见》，汶川县大同社会工作服务中心网站，2010年5月23日。

建总体方案，符合汶川县实际情况与未来需求。[①]同时，广东省13个援建市都派出了市长助理担任援建小组组长，高职低挂，兼任当地乡镇党委副书记，接受当地统一领导。这被视为一种组织机制创新，便于援建方和受援方的横向沟通。

之后，先后完成了《汶川灾后恢复重建镇乡建设规划》《汶川灾后恢复重建村庄建设规划》《汶川灾后恢复重建规划标准与准则》《汶川灾后恢复重建镇乡生态规划技术导则》《汶川灾后恢复重建藏羌民居建筑特色研究》《汶川灾后恢复重建灾后纪念系统研究》[②]等，这些文本既是援建、受援双方互动的结果，也是广东对口支援汶川县灾后重建的基本行动指南。

需要指出的是，四川省作为“5·12”地震的主要受灾地区，也是对口援建的主要受援省，基于对四川各重灾县对口援建的是来自东中部省（市）级政府，出于对等接待的考虑，四川省人民政府办公厅在印发的《汶川地震灾后恢复重建对口支援实施意见》中明确规定，不仅要设置有省政府领导主导的对口支援工作机构，还要成立有省政府领导参加的对口支援接待机构，确保在对口支援组的统一指挥下，负责支援省（市）与受援县（市）的衔接、协调和接待工作。以此化解由于援建方与受援方行政级别不对等可能带来的问题。并要求各受援县（市）抓住灾后恢复重建对口支援的机遇，学习借鉴支援省（市）的发展经验，充分发挥双方的比较优势，找准结合点，寻求双方广泛领域的交流与合作，从单一支援向互惠合作发展，变输血为造血，在推动灾区恢复重建的同时，实现经济社会又好又快发展。[③]同样显示了地方政府的主导性、能动性。

三、对口援建是促成跨越发展的重建模式

严格来说，临时安置是地震发生后赈灾救援阶段，“5·12”的灾后重建主

---

① 广东省建设厅援建领导小组:《重建规划“前导工作”和“现场调研”阶段工作小结》，新浪博客，2008年9月29日。

② 广东省建设厅援建领导小组:《重建规划“前导工作”和“现场调研”阶段工作小结》，新浪博客，2008年9月29日。

③ 四川省人民政府办公厅:《四川省人民政府办公厅“关于印发汶川地震灾后恢复重建对口支援实施意见”》，中国阿坝州门户网站，2008年6月19日。

要是“恢复重建”和“发展重建”两个阶段。笔者注意到在国务院颁布的《汶川地震灾后恢复重建条例》确定的一系列政策，基本是围绕过渡性安置和恢复重建阶段出台的。而且政策措施支持范围覆盖灾后恢复生产和重建的各方面，重点支持城乡居民倒塌毁损住房、公共服务设施和基础设施等恢复重建，主要特点是包括灾民安居乐业，社会生产、服务功能得以重塑，生态环境恢复、公共服务重建、生产重建、文化重建，社会经济步入正常发展的轨道为主要任务。当我们检视灾后重建的实际效果时不得不承认，受地震重创的灾区各县市的社会经济、公共服务和文化事业不仅恢复到灾前的水平，而且获得了跨越式的超前的发展，即城乡居民住房条件显著改善、公共服务设施水平大幅度提升、基础设施保障能力明显提高、产业发展实现再生性跨越、精神家园得到了同步重建。

表1　近年中外大地震损失数计比较

地点	日期	震级	死亡人数	损坏房屋数量	估计经济损失（百万美元）
古吉拉特	2001年1月26日	7.9	20 000	400 000	2.1
神户	1995年1月17日	7.3	>6 400	100 000	87
马尔马拉	1999年8月17日	7.4	18 000	113 000	10.0—15.0
巴基斯坦	2005年10月8日	7.8	>73 000	>200 000	5.2
汶川	2008年5月12日	8	>69 000	>4200 000	123

来源：http：//web.worldbank.org/ 汶川地震背景资料

如果将视野移向其他国家和地区同类自然灾害的重建更显出这样的灾后重建成就来之不易。1995年1月17日日本发生的7.3级阪神大地震，造成6 400多人死亡，3万多人受伤，30多万人无家可归。其重建包括从避难所、临时住宅、街区恢复到生活重建，日本政府及各界耗费10万亿日元，耗时近10年的时间。1999年9月21日在台湾南投县发生的7.3级地震，造成2 321人死亡，8 722人受伤，8万多间房屋受损，其人员伤亡及财产损失远没有四川汶川大地震那么大，但是直到2008年，其地震灾区的产业恢复成功不足30%，发展新产业不足10%，很多原有产业被毁掉，没有得到恢复，著名的日月潭景区旅游也花了八九年时间才逐渐复苏。[①]有研究认为，以往国内外的地震灾后重建模式，大都采取了先恢复后发展的方式。即优先恢复基本的、紧急的住房、基础设施、

① 舒文明、郭宇宽：《921大地震对台湾社会的深远影响》，2008年7月27日。

公共设施项目，再进行产业重建，而在产业重建中大多也是以先“复原”为主，再考虑“升级”发展。因此，其灾后重建的速度比较缓慢，重建时间较为漫长，有的长达十年甚至数十年。[①]

汶川地震重灾地区之所以能在三年重建的时间内取得令世人瞩目的跨越式发展，与中央政府的统一领导，统筹安排，与全社会的共同参与和国际社会的支持是分不开的。最核心的一点是对口支援机制的落实，对口支援省市的鼎力援建是关键。有研究认为，“5·12”大地震的重建模式根本特征在于，将“先恢复、后发展”的常规性梯次重建改为“恢复与发展相融合”的跨越型同步重建，在重建中实现超常发展。[②]在汶川县“5·12”地震灾后农房建设工作方案中，把援建方作为重要重建资源加以规划。如，房屋维修加固责任主体为各乡镇人民政府，协同单位为对口援建市和县规划建设局，要求在2008年11月底前完成；建材供应实施主体为各乡镇人民政府，协同单位为对口援建市和县经济商务局，要求在2008年9月开始供货，随时保证重建材料供应；农村重建实施主体为农户及乡村组织，协同单位为对口援建市及县经济商务局、县规划建设局、县民政局、县国土资源局、县财政局，要求在2008年12月底完成示范村建设，2009年11月底完成农村重建；县敬老院、社会福利、救助中心房屋重建实施主体为县民政局，协同单位为对口援建市和各乡镇人民政府，要求在2009年11月底前完成。[③]这样的协作，是重建得以顺利进行并取得跨越发展的根本保障。以下仅列举几个数据即足以说明汶川县在广东省援建下，灾后恢复重建取得了跨越性发展。

●2010年1—8月，汶川记录下一系列数字：

汶川县规模以上工业企业实现工业增加值10.29亿元，同比增长66.8%；

完成地方财政一般预算收入1.14亿元，增长99.9%；

全社会固定资产投资完成73.19亿元，增长2.4%；

实现社会消费品零售总额2.6亿元，增长18.8%；

---

① 傅阳编:《从起立到起跳：发展型重建的四川模式》，中国网新闻中心，2011年4月14日。

② 张迪:《广东对口支援汶川恢复重建全面完工》,《南方日报》，2010年10月9日。

③ 同上。

接待海内外游客102.23万人次，增长48.5%；实现旅游收入3.4亿元，增长1.5倍。

●在广东确定的82亿元对口支援建设资金中，住房、教育、医疗、卫生、城乡饮用水等民生工程的比重高达80%。

矗立在岷江岸边，汶川一中总建筑面积近7万平方米的超级学校，奇迹般地在灾后79天封顶，规模相当于半个国家大剧院，支撑起学校每一寸钢筋混凝土的是广东不惜代价的投资——2.6亿元。

2009年8月27日——广东援建第380天，省长黄华华把我省援建的16所学校项目整体移交给汶川县，1.4万名汶川学生搬进高质量、现代化的新校园。

2009年12月3日——广东援建的第484天，省委书记汪洋代表广东，把总投资30亿元的“十大民生工程”333个项目钥匙正式交付汶川。

——完善的医院体系开到了家门口，汶川乡亲们不再为看病备受周折。

——村村通水泥路，半年不下山、一脚泥巴一脚水的烦恼成为历史。

——海拔2 000米的千年羌寨萝卜寨人世代过着背水生活，江门工作组到海拔近3 000米的大山深处找水，清甜的高山泉水经过上万米的管道流入各家各户。

——绵虒镇路边，一个川西风格建筑汶川福利院里，每当暖洋洋的阳光洒进花园时，石凳上总是坐满了晒太阳的老人。他们是来自汶川各地的孤寡老人，生活失去依靠的他们，如今在福利院里种菜、跳锅庄舞，生活很悠闲很“巴适”。

——援建之初，水磨镇高耗能、高污染的工厂有60多家，山清水秀的山谷，终日被烟尘所笼罩；灾后重建中水磨镇被佛山“腾笼换鸟”式的产业转换重构为西羌“桃花源”，4A级景区。获得联合国“全球灾后重建规划设计最佳范例”称号，被誉为“世界灾后重建的灯塔”。为发展旅游和新型特色农业，保护当地的自然与文化特质，打造经济造血功能提供了典范。

——旨在承接沿海发达地区优势产业转移，帮助汶川发展农业、旅游业等长效产业的广东—汶川工业园，力争到2013年实现工业销售收入50亿元，工业增加值15亿元。[①]

●再看阿尔村所在的龙溪乡重建三年来发生的翻天覆地的巨变。

——在广东省政府、香港红十字会、湛江市各界和各地各界的倾力援助下，龙溪干部群众自力更生，重建家园，灾后二年全乡1 138户受灾农户全部住入新居。

——新建的龙溪小学包括教学办公综合楼3 487.25平方米、教师学生宿舍楼3 836.14平方米，配套建设大门、操场、体育场、绿化工程，按国家完全小学标准配置教学设备，全校总占地面积7 157.8平方米，学校能满足龙溪乡未来20年的教育发展需要，基本实现教育城乡均衡化。

——新建的龙溪乡卫生院地处全乡8村16寨中心地带，成为全乡最先进的现代化的服务设施，在每村配套建设村级卫生站，为每一位患者提供便捷舒适的服务，灾区群众不再为看病备受周折。

——建设一条通乡道路，6条通村公路，4条通组公路，总里程95.6公里，全乡交通基础条件极大改善，从此，结束居住在高半山的羌民半年不下山、一脚泥巴一脚水的烦恼历史。

——建设两宗集镇供水工程、八宗农村饮水安全工程，清甜的高山水经过上万米的引水管道流入各家各户，全乡4 600多群众结束世代过着背水生活的历史。

——精心打造的羌人谷民俗文化博览馆是地震灾区恢复重建中建设的乡镇一级唯一的文化博览馆，用实物记录着即将逝去的古羌文明，展示羌寨人文风情，传承古羌民俗文化。建设东门口羌族民俗文化旅游示范点，保留古羌独有的粗犷与原生态。让重建后的龙溪乡凸显羌文化、展现羌特色、树立新形象，开发旅游业更有信心。

——2010年，全乡农业获得丰收，农民收入较大幅度增长，许多村民的物质生活水平，已超过了地震前水准，龙溪群众说："如果没有地震发生，我们的生活水平，可能20年之后也达不到现在的水平。"[②]

---

① 汶川县人民政府:《汶川县人民政府关于印发<汶川县"5·12"地震灾后农房建设工作方案>的通知》，汶川县人民政府网站，2008年10月10日。

② 阿坝州政府信息化工作办公室:《六十年风雨兼程路 数不尽艳丽汶川花——汶川县60年社会经济发展回眸》，阿坝州门户网站，2009年10月3日。

面对灾后重建取得的巨大成就，汶川县县委书记青理东代表汶川县10万藏羌人民充满信心地说："我们坚信，未来的汶川，必将经济繁荣更发达、人民生活更殷实、社会和谐稳定、文化延续传承、生态全面改善、魅力超越震前。"①

对比地震前汶川县的经济社会发展水平②，以上所取得的灾后重建及发展成果，其重要经验是"重建与发展相融合"。但如果没有对口援建方巨大的财力、人力和技术投入，仅靠中央政府财政支持和汶川县人们的自力更生是难以实现的。

四、对口援建模式是实现跨区域分担灾害风险的创新机制

联合国开发计划署曼谷区域中心南南合作处项目处专家赞德利卡·威利森认为，四川灾后恢复重建的一个关键经验是政府发挥的核心作用，这体现在政府对各种资源的协调能力，对灾区未来的超前规划能力，以及对民众的有效带动能力上。中国人民大学教授莫于川认为，在灾难应对和灾后重建中，社会力量、市场力量、民众力量等多元力量的广泛参与既是现实需要，也是公民的主体意识、权利意识逐渐提高的具体表现。在四川地震灾区的灾后重建中，政府之外的力量已经显示出了活力。③尽管经过全社会的共同努力，"5·12"大地震重灾地区灾后重建取得了令世人瞩目的成绩，但"5·12"赈灾经验，特别是灾后重建的经验能否成为人类对灾害风险管理共享的经验，是值得进一步探讨的。

"5·12"灾后重建过程及其成就的基本事实，无疑显示出对口支援模式是一种有效的灾害风险转移或风险分担机制。据资料统计，这次汶川地震造成的

---

① 2007年，汶川县经济总量达到了287 721万元，工业增加值为194 546万元，销售收入500万元及以上工业企业46个，实现工业总产值38.69亿元，第三产业增加值为47 706万元，货运周转量为17 410万吨/公里，旅客周转量为86 270万人/公里，公路通车里程为660公里，拥有二级公路347公里。全社会固定资产投资达到152 776万元，农业机械总动力达到5万千瓦，城乡居民储蓄存款116 751万元，社会消费品零售总额43 438万元。资料来源：阿坝州门户网站。

② 胡彦殊：《四川经验正上升为人类成果》，《四川日报》，2010年9月23日。

③ 张瑜编：《四川地震灾区对口援建项目完成过半》，《中国青年报》，2010年2月1日。

直接经济损失高达8 451亿元人民币，四川最为严重，占到总损失的91.3%。如今，四川灾区民生项目和基础设施重建不仅仅原状恢复，而且从工程质量、建设风格、功能配套、运行管理等方面已经实现了赶超跨越的目标。可以想见，如果没有18个省市的对口支援，仅靠地震前2007年度GDP为4 408.1亿元的四川省一省之力和中央政府的投入，要在三年内取得目前恢复重建的成就是根本不可能的。因此，对口支援机制受到中外灾害风险专家的肯定。

聚焦于汶川地震的对口支援灾后重建模式，会发现这一机制对灾区重建具有以下功能。

（一）践行政府统筹，在短时间内调动社会资源完成赈灾目标

对口支援是建立在“政府主导、社会参与、市场运作、多元投资”的重建机制下的一种高效率赈灾重建模式。地震发生后第八天，5月20日，国务院抗震救灾总指挥部要求广东省为汶川县灾区建设9万套过渡安置房。广东省委、省政府对此高度重视，成立了广东支援四川地震灾区临时住所建设协调小组。5月21日上午，第一批活动板房共16 000平方米火速起运，60位安装人员也同时前往。到2008年5月15日，广东省已在汶川县城威州中学和映秀镇建起了1 800平方米的临时安置房。累计调运3 275顶帐篷，调运50吨挡雨布和价值10 286万元的其他救灾物资。6月14日，广东省又紧急下达广州市另外承担阿坝州10个县459套高考活动板房建设任务，要求在6月30日前必须交付使用。对此，广州前线指挥部抽调200多人组成北路、中路和南路三支“远征军”，昼夜兼程，翻山越岭，辗转数千千米。经过10多天的艰难施工，于2008年6月24日，全部高标准、高质量、高效率完成了10个县的高考板房建设任务。之后的援建工作，如前文所述也按中央要求圆满完成。可以说，对口支援是在中央领导下政府统筹的应对灾害风险机制，其优点在于明确了支援的对象和目标任务，收到高效赈灾救援的效用。

（二）实现了灾害损失分担，在较短时间内达成灾区恢复重建和跨越发展的目标

对口支援其实是一种灾害损失分担的机制。地震前，2007年汶川县经济发展总量为28亿元，地震中遭受重大损失，广东援建资金累计112亿元，也就

是说，援建资金量相当于汶川县2007年经济总量的4倍，而且包括提供规划编制、建筑设计、专家咨询、工程建设和监理等服务；选派师资和医务人员，人才培训、异地入学入托、劳务输入输出、农业科技等服务。如援建龙溪乡的湛江市积极搞好就业援助。2009年初市劳动保障局组织湛江企业赴龙溪举办专场招聘活动，提供从“家门”到“厂门”的“一条龙、全程化”跟踪服务，对灾区劳动力到湛江就业实行优惠待遇，湛江企业为每位灾区务工人员提供免费住宿和不低于1200元的月薪收入，累计有25名群众签订就业意向。组织3批共10多名医务人员在龙溪开展卫生防疫、医疗救治等工作，湛江医疗队通过举行义诊、送医下乡，诊疗病人5 000余人次。认真做好教育援助工作，组织湛江市二中海东小学与龙溪小学“结对帮扶”活动，有计划安排教师和学生互动互助。援建过程中，虽遭遇严重的国际金融危机，广东仍坚持援建工作“决心不变、力度不减”，坚持“输血与造血并重，重建与发展并举”的务实精神。换句话说，对口援建涵盖了资金援建、科技援建、智力援建、技术援建及产业链的延伸。更重要的是援建过程中，给灾区带来了发达地区的发展理念、思路和工作方式的影响。如，水磨镇由过去高能耗、高污染、低效率工业小镇转变为山水优美、街道整齐和谐的4A级旅游景区，完全得益于对口援建的佛山市的发展理念。

（三）建构为跨区域互动的平台，实现支援与受援双方“合作共赢”的桥梁

对口支援使灾区各县市与发达地区18个省市建立起受援和支援的关系，依靠支援方的地方财政的支出、受援地区的自力更生和中央财政支出，基本完成了重建任务。在重建中通过支援与受援双方政府的互动，加深了彼此的理解。到对口支援后期，支援与受援双方开始谋求长效的合作机制，变对口支援为“对位合作”。基于此，2011年初，四川省党政代表团先后赴山东、广东，与两省分别签订了战略合作协议。本着互利共赢的原则，四川将资源和市场优势与援建省市的产业优势深入对接，以感情为基础、经济为纽带、园区为载体、项目为支撑、制度为保障的对口合作长效机制正在逐步形成。2010年4月，广东省政府与汶川县政府签署了《粤汶长期合作框架协议》，对口支援结束之后，力争用3—5年时间，使双方在技术援助、管理援助、产业合作、干部培

养等合作中取得进展。再如，援建四川崇州市的福建省积极推动闽籍企业与彭州开展产业合作，有21家闽企与彭州市签订了投资协议，涉及农产品加工、纺织、机械等多个领域，其中16个项目已落地，总投资4.85亿元。“对位合作”是建立在灾后重建帮扶中区域、行业、部门充分了解的基础之上，可以减少支援方与受援方在合作项目和合作方式上的盲目性，实现彼此功能上的良性互补和无缝对接，保障合作的顺利进行，最终实现双方帮扶共进、合作共赢和优势互补。

五、结语

对口支援模式之所以能成为在“5・12”大地震灾后重建一个很重要的路径，是四个因素促成的。首先，对口支援是中国自20世纪50年代开始探索的一种跨区域或跨行业援助、帮扶政策，特别是80年代用于东中部发达地区对西部欠发达地区、边疆民族地区，援藏、援疆及扶贫领域等，经过多年探索，累积了一套行之有效的对口支援工作方法和运行机制，为“5・12”灾后重建对口支援提供了借鉴的框架。其次，社会主义制度的行政机制为对口支援的启动和运行提供了制度性保障。对口支援能成为一个高效率的赈灾社会动员、重建机制，前提是有相对集权且政令统一的强力中央政府主导。亚洲开发银行代表在“5・12”地震灾区考察后认为:“政府强大的动员能力，是救灾速度和效率的保证。”“大灾之后，中央统一安排，由发达地区支援灾区的做法，世所罕见。”[①]这在分权制联邦国家是不易实现的。第三，改革开放30多年所取得的经济发展成就，累积的财力、物力为对口支援提供了物质基础。相对于1976年的唐山大地震，在国家经济处于崩溃边缘的情况下，对口支援难于践行或者难以达到迅速恢复重建的目标。第四，对口支援在中国具有其特殊的合理性。“一方有难，八方支援”固然是中华文化的优良传统，但优良传统解释不了该模式的合理性，对口支援的合理性集中表现为“全国一盘棋”上，符合中央关于实现区域经济协调发展的战略部署。1949年以来，国家的经济社会发展均受到高度规划，区域发展的先后、行业产业的布局、资源配置的量化等均掌控在中央政

① 刘铁:《论对口支援长效机制的建立——以汶川地震灾后重建对口支援模式演变为视角》,《西南民族大学学报(人文社科版)》，2010年第6期。

府手里，由此，这一看似发达地区对欠发达地区的对口支援，可以理解为对欠发达地区政策补偿、资源配置差别的回馈。从这一角度上说，中央政府领导的由地方政府实施的对口援建模式具有其合理性。

需要指出的是，灾后重建对口援建模式在具体运行中还存在一些值得进一步探讨的问题。有研究指出，其存在的问题如：支援地区与被支援地区的需求和供给不一致；支援方与被支援方在项目选择上缺乏量力而行的考量；支援方与被支援方在利益分配上出现冲突等。①还有人认为，对口支援的法律法规还需要进一步完善，如，国务院在《汶川地震灾后恢复重建对口支援方案》中关于"各支援省市每年对口支援实物工作量按不低于本省市上年地方财政收入的1%考虑"的规定与《中华人民共和国预算法》的规定存在权限冲突。且在实施机制上也存在着随意性和不可操作性。②此外，在笔者的考察中，对口援建模式还存在诸如双方的援建预期通常不一致，即一些学者所指出的对口援建省份和受援地之间存在的"供需错位"矛盾③，需要双方妥协才能实现援建任务。广东、江苏等省市采取了"交钥匙"与"交支票"相结合的方式，某种程度上就是"妥协"的结果。如，当广州援建组带着28亿资金来到汶川县城时，迎接他们的却是当地政府开出的160亿重建项目清单。最终，广州28亿援建资金，"交钥匙"的为21亿多，另有6亿多元以"交支票"的形式交给了当地政府。此外，对口援建资金存在漏斗效应，即对口援建资金主要是在施援地区形成购买力。据估计，对口援建项目投资大约70%都是在援建省市直接完成，仅有不足30%的投资在受援县市形成④。对口援建主要带来的是施援地区的市场放大效应，不利于受灾地区市场范围的扩大，甚至产生了对受灾地区市场的挤出效应，对灾区本地的经济发展、就业带动势必有限。

据联合国统计，世界范围内54次最严重的自然灾害有8次在中国，据民政部统计，近十年来我国每年自然灾害造成的直接经济损失都在1 000亿元以上，

---

① 黄承伟、陆汉文主编：《汶川地震灾后贫困村重建进程与挑战》，北京：社会科学文献出版社，2011年版，第256页。

② 郭岚：《中国特色的对口援建：问题与政策建议》，四川省政府办公厅网站，2010年9月22日。

③ 同上。

④ 同上。

常年受灾人口达到2亿多人次[①]。探索灾害风险控制、风险转移及灾害损失分担长效机制显得十分重要，对“5·12”大地震灾后重建对口援建模式经验的研究或许能为重大灾害风险管理研究提供一些有益的借鉴。

（作者杨正文，西南民族大学教授、博士生导师）

① 王新新:《我们如何应对特大自然灾害风险》,《经济导刊》，2008年第21期。

论防灾减灾概念、理论化和应用研究

李永祥

防灾减灾不是“防灾”“减灾”的简单相加，也不是均衡的二等分，而是一种既相互联系又相互区别，既有理论基础又有实践意义的系统概念。它们结合在一起使用，与联合国减灾战略中“减轻灾害风险”相似。在防灾减灾工作中，“防灾”是灾害发生之前的各种备灾活动，“减灾”是限制致灾因子的不利影响;“防灾”是灾前措施，“减灾”是最终目的。因此，防灾减灾在中国需要上升到国家战略，走自然科学和社会科学相结合的道路。

一、防灾减灾的概念

防灾减灾研究是灾害研究的重要组成部分，任何学科的灾害研究都涉及防灾减灾问题，或者说，灾害研究的最终目的是为了防灾减灾。防灾减灾在自然科学和社会科学中都得到深入的研究，自然科学中的防灾减灾研究主要偏重于技术问题，也就是结构性的防灾减灾；而社会科学重视非结构性的防灾减灾研究，通过社会组织、文化、政治、经济等方法来达到预防和减灾的目的。在防灾减灾的社会科学研究中，经济学、社会学、管理学、社会保障学、人类学、发展学等都从不同的角度，对防灾减灾进行深入的研究，在国际减灾机构中，都有这些学科的人员参与。灾害经济学家认为，防灾减灾就是要寻求灾害损失的最小化，同时维护社会经济的可持续发展。这就需要政府、社会、企业和居民采取行动，实现相应的经济效果。社会学家认为，防灾减灾的关键是社会文化功能得到保持，当中最为关键的问题是文化系统崩溃与否的问题，灾害之所以是灾害，就是因为文化应对的失败。或者是文化保护功能的崩溃，因此，保护社会文化系统是防灾减灾的关键。灾害保障学家认为，防灾减灾就是要建立灾害保障体系，也就是要建立一种以政府救灾、灾害社会保险和灾害商业保险为主，灾害互助保障和社会援助为辅的灾害保障方式。灾害历史学家认为，灾害的历史与人类的历史一样久远，人类在受到灾害打击的同时开始认识灾害，有了防灾、减灾、救灾的思想和实践，这些在实践中产生的意识、措施、制度等在今天的防灾减灾中起到了资鉴作用。由于当代社会的复杂特点，灾害类型的繁多和交错，并随着防灾减灾技术的发展和不断进步，一种新的综合防灾减灾对策和方案将受到不同学科研究者的重视。本文虽然主要从人类学的角度进行讨论，但是，多学科的概念也在本文中得到显现。

“防灾减灾”是一个词组，由“防灾”和“减灾”构成，既相互区别又密不可分。防灾在西方文献中使用的词汇包括了prevention、preparation、precaution等，而减灾的词汇包括了mitigation，relief等。在汉语中，与防灾减灾有关的词汇还包括了御灾、备灾、抗灾、救灾、灾后重建等核心词汇。这些概念从灾害过程上分为两大类：灾害发生之前和灾害发生之后，防灾、备灾、御灾、防震、防洪、防火、防旱、防汛等属于灾害发生之前的概念，而减灾、救灾、救火、自救、互救、恢复重建等属于灾害发生之后的概念。防灾减灾是一个综合概念。

“防灾”和“减灾”的概念在国内外不同领域中都得到了深入的讨论。联合国国际减轻灾害风险战略（UNISDR，2009）的专家们将“防灾”定义为“全面防止致灾因子和相关灾害的不利影响”。“减灾”定义为“减轻或限制致灾因子和相关灾害的不利影响”。联合国减轻灾害风险的专家们认为，防灾的方法是通过事先采取行动，如消除洪水风险的水坝和堤岸，土地使用中规定不许在高风险地带建立定居点，以确保重要建筑不损毁等。减灾也有具体措施，如保护工程技术，抗御致灾因子的建筑，改进环境政策和公共意识等。防灾减灾的关系密切，防灾的目的是为了减灾，减灾的目的是为了增加人们的抗灾能力，“防灾”是指灾害发生前的工作，其目的是防止灾害发生或者减少不利影响，“减灾”则可以是灾害发生之前的工作，也可以是灾害发生之后的工作。

人类学者对于防灾减灾概念的研究以社区和文化为基础，社区是人类学家的核心概念之一，在灾害研究中也得到强调，托瑞（W. Torry）甚至认为灾害的理论本质上是社区的理论，即社区的连续性（continuity）和变迁（change）。人类学对于重视不同的灾害类型有不同的防灾减灾方式，在社区中体现得尤为明显。如孟加拉国平坝地区的房屋被建筑在地势较高的地台和底座上，并且具有一个“假屋顶”，人们能够将粮食储藏在屋顶下面，如果洪水进入家里，家庭住户能够在床上做饭、吃饭、睡觉和储藏食品，如果需要，还能够通过在支架下放上砖头将床升起来。另外的物品储藏在较高的支架上，或者挂在从屋顶吊下来的麻网内。牲畜被关在为它们制作的木地台里得到特殊保护。在干旱和饥荒灾害方面，非洲亚撒哈拉地区原住民茨瓦纳人（Tswana）能食用250多种野生食物；泰塔人（Taita）的儿童能找到80种野生果子作为小吃，他们在家中的主食常常配上野生绿菜。他们的食品保存和储藏方式能有效地应对干旱灾害。人类学者的防灾减灾研究重视文化，强调传统知识在防灾减灾中的作用。防灾减灾在人类学家看来就是经验、文化、观察和社区组织相结合的产物。

然而，“防灾减灾”并不是“防灾”和“减灾”两个概念的简单相加，它是一种具有理论和实践基础的系统意义。在实践中，首先要重视防灾工作，换言之，防灾减灾工作的核心是“防灾”，没有防灾方面的投入，减灾和灾后恢复重建就要付出较大的代价。因此，防灾的投入不是没有多少意义的投入，而是一种有回报的投入。国际经验认为，每投入1美元的防灾资金，就可以为今后节约4—7美元的恢复重建费用。日本在1995年之后将每年财政预算的5%投入到防灾减灾事业中，2011年东京大地震及海啸发生时损失减至最低，而孟加拉国无法做到有效的防灾投入，结果不得不将发展资金的40%用于灾后重建。很多国家只重视救灾物资的投入和准备，不在防灾方面进行投入，结果损失巨大。因此，防灾减灾的关键是“防”，只有做好防灾才会实现减灾。其次是要重视救灾，救灾包括专业救灾、村民自救、互救等。救灾是一个综合的应急工作，其核心是社会文化系统的维护和功能继续发挥。再次是灾后恢复重建，这种工作可能持续很长时间，如果重建工作没有做好或者考虑不充分，就会产生新的困难和矛盾，其影响时间可能超过10年。由此可以看出，防灾减灾是一种相辅相成的关系，但也不是均衡的二等分，是在投入上各有轻重。防灾减灾的投入重点是防灾，防灾中的投入能够减少灾害损失，并导致救灾和恢复重建方面减少投入。因此，防灾的目的是为了减灾，实现了减灾，也就达到防灾的目的。

二、防灾减灾理论化

理论化的过程就是基本概念内涵和外延不断延伸的过程，也是探讨基本概念和其他核心概念关系的过程。防灾减灾与灾害研究中的两个关键概念“致灾因子”（Hazard）和“灾害”（Disaster）的关系极其密切。“致灾因子”被定义为“一种危险的现象、物质、人的活动或局面，它们可能造成人员伤亡，或对健康产生影响，造成财产损失，生计和服务设施丧失，社会和经济被搞乱，或环境损坏”。而“灾害”被定义为“一个社区或社会功能被严重打乱，涉及广泛的人员、物资、经济或环境的损失和影响，且超出受到影响的社区或社会能够动用自身资源去应对”。联合国国际减灾战略认为：“世界上不存在什么‘自然’灾害，只存在自然致灾因子。”他们在《从不同的角度看待灾害：每一种影响背后，都有原因》的文章中写道：灾害绝不是“自然的”。自然提供致灾因子——地震、火山爆发、洪水等——但灾害是在人为因素的帮助下产生的。我们无法防止火山爆发，但是我们可以防止火山爆发演变成一场灾害。此外，他们还在另一篇文章《减轻灾害风险：一个实现千年发展目标的工具》中也表明了致灾因子和灾害相区别的观点：纯粹的“自然”灾害是不存在的。许多致灾因子都是自然形成的，而且是不可避免的，例如飓风、洪水、干旱和地震。它们是“致灾因子”，但如果没有充分准备，它们会潜在地伤害人类、破坏经济和环境。当致灾因子导致灾难，使社区乃至整个国家没有外援就无法应对时，“灾难”就发生了，正如最近遭受地震袭击的海地。因此，灾害既不是不可避免的，也不是“自然”的。在人类学界，防灾减灾与灾害和致灾因子的关系也得到了深入的讨论，如美国灾害人类学家奥利弗·史密斯（Oliver-Smith）和霍夫曼（Hoffman）认为，灾害是由自然、变动或者环境构建出来的能够潜在性地造成破坏的因子/力量与社会和经济性地生产出来的脆弱性条件下的人口状况相结合的事件/过程，其结果能对满足个体和社会的物质生存、社会秩序和意义需要的传统和相对满足造成可视性的破坏。致灾因子是自然的，灾害是人为的，这种在灾害研究（特别是防灾减灾研究）中具有理论和实践方面的意义。在理论方面，可以充分阐述灾害的预防和减轻理论，为人类反思自身的行为提供理论支撑，特别是避免因为怕负责任而将灾害的原因完全归结到自然之上。在实践方面，既然确信所有的灾害都是人为的，那么就完全有可能预防和减轻，通过各种措施达到防灾减灾的目的。即使致灾因子有自然的成分也有人为的成分，笔者还是认为致灾因子也是可以预防的成分，因为完全不可避免的致灾因子如地震、火山、飓风、泥石流、干旱等只是所有自然致灾因子的一部分，更何况泥石流、干旱等还有人为因素在其中。很多致灾因子完全是人为因素造成的，如石油泄漏、核泄漏、城市火灾、传染病等。

由此可知，自然致灾因子是一些自然现象，如地震、火山活动、热带气旋、海啸、干旱、沙尘暴、雨雪、冰冻、洪水、泥石流等，它们可能造成损失，也可能不会造成损失；而灾害则是由人为因素造成的各种致灾因子的损失。此观点虽然受到一些学者的质疑，但也得到越来越多的不同学科学者的支持，如美国华盛顿大学斯蒂文·郝瑞（Stevan Harrell）教授坚持认为自然灾害并不存在，它提醒我们必须认识到灾害是当社会—生态系统无法承受来自系统以外的干扰所造成的影响时，人们所遭受的极端事件。由此可知，灾害是由自然致灾因子和人为因素结合在一起造成重大损失的现象，它清楚地表明在致灾因子向灾害的转化过程中，人为因素起着很重要的作用。需要说明的是，区别了灾害和致灾因子，灾害的预防和减灾在理论上就进入可控的框架和范围之内。

防灾减灾中面临的一个重要问题就是能力建设，能力建设被定义为“社区、社会和机构可以用来实现确定目标的各种力量、软实力和资源的总和”。通常情况下，能力建设包括基础设施、物质手段、机构、社会应对能力，以及人的知识、技能及综合的软实力，如社会关系、领导水平、管理能力等。在我国，防灾减灾的工作主要是通过减灾委、气象、地震、水利、民政等部门进行的。能力和体系建设是一个系统的工程，不同的灾害类型和不同的民族与经济状况都会出现能力上的差异，如地震灾害的防灾减灾能力建设与干旱灾害的防灾减灾能力建设并不一样，极端贫困者和富裕者的防灾减灾能力也不一样，不同的环境和社会脆弱性条件下的防灾减灾能力建设也不一样，等等。因此，我们要将防灾减灾融入经济和社会发展中，提倡抗灾式发展，在注重灾害普遍性的同时，也要对不同灾害类型的特殊性给予足够的重视。

环境脆弱性、环境退化和生态恢复力与防灾减灾的关系极其密切。环境退化是导致脆弱性的直接原因，换言之，如果环境保持在稳定的状态之下，就很难形成脆弱性，脆弱性能够在自我或者一定条件下得到恢复，也是生态变得临时性脆弱还是永久性脆弱的重要参考因素。生态恢复力被定义为一个系统能承受干扰动乱并保持其基本功能和结构的能力。环境脆弱性小，那么恢复力就强；环境脆弱性大，那么恢复力就弱。生态系统的恢复力取决于环境退化与否，脆弱性大小与否，都会导致致灾因子的发生，都与防灾减灾有着密切的联系。

防灾减灾还与传统知识（或者地方性知识）和风险观察能力有着密切的联系。传统知识被认为是世界范围内与自然资源的传承和生态整体保护有关的具有很高价值的信息资源。传统知识的系统为人类提供了自然科学没有或者无法提供的洞察力。各民族对于周边环境脆弱性和致灾因子和灾害的观察建立在传统知识的基础之上，知识系统中具有我们科学上所称的预警系统，虽然传统社区中的预警系统不像科学的预警系统那样能够在大的地区范围内产生影响，但它能够有效地收集到与危险、灾害相关的各种信息，并将其传播到社区的大多数（即使不是每一个）成员之中，使成员能够在较短的时间内采取行动。通常情况下，如果潜在的灾难信号出现，有责任的领导就应该预测到危机，并采取行动来阻止意外的发生，在泰国，2004年海啸发生之前，一个部落首领看到海面突然下降时，觉得危险即将来临，所以他立刻决定将部落的人疏散到山上，使得1 800多人得救。通过传统知识来实现防灾减灾的目的，在原住民社会普遍存在，这是灾害研究中很值得注意的重要部分。

防灾减灾研究中一个很重要的概念是适应，这也是人类学家奥利弗·史密斯等人一直强调的。适应是早期生态人类学中很重要的概念，早期的生态人类学被定义为唯心主义和唯物主义的辩论范围，文化被认为是适应环境的工具，是工具性的而非形式的。美国人类学家朱利安·斯图尔德（Julian Haynes Steward）认为生态学的基本意义就是“环境适应”，而环境是所有生命网络的一部分。在那里，所有的动物和植物都相互作用并有独特的领地。适应的概念被用来解释进化中的新基因的起源，解释表现形式的变化，描述生命网络的竞争方式。因此，适应在早期就被用来解释环境与文化的关系，防灾减灾在某种程度上就是当地人的环境适应和文化适应，包括灾害隐患点和搬迁点的环境和文化适应。

在防灾减灾以及其他概念的理论化过程中，出现了如同奥利弗·史密斯等人所认为的定义为“家族性近似”的情况，奥利弗·史密斯认为，灾害不是一些可以固定和严格界定的现象，它是一个具有争议性的概念，其边缘的模糊性构成了系列广泛的物质和社会事件与过程的“家族性近似”现象。因此可以说防灾减灾与其他的核心概念之间构成了一种复杂的“家族性近似”情况。

三、防灾减灾应用研究

联合国国际减轻灾害风险战略、国际气象组织、世界银行和世界卫生组织等都对减轻灾害风险，即防灾减灾进行了深入持久的应用研究。除国际组织之外，世界各国也都对防灾减灾进行了应用研究，取得了一系列的研究成果，在实践中积累了丰富的经验。联合国国际减轻灾害风险战略每年都发表新的研究报告，不仅对各种术语进行定义，还将国际上不同国家的防灾减灾经验公布于世，让不同国家、不同文化背景和政治制度的人们可以相互借鉴和学习，共同交流。应该说，他们为人类的防灾减灾事业做出了贡献。在阅读国际相关研究报告和论文的时候，笔者认为学者们对于防灾减灾概念和方法有一致性看法，防灾减灾工作的核心是“防灾”，即“减轻灾害风险”（Disaster Risk Reduction，简称DRR），减轻灾害风险（DRR）被定义为“通过系统的努力来分析和控制与灾害有关的不确定因素，从而减轻灾害风险的理念和实践，包括降低暴露于致灾因子的程度，减轻人员和财产的脆弱性，明智地管理土地和环境，以及改进应对不利事件的备灾工作”。与减轻灾害风险有关的各种活动都被建议在防范的范围之内，联合国国际减灾战略和国际组织坚信，通过长期的努力和实践，人类已经在DRR上取得了长足的进步，并有很多可以分享的经验教训，对于不同地区、不同民族的防灾减灾具有重要的意义。

那么，怎样进行防灾减灾或者减轻灾害风险呢？具体能够采取什么有效的方法呢？防灾减灾由什么构成？其方法分为结构性方法和非结构性方法，结构的方法主要是工程的方法，包括翻新结构、加强结构等；非结构减灾地方法主要是社会文化的方法，包括短期计划，如应急计划、教育计划、影响预测、警告过程，还包括长期计划，如房屋建设、土地使用控制、保险、教育和培训等。结构的方法其实就是工程性措施，而非结构的方法就是非工程性措施。这在联合国国际减轻灾害风险战略中多次被提到。很多学者认为，工程措施和非工程措施应该同时得到关注，但要根据致灾因子和灾害发生和管理的不同时段来区分什么时候应该强调工程措施，什么时候应该强调非工程措施。有意无意强调其中的一种，会造成灾害损失严重或者防灾减灾效果不明显的情况。减灾行为有四个阶段：准备、响应、恢复和灾后的减灾措施调整，每一个阶段的区分并非十分严密，只是依据思路、组织、行动、研究和调整灾害管理政策来粗略划分。对于综合性的防灾减灾研究方面，世界银行的专家们提出了四条给政府的建议和一条给援助机构的建议：第一，政府能够而且应该确保人们可以方便地获取信息。第二，政府应该允许土地和房地产市场自我调节，如有必要采取针对性的干预措施作为补充。第三，政府必须提供充足的基础设施和其他公共服务，并且发掘多用途基础设施的潜力。第四，政府必须建立有利于公共监督的良好制度。第五，国际援助机构应在灾害预防事务中发挥作用。这些建议对于我国的防灾减灾实践研究也有借鉴作用。

防灾减灾的计划和方法随着国家和灾害类型的不同而不同，如地震灾害、泥石流灾害、干旱灾害等方法并不一致，而国家、地区、文化、技术、经济等也影响到防灾减灾的具体方法。尽管如此，也具有一致性的东西，如日本学者就认为，暴风雨灾害的防灾减灾方法需要知道如下状况：(1) 村民是否知道哪些地方有危险；(2) 知道避难场所在哪里？(3) 知道避难图；(4) 有没有进行过避难训练；(5) 有没有自我防灾组织。日本的评判标准可能与其他国家并不一致，但是对于乡村来说却具有很大的共同性。

在中国，防灾减灾强调综合战略，这是中国减灾委基于中国的灾害状况提出来的，即“基于中国灾害问题及其治理现实，立足国家全局与长远发展，从国家战略层面与宏观、综合的视角，探究符合时代发展要求并与中国发展变化中的国情相适应的综合防灾减灾方案”。很多学者认为，应将防灾减灾看成是国家安全的重要组成部分，上升为基本国策，并建议写入宪法，这无疑具有重要的意义。另外，中国的防灾减灾应用研究涉及政治、经济、科技、文化等方面，一个地区的防灾减灾实践是跨部门多领域相结合的结果。换言之，防灾减灾是整个国家和全体人民的事情。防灾减灾涉及不同的部门，如林业、水利、土地、气象、农业、民政、卫生、地震等部委办局；涉及不同的学科，如工程学、地质学，以及人类学、社会学、历史学、法学等；涉及不同的群体，如妇女、儿童、残疾人等；不同的地区，如高山地区、沿海地区、城市、地震带等；不同的灾害类型，如地震、泥石流、洪水、干旱、火山等；不同的内容，如物资采购、交通运输、工程建设等。由此可知，防灾减灾的内容因灾害类型的不同而不同，所涉及的内容也千差万别，例如，对于洪水、海啸多发地区，游泳培训是防灾减灾的内容；在极度贫困的地区，减贫是防灾减灾的重要内容之一。

中国防灾减灾研究有重视自然科学轻视社会科学的情况。很多研究者承认，防灾减灾方法有工程性的和非工程性（有的地方也称为结构性的和非结构性的）的方法，两种方法实际是不可分离的，因为防灾减灾涉及所有的人，仅仅靠自然科学的方法无法达到防灾减灾的目的。因此，提高全民的防灾减灾能力对于减轻灾害损失至关重要。所以，以人为中心，以社区为基础的防灾减灾方法是今后灾害的研究重点。要做到这些，就必须摒弃目前学界和政府中一些重视自然科学轻视社会科学的现象，事实证明，我国社会科学工作者对防灾减灾进行了卓有成效的应用研究，并且取得了丰硕成果。对于人类学家来说，防灾减灾的应用研究主要围绕汶川地震、西南大旱等灾害进行的，聚焦的领域很多，有的注重恢复重建中的羌族民族文化保护，特别是非物质文化的保护，有的强调恢复重建中的民族旅游开发和产业重建，有的强调巨灾风险分担机制中的对口援助方法。自然科学与社会科学的结合能够相互补充并取得很好的效果。

四、防灾减灾的研究前景与展望

防灾减灾研究属于应用研究的组成部分，但是，应用研究要有坚实的理论研究为基础，防灾减灾的研究也是这样，没有灾害人类学的基础理论研究，防灾减灾的研究不可能取得更大的成就。因此，我们提倡一种防灾减灾的基础研究和应用研究相结合的方法，即首先对防灾减灾进行基础理论研究，然后再进行应用研究。防灾减灾基础理论和应用研究在全球范围内都取得了很大的成就，但这些研究中有两种情况，基础研究以学院派为主，而应用研究以非政府组织为主，如国际发展组织在应用研究方面取得了很大的成就。学院派在基础研究方面的成就有目共睹，但在应用研究方面则比较缺乏；发展组织在应用研究方面取得了成就，但在基础研究方面比较缺乏。所以，防灾减灾研究需要基础理论研究和应用研究并重的方法。防灾减灾需要有坚实的理论研究作为基础，没有基础理论的支撑，应用研究就像空中楼阁，经不起实践的检验，防灾减灾的工作也不可能取得成就。同样，防灾减灾研究的目的是用于实践，基础研究需要为实践工作做出贡献，为当下的防灾减灾提出政策建议，我们不仅需要通过实践来丰富学科的理论，还需要从实践中来检验理论，因为研究的最终目的是为了实现防灾减灾。防灾减灾的基础研究和应用研究相结合的方法不仅是学科的需要，也是我国灾害管理的实践工作的需要。

防灾减灾的自然科学和社会科学研究在国际、国内都取得了丰硕成果。在国际上，联合国减灾战略等组织每年都发表研究报告，有的是年度报告，有的是专题研究，除了综合性的防灾减灾研究之外，还有针对不同国家、不同灾害类型的研究报告，特别是国际上的一些最新的防灾减灾经验、跨国跨区域合作经验等，都能够为不同国家、不同地区、不同文化背景和不同灾害类型的防灾减灾提供有益的经验。国内的防灾减灾研究也已经取得了丰硕成果，但是，国内外的防灾减灾合作研究并不非常充分，特别是社会科学中的中外合作研究明显不足。众所周知，美国、日本等发达国家在防灾减灾方面已经取得成就，很多经验都值得我们学习，即使是发展中国家，包括非洲的抗旱经验和南亚的防洪经验都值得我们参考，因此应倡导更多的国内外防灾减灾研究的交流和合作，促进不同学科、不同地区灾害合作研究的相互补充，为我国的防灾减灾服务。

中国国内的防灾减灾研究以自然科学为主，与云南有关的防灾减灾研究成果，如王景来、扬子汉编著的《云南自然灾害与减灾研究——献给国际减灾十年》（云南大学出版社1998年版），程建刚、王建彬主编的《云南气象与防灾减灾》（云南出版集团、云南科技出版社2009年版）等。但国内的防灾减灾研究大多各自为政的，即自然科学的研究者与社会科学的研究者通常不进行合作，事实上，自然科学与社会科学，尤其社会科学中历史学、社会学、政治学、人类学、经济学等学科之间的合作非常重要，需要提倡多学科的合作方式，特别是针对决策咨询和政策研究，自然科学家与社会科学家的合作能够发挥各自优势，不同学科殊途同归，为防灾减灾服务。

防灾减灾研究，特别是民族地区的防灾减灾研究总是与民族文化有着密切的联系。很多国家的研究者，特别是人类学家、地理学家等都重视研究当地的传统知识，人们已经发现传统知识对于防灾减灾具有重要的意义，因此有必要加强对民族传统文化的防灾减灾意义进行深入挖掘，从文化上为防灾减灾注入活力。事实上，民族传统文化的防灾减灾研究已有一些成果，如《具有抗震性能的云南省农村穿斗式木结构住房》《泥石流灾害的传统知识及其文化象征意义》等，探讨了民族传统文化对于防灾减灾的作用。然而，与我国丰富的民族文化相比，这样的研究还远远不够，不同民族、不同灾害类型的传统知识没有得到深入挖掘，除了地震、泥石流等灾害之外，还有干旱、饥荒、火灾、冰冻、洪涝、雷电、流行病等灾害，各民族都有相关的传统知识，能够对防灾减灾起到很好的预防作用。而且民族传统文化与现代科学知识之间并不排斥，相反能够相辅相成，这就是很多自然科学家同时重视民族文化研究的原因之一。

生态环境是以系统的方式呈现出来的，因此，灾害管理和防灾减灾工作也是系统性的。最重要的做法就是将防灾减灾作为中国发展的重要内容纳入国民经济发展规划中，在高层设计中就体现防灾减灾的重要性。因此，提倡多部门、多领域、多学科的合作是预防各种灾害最有效的方法，如将泥石流灾害的防灾减灾纳入国民经济和发展计划中，重绿色产业，轻高耗能、高污染产业；重长期的可持续发展，轻短期的项目利益等，是今后防灾减灾研究中应该坚持的。

综合防灾减灾对策是今后相当一段时期国内外防灾减灾研究的重点内容。2013年，国家减灾委员会完成了“国家综合防灾减灾战略研究课题”，该课题集合了自然科学和社会科学的高端人才，研究重点在防灾减灾的综合性、宏观性、前瞻性和长远性的顶层设计上，研究报告将成为我国未来10—30年间防灾减灾事业的指导思想。综合防灾减灾战略的提出，与国际上的减轻灾害风险的综合措施相一致，还与人类学家认为的灾害深深地嵌入在一个社会的政治、经济和文化中的观点相一致。灾害能够导致不确定性、无序和社会文化的崩溃，灾害不仅与外部的环境发生关系，还与社会内部的结构和文化发生关系。社会中的知识，不论是科学技术方面的知识还是地方性知识，都被用来作为减少破坏和脆弱性的手段。

五、小结

防灾减灾在不同国家、地区和不同文化背景下都有自己的使用方法和定义，由于汉语的使用习惯，我国通常使用的是“防灾减灾”。然而，防灾减灾并不是“防灾”和“减灾”两个概念的简单相加，也不是均衡的二等分，它是一种具有理论和实践基础的系统意义。在防灾减灾工作中，“防灾”是核心，“减灾”是目的；“防灾”是在灾害发生之前的各项准备活动，“减灾”是包括防灾、救灾和灾后恢复重建及产业恢复的目的；没有防灾方面的投入，减灾和灾后恢复重建就要付出较大的代价。防灾减灾研究受到不同学科研究者的重视，提出了各种建议和方法，包括结构的和非结构的，工程的和社会文化的。由此可知，不同学科学者合作以及综合的防灾减灾战略研究将成为今后防灾减灾研究的发展趋向。

（作者李永祥，云南省社会科学院民族文学所研究员、博士）

主体责任与体制机制创新

——“4·20”灾后重建的雅安经验及若干启示探讨

曹 瑛

观察芦山地震灾后恢复重建进程，主体责任背景下的体制机制创新是核心关键，重建目标与执行能力相契合、相衔接是强力支撑，聚焦群众需求的民生优先是最佳切入点，普遍性的自建自管是民间创新活力被激活的重要因素，生态建设与产业发展相融互促是灾区重建质量整体获得提升的重要指引。“4·20”芦山强烈地震灾后恢复重建，是遵循着“中央统筹指导、地方作为主体、灾区群众广泛参与”稳步前行的一次历程。透视过往，灾后恢复重建取得了哪些成就，带来怎样的启示，我们或可从体制机制创新方面的做法探得部分经验，为国家和地区灾难管理制度的构建完善提供有益内容。

一、明确的主体责任是体制机制创新的关键

四川负总责、地方为主体、灾区群众广泛参与背景下的恢复重建体制机制创新，启动始自灾后重建的地方主体责任制的设立和设置。观察灾后恢复重建体制机制创新，主体责任的明晰和确立是关键所在。

（一）“地方为主体”是新常态下重建新模式的关键

主体责任的明晰和确立，在规定和限制地方政府相关责权利的同时，也引导地方政府开启体制机制创新。主体责任划分的不明确，或可导致更大灾难的产生。这不是危言耸听——如1943年印度孟加拉邦的饥荒灾难就是一个典型案

例。据分析，这次大规模饥荒灾难产生的原因是“权利失败”，但地方政府及其机构的责任问题仍是关键所在，如，负责粮食贸易流通的公共分配体系并没有明确的责任设置，不掌握足量的食物储存，等等。总之，由于相关责任的缺失，导致政府在灾难发生之时未采取有效的政策措施，最终使得孟加拉邦洪水灾难后果被放大，连同洪水引发的饥荒，导致约300万人死亡。

主体责任的明晰和确立是芦山地震灾后重建新模式创建的关键所在。《国务院关于支持芦山地震灾后恢复重建政策措施的意见》提出“中央统筹，总量包干；突出重点，兼顾一般；地方为主，各方支援；精打细算，注重实效”的基本原则。实际上正是央地之间这种责权利的明确设置，方引致相关理念与制度发生变化，这也体现出一种新常态下的灾区恢复重建理念和思路。责任的限制和扩大，压力的增强，使得地方主体不得不改变既往的重建和发展思路，目光转向体制机制创新。

（二）“地方为主体”激活地方和基层积极主动创新

地方主体责任的划分设定，是体制机制创新的助推器，是激活基层活力的助燃剂。迄今为止，四川省委省政府在执行、治理和服务等多个方面实现了体制机制上的创新，且每一类创新机制在运行上都有明确的主体责任，并根据重建实际动态调整。这特别体现在执行机制和治理机制方面的创新上。如，在执行机制上，灾区党委政府“一项政策、一名市级领导、一个工作专班”的政策落实机制，是主体责任明确划分的体现。“安全底线、质量底线、稳定底线、廉洁底线、舆论引导底线和厉行节约底线”的六位一体工作底线，实际上也是地方执行主体责任的明确表达。

二、目标与能力的有机衔接构筑重建强力支撑

以有机衔接加强重建的统筹规划建设，才能实现救灾与防灾同步、民生与重建同步、修复与治理同步，才能为灾区创造和提供持续发展动力。

（一）总规和专规的衔接

四川省人民政府根据国务院颁布的《芦山地震灾后恢复重建总体规划》，

在国务院有关部门的指导下，编制了城乡住房等多个专项规划，形成“1+11”灾后恢复重建规划保障体系。在此基础上，雅安市又将重建规划与存量规划相衔接，并结合国家生态文化旅游融合发展试验区设置编制了《融合发展试验区规划》，形成了以《芦山地震灾后恢复重建总体规划》为纲，统领专项规划、存量规划、增量规划的多规衔接机制。

（二）目标和执行的衔接

省委省政府通过统一规范的指挥体系，在创新网格化管理、底线保障等机制的基础上加强执行能力，有效地将重建目标和执行能力结合起来。如，以“一包二挂六联三帮”制度，创设了网格化管理机制，有效提升了灾区重点项目的推进速度和质量，有效地解决了重点地区、重点人群在重建进程中的生产和生活难题。

三、聚焦群众需求的民生优先是重建最佳切入点

民之所望，施政所向。发展的根本目的在于为人民谋福利，恢复重建最终指向灾区群众的幸福和满意。灾区恢复重建工作聚焦于民生优先，致力于以人为本，在时序安排、资源调配以及城乡建设上，为我们提供了一个样本。

（一）建设思路：秉承民生优先理念

重建之初，习近平总书记就做出“切实保障民生，尽快恢复灾区生产生活秩序”的指示。《芦山地震灾后恢复重建总体规划》提出，要“用心把握保障改善民生的基本立足点，把灾区群众的期待和安慰冷暖体现在每一项重建工作中，将城乡居民住房恢复重建摆在突出和优先位置，加快恢复完善公共服务体系，提升群众生产生活水平”。本着民生优先理念，芦山地震恢复重建将民生工程置于突出和优先位置，突出强调住房重建与城乡公共服务重建等方面。

（二）重建时序：首要保障民生工程

民生工程是灾后恢复重建最紧迫的工程，关系到灾区群众的生活生产和经济社会发展。灾区将民生工程作为首选工程，在政策支持、项目审批、方案制

定等方面都首先关注住房重建，对影响住房重建的建材市场、土地、资金等给予重点保障。在产业领域，则优先重建与民生联动性较强的农产品加工业和旅游文化业。

（三）重建资源：重点支持民生工程

一个突出的表现是重建资金向民生工程倾斜，无论是中央资金还是省级财政资金都向民生工程倾斜。具体包括：提高灾区农房重建补贴标准、优先实施城乡住房重建资金，以及为百姓建房提供银行贷款担保及贴息等。

四、普遍性的自建自管有利于激活民间创新活力

芦山地震灾区恢复重建，以力推自建自管来激活基层活力，这带给我们的启示是，民生优先、以人为本，“权利”才是核心。

（一）“还权赋能”是激发群众参与的前提

关于“输血”和“造血”，印度学者阿玛蒂亚·森（Amartya Sen）的“交换权利”理论给出了答案：能提升人的交换权利的政策措施更为有效。虽然“输血”也提升了灾区居民的交换权利，但只是短时期的。而“造血”，不仅可以通过创造就业，使受灾群众获得了取得生活生产资料及劳动的机会，而且还会通过鼓励灾区恢复商业和贸易过程，以繁荣地区经济的途径，使灾区群众和家庭提升对未来的预期。这实际上也就是所谓“还权赋能”或者“增权赋能”的一种方式。再看芦山地震灾区自建和自管方式的广泛推广推进，实际上是地方政府以充分相信群众、依靠群众的理念，还权于民，赋能于民，让群众尽情发挥智慧，主动发挥力量。

（二）法制建设是群众参与的根本保证

灾后恢复重建应当既重视现实的恢复，更关注灾区较长时期的可持续发展。引导群众广泛参与灾后恢复重建，需要引导群众有序参与和规范参与，此时法制要素必不可少。这既是依法治国、依法共建和谐社会的需要，也是国家治理和国家治理能力现代化的需要。我们看到，在党委和政府引导群众广泛参

与的过程中，参照依据了《村民委员会组织法》《村民委员会选举法》以及国务院《物业管理条例》、建设部《业主大会和业主委员会指导规则》等法律法规，在此基础上构建和推广的自建委员会、自管委员会，极大地激发了群众参与的活力，有效地促成了灾区群众规范有序的重建进程。

五、生态建设与产业发展相融互促提升重建质量

探求人与自然的和谐之道，追寻经济与社会和谐之路，实际上，就是我们常说的“两座山”——“既要金山银山，更要绿水青山”。在灾后恢复重建的过程中，灾区凭借良好的生态本底以及特色生态资源，推动生态建设和经济社会发展相融合相协调，有着摆脱“先污染后治理”路径的最大可能。

（一）促进恢复重建与生态建设两相融合

通常意义上讲，类似雅安这样的多数国土属于国家和省级的重点生态功能区范畴的地区，产业发展由于受到限制，经济高速增长的期望值相对较低，然而，在生态文明建设上，灾区对自身的期望和发展信心却是巨大的——中共四川省委在《关于推进芦山地震灾区科学重建跨越发展加快建设幸福美丽新家园的决定》中指出，“要把保护和修复生态环境放在更加重要的位置，大力发展生态经济”。在省委省政府主导的灾后恢复重建的过程中，正在凭借良好的生态本底以及特色的生态资源，推动生态建设和灾区恢复重建两相融合式地发展，并意图摆脱“先污染后治理”路径。

（二）强化产业重建与生态环境保护协同

灾区的恢复重建，产业重建是关键一环。这关系到灾区的造血能力，关系到灾区百万群众的生存与发展。与此同时，与灾区居民生活质量密切相关的生态环境保护，又在更大的范围内影响全省乃至更广的国土空间居民的公共福祉。在灾区恢复重建之初就开启了“产业重建园区化，园区建设生态化”道路，通过增强产业园区的资源环境承载力，以确保灾区经济发展和群众就业，并为灾区生态建设提供更大的空间。在农业和农村领域，则提出“农业农村生态化，生态保护资源化”，通过发展有机农业、生态农业等，发展高附加值农产品并降

低农业农村发展对生态环境的破坏；在新村聚居点建设中，按照建设现代生态旅游城市的要求，从村落规划设计开始，将新村建设“与生态村落建设相结合、与城乡环境综合整治相结合、与质量效益并重相结合、与产业发展相结合、与村级组织建设相结合”，积极地推进产业绿色化、资源循环化、生产生活低碳化和民居与环境生态化——成功申报国家有机农业示范区，以及成为国家首个生态文化旅游融合发展试验区，就是国家对灾后恢复重建上述做法的明确认可。

（作者曹瑛，四川省社会科学院震灾研究中心副研究员）

中国的后“5·12”时代

——汶川大地震的社会管理创新研究综述

南 山

“5·12”汶川大地震用不以人的意志为转移的自然法则，演示了重特大灾害对于人类社会全方位的冲击。这对于社会科学理论研究而言，必须审视面对自然灾害不可抗拒的破坏力，人类社会现行的组织结构是否具有有效应对重特大灾害的体制机制运行能力。人类的灾难史证明，自然灾害对于人类是否真正具有威胁取决于人类社会组织体制机制的有效性或失误率，正是这些有效性或失误率构成了自然灾害不同的演进途径。

在这个意义上，重特大灾难也是检验人类社会管理系统升级的效率。反应灵敏的社会管理自我纠错升级（即创新）系统是最可靠的自我保护和促进社会进步的机制，公元6世纪爆发的拜占庭大瘟疫（查士丁尼瘟疫）导致人们精神生活和社会体制发生巨大变化：一方面瘟疫高死亡率引发强烈的社会恐惧情绪，另一方面是瘟疫带来的信仰危机改变了人们习以为常的生活秩序。这种改变从而延伸至查士丁尼皇帝强化中央集权、发动三次大规模军事远征，以及推行的斯拉夫人政策等全方位的社会变化。特别是1755年里斯本大地震不仅催生了现代地震学，更为重要的是开启了人们对于当时普遍信奉的“天谴论”的反思，从而进入主张由人掌握自己命运的启蒙时代。里斯本灾后重建的城市规划成为当时欧洲城市建设的典范，支持里斯本灾后重建顺利完成的则是整个社会以教育为核心，涉及贸易、税收、司法、等级制度的全面改革。里斯本大地震从而被赋予重特大灾害、社会风险、社会物质进步与精神进步的多重意义。

反之，我们也可以发现中国传统社会的海溢（从《史记》以来古史中所称的“海溢”是海洋灾害“风暴潮”“海啸”和“洪潮”的总称）带来的社会风险及其后果，直接反映当时的社会管理体制机制是否具有合理性和可持续性。而清代中后期江南地区的传染病与这一区域社会动荡（如太平天国运动）的关系，提示我们重特大灾害的破坏力往往与人为的破坏力相关联。这二者的共同作用可以影响历史的进程。黄淮区域的水患历史也一定程度上是中国传统社会考察任命官吏的行政运行历史。1894年鼠疫大流行中的广州、香港、上海出现的不同情况，非常准确地测试出不同社会管理理念、模式对于重特大疫情导致的社会风险的控制能力和程度。综上所述，恩格斯说的任何历史记载都是包括自然环境（有利和灾害的）由于人的活动而发生的变更的论点，是基于“5·12”大地震的社会管理创新研究的起点。

一、2008—2009年的研究重点:“认识自然”“人与自然的互动关系”

“人定胜天”“改造大自然”的思维模式曾经深深地影响着我们的决策模式和发展方式，在规划区域经济、确定产业结构时大自然往往只能是被开发的对象和财富增长的资源。然而“5·12”大地震则警示我们自然规律的不可抗拒性，在人类与大自然的相互关系层面，美国史学家伍斯特提出了三个问题（一）自然在过去是如何被组织起来而被利用的;（二）社会经济是如何与自然环境互动的;（三）我们形成了什么样的自然观以及与此相关的法律、伦理的意志与结构。这三个问题同样引起我国学术界的关注,《中国国家地理》杂志推出2008年地震特刊，将我国地理环境自然灾害概率大致区分为以下类别:

（一）地震灾害

我国处于环太平洋地震带与地中海—喜马拉雅地震带的交汇处，是世界上地震最为频繁、强烈的国家之一。在4300年间发生中、强地震的震中分布点有5 800余处，几乎遍布整个版图。近100年来，我国是世界上死于地震人数最多的国家，汶川大地震几乎是海原大地震、唐山大地震的重演。

（二）水患灾害

从大禹治水开始，中国人就始终与洪涝灾害做斗争。20世纪后期我国东部受夏季风影响的大部分地区都发生过洪灾。近年来随着大兴安岭—青藏高原东南缘一线山地植被的大量砍伐，水土流失严重，导致这一地区山洪危害逐渐加剧。

（三）风沙灾害

我国长江以北，特别是华北平原、内蒙古中部以及西北地区，是包括沙尘暴以及风沙侵蚀的风沙灾害的主要区域，其沙尘暴威胁甚至直接逼近首都北京。

（四）旱灾

中国历史上有很多关于旱灾的记载："草根树皮，搜食殆尽，流民载道，饿殍盈野。"我国旱灾东部多于西部，北方多于南方。除内蒙古中、东部外，旱灾的高发区基本与耕地的密集区相吻合，旱灾对农业生产的威胁至今无法彻底解除。

（五）台风灾害

我国是世界上少数几个遭受台风影响最为严重的国家之一，不仅台湾、海南以及南起两广、北至辽宁的漫长沿海地带时常受台风袭击，中东部地区的内陆省份也会直接或间接地受到台风影响。当台风接近或登陆我国时，常常带来巨大的灾害。据不完全统计，近50年来我国死于热带风暴（或台风）的人数不低于12万。

2008年8月27日国务院审议并原则通过《国家汶川地震灾后重建总体规划》，2008年9月全国相继召开各类汶川大地震学术研讨会，学术界随之进行深度解读。其中具有代表性的观点有，陈栋生认为四川地震灾区绝大部分地处高山峡谷地带，气候条件复杂，自然灾害频发，《总体规划》中划分的"适宜重建""生态重建"两类区域标识明显，便于落实，但什么是"适度重建"，则需要政府坚持"以人为本"的原则，使灾区民众真正做到"安居、安定、安全、安心”。陈国阶认为灾区重建应视为复杂的系统工程，政府部门要树立全局观点、协调观点，不要区域割据，不要因地围墙。陈耀认为政府的区域经济政策应促进共同性增长，避免零和博弈。特别是对于10万亿重建资金，政府必须尽可能减少“漏出”，以发挥最优效应。艾南山提出“像老祖母洗手”的命题，他说明生物是通过改变基因而适应环境，因此不会出现大规模破坏环境的问题。而人类往往是通过改变环境来适应自己的基因，总结“5・12”大地震的教训，政府在灾后重建的社会管理方面应当引导改变生活方式以适应环境或者尽量减少对于环境的破坏。郑长德认为，灾后重建，政府的社会工作应当注重五个要素，一是尽快建立现代环境产权制度；二是构建巨灾风险分担机制；三是优先发展中等教育，特别是要注重提高女性人口受教育程度；四是构建发展性重建的金融支持体系；五是优化空间结构。于代松、刘俊则提出了一个有意思的命题：警惕灾难处置过程中政府过度强势行为。魏晋提出可以将社会物理学中的社会燃烧理论引入到研究突发公共事件管理机制之中，以提高政府处理突发地震灾害效率与能力。

2008年至2009年学术界处于大地震后的应急反应阶段。这一时期的相关研究集中于反思我们的发展方式与自然环境的关系，探讨灾后重建的政府管理职责与管理方式。这一时期发表的相关论文虽然都是围绕汶川大地震而展开，但是已经启动了“什么样的发展是硬道理”“什么是科学的社会管理”的命题，从而奠定今天研究“美丽中国”建设的基础。

二、2010—2011年的研究重点：政府面对灾难的社会管理能力

2010年10月21日，上海交通大学发布《中国社会舆情应对能力评估分析报告》。该报告将舆情应对能力分为研判能力、信息发布能力、现实问题解决能力、议题管理能力、沟通能力、危机恢复管理能力等。该报告评价某些地方政府在大部分能力上都显得比较弱，尤其是议题管理能力，得分最低。报告选取了2010年第三季度舆情热度最高的10个事件进行了分析，其中包括河南信阳的蝗虫事件、江苏南京的洗虾粉事件和南京原塑料四厂爆炸事件等。研究发现，地方政府的舆情研判能力大多不够，很少有地方政府能够在问题初始阶段就解决问题。在应对舆情方面，灾害事故与公共卫生类舆情的沟通能力比较好，比

如应对最好的蜱虫事件和塑料四厂爆炸事件。而地方政府在其他类型的舆情沟通能力上较弱，比如湖南凤凰少女跳楼事件中，政府在表达观点时模棱两可，没有统一的口径，造成政府发言的权威不足，难以令人信服。而且在面对舆论时，大多数地方政府都处于被动，只顾回应负面议题，很少主动引导舆论。该报告对于2010年前三季度的企业舆情应对情况进行分析，指出虽然企业在应对舆情事件时整体反应速度比政府快，而且化解危机意识比较强，但是企业的舆情事件都集中在产品质量问题上。该报告选取了每个季度舆情热度最高的10个，共30个舆情事件，包括圣元奶粉事件、金浩茶油致癌事件、霸王洗发水致癌事件、360与腾讯“隐私战”事件等。发现企业的舆情应对主要在于被动地进行信息回应和解决问题。而如果政府介入企业舆情方式不当，很可能使企业舆情事件的危机扩散到公共领域，甚至转化为政府舆情危机。比如在金浩茶油事件中，湖南质监局为其“正名”，反使自己陷入了空前的信任危机；紫金矿业水污染事件中，9天的迟报也使当地县政府陷入信任危机。该报告建议，政府在舆情危机应对中，不仅要重视事发后的“灭火”，更应该提前做好预警，还要及时发布信息，针对性地回应公众关心的问题，保障公众的知情权。

中山大学—香港理工大学映秀社工站负责人、中山大学社会工作系教授张和清发表《“中国式救灾”的思考》一文，文中提到：“国际社会的救援经验告诉我们，完整的灾难救援及预防体系应该包括震前‘防震减灾’，震中‘抗震救灾’和震后‘灾后重建’等三个相互依存的重要环节，要构建科学而有效的救灾机制，三者缺一不可。其中‘抗震救灾’的主要目标是紧急救援和过渡安置，‘灾后重建’的核心任务是社区民众生计和生活的恢复重建，而‘防震减灾’则是平时倡导民众居安思危，当灾难来临时，通过自救减低危害。”作为直接参与“5·12”大地震和玉树大地震救援以及灾后重建的当事人、见证人，张和清教授对于从“5·12”到“4·14”玉树强震的“中国式救灾模式”提出了非常中肯的评议。张和清教授认为，无论在四川汶川，还是在青海玉树，中国式“抗震救灾”精神令人称奇。这主要表现在灾难一旦发生，国家迅速启动应急响应机制，震后第一时间国家领导人亲莅现场，直接促成举国上下众志成城的抗震救灾局面。部队用兵及时准确，映秀灾区震后一个月之内，每一位幸存者在军用帐篷前埋锅造饭，在野战医院里免费看病，在野战军车上免费洗澡。而玉树震后10分钟，驻玉树灾区部队850人展开救灾；不到3小时，第一支救灾部队

4 000人从西宁出发；国家地震灾害救援队110人，11小时抵达灾区；震后30小时，从后方仓库紧急调运10万人份的野战食品到灾区，48小时内又有9支医疗队、3个医疗防疫小组、1个饮食装备技术保障队抵达灾区，做到行动急、到位快。在社会层面，则是社会各界积极主动的各类民间救援行动，充分体现了灾难面前的“社会良心”。也正是依托了举国体制的政治优势，志愿者和志愿者组织与政府良性互动，协同作战，最大限度地将国家机器和社会各界快速动员起来，最大限度地降低了灾难直接造成的危害。

张和清教授也提出了在充分发挥举国体制的“抗震救灾”优势之后，“灾后重建”和“防震减灾”阶段应当解决的问题。这就触及灾难在一定时间段只是一种非常态的概率性事件，但是通过灾难降临的爆发点，既能看到正常社会状态中我们的社会组织能力和组织趋势的优势，也能暴露其中隐藏的需要改进的缺陷。问题和危机从来就是改革的助产士，中国30年的改革开放历程的每一步都是与如何解决问题、应对危机联系在一起。我们更为关心的是，在大的灾难发生之后，社会能够取得什么样的进步，“后灾难”时期我们如何生存和成长。

张和清教授以亲历的事实提出“灾后重建”和“防震减灾”阶段需要正视的问题：一是有关社区建设问题。当紧急救援、过渡安置、清理废墟、搭建板房等工作完成后，便转入漫长而细致的灾后社区恢复重建阶段。而这又是对于基层政府工作能力、工作效率的现实考验。“抗震救灾”时期遗留下来的诸如资源分配不公，补偿政策落实不到位、盲目拆迁等关于民生问题立刻浮现出来，此时群众不断挑战基层政府（上访）。例如，面对群众提出的“豆腐渣工程”，物质、帐篷、板房等分配不公平等问题，基层干部不是回避，便是以大帽子压人，导致群众普遍反映：“中央政策太好，地方干部乱搞。”干群关系持续对立。二是有关基层政府建设问题。张和清教授发现，灾后重建除了房屋、道路、水电等硬件设施的恢复重建外，最艰巨的任务是社区重建。但是汶川和玉树共同面临的问题是在临时安置区内社区基层组织（居委会、村委会）工作能力的差距。他认为要保证社区重建落到实处，必须依靠基层组织扎根社区，与民同行。漫长而细致入微的社区日常生活（软件）的重建，举国动员式的灾后应急机制是无能为力的。三是有关“防震减灾”意识的培养问题。按照国际民航组织对于安全的定义，安全是一种状态，即通过持续的危险识别和风险管理过程，将人员伤害或财产损失的风险降至并保持在可接受的水平或其以下。那么在自然灾害多发的我国，有组织、系统性的“防震减灾”意识的培养和灾难忧患意识的养成是非常必要的，汶川特大地震和玉树强震的教训都表明，有关方面教育的缺失曾经使我们付出了多么惨痛的代价。然而，这种类型的普及性教育是公共产品和公共服务的重要内容，“防灾减灾”教育的缺失不是简单的认识不到位问题，而是公共服务的不作为导致的公共产品的供给不足。这也指向张和清教授提到的中心问题，即灾难发生时和灾后重建中的基层组织建设问题。“基层不稳，地动山摇”。在举国体制下的紧急情况下，上级领导机构靠前指挥，基层组织还可以承担一般性执行的角色，并且在大量物质、人力资源可以较为充分支配的情况下，所谓资源的合理组织和配置也是处于次要地位。但是，基层组织代表了国家、社会的基础性建构。后灾难时代，人们更多的希望是，灾难突发时全国上下的“大爱无疆”是否能够成为我们社会行政管理体制的常态？如何保证自己无论在日常生活中还是在紧急状态下都能得到公权力尊重，能够让公权力与自己的生活和谐并行。而人们的这种希望往往又是通过与基层政府组织和工作人员的日常接触中得到验证，这就是后“5・12”时代的基本社会心理特征以及对于社会建设提出的要求。众多涉及司法、城市拆迁领域的群体性事件，食品安全等问题一再出现，一些基层地方政府表现出与灾难时期的感恩举国体制的优越性有相当大的反差。国务院2010年11月3日下发的《关于加强法治政府建设的意见》指出，要把公众参与、专家论证、风险评估、合法性审查和集体讨论决定作为重大决策的必经程序。这就要求各级政府都要按照建设法治政府的标准，让“中南海”的声音与基层群众的愿望充分沟通和互动。2010至2011年的研究，已经深入到后“5・12”时代的基层政府执政能力建设问题。

三、2012年的研究重点：个人自由与社会责任的界限

2012年有关汶川大地震的研究视野从举国体制的灾难救援、灾后重建延伸到审视政府在灾难管理中如何界定“人”的地位。恩格斯认为地球的一切变化都具有人类活动的意义，而“灾难”也是相对于某一中心事物而存在的。“人”应当是最重要的中心事物的原点。地震、火山、海啸等自然灾难在历史进程中

因人类的活动而不断地变更，所以探讨“以人为本”“以人民为中心”能否成为应对灾难的社会组织理念和组织程序的出发点和落脚点，是更进一步探讨“5·12”大地震后推动社会管理创新的“理论顶层设计”。

台湾清华大学硕士研究生范道瑛发表《震出来的公民社会：汶川大地震的灾后重建考察》，翟月玲论证汶川大地震给大约30%的受灾群体留下长期的心理阴影，他们认为，如果没有科学、有序的“心理重建”措施，严重的心理损伤将可能伴随他们数年甚至一生。通过灾后心理损伤的实践考察与我国中长期“心理重建”的现状分析发现，关注应激性的心理干预同时注重中长期“心理重建”，政府责无旁贷。黄雯则提出汶川大地震触发我们必须思考个人自由与社会责任的关系。《灾难社会学》（四川省第十五次哲学社会科学优秀成果三等奖）将灾难社会学研究的重点定位于：（一）在灾难发生或灾难预期的背景下，如何保证社会处于互助合作、关心每一个人并使每一个人保持有尊严的生活状态；（二）在灾难发生或灾难预期的背景下，每一个人都有避险的平等权，没有人或社会组织可以以牺牲他人为代价而享有权力和特权；（三）在灾难发生或灾难预期的背景下，人们有责任去考虑自己的行动对他人会产生什么样的特殊影响力，尤其是会不会影响他人的生存权。《灾难社会学》从探讨特殊的自然秩序（灾难）与社会秩序的相互影响、在灾难中人们如何相互依赖、人们的行为如何成为在灾难环境中生存的反映、灾难背景下的社会生活是由哪些模式组成、灾难背景下的权利与权利怎样得以行使、灾难如何塑造社会普通成员的命运以及社会普通成员怎样才能获得有关灾难的合理的并且是可以信赖的知识等方面，着力解答以上三个重点问题。

综上所述，2008年“5·12”汶川大地震发生后，学术界从地震发生后具体的应急性社会管理研究逐步深入到探索政府的公共管理职责、政府与社会的互动关系等领域。但是纵观整体研究状况，仍然存在三个明显的不足：一是学理探讨严重缺失。偏重于一般性的政策解读和政策建议，少有深层次的学理性分析；二是学术架构尚未建立，学科定位不明确。以“5·12”汶川大地震为研究对象而促进“灾难学”的学科建设具有重大的理论价值和实践价值，但是当前这方面的理论建设明显进展缓慢；三是跨学科合作研究尚未真正展开，学者各自为战，彼此之间缺少沟通。这些问题或许与当前崇尚实证研究、轻视理论探索的学术风气有一定的关系。尤其应当注意的是，灾难研究涉及多学科理论知识，如果我们只愿意关注与自己专业有密切联系的问题，那么“专门之学”则有可能难以成立。灾难学研究的困难性还在于，社会科学学者必须尝试学习自然科学并掌握超出传统社会科学训练的相关知识，而置身于跨学科研究的实验室。

多难兴邦。中华民族虽然始终面临多灾多难的挑战，但正如英国历史学家汤因比提出的文明发生、发展模式：挑战与应战。中华民族就是在一次次应对重特大灾害的挑战中，发展和确保中华文明历经四千多年而绵绵不坠。当我们视大禹为中华文明的开创者，就是认同这样的道理：应对灾害必须寻根溯源、标本兼治、未雨绸缪。也就是遵循自然规律，有效地进行社会组织和社会动员，以增强社会内部的自决能力（对外部挑战进行应战的能力），在抗御自然灾害带来的社会风险中不断促进文明的提升。现在可以追溯到的中华民族远古时期的文化痕迹，几乎都来自于我们的祖先对于预知预测未来特别是天灾的记载（卜筮）。如在羌族释比文化和《易经》中显示的远古人类对于自然和人类社会运行规律的渴求，并不能只解释为是受当时生产力局限的有限选择，其中还蕴涵着我们的祖先对于自然世界和人类社会发展之河的感恩敬畏之情，包涵着从感恩自然所赐、同胞互助中提升出的“仁义”伦理价值取向。远古的王族们用天干地支为自己命名，羌族神话传说中赋予大自然及芸芸众生以灵魂，即在向我们昭示着这样一个朴素的真理：天行有常，不为尧存，不为桀亡。个人与族群的繁衍生息，授之于天地庇护的恩泽，得益于手足同胞的守望。每个人、每一族群，都应当师法自然，“人法地，地法天，天法道，道法自然”（《老子》第二十五章）。《史记·秦本纪》中就有这样的记载，秦晋两国处于战争状态。秦穆公十五年（前645），晋国发生饥荒，秦国还是从“饥穰更事耳，不可不与”的道义出发，“输粮与晋”。我国是世界上最早实施国家赈灾体制的国家，然而由于多种历史因素和文化因素的影响，我国的减灾救灾体制机制在很长时期仍处于如黄仁宇所说不能进行数字化管理的社会风险阶段。与我们的邻国日本相比，日本在1923年关东、东京、横滨一带大地震造成14万人死亡之后，日本地震死亡人数陡然下降。无论多大的地震，死亡人数再也没有超过1万。从这个角度来看，在科学技术不断进步的今天，我们应对重特大灾害的社会管理模式应当具有更大的改进创新空间。

研究灾难与社会管理创新的理论意义还在于深化对于“中国梦”的认识。

习近平总书记在国家博物馆参观《复兴之路》展览时说："实现中华民族的伟大复兴，就是中华民族近代最伟大的中国梦。"习近平总书记在新一届中共中央政治局常委中外记者见面会上坚定地表示："我们的人民热爱生活，期盼有更好的教育、更稳定的工作、更满意的收入、更可靠的社会保障、更高水平的医疗卫生服务、更舒适的居住条件、更优美的环境，期盼着孩子们能成长得更好、工作得更好、生活得更好。人民对美好生活的向往，就是我们的奋斗目标。"这就是以习近平总书记为核心的中共中央领导集体对于每一个中国人实现"中国梦"的郑重承诺，体现了中国共产党人庄严的历史责任感。

十九大报告明确做出两个重大判断：中国特色社会主义进入新时代和我国社会主要矛盾是人民日益增长的美好生活需要和不平衡不充分的发展之间的矛盾。新时代坚持和发展中国特色社会主义的基本方略首先是坚持党对一切工作的领导。在全面深化改革和实行社会主义市场经济条件下领导全国建设的党，对于社会的组织动员及其管理可以通过相应的行政调控和法律程序而完成，对于资源的配置更是可以便利地通过国家职能而实现。民众的利益诉求、公共权力的边界、公共事务的责任，特别是市场配置的利益划分和政府的作用等方面都考验着执政党还能不能继续坚持其主义信仰的道义责任，即"不忘初心"。与革命战争时期主义的道义责任具有强大的组织民众、唤起民众的现实号召功能有所不同，执政时期主义的道义责任则更多是对执政者的信仰、执政理念以及价值取向的自我监督和问责。而人民则是通过执政者的制度安排，对其做出是否值得信任的道义评判。习近平总书记一再强调"坚持以人民为中心"和"坚持全面从严治党"，就是从体制机制上确保我国新时代社会主义建设能够经受包括自然灾难在内的各种风险的考验，从而实现中华民族的伟大复兴。

我国正处于决胜全面建成小康社会、进而全面建设社会主义现代化强国的时代，随着个人受教育程度、收入水平的提高和自由迁徙范围的扩大，人们会对传统社会那种僵硬的社会关系和明显的等级制度产生本能的反感。法定的程序、绝对的命令和高高在上的指示，哪怕就是在灾难发生的情况下，由于创新式生产方式对人的意义进行新的诠释，而不再具有天然合理的不可动摇的权威性。现代政治从而成为一种非常个人化的政治，灾难状态下的社会管理更是只有从每一个受灾个体的切身利益出发才具有公平性和效率性。什么样的人以什么方式承担公共职责，对于每一个普通人来说都是一个内心认同的过程。人们会直觉地感到，那些不能说他们的语言、不能按他们的方式去生活的人，既很难理解他们的需要，也不会真心地代表、争取和保卫他们的利益。法国思想家阿历克西·德·托克维尔（Alexis de Tocqueville）认为："个人之所以服从社会，并不是因为他比管理社会的那些人低劣，也不是因为他管理自己的能力不如别人。个人之服从社会，是因为他明白与同胞联合起来对自己有利，知道没有一种发生制约作用的权力，就不可能实现这种联合。因此，在同公民相互应负的义务有关的一切事务上，他必须服从；而在仅与他本身有关的一切事务上，他却是自主的。"[①]现代社会中有不同的声音出现，在公共决策过程中的"七嘴八舌"并不一定是社会涣散的表现，而是以"对话"避免"对抗"的社会理性参与的反映。"对话"具有非常深远的社会学意义，标志着公众平等主体社会地位的确立，任何一个利益主体都能够与其他主体进行平等对话，而不会因为经济实力、教育素质的缺乏成为弱势、被动的那一方。然而一切人类社会似乎都有一种发展管理社会的制度的本能，管理社会的本意是调整个人之间的关系、社会各部门之间的关系，以满足共同的利益与需要。然而人类至今为止对于管理制度的探寻可以分为两类，一类是从社会权利的共同认识中直接产生的管理社会的制度，它自动地起作用，并且通过社会压力来执行；另一类是采取确定的组织形式的管理社会的制度，它主要通过法律命令来实施，并偏重于用特别刑罚来强制执行。采取什么样的方式进行社会管理，则是检验执政党制度安排的道义担当。

"坚持以人民为中心"很现实、很具体，包括了"5·12"地震后国旗为平民而降。当前举国上下全力推进的精准扶贫攻坚行动再次让我们认识到，在习近平新时代中国特色社会主义思想指引下，从体制机制上总结自"5·12""4·20"直至九寨沟"8·8"地震的实践经验，将会对人类社会共同应对灾难的挑战贡献中国经验和中国智慧。

（作者南山，四川省社会科学院研究员）

① ［法］托克推尔：《论美国的民主》（上卷），董果良译，北京：商务印书馆，2004年版，第71页。

第六编　灾害社会学研究

灾害社会学的两个研究视角

——以汶川地震及其灾后重建为例

刘　能

汶川地震即将迎来10周年纪念。值此特定时机，我欣然接受徐平教授的邀请，为本次会议奉上一篇短文。汶川地震对于我而言，一直是一个既遥远又切近的事实。之所以如此，首先是因为汶川地震发生之前，我曾经在阿坝州理县做过社会调研，走过都江堰－汶川－茂县－理县这条路线，沿线地带与地震震中映秀的直线距离很近。其次，我在2011年参加了北京大学公民社会研究中心的一个课题组，担任研究工具设计的重任，要去评估中国红十字基金会支援草根NGO灾后重建项目的绩效，因此在将近一年的时间内，多次奔赴地震灾区恢复重建现场，执行定性绩效评估。最终，我们的研究成果以《联手的力量》为名，在汶川地震四周年之际由北京大学出版社出版，并召开新闻发布会进行了公共宣传（刘能等，2012）。从这个描述之中，本人最大的遗憾就是未能在灾害发生之时，在现场直接观察和目睹震区自然环境和社会行动相互交织的真实世界。这并不能说明，本人对汶川地震毫无了解，实际上，在汶川地震发生后的前三个月时间里，本人几乎是在电视直播频道的帮助下，完整地观察到全社会在汶川救灾方面的系统努力。此后，通过电视直播或新闻节目跟踪救灾现场，便成了我自己的一个学术兴趣点。因此，这篇短文，可说是对本人多年来观察中国语境下社会性救灾努力的一个临时的学术总结。

一、灾害社会学和现代性

从关于灾害的社会科学研究的视角来看，我们可以把灾害形成和发生的过程，以及随后的救灾、重建、心理创伤弥合的整个过程，看作是一件具有高度现代性意涵的社会事实。随之而来的另一个相伴随的话题，便是探究灾害和灾害应对所引发的、扩散的中长期社会后果，以及由此而推动或促发的社会变迁。就本文而言，汶川地震，以及稍早些（2008年初）南方抗击暴风雪的全国性动员，都可以是很好的微观案例，用来说明灾害社会学的研究旨趣和研究视角。

首先我们把灾害分为两大类：一类主要是由人类活动因素引发的，一类主要是由地球的气象、地质和相关物理化学过程所引发的。前者最典型地体现为植被破坏与泥石流滑坡等自然灾害之间的相互关系，以及水体污染、高层建筑火灾等事件中，人类活动的在先性；后者则更多地指向地震、火山爆发、极端气候（台风、飓风、热浪、洪水和长期干旱）等似乎与人类活动并无直接关联的灾害现象，尤其是地壳活动所引发的那一类。当然，更清醒一点的读者也许会质问，热浪、洪水和干旱的高频度发生，也许和人类行为也不无关系，因为诸如温室气体排放、大规模水利工程建设等人类在先活动，也许是引发气候变化的一个主要前提条件。

毋庸置疑，把人类在先活动（human prior activity）看作是大多数灾害发生的一个前提条件，实际上已经开启了灾害和现代性之间关系的讨论。灾害无疑是一类典型的不可预知的风险，严重威胁到人类的生命、财产和尊严。因此，认识到人类在先活动和灾害之间的直接或间接关联，为人类预防和干扰某些灾害的发生，提供了一个治理的思路，那就是人类必须对自己的行为和活动体系做出自我审视和自我约束。全球变暖（global warming）和人类温室气体排放之间的关联一旦被认知，控制温室气体排放便成了现代性意涵下，人类自我约束和自我拯救的一个主要宏观干预方向。

第二个关联之处，则建立在本人对汶川地震、抗击暴风雪等个案灾害的社会处理和应对过程的观察之上，那就是救灾努力本身就是一个高度现代性的社会秩序重构的过程。本人曾经和汶川地震灾民有过直接对话。2011年，作为中国红十字基金会汶川地震灾区援建项目评估团队实地调研的核心带队人，本人在四川彭州市白水河社区以口述史的方式重构了地震之后社区秩序恢复的时间线：除了当地灾民出于本能的自救行为之外，灾民们远远看到穿着军装戴着军帽的解放军战士出现的时刻，就知道整个社区已经得救了。因此，国家的制度化救灾努力，在灾民心目中具有强烈的符号象征含义；而受灾民众对这一符号讯息的解读，则是灾区社会秩序重构的一个重要认知维度。

本文重点阐述的第三个关联之处，既是描述灾害和现代性之间的关系，同时也涉及两个社会世界的相互遭遇（encounter），在这场遭遇之中，来自一个社会世界的高度现代性，慢慢地渗透或扩散到另一个社会世界之中，从而使得救灾的整个过程，实际上也是高度现代性在一个民族国家内部逐渐由核心地带向边远地区扩散的过程。从汶川地震这个典型个案来看，地震的发生地，是夹在四川盆地和横断山脉之间的一个边远山区地带。地震发生后，包括军队、地震救援队、医疗队和地质灾害处置小组等专业团队的到来，则似乎构成了一个来自遥远外部世界的、以技术理性、人道主义和平等主义为其根本特征的社会世界。从某种意义上来说，灾民临时安置点的建立和当地救灾体系的建构，就是这两个看起来相差极大的社会世界相遇的一个结果。

在这场相遇之中，灾害所在地的受灾民众，密集地遭受到一系列现代性（理念和实践）的辐射：救灾医院中病人的数字化管理（手环和条形码的使用），使得医疗机构变成了将初级关系转换为次级关系的科学空间；灾后公共卫生条例的颁布，又使得现代预防医学的理性原则，成为约束受灾群众“本能行为”的一个重要指针。而当地灾民们面对灾情的坚韧不拔的文化精神，也通过大众传媒的各种介质（图片新闻、照片、特写和视频等），传递到整个中国和全世界受众的面前，使得地方性的社会文化回应成为全世界灾害应对文化的一部分。

二、灾害社会学及其社会后效

灾害和由它引发的社会后效（社会变迁）之间的关系，并非如某些读者所想象的那样显而易见。两者间的关系实际上包含两个部分。一个是要看灾害发生之后，受灾地区的哪些社会行为和态度，以及地方社会文化生态体系中的哪些部分发生了变化；主流社会又是如何来消化、容纳和评价这一灾害的长期效应的。另外，沿着关于灾害和现代性之间的关系的陈述，要看现代性扩散到受灾地区之后，又有哪些微观和宏观层面的社会适应和社会变迁在潜移默化地发生。为了论述方便，我们将灾害导致的社会后效（或社会变迁），分成三个层面来加以阐述：一是灾害相关的宏观社会动力机制的层面；二是灾区中观社区形态变迁的层面；三是灾民微观适应行为的层面。我们根据这三个层面，对汶川地震的潜在社会后效，以及后续救灾行动所引发的社会变迁做概要的阐述。

（一）宏观层面的社会后效

首先，汶川地震爆发之后，国内社会科学界最主要的行动之一，就是带领民政、社工、灾后心理和慈善救助等各方面的力量，直接介入地震救援中去。其次，在灾后重建的过程中，一些带有行动研究意味的项目也成为重要的组成部分：从社区重构（北京地球村的大坪社区）、社区陪伴（中大绿根的白水河社区）、团队励志（中青院的绵阳青红项目），再到社区团结的促发和塑造（华东理工的都江堰项目）等。救灾过程中，NGO救灾联合体的成立，也使得2008年被称为中国公民社会元年的一个重要证据。一年之后，拉丁美洲岛国海地发生地震，当地救灾资源的缺乏和国际援助效率的低下，促使国际观察者发出感慨，认为对照中国的汶川地震救援实践和海地地震的救援过程，汶川地震救援所隐含的强国家动员模式的社会优势显而易见。由此可见，从最宏观的社会变迁及其扩散后效的层面来看，汶川地震不仅成为国内公民社会建构的一个标志性推动事件，同时也使得它成为国际比较背景下，验证中国社会制度竞争力的一个强有力证据。

（二）中观层面的社会变迁

灾后重建的另一个中观社会变迁的事实是，低地聚居区的微观社区形态发生了重大改变，而高地聚居区的社区功能类型也发生了巨大变化。上述判断，部分地来自于2011年夏天在汶川地震受灾地区（包括彭州、都江堰、绵竹和绵阳等地）进行恢复重建项目绩效评估时的田野考察观感，部分地来自于对其他学者相关研究活动（如清华大学社会学系罗家德教授在羌族聚居区的轻钢房建设项目和社区研究计划）的分析。

总的来看，汶川地震灾区的重建活动，大概有两到三个结构性力量在起着重要作用。首先是震区房屋结构的抗震性能和环保性能的提升，因此，无论是北京地球村在彭州大坪的重建项目，还是罗家德教授团队在茂县云村的社区重建实验，都将引入新型建筑设计模板作为一个重要内容。可以说，借鉴来自中国台湾的经验，成为灾后重建过程当中的一个重要事实。其次，在震区某些县市，灾后重建也成为地方政府重新规划地方空间和聚居形态的一个重要契机。在我率领研究团队从大坪赶往白水河的路上，我们看到了低地汉族聚居区的一个巨大变化，就是原先分散居住的农村社区，已经被纳入到一个连片建筑集中居住的建设框架之中，尤其是途中经过的小鱼洞镇，已然成为一个新型的高密度聚居区。可以说，之后风靡全国的农民上楼现象，其最早被大规模采纳，就是在汶川地震灾区的恢复重建之中。最后，不得不提到我国特有的对口支援制度：在各省市对口支援灾区某个地级市的框架下，省际竞争使得汶川地震灾区的重建过程充满了符号性和政治性，而援建标准的提升和工期压力，则成为这一竞争过程中的两个主要着力点。

灾区恢复重建中集中连片聚居的事实，在都江堰城区、彭州、绵竹、绵阳安县几乎都得到了证实。进一步的社区调研，则让我们了解到集中居住给社区管理层面带来的挑战：20世纪90年代末我在山东济南城乡接合部做博士论文时所遇到的物业费收取难题，在2011年的汶川地震灾区又重现了。因此，汶川地震的恢复重建活动，在客观上高强度引入城镇化因素（上楼、非农就业和消费的现金化）的同时，又反映出文化和认知领域的堕距。结合我们在前面所谈到的灾害和现代性之间的关系，我们可以说，灾后重建过程，无非也是民族国家将外部现代性的认知和实践框架直接嫁接到受灾地区的多重生态秩序之上的一个社会过程，在这一过程中，对于什么是理想的、值得追求的居住模式、生计体系和发展规划，在某种程度上更像是一个社会建构物。

与低地聚居区社区居住生态的改变相对应的，则是高地聚居区社区功能形态的演变。我在这里主要想强调的是，高地聚居地区的灾后重建工作，不仅仅是社区物理受损维度（如房屋、道路和重要功能性建筑）的重建，也不仅仅是社区整体上的心理创伤的弥补，同时也是社区生计体系重构的一次良好机会。国际小母牛组织试图将舍饲技术引入到龙门山脉深处的受灾社区，北京地球村将“乐和文化”和生态农业引入高海拔的大坪村，以及羌族聚居区社区重建规划中对本地民族特色旅游文化资源的全盘规划，都可以看作是这一尝试中的典型案例。可以说，随着恢复重建工作的启动，目标社区的功能形态发生了重大变化。

（三）微观层面的社会适应

本文将灾区民众针对灾情损失和围绕灾后重建所形成的个体和集体认知，以及建立在此类认知基础之上的行为偏好和实践，看作是具体而微的微观适应。简单来说，汶川地震所引发的受灾民众微观社会适应行为，可以简单分为如下几类：一是地震造成的创伤应激反应的日常管理和自我消化；二是地震灾区作为故乡的概念演变和受灾民众定居和迁移意愿的张力；三是地震失独和生育周期中晚期再育意愿的实现；四是因地震造成的肢体残疾者群体的康复和自强自立；五是救灾过程中新催生的地方精英的嬗变演化。

地震创伤的日常管理和应对，是汶川地区受灾民众最长期的一个微观适应领域，涉及灾害风险感知、灾害预防措施采纳、家庭完整性维系以及与此相关的纪念仪式等。另一方面，伴随着搬迁和重新安置，故乡的概念发生的细微的变化，地域认同感处于再生和修复的状态之中，表现为分化的迁居意愿及其实施能力，在某种程度上反映了处于分化社会结构位置的受灾民众与“模棱两可的”故乡之间的复杂关系。

另一类微观适应行为，便是如何处理家庭成员的不期而逝：从城市中产阶级来看，领养地震灾区孤儿似乎是工具目标和价值目标相结合的一个理性选择，而对于灾区失独家庭来说，生育周期中晚期的再生育，则是双重目标的结合：新生命到来，除了解除失独这一工具困境之外，是否也是灾后心理创伤弥合的一个独特疗法呢！另一个常见的微观适应类别，便是地震造成的肢体残疾者的康复和自强。中青院青红社工所服务的绵竹汉旺镇，有一群因地震致残的当地民众，在外部专业社工力量的帮助下，他们自发组织起来走上了一条自立自强的道路。最后，我们还在各地救灾和恢复重建的案例中，看到了各种类型的地方精英，如何通过发挥自己的领导作用和牺牲精神，成为新型社区领袖的案例。限于篇幅，本文不再展开，未来将另文做出细致讨论。

（作者刘能，北京大学社会学系副主任、教授、博士生导师）

“央强地弱”政府信任格局的社会学分析①

——基于汶川震后三期追踪数据

罗家德　帅　满　杨鲲昊

一、引言

我国的政治、经济和社会结构自改革开放以来发生重大调整和重构，中国正处于社会转型持续深入的关键阶段。这一时期，民众的政治和社会心态呈现内部分化态势，如不同群体、地域和时段的政府信任度存在分殊。理解民众的政治信任作用机制是转型期加强社会治理、维护社会稳定的应有之义。本文通过对汶川震后居民的追踪调查，从互动性的社会资本视角解释为何相较于中央政府，民众普遍较不信任基层政府。对基层政府的信任不足是当今社会治理的重大难题，其负面影响政策的推行及执行效能，本研究试图在清华大学乡村重建团队于汶川震后灾区收集的三期追踪数据的基础上探讨其成因与机制。

2008年“5·12”汶川震后，国务院迅速成立专门的工作小组负责灾后恢复和重建的指导和政策落实工作。中央政府半年内出台的扶持灾后恢复重建的政策多达88项，震后三年共投入恢复重建资金10 205亿元，19个援建单位投入825亿元，灾区接受捐赠797亿元。中央和各级政府的全力投入取得了瞩目的重建成效，但民众对各级政府的信任度并不一致，呈现为“央强地弱”、中央和地方都下降的总体趋势。

① 本文发表于《中国社会科学》2017年第2期。

表1 政府信任年度数值表①

	年份	平均数	样本数	标准差
高层政府信任	2009	4.887	466	0.387
	2010	4.742	313	0.526
	2012	4.473	537	0.730
基层政府信任	2009	3.663	466	1.134
	2010	2.926	313	1.276
	2012	3.387	537	1.023

中国的政府信任存在“央强地弱”的信任层级差现象，人们对“抽象政府”的信任度高于“具体政府”的信任度，即为“差序政府信任”。本研究取费孝通“差序格局”原意，以己为中心，距离个人越近则关系强度越强、信任度越高、互惠越多，将政府信任存在的疏近亲远的现象称为“逆差序”政府信任。“逆差序”政府信任的实施主体是个体，被信任方为各级政府，描述的是个体对不同层级政府存在空间距离越近反而心理距离越远的现象。

本研究运用社会资本概念解释“逆差序”政府信任现象的成因，提出以下观点：拥有个体、社区社会资本较多的人因为与基层政府接触多、了解较深，既能从基层政府得到资源，又有较多渠道解决自身的经济、民生问题，较少依赖政府，从而对基层政府信任度较强，他们也有官方媒体之外的信息渠道去了解高层政府政策，因此减少了基层与高层政府信任的落差。我们以汶川灾后重建时期的乡村社区数据验证上述假设。汶川震后重建虽带有特事特办的性质，但其中体现的政府信任逻辑具有内在一致性，因而这项研究不仅能揭示汶川震后的政府信任机制，也具有解释其他事件的可能性。

二、理论探讨与研究假设

政府信任有制度、文化、社会资本三种解释范式，且均在本土研究中得到证实。制度理论基于理性人假设，认为民众根据政府的表现理性地判断政府

① 罗家德等著:《灾后重建纪事：社群社会资本对重建效果的分析》，北京：社会科学文献出版社，2014年版，第109—119页。

是否值得信任并影响其信任水平的高低。民众对政府职能和绩效的感知越明显、越满意，对政府绩效的预期与实际之间的落差越小，由此，政治合法性越高，政府信任度也越高。文化理论强调“对政治制度的信任……根植于文化规范（cultural norm），并通过早期生活的社会化而得到传播”。中国传统政治文化和儒家传统思想影响政治信任，接触媒体的频率对政府信任有显著负向影响，中央政府的话语权优势使之较地方政府更有能力生产取信于民的政治图像。社会资本理论认为社团、集社等参与公共事务而形成的横向联结的社会自组织有利于增强人们的信任感，团体信任产生的溢出效应会促进个人对社会和政治的信任。本土研究发现，“社团参与”“公共事务参与”因子对政府信任分别有负向和正向显著影响，显示了中国语境下社会资本影响政府信任的特殊性和复杂性。

文化理论可以解释总体性的政府信任高低以及个体化的政府信任差异，但无法解释为何存在高、基层政府信任间的落差。制度理论和社会资本范式从网络、互动、认知的视角来看待政府信任，具有为政府信任的层级差提供解释的可能性。本研究沿着既有的理论脉络，探索民众与政府接触和互动如何形塑其对政府绩效的感知和不同层级政府信任度高低的认知。制度理论的“政府绩效”测量指标相对一致，社会资本范式的测量指标和分析结果各异，寻找结构更清晰、稳定性更好的社会资本维度是推进既有研究必须破解的难题。本研究认为，社会资本是人际网络在个体之间、社区层面的联系，应从个体和社区的层面出发，将社会资本操作为个体社会资本和社区社会资本两个维度，探析民众与高、基层政府信任的关系、互动和认知如何通过资源获得、绩效感知来影响高、基层政府信任的落差。

（一）个体社会资本

个体社会资本指个体在其所处的社会结构中占据的位置及其可动员的潜在资源。个体的生活资源越匮乏，剥夺感就会越强烈，容易引发对政治的不满，从而降低其政府信任度，个体政治效能感会影响政府信任。拥有社会资本多的个体，与体现基层政府意志的地方政府官员互动多，可增进对政府官员的人际信任和对基层政府的组织信任。相比之下，个体对高层的了解多通过媒体渠道而非人际接触来获得，因此，即便个体社会关系网络规模和网差大，接触到的信息数量多、异质性强，但对高层政府的信任不一定强，由此导致对高、基层政府的信任落差缩小，也就是央强地弱格局不明显。

我们的实地调研发现，村内精英认识的基层干部较多，且与部分官员有较好的私交，他们把对政府的印象拆解为对官员的信任，连带着对基层政府的信任度也较高。而普通村民认识的地方官员较少，对各级政府的印象较为抽象。总体而言，在普通村民眼中，高层和基层的政府信任落差拉大，而精英群体的落差则较小。

假设1：个体社会资本越多，高层和基层政府信任落差越小。

个体社会资本可通过“春节拜年网”进行测量，但既有测量方法主要关注网络规模（拜年网规模）、网络密度（拜年网密度）及网络异质性（拜年网网顶、拜年网网差等）三方面，对权力关系则较少论及。我们参考既有研究，针对灾后社区恢复情况，结合权力关系在信息和资源获取中的重要性，除拜年网外，还测量了工具网（help network）、情感网（discussion network，情感讨论网，简称情感网）和“干部网”，确定了个体社会资本的三个测量指标：“拜年网规模”延续了传统拜年网测量方法；“乡以上干部网亲友数”不仅反映了网络构成的异质性，也凸显了权力要素对信息和资源获得的重要性；“关系网亲友比例”亦是传统网络密度测量上的创新，一方面可以反映出村民关系网络的构成，即网络异质性，另一方面可以勾勒村民嵌入密网的程度。

拜年网规模测量的是给某个人拜年的人数，拜年网规模越大，则受访者从其社会网络中可动员的资源和支持就越多，这会带来良好的政治效能感和较高的基层政府满意度和信任度，从而减小基层和高层政府间的信任落差。

假设1a：个体的拜年网规模越大，则高层和基层政府信任落差越小。

既有个体社会资本测量对权力关系没有给予足够的关注，本研究提出乡以上干部网亲友数指标来完善权力关系测量。在农村社区中，关系网中干部的数量衡量个体社会资本多寡的指标，认识的干部越多，尤其是具有亲友关系的干部在关系网中数量越多，那么其获取信息和资源的机会就越多。这意味着他与政府官员及其所代表的基层政府互动就越多、互信程度也越高，从而缩小高层与基层政府信任的落差。

假设1b：个体的乡以上干部网亲友数越大，则高层和基层政府信任落差越小。

社会网理论中有强连带（strong tie）和弱连带（weak tie）之分，后者强于传递异质信息，有助于个体求职，前者则能带来影响力，有利于资源的获取。关系网亲友比例越高，说明个体越深嵌于强关系的密网中，由此带来熟人间的高信任，但同时也因和外界异质信息的隔离，较易相信媒体形塑的政府形象，这会使个体拥有较高的高层政府信任度，从而加大高层和基层政府间的信任落差。反之，如果个体的关系网中亲友比例越低，则越不易受到密网的信息隔离束缚，其高层政府信任度越低，高层和基层政府信任落差越小。

假设1c：个体的关系网亲友比例越小，则高层和基层政府信任落差越小。

（二）社区社会资本

社区社会资本是社区成员间的关系、社会网结构维度及社区内认知性社会资本，它能让社群内部彼此产生合作性，进而可能促成集体行动，使整个社区受益。以下回归分析因为资料限制，将只分析关系与认知两个维度。社区社会资本虽是社区拥有、受益的社会资本，但国内很多乡村社区是行政村，有的会大到上万人，用整体网方法测量社区的关系与网络结构很困难，社区社会资本是体现在个人层面的关系与网络结构特质，所以本研究将以个体网方法来测量社区社会资本。

社区社会资本对政府信任的影响在汶川震后重建时期尤为明显。从中央、省市县到乡镇，各级政府都投入了大量的人力、物力、财力进行灾后的抢救、重建，这一过程始终伴随着大量资源对灾区的注入。而资源的落实单位是社区，灾后政策宣传会、方案讨论会等都在社区进行。社区社会资本高的社区，内部网络连结多，互信程度高，人们也更倾向于参加集体活动，而参与社区活动多的成员有更多机会接触灾后资源对接的资讯和资源，从而拥有较高的基层政府满意度。

另外，社区是灾后恢复最主要的力量，社区社会资本高的人参与社区活动多，受益于社区提供的相互帮助；社区合作解决了很多民生问题，从而减少对基层政府援助的依赖，减少了对政策期待与实际执行中的落差，从而降低对基层政府的不满与不信任。社区力量使得灾民生活在重建期中较快得到改善，增加了政府援助政策的效率与效能，所以社区参与度高的成员对基层政府的信任度提高。这些使得高层和基层政府信任的落差缩小。

假设2：社区社会资本越多，与基层政府及其官员的接触和互动机会越多、基层政府信任越高，高层和基层政府信任落差就越小。

从关系维度看，在社区中有好的人际交往会带来较多的社区强连带（strong tie），从而提升交往双方的信任感，强连带也意味着影响力，相对可能改变受影响者的行为，使之符合自己或大多数人的预期，从而减少受影响者的欺诈行为，增强信任感。信任感越强，被动员参加社区与公共活动的可能性就越大，从而增加与基层政府官员和工作人员的接触机会，有利于对基层政府信任的培育。

假设2a：关系型社区社会资本越多，高层和基层政府信任落差越小。

认知型社区社会资本指涉社区信任感和社区认同感。规范强的社区成员会相互监督，对密网内的人形成强大压力，有利于维持合作行为的稳定性。社区认同感主要表现为社区归属感，归属感越强，成员对社区内人际关系状况和关系结构形态的满意度越高，社区活动参与度也越高，有利于关系型和结构型社区社会资本的增长，共同增进对基层政府的信任度。

假设2b：认知型社区社会资本越多，高层和基层政府信任落差越小。

三、研究方法

（一）数据

数据来自笔者所在研究团队在汶川震后灾区收集的三期调查数据。调查历时四年时间，每期间隔一年半左右，以便对重建不同阶段进行调查和追踪。2009年5月（一期）收集的是板房时期数据，根据村庄规模、受灾严重程度、交通便利程度等因素选取了德阳市和绵竹市的12个村庄，每个村随机抽样33户，收集前测问卷83份，正式调查问卷475份，共收回有效问卷558份（回收率100%）。2010年11月（二期）收集的是房屋重建时期数据，共计追踪到一期数据12个村子的313份样本。2012年4月（三期）收集的是重建完成时期数据，除追踪调查的12个村庄外，还新增了18个村庄。在30个村庄中，参考村民名册，在每个村庄随机抽取33户进行入户调查，入户后再以Kish表选取一名成年人作为访谈对象，收集到953份问卷，有效问卷949份（有效率为99.58%）。

调查数据基本涵盖所有受灾地区的社区类型：德阳市、绵阳市是川西平原受灾较重的汉族聚居农村，以农业为主营经济；彭州市是成都市辖区内的受灾地区，有较多的服务业，也是川西平原的一部分；北川县和茂县则为羌人聚居的山区狭谷地带，以农业为主。调查员由社会学专业的博士和硕士研究生构成，访谈前经过了相关的专业培训。调查问卷是由研究团队自行设计的结构式问卷，根据相关的理论文献及测量工具进行设计，收集了村民家户资料、社会网络、社会认知等方面的数据。

本研究将三期数据，尤以代表不同受灾类型且样本量较大的第三期数据，纳入分析。选择第三期数据进行分析，源于本研究的理论建基在个人和社区社会资本如何影响基层政府对公共资源的分配，从而影响社区居民对政府的信任。灾后重建过程是一个政府大量分配资源进入社区的时期，社区居民可以很深刻地感受到与基层政府的互动以及公共资源分配的公平性，因此重建后的这30个社区是一个较好的样本。

为完整呈现被访者社会网络信息，本研究剔除三期数据工具网、情感网、干部网三个网络数据中有一项及以上缺失值的数据，同时，考虑到空巢家庭的特殊性，只有孤寡老人的部分家庭有缺失值时，本研究将其规模及三个网络数据标记为零，从而得到有效分析数据556条，由于政策执行公平性这一指标有19条缺失值，因此最终分析数据是537条。

表2是数据规模为949和556的描述统计量，包括性别、教育年限、婚姻、状况是否中共党员、年龄等变量。可以看出，各变量均值相差不大，相差稍大的“是否中共党员”也是因方差较大，因此差距并不显著。可见，本数据并不存在选择性偏误。

表2　数据规模为949和556的描述统计量

	极小值		极大值		均值		标准差	
	949	556	949	556	949	556	949	556
性别	.00	.00	1.00	1.00	.5764	.5845	.49439	.49325
教育年限	.00	.00	17.00	17.00	5.8734	5.7534	4.02429	4.02541
婚姻状况	.00	.00	1.00	1.00	.9407	.9618	.23574	.19079
是否中共党员	.00	.00	1.00	1.00	.0843	.1043	.27798	.30595
年龄	13.00	15.00	85.00	85.00	49.4384	51.2446	14.81488	15.46893

（二）变量

1.政府信任

政府信任问项采用“完全信任”“比较信任”“一般”“不太信任”“根本不信任”五分定序回答，对其分别从5至1分赋值，对象包括中央政府、省政府、县/市政府、乡/镇政府、村干部和村委会。首先运用主成分分析法对五级政府信任进行因子分析，提取出2个因子：基层政府（此因子的权重主要在县/市政府、乡/镇政府、村干部和村委会上）信任、高层政府（此因子的权重主要在中央政府、省政府上）信任。为更好地反映政府信任变化，我们采用高层政府信任均值和基层政府信任均值指标，前者将村民对中央政府、省政府的信任程度进行均值化处理，后者将村民对县/市政府、乡/镇政府、村干部和村委会的信任程度进行均值化处理。

2.个体与社区社会资本指标及测量方法

本研究将个体社会资本操作化为三个指标:“拜年网规模”测量的是拜年网中给受访者拜年的人数;“乡以上干部中亲友数”是指在干部网中，乡以上政府机构中担任干部的亲友人数;“关系网中亲友比例”是指村民在情感网、工具网中亲戚朋友比例的均值。

社区社会资本的指标包括关系维度的“关系网中本村人总数”和认知维度的“本村人信任”“社区归属感”。问卷使用提名法（name generator）对村民的“工具网”和“情感网”进行调查。工具网主要涉及给其提供借钱、建房、看小孩等日常生活帮助的人的相关情况，情感网主要询问的是与之谈心、聊私密话题的人的相关情况。由于工具网和情感网的相关度较高，本研究将其合并为“关系网”，计算其中本村人的人数，得到关系型社区社会资本。社区归属感变量，我们采用因子分析方法，从17道题中归结出三个因子，社区归属感是其中最重要的一个。计算每位村民的因子得分，并进行百分化处理。本村人信任则是一个五点量表的问项。

3.控制变量

民众的政府绩效感知对高层和基层政府信任间的落差有负向影响，参考既有研究，我们将政府绩效感知操作为控制变量，包含“政策执行公平性”和“生活满意度”2个指标。纳入控制变量的人口学指标包括：性别、年龄、受教育年限、是否中共党员、个体经济地位、职业性质。其中，职业性质区分为农民和体制内这两个控制变量。

表3　所有变量一览

	变量名	变量类别	变量说明	均值	标准差
因变量	高基层政府信任差值	定距变量	高层政府信任与基层政府信任的差值	1.086	.975
控制变量	性别	定类变量	1=男，0=女	.583	.493
	年龄	定距变量	被访者的年龄	51.203	15.408
	是否中共党员	定类变量	1=是，0=否	.108	.311
	教育年限	定距变量	被访者受教育年数	5.791	3.989
	婚姻状况	定类变量	1=已婚，0=未婚、离异或丧偶	.962	.190
	政策执行公平性	定距变量	非常不公平、较不公平、比较公平、非常公平（分别从1到4进行赋值）	2.581	.804
	生活满意度	定距变量	很不满意、不太满意、比较满意、很满意（分别从1到4进行赋值）	2.976	.621
	体制内职业	定类变量	被访者职业类型	.0234	.151
	农民职业	定类变量	被访者职业类型	.746	.435
	个体经济地位	定距变量	5为最上层，1为最下层	2.556	.787
个体社会资本	乡及以上干部网规模	定距变量	乡及以上干部网中网络成员的数量	.140	.602
	关系网亲友比例	定距变量	关系网中亲戚、朋友的比例	.772	.303
	拜年网规模	定距变量	拜年网中网络成员的数量	28.981	29.394
社区社会资本	关系网本村人人数	定距变量	关系网中本村人的数量	1.894	1.243
	对本村人的信任	定距变量	家人信任度（从低到高分别按1—5赋值）与本村人信任（从低到高分别按1—5赋值）的平均值	3.659	.785
	社区归属感	定距变量	根据因子分析得出，1—100得分越高说明社区归属感越强	71.188	12.790

四、分析结果

表3变量间相关分析显示，高、基层政府信任差与社区社会资本中的本村人信任呈负向显著相关，与个体社会资本中的乡及以上干部网人数、拜年网总人数呈负向显著相关，与控制变量中的政策执行公平性、生活满意度呈负向相关，与年龄呈正向显著相关，与未婚者相比，已婚状态村民的高、低层政府信任差更大；社区归属感与关系网中本村人数、本村人信任均呈正向显著相关，乡及以上干部网人数与本村人信任呈正向显著相关，拜年网总人数与关系网中本村人总数、社区归属感、乡及以上干部网人数、关系网中亲友比例均呈正向显著相关。针对前述假设，本研究构建表4所示4个回归模型。

表4　多元线性回归模型结果

变量		控制变量	个体社会资本	社群社会资本	全模型
		模型1	模型2	模型3	模型4
控制变量	受访者性别	.037	.059	.045	.065
	受访者教育年限	.052	.043	.036	.031
	是否中共党员	–.001	.003	–.001	.004
	受访者年龄	.120**	.095*	.106**	.089*
	婚姻状况	.042	.045	.055	.056
	政策执行公平性	–.328***	–.325***	–.297***	–.296***
	生活满意度	.006	–.003	.005	–.007
	体制内职业	–.070	–.037	–.068	–.037
	农民职业	.016	–.005	.027	.006
	个体经济地位	–.033	.020	–.008	.039
个体社会资本	乡及以上干部网规模		–.084*		–.074*
	关系网中亲友比例		–.035		.008
	拜年网规模		–.125**		–.125***
社区社会资本	关系网中本村人人数			–.013	.008
	本村人信任			–.137***	–.130***

续表

变量		控制变量	个体社会资本	社群社会资本	全模型
		模型1	模型2	模型3	模型4
社区社会资本	社区归属感			.007	.013
	F-value	8.646	7.716	7.530	6.919
	Δ R2	.143	.163	.160	.178
	adj-R2	.127	.142	.139	.152
	Df1 / Df2	10/517	13/514	13/514	16/511

本研究探讨个体、社区社会资本对高、基层政府信任落差的影响。在模型中，我们以高层和基层政府信任落差为因变量，社区社会资本和个体社会资本为自变量，同时加入政府绩效感知、性别、年龄等控制变量。分析结果显示，控制变量中，政策执行公平性对高、基层政府信任落差有显著负向影响，年龄则有显著正向影响。个体社会资本方面，乡及以上干部网规模和拜年网规模对高层和基层政府信任落差有显著负向影响。社区社会资本方面，本村人信任对高层和基层政府信任落差有显著负向影响。相关分析和回归分析的结果一致，自变量和因变量之间的因果性成立，因此，本研究假设1a、1b、2b均得到验证，总体而言，本研究的两个假设都得到了部分验证。

进一步，我们分别将537位受访者按照高层和基层信任落差均值为负数、接近零和正数区分出来，并观察受访者的社会属性。

表5　高层和基层政府信任落差值

	高、基层政府信任均值差<0		高、基层政府信任均值差接近0		高、基层政府信任均值差>0		全部样本	
样本数	12		126		399		537	
	均值	标准误	均值	标准误	均值	标准误	均值	标准误
受访者性别（1=男，0=女）	0.58	0.51	0.57	0.50	0.59	0.49	0.58	0.49
教育年限	7.91	3.90	5.60	4.28	5.79	3.89	5.79	3.99
婚姻状况（1=已婚）	0.92	0.29	0.93	0.26	0.97	0.16	0.96	0.19
是否中共党员（1=党员）	0.17	0.39	0.11	0.32	0.11	0.31	0.11	0.31

续表

	高、基层政府信任均值差<0		高、基层政府信任均值差接近0		高、基层政府信任均值差>0		全部样本	
样本数	12		126		399		537	
	均值	标准误	均值	标准误	均值	标准误	均值	标准误
受访者年龄	44.50	12.86	47.35	16.15	52.62	15.00	51.20	15.40
乡及乡以上干部网规模	0.25	0.62	0.31	0.98	0.08	0.41	0.14	0.60
关系网中亲友比例	0.41	0.43	0.81	0.28	0.77	0.30	0.77	0.30
拜年网总人数	22.17	22.63	37.27	32.15	26.57	28.21	28.98	29.39
关系网中本村人数	1.70	0.84	2.13	1.35	1.83	1.21	1.89	1.24
本村人信任	3.25	0.75	4.05	0.83	3.55	0.73	3.66	0.79
社群归属感	67.55	19.08	72.84	11.49	70.78	12.94	71.19	12.79
基层政府信任	3.39	0.617	4.41	0.90	3.06	0.84	3.39	1.02
高层政府信任	2.92	0.82	4.41	0.90	4.54	0.61	4.47	0.73
政策执行公平性	2.33	0.78	2.91	0.70	2.48	0.81	2.58	0.80
生活满意度	2.83	0.72	3.06	0.66	2.95	0.60	2.98	0.62
体制内职业	0.08	0.08	0.053	0.019	0.012	0.005	0.02	0.01
农民职业	0.62	0.14	0.70	0.04	0.77	0.02	0.75	0.02
个体经济地位	1.89	0.26	2.73	0.07	2.52	0.04	2.56	0.03

统计分析显示，537人中，更加信任基层政府的占总数2%的12人，其特征是受教育年限较高，党员比例较高，且年龄偏小；除乡及以上干部网规模较高外，他们的其他指标均低于平均水平。简言之，这类人个体社会资本与社区社会资本均低，但教育、年龄、政党属性上则属于精英群体，其政府信任却偏低，尤其是不信任高层政府，所以才使得两者落差为负值。还有一类是高、基层政府信任十分接近的一群人，约占总数的1/4，他们的特质可以较好地说明本研究的理论假设。相比于约占总数3/4的“央强地弱”政府信任格局的人，其各项个体社会资本与社区社会资本，除关系网中亲友比例外，都显著较高，社会经济背景方面，年龄显著更小，但他们对政策执行公平性感知最好，且对高层、基层政府信任均高，所以两者落差很小。这一特质说明，培育和增强个体与社区社会资本可以缓解“央强地弱”政府信任格局。

五、总结与讨论

本研究试图对“央强地弱”政府信任格局的内在成因进行探讨，以高、基层政府信任落差为因变量，个体和社区社会资本作为自变量，建构回归模型，运用汶川地震灾后重建时期的乡村社区资料，对假设进行检证。数据结果显示，拜年网规模越大、乡及以上干部网规模越大、对本村人信任程度越高，高、基层政府信任落差越小，结论如下：

首先，个体社会资本有助缩小高、基层政府信任落差。社会资本多的个体具有较大的拜年网规模、乡及以上干部网规模：与地方官员的接触会增进基层政府信任，他们也较有能力改善自己的生活，提高了基层政府信任；接触到异质的信息和人群会增进对高层和基层政府特质及其关系的了解和反思，降低高层政府信任。个体社会资本多的人与媒体传播间的互动机制有待后续研究。

其次，社区社会资本有助于缩小高、基层政府的信任落差。对本村人信任越强的个体，其对高层和基层政府的信任越接近：因为本村人信任强的人较合群、人缘好，灾后大量资源注入社区时，他们及时知晓资讯、获得资源的可能性增大，从而提高了对基层政府的信任；社区社会资本可以促成社区合作，既能降低对政府的依赖，也使政府资源更有效率与效能，形成较好的政策感知，增加了对负责执行政策和分配资源的地方政府的信任。可见，个体、社区社会资本的缺乏是造成乡村社区“央强地弱”政府信任格局的重要因素。

最后，政府信任有制度、文化和社会资本三种解释范式，前二者被操作为控制变量，后者则作为自变量纳入模型。结果显示，制度范式的政策执行公平性、文化范式的年龄，以及社会资本范式的拜年网规模、乡及以上干部网规模、本村人信任均对政府信任落差具有负向显著作用，印证了三种理论范式对政府信任的共同解释力。本研究推断，在高层政府信任既高且稳的情况下，提高基层政府信任对改善“央强地弱”政府信任格局至关重要。

自然灾害不仅为社会科学家研究社会结构及其运行提供了特殊的机会，也有助于理解和揭示一般化社会事实的建构机制。汶川震后灾区民众对高层政府的信任始终高于基层政府，且高、基层政府信任均呈下降态势，但到重建完成期，民众对基层政府的信任却有所提升。这是因为在灾区，政府分配资源多而频繁，所以公平感知特别敏感，这特别贴近本研究的理论，社会资本对资源分配的影响效果特别显著。我们推测这一理论可能适用于更大范围，由于“央强地弱”政府信任现象在全国较为普遍，研究者可以利用CGSS或JSNET数据检视社会资本对政府认知的影响。

本研究还梳理出如下三期数据的社会资本统计量表，可以看到，“关系网中亲友比例”以及“关系网中本村人总数”都是先降后升，灾后初期密网变疏，但重建完成后又恢复原样。“拜年网规模”则先平后升，可见重建期扩大了个人的网络。“乡及乡以上干部网规模”指标在2009—2012年间则总体呈下降趋势，在震后初期，伴随着政府援助的密集施行，村民认识的乡及乡以上干部数量达到峰值，而一旦重建完成，生活恢复常态，年轻村民继续震前的外出务工活动，与官员的接触骤减，干部网规模萎缩。“社区归属感”整体呈上升趋势，“本村人信任”则很特别，在重建最高峰时，村民互信最高，重建完成后反而降低了，但高于震前水平，在重建中，村民嵌入社区的程度有所提升。这意味着，个体、社区社会资本存量受灾后不同时期的影响，伴随着重建的过程，村民的拜年网规模、本村人信任、社区归属感均有一定程度提升。可见，地震对汶川灾区居民社会资本和态度认知的影响是巨大的。其中村民的拜年网规模与本村人信任是影响“央强地弱”政府信任格局的重要因素，社会资本在灾后重建过程中的提升，有益缩小信任落差。

表6　社会资本三期调查得分统计表

变量名		统计量	一期	二期	三期
个体社会资本	关系网中亲友比例	样本数	466	313	537
		均值	0.82	0.48	0.772
		标准差	0.24	0.35	0.30
	拜年网规模	样本数	464	313	537
		均值	24.85	23.39	28.98
		标准差	18.98	26.84	29.39
个体社会资本	乡及以上干部网规模	样本数	466	313	537
		均值	0.24	0.22	0.140
		标准差	0.75	0.60	0.60

续表

变量名		统计量	一期	二期	三期
社区社会资本	关系网中本村人总数	样本数	466	313	537
		均值	1.82	1.40	1.89
		标准差	1.199	0.99	1.24
	本村人信任	样本数	446	311	537
		均值	3.26	4.17	3.66
		标准差	0.55	0.65	0.79
	社区归属感	样本数	374	300	537
		均值	23.61	27.9933	28.38
		标准差	2.98	3.71924	3.90

在常态化社会，本研究仍具有丰富的政策启发意义：与民众切身利益相关的民生政策、法规的出台，对于维持、增进政府信任，尤其是高层政府信任具有重要意义，是构建和谐社会、推进社会管理创新的应有之义；政府的公共支出应向投资社会资本的方向倾斜，促成民众与政府的良性互动渠道，提升基层政府信任，形成“双强”（央强地强）的政府信任格局；政府和第三部门应深入基层，为个体社会资本少的居民提供知识、技能培训和职业流动机会，为社区社会资本少的社区提供更多的项目和资金扶持，降低个体和社区的政府信任落差，促进社会管理成效的显现。

本研究有现实意义：首先，有助于指导乡村社区从个体和社区两个层面建构和增加社会资本，使社区获得更多发展资源和机会，从而提升政府满意度；其次，为观察政府与社区及其民众之间的关系、建立政府与民众间良性互动机制提供有益视角，进而为维持和提升政府信任度，推进社会管理创新提供参考。

（作者罗家德，清华大学社会科学学院社会学系教授、博士生导师；作者帅满，西安交通大学人文学院社会学系讲师、实证社会科学研究所研究员；作者杨鲲昊，清华大学社会学系硕士生）

社会网络在灾害治理中的作用①

——基于汶川地震灾区调查的研究

赵延东

“5·12”汶川大地震距今已有十年，在政府和社会各界的大力支持下，灾区人民已基本完成了恢复重建工作，开始为灾区更长期的发展振兴努力，灾害带给人们的各种消极记忆也在逐渐淡化。但系统地总结这次地震中暴露的各种问题，为提高未来的灾害治理能力提供借鉴，仍是灾害研究者需坚持不懈开展的工作。本文将根据在汶川地震灾区开展的一项社会调查数据的分析结果，全面探讨社会网络在灾害治理中的作用及其政策启示。

一、灾害、灾害社会学和社会网络

（一）灾害的社会学研究

灾害不仅是一种自然或技术灾难，而且会产生复杂的社会影响与后果。自然灾难袭来时，常常会破坏正常的社会秩序，并导致诸如社会秩序混乱和社会冲突等严重的社会后果。越来越多的灾害研究者们倾向于认为，“自然灾害”只是一种“触发器”（trigger）和“催化剂”（catalyst），其最终危害程度受到社会内生变量的制约。因此，灾害的定义中必须包括其社会后果。例如，加里·克瑞普斯（Grey Kreps）就把灾害定义为“一种在时空上可以观察到的事件，它能在社会及其较大的子结构（如社区、地区）中造成人身伤害和财产损

① 本文发表于《中国软科学》2011年第8期。

失，或者干扰日常生活的运作”，并认为灾害的原因和结果都与社会结构有关。为了更准确地理解灾害，更好地制订灾害应对管理政策，有必要深入开展灾害的社会科学研究。

灾害的社会科学研究视角很多，社会学是其中最为重要的一种。社会学家们对灾害有特别的兴趣，这不仅因为他们希望回答诸如“如何减轻灾害的社会影响”这样的实际问题，还因为灾害为他们理解社会结构和社会进程提供了一个“天然实验室”。灾害使得常规的社会环境遭到破坏，从而为社会学家提供了在“非常态”的情境下去研究社会结构和互动的变化情况的可能性，为他们深入理解社会运行、发展社会理论提供了良机。

灾害的社会学研究始于二次世界大战后期盟军对轰炸效果的评估研究，当时的研究关注点是在遭敌方攻击时社区如何反应。这种研究思路后来被直接用来研究在灾害情境下，个人、社区和社会如何反应的问题。灾害社会学的研究主题经历了系统研究、组织研究、文化研究和社群研究等若干阶段。近年来，灾害社会学的研究者们日益关注社会结构因素在灾害中的作用，尤其是“社会网络”和“社会资本”在灾害风险消减中的作用。

（二）社会网络和社会资本

“社会网络”（social network）是社会学家们分析社会结构的一套方法，其基本思想是将行动者（可以是个人或组织）视为“节点”，将他们之间的社会互动联系视为“连线”，这些“节点”和“线”共同构成了一种网络状的社会结构。社会网络的分析正是基于这种类似于网络的社会结构展开，发展出了网络“规模”“密度”“异质性”等一系列研究社会结构的指标体系，为我们理解社会结构以及结构中行动者的行动提供了一个独特的视角。

尽管网络分析方法正变得越来越成熟，但社会网络的理论发展却相对迟滞，直到“社会资本”概念出现后方有所改观。社会资本（social capital）的概念超越了传统的物质资本定义，将社会成员之间的互动和社会关系，以及在这些互动和关系构成的网络基础上形成的社会信任和规范等均纳入“资本”的范畴，认为它们可以对个人的地位获得和社会发展起到有益作用。社会资本的概念起源于社会学的研究，近年来已经迅速推广到经济学、政治学、管理学等普遍的社会科学领域。

目前社会资本的定义比较庞杂，但基本上可以分为微观社会资本与宏观社会资本两个层面。宏观社会资本主要指群体中表现为规范、信任和社会网络的一些特征，其功能在于提升群体的集体行动水平。而微观社会资本则是指行动者通过自己的个人社会网络可以获取的嵌入性资源，其功能在于帮助行动者获取必要资源以达到自己的行动目的。从定义可知，微观社会资本概念与社会网络分析的关系更为紧密。

（三）社会网络与灾害研究

现代社会中，社会的运行高度依赖于各种社会制度的正常运转，而灾害造成的最初、最直接的社会后果之一，就是破坏了正式社会制度的运行。此时，社会网络恰恰可以发挥非常重要的作用。与政府和其他正式社会组织不同，社会网络代表了一种“非正式”的社会制度，它虽然没有严格的成文章程和规定，但也有自己运行的潜规则。如果说，在正式制度运转正常时，社会网络等非正式制度主要起着一种“潜在”作用的话，那么，当正式制度出现问题的特殊情境下，社会网络就从“后台”走到了“前台”，开始填补正式制度缺位所造成的“制度真空”，发挥出比常规情境下更为重要的作用。这一点在灾害情境下表现得尤为突出，在灾害中，尤其在灾害发生之初，政府、社会组织等各种社会制度的正常运行受到冲击和阻碍，这常常是导致灾区出现社会混乱和社会解体（social disorganization）的重要原因。但在大多数情况下，灾区并没有因为正式制度的缺位而陷入长期、彻底的混乱状态，究其原因，正是因为当地的社会网络发挥了作用。受灾居民们按照原有的社会网络联系，以家族、邻里或社区为单位又重新组织起来，互相帮助、互相支持，在一定程度上保证了灾区社会生活的有序运行。

早期的灾害研究者们就已经注意到了社会网络和社会资本在灾害中的作用。早在20世纪60年代，美国著名灾害学家托马斯·德拉贝克（Thomas E. Drabek）等人已在研究中指出社会网络和社会群体（social association）是应对灾害的最基本社会单位。查尔斯·福瑞茨（Charles Fritz）和艾伦·巴顿（Allen H. Barton）等人提出了“疗愈型社区”（therapeutic community）的概念，认为在遭受重大灾害后，有一些社区的群众能够迅速团结起来，彼此合作，共抗灾害，这样的社区可以称为“疗愈型社区”。在这个概念中，也包含了社区中社会网络对灾后恢复的积极影响。甚至有学者认为，灾害中所有类型的资本——包括物质资本、人力资本和社会资本——都会受到损失，但相对于物质资本和人力资本而言，社会资本在灾害中受破坏的程度最小。因此，社会资本和社会网络可能是灾后恢复过程中最可依赖的资源。

随着灾害研究的进一步深入，越来越多的研究者开始关注社会网络与灾害的研究，而且已经有一些实证研究具体考察了社会网络和社会资本在灾害中的重要作用。例如，詹妮·赫伯特（Jeanne Hurbelt）等人通过对美国1992年“安德鲁”飓风灾区的调查，系统研究了受灾者的社会网络结构对其灾后资源获取、求助行为以及助人行为的影响。赵延东对中国西部地区灾害频发地区的研究分析也证明了社会网络对居民的灾后恢复起着不可或缺的重要作用。然而总体而言，目前基于经验社会调查数据来分析社会网络在灾害中作用的研究数量仍不太多，而且相关研究往往集中于社会网络在灾害治理中某一具体环节中发挥的作用，还很少有研究全面、系统地考察过社会网络在灾害治理各环节中扮演的角色。

2008年发生的“5・12”汶川大地震是新中国历史上造成生命财产损失最大、影响范围最广的灾害之一，目前，灾区人民在政府和全社会的帮助下，正在积极重建家园。而这次灾害也为研究者提供了一个近距离、多角度观察灾害的社会影响的机会。本文将根据2008年的汶川大地震后开展的社会调查数据，全面、详细地介绍和讨论社会网络在灾害治理和减少灾害风险中的作用。

二、数据和研究变量

（一）数据

本研究的数据来自“汶川地震灾区居民需求快速调查”。2008年7月上旬，为充分了解灾区居民的生活状况及其政策需求，受国家科技部委托，中国科技发展战略研究院课题组在四川省地震灾区对灾区居民进行了一次快速需求调查。调查采取随机抽样调查方法，对抽取的居民户进行入户问卷访谈。实地调查工作于7月7日至7月19日展开。调查覆盖了成都市、德阳市、绵阳市和广元市的24个受灾县（市、区）[①]；其中，极重灾县（市、区）8个，重灾县（市、区）18个[②]。设计抽样174个居民点（村、居委会、城市社区或安置点），5 000户居民，可以推论26个受灾县（市、区）的约1 300万人口的情况。最后实际调查了144个居民点，入户4 526户居民，成功访问了3 652户，访问成功率为80.7%。调查涉及受灾居民的住房、教育、健康、劳动就业、农业生产、家庭生活、社会网络以及主要政策需求和态度等各个方面的信息，全面反映了灾区居民的生活状况与政策需求。

（二）主要研究变量

在调查中，我们专门测量了受访者的社会网络情况，主要使用了“春节拜年网”的测量方法，这是由边燕杰等人结合中国社会特点根据“定位法（position generator）”发展而来的，已经被证明是衡量中国人核心社会网络的一个很好的指标。调查中我们要求受访者报告在2008年春节，有多少亲戚、朋友和其他熟人与其有过拜年往来。这代表了受访者震前的核心社会网络情况，通过这个问题，我们可以得到两个网络的基本指标：一个是网络规模（总交往人数），另一个是网络构成/结构（网络中亲属的比例）。

我们还测量了个人网络在这次地震灾难中的变化情况。首先，我们询问被访者是否有网络成员在地震中死亡。如果有，则被认为出现了“网络损坏”。其次，我们询问受访者是否结识了新的网络成员，也就是在地震后有了新的社会交往关系，这代表了网络的重建。

表1显示了被访者社会网络的基本描述性统计结果，从结果看，地震前灾区居民的平均网络规模是17.8人。在网络成员中，亲属的平均比例为68%。大约10%的当地居民在地震中失去了其网络中的一些成员，但有4%的人在地震后又结识了新的网络成员。

---

① 本次调查抽样是采取按人口规模成比例概率抽样（PPS）的方法进行的，覆盖的26个县市包括：成都市的都江堰、彭州、崇州、大邑；德阳市的旌阳区、绵竹、什邡、中江、罗江、广汉；绵阳市的涪城区、游仙区、北川、平武、安县、江油、梓潼、盐亭、三台；广元市的利州区、朝天区、元坝区、青川、剑阁、苍溪、旺苍。后由于实地操作的原因，未进行北川和大邑的调查，因此实际样本只包含24个县市的信息。

② 这里，极重灾区和重灾区的划分是依据2008年7月12日国务院抗震救灾总指挥部第23次会议公布的县（市、区）名单做出的。

表1　地震区居民社会网络统计

	均值	标准差
网络规模	17.80	17.68
网络构成	0.68	0.41
网络损坏（是=1）	0.10	0.30
网络重建（是=1）	0.04	0.20

三、社会网络如何降低汶川地震灾害的风险

在以往的研究中，研究者发现社会网络在灾前预警、紧急搜救和灾后重建等不同阶段中都发挥着作用。总结前人的研究，我们将社会网络在灾害治理中的作用归结为提供紧急救援、提供信息、提供社会支持和保持心理健康等四个方面，并从这四个方面来具体考察社会网络在汶川地震灾害发生后所起的作用。

（一）紧急搜索和救援

地震灾害发生之初，对幸存者的紧急搜索和救援是头等重要的工作。由于外部的专业救援者往往要经过一段时间才能到达灾害现场，因此真正有效、及时的救援往往要依赖受灾群众的自救、互救。国外一些研究已经发现，社会网络等非正式社会制度在灾后紧急搜索和救援中发挥着非常重要的作用，如本尼格诺·阿格瑞（Benigno Agirre）等发现，灾害降临后第一时间的紧急搜索和援救工作主要是由现场的其他受灾居民（亦即受困者的社会网络成员）完成的。即使在外部救援人员到达后，他们也需要周围的邻居和当地其他已经逃离的受灾者来帮助提供受困者的方位信息。米歇尔·勒沙（Michel F. Lechat）对1980年意大利地震的调查也发现，97%的伤者是被周围的群众徒手和用铁铲解救出来并送去进行医疗救助的。

我们在汶川地震灾区的调查数据显示了类似的结果，调查样本中大约有130人曾经在地震中被困在废墟中，其中94%是被亲戚、邻居和周围其他人解救出来的，只有很少的比例是由外部救援人员解救的，被解放军救出的约占3%，被志愿者救出的占2.5%，被专业救援队伍救出的仅占1%左右（见图1）。

由于调查时距离灾害发生仅有一个半月的时间，一些重伤者尚未回到家中，因此我们的结果可能在一定程度上低估了外部救援者的作用（外部救援者救出的人可能受伤更为严重），但这种低估应该是非常有限的。我们的调查结果无可置疑地表明，社会网络成员在灾后第一时间的紧急救援工作中发挥着不可或缺的作用，起到了挽救生命、减少伤亡的重要效果。

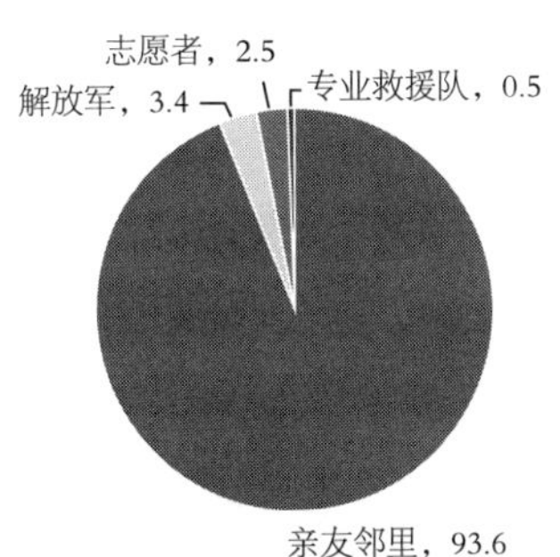

图1　汶川地震后受困群众的救援者分布（%）

这一结果再次证明了社会网络在灾后紧急救援中的关键作用，而且有很重要的政策含义。既然大部分的受灾者是通过周边的网络成员而不是外部救援人员获救的，那么政府理应在灾害多发地区为民众提供基本的救援技能和救援常识，增强其自救、互救能力。这一工作理应成为提高灾害预防能力和灾害紧急救援能力的重要组成部分。

（二）保证信息流通

有效的信息传递是灾害治理中非常关键的一环，灾害发生前，预警信息的传播可以有效地减少灾害损失；而灾害发生后，政府和外部救灾者需要及时了解灾区群众的需求信息，受灾群众也迫切希望了解灾情以及救灾政策等相关信息。以往文献表明，社会网络的主要功能之一就是促进信息流通。灾害研究者也发现，社会网络是灾前传递预警信息的重要渠道之一。

我们的调查表明，社会网络在保证汶川地震灾区的信息流通问题上发挥着重要的作用。以政府灾后政策信息传递为例，地震发生后，大约有16%的灾区居民是通过“亲属、朋友和其他社会关系”这一渠道得知政府的救灾政策信息的。在所有的信息渠道中，社会网络是最常用的三条信息途径之一，其重要性仅次于“电视”和“基层干部”这两种渠道（见图2）。

社会网络不仅可以传递信息，也可以传递知识。因此，在提供预警信息、传播灾害预防知识和技术时，都应该考虑如何充分利用社会网络的优势，发挥其传递信息的功能。

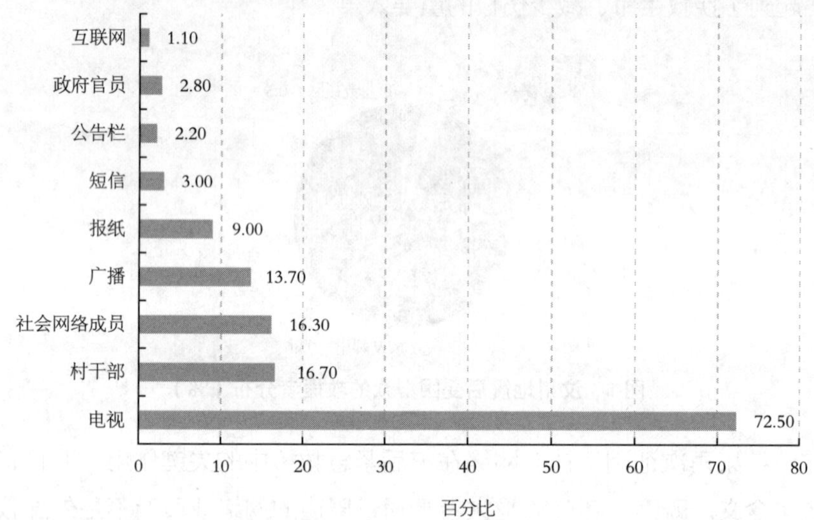

图2 灾区群众获得相关政策信息的主要渠道

（三）提供社会支持

灾害发生后，受灾群众对各种援助和支持有迫切的需求。研究灾后恢复的学者们发现：个人在灾后的恢复能力与其得到的外部援助和支持密切相关，得到社会支持多的人更容易恢复。社会支持通常指个人从家庭外部获得的各种物质或非物质的资源，它可以按获得渠道分为制度化支持（来自政府、社会组织的支持）和非制度化支持（个人通过社会关系网络从其他人那里得到的物质的或非物质的资源）。其中，非制度支持与“社会关系”和“社会网络”等概念有紧密的联系，被认为是社会资本的重要表现形式之一。

我们的数据显示，汶川地震后，灾区群众得到了来自政府和社会各界的广泛支持和援助。虽然政府是主要的支持提供者，但是个人的社会网络在其中也扮演了非常重要的补充性角色。当被问及“在灾后为你们提供了支持的个人或机构中，谁的支持对你们最重要？”这一问题时，大部分受访者（60.4%）

选择了“政府”，而选择“亲戚和朋友”的受访者仅次于选择“政府”者，有22%的受访者认为社会网络是他们最重要的支持来源。由此可见，即使在汶川地震这样重大的灾害之后，社会网络仍然可以迅速恢复功能，并为受灾群众提供有力的支持（见图3）。

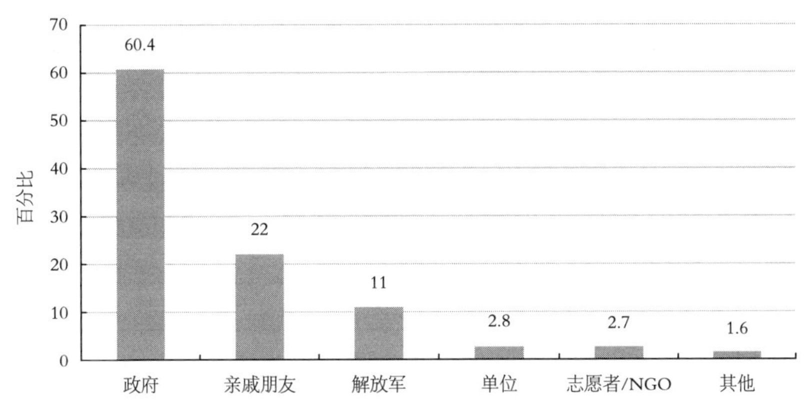

图3 受灾群众认为灾后最重要的支持提供者

来自政府等机构的制度化支持虽然重要，但其目标主要在于提供普遍性支持，常常可能出现难以覆盖的“死角”，而社会网络等其他非正式制度恰好可以起到对正式制度的补充作用。因此，在为灾区群众提供各种社会支持时，应充分动员社会力量，弥补政府工作的不足。

（四）保持精神健康

灾害造成的影响不仅限于生命和财产损失，也影响到人们的精神健康。在汶川地震中，受灾群众可能蒙受了亲友伤亡、经济财产损失和其他重大损失，而这些损失都可能带来短期的和长期的心理压力，进而影响其心理健康。已经有一些研究发现，社会网络可以缓解灾害导致的精神创伤。灾害发生后，社会网络可能为受难者提供精神支持，帮助他们释放压力，因此帮助他们摆脱心理问题的困扰。

在我们的调查中也同样发现了社会网络对受害者的心理健康的重要影响。我们在调查中使用了CHQ－12量表来测量地震灾区居民的心理健康，CHQ是一般心理健康问卷的中文修订版，用于衡量居民的心理健康水平，其效度已得到中文世界研究的确认。我们以此次调查中受访者的CHQ心理健康评分作为因变量，分数越高，代表其心理健康状况越好。然后以其社会网络状况为自变量，加上个人的年龄、性别、健康、自评社会地位、在地震中的损失等作为控制变量建立普通最小二乘回归（OLS regression）模型，回归结果如表2所示。

表2　心理健康状况影响因素的OLS回归结果

	回归系数		标准误差
社会网络情况			
网络规模	0.02	***	0.01
网络结构	0.49	*	0.26
网络损坏（1=是）	−0.81	*	0.36
网络重建（1=是）	0.01		0.02
控制变量			
教育水平	0.10	***	0.03
家庭人均收入（logged）	0.14	***	0.05
性别（1=男）	0.18		0.27
年龄	−0.02	#	0.01
自评健康水平（1）	−3.07	***	0.12
党员身份（1=是）	−0.20		0.33
自评社会地位（2）	−0.66	***	0.13
户口类型（1=城镇）	0.44		0.28
在地震中有无损失（1=是）	−1.38	***	0.25
住房类型（1=临时）	−0.02	***	0.22
常数项	44.66	***	1.19
R2	0.23		
F	76.13	***	
N	3403		

注：#：$p<0.10$；*：$p<0.05$；**：$p<0.01$；***：$p<0.001$

（1）“自评健康水平”为被访者对自身健康水平的主观评价，分4个等级，1代表很好，4代表很差。

（2）“自评社会地位”为被访者对自身社会地位的主观评价，分5个等级，1代表最高，5代表最低。

从统计结果中，我们可以清楚地看到重大灾害后社会网络对维持心理健康所起的至关重要的作用。首先，网络规模有积极的影响，较大的网络规模带来更好的心理健康状况。其次，网络结构也有明显的效果，个人网络中的亲属比例越高，个人的心理健康状况就越好。这可能是因为较高的亲属比例通常与较高的密度和较低的异质性有关，过去的一些实证研究表明，较高的密度和较低的网络的异质性有利于提供精神支持，从而有益于精神健康。最后，我们还发现网络成员的死亡与个人的精神健康存在负相关。这从反面证明了社会网络对精神健康的重要性——当个人的社会网络在灾害中受到破坏时，会给人们的精神健康带来负面的影响。

四、小结与政策启示

本研究的结果充分表明，社会网络在减少灾害风险方面发挥了重要作用，是灾害治理体系中一个不可或缺的部分。在灾后的应急反应阶段，大部分搜救工作都是由社会网络成员来完成的。在灾害发生后的早期恢复阶段，社会网络可以促进信息流通，提供各种支持，并有助于维护受害者的心理健康。作为一种非制度化的社会力量，社会网络和社会资本对政府及其他社会机构的救灾工作起着重要的支撑和辅助功能。

当然我们也必须注意到，社会网络和社会资本是一种在长期社会生活中自发形成的社会资源，它们具有非正式社会制度的特点，政府仍需有意识地进行制度设计和引导，将其纳入正式的灾害治理机制，使之充分发挥减少灾害风险的功能。从这个意义上说，本项研究的结果不仅有理论意义，还可以为我们提供一些政策上的启示。政府在建设灾害治理体系时，应充分重视社会网络和社会资本等社会力量的作用，在提高政府防灾救灾能力、完善“自上而下”的灾害防治体系的同时，也应着力提高社区、公众以及非政府组织等社会力量参与防灾救灾的能力，为其发挥功能提供空间。具体来说，可以注意以下问题：

（一）应把为灾害频发地区的群众提供灾后自救、互救的基本技能和知识列为提高灾害防御能力的重点工作，常备不懈。这样一旦灾害发生，就可以充分发挥社会网络的力量，在第一时间迅速开展有效的紧急救援工作，减少群众伤亡。

（二）在灾害发生后，应采取一切可能的措施帮助受灾群众找到幸存的亲朋好友，使他们因灾害而“断裂”的社会网络尽快地重新恢复起来。在灾后临时安置灾民时，应尽量照顾到受灾者的亲人、邻里和熟人等社会网络关系在地理距离上的邻近性，使他们能便捷地联系、交往，从而使社会网络的功能得以重新运转。

（三）在灾区重建规划中，要将保持受灾者社会网络的稳定性纳入考虑范围。特别是灾后移民安置的过程中，应尽量保持原有村、社区的基本稳定。除非万不得已，不要采取分散安置移民的做法。

（四）对受灾群众的心理援助要充分利用其社会网络，鼓励那些受到心理伤害者的亲戚、朋友一起加入到对患者的治疗过程中来，帮助患者尽快恢复精神健康。

（五）在灾区的重建工作中，应充分利用受灾者的社会网络，以此为基础，鼓励大家就地开展自救、自建工作。例如，可借鉴扶贫工作中的成功经验，采取“以工代赈”等方式，鼓励灾民在当地自发组织起来积极参与灾后重建。通过这种方法，不仅可以解决灾民的生计和灾区的重建问题，更可以进一步强化灾民的社会网络，增进其社会信任和自信心，为灾区的恢复发展奠定坚实的社会基础。

（作者赵延东，中国科学技术发展战略研究院科技与社会发展研究所研究员）

突生与连续：西方灾后恢复的社会学研究述评[①]

卢阳旭

中国是一个自然灾害频发的国家，但目前国内从社会科学角度对灾害的研究还很不足。了解和梳理西方社会科学领域的灾害研究成果有着很大的必要性。经过60多年的发展[②]，灾害社会学在“灾害的一般理论”和“政策取向”（policy-oriented）研究方面都取得了丰硕的成果。从实践层面说，“灾后恢复”历时最长、任务最艰巨；从研究角度说，“灾后恢复”是灾害研究的丰产期。本文将对西方灾后恢复的社会学研究情况进行梳理。就具体内容而言，将围绕“恢复什么”“谁恢复”、“怎么恢复”三个问题展开，尤其关注第三个问题。

一、灾害的社会属性与灾后恢复的定义

60多年来，灾害社会学在坚持把灾害看作是一种社会现象的同时也经历了

---

① 本文发表于《国外社会科学》2015年第2期。

② 西方灾害研究始于二战后期盟军对轰炸效果的评估研究。早期的灾害研究具有很强的军方背景，研究主要关注在遭敌方攻击时社区如何反应。20世纪50年代后，这种研究思路后来被直接用来研究在“自然灾害”情境下，家户（个体）、社区、社会如何反应，这些研究构成了灾害社会学的主要内容。70年代中期，参与灾害社会学研究的学者在数量上增长了8—10倍，达到了“关键大数”（critical mass）（Quarantelli，1977：40），几本灾害研究的专业杂志也在此时出现。此后灾害社会学研究进入了常规发展阶段。近年来，“脆弱性分析”“风险社会”理论、批判理论被引入到灾害社会学研究中，灾害社会学研究进入了新的融合与发展阶段。

认识逐渐深化的过程——从关注各种灾害的社会影响到以社会内生性角度来理解和定义灾害。在这个过程中，对于灾后恢复的认识也发生了很大变化，强调灾后恢复不仅是一个物质意义上的恢复更是社会层面上的恢复，灾后恢复始终应该放在其所处的“社会背景”（social context）中来理解和研究。

（一）灾害的社会属性

对于自然灾害，灾害社会学者们关注的不是其自然的物理特性，他们更关注自然灾害发生前、发生时和发生后那些“不自然”的社会维度。具有一定物理特性的“自然灾害”（natural hazard），只有对人类和社会系统产生了负面影响才能被称作“灾害”（disaster）。灾害是那些给正常的社会功能造成扰乱、破坏的事件。它导致“正常的社会功能被破坏”，使得“常规的行为期望不再有效”。20世纪90年代以来，越来越多的灾害社会学研究从社会内生角度来定义和理解灾害。他们认为，“自然灾害”只是“触发器”（trigger）和“催化剂”（catalyst），[①]它们最终的“为害”程度受到社会内生变量制约。美国灾害社会科学研究的先行者恩里克·克兰特利（Enrico L. Quarantelli）认为：“从来就不存在纯粹的自然灾害，至多存在一定自然因素和社会因素的结合而产生的灾害”，“灾害……反映的是社会在灾害面前的脆弱性”。换句话说，“灾害是其所处的社会的函数，而不是其事件本身的函数”。

（二）灾后恢复的定义

如何使受灾害影响的家户（个体）、社区（社会）从各种负面影响中恢复过来是灾后恢复的社会学研究的重要主题和现实关怀。但什么是“恢复”，怎样才算“恢复”了？换句话说，我们需要如何定义和理解“灾后恢复”。美国北卡罗来纳大学教堂山分校加文·史密斯（Garm Smith）和美国德克萨斯农工大学减灾与恢复中心创始人，丹尼斯·温格（Dennis E. Wenger）（2006：237）认为，灾后恢复是指“通过灾前计划和灾后行动重建、重塑心理、社会、经济和

① 所谓“催化剂”是指能够对特定化学反应的速率和反应条件产生影响，但自身的化学结构不发生变化的物质。概念的借用常常会产生些许偏差，甚至导致误解。但灾害社会学家们的这个借用，却准确地揭示了灾害社会学不仅关注作为外生变量的灾害的社会影响，更试图从社会本身来定义、把握灾害，换句话说，把灾害内生化。

自然环境的差异性过程（differential process）”。这是为数极少的对灾后恢复的直接定义。[①]该定义至少指出了灾后恢复的三个要素：恢复什么、怎么恢复和把恢复视为一个过程。

显然，灾后恢复还有其他一些维度，比如“灾后”的具体指涉，恢复的程度等。从词语构成来看，“灾后恢复”由“灾后”和“恢复”两个词构成，但“灾后”的指涉通常比较模糊。美国生态学家弗雷德里克·贝茨（Frederick L. Bates）和美国亚利桑那州立大学大卫·皮贾瓦卡（David Pijawka）把灾后恢复划分成四个阶段，即紧急阶段、修复阶段、重建阶段和发展阶段；克莱尔·鲁宾（Claire B. Rubin）认为灾后恢复行为有三个高峰（peak），第一个高峰主要关注物质层面的重建，接下来关注点转向灾害的社会影响，最后进入到提升和发展阶段。另外，中文“恢复”一词有三个主要的英文对应词，即“restoration”“resilience”和“recovery”。在恢复程度上，“restoration”强调同灾前相似的回复；“resilience”强调具有一定弹性的社会在经过一段时间的吸收和消化后能够重新回复到灾害前的状态；“recovery”强调的是“可接受”（acceptable），它可能比灾前好，也可能比灾前差。

需要指出的是，虽然把灾后恢复分为几个阶段的做法，有着分析上的便利且确实能够实现对灾后恢复的粗线条勾勒，成了被普遍接受的一种做法。但在实际的灾后恢复中可能并不存在时刻意义上的清晰划分，不同的社区、家户恢复的步调不一定一致。更为复杂的是，恢复程度的衡量涉及主体差异的问题。不同群体、个体对恢复的预期和衡量标准存在差异。灾后恢复呈现的是混合的图景（mixed picture）。如科罗拉多州大学自然灾害中心主任凯思琳·蒂尔尼（Kathleen Tierney）在其研究中就直接使用“赢家”“输家”来区分相同的自然灾害对于不同群体的差异性影响。显然，这些群体对于灾后恢复程度的评价会是不一样的。讨论“灾后恢复”离不开对恢复单位的讨论。

---

① 在文献阅读过程中，笔者发现灾害社会学者们很少直接给“灾后恢复”下定义。笔者认为主要原因在于，“灾后恢复”与其说是一个概念，不如说是一个包含了很多潜在研究问题的“研究领域”的统称，把这么多内容包含在一个定义中，不仅很难，而且其实际意义也值得怀疑。基于此，本文不打算给出“灾后恢复”的定义，而是在这一名称下，析出灾后恢复的社会学研究中几个主要的维度：恢复内容、恢复层次、恢复主体、恢复机制。

二、恢复的单位

通常来讲，自然灾害总是具有一定的时空边界。按照影响范围的大小，可以把自然灾害笼统地划分为社区性灾害和地区性灾害。前者的影响范围常限于少数社区；后者的影响范围则比较大，可以是某个地区（比如整个流域）甚至是几个国家（比如加勒比地区）。不同影响范围的灾害后，常常涉及不一样的灾后恢复层次、行动主体及主体间关系。

（一）恢复的层次

家户（个体）、社区和社会是灾害研究中通常被区分出来的三个层次。但“恢复通常是对于次级社会单位（subdivision）而言的”。另外，同样一项自然灾害在上述三个层次上的影响并不一样。它们在恢复的内容和节奏上都存在广泛差异。在恢复过程中，各层次之间相互嵌套，但在不同的自然和社会情境中有不同的嵌套方式和强度。一个小镇遭到了飓风袭击，需要从中恢复过来，但对于整个州、国家来说并不存在灾后恢复的问题。同样，飓风没有对整个社区造成大的影响，但少数几户居民却发生了重大的财产损失甚至人员伤亡，那么这几户居民面临着灾后恢复的问题，但整个社区并没有这个问题。更高层次的单位具有更强的内部资源调动能力，对灾害的负面影响有更强的吸收能力，灾后恢复可以更加迅速、有效。比如在美国，总统有“灾害宣布”，某项社区性、地区性灾害一旦获得灾害宣布，就可以把灾后恢复的任务提高到更高的层级，获得更多的外部资源。若仅依靠低层级的单位自身的力量，则不具备这种应付裕如的能力。

（二）行动主体

不同的恢复层次是恢复活动的展开平台，在这些平台上存在三种主要的行动主体，即家户（个体）、社会网络和组织。

1. 家户（个体）

家户（个体）是基本的社会单元，是最基本的应灾行动主体。家户（个体）的金融资本、人力资本是灾后恢复过程中最基础性的资金来源。同时，很多外在资源（社会网络的资源、社区资源、社会资源）只是为家户（个体）行动提供帮助和便利，最直接的行动仍需要在家户（个体）层面进行。

2.社会网络

“社会网络”是一个很早就被指出，近年来越来越被强调的应灾行动主体。家户（个体）所嵌入的社会网络作为受灾者灾后恢复行动的社会结构背景，既是行动的资源又是行动的约束条件。不同的社会网络结构会形成不同的成员互动模式，在成员间产生不同的行为期待和规范；同时不同的社会网络结构意味着不同的资源流动渠道。

3.组织

灾害研究者很早就注意到各种组织在灾害过程（灾前、灾中、灾后）的作用，把它们作为基本的应灾行动单位。美国特拉华大学灾害研究中心罗泰·戴恩斯（Russell R. Dynes）根据“组织结构”（新/旧）和“组织功能”（常规/非常规）两个中轴，区分出参与灾后活动的四种组织类型，即已成型（established）、扩展型（expanding）、延展型（extending）和新建型（emergent）。第一种是不需要调整结构和功能的组织（比如警察、消防部门、医院等）；第二种是需要调整机构但仍然履行原功能的组织（比如红十字会等）；第三种是不需要调整结构但需要扩展功能的组织（比如建筑公司、慈善组织等）；第四种是新出现的组织（比如灾后出现的志愿者组织）。从出现时间来看，前三类都是在灾前就存在的组织，灾前的大部分备灾计划和预案也都是围绕着它们进行。这些组织在整个灾害过程中的表现直接关系到灾后恢复的速度和质量。一般来说，小规模的社区型灾害能够被灾前存在的各类组织处理和吸收，对第四类组织的需求较少，反之，当遇到大的地区型灾害时，对新组织的需求会增加。

三、恢复的机制

灾害的破坏性体现在对物质资源和社会资源的破坏，灾后恢复是对资源的重整和再生过程。在这个过程中，无论是物质资源还是社会资源的流动和再生都不是“随机”的，而是有着一定可把握的脉络。从这个意义上说，关注灾后恢复的机制就是关注这些脉络的具体特征。研究表明，灾后恢复过程中决定各类资源“流向”和“流量”的脉络从自然时间上常常先于灾害发生时点而存在，更为重要的是，这些脉络通常足够强韧。

（一）灾后恢复的社会时间

按照自然时间顺序，灾害过程通常被划分为“灾前—灾中—灾后”三个阶段。研究和实践也都表明行动者在每个阶段的行动目标和行动方式存在很大差异。但这种划分方法很容易造成一个三个阶段之间是单向线性关系的印象。克兰特利（Quarantelli）指出，在灾害研究中“应该使用‘社会时间’而不是用编年时间或自然时间（chronological or physical time）”。不同于自然时间，“社会时间”是黏性的、可逆的，在自然时间意义上相互区隔的时间段，在社会时间意义上可能是连续的，反之亦然。灾后恢复，在自然时间意义上后于灾前和灾中，独立于二者，但在社会时间意义上，它们却是一个连续过程。就行动层面的含义而言，行动者在灾前、灾中的行为的影响会延续到灾后恢复阶段，灾后恢复的情况又会影响到下一次可能灾害的危害程度。目前大部分研究都倾向于把灾后恢复看作是一个动态的过程而不是一个静态的结果，灾害过程各阶段间的关系不是线性的，而是“半环状”（semicircle）的。

（二）连续性原则

社会时间意义上的灾后恢复集中表现为恢复过程中的“连续性原则”（principle of continuity）。“连续性原则”最早由戴恩斯（Dynes）和克兰特利（Quarantelli）梳理1977年以前的灾害社会学研究成果时提出。“连续性原则”的提出挑战了当时流行的“Prince假定”，即灾害促进了快速的社会变化。“连续性原则”认为“灾前的行为是灾中和灾后行为最好的指示器”，可以通过考察灾前状况来预测灾后恢复的情况。现在这个原则已成为研究灾后恢复机制的基本假设。下文将从连续性发生的层面、连续性原则的作用机制两个方面对其梳理相关研究。

1.连续性发生的层面

（1）家户（个体）层面

在家户（个体）层面，“连续性原则”表现为个人行为模式、社会经济地位等在灾前和灾后的相似性。对于某个具体的家户（个体）而言，灾害可能给其造成了财产损失、人员伤亡，在精神和心理上产生影响——这也是灾害心理干预的基本假设。但研究表明“长期看，几乎没有证据表明（尽管偶有例外）受灾者灾前的社会经济地位会发生实质性的变化”，而且“从长期来看，灾害并没有对人们的心理健康产生大的影响”。蒂尔尼（Tierney）在回顾了大量经验研究后得出结论说，“人们的行为模式在灾前、灾后存在较强的连续性”。

（2）社区（社会）层面

在社区（社会）层面“连续性原则”表现为灾害极少引发组织层面的改变，即使发生改变，也是沿着灾前社会结构进行。灾害不能被看作是社区（社会）重大变化的动力，多数情况下，它们只是加速了灾前存在的某种趋势而已，灾害本身并不扮演“扳道夫”的角色。美国科学院灾害研究委员会（Committee on Disaster Research）的研究报告也指出“灾害没有引致大的变化，而只是强化或加速了先前存在的模式”，并认为这是“灾后恢复研究的一般准则”。

2. 连续性原则的作用机制

现有的大量经验研究都试图对从上述几个层面上观察到“连续性”现象进行因果性解释。主要包括两个方面的内容，即发现造成连续性的各种影响因素和通过比较和寻找反例为“连续性原则”设定边界。如前所述，灾后恢复是物质资源和社会资源的重整和再生，造成“连续性”的关键在于这些资源的“渠道依赖性”。

（1）连续性机制

从目前的经验研究来看，灾后恢复过程中至少有四个主要的连续性机制：社会经济地位连续、社会网络连续、社会心理连续和制度连续。

社会经济地位连续：从资源角度来看，社会经济地位（常用教育、职业、收入来测量）同时有“存量”和“流量”两个层面的含义。以灾害发生的时点为界可以把二者区分开来。但研究表明，在灾后恢复过程中，社会经济地位具有更多的“流量”含义。比如在美国，灾后永久性住房恢复主要是一个市场驱动过程。保险理赔金是私人永久性住房建设的主要资金来源，其所占比例在1992年佛罗里达“安德鲁”（Andrew）飓风灾害和1994年加州北岭（Northridge）地震灾害分别达到89.9%和65.3%。受教育程度较高、技能水平较高、收入水平较高的家户（个体）更可能以较快的速度恢复到灾前水平。具有上述特征的家户（个体）更可能购买了灾害保险、拥有储蓄或其他流动资产。同时在灾后信贷市场上（包括普通商业信贷和政府低息信贷），更好的人力资本特征能更有效发出“偿还能力”信号，更可能从金融市场上获得灾后恢复所需金融资源。与之相对，贫困家户（个体）可能由于缺乏技能、身体残疾、年龄等原因，缺乏上述资源而使得他们整个灾后恢复过程困难重重。另外，对灾害过程中个体角色扮演的研究发现，行动者在组织性行动中的角色特征（包括角色一致性<consistent/inconsistent>、角色连贯性<continuous/discontinuous>和角色熟悉性<conventional/improvised>）同灾前存在连续性。也就是说，灾害中人们更可能扮演那些同自己灾前职业角色、技能要求、工作流程相似的角色。这意味着那些灾前社会经济地位较差的家户（个体）更不可能参与到组织性行动中来，更可能被排除在组织决策之外。

社会网络连续：社会网络作为一个重要的应灾单位，在灾后恢复过程中是重要的资源流动渠道。研究表明，如果某一受灾者在灾前嵌入于密度较高、男性成员较多、年轻人和亲属所占比例较高的社会网络中，则他（她）在灾后恢复期间更可能向社会网络成员求助，获得非正式社会支持。研究还发现，受灾者精神压力的大小与其社会网络状况的变化之间存在紧密的关系。从消极方面来说，如果受灾者的社会网络因灾害而受到严重破坏，则受灾者很可能会出现较严重的心理健康问题，网络破坏对心理健康的不利影响要明显大于其他因素的作用。从积极方面来说，社会网络对帮助那些出现心理问题的受灾者恢复精神健康起着积极作用。社会网络的研究者还对灾后恢复过程中援助提供方的网络结构特性进行研究发现，嵌入在更紧密、规模更大和性别异质性更高的社会网络中的灾区居民更可能为其他灾民提供帮助和支持，参与社会网络中的互惠交换，获得必要的资源。

社会心理连续：在日常生活中，很多物质性特征被赋予特定的文化和符号意义。研究发现，灾害造成的物质损坏扰乱了受灾者的日常生活习惯，容易使受灾者产生心理紧张。心理上的紧张和焦虑使得在灾后恢复过程中受灾者更倾向于在物质层面尽可能地恢复原貌。丹尼斯·米勒蒂（Dennis S. Mileti）对美国多项灾后恢复状况的研究都观察到这一点，并解释说这种连续性“有利于改善心理层面的恢复”。另外，研究发现，很多受灾者对灾后恢复的想象也来自于灾前的物质环境和文化意涵。心理连续的需要使得，“个体倾向于……延续习惯性的行为模式，保持原来的职业和家庭义务”。在这一个过程中，社会结构和社会心理被延续了下来。

制度连续：在灾害研究中，性别歧视、种族歧视、阶级差别和灾害管理制度是被研究得最多的几个制度性因素。对灾后金融资源获得的研究表明，灾前处于边缘地位的少数族裔在资金获得机会上是不平等的，黑人家庭的贷款申请更可能被拒绝，即使被接受也更可能需要支付更高的利息。还有研究指出“灾前的权力结构是灾中（和灾后）权力结构的基础”。灾前特定制度安排下的权利弱势群体常被排除在灾后恢复重建的决策过程之外，他们的利益受到忽视和损害。另外，研究发现，灾前各种制度安排对灾后恢复有着重要的型塑作用。比如戴恩斯和克兰特利对美国阿拉斯加地震灾后恢复的研究发现“对灾后恢复影响最大的因素既不是地理区位因素也不是工程学因素，而是当地的团体利益格局”，而后者恰恰是灾前各种制度形塑下的结果。台湾铭传大学吴杰颖和米切尔·林德尔（Michale K. Lindell）研究了灾害管理制度对灾后恢复的作用，在研究中作者比较了1994年加州北岭地震和1999年台湾“9·21”地震灾后恢复的速度，研究表明有着相对完善的灾害应对计划的加州，在恢复速度上要快于这方面比较落后的台湾。

（2）连续性强度

灾害研究中存在三个经常被区别的维度，即“灾害发生的情境（conditions for）、灾害本身特征（characteristics of）以及灾害的后果（consequences from）”。显然，灾害的后果是前二者的函数。“连续性原则”强调的是“灾害发生的情境”的韧性和延续性。但它显然也会受到灾害本身特征的影响和约束。从这个意义上说，虽然“连续性原则”成为灾后恢复研究的一个基本假设，但它的适用边界却并未得到足够的讨论。

灾害类型约束：作为“触发器”，自然灾害自身的物理特征是影响灾害后果的一个重要因素。大部分灾害只对较小的社会单元造成实质性的影响，灾害“通常是对于次级社会单位（subdivision）而言”。社区型灾害对更大的社会单位而言不会产生什么大的影响，更大的社会单位在灾前、灾后保持完整的连续性。但一些地区性灾害会对所处社会的连续性产生一定的影响，比如20世纪50年代美国东部海岸地区连续发生的飓风、洪水灾害使得越来越多的民众和政治家认为联邦政府应承担更多救灾责任。另外，灾害发生方式也会对“连续性原则”的适用性产生影响，美国社会学家凯·埃里克森（Kai T.

Erikson）对水牛溪（Buffalo Creek）洪水溃坝灾害给当地社区居民的影响的研究发现，灾害对当地居民造成了非常强烈的负面心理影响。面对此种灾难类型“连续性原则”所说的“无长期心理影响”需要作出适当限定。

社会情境约束:“连续性原则”的社会情境约束体现在两个方面。第一，目前大部分经验研究都是在美国（或西方）社会情境中进行的。在其他社会背景和文化背景下该原则是否成立，到目前为止只能作为一个待检验的假设。很多研究者都认识到了这个问题，在研究中都非常谨慎，比如雅克·亨利（Jacques Henry）在表述这个原则时特意以尾注的方式提示“这个发现仅在美国及西方社会有效”。很多的研究者也都在这个意义上强调跨国、跨文化研究的重要性。第二，目前的研究只是在比较粗略的层面上识别出“连续性原则”，对于其更细致的研究并没有系统的进行，比如说很多研究者都注意到地方利益集团对于灾后恢复的影响，但对复杂的利益关系究竟如何形塑了灾后恢复的细致研究很少见。又比如，灾害刚发生时，人们常表现出高水平的自组织能力和利他精神，但随着时间的推移，它们都逐渐恢复到往常水平。在灾后恢复的不同阶段“相对需求原则”（rule of relative needs）和“相对优势原则”（rule of relative advantage）[①]在资源分配上的重要性是不一样的。但对上述转变的原因，目前的研究并未给出明确的解释。从这个意义上说，社会情境对“连续性原则”边界的约束更多的是提示该原则还只是一个假设。

四、总结与评述

（一）小结

从以上的梳理中我们可以看到，灾后恢复是一个多层次、多主体交织在一起的社会过程。灾后恢复不仅是一个房屋、基层设施等物质恢复，更是以社会结构、社会秩序、日常互动模式等为内容的社会恢复。同时，灾后恢复并不在

① “相对需求原则”（rule of relative needs）是指根据相对需求强度分配资源；“相对优势原则”(rule of relative advantage)是指根据灾前的社会地位分配资源。比如在救灾过程中，红十字会通常是根据需要救助的紧急程度来分配医疗资源。研究也发现，在灾害紧急情况下，人们的利他性比较高，会去帮助那些最需要帮助的人，但随着时间推移，人们的帮助行为会变为优先亲戚、朋友等同自己关系较密切的人（Kreps，1984：320）。

各个社会层面同步进行。家户（个体）、社会网络、组织这三种行动主体共同参与灾后恢复，但它们各自的运作方式并不一样，主体内部和各主体之间的关系状态直接影响到灾后恢复的过程和结果。这既与灾害类型有关，更同不同社会层面的联结方式有关。

对于灾害研究中的“经典困惑”：为什么同样的灾害条件下，不同群体的恢复过程和结果会存在种种差异？“连续性原则”提供了重要的出发点。它通过社会经济地位连续、社会网络连续、制度连续和社会心理连续四个连续性机制“铺设”了灾后恢复物质资源和社会资源重整、再生的渠道。对这些机制的认识为改善灾后恢复状况提供了知识基础，也为我们窥探社会结构和社会运行提供了宝贵机会。

（二）简评

1.“自然的实验室”：灾后恢复研究的可能和困难

如戴恩斯所说：“也许其中的极少数偶尔会被当地小说家或历史学者记起，但（历史上的）大部分灾害现在都被忘记了。”对于社会学者来说，灾害研究并不是为了让人们记住某件灾害本身，而是为了了解“社区是如何应对灾害并延续下来的”（同上）。按照常人方法学（ethnomethodology）的看法，比起一切都被认为理所当然的常规状态，“非常规”状态更能显露出运行着的社会结构，因此它能为研究者窥探社会结构提供难得的机会。在这个意义上说，灾害是一种“破坏实验”（breach experiment）①，提供了一个理解社会结构和社会过程的“自然的实验室”（natural laboratory），它使得社会学家们可以在一种常规社会环境被破坏的情境下去研究社会结构和社会过程状况。灾害研究的可能性与困境都源于此种特殊性。

（1）灾后恢复研究能够帮助灾害社会学“从边缘到主流”吗？

受研究传统的影响，大部分灾害社会学研究都是一种“孤岛性”的研究，

---

① “破坏实验”最早由加芬克尔提出并成为常人方法学的一个重要研究方法。赞成“破坏实验”的研究者认为，普通人把为日常生活中维持行动所进行的努力、方法和过程都视为“理所当然”，社会生活的上述维度处于“前反思”状态。要想让它们变得“可见”、“可研究”，就必须采取一些方法对它们进行“系统性破坏”，在社会生活实践的局部中引入“混乱”，只有这样才能发现、了解常态下运行的社会结构和社会过程。

只考察“一事一地”（field），不太重视把灾害置于其所发生的社会环境中。这种研究策略使得灾害社会学研究处于社会学研究的边缘地位。研究者们很早就试图改变这种状况，把灾害社会学研究导入社会学研究主流，有研究者认为，灾害社会学研究同人文生态学、复杂组织、集体行动和环境社会学有密切关系。近年来，这个问题重新被提出来，罗伯特·斯托林斯（Robort A. Stalling）认为把韦伯的政治社会学引入到灾害研究中，关注阶级、地位、权力不平等在灾害中的表现，并冀望能够对上述社会学的核心主题有新的贡献。蒂尔尼同样认为应该以“话题参与”的方式进入社会学研究主流，它们包括社会建构主义、冲突论和社会不平等。同时他还认为，应该把灾害社会学同环境社会学、风险理论结合起来。从自然时间来看，灾后恢复阶段的时间最长，由灾害冲击造成的实验效果能够更好地展现出来。另外，从资料收集角度看，灾后恢复阶段是最有可能收集到高质量资料的一个阶段——丰富的高质量资料是完成上述融合的基础。所以说，灾后恢复研究在完成上述任务上更具优势。

（2）灾后恢复研究中的两个困难

就目前的研究而言，家庭是最常用的分析单位，层次越高分析越少。两方面的原因导致了这种情况：一是大多数灾害是“小区型”的，“地区型”较少；二是基于方法上的考虑，分析单位越大，有效比较越困难。这种状况导致灾后恢复的研究一方面遗漏掉一些通过“灾害实验”隐约显露出来的“社会性差异”；另一方面对灾后恢复过程中的社会性差异的解释只停留在“局部的现象”层面，忽略“现象的局部化”层面。①

灾后恢复研究的第二个困难是，在目前的研究中，被纳入灾后恢复研究的时间段通常比较短。因为时间越长，越难肯定在时间上属于灾后的某项差异确实与“灾害实验”中的某项“实验变量”存在因果关系。有研究试图通过收集历时性数据来尽可能解决这个问题。这是一种办法，但实施起来常常有很大的

---

① “局部的现象”和“现象的局部化”是常人方法学在回应学术界认为其研究是一种“琐碎化”研究的批评时做出的一个区分。前者的分析重点是分析某个小的社会单元内的独有现象，后者关注的是更大层次的社会单位中的现象如何在某个特定的社会单元内运作。这个问题，在灾害社会学研究中集中表现为，“对某项具体的灾害研究到底能带来什么？”。比如一直提倡“灾害社会学的一般理论”的克兰特利（1994：38）就认为，虽然细致的经验研究非常重要，但“一个领域显著的进步很少来自于（无边无际的）经验积累，而更多来自对基本观点、概念的重访（reconceptualization）”。

困难。

2.对中国灾后恢复研究的几点想法

对于自然灾害频发的中国来说，灾后恢复是长久以来一直面对的问题，积累了不少经验，形成了不少认识。但也许不得不承认的一个事实是，从社会科学角度对灾后恢复的研究还很匮乏。那么，从社会学角度对中国情境下的灾后恢复可以有什么样的作为和意义呢？

（1）之于中国的灾后恢复

现在，越来越多灾后恢复参与者（包括研究者、政策制定者、受灾者等）都认识到，灾后恢复远不是一个工程学问题，需要大量包括社会学在内的社会科学提供的灾后恢复观念、知识、技巧。在这个层面上说，灾后恢复的社会学研究能够为中国的灾后恢复实践做出自己的贡献。当然，在这个过程中还有大量的基础性工作要做，比如建立适当规模的研究队伍，收集系统的资料等。[①]

（2）之于灾后恢复的社会学研究

灾后恢复总是嵌入在一定的社会情境中，不同的社会情境下会有不同的恢复过程。目前，灾害社会学研究主要是在美国等西方社会情境下进行的，跨国、跨文化研究一直是灾害社会学研究的重要议题。对于文化和社会制度都与西方社会存在很大差异的中国来说，做好自身情境下的灾后恢复研究对于整个灾后恢复的社会学研究具有重要意义。比如，中国情境下的灾后恢复发生在哪些层面，行动主体有哪些？中国情境下的灾后恢复过程中资源重整、再生的机制同西方社会的相关机制有什么异同？“连续性原则”在中国情境下是否成立，为什么？

（3）之于中国社会学研究

如前所述，灾害研究是一种特殊的“实验研究”，它为人们认识常态下被遮蔽的社会结构、社会机制、社会过程提供了宝贵机会。对于正处于急剧社会转型的中国社会来说，灾害研究有着特别的意义。社会转型通常不是一个步调

---

① 在这方面，1963年在俄亥俄州立大学（Ohio State University）成立的灾害研究中心（Disaster Research Center）（1985年该中心搬至德拉维尔大学<University of Delaware >）是一个非常好的榜样。它不仅引领了美国的灾害社会学研究，而且做了大量的资料收集、整理工作，更值得尊敬的是，该中心的很多研究资料都向公众开放。灾害研究中心的官网地址：http://www.udel.edu/DRC/。

一致、线性的过程，各社会系统的转型常常是一种犬牙交错的复杂画面。灾害为研究者提供了一个难得的社会断面，让研究者有机会一窥其“纹理”。在这个意义上说，中国的灾害社会学研究对于整个中国社会学研究都具有重要意义。比如2008年汶川地震就为我们提供了很多宝贵的研究机会。灾害过程中国家动员能力的展示为社会学研究中国的国家动员方式、动员机制提供了宝贵机会；研究灾害过程中社区如何“自组织”，有可能为社会学理解国家与农民（市民）关系提供新的知识；研究灾后恢复过程中各种资源的流动同样能够为我们评估各种资源流动渠道间的复杂关系提供借鉴。如此等等，不一而足。

（作者卢阳旭，中国科学技术发展战略研究院副研究员、博士）

灾后重建中巨灾保险机制研究①

伍国春

一、为什么需要巨灾保险

2014年7月《国务院关于加快发展现代保险服务业的若干意见》颁发，意见指出“我国保险业仍处于发展的初期阶段，不能适应全面深化改革和经济社会发展的需要，与现代保险服务业的要求还有较大差距”，要“将保险纳入灾害事故防范救助体系”，“建立巨灾保险制度”。

我国是世界上自然灾害最严重的少数国家之一。据EM–DAT资料统计，从1991年到2005年有报告的自然灾害带来的经济损失，从金额上计算居首位的是美国（3 649.4亿美元）、第二位是日本（2 088.8亿美元）、中国居第三位（1 723.6亿美元）。我国自然灾害损失具有灾种多、小灾大害的特点。伴随我国经济总量的持续增长，自然灾害造成的经济损失额不断增加，仅2008年汶川地震造成的直接经济损失即达8 523亿元，地震影响人口达4 625万人。汶川地震后我国政府依靠临时出台的各种救济政策，帮助受灾群众重建和修理住房，在灾后3年完成了住房恢复重建任务。但是，恢复重建中出现了房款尚未还清，住房即损坏的情况。建立包括巨灾保险在内的多元的灾害救助体系，是汶川地震恢复重建提出的现实问题。

在许多发达国家，巨灾保险往往作为灾害救助机制的补充。在美国部分地区，对洪水和恐怖活动均采用政策性保险的方式来分散风险。在火灾风险管理

① 本文刊于《国际地震动态》2015年第3期。

方面，俄罗斯主要依靠采用自愿和强制保险相结合的方式；在德国，参与州消防立法的委员中必须保证有保险公司的防灾防损人员。

建立巨灾保险制度的背景，一方面在于巨灾之后的经济损失增高，另一方面在于对受灾者施以人道主义救助思想的日益普及。伴随经济发展，受灾者恢复到灾前生活水平所需要的资金额不断提高，对受灾者施以多元化的援助是很多国家面临的问题。当个人不能完全弥补灾害损失时，从社会、政府和市场三方实施援助成为必然。本文通过梳理主要国家和地区的地震灾害保险制度，对我国巨灾保险制度建设提出建议。

二、主要国家和地区的地震保险制度

由于面临自然灾害损失的灾种不同，因而每个国际自然保险的侧重点也略有不同。挪威保险为自然灾害保险，强制附带在火险中。新西兰、日本、美国加州、中国台湾都在环太平洋地震带上，地震风险极高，4个国家和地区均在政府主导下实施了地震保险。土耳其在欧亚板块、阿拉伯板块、非洲板块和安纳托利亚板块的挤压下，国内活断层很多，地震风险很高，在世界银行的援助下建立了地震保险制度。本报告主要以如上国家和地区为例，就地震保险现状及再保险机制做一说明。

（一）新西兰地震保险制度

新西兰地震保险起源于1942年惠灵顿8级大地震，地震导致众多的建筑物被摧毁和破坏，震后由于缺乏足够的资金，许多建筑多年都未能修复。于是，政府为帮助大众灾后重建，制定了地震和战争损害法（Earthquake and War Damage Act 1944），为地震及战争损坏提供保险资助。1993年1月1日制定地震委员会法（Earthquake Commission Act 1993），该法是理解新西兰地震灾害保险的基础。

1. 运营主体

Earthquake Commission（以下简称EQC）作为新西兰地震保险和自然灾害基金管理法人，是政府全资拥有的法人。1988年设立EQC，政府从国债全额出资15亿新西兰元作为自然灾害基金（Natural Disaster Fund）的本金。

EQC基于地震委员会法（Earthquake Commission Act 1993）管理运营自然灾害基金，收取保费、再保险补贴、支付保险金等，并为防灾减灾研究提供资助。EQC保险从自然灾害基金支付。截至到2006年6月末，自然灾害基金已经累积了50.2亿新西兰元。由于政府提供担保，不论任何时候EQC都会提供保险赔偿，所以其被保险评级机构定为AAA。2006年6月末，EQC保费和投资收益约为7.43亿新西兰元。

运营EQC的理事会有5—9人，任期3年，一般工作人员有20人（2006年7月）。由于工作人员人数有限，当发生大地震时，EQC会启动巨灾应对项目（Catastrophe Response Program，以下简称CRP），准备应对巨灾所需的人员培训和设施维护等。该应对项目的目的在于保证和提高EQC的业务能力，即EQC假设，如果发生大地震同时产生20万件保费支付请求时其所需要的行动计划。

2.保险内容

新西兰地震保险有EQC保险和民营保险公司运营的两种保险。EQC地震保险是附带在火灾保险中的地震自然灾害保险（Earthquake and Nature Disaster Insurance，新西兰国内简称EQ cover，以下简称EQC保险），EQC保险为强制险。

法律规定EQC保险为火险自动附带，因而投保民营保险公司的火险时自动投保。保险对象是住宅、宅基地和家庭财产。保险的目的是赔偿民众的房屋等日常生活必需品，以满足居民灾后的基本生活需求。保险对因地震、火山、滑坡、海啸等引起的火灾导致的损失提供赔付，对住宅还赔付暴风、洪水导致的损失。大门、围栏、路、汽车、首饰、工艺品、游泳池等，则不在赔偿之列。地震后处理房屋废墟所需的费用由EQC保险赔付，暂住在饭店等产生的费用可通过民营保险公司赔付，EQC不赔付。EQC保险对建筑物的赔付上限是10万新西兰元，家庭财产的赔付上限为2万新西兰元，对宅基地的赔付根据市场价格赔付。

EQC保险的特点是保费和地震风险无关，采取全国统一费率。保险费率为投保10万新西兰元50新西兰元，加上税实际为56.25新西兰元。EQC保险金通过保险公司和中介收缴。目前，EQC预计全国住宅投保率90%，家庭财产投保率80%。

民营保险公司运营的保险“自然灾害损失扩大”（Natural Disaster Damage Extension）作为火灾保险的特别约定条款，补充EQC保险。由于EQC只能提供相当于新西兰住房价格55%的补偿，民营保险公司的地震保险作为补充，可以为住房其他损失和企业损失提供保险。

3.保险金支付计划

新西兰保险支付计划分为5层。第1层，由EQC存在银行的现金支付，上限为2亿新西兰元。该部分资金由于作为现金存在银行户头，具有极好的流动性，保证灾后能够及时赔付。

第2层，是2亿—7.5亿新西兰元，这部分资金共计5.5亿新元，又为3层。①EQC存在银行户头内的5 000亿新元，②卖掉政府国债后筹集的2.3亿新元（该部分资金受市场波动的影响会有出入），③再保险金2.7亿新元。

第3层，7.5亿—20亿新元部分，12.5亿新元的资金全额由再保险金支付。第2层和第3层的再保险从全世界再保险市场获得。

第4层，20亿新元—52亿新元部分，32亿新元的资金来源同第2层卖出国债所得。

第5层，超过52亿新元部分，由政府补足EQC支付能力不足部分。

如上保险计划说明EQC不光建立巨灾风险基金外，还利用国际再保险市场分散风险。当巨灾损失金额超过EQC支付能力时，政府将发挥托底作用。为此，EQC每年会支付给政府一定的保证金。

（二）土耳其地震保险制度

土耳其政府对地震后住宅的补偿标准比较高，所以住宅所有者的地震保险没有普及，但是1999年土耳其大地震后，土耳其政府认识到需要一个代替仅仅由政府负担地震风险的制度，在世界银行的帮助下，土耳其建立了TCIP（The Turkish Catastrophic Insurance Pool，以下简称TCIP）制度。

1.运营主体

TCIP属于具有公共企业地位的非营利团体，其组织机构如图1所示。

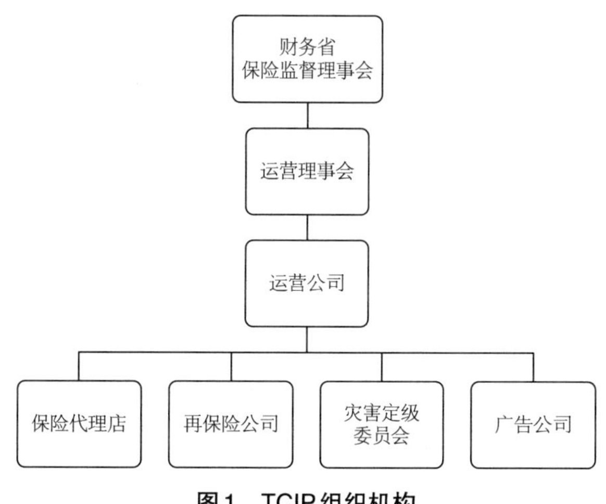

图1 TCIP组织机构

运营理事会负责TCIP的运营和监督，7名成员由首相、财务部、公共事业部代表和资本市场理事会、保险事业协会、运营担当者、地震学家等组成。运营公司每5年向民营机构招标。保险代理店主要负责TCIP的国内代理，法律规定在土耳其国内提供损失保险业务的保险公司都有销售地震保险的义务，制度建立当初认定了24家保险公司。

TCIP的资金主要用于保险赔付、再保险、组织运营费、宣传、咨询和科学研究以及支付保险公司的手续费。TCIP财源主要依赖住宅所有者支付的保险金，2006年10月其年保险总保险金为1.968亿土耳其里拉（约合1.4亿美元，2006年外汇牌价为1美元=1.4土耳其里拉）。由于TCIP财源不足，面临如果一旦发生大地震，保险金支付严重依赖再保险的状况。

2005年以前世界银行为土耳其提供技术咨询、接受再保险，以贷款方式对TCIP提供资金援助。世界银行在2001和2002年度，分别提供了1 500万美元资金，2003和2004年度分别提供了2 000万美元资金。2006年以后除了贷款，世界银行对TCIP的运营承担不再担负责任。

2.保险内容

土耳其在1990年后，向国外开放了再保险市场，实现了再保险自由化，保险业务不断扩大，到2004年其保险市场达46亿美元。土耳其地震保险分强制地震保险和非强制地震保险两种，强制地震保险依据587号法令（The Turkish Catastrophic Insurance Pool，简称TCIP）由民营保险公司销售，主要针对国内公共建筑物之外的所有住宅（农村住宅非强制对象）。非强制地震保险由民营保险公司经营和销售，可对强制地震保险超出范围提供保险。两种保险费率均由财务部决定，各保险公司执行统一费率。TCIP保险为地震导致的全部物资损失提供赔付。赔付上限为10万土耳其里拉（约合71 500万美元），建筑物类型和套内面积不同，其赔付上限亦不同。其中损失不足2%为免责部分，2%以上赔付。

3. 再保险

TCIP设立时，为了支付风险费用，首先向世界银行借款，其他资金从再保险市场筹集。为了对投保者负责，政府最终承担了TCIP再保险的最终责任。也就是当大地震发生后，赔付资金不够时政府追加支付，为了减少再保险购买额，当时采取了自己拥有和增加世界银行融资的方针。但是从2006年开始，土耳其放弃了向世界银行的融资，转为全部向再保险市场融资。

2005年以后土耳其再保险项目没有公开，但是根据已有的材料，有两点可以确认：①2004年之前的再保险项目包含世界银行资金，2005年之后不包含；②2007年再保险支付能力为10亿欧元，再保险方案分6层，损失在0.8亿欧元内为TCIP自有资金赔付，其余分0.8亿—1.5亿欧元、1.5亿—2.5亿、2.5亿—4.25亿欧元、4.25亿—6.25亿欧元、6.25亿—10亿欧元分别由5家再保险公司支付。

（三）加州地震保险制度

1994年1月北岭地震后，保险公司共支付150亿美元保险金，为美国保险史上最高纪录，其后很多保险公司纷纷撤出地震保险。由于住宅地震保险难以买到，加利福尼亚州政府于1996年设立了地震保险（Earthquake Insurance），运营主体加州地震管理局（California Earthquake Authority，以下简称CAE）。加州地震保险有两种，即CAE地震保险和民营保险公司提供的地震保险。

1. 运营主体

CEA由政府机构运营，组织机构分理事会、咨询委员会和职员三部分。理事会成员5名，其中州长、州保险长官和州财务官有投票权，上院司法委员会委员长和下院议长没有投票权。职员控制在25人以内，均为公务员。

CAE属地方性保险，加州政府参与部分支付，联邦政府不参与。CAE资金来自民间，其保险机构信用评级为A。CEA提供地震保险和发行债券，发行和接受面向住宅市场的地震保险债券，其运营经费不得超过地震保险金的3%。资产约为25亿美元（2005年12月末统计数字）。

2.运营机制

CEA 设立之初，有12家保险公司参与CEA项目，到2006年11月末一共有18家保险公司参与CEA项目。保险公司购买CEA发行的地震债券、为其代收地震保险金，保险金10%为保险公司收入。加入CEA业务的保险公司需要有在加州销售保险的资质，同时作为公司整体加入，1994年1月1日CEA成立之时，加入CEA保险业务的公司要提供10亿美元的事业基金。

通过加入CEA，大保险公司如果一次支付保险金额过大，可以采取分期支付的方式，小保险公司通过CEA分担风险。CEA提供的地震保险占加州地震保险业务的70%，另有30%地震保险由没有加入CEA的保险公司提供。由于公众已经把CEA地震保险认可为住房地震保险标准，因而其他民营保险公司大多以CEA标准或优与CEA的标准，提供地震保险商品。

（四）中国台湾地震保险制度

1999年9月集集大地震死亡2 500多人，伤11 300多人，建筑物损失达1 225亿新台币。由于当时台湾没有地震保险，家庭或企业保险均以火灾任意附加地震特别约定条款的形式投保，再保险也由台湾岛内外的再保险市场承担，1998年台湾火灾保险的地震保险附加险投保率仅为1.08%，住宅地震保险作为火险附加险，投保率极低，对受灾者的援助以“政府”和民间援助为主，地震保险没有发挥作用。政府主要对全部倒塌和部分倒塌房屋提供资金援助，也采取了公有住宅半价或提供应急板房、租金补贴等措施。

集集地震后，台湾出台了台湾住宅地震保险池（Taiwan Residential Earthquake Insurance Pool，以下简称TREIP），通过台湾地区保险公司发起的共同保险、基金以及保险公司的再保险和政府参与分担地震风险，是一个官民一体的制度。

1.地震保险内容

TREIP由销售火灾保险的公司统一销售的火灾险强制附加险，全台湾采取统一的保险费率，一次地震支付保险总金额上限为600亿台币。主要投保对象为住宅建筑物，为由于地震导致的直接、间接损失提供保险。超过部分可以按一定比例削减。为价值120万台币建筑物投保需1 459台币，如果住房完全倒塌，统一支付18万台币临时生活费。民营保险公司负责销售基于该制度的地震保险，或其他地震保险。

台湾的地震保险制度为保险公司向住宅地震保险基金（Taiwan Residential Earthquake Insurance Fund，以下简称TREIF）再保险，TREIF把部分保险责任向政府和再保险市场、受保公司再再保险。

TREIF收入包括住宅地震保险分配的纯保险金收入和管理费收入。2006年其收入额为14亿台币，比前年增加27.01%。根据2001年制定的《财团法人住宅地震保险基金管理办法》，每年年末TREIF收入总额减去当年业务支出和必要的运转费用后的余额全部作为特别准备金，只能用于保险金的支出。2003年以后，为了强化住宅地震保险支付能力，另外发行巨灾基金（Catastrophe Bond），收入纳入特别准备金。从2003年发行3年，共计筹集34亿台币（约1亿美元）巨灾基金，2006年12月底共计累积特别准备金43.8亿台币。

自从2002年引入TREIF住宅地震保险后，地震保险投保率由2002年的2.07%，扩大到2006年的22.00%。2006年12月后，开始把由于地震原因导致的海啸以及洪水损失也纳入地震保险赔付。

2. 再保险机制

台湾的再保险最初为500亿台币4层再保险机制，伴随投保量上升，2007年上限提高为600亿台币，5层再保险机制。第1层，以24亿台币为上限，由20家会员保险公司和中央保险公司共同出资；第2层，24亿台币—176亿台币，为政府保证住宅地震保险基金（TREIF）；第3层，200亿台币—400亿台币，为再保险；第4层，80亿台币的政府保证的TRIEF；第5层，480亿台币—600亿台币，约120亿台币损失由政府承担。

2006年数据显示，TRIEF资金占到纯保险金的56%，再保市场占18.9%，共同保险占17.5%，政府占7.5%。

（五）日本地震保险制度

1. 日本地震保险内容

日本在1964年新潟地震之后，于1996年建立了地震保险制度，之后其内容逐步扩充完善。日本地震保险的特点是由政府对再保险进行责任分担和支援。《关于地震保险的法律》和《关于地震保险的法律实施令》中，对该制度的基本运营方式进行了规定。

日本地震保险由民间保险公司承接保单，然后再由保险公司通过日本再保险公司（JERC）向政府和民间保险公司部分再再保险。地震保险展业通常与财产保险同时进行，通过保险代理店销售。日本地震保险为火险必带附加险，投保人可以选择不投附加险。保险对象主要为居住建筑物和生活不动产。保费根据地区风险和建筑物年限、抗震设范标准和是否实施抗震诊断等而不同。该保险的赔付上限为建筑物5 000万日元，生活用动产1 000万日元。一次地震赔付总上限额为55 000亿日元，超过55 000亿日元部分按比例递减。初始免赔（first loss）为损害比率不足建筑物的3%或动产10%。

截至2007年3月止，日本地震保险的保费收入为1 554亿日元，占财产保险全体业务保费收入的1.7%。虽然该制度创立之后的赔付率没有公开，但是业务质量非常良好。

2.日本地震再保险机制

（1）责任准备金

为了保证地震保险赔付，日本地震保险有责任准备金。投保人支付的保险金扣除必要费用后，作为应对大规模地震的责任准备金。保险公司和政府都有义务累计责任准备金。

为了能够在地震灾害后及时赔付灾民，各个保险公司分配的保险金累计责任准备金由地方再保公司统一保管和运营。为了保证责任准备金的安全，其投资主要集中于存款、国债和政府信托债券、货币信托等。政府收入的再保险金及责任准备金的收益作为责任准备金积累，根据特别预算法律和一般预算法律相区别。

（2）政府提供再保险的机制

日本地震保险制度最大的特点在于政府提供再保险，其再保险风险没有通过国际再保险市场分担，完全在国内化解。日本再保险机制如图2所示。

①由原承保公司和地方再保险公司再保

在日本营业的原承保公司和地方再保险公司间缔结有“地震保险再保险特别约定（A）”（以下简称为A特约）。根据A特约原承保公司承保的地震保险合同的所有保险责任由地方再保险公司承担。

②地方再保险公司向政府再再保险

地方再保公司基于和政府间的再保合同对①中的部分保险责任向政府再再保险。与政府间的再再保险基于C合同，即“地震保险超过损害额再保险合同”，就是当一次地震中保险金的合计超过一定金额时由政府支付再保金。

③地方再保公司到原承保公司再再保险

地方再保险公司根据合同①承保的再保险责任中，除政府承担责任之外的部分责任由原承保公司提供再再保险。这根据地方再保公司为分散责任和原承保公司个别缔结的“地震再保险特别约定”（B合同）。

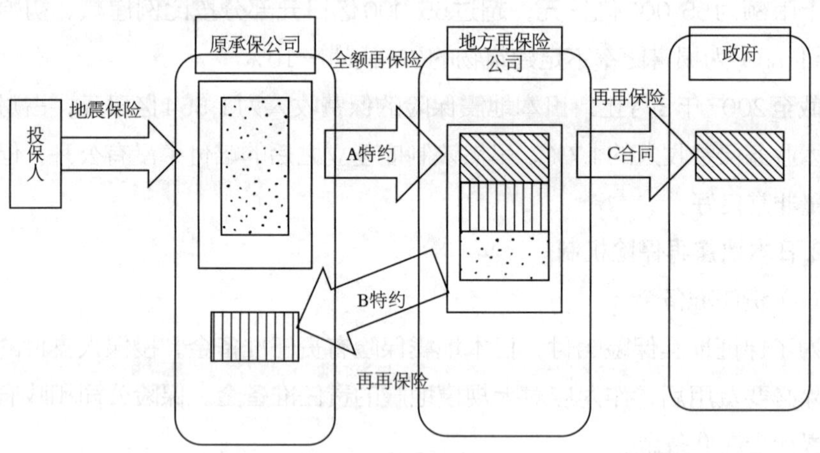

图2　日本再保险机制

根据《日本地震保险法》及相关法规条例，2010年保险公司和政府的责任分担如下图3所示。

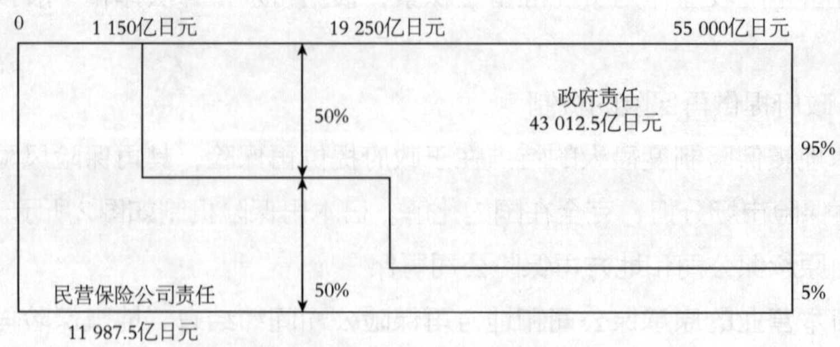

图3　日本再保险政府和民营保险公司分担比例

上图横轴显示一次地震的负担额，纵轴显示政府和保险公司的负担比例。根据这个规模，1 150亿日元以内的损失100%由保险公司负担，在此金额以上到19 250亿日元以内部分由政府和保险公司以及再再保险折半负担保险金赔付。多出此金额以上部分，政府再再保险负担95%，其余部分由保险公司赔付。按照此原则，赔付金额在1 150亿日元以内时，100%由保险公司赔付；1 150亿日元—5 000亿日元时，1 150亿日元以内部分100%由保险公司赔付，超过1 150亿日元部分保险公司和政府各赔付50%；当赔付金超过2兆日元时，1 150亿日元以内部分100%由保险公司赔付，超过1 150亿日元部分保险公司和政府各赔付50%，超过19 250亿日元部分保险公司负担5%，政府负担95%。

三、小结及对中国的启示

（一）小结

本报告主要介绍了新西兰地震保险、土耳其地震保险、美国加州地震保险、中国台湾地区地震保险和日本地震保险。新西兰地震保险被认为是世界上最独特的地震保险制度。制度特征：①新西兰政府是实际运营主体，②保险为火险强制保险，③支付保险金额有上限，④担保范围不仅局限于地震、也对自然灾害造成的损失赔付，⑤保费统一且低廉。

和新西兰相比，美国加州和日本地震保险的实际运营主体都是政府，但是美国加州地震保险系统没有政府资金的投入，日本对总地震保费支付资金设有上限，新西兰政府的资金投入没有上限。新西兰的EQC和日本地震再保险公司承担的职责相同，但是，日本地震再保险公司是公司形态，资金为全民间资本，这一点和EQC不同。美国加州的CEA和新西兰EQC组织形态相同，日本地震再保险公司和美国加州CEA均为民间全额出资，和新西兰EQC政府全资不同。

国际再保险市场为新西兰地震保险提供部分再保险，日本地震保险由于金额巨大、地震风险高，国际再保险公司不为其承保，全部风险均在日本国内，并通过政府和民间公司的再再保险分担。

与新西兰、美国加州和日本不同，土耳其地震保险制度是在世界银行的帮助下建立的，其保费因地震风险、建筑物形态等的不同而不同。中国台湾地震保险和新西兰一样，采取统一费率，靠发行巨灾基金筹集积累赔付资金。

（二）对中国的启示

①中国需要建立巨灾保险制度，尤其要为住宅提供保险理赔，通过市场减少灾后政府救助的负担；②其他国家的经验表明，巨灾保险制度的建立不能单纯依靠民营保险公司，由于巨灾保险的公益性，需要政府在其中承担主导性职责；③巨灾保险需要民营保险公司和政府的分工合作，建立自然灾害保险基金，发行债券等方式都有助于累积用于理赔的资本本金。④目前我国财政状况良好，是建立自然灾害保险基金的绝佳时机。

（作者伍国春，中国地震局地球物理研究所副研究员、博士）

风化与灾害记忆

张　曦

自人类社会形成以来，只要经历过灾难，就会在人类集体与个体中留下各类有关灾害的痕迹，其中最为重要的即是与灾害紧密相关的灾害经验与灾害记忆。灾害记忆会随着社会成员的死亡形成代际中断，也会随着现代性所带来的巨大社会变迁而被淡化，随着自然科学的进步，各种技术水平的提升，灾害经验也会被所谓合理的科学主义所取代。然而自然灾害作为自然的常态的力量总是还会再次发生，因而在某个地域社会中，为减少社会成员的伤亡与财产损失，为在灾害后尽快重建、恢复社会生活及秩序，总会通过各种手段动员灾害经验、灾害记忆进行灾害文化的建设，并通过灾害文化的传承来应对以后将要面对的各类灾害。20世纪以来，灾害记忆无论是自然还是人为的，都早已成为地域社会中博物馆、纪念馆永久性的主题，然而正是在这里可以看到出于整合意义角度的地域社会的“集体记忆”。另外，民俗学及文化人类学的研究领域中所确认的地域社会时间观念的复杂性同样也赋予了集体记忆“解释共同体”内部的复杂性，这种复杂性所生成多样的灾害文化在应对自然灾害时具有积极意义，在地域文化、民族文化的延续上也具有积极意义。

一、前言

2008年发生的“汶川5・12大地震”是中国历史上强度及规模都极大的自然灾害，给岷涪江上游的北川羌族自治县、汶川县、都江堰等共10个县（市）带来了严重的人员伤亡和财产损失，含一般灾区在内，共有200余县市受到灾害波及，造成了69 227人死亡，374 643人受伤，17 923人失踪，直接经济损失被估算为8 451亿元。巨大的自然灾害引发全世界的关注。2011年英国地质调查局的布思（David C.Booth）博士与中国科学院院士陈颙共同出版了*The Wenchuan Earthquake of 2008: Anatomy of a Disaster*（《2008 年汶川大地震——一场灾难的纪实》）一书，向世界详细地描述了这次巨大的灾害。因这次大地震灾情重大，2009年中国政府还将5月12日定为全国“防灾减灾日”，而“防灾减灾日”设立的意义在于人们需要随时警惕灾害的发生，并通过灾害文化了解灾害到来时相对正确的应对方法。

中国的邻国日本因其特殊的自然环境，也是地震、海啸、火山爆发等自然灾害发生密集的国度。1991年长崎县云仙普贤岳的火山爆发中，在此地展开研究的法国火山研究家莫里斯·克拉夫特（Maurice Krafft 1946—1991）与卡迪亚·克拉夫特（Katia Krafft 1942—1991）夫妇以及美国地质调查所USGS（United States Geological Survey）的哈里·格里肯（Harry Glicken 1958—1991）3人被时速100千米、温度300—400℃的碎屑流吞没，当即身亡。另外有40人丧生，9人受伤。[①]火山喷发还直接形成了海拔1 483米的平成新山，超越了地域原最高峰1 359米的普贤岳山。1992年8月8日至14日，大量堆积的火山灰因该地区持续降雨还引发了大规模的泥石流，共计造成了2 511所房屋被损坏、掩埋，直接损失被估计为2 299亿日元，成为日本经历的最大的火山灾害。

2016年6月3日是日本长崎县云仙普贤岳火山灾害的25年祭，长崎县岛原市市长古川隆三郎在追悼仪式的致辞中称：“回想起25年前，再次感到自然的可怕。……要努力使灾害的教训不被风化而得到传承，建设更能抵御灾害的城市。”日本放送协会NHK评价此次纪念仪式为：“将火山喷发灾害的威胁传达给下一代，并努力使灾害记忆不被风化。”在这两者的表述中，都能看到“风化”（風化huuka）一词的使用，其使用意义也都是一致的。

汉语“风化”一词中的“风”大致出自于《诗经》，“化”在古汉语中是单音节动词，《毛诗大序》有“上以风化下，下以风刺上，主文而谲谏，言之者无罪，闻之者足以戒，故曰风。”含有“教育感化”“开化风气”“道德规范”等意义的双音节词“风化”的使用应该是明清以后的事情了。然而，“风化”一词应

① 此次灾害的牺牲者中含媒体记者16人、消防队员12人，警察2人、出租车司机4人、市政府职员2人、当地居民4人。参见長崎県《雲仙普賢岳噴火災害誌》，1998年。

该是汉语中的日语外来词，是日语应对地理学中“weathering”的汉字译词，本意是指岩石与大气、水及生物接触过程中产生物理、化学变化而在原地形成松散堆积物的自然现象。根据风化作用的因素和性质可将其分为三种类型：物理风化作用、化学风化作用、生物风化作用。这个本来是自然科学用语的单词，在日语的语境中逐渐生出了“忘却”“忘记”的意义。日本明治时代的地球物理学者寺田寅彦（1878—1935）有句名言：“天灾总是被忘记的时候到来”（天災は忘れた頃にやってくる），这就十分清晰地道出了“风化”（即淡忘、忘却等）与灾害的关联。因此在日本的灾害语境中，日语的“風化”中逐渐含有了“灾害意识的风化”之意，这种意义上的“风化”的使用随着时间的推移也在不断地被强化。

二、风化与灾害记忆

依照留学日本关西大学社会学研究科的王辑予2014年所论①，在20世纪70年代日语中“原爆体験を風化さすな”（别让核爆体验风化掉）的表述出现以前，“風化”还只是日本自然科学界的专业用语，指自然界的物理/化学作用。而在人文科学中，“風化”多指以良好的道德、教养、品格等教化他人，这大概也是日文受中国汉文经典影响的结果。教化作用之意其实也就是与中国古典中经常出现的“风以动之，教以化之”（《毛诗大序》）相类似，中国汉代曾尝试过以“礼乐”来“风化天下”。（《汉书・礼乐志》）也对日本产生过较大的影响。

王辑予在收集、分析了日本两大新闻平面媒体《朝日新闻》与《读卖新闻》中出现的“風化”一词的使用例，以及意义演变的数据后，认为日语中的“風化”一词由自然科学用语引申为“灾害记忆淡化、消失”，是从1989年伊势湾台风②30周年祭的报道后出现的。自此以后，“風化”一词才成为日本新闻媒体中的常用词，若依此分析，则“風化”被引入灾害记忆、灾害文化也不过有30年光景。

---

①　王輯予:《災害記憶の維持・喚起に関する新聞報道の変化—「風化」の用法を手がかりとして》,《日本マス・コミュニケーション学会・2014 年度秋季研究発表会・研究発表論文》, 2014年11月8日。

②　1959年9月26日台风“维拉（Vera）”登陆日本，在纪伊半岛、伊势湾沿岸造成死亡4 697人、失踪401人，伤38 921人，是昭和时代给日本带来惨重伤亡的最大的台风。

表1 王辑予“震灾”与“风化”使用例 （单位：件）

内容分类	德的强化作用		物理化学的风化		战争体验的风化		人为事件事故		风化的比喻		其他	
报纸	朝日	读卖	朝日	读卖	朝日	读卖	朝日	读卖	朝日	读卖	朝日	读卖
1900年以前	2	0	5	0	0	0	0	0	0	0	0	4
1900—1969年	5	2	6	5	0	2	0	0	0	1	6	7
1970—1979年	0	0	3	7	11	21	1	3	8	11	0	10
1980年以后	0	0	1	5	9	17	7	14	20	26	5	5
合计	7	2	15	17	20	40	8	17	28	38	11	26

表2 王辑予“震灾”与“风化”并用的使用例 （单位：件）

朝日新闻		读卖新闻	
1995—2010年	2011—2014年	1995—2010年	2011—2014年
65	68	83	87

由表1、表2大致可知，在新闻媒体日语表述的语境下，“风化”一词作为灾害记忆的淡化、消失的比喻用法始于20世纪的80年代末，随后因日本的地震、海啸灾害频繁，因此该词一直与地震、海啸等自然灾害的报道共在。所谓灾害其实就是地球、大自然的正常活动，但这种自然的物理性或化学性的活动或多或少都会给人类带来生命、财产的损失，随着人口数量的增多、人类活动场域的扩大、人工建造物的增加，人们在自然环境中的曝光度（exposure）也在增加，由此自然灾害所带来的破坏性作用似乎也就越来越大。

王辑予的研究言及总是面对诸多灾害报道而焦虑的日本新闻媒体，也从自身的角度具体提出了避免“风化”的8个对策：1.通过避难训练、研讨会等总结经验教训；2.通过记忆、历史、体验进行灾害经验的传承；3.改善防灾计划、政策，把握重建过程及心理复原；4.重视纪念碑、灾害遗址等实物、观光点的设置。5.各类祭奠、纪念活动以及媒体、出版物的宣传；6.加强灾害教育；7.通过个人、政府、学者的调查把握风化状况。8.其他（包括艺术形式、出版物、时事评论等）。而这些对策恰好正是灾害人类学研究中促成灾害文化生成的诸方面要素及途径的呈现。

其实在社会科学学界，虽然没有使用“风化”一词，但也有诸如东京女子大学广濑弘忠所主张的“灾害文化”（disaster subculture）（1981）这一概念，以及美国特拉华大学灾害研究中心的克兰特利（E.L.Quarantelli）提出的“灾害的大众文化”（popular culture of disaster）（1985）概念，这两个概念都是在20世纪80年代出现的，社会科学学者们是从这一时期才开始更多地关注灾害与文化的关系问题。毫无疑问，文化的生成正好是灾害记忆的淡化的反面，也即是说，生成的灾害文化会固化人类的灾害经验，帮助实现社会群体的灾害记忆的长期化。如基辛（R.M.Keesing）所言，文化若是一个民族的生活方式所依据的共同观念体系，即该民族的概念性设计，或共同的意义体系的话，那么人类的灾害观就自然而然能够形成。其实，灾害文化与灾害记忆淡化正是灾害经验的一体两面。

如图1所示，积累至今的心理科学及脑神经科学针对记忆的研究，有诸多人类记忆普遍机制的研究成果。在这些研究中，人类记忆被分为感觉记忆、短时记忆、长时记忆三大类，并认为感觉记忆的存在不会超过1秒，短时记忆的存在不会超过1分钟，而长时记忆则会伴随人的一生。就灾害的亲历者而言，诸多灾害的体验及记忆应该说是伴其终身的。

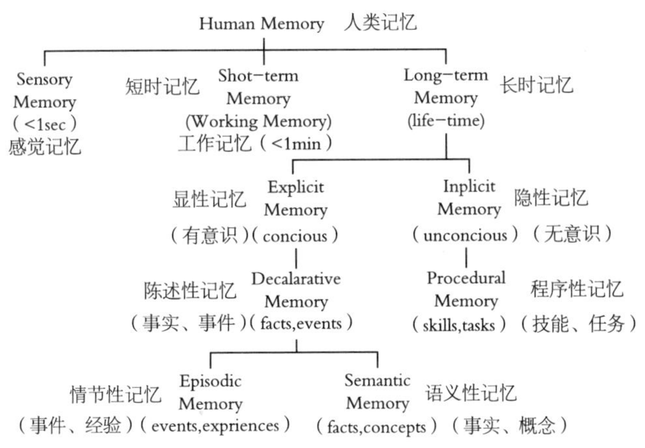

图1　人类记忆的形态图示[①]

① Luke Mastin, *The Human Memory, Types of Memory*, http：//www.human-memory.net/types.html, Luke Mastin, 2010. 此图参见张曦：《灾害记忆：地震经历者ABC的叙事》，《河北学刊》，2016年第5期。

关于个人层面的记忆研究，美国密执根大学的霍华德·舒曼（Howard Schuman）与杰奎琳·斯科特（Jacqueline Scott）1989年6月在《美国社会学评论》（*American Sociological Review*）上发表了文章“Generations and Collective Memories”（“世代与集体性记忆”）。作者通过对二战、越战、宇宙空间探索、肯尼迪暗杀等事件的记忆调查研究，说明了人们对于事件（events）及社会变动的永久性记忆都发生在同时期的青春期（adolescence）及成年早期（early adult–hood），这也正是社会成员完成社会化（socialization）的年龄代。也即是说，同一时代的人群中对于诸事件能够形成永久记忆的只是社会集团中的一部分成员，随着这部分成员的逝去，集团关于事件及社会变动的记忆自然就会淡化。由于中国尚无此类研究，因而尚不得知东西方社会是否存在差异，但毫无疑问的是，随着一代社会成员的逝去，诸多社会记忆也会消亡，而这也是担忧灾害经验、灾害记忆“风化”的一个重要原因。

1989年英国社会学者保尔·康那顿（Paul Connerton）针对两个社会活动领域、纪念仪式（commemorative ceremonies）以及身体实践（bodily practices）的记忆研究，指出记忆拥有着双重意义，记忆既是具有特殊性的个人能力，同时也是其所处社会集团的共有的文化（How Societies Remember 1989）。但在2009年保尔·康那顿又出版了 *How Modernity Forgets*（《现代性如何遗忘》）一书，书中揭示了人类社会遗忘的社会文化机制。“现代世界即是一个巨大的劳动过程的产物，（在这个世界中）首先要被遗忘的就是劳动过程本身”一句，颇有辩证方法论的味道。就具体的遗忘而言，康那顿认为现代性（modernity）文化中存在着独特的结构性遗忘（structural forgetting）。结构性遗忘具体表现在记忆的技术（art of memory）与场所（loci）存在连接，这种连接使得意象（image）被记忆，如果连接被破坏则记忆被破坏，就会形成遗忘。在现代性文化中，社会生活与地域性（locality）会发生分离，传统或习惯中的生活尺度、价值观如果无法适应现代社会生活，则会带来社会生活中的结构性转变。社会结构的变化也就使得记忆被破坏，使得遗忘成了日常。也因此日本社会中对于灾害记忆风化的危机感到担忧不是没有道理的。

2011年3月11日北京时间13时46分，日本东北部海域发生里氏9.0级强烈地震，随即引发大规模海啸，给这一地域带来了重大人员伤亡和财产损失。

之后发生的福岛第一核电站机组发生的核泄漏事件，再次给予这一地域乃至于日本东北部更大的打击。地震灾难尤其是其后的海啸共造成19 575人丧生、2 577人失踪，6 230人受伤。1896年6月15日，这一地域发生了“三陆大地震”（M8.5级），随后发生海啸，造成21 953人死亡及失踪。因此，人们在此地域建立了诸多海啸纪念碑作为对后人的警示。据灾害研究者北原丝子调查，这一地区共有316座海啸纪念警示碑，而碑文中出现率最多的表述是“地震があったら津波の用心”（地震来了就得当心海啸）。正是有了这样的警示，1933年3月3日M8.1级的地震及海啸到来时，因及时防备海啸，死亡及失踪者只有3 000人。也可以说是灾害记忆通过物质化的纪念碑在灾害到来时拯救了诸多地域住民。然而2011年的地震及海啸却给已经完全现代化的该地域带来了更为惊人的遇难失踪人数，因此人们不得不再审视从前的灾害记忆和灾害经验的有效性。同样是在这次大地震中，岩手县宫古市姊吉地区认真吸取了前人刻在石碑上的教训，未在海拔60米以下的地方构建住居，因此11户近40人的一个小社区没有一间房屋受到海啸的影响，也没有一个人受到伤害。

三、民俗学与灾害的集体记忆

对于灾害文化风化的担忧，从近年来灾害记忆研究中也可见一端。首先涉入这一领域的是民俗学研究，尤其是在火山、地震灾难频繁发生的日本，民俗学界也是最早进入灾害记忆研究的。20世纪60年代，柳田国男的弟子日本民俗学家、地理学家千叶德尔就将民间传承与地域性结合起来，主张民俗文化也是地域构成的重要因素，甚至还开发出“民俗事象的地域性分析的手法”。虽然千叶德尔自己也承认是从柳田国男那里获得的启示，因为柳田曾对他说：“民俗学是思考居住在各种条件相异的土地上的拥有某种历史的民族究竟保持了多少原有的生活样式的学问。”冈山大学的人文地理学学者高野宏在论述千叶德尔的研究时，曾建构出“民俗研究的理论框架”一图，此图全面地呈现了民俗学研究的对象与理论的关系。其实在图的右侧“民俗成立的母体・基础构造”中，加入“自然灾害”一项是十分方便的。也即是说，照此理论框架，民俗学在自己的学术积累上，按照自己的研究逻辑扩展自己的研究范围是非常容易的事情，而事实也是如此，近年来民俗学界对灾害的记忆及其传承的研究在很大的程度上丰富了社会科学中的灾害研究。

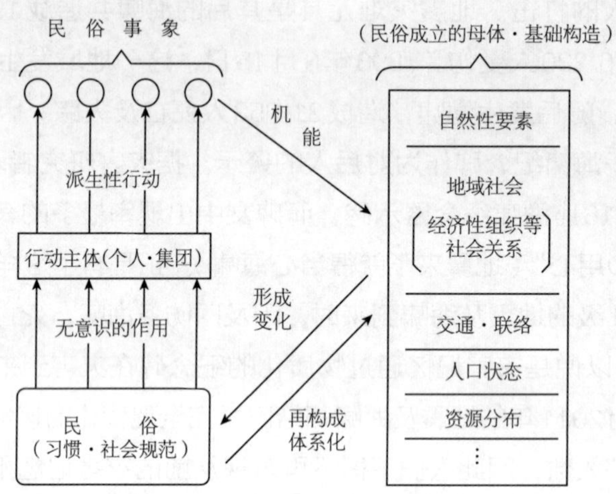

图2 民俗研究的理论框架

20世纪70年代始，文化研究（culture study）中也开始关注记忆研究。英国伯明翰大学（University of Birmingham）的大众记忆研究组（Popular Memory Group）就认为大众记忆即是一种研究对象，又是一种政治性实践。社会共同体是从公共陈述（public representation）与个人记忆（private memory）的两个视角来建构社会的过去感（a sense of the past）。进入80年代，德国学者阿斯特利特·埃尔（Astrid Erll）甚至认为1985年至2005年记忆研究成为一个跨国际现象，其起因有三，一是世界面临历时性转型；二是媒体技术以及大众媒体角色的变迁；三是学术研究的发展。记忆的研究已经不再是寻找“作为真实存在的过去”，而是在探索“作为人类建构物”的记忆了。记忆的研究离不开隐喻（metaphors）这一概念，因此在具体讨论记忆的隐喻时，除了需关注文化记忆的隐喻的可能性、限度以及危险性的同时，还需要区别记忆文化的物质、社会、精神的三个层次。另外还必须关注相关概念（neighboring terms），如“认同”（Identity）“经验”（experience）。而正是对于不同的文化认同、不同的灾害经验的强调，才能更好地理解不同文化传统的地域社会的灾害记忆、灾害文化。

2003年东京大学综合文化研究科的岩本通弥从民俗学角度出发，将记忆定义为“过去的事件、经验的铭记、保持、想起”，并强调了民俗学与记忆的6个方面的关联性。即民俗学是因记忆为素材而成立的学问；采用的是讲述与记录的手法；通过以声音为媒介的记忆把握生活世界；感觉、思考、价值观、感情等的身体性知识也被对象化；这些知识又以身体为媒介被传达，进而把握保持、想起的样态；记录化赋予记忆的某种行为。接着关注了如下两个问题，第一，以历史与记忆的关系性为基础；民俗主义与再记忆化的问题。第二，记忆的多层性与其政治性的问题。2005年名古屋大学的樱井龙彦教授的灾害民俗学研究中，已经确立了通过“灾害记忆”到“表现”的转化，最终成为“创造出活生生文脉的救灾”的途径。华东师范大学留日归国的王晓葵博士也在这条延长线上做了较多的深入研究①。这些研究既确立了民俗学灾害研究路径，又拓宽了社会科学灾害记忆的研究。2014年中国民俗学家乌丙安先生所强调的民俗学对灾难的研究，也在于主张通过灾难的传承，丰富人类的防灾、减灾、救灾以及灾后重建的经验。就目前的研究成果而言，灾害民俗学研究的推进其实一方面阐释出了灾害记忆及其载体——神话、故事的形成机制，一方面坐实了灾害文化的形成。而灾害文化的形成无疑在一定程度上能够抑制记忆风化。

众所周知，文化（culture）的概念及其定义十分繁杂，60余年前的1952年，美国的人类学家克鲁伯（A.Kroeber）与克拉克洪（C.Kluckhohm）就列举出164种文化的概念。同样的道理，灾害文化的定义及概念化也是十分困难的。日本东洋大学的灾害研究者关谷直也将其分为两类，一类是规范性灾害文化、一类是现象论性质的灾害文化，这种分法是简洁明了。所谓规范性灾难文化（normative“disaster culture”）是指通过民间故事等的灾害教训的继承，以及灾害纪念建筑物（monument）、防灾的文化、都市计划（urban planning）性质的防灾文化所构成的。关谷直还进一步将现象论性质的灾害文化分为三类，一是灾害经验的民间传承；二是灾害观；三是现代的灾害观。可以明显地看到，关谷的现象论灾害文化的建立基础仍然是基辛的观念体系、社会体系的文化概念论，依旧是在强化灾害文化与灾害记忆的关联。

人类社会诸多个体的记忆会被集合性记忆（collective memory）的概念所强化，这一概念是1925年由迪尔凯姆（E.Durkheim）的学生、法国社会学

① 王晓葵:《灾害文化的中日比较——以地震灾害记忆空间构建为例》,《云南师范大学学报》, 2013年第6期；王晓葵:《国家权力、丧葬习俗与公共记忆空间——以唐山大地震殉难者的埋葬与祭祀为例》,《民俗研究》, 2008年第2期。

者莫里斯·哈布瓦赫（Maurice Halbwachs，1877—1945）创立的。哈布瓦赫早期追随柏格森（Henri Bergson，1859—1941），受其影响颇深，但《论集体记忆》一书又是以柏格森《物质与记忆》（*Matter and Memory* 1896）的概念“意像（image）”的批判为基础的。柏格森认为“意像”并非客观的存在物，也不是主观的表象，而是两者之间的存在，想感觉时可以感知到，不愿意感觉时，则不能感知到。柏格森的强调直觉主义（intuitionism）绵延（duration）的概念，反对笛卡尔哲学合理主义、科学主义。其反思是建立在对机械客观的时钟时间无法应对人类的创造性及自发性之上，需要直接经验（immediate experience）、绵延（duration）对内在时间的直觉性感知，是通往哲学及精神知识的途径。毫无疑问，柏格森的认识属于“高度个体主义的哲学”。

而哈布瓦赫接受迪尔凯姆的影响之后，更加强调社会建构的力量，认为社会及空间才是支撑记忆的关键框架所在，因此其集体记忆概念的成立体现于两点，第一，即便是自己没有经历过的事情，未能形成过的经验，可以通过自己所处的社会集团内部他人的记忆的共有化，形成自己的记忆。第二，有关过去的诸多记忆其实是由现在社会集团中的人们复数性地再构成的，也即是新的记忆的共有化。

集体记忆自然会被个人经验的外部因素所影响，藤原归一曾以战争记忆为例，称战争记忆是横跨社会集团的经验，这种记忆在不同的水平上与个人、共同体、民族、国家相关联，比起记忆的共同性及抽象性来，更能够生出被政治性目的操作的意识形态。在此，个人的记忆不能够必然性地形成民族记忆与社会记忆。法国学者皮耶·诺哈（Pierre Nora）花了十年时间，动员了120名执笔者，最终建立了“场”的法国的记忆的历史，也形成其“记忆之场（lieux de mémoire）”[①]理论。在其主要的认识中，记忆的历史学不再是历史复原也不是历史再构成，而是“再记忆化”。记忆不是作为“过去的回想”，也不是“想起过去”，而是“现代中的过去”以及“作为总体构造的记忆”。其实，1989年皮耶·诺哈发表的论文更是强调具体的“记忆之场”。“记忆之场”是失去的记忆的存在之处，是通过持续变化着的共同体的意志生产、维持着的。“记忆之场”既是实际存在的物质性场所，也是象征的场所，同时还是发挥机能性作用

① “记忆之场”的定义：一种物质的或非物质性实体，经由人们及时间流逝发生转变，最终成为一个社会的象征性遗产。就当代法国人而言，埃菲尔铁塔、《马赛曲》就是记忆之场。

的场所。记忆之场最大的特征即是存在着必须记忆的意志。从这里也能看到，哈布瓦赫主张的集体记忆也存在于“记忆之场”中，如果拥有更强的记忆的意志，那么，诸多集体记忆是能够超越时间空间被唤醒的。日本学者岩埼稔称哈布瓦赫一直强调的“集体记忆”，其实也从社会成员层面对国民国家历史观的形成以及国家权力对其整合的文脉中，对其机制提出质疑，并以“被建构出的”为由使其无效或者相对化。就此“相对化”的表述，王晓葵所述“国家权力、地域共同体、个人之间，围绕公共死亡事件的处理，并非仅仅是对立的紧张关系。他们之间存在着合作、利用、对抗、融合等复杂的互动”，是最好的补充。

哈布瓦赫的“集体记忆”以及诺拉的“记忆之场”，其实也与法国年鉴学派的历史人类学研究多少存在着关联性，因为三者都关心“集体记忆”。然而诺拉的“记忆之场”的最大贡献在于其记忆的装置并非都是口述传承等非文字性装置，也即是说，诺拉并未将记忆的问题限定在口述性历史（oral history）的表象上，而是扩展到文字媒体、文字文本乃至于纪念碑这样的物理性景观上。

四、灾害记忆的周边

实际上人类社会的灾害记忆是形成于“集体记忆”与个体间的互动上，地域的灾害记忆也是同理。“集体”与个体互动的这种记忆装置即是混合记忆（Hybricmemory），而混合性的存在正好说明社会成员个体还起着一定的作用。柴田刚曾引用费希（Stanley Fish）的“解释共同体”（interpretive community）[①]的概念，将记忆看作是“文本”（text）、“记忆之场”作为解释共同体。如果将记忆之场的“场”由空间法国置换为某一共同体或某一共同体所在的具体的空间，就更能接近民俗学所主张的拥有特殊性的某一文化空间了。在某一具体的空间场所来考量历史、记忆诸问题则更能体现出历史、文化、社会的地域多样性，而这种多样性也是实实在在存在的。由此我们能够展开“场的记忆”的研究，而灾害记忆的所在也正是异质性的不同地域。

论及探讨历史与场所关系先驱者，自然离不开人文地理学学者段义孚（Yi-

---

① Stanley Fish, *Is There a Text in This Class? The Authority of Interpretive Communities*, Harvard University Press, 1980. 日译本为：フィッシュ，スタンリー／小林昌夫訳『このクラスにテクストはありますか——解釈共同体の権威3』みすず書房，1992年。

Fu Tuan）与勒尔夫（Edward Relph）。段义孚1974年提出的“Topophilia”概念揭示了人与场所的情感纽带、情感连接，当然这里的“场”是客观存在的实际的场所。1976年加拿大人勒尔夫提出了一个相反的概念“无场所性（placelessness）”更是批判了西方工业化社会的发展对于个性化场所的破坏，场所的认同感也因此变弱。就人类学而言，1976年日本学者川田顺造考察了非洲无文字社会摩西（Mossi）族如何利用民间传承讲述自己民族的历史，1975年山口昌男也认为在考察民族社会历史的时候，记忆是十分重要的。从这些研究视角出发，就地域共同体而言，因如下理由，“场”之记忆变得越来越重要：第一，后现代的潮流下，记忆与历史、记忆与文化、记忆与地域共同体的关联变得脆弱，记忆很容易为政治、外部资本、媒体所操纵。第二，地域的历史文化记忆虽然与外部要素关联密切，但主体应该是地域住民。尤其是灾害记忆，其与地域共同体的减灾、防灾，以及痛苦教训密切相关。第三，受灾者的灾害记忆与纪念仪式、媒体的讲述以及纪念馆的讲述存在差异。

2011年5月12日正式开馆的“北川羌族自治县5·12汶川特大地震纪念馆”，其主体建筑名为“裂缝”，按照设立者的意图，其寓意为：“将灾难时刻闪电般定格在大地之间，留给后人永恒的记忆。”“永恒的记忆”的表述的运用也可以看作是对灾害记忆“风化”的担忧。然而其展陈主题“山川永纪——5·12汶川特大地震纪念馆陈列”以及基地化的展馆功能却更多地强调地域的外部性。2010年3月20日竣工的汶川博物馆的三层设置了“崛起之路——灾后重建成果展”，除“序厅”以外，有“亲切关怀·英明决策”“尊重规律·科学规划”“攻克时艰·共创奇迹”“浴火重生·美丽依然”四个部分。目的是让人感受“5·12汶川大地震”的灾后重建中对口援建机制的英明决策、广东省与汶川人民一道创造“汶川速度”“汶川经验”、汶川特色的感恩文化。诚然，汶川大地震的紧急救援、“对口支援”模式的重建体现了中国国家体制的优越性以及社会整体的力量，在很大程度上颠覆了灾害研究中流行的“脆弱性”（Vulnerability）与“恢复力”（Resilience）这对分析框架。比对美国卡特里娜飓风（Katrina）灾害与日本“3·11”地震、海啸、核泄漏灾害后的重建艰难，让我们更增强了作为中华民族的自信心。然而，稍显不足的是，这两个重要的博物馆中对于地震灾害亲身经历者的惨痛经验及记忆呈现力度不够大，受灾者的地域性灾害经验、灾害记忆不应该太过于淡化处理。

在现代社会中常用的表述“感同身受”，多多少少是对直接经验的否定，尽管我们可以形成某种经验的共鸣。2001年今井信雄将行政及宗教的灾害纪念仪式、纪念物（纪念馆、纪念碑）作为“非面对面关系的生”与“非面对面关系的死”直接否定了“感同”，而以“面对面的生”与“面对面的死”建构了不同的地域社会的纪念仪式与纪念物（纪念馆、纪念碑）。犹如汶川县、北川县的羌族民众在“鬼节”、清明节、逝去者的生日、春节等时节，在逝者生命终结之处、家庭等私密空间中进行祭奠活动。而“面对面关系”（对面関係）才是具体的场中的个人的亲身经历，这种经历作为经验、记忆存活于地域共同体，也作用于地域共同体。就此意义，可以看到灾害记忆存在内部化及外部化两面，即日本大阪市立大学柴田刚主张的记忆的“内部化/外部化”。在国家、地方等大的社会场景中，灾害记忆通过“解释共同体”诉诸外部，而在地域社会中，灾害记忆会通过“解释共同体”转向内部，诉诸更小的集团，甚至只向自我内心世界诉说。

德国学者扬·阿斯曼（Jan Assman）曾提出“文化记忆”（cultural memory）概念，并认为其拥有认同的凝聚（the concretion of identity）、再建构力（capacity to reconstruct）、构成（formation）、组织（organization）、约束力（obligation）以及自返性（reflexivity ）六大特征，汶川“5・12”大地震发生在岷涪江上游的羌族地区，这一地区的羌族同胞还保存着自己的传统文化，因此在其自身也会形成灾害的文化记忆，这样的文化记忆对于羌文化的认同、文化的再建构都有积极的意义，而这样的意义又会在“多元一体”的中华民族大集体中生成更重要的意义，因此在地域的整体的灾害记忆、灾害经验建构时，应该更加关注地域内少数民族群体的灾害记忆及灾害经验。

五、余论

关于时间的认知，19世纪后半叶心理学提出了诸多认识，尤其是时间作为“脑内痕迹（brain traces）”的衰退，以及与“记忆的多要素性”的关系已被确认。法国巴黎第五大学（Université René Descartes）实验心理学研究所的弗雷斯（Paul Fraisse）将100毫秒–5秒内的时间定义为“时间知觉（time perception）”，将超过5秒的时间称为“时间评价（time estimation）”在这里非常明显的是，人类的时间知觉与视觉、听觉、触觉等相比是一种特殊性的存在。

对于不可被感知的时间，迪尔凯姆在论及宗教信仰时的圣/俗（Sacred and Profane）二元的时间划分早已为大家熟知。在日本民俗学界也有ハレ（hare）与ケ（ke）的分类，由此能建构昼/夜、雨季/旱季、幼/老、生/死、过去/现在这样的二元构图。一般而言，人类学与民俗学将时间（time）作为以一定的间隔（interval）单位流动的社会·文化的节律（rhythm），有时候甚至不仅仅是流动，而且还可以循环，如以一年或数年为回归单位的节庆仪式，等等。范·盖内普（Arnold van Gennep 1873—1957）在1909年还建构了时间直线性流逝过程中的生老病死的阶段化的通过礼仪（Les rites de passage）。在人类学研究中最值得一提的是利奇（Edmond.Leach 1910—1989）关于缅甸高地的克钦人社会的传统时间观念中回归的时间与不回归的时间两类划分。其不回归的时间继续沿用了范·盖内普的通过式时间概念，即不可反复（non-repetition）的时间，但在克钦人社会，同时也存在着反复（repetition）的时间。在克钦人的成人、婚嫁、病老、死亡可以看到直线性的时间即不可反复的时间，而在祭祀、节日等民俗事象中又能看到循环的反复的时间，另外尚有通过宗教信仰获得的生命时间的延长以及生命的轮回。尽管台湾学者黄应贵认为利奇是因为宗教的原因更关心“可以把两个相反的性质包含在同一个时间的分类概念之中”，然而正是有这样的看似矛盾的时间，才是“解释共同体”成立的基础，这也是王晓葵博士“互动论”成立的基础。因为民俗社会中，两类时间中体现出了文化事象的不同，记忆文化也不同，同时又存在着与现代社会合拍的直线性时间观念。因此，利奇所认识的反复时间/不可反复时间其实还有更为重要的意义。利奇之后，1977年，伦敦政治经济学院的布拉赫（M.Bloch）发表了《过去与现在的现在》（“The Past and The Present in The Present”）一文。

在文中，布拉赫主张人类的时间与利奇所观察到的两类相互间存在矛盾的时间概念，而只是具有两种不同性质的时间概念而已。其一，依据共同体所在地的自然的四季变化的节律建构了日常生活的节奏，这一点颇有些环境决定主义（environmental determination）的色彩。其二，通过共同体社会文化的特殊性的节日、祭祀等仪式，建构了地域社会的个性化的时间观念。布拉赫仅仅是不同意利奇时间观念的矛盾性主张，然而在实际的社会共同体中，拥有矛盾观念的存在反而是一件平常的事。

2011年日本出版了西井凉子编著的论文集《时间的人类学》(『時間の人類学：情動・自然・社会空間』)。这也是继岩波书店出版《文化的现在7：探索时间》(『文化の現在：7　時間を探検する』)以来日本人类学时间论研究的集大成。其中，东京外国语大学的床吕郁哉以苏禄海（Sulu sea）海域的菲律宾田野为材料，强调了地域社会特殊的时间的复数性以及记忆的多重性，其实，床吕郁哉的认识论也是利奇与布拉赫研究的延长。

日本平面媒体对于灾害记忆的"風化"的担忧不是空穴来风，社会成员个人层面的记忆已被证明并不是所有社会成员都会对灾害形成永久性的深刻记忆，代际传承也成为关键，而民俗文化事象正是代际传承的最好例子。因而，首先在民俗学研究中，尝试着建立灾害记忆的传承，借以坐实与地域社会十分重要的灾害文化。日本在20世纪的60—70年代的高度经济增长期，包括城市化、第三产业化、社会成员参与广泛化、非特权非垄断化（社会选择的自由化）、宗教世俗化和科学普及化、信息透明化、组织科层化、国际互动化在内的"现代性（modernity）"概念本身，也是1960年8月29日在美国亚洲研究会（Association for Asian Studies）主办的"近代日本研讨会"箱根会议上确立的。日本已经完成了现代社会的建设，而其社会中现代性所内含的遗忘也如康拉顿所言。频繁发生的自然灾害也使得日本社会不得不警惕记忆的风化。

东京大学岛薗进教授在2013年3月8日东京大学的"灾害的遗物——口头传承与防灾文化"(「災害が遺したもの一語りつぐ記憶と備える文化」Après le désastre–Responses commémoratives et culturelles）国际研讨会上，针对保力道久的灾害的神话传说系谱以及法国图卢兹大学（Universit é Toulouse）格里高利・博萨尔（Grégory Beaussart）的纪念碑、慰灵碑与共同体关系，发表一个非常精彩的评议。岛薗进认为，地震、海啸、火山喷发与雷神的结合是大地之神与海神结合的灾害神话传说，以及灾害后死者镇魂仪式结束后纪念碑、慰灵碑的设立都是灾害记忆传承的文化装置，这种装置还起着各种各样的作用。岛薗进直接将灾害记忆表述为"拥有神话性力量的记忆"以及能够成就"新的共同体的形态"。灾害记忆作为社会的集合性记忆的文化装置还能够培育出地域社会成员住民的主体性，同时也是地域文化的共同性形成的关键。

综上所述，民俗学、文化人类学关于时间的矛盾性、复数性观念存在的捕捉，更能呈现出“解释共同体”内部的复杂性，更能呈现灾害记忆的多样性，同时也造就了灾害文化的多样性，灾害文化的多样性其实也为灾害防治、灾害救援，以及灾后重建提供了超越地域共同体历史、文化对应的更多的手段。灾害记忆的风化似乎是我们必须面对的人类社会的宿命，与时俱进的科技万能主义也在助长轻视有时间积淀的民间传承之风，然而人类社会也在以灾害文化的生成积极地应对风化。而民俗学研究或文化人类学研究的意义就在于，“民俗，既可以能够确认基本性的民间惯行及社会共有理念在地域的时间、空间构造的作用接受过程中的存在。……反过来，民俗也能作用于民俗产生的时代以及地域”。千叶德尔斯人虽逝，但所言不虚。

（作者张曦，中央民族大学民族学与社会学学院、人类学研究所教授）

环球同此凉热：日本大地震省思

杨　宁

2011年3月11日本福岛大地震的爆发，以及随之引起的海啸和核泄漏危机，吸引了全人类的目光。时至今日，日本大地震仍是全球环境保护研究的重要课题。日本大地震是属于每年会发生的常规性强震，只是它偶然发生在建有核电站的福岛近海，才引发巨大危机，还是大自然对人类严峻警示？人类从中得到应有的教训了吗？恩格斯说：“我们不要过分陶醉于我们人类对自然界的胜利。对于每一次这样的胜利，自然界对我们都会进行报复。”

据美国地质调查所统计，自1900年以来，全球每年会发生7—7.9级的强震18次，8级以上的大地震一次。人类所记录的震级最高的地震是1960年5月22日发生在智利的8.9级地震。从统计数据发现，过去110年中27%的强震发生在2004年之后，如中国汶川2008年的8.0级大地震，智利2010年的8.8级大地震。日本2011年大地震达9.0级，创造了地震史有记录的新高。很显然，从最近几年强震发生的频率和日本大地震的震级来看，日本大地震已经逸出了常规地震的轨道，它向人类昭示一个更为严峻的现实：人类对地球生态环境的伤害，已经逼近了地球所能承受的临界点了。

2008年联合国发布的《全球环境展望》报告指出，自1987年以来的20多年间，人类消耗地球资源的速度，已将人类自身的生存置于岌岌可危的境地。环境变化的威胁已经成为这个星球所面临的迫在眉睫的问题。2010年在墨西哥坎昆举行的联合国气候变化大会提出，工业革命以来，地球平均气温已经升高了2℃。为了保护地球生态环境，为了人类的生存和发展，地球平均气温的升高必须控制在2℃以内。

为什么控制地球平均气温升高2℃，会成为全人类都必须为之努力的重大目标呢？气候和地震又有什么关系呢？

在工业革命之初，恩格斯审视自然和人类的关系时就说过："当我们深思熟虑地考察自然界的时候，首先呈现在我们面前的，是一幅由种种相互作用无穷无尽交织起来的画面。"当代科学对地震海啸与气温关系研究，所描述的也正是这样一种相互联系的场面。地球有九大板块，彼此间相互牵引，处于一种微妙的平衡状态。当这种平衡状态发生变化时，压力释放出来就成为地震。密苏里科技大学地球物理学家施蒂雯教授认为，近年地震超常频发，地球变得比较"好动"的原因，与地球板块结构失衡密切相关。伦敦大学麦盖尔教授认为海洋大气和地壳的平衡状态是相互影响的。全球暖化造成南极、北极、格陵兰冰岛冰山冰河的快速融化，冰雪融化造成海平面上升，海平面上升使海底地壳板块所承受的常态压力发生变化，变化打破了地球板块的微妙平衡，因而引发地震和海啸。

加拿大阿尔伯塔大学地质学家帕特里克用一个生动的例子解释了这种效应：用两个拇指压着足球的两端，足球会微微下陷而变成椭圆形。当拇指抬起，对足球的压力除去之后，足球会恢复原状。地球两极厚厚的冰层正如拇指按压地球那样，这种压力维系着地球的常态平衡。如果两极冰雪融化，如同拇指对足球的压力消失，地球的常态平衡就会失去，引发地震海啸。如2004年12月印度洋苏门答腊群岛附近海底发生剧烈地震，这次地震所释放出来的能量相当于广岛长崎原子弹的600倍，地震引发海啸所激起的巨浪高达30多米，远高于日本大地震引发海啸的浪高。所幸震中离人类生活聚居地比较远，但地震引发海啸也使遇难者达一万多人。地震之后，科学家惊讶地发现海底板块错位，其中一块上升了1 000多米。如果这次地震震中不是在深海而是在大陆架或大陆，地震引起的变化无异是一次沧桑巨变。

联合国报告指出，2007年的十大自然灾害，有九次是因全球暖化而造成的。近年自然灾害的频率比20世纪70年代高四倍，地震活跃程度是二十年前的五倍。很显然，在人类生存于其中的这个地球生态系统中，地球暖化不仅仅是天气变热的问题，它会导致一系列的极端天气和自然灾害，如暴雨、飓风、泥石流、山火、热浪、沙尘暴、冰溶、水源枯竭、火山爆发和地震等更为频繁地出现。在2008年6月八国集团首脑会议上，联合国秘书长潘基文说："世界正处于重大灾难边缘，时间不多了，希望你们做出明智的决定。全世界的科学家已经明确一致地表达了他们的忧虑，我期待着全世界的政策制定者们也能做出相应的行动。”如何以最快最有成效的方式来减缓人和自然日益的尖锐矛盾，控制地球的暖化，成为摆在人类面前必须回答的答卷。

2006年，联合国粮农组织发表《牲畜的巨大阴影：环境问题与选择》报告，提出了一个令一般人意想不到的研究结论：畜牧业排放全球18%的温室气体，大于全球所有交通运输工具温室气体排放量的总和！此后，大量有关西方工厂化养殖牲畜造成污染的研究报告如雨后春笋般涌现。2009年，世界观察研究所（World Watch Institute）在《世界观察》杂志刊载《畜牧业和气候的变化》的报告，报告指出，如果把为生产牲畜饲料大面积砍伐森林造成的暖化，牲畜排出粪便及废弃物所释放的甲烷、氧化亚氮所造成的暖化，肉品冷冻和全球运输所造成的暖化，动物的饲养屠宰与加工所造成的暖化，全球超过500亿只以上饲养动物产成的大量二氧化碳所造成的暖化这五个因素计算在内的话，畜牧业及其副产品每年实际排放的二氧化碳高达32.6%二十亿吨，占全球温室气体排放量的51%。甲烷造成的温室效应是二氧化碳的72倍，而氧化亚氮产生的温室效应是二氧化碳的296倍。工厂化养殖业排放全球37%的甲烷和65%的氧化亚氮，是造成气候暖化重大的因素。

所幸甲烷和氧化亚氮在大气中存留的时间远比二氧化碳短，如果减少甲烷和氧化亚氮的排放，气温能很快下降。2009年11月，美国著名医疗学报《柳叶刀》发表了一份来自9个国家55位科学家研究的报道《温室气体减排的公共卫生利益》，报告提出，如果人类家畜饲养量减少30%，就能达到在2010年减排50%温室气体的目标。这份报告得到了美国太空总署进一步研究的证实，也得到了联合国秘书长潘基文，世界卫生组织，美国卫生部，环境部和粮农部以及美国卫生部的支持。2007年诺贝尔和平奖得主，联合国气候变化政府间专门委员会（IPCC）主席帕乔里呼吁发达国家减少吃肉，为控制温室气体的排放尽责。“如果减少吃肉你会更健康，地球也会更健康。”康奈尔大学教授T·柯林·坎贝尔（T. Colin Campbell）在著名的《中国健康调查报告》中指出，以植物性食物为主的中国式膳食结构远比以肉乳为主的西方膳食更利于人体健康。

很显然，今天西方灿烂的物质文明，以肉食为主的西方生活方式，是建立在全球生态系统恶化，全球气温升高的基础之上的。西方发达国家享受物质盛宴，全球所有的国家为之埋单，这显然不公平，然而却是这个星球上所有国家不得不面对的现实。承载人类无数世纪休养生息的地球已经是千疮百孔、遍体鳞伤。日本大地震无异于大地母亲的痛苦呻吟，也是向人类所有国家子民的呼求：救救你们的母亲！

人们最大的侥幸思想是：灾难大约轮不到我这个时代，轮不到我这个地区，轮不到我身上。日本大地震警示人们：破坏是渐进式的，灾难是突变式的，覆巢之下无完卵，皮之不存，毛将焉附？日本大地震既是日本之伤，日本之痛，也是人类之伤，人类之痛。无视于迫在眉睫的生态危机，今天发生在我们东邻身上的灾难，明天可能发生在我们西邻、可能发生在我们自己身上。

党的十八大提出社会主义生态文明建设，党的十九大进一步提出建设美丽中国的目标，都表明中国共产党和中国政府以及中国人民重视生态文明建设，维护美丽家园的坚强决心。必须以对中华民族和全人类长远发展高度负责的精神，充分认识气候变化的重要性和紧迫性，坚定不移地走可持续发展的道路，采取更加有力的政策措施，全面加强应对气候变化的能力建设，为我国和全球可持续发展进行不懈的努力。这是中国人民向全人类、向子孙后代的承诺，也是我们走向明天，走向未来的必由之路。

毛泽东在《念奴娇·昆仑》中提出“太平世界，环球同此凉热”，表达了一种和谐生态，和谐世界的理想。这也是我们重视生态文明建设的要义。地球兴亡，匹夫有责，让我们每一个人都以自己力所能及的方式，为实现“环球同此凉热”的和谐世界与和谐生态理想而尽一份心力！

（作者杨宁，中共中央党校文史部副教授）

第七编　伟大的抗震救灾精神

从汶川抗震重建看社会主义核心价值体系建设

徐 平

“建设社会主义核心价值体系”是党的十六届六中全会首次明确提出、党的十七大报告中进一步阐述的一个科学命题。其基本内容包括四个方面：马克思主义指导思想、中国特色社会主义共同理想、以爱国主义为核心的民族精神和以改革创新为核心的时代精神、以“八荣八耻”为主要内容的社会主义荣辱观。党的十八大报告提出，要大力加强社会主义核心价值体系建设，“倡导富强、民主、文明、和谐，倡导自由、平等、公正、法治，倡导爱国、敬业、诚信、友善，积极培育和践行社会主义核心价值观”。党的十九大报告把“坚持社会主义核心价值体系”作为新时代坚持和发展中国特色社会主义的基本方略之一，提出必须坚持马克思主义，牢固树立共产主义远大理想和中国特色社会主义共同理想，培育和践行社会主义核心价值观，不断增强意识形态领域主导权和话语权，推动中华优秀传统文化创造性转化、创新性发展，继承革命文化，发展社会主义先进文化，不忘本来、吸收外来、面向未来，更好构筑中国精神、中国价值、中国力量，为人民提供精神指引。彰显了我们党对价值观建设的高度重视，为我们高举中国特色社会主义伟大旗帜，牢固树立中国特色社会主义道路自信、理论自信、制度自信、文化自信指明了方向。

一、社会主义核心价值体系的科学内涵

价值体系，是一个政党和一个国家兴旺发达所必须予以高度重视并解决的

重大课题。一个国家、一个民族、一个社会在长期的实践和认识活动中，必然要形成一定的价值观念体系，在这个体系中居核心地位、起主导和统领作用的就是其核心价值体系。任何社会都有自己的核心价值体系，这是一定的社会系统得以运转、一定的社会秩序得以维持的基本精神支撑。一个社会的核心价值观，反映社会意识的本质，决定社会意识的性质，涵盖社会发展的指导思想、意识形态、价值取向，影响人们的思想观念、思维方式、行为规范。不同的社会形态，有不同的价值体系和核心价值体系。

先进的价值体系和核心价值体系，是引领社会前进的精神旗帜。社会主义核心价值体系在我国整体社会价值体系中居于核心地位，发挥着主导作用，决定着整个价值体系的基本特征和基本方向，是社会主义意识形态的本质体现，也是建设社会主义和谐文化的根本。在社会主义核心价值体系的四项内容中，马克思主义指导思想是社会主义核心价值体系的灵魂，中国特色社会主义共同理想是社会主义核心价值体系的主题，以爱国主义为核心的民族精神和以改革创新为核心的时代精神是社会主义核心价值体系的精髓，社会主义荣辱观、价值观是社会主义核心价值体系的基础。这四个方面的基本内容，是从我们党领导人民在长期实践中形成的丰富思想文化成果中提炼和概括出来的精华，是对社会主义核心价值体系深刻内涵的科学揭示。

（一）马克思主义指导思想是社会主义核心价值体系的灵魂

马克思主义是关于自然界、人类社会和人类思维发展普遍规律的科学，是关于工人阶级、劳动人民和全人类解放的科学，是关于建设社会主义和实现共产主义的科学。我国是社会主义国家，中国共产党是中国特色社会主义事业的领导核心，马克思主义是我们党的根本指导思想，这就决定了马克思主义是社会主义意识形态的旗帜。马克思主义指导思想决定了社会主义核心价值体系的性质和方向，是社会主义核心价值体系的灵魂。如果动摇了马克思主义这一精神支柱，就会导致思想混乱、社会动乱，那将是我们党、国家和民族的灾难。建设社会主义核心价值体系，最根本的就是要坚持马克思主义的指导地位。

马克思主义是科学，它始终严格地以客观事实为根据，总是随着时代的变迁、实践和科学的发展而不断地发展。马克思主义不是教条，只有将其正确地应用于实践并在实践中不断发展才会有强大的生命力。我们坚持马克思主义，是坚持发展着的马克思主义。从新民主主义革命以来，我们党坚持把马克思主义基本原理同中国具体实际紧密结合起来，形成了毛泽东思想、邓小平理论和“三个代表”重要思想，形成了科学发展观和构建社会主义和谐社会，形成了习近平新时代中国特色社会主义思想等重大战略指针。在当代中国，我们就是要用发展着的马克思主义武装全党、教育人民。我们要把坚持和发展马克思主义自觉地统一于建设中国特色社会主义的实践中，在坚持中发展，在发展中坚持。

（二）中国特色社会主义共同理想是社会主义核心价值体系的主题

理想是基于现实又超越现实的希望和愿景，体现了人们对美好生活的向往和追求，是一个国家和民族奋勇前进的精神动力。马克思主义对理想问题做了科学的阐述，把理想和人类历史发展规律内在地联系起来，使人们对理想问题有了更为科学的把握和自觉的认识。

随着社会主义市场经济深入发展，我国经济成分、组织形式、就业方式、利益关系和分配方式日益多样化，不可避免会出现社会意识的多样化，这就必须要有一个能够代表广大人民根本利益、为社会各个阶层广泛认可和接受、能有效凝聚各个方面智慧和力量的共同理想。有共同理想，才能有共同步调。这个共同理想，就是在中国共产党领导下，走中国特色社会主义道路，实现中华民族的伟大复兴。这个共同理想，把党在社会主义初级阶段的目标、国家的发展、民族的振兴与个人的幸福紧密联系在一起，把各个阶层、各个群体的共同愿望有机结合在一起，经过实践的检验，有着广泛的社会共识，具有令人信服的必然性、广泛性和包容性，具有强大的感召力、亲和力和凝聚力。

鸦片战争以来一百多年的历史充分证明，中国共产党的领导，中国特色社会主义道路，是历史的选择、人民的选择，坚持这条道路，就能实现中华民族的伟大复兴。特别是改革开放四十年来我国经济社会发展取得的巨大成就无可辩驳地见证了这一点。中国特色的社会主义制度在除弊创新中自我完善和发展，我国经济总量和综合国力大幅上升，人民生活水平总体上实现了从温饱到小康的历史性跨越，我国的国际地位也显著提高。因此，不论哪个社会阶层、哪个利益群体的人们，都能够也应该认同和接受这个共同理想，并且为这个理想而共同奋斗。在全社会树立和弘扬这一共同理想，是和谐文化建设的根本任务。把握了这一点，就把握了社会主义核心价值体系的主题。

（三）民族精神和时代精神是社会主义核心价值体系的精髓

民族精神是民族文化最本质、最集中的体现，是一个民族在长期共同实践中形成的民族意识、民族心理、民族品格、民族气质的总和，是一个民族生生不息、薪火相传的精神血脉。民族精神是一个国家的脊梁，是一个国家在历史变迁、国与国的竞争中永不落败、永不消亡的支撑和动力。一个国家，没有振奋的精神和高尚的品格，不可能自立于世界民族之林。在五千年的历史演进中，中华民族形成了以爱国主义为核心的团结统一、爱好和平、勤劳勇敢、自强不息的伟大民族精神。作为一个民族漫长历史的积淀与升华，这种精神已经深深地融入我们的民族意识、民族品格、民族气质之中，成为中华民族悠久历史文化的灵魂。它是经过我们党领导人民在长期的实践中不断丰富，使之成为各族人民团结一心、共同奋斗的价值取向。在当代中国，爱国主义同社会主义是紧密结合的。高扬爱国主义、社会主义旗帜，就能最大限度地凝聚和动员全民族的力量，为振兴中华而奋斗。弘扬和培育民族精神，不仅要继承优良传统，从祖国源远流长的文化中汲取营养，而且要与时俱进，体现时代进步和发展的要求。

时代精神是一个社会在最新的实践中激发出来的，反映社会进步的发展方向、引领时代进步潮流、为社会成员普遍认同和接受的思想观念、价值取向和道德规范，是一个社会最新的精神气质和精神风貌的综合体现。改革创新是我们这个时代的最强音，党带领人民破除一切妨碍发展的思想观念、体制机制，取得令世人瞩目的巨大成就靠的就是这种精神。以改革创新为核心的时代精神，是马克思主义与时俱进的理论品格、中华民族富于进取的思想品格与改革开放和现代化建设实践相结合的伟大成果，已经深深地融入我国经济、政治、文化、社会建设的各个方面，成为各族人民不断开创中国特色社会主义事业新局面的强大精神力量。

民族精神与时代精神作为崇高精神的两个方面，是相互联系、密不可分的。民族精神是一定社会时代精神的基础和源泉；时代精神是民族精神在各个历史时期的体现和延续，二者相辅相成，相互交融，统一于改革开放和社会主义现代化建设的伟大实践中，凝聚在建设中国特色社会主义的共同理想中，共同构成中华民族自立自强的精神品格，成为推动中华民族伟大复兴的精神动力。

大力弘扬民族精神和时代精神，使全体人民始终保持昂扬向上的精神状态，是和谐文化建设的主旋律。紧紧把握住这一点，就把握了社会主义核心价值体系的精髓。

（四）社会主义荣辱观、价值观是社会主义核心价值体系的基础

荣辱观是人们在依据一定的思想道德标准进行自我评价和社会评价活动中逐渐形成的关于荣辱观念的总和，是人们对荣誉和耻辱的根本看法和态度，属于道德范畴。道德是人们行为规范的总和，是一种通过社会舆论、教育感化、自身修养、传统习惯等起作用，用以调整社会关系、维护社会公共秩序、保证社会生活安定有序的精神力量。荣辱观是一个民族思想道德的基点，一个国家精神文化的基石。确立和实践社会主义核心价值体系，必须以全体社会成员的道德修养和素质为基础。以“八荣八耻”为主要内容的社会主义荣辱观，是对与社会主义市场经济相适应、与社会主义法律规范相协调、与中华民族传统美德相承接的社会主义思想道德体系全面系统、准确通俗的表达，它旗帜鲜明地指出了在社会主义市场经济条件下，应当坚持和提倡什么、反对和抵制什么，为全体社会成员判断行为得失、做出道德选择、确定价值取向，提供了基本的价值准则和行为规范。

党的十八大从国家、社会和公民三个层面概括了社会主义核心价值观的价值目标、价值取向和价值准则。“倡导富强、民主、文明、和谐，倡导自由、平等、公正、法治，倡导爱国、敬业、诚信、友善，积极培育和践行社会主义核心价值观。”这三个“倡导”，勾绘出一个国家的价值内核、一个社会的共同理想、亿万国民的精神家园，在全社会激发起强烈的共鸣。只有树立社会主义核心价值观，才能凝聚人心、提升境界、激发活力，才能扶正祛邪、扬善惩恶，才能形成与社会主义核心价值体系相适应的良好社会风尚与和谐的人际关系。紧紧把握住这一点，就把握了社会主义核心价值体系的基础。党的十九大报告指出：“人民有信仰，民族有希望，国家有力量。”步入中国特色社会主义新时代，我们应锲而不舍、一以贯之地坚持社会主义核心价值体系，构筑中华民族共有的精神家园，为决胜全面建成小康社会、夺取新时代中国特色社会主义伟大胜利提供强大的精神动力。

综上所述，社会主义核心价值体系是一个多层次、内涵丰富、相互联系的

有机统一整体，具有强大的整合力和引领力，是当代中国全体人民奋发向上的精神力量和团结和睦的精神纽带。生机勃勃的社会主义先进文化，是以马克思主义为指导，面向现代化、面向世界、面向未来的，民族的科学的大众的社会主义文化，是凝聚中国力量的重要来源。发展社会主义先进文化，必须坚持以马克思列宁主义、毛泽东思想、邓小平理论、“三个代表”重要思想、科学发展观、习近平新时代中国特色社会主义思想为指导，激励人们树立坚定的理想信念、正确的价值追求，弘扬民族精神和时代精神，为中华民族伟大复兴中国梦的实现不断注入活力和思想。

二、汶川大地震与社会主义核心价值体系

一个民族的核心价值体系，可以在平时的社会生产、社会生活和社会交往中从方方面面凸现出来，但更需要在生与死、血与火、险与难的熔炉冶炼中，显现其本色与真谛。一个民族的核心价值体系，可以在长期的社会历史过程中逐步表露，但在历史的紧急关头、在民族的重大事件中，更容易瞬间暴发。抗震救灾，是在一个集中的时空范围内，以争分夺秒、昼夜奋战的节奏，以汶川遇难、全国动员的方式，进行的一场与特大灾害顽强拼搏的大决战。

2008年5月12日下午2时28分，发生了震惊世界的汶川大地震，山崩地裂，江河沸腾，天地易容，一场惨烈的自然灾害突然降落人间。69 197人瞬间失去了鲜活的生命，374 177人受伤，18 440人失踪。围绕映秀到北川这条断裂带，里氏8级强烈地震，撕裂了人们的平静生活，4 600万人受灾。地震造成直接经济损失8 451.4亿元，其中四川的损失最严重，占总损失的91.3%，甘肃占总损失的5.8%，陕西占总损失的2.9%，其他各省的损失之和约为20亿元。

大地震造成了大灾难，大灾难激起了大抗争。地动山摇、楼塌屋毁，挺然屹立的是不屈不挠、众志成城的中国人民，是万众一心、同舟共济的民族精神。无论是在生死关头舍身救人的英雄人物，还是在废墟中顽强站起的共产党人；无论是紧急应对、亲临一线、情系群众的中央领导，还是星夜驰援、冲锋在前、连续作战的人民军队；无论是奉献爱心、勇担责任的志愿者们，还是感同身受、献血捐款的广大群众，13亿中国人从来没有像今天这样，在世界面前显示出如此高度自觉的爱国主义精神，如此坚毅强劲的英雄主义气质，如此善良纯洁的

人道主义禀性，如此一致相通的核心价值观念。抗震救灾，生动地展现了经过改革开放40年，中华民族崭新的精神世界和高尚的精神品格。社会主义核心价值体系的精神品质，在抗震救灾这种特殊的实践形式中，得到了集中、完整、深度的展现。

（一）抗震救灾突显出社会主义核心价值体系的巨大精神力量

巨大的自然灾害是面镜子、是个考场、是个标尺，社会主义核心价值体系的科学性质和真理力量，社会主义核心价值体系的社会功能与实际效果，在抗震救灾实践中得到了最直接、最严格、最有效的证明和检验。社会主义核心价值体系是社会主义意识形态的本质体现，它扎根于中国特色社会主义的深厚实践，发挥着思想引领、价值整合、道德规范、精神动力的强大实践功能，同时又要在历史实践中加以检验和发展。思考抗震救灾来之不易的胜利原因，我们看到，社会主义核心价值体系是引领抗震救灾取得重大胜利的精神旗帜，是团结全党全国各族人民抗震救灾的精神纽带，是激励人们将抗震救灾斗争进行到底的伟大精神动力。社会主义核心价值体系的基本内容及其要求，与保证抗震救灾取得胜利的实践要求是高度契合的。从性质上看，抗震救灾是抢救人民生命财产、保障人民生存发展的国家行为和社会行为。人民在国家核心价值体系中的地位，决定了抗震救灾在国家政治、经济、文化、社会生活中的重要程度，决定了国家与社会对抗震救灾的投入程度。经过抗震救灾，广大人民群众从自己的切身感受出发，更加热爱中国特色社会主义，这正是社会主义核心价值体系的力量证明。

（二）抗震救灾突显出社会主义核心价值体系的说服力

社会主义核心价值体系的说服力不仅来自理论自身的证明，更重要的是来自实践的证明，在实践中证明其应用程度与通行范围。抗震救灾是大力践行社会主义核心价值体系的有利契机，正是在党和国家、军队和人民全力救灾的一系列行动中，人们领会到具体实在的指导思想、共同理想、民族精神、时代精神、荣辱观念。这就大大增强了社会主义核心价值体系的说服力。在抗震救灾中，我们的党和政府，我们的党员干部，我们的军队和人民，用自己的杰出表现、动人事迹、感人情怀，忠实践行着社会主义核心价值体系，忠诚履行着社会主义核心价值体系对每个职业、每个岗位、每个人的要求。抗震救灾，就是社会主义核心价值体系的一本生动教材、一个最好课堂。捧读这本教材，走进这个课堂，我们这个社会与时代的核心价值理念，呈现出概念文字与生活本身融为一体的生动景象。

（三）抗震救灾突显出社会主义核心价值体系的凝聚力

核心价值体系是一个国家的灵魂，是维系这个国家和谐统一的文化核心。一个国家的核心价值体系越是符合社会发展的规律，越是符合人民的利益需求，建设得越是深入巩固，它对人民的吸引力和凝聚力就越大，在国家面临危机和挑战的紧要关头发挥的力量就越大。这次抗震救灾，人流、物流、运输流、信息流以及情感流，全部指向汶川、指向灾区。这不仅仅是特大灾害本身引起的反应，更重要的是，社会主义核心价值体系具有强大的吸引力和凝聚力，抗震救灾表现出的中华民族大团结大救助，从根本上说，是中国特色社会主义的力量使然，是社会主义核心价值体系的力量使然。从历史的现实的对比中，更可以有力地证明这一点。正是由于中国特色社会主义和爱国主义的凝聚力，广大人民把爱祖国与爱社会主义统一起来，自觉自愿为国分忧。人们深深认识到，抗震救灾，不仅是政府的义务、领导的责任，同样也是每一个公民的责任和义务。国难当头，公民有责。从几千里之外赶赴四川救灾的唐山人，并不仅仅是报个人之恩，而是出于对党和人民、全国人民与灾区人民同呼吸、共命运、心连心关系的更为深刻的感悟。

（四）抗震救灾突显出社会主义核心价值体系的动员力

核心价值体系是居于主导和支配地位的价值体系，它的主导和支配地位，取决于进入民众的程度与民众对其认同的程度。一种核心价值体系被广大社会成员的认同程度越高，它的影响力和驱动力就越大。广大社会成员自觉按照核心价值体系的导向，共同为某一社会目标而不懈奋斗，就是核心价值体系动员力的有力证明。这次抗震救灾，举国上下、社会各界、灾区内外表现出高度的价值认同、行为一致、情感相同，而且这种社会一致性又是与核心价值体系的导向相吻合的。这并不是偶然的巧合，它表明社会主义核心价值体系越来越被广大人民所接受，用社会主义核心价值体系教育人民收到了明显成效。人民军队之所以能够在抗震救灾中担当突击队和主力军，出色完成党和国家赋予的艰巨任务，一个重要原因，就是军队思想政治建设走在全社会前列，坚持用中国特色社会主义理论体系指导官兵的思想和行动，不断增强广大官兵的军魂意识、宗旨意识和使命意识，强化了军队在关键时刻冲得上去、豁得出去、挺得下去的革命英雄主义气概。

（五）抗震救灾突显出社会主义核心价值体系的规范力

社会主义核心价值体系，是由一整套价值准则、价值导向和价值规范组成的。维系这个核心价值体系，既要依靠体制和政策的激励，也要依靠主体的自觉和自律。核心价值体系只有成为人们自觉的思维方式、道德标准和行为规范，才能有效规范人们的行为，产生应有的规范力。大地震发生后，灾区的社会系统遭受重创，人们的行为环境发生重大改变，这是对社会主义核心价值体系规范力、社会主义荣辱观、价值观约束力的重大考验。在广大党员干部以身作则、模范带头作用下，广大受灾群众即使遭受重大损失、经受身心痛苦，仍然恪守着中华民族的传统美德，顾大局、识大体，自力更生、恢复生产、重建家园，保证了社会的和谐与稳定。为防止唐家山堰塞湖溃坝，绵阳市几十万人随时准备疏散转移，但城中治安良好、秩序井然，既体现了政府的组织力、管理力和执行力，也体现了广大市民的高度觉悟和良好素质。

三、灾后重建与践行社会主义核心价值体系

社会主义核心价值体系，关键是建设，重点在实践。建设和实践社会主义核心价值体系涉及经济、政治、文化、社会生活的各个方面，是一项社会系统工程。要把党政各部门、社会各方面的力量充分调动起来，把全体人民的积极性都充分发挥出来。要坚持把社会主义核心价值体系融入国民教育和精神文明建设的全过程、贯彻到现代化建设的各方面；要坚持用马克思主义中国化的最新理论成果武装人，加强理想信念、国情和形势政策教育，用中国特色社会主义共同理想凝聚力量；要坚持以社会主义核心价值体系用引领风尚，包容多样，最大限度地形成社会思想共识。需要通过坚持不懈地学习、宣传、教育，使之转化为社会成员的共同意识，并从普遍认同理解上升到自觉遵守执行，在践行

中求实效。伟大的抗震救灾和灾后重建行动，在建设和实践社会主义核心价值体系上，有着特殊的重要意义。

汶川“5·12”地震是新中国建立以来破坏最为严重的自然灾难之一，造成了巨大的人员伤亡和财产损失。汶川灾后重建不仅任务艰巨，而且面临着生态环境恶化、资源承载能力下降、移民安置困难、就业形势严峻、灾区群众心灵创伤严重等诸多挑战。从国内外经验来看，灾后重建往往要经历一个长久的过程，如我国台湾“9·21”地震灾后重建历时6年，美国新奥尔良飓风灾后重建为7年，日本阪神地震重建耗时近10年之久。但截至2010年4月30日，汶川灾后重建规划项目完工78.2%，农村居民和城镇居民住房重建分别完工99.7%和84.2%，三年的灾后重建规划两年内就将基本完成。这表明汶川地震灾后重建已取得了显著成效，其成功做法为其他地区抗击自然灾害、重建美好家园提供了有价值的经验借鉴，探索出灾后重建的“中国模式”。

一方有难，八方支援。国内外的实践表明，单纯依靠政府救助和社会捐赠并不能从根本上解决灾后重建中的所有问题，反而可能诱发依赖心理，丧失地区经济发展活力。汶川灾后重建中充分重视发挥灾区广大干部群众的主动性、积极性和创造性，提倡自强自立、艰苦创业，依靠自己的双手，创造美好生活。在强调受灾群众重建主体意识的同时需要政府的大力支持和全社会的帮扶，实现自救和他救相结合。从政府救助来看，中央政府出台了财税、金融、土地、产业等方面的支持政策，尤其是出台了具有中国特色的对口支援计划，“一省帮一重灾县”，坚持“输血”与“造血”并重、当前与长远相结合，18个经济强省（市）对受灾地区直接开展物质援助、项目援建和人才培养，并嫁接两地的优势资源，向灾区输出技术和管理，推动产业的转移，帮助受灾地区迅速恢复并增强了其可持续发展能力。

如广东援建汶川县绵虒镇的珠海市，没有满足于上级布置的援建任务，在圆满完成预定援建项目外，还着力于当地的长远发展和老百姓生计。珠海援建工作小组组长陈仁福说：“把灾区百姓的住房修好了，可以解决安居；如果把他们的资源开发成产业，就可以解决乐业。”绵虒镇具有悠久的历史文化，曾为古汶川县城。汉羌混合式民居建筑独具特色，现有古城墙、禹王宫遗址。被誉为“中国民间羌绣之乡”和“西羌第一村”的羌锋村是距离成都最近的羌族聚居地。被奉为中华第一信史的司马迁所著《史记》在其《六国年表》云：“禹兴于西羌”，当地人也盛传大禹出生于镇南两公里高店村的刳儿坪。1930年于右任先生还曾专程考察，作诗云：“石纽山前沙尚飞，刳儿坪上黍初肥。茫茫禹迹从何得，蹀躞荒山汗湿衣。”清嘉庆十年（1805）汶川知事李锡书所著《汶川纪略》，以及1945年汶川县长祝世德所著《汶川县志》和《大禹志》中，都详细考证了绵虒镇高店村的刳儿坪就是大禹出生地，斜对面半山上的涂禹山即是涂禹氏所居之地。绵虒镇北十多里的羊龙山的禹碑岭上有一株千年古树，传说树身里埋藏着一个古老的石碑，碑上记载着大禹治理岷江的功绩和人们对于大禹的无限感激之情。

大禹故里在何处，一直是学术界争论不休的问题，浙江绍兴、河南登封、山西夏县、安徽涂山、湖北武汉、山东禹城和莒县等地都认为是“禹穴”之乡。最早关于大禹生于西羌的记载始见于《孟子》，其谓：“禹生石纽，西夷人也。”《吴越春秋·越王无余外传》道：“鲧娶于有莘氏之女，名曰女嬉，年壮未孳，嬉于砥山，得薏苡而吞云，意为人所感，因而妊孕，剖胁而产高密。家于西羌，地曰石纽。石纽，在蜀西川也。”西汉陆贾《新语》中也说：“大禹出于西羌。”谯周所著《蜀本记》亦称：“禹本汶山广柔县人也，生于石纽。”郦道元在《水经·沫水注》中云：“(广柔）县有石纽乡，禹所生也。今夷人共营之地，方百里，不敢居牧，有罪逃野，捕之者不逼，能藏三年不为人得，则共原之，言大禹之神佑之也。”汶川大地震所波及的正好是这一地区，先后有汶川、北川、茂县、都江堰、什邡等地都在论证为大禹故里，而且都做了大量的工作。

援建绵虒镇的珠海市工作小组，没有把精力放在当地是不是大禹故里这一说不清楚也无需说清楚的问题上。他们通过多次的专家论证会，将重点放在发掘大禹精神和灾后重建的结合点。认为古代治水英雄大禹是中华民族继炎黄以后最重要的人文始祖，是夏王朝的奠基者，是中华民族从原始社会跨入奴隶社会、从蛮荒时代过渡到文明时代的里程碑式的人物。他在带领人民完成治理滔滔洪水的斗争中表现的艰苦奋斗的创业精神、勇于开拓的进取精神、疏而导之的科学求实精神、三过家门而不入的奉献精神，是中华民族精神的集中体现。大禹文化是中华民族文化的集中代表，是中华民族之魂的典型体现，大力弘扬大禹精神，将为全国人民坚持科学发展观，建设社会主义新农村，构建社会主义和谐社会，实现中华民族的伟大复兴提供强大的精神动力。

他们经过深入考察，结合当地实际，提出了以绵虒镇深厚的大禹文化、藏、羌民族文化及古县城文化为基础，着手开始绵虒旅游基础设施重建规划，构建以发展当地旅游产业和生态观光农业为主体的产业发展模式。将绵虒镇定位于“大禹故里、西羌门户、震中姊妹、九寨驿站”，在史料有载、传说有根、现实有据的高店村建立以大禹祭坛为核心，包括禹王纪念馆、纪念馆副馆等设施，并对石纽山上的刳儿坪进行整体开发，前期投入近5 000万，后期持续投入将超过5亿。前期项目于2010年6月底竣工，在农历六月初六（大禹出生日）对游客开放。大禹故里景区不仅成为九环旅游线上的一颗新的明珠，也激励着汶川人民延续大禹精神，重建美好新家园。

巨大灾难中挺立的伟大中国，在不屈抗争中再次彰显了震撼世界的精神。这种精神是理想、是信念、是操守，是社会主义核心价值最凝练的时代表达。这种精神源于历史的积淀，得益于时代的历练，不仅是中华文明、中华民族固有的品格，而且是随着实践发展和时代进步不断砥砺的结果。精神内涵的锤炼升华，离不开社会实践的进步。在特大地震灾害面前，中华儿女同舟共济、生死与共，凝聚成一个休戚与共的命运共同体，表现出万众一心、众志成城的民族团结意识，一方有难、八方支援的民族奉献精神，以人为本、珍爱生命的民族价值观，临危不惧、百折不挠的民族英雄气概，顾全大局、公而忘私的民族高尚情操，自力更生、艰苦奋斗的民族自强品格，形成了凝聚人心、团结奋斗的强大精神支柱，成为新世纪新阶段社会核心价值体系建设的又一次生动实践。抗震救灾精神，再次让世界看到了中华民族的凝聚力，看到了改革开放以来中国人民精神世界的巨大变化，看到了我们党和政府民主、开放、文明、进步、透明、负责的良好形象，看到了当代中国的崭新面貌。

2008年10月8日，中共中央、国务院、中央军委在北京人民大会堂隆重举行全国抗震救灾总结表彰大会。胡锦涛同志在会上指出，我国发生了震惊世界的四川汶川特大地震，受灾地区人民生命财产和经济社会发展蒙受了巨大损失。坚决战胜这场灾害，保护人民生命财产安全、保卫改革开放和社会主义现代化建设成果，是对中国人民意志、勇气、力量的严峻考验，也是对我们党执政能力和先进性的重大检验。在党中央、国务院和中央军委的坚强领导下，全党全军全国各族人民众志成城、迎难而上，迅速展开气壮山河的抗震救灾工作，奋勇夺取抗震救灾斗争的重大胜利，谱写了感天动地的英雄凯歌。胡锦涛同志总结道：“在波澜壮阔的抗震救灾斗争中，我们用理想凝聚力量、用信念铸就坚强、用真情凝结关爱，大力培育和弘扬了万众一心、众志成城，不畏艰险、百折不挠，以人为本、尊重科学的伟大抗震救灾精神。伟大抗震救灾精神，是党和人民极为宝贵的精神财富。我们要在全党全社会大力弘扬伟大抗震救灾精神，使之转化为艰苦奋斗、重建家园的坚定意志，转化为推动经济社会又好又快发展的强大力量。”

四、结语

在五千多年的文明中，中华民族形成了以爱国主义为核心的团结统一、爱好和平、勤劳勇敢、自强不息的伟大民族精神。在改革开放新时期，中华民族又形成了勇于改革、敢于创新的时代精神。这一民族精神和时代精神，包括了天下兴亡、匹夫有责，富贵不淫、贫贱不移、威武不屈，先天下之忧而忧、后天下之乐而乐等民族优良传统；包括了我们党领导人民在长期革命斗争中形成的井冈山精神、长征精神、延安精神、西柏坡精神等优良传统；包括了在社会主义建设时期形成的大庆精神、雷锋精神、“两弹一星”精神等优良传统；包括了在改革开放新时期形成的“64字创业精神”、九八抗洪精神、抗击“非典”精神、航天精神、青藏铁路精神等优良传统。这一民族精神和时代精神，是中华民族五千多年来生生不息、发展壮大的强大精神动力，也是中国人民在未来的岁月里薪火相传、继往开来的强大精神动力。

伟大的抗震救灾精神的铸就，对社会主义核心价值体系建设是一次强有力的推进。抗震救灾斗争让人们进一步坚定了对中国共产党的无比信任，进一步夯实了走中国特色社会主义道路的共同思想基础，进一步弘扬了以爱国主义为核心的民族精神，进一步体现了社会主义价值观。在抗震救灾和灾后重建中，涌现出一批又一批的英雄人物，他们视人民利益高于一切，为人民利益而奉献一切；在抗震救灾和灾后重建中，产生了一个又一个感人的故事，充分体现了社会主义核心价值体系孕育出的崇高境界和美丽心灵。伟大的抗震救灾精神生动体现了社会主义核心价值体系的重要内容，对推动社会主义核心价值体系建设必将产生重大而深远的影响。

弹指一挥间，汶川地震灾区走过十年的艰苦重建，已经发生了翻天覆地的巨变。大地震带来了大破坏，大破坏带来了大建设，大建设更加彰显了社会主义核心价值体系的伟大作用。灾区人民的生活水平和地方经济社会建设，普遍得到了三十年甚至五十年的加速提高和发展。2018年2月12日上午，习近平总书记前往汶川县映秀镇考察。在漩口中学遗址，他向汶川特大地震罹难同胞和在抗震救灾中捐躯的英雄敬献花篮、三鞠躬，并叮嘱一定要把地震遗址保护好，使其成为重要的爱国主义教育基地。伟大的抗震救灾精神，已经成为社会主义核心价值体系的重要组成部分；汶川的灾后重生，也成为社会主义核心价值体系的载体和实例。在这片灾难中新生和崛起的热土上，必将开出更加美丽的花朵。

（作者徐平，中共中央党校文史部二级教授、博士生导师，中共中央党校创新工程“现代化进程中的城乡社会文化重建”首席专家）

江源地区在中华民族多元一体格局中的地位与作用

蒋建华　袁晓文

在明代徐霞客以前，古人一直将岷江视为长江正源，故目前学术界一般认为江源即指岷江上游地区。如姚德华先生在《岷江上游的古羌文化与江源文明》中指出："江源是指长江的源头，我国在明代之前认为长江的发源地是在岷江，因而江源文明，其实就是岷江文明。岷江发源今松潘和九寨沟县交界的弓杆岭。弓杆岭至都江堰是岷江上游，都江堰至乐山为岷江中游，乐山至宜宾则为岷江下游。这里说的古羌文化与江源文明，是指岷江上游的文化。"[①]陈剑研究员也认为："江源实为岷源，江源文明中的江源实际指岷江之源……江源文明所涵盖地区主要指都江堰以上的上游地区。"[②]笔者认为，古人对于江源在自然地理上是一个区域的概念甚为模糊，青衣江流域及嘉陵江上游虽不属于岷江上游，但从地缘、历史及文化看，却与岷江上游关联密切。故从学术研究角度看，本文将都江堰以上由岷山山脉及其间河流共同构成的区域包括在江源概念之内。

"中华民族多元一体格局"是著名学者费孝通先生于20世纪80年代提出的一个重要学术概念。费先生指出，中华民族虽然是近百年来中国和西方列强对

① 姚德华:《岷江上游的古羌文化与江源文明》，刘俊林主编:《江源文明——大禹文化与江源文明学术研讨会论文集》，四川省大禹文化研究委员会，2006年。

② 陈剑:《江源地区新石器文化的序列与黄河上游新石器文化南传的阶段性》，刘俊林主编《江源文明——大禹文化与江源文明学术研讨会论文集》，四川省大禹文化研究委员会，2006年。

抗中出现的一个自觉的民族实体，但其形成却是自远古至今在中华民族所在生存空间内各民族单位密切交往、联系、互动、交融的动态过程①。从民族文化心理上看，江源区域在古代被认为是长江正源所出，这里曾是华夏始祖黄帝的子嗣特别是大禹的生息繁衍之地。从考古学资料看，本区域自旧石器时代开始便一直有人类活动，独立发育的本土文化与外来文化有着互动与影响，并诞生了茂县营盘山这样的有着较高文明程度的大型聚落中心。从民族交往上看，这里不仅是西南与西北间民族频繁迁徙往来的重要通道，同时也是汉藏文明交流的重要接点。即使在当前，本区域也因其作为世界文化遗产所在地以及羌族文化的集中分布区而闻名于世。因此，江源地区无疑在中华民族多元一体格局中占据着重要位置，考察其在该格局中的地位与作用可以深化我们对江源文明内涵及其价值的理解与把握。

自汉代以来，史书中一直就记载有“禹兴于西羌”或“禹出于西羌”的传说，学界历来对其进行过诸多考证。考古学家、历史学家李学勤先生在《禹生石纽说的历史背景》中提出“禹生于西羌，是一个极富于启示性的传说”，“它反映着古代的历史实际，相信考古学和文献学、民族学的发展，会使这一传说得到进一步的阐明”。历史学家、巴蜀文化学家谭继和先生也认为“‘禹兴西羌’，虽是传说，它也确有真实的历史内核和历史的影子”②。我们知道，大禹是洪荒时代治理水患的英雄，其子启是我国第一个王朝——夏的开创者，他在华夏文明史上自然是一个标志性的人物，故其出生地域在古代文明格局中占据举足轻重的地位是不言而喻的。过去关于“禹兴于西羌”或“禹出于西羌”传说的探讨主要集中在这两个方面：一是禹的族属，一是禹的出生地点石纽究竟位于何处？其实，大禹所生活的时代显然并未进行过系统的民族识别工作，所谓的“华”“夷”及四方概念应形成于“中原”意识之后，故“禹出于西羌”的概念当为后人附会之说。此外，禹生石纽的说法见于汉代以后的蜀地史家，说明这是一个相当晚期的认识，且神话传说愈具体、逻辑性愈强就越远离历史真实，这一点已是当今学术界的共识。

依笔者之见，“禹兴于西羌”或“禹出于西羌”传说的原意是要透露这样一条重要信息，即江源乃是大禹诞生并生息发展之地。《史记·五帝本纪》记：

① 费孝通:《中华民族多元一体格局》，北京：中央民族学院出版社，1989年版，第1—2页。

② 谭继和:《禹生石纽简论》，《阿坝师范高等专科学校学报》，2008年第1期。

“黄帝居轩辕之丘，而娶于西陵之女，是为嫘祖。嫘祖为黄帝正妃，生二子，其后皆有天下：其一曰玄嚣，是为青阳，青阳降居江水；其二曰昌意，降居若水。昌意娶蜀山氏女，曰昌仆，生高阳，高阳有圣德焉。黄帝崩，葬桥山。其孙昌意之子高阳立，是为帝颛顼也。”《夏本纪》曰：“夏禹，名曰文命。颛顼之父曰昌意，昌意之父曰黄帝。禹者，黄帝之玄孙而帝颛顼之孙也。禹之曾大父昌意及父鲧皆不得在帝位，为人臣。”一般认为，青阳所居“江水”即指岷江，昌意所居“若水”指雅砻江。史载昌意所娶为“蜀山氏女”，而古蜀传说亦认为蜀的源头在岷江上游地区，从西南许多民族从母居的习俗看，今岷江上游是昌意及其子孙重要的生活空间是毋庸置疑的。据此我们可以认为，今江源一带应该是大禹诞生及早期活动的重要地域。只不过秦汉一统、“中原”意识形成后，以中原为坐标原点，江源地区自然是作为“西夷”或“西羌”之地见载于史籍，自然就演绎了“禹兴于西羌”或“禹出于西羌”的认识。

禹既然是诞生并最初主要生活在江源地区，那么江源就应该是华夏文明的重要源头之一，考古发掘材料也证明了该区域在古代已发育到相当高的文明程度。1989年，北川羌族自治县甘溪乡甘龙洞裂隙发现一批化石材料，经鉴定其中有1枚人类左下侧门齿化石，为晚期智人类型的青少年个体，距今约1万至2万年[①]。2005年8月10日至9月15日，考古工作者对位于甘龙洞东北约300米的桂溪乡烟云洞进行发掘，共清理出旧石器时代96枚动物牙齿或骨骼化石、各类打制石器以及火塘、灰坑等。研究对比表明，该遗址的年代约距今2万至3万年。[②]据现有考古学材料，江源发掘的新石器时代遗址已达30余处[③]，其中较具代表性的有营盘山遗址、姜维城遗址、箭山寨遗址、阿尔村遗址、沙乌都遗

① 叶茂林：《四川北川县发现古人类牙齿化石》，《人类学学报》，1991年第3期；叶茂林、邓天富：《记北川县采集的化石材料》，《四川文物》，1993年第6期。石硕：《从旧石器晚期文化遗存看黄河流域人群向川西高原的迁徙》，《西藏研究》，2004年第2期。

② 四川省文物考古研究院、绵阳市博物馆、北川县文物管理所：《四川北川县烟云洞旧石器时代遗址发掘简报》，《四川文物》，2006年第6期。

③ 徐学书：《岷江上游新石器时代文化的初步研究》，《考古》，1995年第5期；江章华：《岷江上游新石器时代遗存新发现的几点思考》，《四川文物》，2004第6期；陈卫东、王天佑：《浅议岷江上游新石器时代文化》，《四川文物》，2004年第6期；陈剑：《四川盆地西北缘龙山时代考古新发现述析》，《中华文化论坛》，2007年第2期。

址、西波遗址等[①]。这些遗址大多位于山前二级台地上，且文化层堆积较厚，说明人群活动持续时间较长。其中既有本土独立发展起来的文化（如沙乌都遗址），也可见马家窑彩陶文化的影响。此外，营盘山遗址展现了古代大型的聚落布局，反映出当时较高的文明程度。自新石器时代至秦汉时期，岷江上游地区流行着一种以石为棺的葬式，从茂县牟托一号石棺墓出土文物看，当地的文化发育已达到相当高的水平。此外，据考古学家童恩正先生研究，江源区域正位于我国半月形文化传播带的中间区域[②]。

江源地区在中华民族多元一体格局中拥有着重要的地缘位置。江源地区北接甘青、南接巴蜀、西靠青藏、东邻中原，其周边在古代先后兴起有仰韶文化、马家窑文化、三星堆文化、大地湾文化。因此，该区域在先秦时期不仅是多个文明圈之间交流互动的一个重要枢纽，也是长江流域与黄河流域古代文明互动的重要通道[③]。《竹书纪年》卷下记："（显王）八年，入河水于圃田，又为大沟而引圃水。瑕阳人自秦导岷山青衣水来归。"《史记·苏秦列传》记："蜀地之甲，乘船浮于汶，乘夏水而下江，五日而至郢。"此史料表明岷江上游在古代曾是一条重要的交通枢纽。史载先秦至两汉时期，古羌人曾利用岷江通道附落南下。魏晋南北朝时期，在南北对峙"丝绸之路"中断的情形下，"岷江道"曾一度承担了沟通中西文化交流的通道功能。[④]至唐，兴起于雅隆河谷的吐蕃与唐王朝在江源地区曾展开激烈的军事冲突，与其相伴而来的是唐蕃文化在此地的交往、

---

① 陈剑：《波西、营盘山及沙乌都——浅析岷江上游新石器文化演变的阶段性》，《考古与文物》，2007年第10期；成都市文物考古研究所、阿坝藏族羌族自治州文管所等：《四川茂县营盘山遗址试掘报告》，成都市文物考古研究所编：《成都考古发现2000》，北京：科学出版社，2002年版，第1—77页；四川大学历史系考古教研组：《四川理县汶川县考古调查简报》，《考古》，1965年第10期；徐学书：《岷江上游新石器时代文化的初步研究》，《考古》，1995年第5期；徐学书：《岷江上游新石器时代文化的初步研究》，《考古》，1995年第5期。

② 童恩正：《试论我国从东北至西南的边地半月形文化传播带》，《文物与考古论集》，北京：文物出版社，1987年版。

③ 陈剑研究员曾在发掘营盘山遗址后指出："营盘山文化发展的趋势展现了岷江上游新石器时代文化演进中的本土化历程，它是黄河文明与长江文明相互交流融合的产物，是华夏文明的重要组成部分，在中华文明起源及早期发展的历史进程中占据较为独特的重要地位。"这是非常富有睿见的观点。

④ 陈东：《3—6世纪胡人入据岷江上游及对岷江道的开拓》，《贵州民族研究》，2007年第3期。

交流、碰撞与融合，自此以后江源地区成为来自中原的汉地文化与藏传佛教文化交流互动的重要平台。宋以来茶马贸易的兴盛以及明清时期汉、回等民族的商人利用江源河谷通道发展汉藏民间贸易。在新中国建立以前，江源地区在历史上也一直是北方游牧文化圈、藏传佛教文化圈、中原汉地文明圈以及西南少数民族文化圈等辐射的联结区域。

从历史上的民族互动看，江源地区也是多民族交往交流、互动频繁、迁徙往来的重要通道。据史籍记载，秦汉时期该区域活动着以“夷”为代表的冉駹以及以“氐”为代表的白马，至东汉魏晋时期，岷江上游已呈现“六夷、七羌、九氐”混居的民族格局。南北朝时期，来自北方草原以游牧为业的“胡”系民族南下入据江源地区，而入蜀的僚人势力也拓展到该区域。在隋以前，该区域的民族互动主要是南北向的民族互动。但到了唐初吐蕃势力东渐，以东女为代表的“西山八国”被迫东迁进入岷江上游，唐蕃之间在政治、经济、文化、军事上的交流互动即东西向的汉藏民族交流、互动逐渐占据主流。明清时期，汉、回等民族因避战乱或发展商贸而在江源地区逐步发展，遂形成了“北藏南羌”以及汉、回等民族居河谷城镇的多民族分布格局。

根据前人相关研究及文献学、考古学材料，江源地区在古代的重要地缘地位可概括为以下五个方面：

一是中国半月形文化传播带上的重要节点；二是第三阶梯向第二阶梯的缓冲区域以及中国农牧文化的交接区域；三是多个文明圈辐射的联结区域；四是西南与西北间各民族交往交流交融、族群互动、频繁迁徙往来的重要孔道；五是汉藏文明的过渡与交汇地带。

清代中后叶至民国，江源地区的藏、羌等少数民族参加了抗击廓尔喀入侵以及抗击英、日等帝国主义入侵的壮举。长征时期，江源地区是工农红军北上抗日、夺取长征胜利的关键区域。中华人民共和国成立以后，这一区域建立了藏族自治州（后更名为藏族羌族自治州）、羌族自治县以及羌族民族乡、回族民族乡，成为全国最大的羌族聚居区。2008年5月12日，汶川特大地震引起了全世界目光的关注，其中破坏最严重、损伤最大的恰恰正是江源地区。那一刻，江源地区成为中华民族多元一体格局中最受关注的一元，不同国家、不同籍贯、不同信仰、不同民族以及不同年龄、职业、性别的爱心人士展开了空前的救援与互助，演绎了人间的患难真情与大爱无疆。灾后重建十年已经完成，江源地区完全以崭新的面貌呈现给了世人。

笔者以为，在当前乃至今后，江源区域也以拥有以下因素继续在中华民族多元一体格局中发挥重要作用：一是都江堰、青城山、九寨、黄龙等世界文化遗产所在地，以及各题材的灾难、地震遗址博物馆；二是内地前往藏区的桥头堡，汉藏文明的重要枢纽以及交流互动的窗口与平台；三是羌文化生态保护区。因此，江源地区未来在高品质自然与人文资源旅游、跨阶梯交通以及民族文化生态保护等方面必将发挥着越来越大的作用。

（作者蒋建华，成都理工大学传播科学与艺术学院讲师；作者袁晓文，四川省民族研究所所长、研究员、博士）

论地方志资料在抗击自然灾害中的价值

黄辛建

自古以来，我国就是一个自然灾害频发的国家。地方志资料，作为我国历史文化延续的独有载体，对历史上各地发生的自然灾害有较为详实和全面的记载。我们应当充分重视和全面挖掘地方志资料在抗击自然灾害中的价值，真正发挥地方志资料在防灾减灾、抗灾、救灾和灾后重建工作中的重要作用。以四川为例，在最近10年里，已经连续发生了汶川8.0级特大地震、雅安芦山7.0级地震、九寨沟7.0级地震等数次严重的地震灾害。因此，怎样防灾、避灾、减灾和抗灾成了今天人们生活中不可避免的话题。地方志资料作为我国历史文化延续的独有载体，有其独特的传承体系和独特的史料系统，是各地历史文化与社会发展延续的百科全书，值得我们学习、总结、借鉴和传承。在汶川特大地震10周年来临之际，本文拟对此问题做一分析和探讨，希望通过这一研究对抗击自然灾害有所裨益。

一、地方志资料对自然灾害的记载

我国历朝历代盛世无不修志，初步估算，在我国10万余种古代典籍中，地方志就占近1/10，约9 000多种，而且数量还在不断增长。据1985年出版的《中国地方志联合目录》统计，我国现存、编纂于新中国成立前的地方志达8 264种，共计11万卷以上。[①]这些地方志资料中记载自然灾害的门、目很多，数量很大，大凡在建置沿革、城池衙署、桥梁津渡、田赋食货、庙宇寺观、园

① 周迅：《中国的地方志》，北京：商务印书馆，1991年版。

林宅第、职官宦绩、人物古迹、灾异杂记、艺文金石诸门，目中都有出现。

尤其是在灾异（或称“祥异”“灾祥”）这一部分，地方志资料的编撰者系统而集中地记载了从古到今的自然灾害史料。不过，由于旧时人们对地震等自然灾害认识不足，还无法解释许多自然灾害的成因，往往在旧志中将自然灾害看作“奇事”“怪事”“异事”进行著录。

表1 广东省地震史料记载统计表（288—1949年）[①] （单位：件）

<table>
<tr><th colspan="2">历史时期
文献数量</th><th>晋</th><th>宋</th><th>元</th><th>明</th><th>清</th><th>近代</th><th>小计</th><th>注</th></tr>
<tr><td colspan="2">正　史</td><td>2</td><td>2</td><td>2</td><td>4</td><td>7</td><td></td><td>17</td><td rowspan="10">本表包括粤琼二省</td></tr>
<tr><td colspan="2">实　录</td><td></td><td></td><td></td><td>56</td><td>3</td><td></td><td>59</td></tr>
<tr><td rowspan="4">地方志</td><td>通　志</td><td></td><td>1</td><td></td><td>24</td><td></td><td></td><td>25</td></tr>
<tr><td>府　志</td><td></td><td>1</td><td></td><td>47</td><td>58</td><td></td><td>106</td></tr>
<tr><td>州县志</td><td></td><td></td><td></td><td>263</td><td>414</td><td>23</td><td>700</td></tr>
<tr><td>乡　志</td><td></td><td></td><td></td><td>7</td><td>38</td><td></td><td>45</td></tr>
<tr><td colspan="2">报　纸</td><td></td><td></td><td></td><td></td><td>14</td><td>36</td><td>50</td></tr>
<tr><td colspan="2">调查报告</td><td></td><td></td><td></td><td></td><td></td><td>4</td><td>4</td></tr>
<tr><td colspan="2">其　他</td><td></td><td>1</td><td></td><td></td><td></td><td>6</td><td>7</td></tr>
<tr><td colspan="2">合　计</td><td>2</td><td>5</td><td>2</td><td>401</td><td>534</td><td>69</td><td>1 013</td></tr>
</table>

新中国成立后，我国的修志工作在各地迅速开展，不论是修志地区的广泛性和普遍性，还是地方志内容的丰富性和深刻性，都是历史上任何一代的修志所不能比拟的。新地方志资料非常注重对自然灾害的记载，许多地区还大量编撰了专门的自然灾害类地方志资料，在记载内容上对旧地方志资料加以批判地继承，充分体现了新观点、新方法，具有科学性和时代性。

如《抚顺市志》（气候、气象灾害），就完整地叙述了抚顺的历史与现状，资料系统、翔实，对有关天气、气候条件和气象灾害记载全面。[②]于2002年12月出版的《新疆通志》就专设《地震志》，系统记述了新疆境内公元1600年到2000年发生的重大、重要地震事件和地震灾害，不仅是新疆有史以来第一部全

① 姚梅尹：《关于方志中历史地震研究的若干问题》，《东北地震研究》，1991年第1期。

② 抚勤：《〈抚顺市志〉（气候、气象灾害）通过评审》，《气候与环境学》，1992年第2期。

面、系统、详细记述地震和新疆各族人民与地震灾害斗争的专业性史书，而且也是几十年辛勤战斗在新疆地震战线上的各族地震工作者的真实写照。[①] 2008年汶川特大地震后，国家、四川省及一些地方政府就先后出版编撰了《汶川特大地震抗震救灾志》《汶川特大地震四川抗震救灾志》《汶川特大地震甘肃抗震救灾志》《汶川特大地震阿坝州抗震救灾志》《汶川特大地震绵阳抗震救灾志》等一系列抗震救灾和灾后重建方面的地方志资料。

二、地方志资料在抗击自然灾害中的价值

在浩如烟海的地方志资料中，保存着极为丰富的自然灾害史料，对认识和了解各地自然灾害状况、把握自然灾害发展规律，研究不同历史时期自然灾害在空间上的分布和时间上的变化规律及相关现象间联系，防灾减灾，趋利避害，指导抗灾救灾和灾后重建工作，具有无可比拟的价值。

（一）地方志资料中对自然灾害的详尽记载，是了解各地自然灾害情况的第一手资料

地方志资料对自然灾害记载，既有时间、地点，又有具体情景的描述，即使在相距久远的今天，仍然可以根据各地地方志资料的详细记录，全面了解和把握当时自然灾害的总体情况。如，1815年10月22日山西平陆发生的6级地震，《虞乡县志》记载道："乡老有识者谓淫雨后天大热，宜防地震"，"牛马仰首、鸡犬声乱，即震，验也"。"鸡敛翅贴地，犬缩尾吠声怪诞至人情震怖"。"有声逾迅雷""有井水溢出者"。"弥月后或日一震，或数日一震，今犹每年数震"。[②]而且，一次大的自然灾害，波及的各处地方志资料也往往都有记载，如同当时派出了许多观察员在各地同时观察记录。乾隆五十一年（1786）四川"五月初六日地大震"，《天全州志》记载到："磨西面（今在泸定县境）山嘴崩陷，将大河（即大渡河）塞断十日，水淹至泸定桥。""一连十日皆震，至十五日复大震，冷碛（今泸定县冷碛镇）停水忽决，势如山倒，沿河民居一扫俱

① 庄茂良：《〈新疆通志·地震志〉正式出版》，《内陆地震》，2003年第1期。

② 齐书勤：《中国历史文献中地震科学的某些成就及其特点》，《山西地震》，1986年第2期。

尽。”[①]地处下游的乐山先后记到：“一日一夜至嘉定府（今乐山），祟朝而至，涛头高数十丈，如山行然，漂没居民以万计”。[②]“十六日，府城东门城上观水人众，墙崩，落江者不计其数。”[③]

因此，历史上流传下来的地方志资料中对自然灾害的翔实记载，为我们认识和把握各地自然灾害，了解各地自然灾害发生、发展的总体情况提供了第一手资料。

（二）地方志资料中有关自然灾害的记载，是认识自然灾害现象，把握自然灾害发展规律，防灾减灾、趋利避害的基础性工具

各地地方志资料对自然灾害现象的描述非常详尽。如中国较早的地方志，宋朝罗愿编纂的安徽《新安志》就记下了1100年2月黄山附近地震的地下水异常，称：黄山“第四峰下有泉沸如汤，出香溪中，号朱砂汤”。“元符三年正月休宁、太平县民三人来浴，凌晨水变，赤如流丹，‘惊相视，不敢发言。顷之，地势倾动，波沸涌、声如雷，屋舍皆震”，这不仅写了黄山的水异，同时描述了地震前水的化学变化。[④]再如《隆德县志》《银川小志》等地方志资料对地震前地下水、气象、地声、地光、动物异常等各种地震前兆现象进行了精辟的总结。

地方志资料对本地区自然灾害的记载还具有连续性。如乾隆《平阳府志》就记有本地的地震史料一百〇一条，几乎册册有记，卷卷俱载。[⑤]在四川，据不完全统计，自汉成帝河平三年（前26）至1949年，地方志资料共记录四川内陆地震的资料569条之多。[⑥]地方志资料中也记有前人对自然灾害现象的独特见解，如“水出地动”（公元前7年陕甘晋大震）、“水变赤如流丹”（1100年安徽歙县地震）、“一夜有火光，地乃震”（293年成都地震）、“有声如雷，声止地震”（474年山西地震），等等。

---

① 《天全州志》卷八。

② 同治三年《嘉定府志》卷四十七。

③ 《乐山县志》卷十二。

④ 齐书勤：《中国历史文献中地震科学的某些成就及其特点》，《山西地震》，1986年第2期。

⑤ 同上。

⑥ 四川省地方志编纂委员会编：《四川省志·地震志》，成都：四川人民出版社，1998年版，第45—46页；四川省水利电力厅编：《四川省水利志（内部资料）（第六卷）》，1989年。

这些宝贵的原始资料为我们追溯、探讨和了解我国自然灾害活动的历史、现状和未来提供了系统、全面的宝贵资料，对开展防灾减灾、抗灾救灾工作具有重要的科学意义和使用价值。

（三）地方志资料中关于自然灾害的记载，能够指导我们的抗灾救灾和灾后重建工作

在地方志资料中，对于人们在自然灾害中遭受的创伤有较多记载，“饥”“大饥”“人多逃亡”“十室九空”“饿殍遍野”“人自相食”等词在旧地方志资料中较为常见。而且，地方志资料也非常注重对抗击自然灾害中的惨痛教训的记载。如《陇县志》记载，在陕西陇县1974、1975、1976、1978年雹灾发生时，该县用土炮、空炸炮、土火箭防雹时，发生事故21起，死5人，伤26人；1975年春，根据山西省地震测报机构的通知，预报可能发生4—6级地震，陇县“盲目向外疏散，影响了生产”，结果当时并未发生破坏性地震。[①]

地方志资料中也有人们在抗灾救灾、灾后重建中积累的丰富经验和成功举措，这些能够指导我们的防灾抗灾和灾后重建工作，有的举措和方法甚至可以直接加以利用。1668年山东大震时，古人总结出“大抵床之下，门户之侧，皆可赖以免”、“卒然闻变，不可疾出，伏而待定，纵可覆巢，可冀完卵也”避震、防震等经验。[②]1739年1月3日平罗、银川发生8级大地震，“地如奋跃，土皆坟起”。《银川小志》的作者汪绎辰，多次调查访问亲历这次大震的“刘姓老火夫并二三故老”，详细地记录了这次大地震的灾难，总结出宁夏人民预防地震的经验：“每岁小动，民习以为常，大约春冬二季居多。如井水忽浑浊、炮声散长、群犬围吠，即防此患，秋多雨水，冬时未有不震者。”

《隆德县志》亦载有“地震之兆”的归纳总结：井水忽浑如墨汁，泥渣上浮，池沼之水无端泡沫上腾；海面无风忽然波涛汹涌，夜半昏暗无光忽然闪光，天晴暖忽见黑云如缕，横亘空际久而不散，盛夏酷热挥汗如雨，忽然清凉冷气袭人。

清康熙三十四年四月初六（1695年5月18日），山西临汾附近发生8级地

① 郭鹏：《人与灾害抗争的实录——读〈陇县志·自然灾害〉》，《中国地方志》，1995年第3期。

② 卢振恒：《编纂具有中国特色的地方地震志》，《国际地震动态》，1989年第7期。

震。乾隆《平阳府志・宦绩》就记载了时任平阳府（今临汾市）知府王辅，采取加强法治以安定社会，处理伤亡以消除影响，招徕他乡人员占田地恢复生产以发展经济等抗震救灾的政策和措施。[①]

《陇县志》则直接把灾害记述重点放在总结灾害规律上，如记述各类灾害的周期、最大值，各季、各月灾害发生状况，各类灾害对不同农时季节的影响，对农作物的危害等，这些带规律性的总结，使后人能更准确地把握自然灾害最易发生的节令、强度、时间，从而有计划、有针对性地开展生产，趋利避害，这也就是让地方志资料更好地发挥资治功能。台湾是中国也是世界上著名的多震区，工程抗震颇有特色，据嘉庆《台湾县志》记载，安平镇赤崁楼，“以糖水糯米汁捣蜃灰叠砖为垣”，“频年地震，屋宇倾尽”，“惟周垣坚好如故”。[②]

三、一些认识

地方志以大量翔实的第一手史料，记载了历史上各地发生的自然灾害，反映了各地人民千百年来与自然灾害抗争的历程和英雄壮举，有宝贵的经验，也有惨痛的教训，是我国抗击自然灾害史的真实重现，是本地区自然灾害和抗击自然灾害的百科全书。人们很早就开始挖掘地方志资料在抗击自然灾害中的价值，纷纷利用地方志资料编汇自然灾害文集。

如西藏自治区和中国科学院在1985年就专门组织翻译和编写了西藏地方历史档案丛书《灾异志》，包含“雪灾篇”“地震篇”“水灾篇”“雹霜虫灾篇”等。四川省内江市1981年遇到百年不遇的特大洪灾，当地政府专门研究了以方志为主的历史上的洪灾记录，决定调整市政建设的布局，改变了沿江建设的方案。国际知名地理学家陈正祥还统计各地地方志记载的雹神庙、祭祀蝗虫的八蜡庙、祭祀驱蝗神的刘猛将军庙，从它们的位置和数量来研究我国雹灾、蝗灾的分布地区和分布规律。[③]

在自然灾害文集汇编方面，《古今图书集成》首开采撷地方志内容对自然

---

① 齐书勤：《中国历史文献中地震科学的某些成就及其特点》，《山西地震》，1986年第2期。

② 上同。

③ 周迅：《中国的地方志》，北京：商务印书馆，1991年版。

灾害进行记载的先河，该书所载明朝地震史料180则，就采用了17种省志，5种府州县志有关史料。法国传教士黄伯禄于1909年在上海出版的《中国地震志》所引的各种方志就达400余种。[①]新中国成立之初编成的《中国地震资料年表》，利用了5 600余种方志。由周恩来总理主持整编的自1470年至1979年间全国近500年约200万字旱涝史料，其来源同样包括大量的府县志。中国科学院地理研究所张王远教授整理的气候资料，所依据的史料包括内地所存各地方志外，还补充了包括散藏于中国台湾及美国国会图书馆的近1 000种方志。[②]中国人民大学李文海教授于1985年牵头成立的“近代中国灾荒研究”课题组编写了《近代中国灾荒纪年》和《近代中国灾荒纪年续编》，同样查阅了大量地方地方志资料。

不过，我们也应该看到，地方志中有关自然灾害的记载还存在较多缺憾。如，由于科学水平和时代因素的限制，旧地方志中还充斥着大量的迷信思想和封建思想；大量地方志特别是旧地方志资料，主要侧重于自然灾害发生时间、地点等事件的一般性描述，过于宣扬抗击自然灾害的功绩，缺乏对抗击自然灾害经验教训的归纳总结，对防灾、减灾、抗灾、救灾和灾后重建中采取的措施和措施施行效果等的记载相对薄弱。因此，要充分发挥地方志在抗击自然灾害中的作用，需要批判地继承以往地方志资料在自然灾害上的优缺点，积极科学地做好地方志对自然灾害的记载传承工作，在地方志中注重对防灾减灾、抗灾救灾和灾后重建工作的总结和录载，尤其是对教训的反思、措施和经验的归纳，深层次发挥地方志资料在防灾减灾、抗灾救灾和灾后重建中的指导功能，从而增强人们抵御自然灾害的能力，减少自然灾害带来的损失，不但发挥地方志资料的存史功能，更发挥其资世、治世、警世作用。

（作者黄辛建，四川省民族研究所副研究员、四川大学与四川省社会科学院在站博士后）

---

① 贺树德:《略论地方志中地震史料之价值》,《北京历史与现实研究学术研讨会论文集》。

② 汪志国:《20世纪以来安徽自然灾害史研究综述》,《池州师范高等专科学校学报》2006年第1期。

关于在汶川建设“中国抗灾重建民族精神纪念碑”的思考

徐学书

习近平总书记在中共十九大报告中，强调筑牢中华民族共同体意识、弘扬民族精神，奋力实现中华民族伟大复兴中国梦。习近平总书记指出“民族精神”是“中国精神”的核心、凝聚中华民族的重要力量和国家软实力。“抗灾重建精神”是中华民族精神的核心内容之一，也是具有普世价值的人类伟大精神。在当今世界各种自然灾害日益频繁的背景下，弘扬抗灾重建精神对我国和其他国家面对未来灾害具有重大意义。弘扬抗灾重建精神，需要物化的载体承载其精神并加以传播，建设纪念碑是行之有效的重要方式。我国历史上的国家、民族、民族精神形成，与肇始于汶川的“大禹治水”抗灾重建紧密联系；当代凝聚和彰显中华民族精神极具标志性意义的事件“5・12”汶川特大地震抗灾重建，又是肇始于汶川。“治水抗震，古今汶川”的历史定位，使汶川成为承载中华民族精神的代表性标志地。值此纪念“5・12”汶川地震抗灾重建十周年之际，笔者建议在汶川建设“中国抗灾重建民族精神纪念碑”。

一、汶川是大禹治水暨中华民族精神形成的肇始标志地

传说中的“大禹治水”，为我国历史文化认同中首次凝聚“天下万国”各酋邦、部落共同抗击特大自然灾害重建家园的重大历史事件，是历史文化认同中我国多民族国家形成的标志性事件，从现代“国家民族”（国族）视角看也是

我国历史上第一个国族“夏民族”形成的标志性事件。“大禹治水精神”在我国历史上被历代视为人文精神的重要象征，大禹也因此被后世奉为最伟大的“圣王”和人文精神楷模、“家天下”世袭制国家的开创者。大禹治水首倡的尊重自然、因势利导的思想，为人类历史上处理人与自然关系最伟大的思想，对当今世界亦具有广泛而重要的科学与文化意义。对大禹治水和大禹的认同，是关系我国的国家、民族和中华文化认同的重大文化认同。以往的历史文献记载中，关于大禹治水只有“导河积石”“岷山导江”等具体水系疏导起始地、治水功成后与“诸侯”在长江下游的涂山举行“会盟”庆功的记载，无整个治水工程始于何时何地、如何组织开展治水的记载，故现代史学界虽将“大禹治水”视为我国历史文化认同中基于酋邦和部落联盟的第一个国家王朝“夏朝”的奠基性事件、视大禹为夏朝的奠基人或开创者，却未明确“大禹治水”是否一开始就存在统一指挥的政治联盟、联盟于何时何地结成、自何处开始治水等重大问题，即未能明确夏国家作为因抗灾重建而结成的统一政治联盟的形成时间和空间坐标点。根据2004年三峡考古发现的东汉《景云碑》碑文结合文献记载，汉代历史文化认同中“大禹治水”政治联盟的形成暨治水工程肇始地在汶川，汶川堪称我国国家、民族及以“大禹治水精神”为核心的中华民族精神标志地。

《尚书·禹贡》记载大禹治水于“岷山导江”，汉唐文献记载大禹故里在“江源岷山”的石纽山。2004年，三峡地区云阳县考古发现的东汉《景云碑》，在追述先人事迹时记述了一次同大禹密切相关的重大历史事件“汶川之会”，为重新认识“岷山导江”在大禹治水中的重大意义提供了重要依据。碑文追述其先人事迹时称：“先人伯沇，匪志慷慨，术禹石纽，汶川之会。”魏启鹏先生考证伯沇即夏王伯杼[①]。史称伯杼为大禹后世、少康之子，为夏朝中兴之王。《国语·鲁语上》记载：“杼，能帅禹者也，夏后氏报焉。”唐代韦昭注：“杼，禹后七世，少康之季子杼也，能兴夏道。”“术禹石纽”的“石纽”，应指大禹故里石纽山，西汉的扬雄在《蜀王本纪》中记载：“禹本汶山广柔人也，生于石纽”，《三国志·蜀书·秦宓传》、三国时蜀人谯周《蜀本纪》以及后来的魏晋、唐宋文献皆记载禹生江源（汶川、汶江）汶山郡“石纽山”。而“汶川之会”的

① 魏启鹏：《读三峡新出土东汉景云碑》，《四川文物》，2006年第2期。

“会”在先秦时期指“盟会”，东汉大经学家郑玄注《周礼·春官·大祝》“四曰会”时称：“会，谓会同盟誓之辞”，并引东汉大经学家郑司农言：“会，王官之伯命事于会。”根据《景云碑》文意，“先人伯沇，匪志慷慨，术禹石纽，汶川之会”，指胸怀大志的伯沇（伯杼）追寻大禹“汶川之会”事迹中兴夏王朝，从而表明大禹的“汶川之会”当为导致夏王朝始兴的重大盟会事件。结合大禹治水的历史记载，“汶川之会”应为大禹治水开始时在其家乡石纽与黄河、长江等“九河”流域各酋邦部落首领（诸侯）盟誓治水的会盟誓师大会，这与大禹治水功成后在涂山会盟诸侯计功正好首尾呼应。

《景云碑》记载的“汶川之会”，弥补了文献记载中大禹治水有庆功盟会而无誓师盟会、无整个治水工程最早开始的始发地及时间点等缺失，为我们找到了我国历史文化认同中第一个酋邦部落政治联盟国家王朝“夏朝”形成、作为中华民族共同体国族前身的夏朝国族“夏民族”形成、被视为中华民族人文精神象征的“大禹治水精神”形成的肇始标志点。“汶川之会”作为大禹治水肇始的会盟誓师事件，标志着由大禹领导的“天下万国”统一治水联盟正式形成，不仅表明“大禹治水”是在统一组织领导下进行的重大抗灾重建工程，也表明我国历史上第一个统一的酋邦政治联盟国家政权——“夏”的形成肇始于“汶川之会”，因而“汶川之会”为我国历史文化认同中的夏国家形成的标志性事件。只是大禹的儿子夏启，得益于大禹作为“夏”联盟最高首领在治水工程中建立起来的崇高威望，成了夏联盟首领的继任者，开始了“家天下”的世袭制国家历史。

文献记载大禹治水所涉及的“九州”江河流域各酋邦、部落，按照先秦至汉代的史料记载，包括从我国中原到西部的羌人、中原以东的夷人、南方的蛮人等族群先民的众多酋邦部落，几乎包括了现代中华民族共同体各民族的上古先民或部分先民在内。“大禹治水”为中华民族内部各族群先民首次凝聚在一起，为了安居乐业的共同政治目标和经济利益进行长期的抗灾重建奋斗，由此开始了几千年来中华民族大家庭各族群血脉相连、各族先民相互依存的民族关系，奠定了中国历代王朝处理民族关系的“协和万邦”思想的基础。中华民族各族先民作为夏朝几百年统一联盟制国家的民族大家庭成员，所形成的多元一体夏朝国族“夏族”，为现代统一多民族国家中国的多元一体国族“中华民族”的前身。因而“汶川之会”作为宣告大禹治水多元一体族群政治联盟“夏联盟”

正式结成的重大历史事件，也是中华民族前身的夏朝民族大家庭多元一体国族“夏民族”形成的起始标志事件。随着夏王朝为商王朝替代，夏民族解体，后裔分合不定，在演化中分别融入中原的华夏、北方的戎狄、西方的羌戎、南方的濮越苗蛮等族群先民中。历史上存在了数百年之久的夏国族“夏族”，作为因治水安天下的共同奋斗目标而凝聚在一起形成的国家民族共同体，开创了我国历史上历代国家政权下一体多元的多民族国家政治格局，与今日中华民族共同体“你中有我，我中有你”的各民族成员普遍存在不同程度渊源关系，是体现中华民族共同体作为国家民族在历史发展演变过程中一源多流民族渊源关系和现代一体多元民族关系格局的文化源头，为今日一体多元国族“中华民族”的前身。

大禹作为大禹治水抗灾重建的领导者，以治水之功成为我国历史上及人类历史上最伟大的治水英雄。大禹在治水过程中心怀天下、大公无私、身先士卒，带领民众不畏艰难、不屈不挠地与特大自然灾害抗争，其精神几千年来一直被视为我国民族精神的表率。大禹治水过程中体现出的“协和万邦”共克万难的民族凝聚力、顽强拼搏勇往直前的抗争精神、尊重自然因势利导的科学思想，为中华民族传承几千年的民族精神核心内涵。“汶川之会”作为大禹治水肇始暨夏政治联盟和夏民族形成的标志性事件，也是形成中华民族精神的肇始标志事件。

因此，大禹治水在其家乡石纽举行的“汶川之会”，为我国在国家、民族、民族精神形成方面具有时空坐标意义的标志性重大历史事件，汶川堪为我国国家、民族、民族精神形成的肇始标志地。

二、汶川为彰显当代中华民族精神的重要标志地

在现当代，中华民族高度凝聚在一起抗击特大自然灾害、彰显当代中华民族精神、体现科学重建思想的最具代表性的重大事件，为“5·12”汶川特大地震抗震救灾及其灾后重建。

在现当代中国，虽然经历过20世纪的“三年自然灾害”“唐山大地震”“长江抗洪抢险”等一系列重大自然灾害及灾后重建，但由于当时国家经济发展水平受限，皆未能如“5·12”汶川特大地震抗灾重建集中如此巨大的人力物力财力并取得举世公认的辉煌成就。总体来看，在整个“5·12”汶川特大地震

抗灾重建过程中，救灾和灾后重建组织有力、管理有序，物资、资金、人力和技术得到充分保障，创造了为国际社会一致赞誉的“对口援建”抗灾重建中国模式，基本实现三年完成灾后重建目标，并且灾区基础设施建设实现了跨越式发展。在抗灾重建过程中，中华民族空前地凝聚在一起互帮互助，党和政府体现出前所未有的高度的“以人为本，民生优先”责任精神；举国上下集中力量进行抗灾重建，充分体现出集中力量办大事和互帮互助克时艰的社会主义制度优越性，成为世界各国一致公认的值得借鉴学习的典范；民间社会帮扶力量首次大规模介入到抗灾重建之中，NGO组织因受到政府和社会的认同而进入全面发展阶段，“大爱无疆”“大爱无私”的“大爱精神”得到彰显弘扬；积累了大量抗灾重建的宝贵经验，成为我国、全世界现当代抗灾重建的一个重要里程碑。此次抗灾重建，汶川作为地震爆发中心地、抗震救灾和灾后重建难度最大、海内外社会关注度最高、灾后重建国际社会参与度最广、重建基础设施现代科技含量最高、获得全球灾后重建最佳范例、灾后重建成果吸引游人最多的地区，在展示现当代中国面对特大自然灾害进行抗灾重建的民族凝聚力和民族精神方面，无疑是最具代表性的标志地。

汶川特大地震抗灾重建取得了举世公认的巨大成就，其抗灾重建精神、灾区发生的巨大变化生动地展现和诠释着祖国的温暖、正确的价值取向、各族人民团结互助共同发展进步和社会主义发展道路的优越性，因而中央在灾后重建过程中将汶川地震灾区确定为我国开展爱国主义教育、社会主义核心价值体系学习教育、民族团结进步宣传教育的基地和展示中国发展模式与发展道路勃勃生机的窗口阵地的“三基地一窗口”。从长远和全球视野角度看，汶川特大地震抗灾重建，无论是对当代人还是后人，最具深刻和长远文化影响、具有全人类普世价值意义的是在此过程中所体现的“抗灾重建精神”。能够赢得世界公认的伟大文化精神，是最具现实传播影响力和长远影响力的宝贵财富。中国要赢得世界各国的文化认同、更好地凝聚全体人民，不仅需要在物质文明上得到认同，更需要在精神文明上得到认同，这就需要加强对自身具有全人类普世价值意义的文化精神的弘扬与传播。在当代，弘扬和传播汶川特大地震抗灾重建所体现的“抗灾重建精神”，是增强中国、中华民族在世界各国的文化认同和民族凝聚力的极好选择。汶川作为“5・12”特大地震抗灾重建精神的代表性承载地暨“三基地一窗口”的代表地，在展示、传播“5・12”特大地震“抗灾重建精神”方面无疑具有标志地意义。

同时，汶川自古以来就是多族群聚居区、多元文化交融区，是我国历史上体现中华民族坚韧不屈、开拓奋进、民族和睦精神的“丝绸之路”及后续的“茶马古道”由长江流域中心城市成都通往西域和藏区的主干道“岷山道”起始段的重要节点，也是当代及未来我国西部地区重要的国家中心城市成都与西部藏、羌、回等众多族群聚居区之间的出入门户地区；其历史上的藏族土司瓦寺土司为我国西部民族地区“世代忠贞”的爱国土司典范，境内聚居的藏、羌、回、汉各族人民长期和睦共处、守望相助、互通婚姻，“5・12”特大地震抗灾重建在汶川再次谱写出各族友爱互助、共同进步的新篇章。从而，汶川在抗灾重建精神方面具有族群和睦的重要内涵，在凝聚中华民族、彰显民族精神方面亦具有代表意义。

因此，汶川在最能体现当代中华民族凝聚力和彰显中华民族精神的“5・12”汶川特大地震抗灾重建中亦具有标志地意义，是承载和展示现当代中国暨中华民族“抗灾重建精神”的代表性标志地。

三、在汶川建设“中国抗灾重建民族精神纪念碑”的建议

中华民族历史上首次大规模凝聚在一起、彰显民族精神、体现科学治水思想的抗击特大洪水自然灾害的抗灾重建工程“大禹治水”，始于疏导岷山的江源“汶川”(《禹贡》所称“岷山导江”，因而历史上直至20世纪30年代前一直以岷江上游——“汶川”为长江江源)，其肇始标志事件为在岷江上游大禹家乡石纽举行的会盟誓师大会“汶川之会”。而现当代中华民族再次大规模凝聚在一起、彰显民族精神、体现科学抗灾重建思想的“5・12”特大地震抗灾重建工程，又是始于岷江上游的大禹故里汶川。我国古今最大规模的两次抗灾重建暨彰显民族精神的标志事件皆以汶川为肇始地，形成“治水抗震，古今汶川”的特定历史定位，因而汶川在客观上已经成为古今中国最具文化标志意义的民族精神标志地。始于“汶川之会”的大禹治水为我国历史上第一个统一联盟制国家暨国家民族肇始的标志性事件，始于“5・12”汶川特大地震的抗灾重建为现当代中国和中华民族迈向振兴的标志性事件，因而汶川也是“多难兴邦”的标志地。因此，在汶川建设中华民族抗灾重建精神标志地暨国家、民族肇始的

标志性纪念地，对于凝聚海内外中华民族子孙、弘扬“抗灾重建精神”为主旋律的民族精神、进行爱国主义教育，增进全体人民对国家、中华民族、中华文化和社会主义发展道路的“四个认同”，具有十分重要的文化意义。为此，需要在标志性纪念地建成可有效发挥参观、纪念、传播功能的物化载体，在汶川选址建设“中国抗灾重建民族精神纪念碑”及碑园和纪念馆。

汶川既是大禹治水“汶川之会”所在地暨大禹故里、“5·12”汶川特大地震震中纪念地及抗灾重建代表性区域，又是中华民族形成史上最古老的主要“母体”族群之一“古羌人”后裔中唯一继承“羌”族称及作为大禹在本土的后裔民族的羌族核心分布区，同时还是世界遗产地大熊猫栖息地核心区及其代表性研究基地卧龙大熊猫研究基地所在地，也是成都经都江堰至黄龙－九寨－大草原国际旅游热线上公路交通的重要节点、未来成兰和川青高速公路及快速铁路出入成都的门户，境内及周边地区高品位旅游资源富集，使得在汶川选址建设“中国抗灾重建民族精神纪念碑”及碑园和纪念馆具有将文化底蕴与发展文化旅游相结合的有利条件。其具体选址，既可选择在绵虒镇大禹故里石纽山下（具有作为大禹治水“汶川之会”发生地的标志性文化背景），亦可选择在汶川县城威州镇后山的姜维城台地（具有良好的旅游区位和景观建设地理环境优势、与该台地及周边岷江河谷高半山地带有大量四千多年至五千多年的新石器时代晚期文化遗址及大禹治水疏导岷江干流的文化背景相合，可与旅游业和汶川县城的城镇建设更好结合），二处地点各具优势与制约因素。相较而言，在石纽山下建设可利用现有大禹祭坛建设基础进行改扩建，具有良好的纪念地标志意义；在姜维城台地结合考古遗址公园进行建设，能够更好地结合文化旅游发挥其纪念与文化传播作用。

（作者徐学书，四川省社会科学院民族与宗教研究所研究员、旅游发展研究中心主任）

优秀传统文化是中国立足世界的根基

范玉刚

文化是民族的血脉，是人民的精神家园，是一个国家和民族可持续发展的精神密码。习近平主席在一系列重要讲话中一再强调，中华民族是有着非凡创造力的民族，我们创造了伟大的中华文明，也能够继续拓展和走好适合中国国情的发展道路。在2014年9月24 日纪念孔子诞辰2565周年大会上的讲话中，习近平主席指出，只有坚持从历史走向未来，从延续民族文化血脉中开拓前进，我们才能做好今天的事业。博大精深的中华优秀传统文化积淀了中华民族最深沉的精神追求，是中华民族生生不息、发展壮大的丰厚滋养，是全球化时代中华民族的突出优势，更是中国特色社会主义道路的文化底色和底蕴，它蕴蓄了“中国特色”的文化根脉。因此，坚定对中国特色社会主义的理论自信、道路自信、制度自信、文化自信。就要努力从中华民族世世代代形成和积累的优秀传统文化中汲取营养和智慧。延续文化基因、萃取思想精华，展现精神魅力，以时代精神激活中华优秀传统文化的生命力。可以说，在社会主义现代化建设中实现中华民族的“四个自信”，不仅关乎中国特色社会主义的成败，还是检验中华民族实现伟大历史复兴的试金石！

一、中国传统文化是中华民族的基因

一个屹立在世界民族之林的伟大民族，必然有着自己独特的文化基因和辨识性符号。中华文化独一无二的理念、智慧、气度、神韵，是积淀在中国人民和中华民族内心深处的文化基因，是全球化时代文化认同的核心标志。

习近平总书记曾经很有感触地说："古诗文经典已融入中华民族的血脉，成了我们的基因。我们现在一说话就蹦出来的那些东西，都是小时候记下的。语文课应该学古诗文经典，把中华民族优秀传统文化不断传承下去。"国民教育作为立国之本，必然要传承民族的基因。中华优秀传统文化作为中华民族的基因，早已植根在中国人内心，潜移默化地影响着中国人的思想方式和行为方式。因此，习近平总书记很不赞成把古代经典诗词和散文从课本中去掉，而赞成把这些经典嵌在学生脑子里，他认为"去中国化"是很悲哀的，所谓"去中国化"就是抛弃中国传统文化，剔除有别于世界其他民族的中国的基因。这种"去中国化"的行为不仅毫无前途，甚至是民族的自我毁灭。

习近平总书记在哲学社会科学工作座谈会讲话中指出："历史和现实都表明，一个抛弃了或者背叛了自己历史文化的民族，不仅不可能发展起来，而且很可中国传统文化不能上演一场历史悲剧。"从根本上说，中国传统文化不仅仅是中国文化现代化的底色，更是中国特色社会主义的底色，是当代中国人文化自信的重要源泉。正是这种底色支撑起中国文化的软实力，凝聚起中华民族的精气神。正如习近平总书记所言，我们要坚定理论自信、道路自信、制度自信，最根本的还要加一个文化自信。文化自信是更基本、更深沉、更持久的力量。中华民族历来有很强的文化自豪感，汉代气韵、盛唐气象，唐诗宋词元曲明清小说足以傲视世界文化史，只是到了鸦片战争时期，在西方的坚船利炮下，中国沦为殖民地半殖民地，因着器物、制度层面的落后，文化自信被严重损害。物转星移，在中国共产党的领导下，中国人民不屈不挠的革命奋斗，新中国的社会主义建设，尤其是改革开放后十三亿人民的伟大实践，为中华民族的伟大复兴铸就了持久而强大的凝聚力向心力，不仅赓续了支撑中华民族生生不息的文化血脉，有力地滋养了当代中国的发展进步，更是增添了中国人民和中华民族内心深处的自信和自豪。

一个国家、一个民族的强盛，总是以文化兴盛为支撑的，中华民族伟大复兴需要以什么样的中华文化为根本？今天要使中华民族最基本的文化基因与当代文化相适应、与现代社会相协调，以人们喜闻乐见、具有广泛参与性的方式创造出蕴含基因的当代中华文化，把富有永恒魅力、具有当代价值的文化精神弘扬起来，把继承传统优秀文化又弘扬时代精神、立足本国又面向世界的当代中国文化创新成果传播出去，从而成就了今天的文化发展现实，提升了中华民族在世界的文化位态。现实表明，发展文化产业是传统文化传承发展和创新的有效路径，因为文化产业是内容产业，是内容为王和内容制胜，传统文化内容最有中华文化本性，它要借助现代技术得以传承和弘扬，在社会化文化生产中实现中华文化的积累和再创造，并以活态化的方式滋养当代中国人，使其显现于大众的日常生活和举手投足之中。中华民族在五千多年文明发展和繁衍生息中，孕育出辉煌灿烂的中华文化，成为人类文明百花园中的瑰宝，更是中华民族凝聚力的内核。只有系统地梳理传统文化资源，让收藏在密室里的文物、陈列在广阔大地上的遗产、书写在古籍里的文字都活起来，通过文化产业创造出适合时代特点的文化精品，在广泛传播中使之激发我们的民族自豪感和自信心，才能坚定全体人民振兴中华、实现中国梦的信心和决心。

二、中国传统文化是中国软实力的内在支撑

中国的文明型崛起颠覆了“国强必霸”的既有逻辑，赢得了国际广泛关注和强烈的感召力，要求我们必须坚定走中国道路，弘扬中国精神，凝聚中国力量，其中的支撑点和突破点就是文化。当今，文化的地位和作用在全球凸显，文化软实力成为综合国力的重要组成，传统文化是软实力的底蕴，是中国文明互鉴中的价值感召力和文化魅力之源，是今日文化互看与价值共享的重要支撑。习近平总书记指出，在五千多年文明发展进程中，中华民族创造了博大精深的灿烂文化，也一定能创造出新的文化辉煌。对中国人民和中华民族的优秀文化和光荣历史，要加大正面宣传力度，通过学校教育、理论研究、历史研究、影视作品、文学作品等多种方式，加强爱国主义、集体主义、社会主义教育，为国民和世界人民贡献新的华彩篇章，引导中国人民树立和坚持正确的历史观、民族观、国家观、文化观，以文化的自尊和自信增强做中国人的骨气和底气。

习近平总书记再三强调，社会主义核心价值观是中华民族最深沉的精神追求，培育和弘扬社会主义核心价值观必须立足中华优秀传统文化。在多元文化发展格局中，优秀传统文化是培育和践行核心价值观的滋养和土壤，牢固的核心价值观，都有其固有的根本性托举。抛弃传统、丢掉根本，就等于

割断了自己的精神命脉，而成为失魂落魄、魂不附体的躯壳。全球化语境下，世界文化的激荡越发剧烈，博大精深的中华优秀传统文化是我们在世界文化相互激荡中站稳脚跟的根基。中华文化源远流长，建构和积淀了中华民族独特的精神标识，为中华民族生生不息、发展壮大提供了丰厚滋养；中华优秀传统文化是中华民族的突出优势，是中华民族自强不息、团结奋进的重要精神支撑，是我们最深厚的文化软实力；中华传统美德是中华文化精髓，蕴含着丰富的思想道德资源。

只有坚定文化自信，增强文化自觉，不忘本来才能开辟未来，善于继承才能更好创新。中国古代先哲历来追求格物致知、诚意正心、修身齐家、治国平天下，旨在以虔敬之心、敬畏之感厚德载物，创建了有别于其他国家的天下文明观。今天，我们提倡和弘扬社会主义核心价值观，必须从中汲取丰富营养，否则失根、失魂的核心价值观就不会有生命力和影响力。深刻阐发和理解中华文化中强调的思想理念如“民为邦本”“天人合一”“和而不同”“天行健，君子以自强不息”“大道之行也，天下为公”“天下兴亡，匹夫有责”，主张以德治国、以文化人“君子喻于义”“君子坦荡”“君子义以为质”“人而无信，不知其可也”“德不孤，必有邻”“仁者爱人”“与人为善”“己所不欲，勿施于人”“出入相友，守望相助”“老吾老以及人之老，幼吾幼以及人之幼”“扶贫济困”“不患寡而患不均”等。这些思想理念，不论过去还是现在，都有比较鲜明的民族特色，都有其永不褪色的时代价值，依然活在当代中国人的心里。这些思想理念在时间推移和时代变迁中不断与时俱进，又有着自身的连续性和稳定性，深化着中国人骨子里的认同感。我们生而为中国人，最根本的是要有中国人的独特精神世界和文化追求，有百姓日用而不觉的价值观。作为当代中国人的文化信仰，社会主义核心价值观要充分体现对中华优秀传统文化的传承和精神升华。

三、中国传统文化是中国特色社会主义的根基

今日的中国是历史中国的延续和发展，优秀传统文化没有远离现代中国人

的生活，它已然显现于当代人的举手投足和基本的价值遵循。中华优秀传统文化蕴含的讲仁爱、重民本、守诚信、崇正义、尚和合、求大同等思想理念，已经牢固积淀在中国人的思维模式和行为方式中。究其根本，优秀传统文化不是博物馆式存在，仅仅供人瞻仰和回忆，它就是我们现实文化的有机组成部分，是建设社会主义现代化强国的基础。中国共产党不仅是中华民族和工人阶级的先锋队，更是中华优秀传统文化的传承者和弘扬者。中华优秀传统文化的基因有助于实现中华民族的伟大复兴，无论是毛泽东同志讲的“古为今用、推陈出新”，还是习近平总书记提出的“创造性转化、创新性发展”，都是要以优秀传统文化为中国崛起助力，厚植“中国特色”的文化根脉，中华民族的伟大复兴一定要坚持走中国特色社会主义道路。世界上没有两片完全相同的树叶。一个民族、一个国家，必须知道自己是谁，从哪里来，到哪里去，想明白了、想对了，就要坚定不移朝着目标前进。

文化自信使我们勇于亮出中国特色社会主义旗帜。所谓中国特色主要源自独特的文化传统，独特的历史命运，独特的国情，特别是马克思主义与中国优秀传统文化的有机融合。每个国家和民族的历史传统、文化积淀、基本国情不同，其发展道路必然有自己的特色。中国特色社会主义植根于中华文化沃土、反映中国人民意志，适应中国和时代发展进步要求，有着深厚历史渊源和广泛现实基础，深受源远流长的中华文化的滋养。中国特色社会主义成功的奥秘就在于其理论体系、发展道路、制度建设扎根传统文化与现实国情。在于其实现途径、行动指南、根本保障的内在联系，以及这三者统一于中国特色社会主义的伟大实践。

历史就是历史，历史不能任意选择，一个民族的历史是一个民族安身立命的基础，它饱含着一个民族的光荣和梦想。不论发生过什么波折和曲折，不论出现过什么苦难和困难，中华民族五千多年的文明史，中国人民近代以来一百七十多年的斗争史，中国共产党九十多年的奋斗史，中华人民共和国近七十年的发展史，都是人民书写的历史，人民是历史的主体。中华文化深厚的底蕴、中华民族独特的文明遗产、精神记忆和文化心理结构，是构成我们“四个自信”的基础。

四、中国优秀传统文化为全球治理和“一带一路”建设贡献智慧

全球化加剧了文化多样性的传播，使得文化的地位和作用凸显。文化不仅仅有冲突（亨廷顿的“文明冲突论”），也不仅仅有博弈（约瑟夫·奈的“软实力理论”），还有着文化的包容与共享。中华文化中“和而不同”的处世原则，就可以为当下纷纭复杂的全球治理贡献诸多智慧。孔子的“己所不欲，勿施于人”思想，已被《世界人类责任宣言》确定为全球治理的“黄金规则”；“君子和而不同”思想对构建和谐世界具有重要启示意义。

“以和为贵”是中国文化的根本特征和基本价值取向，“君子和而不同”正是对“和”这一理念的具体阐发。《论语》中孔子曰：“君子和而不同，小人同而不和。”所谓“和”，对于事物来说是“多样性的统一”；对于人来说是观点与意见的多样性统一。“和而不同”，是指在人际交往中能够与他人保持一种和谐友善的关系，但在具体问题的看法上不必苟同于对方。真正的友好交往并不寻求时时处处保持一致；相反，容忍对方有其独立的见解，并不隐瞒自己的不同观点，才算得上赤诚相见、肝胆相照。

“和而不同”的基础是正确的义利观，君子的“和”是“义”的结果。全球化语境下，对其理解应超越“义”“利”的道德范畴，而上升到更为超越性和人文性指涉的境界诉求上，从抽象性的、高蹈的精神思想方法和处世哲学的高度加以阐释以利相交利尽则散；以势相交，势去则倾：惟以心相交方成其久远。“君子尊德性而道问学，致广大而尽精微、极高明而道中庸”（《礼记·中庸》）。高明的人总是追求和谐，为此而包容差异，在丰富多彩中达成和谐；高明的人总是与别人相协调，但并不是重复或附和别人，因为协调而不重复故能达成和谐。这不仅适用于人与人之间的交往，更适用于国与国之间的相处及其全球治理。只有在大目标不冲突的前提下，承认差异，包容差异，乃至尊重差异，价值共享、民心相通，才能化解矛盾、共存共荣。只有实现了“和”，才能做到“万物并育而不相害”（《礼记·中庸》）。

中国人自古就推崇“协和万邦”“亲仁善邻，国之宝也”“四海之内皆兄弟也”“亲望亲好，邻望邻好”“国虽大，好战必亡”等和平思想。习近平总书记特别将“亲、诚、惠、容”作为睦邻、安邻、富邻的我国周边外交方针的“四字箴言”。文明因交流而多彩，文明因互鉴而丰富。事实上，各国各民族不同

的文明一直处于时断时续、时好时坏的磨合之中，全球治理原则需要各国协商。习近平总书记积极倡导在全球建构“人类命运共同体”。他向世界承诺，中国将始终做全球发展的贡献者，坚持走共同发展道路，继续奉行互利共赢的开放战略，将自身发展经验和机遇同世界各国人分享，欢迎各国搭乘中国发展“顺风车”，一起实现共同发展。这背后有着中华优秀传统文化的深刻影响。

“一带一路”倡议是21世纪中国最有前瞻性、主动性、外向性的重大布局，是中华民族伟大复兴的表征、是中国参与全球治理、主动设置议题、提升全球话语权、建构人类命运共同体的重大举措。“一带一路”的互联相通最终落实于民心相通，价值共享是通达民心的桥梁，是建构“一带一路”文化空间的着力点。价值共享彰显“一带一路”文化自信，诉求的是“和而不同”的价值理念和“美美与共”的文化理想，其中的重要资源和依托就是中华优秀传统文化。如道法自然、天人合一的生态文明思想，天下为公、大同世界的人文思想，为政以德、政者正也的现代政治思想，有力地增强了中华文化的感召力。习近平总书记指出：“古往今来，中华民族之所以在世界有地位、有影响，不是靠穷兵黩武，不是靠对外扩张，而是靠中华文化的强大感召力和吸引力。我们先人早就认识到‘远人不服，则修文德以来之’的道理。阐释中华民族禀赋、中华民族特点、中华民族精神，以德服人、以文化人是其中很重要的一个方面。”文化价值共享就是向世界尤其是沿线国家表明，中国是有着深厚历史文化传统底色的现代国家，中国的崛起是文明型崛起。

不忘历史才能开辟未来，善于继承才能善于创新。习近平总书记在2014年2月24日中共中央政治局第十三次集体学习时强调，抛弃传统、丢掉根本，就等于割断了自己的精神命脉。坚定的道路自信、理论自信、制度自信，其本质是建立在五千多年文明传承基础上的文化自信，优秀传统文化是革命文化、社会主义先进文化的底蕴，是当代文化繁荣发展的内在支撑。我们要深刻理解中华优秀传统文化，重新认识有着天下情怀的中国文明，以历史的眼光来领会和探索今天的中国道路。在今日纷扰的世界上，全球化、逆全球化、地域化、新自由主义、新保守主义等，不断深入与轮番登场，中华文化深厚的底蕴有助于增强我们的定力，有助于浓彩重抹“中国特色”，有助于我们坚定走适合自己国情和文化传统的道路，高举中国特色社会主义旗帜，建设社会主义现代化文化强国。中共十八大以来，以习近平同志为核心的党中央治国理政的新思想新理念新战略，将传统文化的传承与弘扬推进到一个新阶段、新境界，出台了《关于实施中华优秀传统文化传承发展工程的意见》。可以说，习近平总书记的文化观深深根植于中华文化的深厚沃土，立足于中国特色社会主义的伟大实践，放眼全球、胸怀世界，充分借鉴世界文明的有益成果，为国家治理注入了新的时代内涵。

（作者范玉刚，中共中央党校文史部教授、博士生导师）

中华民族伟大复兴新时代的文化自信

邓　笑

中国一直在探寻实现中华民族伟大复兴的道路，李约瑟难题的提出与回答为这条道路指明了方向，即增强中华民族的文化自信。文化是国家与民族生存和发展的重要力量，人类社会每一次跃进，人类文明每一次升华，无不伴随着文化的历史性进步。一个国家的强大、民族的兴盛，总是以文化兴盛为支撑的，没有高度的文化自信，就没有文化的繁荣兴盛，也就没有中华民族伟大复兴。所以，新时代中华民族的伟大复兴必须以文化自信的提高以及中华文化的繁荣为条件。

一、李约瑟难题

20世纪50年代，英国学者李约瑟在其编著的15卷《中国科学技术史》中正式提出李约瑟之谜，即“尽管古代中国科学、技术、经济发展的成就均领先于世界，对人类的科技的发展做出了许多重要的贡献，为何近代中国社会却如此落后？”[①]1976年，美国经济学家肯尼思·博尔丁（Kenneth Boulding）正式将之称为李约瑟难题，此后学术界将李约瑟难题进一步推广，开始热烈讨论“中国近代科学为什么落后”“近代中国为什么没有爆发工业革命”、“近代中国为什么没有产生资产阶级的萌芽”等问题。

在近代之前，中国就是世界上最先进的国家之一，不论是科学、文化、经济还是军事都处于世界领先位置。可是，古代中国长期处于农业社会，迟迟没有跨入工业社会。这并不是因为中国没有工业革命与资产阶级的萌芽，恰恰相

① ［英］李约瑟:《中国科学技术史》，北京：科学出版社，1990年版。

反，根据史料记载，早在13世纪，中国就处于工业革命爆发的边缘。经济方面，宋朝的纺织业发展水平与在英国工业革命前夕的发展水平不相上下；科技方面，单单造纸术、指南针、火药、印刷术这四项发明就对中国的政治、经济、文化发展产生了巨大的推力，且这些发明经由各种途径传至西方，在世界范围内改变了事物的全部面貌；文化方面，宋朝以后的统治者推崇并不断发展和传承儒家文化，对中国乃至世界的发展产生巨大的影响，时至今日，中国传统文化的内核里仍然深深打上儒家思想的烙印。但是，中国没有爆发工业革命，并在此后的工业竞争中节节败退。18世纪60年代，工业革命在英国产生，此后，中国在世界范围内的领先位置就迅速下降，直至19世纪20年代，中国占当时世界经济总量的比例已经下降为三分之一。此后，“天朝大国”的现实逐渐成为国人的臆想，可是，中国却一直不愿睁眼发现世界的变化，坚持闭关锁国的政策，这为后来西方国家强制打开中国的“大门”埋下了伏笔。

为什么工业革命发生在西方？

工业革命的“工业”二字就决定了机械化、标准化的机器取代独特化、精致化的手工，能极大幅度地提高生产效率。长期以来，中国一直处于农业文明，农业、手工业等的传承与发展主要依赖于一代一代的手口相传，在既有生产力的范围内不断进行精细化的操作，例如被评为世界非物质文化遗产的苏绣。但是，技艺在得到不断细化提高的同时，生产效率却没有增长，有时甚至不增反减。与中国不同，西方没有中国庞大的人口与宽广的土地，无法通过增加生产力和扩大生产面积来提高生产效率，因此，它们选择了另外一条道路——技术创新。而且，16至17世纪间，西方完成了以科学思维方式变革为实质的科学革命，在天文学、物理学、生物学、医学、化学等方面的思想经历了根本性的变化，使整个宇宙的认知由中世纪过渡到现代。在此基础上，工业革命的技术创新不再是通过经验对技术进行总结提升，而是通过实验对根本科学规则进行发现归纳。过去，需要耗费许多时间才能克服的技术瓶颈现在只需要通过简单重复的实验就能解决，各种新技术、新应用层出不穷，生产效率得到大幅度的提升，整个世界产生了根本性的改变。

那为什么工业革命没有发生在中国？

从隋唐到清代，中国的科举制度为应试者提供了成为官吏的机会，平民百姓能够通过学习、科举步入仕途，在传统社会中完成被统治阶级到统治阶级的转变。所以，熟记牢背科举制度要求的四书五经成为寒门学子改变命运的唯一途径，这极大降低了古代精英阶层将精力分往其他方面的可能性。而且，中国的科举制度根本上是为了维护统治者自身的统治，其尊崇的儒家文化将忠君爱国放在了学习的首位，相比之下国家对于诸如技术、商业等方面并不给予足够的重视，一定程度上导致了古代知识分子在思想上的僵化。而且古代中国社会等级的划分一直遵循着“士农工商”的顺序，在地位上决定了学习儒家文化相比技术创新、商业发展的绝对优势。因此，古代中国的政治文化制度导致其无法像西方那样产生根本性的科学革命，也就谈不上在此基础上爆发工业革命了。

二、中华民族伟大复兴之路

李约瑟难题提出以来，一直困扰着中国乃至世界学术界。中国学者纷纷提出自己的观点，希望在回顾西方大国的崛起与近代中国百年发展的基础上探讨实现中华民族伟大复兴的途径。

自西方强力打开中国大门以来，中国一直在寻找中华民族的复兴之路。鸦片战争以后，地主阶级尝试了发展军事、经济实力的洋务运动，结果改良式的“治标不治根”无法改变中国的痼疾。农民阶级掀起了浩浩荡荡的太平天国运动，试图通过分配土地推翻封建政权，但农民起义无法拯救外患内忧的中国。清朝统治阶级尝试了自上而下政治改良的戊戌变法，在强大的封建势力的反扑下彻底失败。最终，五四运动与新文化运动为中国带来了一条新的复兴之路——社会主义，带来了民主科学与先进的马克思主义，开启了无产阶级革命，推动了社会主义新中国的建立。

1949年，随着中华人民共和国的成立，中国继续探寻中华民族的复兴之路。一开始，中国以“十年超英，十五年赶美”为目标追赶西方发达国家，但忽略了自身资本短缺、基础薄弱的劣势，无法与西方先进的资本密集型大产业相抗衡。追根究底，中国没有先进产业的核心技术，想要追上西方就必须发展自身的技术创新能力，必须发展中国自身的文化。1978年以来，中国根据自身实际实行的对内改革、对外开放的政策，在政府的因势利导下发展社会主义市场经济，利用后起者的优势学习西方的产业与技术，积累自身产业资本，学习西方先进文化，主动步入了全球化、现代化和互联网化之路。

其实，中国从农业文明走向工业文明的过程一直是被动的、耻辱的，时至今日，中国仍未完成以工业化和城市化为标志的第一次现代化。[①]但是，新时代互联网技术的迅猛发展与全球化的扩大，一方面给中国带来了一次新的机会，让中国有机会“超车”实现以信息化和智能化为标志的第二次现代化，主动地、积极地向信息文明、网络文明过渡；另一方面，虚拟世界与现实世界边界的模糊和互相转化，一场社会重建正在中国乃至世界范围内展开。所以，中国必须把握住此次机会，大力发挥文化力量，充分发挥人民在文化建设中的主体作用，推动中华民族生命力、创造力和凝聚力的增强，树立对中华民族高度的文化自觉和文化自信，实现文化的繁荣兴盛与中华民族的伟大复兴。

但是，互联网技术与全球化是一把双刃剑，在给中华民族的伟大复兴带来机遇的同时，由于受到多元文化、工具理性等因素的影响，也对中国既有的文化的秩序带来了巨大的挑战，使文化建设新时代面临着巨大挑战。特别是在各种即时通信工具、多样网络信息APP以及庞杂社交网站的充斥下，不同的观念与思想通过新媒体与网络逐渐侵入中国社会，不可避免地影响着中国精神的本来面貌，在很大意义上稀释了中国传统文化的既有价值，生活在其中的人们不可避免地对中国传统文化以及中国特色社会主义文化产生了理解偏差，这是对现存文化体系的巨大冲击，其表现如下：

首先，削弱了主流文化的权威地位，传统文化认同缺失。新时代互联网的出现与全球化的扩张不仅为社会提供了一个便捷有效的文化空间，还极大提高了社会民众参与社会事务的热情，无孔不入的文化渗透与无穷无尽的信息轰炸使文化整体发展呈现多元化的趋势，对主流文化产生了“淹没效应”，推动了个体的原子化与个人主义，削弱了主流文化的主导地位。并且还正在扭转传统的文化价值体系和伦理价值体系，社会上对中国优秀传统文化的质疑、贬低乃至排斥的声音不绝于耳，中国人民对社会主义核心价值的认同不断降低。

其次，多元文化对文化自信的价值稀释，强势文化霸权进一步扩张。互联网技术与全球化的扩张源于西方文明，其传播的过程不可避免地渗透着西方文化，对其他文明的解构、破坏占有绝对优势，而政府的监管与应急能力不足以应对西方优势文化的入侵，这会在文化话语方面失去主动权，面临中国文化自

---

① 徐平：《费孝通文化自觉思想溯源》，《文化自信与人类命运共同体暨费孝通学术思想研讨会论文集》，2017年，第39页。

信被稀释的风险。现在，西方发达国家利用互联网平台与新媒体技术，通过电影电视、文学作品等多种传播方式不断扩张优势文化的辐射范围，抨击中国社会的个别问题，将西方价值观念渗透到中国社会，动摇马克思主义在中国意识形态领域的主导地位。在中国网络控制权与信息屏蔽能力正处于“游离状态”的背景下，必须快速挣脱对西方先进网络技术以及丰富文化资源的依附，重新掌握对自身文化话语的主动权，这样才能保存中国文化的既有价值，促进社会主义核心价值观与中华优秀传统文化的大力传播。

最后，自由运作机制的开放，使舆论导向把控难度日益增大。在互联网功能日益强大和人们舆论权利不断丰富的语境下，随着网络的主体日渐壮大、信息发布者的身份日益多样、信息发布渠道不断增加，党和政府应对处理社会舆论的驾驭能力与事实的法律权力之间的距离相差甚远，国家已经很难对网络信息发布、传播和舆论导向做到及时、有效、科学的监管。现今，互联网已经逐渐成为信息交流的集散地、思想交汇的主战线、社会舆论形成的发源地，不断重塑着人们生活的各个方面，重构着整个文化环境，正在对社会产生深刻影响。

互联网的迅速普及使其成为思想渗透的“高速路”、文化博弈的“最前线”、意识形态斗争的“桥头堡”。因此，“增强互联网环境下的文化自信，是实现文化安全的根本方式，是保障政治安全的有效途径，成为中国持续稳定发展的重要战略抉择”。①中共十九大报告提出：“文化是一个民族乃至一个国家的灵魂。文化兴国运兴，文化强民族强。有了高度的文化自信，才有了兴盛的文化繁荣，才能最终实现中华民族的伟大复兴。中国必须坚持中国特色社会主义文化的发展道路，大力激发全民族文化创新创造活力，建设社会主义文化强国。”因此，面对互联网对文化体系的巨大冲击，想要实现中华民族伟大复兴的中国梦，就必须在建设中国特色社会主义现代化强国的道路上坚持文化自觉与文化自信。

三、中华民族伟大复兴新时代的文化自信

中华民族伟大复兴中国梦的实现必须以文化自信的提高以及中华文化的繁

① 张显龙：《互联网环境下增强文化自信的战略考量》，科技杂谈，2014年7月23日。

荣为条件。历史和现实都证明，一个背叛甚至抛弃自身文化历史的民族，不仅不可能发展起来，而且很可能上演一幕幕历史悲剧。[①]自改革开放以来，中国经济的发展水平快速增长，人民群众的生活水平也不断提高，中国社会正处于文化大融合、观念大碰撞、思潮大活跃的时代，但是，互联网等新技术、新媒介的日新月异也带来了许多问题。其中，最为突出的问题就是个人信仰的缺失，观念没有善恶，行为没有底线，这是现代中国社会上诸多问题的根源所在。很早之前，邓小平就曾警戒道：社会风气如果继续这样恶化下去，经济搞成功又有什么意义？只是在另一方面变质而已！[②]的确，经济是发展起来了，但精神却失落了，这样的国家能够称为强大吗？[③]一个民族、一个国家，如果丧失了自身文化的灵魂与精神，是无法立足于世界民族之林的，也就更谈不上实现中华民族的伟大复兴与建设社会主义现代化强国。

因此，一个国家，一个民族，要同心同德向前进，必须有共同的理想信念做支撑，用社会主义核心价值观凝聚共识、汇聚力量，不忘初心、继续前进。所以，习近平总书记在十九大报告中提出，必须要自觉增强中国特色社会主义的道路自信、理论自信、制度自信与文化自信，将中国特色社会主义伟大事业不断推向前进，让理想信念的明灯永远在全国各族人民心中闪亮。[④]这对推动中国特色社会主义伟大事业的发展、促进中华民族伟大复兴中国梦的实现以及加快中国特色社会主义现代化强国的建设具有重要意义。

那么，文化自信是什么呢？习近平总书记在讲话中指出，文化自信既蕴含着中华民族文明几千年沉淀下来的中华优秀传统文化，又包括在党和人民伟大斗争中孕育出的革命文化和社会主义先进文化，积淀着中华民族最深层的精神追求，代表着中华民族独特的精神标识，是更基础、更广泛、更深厚的自信。[⑤]它是一个政党、一个民族乃至一个国家对自身文化内涵与文化特质的坚定信念，也是中国民众对自身优秀文化、社会主义先进文化、革命文化的认同以及坚守，更

---

① 徐建勇：《弘扬儒家优秀传统文化，树立民族文化自信》，《人文天下》，2016年第8期。

② 中共中央文献研究室编：《十八大以来重要文献选编》，北京：中央文献出版社，2016年版，第133–134页。

③ 习近平：《做焦裕禄式的县委书记》，北京：中央文献出版社，2015年版，第35页。

④ 习近平：《习近平关于社会主义文化建设论述摘编》，北京：中央文献出版社，2017年版，第11–13页。

⑤ 徐建勇：《弘扬儒家优秀传统文化，树立民族文化自信》，《人文天下》，2016年第8期。

是实现中华民族伟大复兴、建设中国现代化文化强国的根本精神力量。①

文化自信是中华民族几千年文明历史积淀的结果。优秀文化根植于中华民族文明的基因，决定了其能够历久而弥新，而这优秀文化是以如何处理人与自然、心与物、人与人、国与国之间关系为主的普世思想。其中，“天人合一的和谐宇宙观”、“仁者爱人的互主体观”、“阴阳交合的发展观”、“兼容并蓄的文化观”、“和为贵”、“己所不欲勿施于人”的相处之道，以及“求同存异”的外交观等传统价值观，对形成以“和平、安全、开放、自由、平等、有序、合作、互联、互通、共享、共治”为核心理念的当代中国互联网文化具有潜移默化的作用。根本而言，中华民族的文化自信自身就包涵着“兼容并包、自我扬弃”的精神，既蕴藏着以仁义礼智信、中庸知行等思想为主的中华优秀传统文化，又反映着以改革创新为核心的时代精神以及以爱国主义为中心的民族精神，它不断弘扬发展社会主义先进文化。因为中华优秀传统文化，中华民族有了历史传承，因为社会主义先进文化，中华民族有了正确前进方向，因为民族精神与时代精神，中华民族有了发展创新的途径，正是在这些优秀文化的共同支撑之下，中华民族文明才得以繁荣兴盛，才得以在世界人类文明的历史中留下辉煌的轨迹。因此，中华民族文化自信并不是在当下语境产生的，而是中华民族几千年文明的历史积淀。

2016年，中国网络文化传播峰会《长春宣言》倡议，“文化自信是中国文化的自信，是传统文化的现代化、马克思主义的中国化、当代文化的健康化、中国文化的国际化、世界文化的交融化”②。2017年，《关于实施中华优秀传统文化传承发展工程的意见》提议，中华优秀传统文化植根于中国特色社会主义的文化沃土。③所以，道路自信、理论自信、制度自信三个自信其实是根植于文化自信的，而文化自信则根植于中华优秀传统文化的自信。习近平总书记提出“网上网下要形成同心圆”，那么这份文化自信也要及时体现在网络上，必须加强对互联网对传统文化传承的重视，推动网络文艺创作的实施与传播。在新时代，互联网正在成为传播先进文化的重要阵地，必须培养网民高度的文化自觉

---

① 张显龙：《互联网环境下增强文化自信的战略考量》，《中国信息安全》，2014年第6期。

② 田羽、张媛媛：《互联网时代的文化自信培育》，《新闻研究导论》，2017年第1期。

③ 中共中央办公厅、国务院办公厅：《关于实施中华优秀传统文化传承发展工程的意见》，《人民日报》，2017年1月26日。

和文化自信，提升网民整体素质和塑造高尚人格，使其正确而全面地认识、理解本民族文化，辩证对待东西方文化，对本民族文化产生自我认同，理性应对各种文化带来的挑战，实现个体的全面发展，只有这样才能推动中国传统文化的传承创新与繁荣兴盛，才能为实现中华民族的伟大复兴添砖加瓦。

四、结语

文化自信是建设社会主义文化强国、实现中华民族伟大复兴的精神力量，是作为一个政党、一个民族乃至一个国家对自身文化价值的坚定信念，是一种能激发全社会积极向上的强大精神能量。要增强文化自信，就要大力展现中华民族几千年文明发展中沉淀的中华优秀传统文化，就要大力弘扬以改革创新为核心的时代精神和以爱国主义为中心的民族精神，就要大力发展在党和人民伟大斗争中孕育的革命文化和社会主义先进文化，不忘本来、吸收外来、面向未来，坚持发扬社会主义核心价值观，加快建设中国特色社会主义现代化文化强国，不断增强全国人民的精神力量。①要实现中华民族伟大复兴的共同梦想，就必须培育共同情感、共同价值、共同理想以及共同精神，必须培养高度的文化自觉与文化自信，这样才能为中华民族文化的传承、发展、兴盛提供强大的精神支撑。②只有这样，我们才能积淀深厚的历史底蕴，拥有强大的前进定力，走上自己的道路，登上广阔的国际舞台，承担历史赋予的使命。因此，所有中国人民应该有这个信心，每一个中国人都应该有这个信心。③

中国人经历了一百七十年的东西方文化冲撞后，面对席卷世界的全球化、现代化以及互联网技术，需要在文化冲突中进行文化反省，在文化迷茫中完成文化自觉，在曲折的中国特色社会主义道路的探索中增强文化自信，在实现中华民族伟大复兴的中国梦中实现文化自强。只有这样，国人才不会妄自尊大或

① 习近平:《习近平关于社会主义文化建设论述摘编》，北京：中央文献出版社，2017年版，第15页。

② 中共中央文献研究室编:《十八大以来重要文献选编》，北京：中央文献出版社，2016年版，第121页。

③ 中共中央文献研究室编:《十八大以来重要文献选编》(上)，中央文献出版社，2014年版，第699页。

妄自菲薄，真正对自身拥有“自知之明”；有了这份文化自觉，国人才能海纳百川、虚怀若谷，积极吸收国内外各民族优秀文化，坚持中国核心价值观，树立对中华民族的自信心；有了这份文化自信，国人才能胸有成竹、矢志不渝，提高在国际竞争中的文化竞争力，争夺文化话语权，实现建成社会主义文化强国和复兴中华民族的伟大理想。

（作者邓笑，中共中央党校研究生院博士生）

第八编　核心价值与道路自信

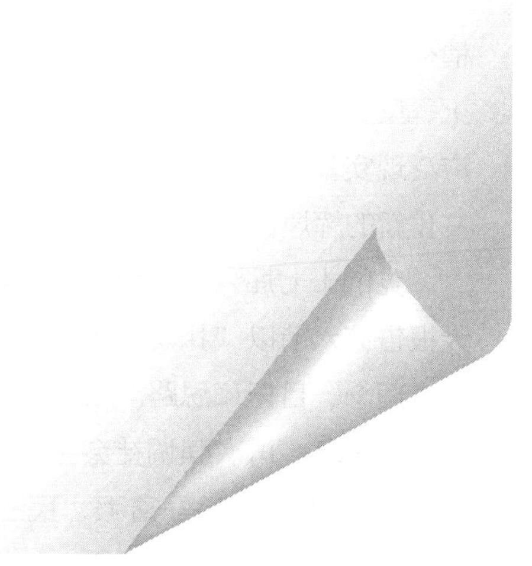

核心价值的培育与文化强国

周熙明

中华民族在五千多年的文明发展进程中创造了博大精深的中华文化，中华文化积淀着中华民族最深沉的精神追求，包含着中华民族最根本的精神基因，代表着中华民族独特的精神标识，是中华民族生生不息、发展壮大的丰厚滋养；中华优秀传统文化是中华民族的突出优势，是我们自强不息、团结奋进的重要精神支撑，是我们最深厚的文化软实力；中国特色社会主义植根于中华文化沃土、反映中国人民意愿、适应中国和时代发展进步要求，有着深厚历史渊源和广泛现实基础，中华民族创造了源远流长的中华文化，也一定能够创造出中华文化新的辉煌。

党的十七届六中全会提出了建设社会主义文化强国的宏伟目标；党的十八大报告第六节以“扎实推进社会主义文化强国建设”为题，阐述我党关于文化建设理念、目标和思路。报告把社会主义核心价值体系建设作为文化强国建设的首要任务，再次强调社会主义核心价值体系是兴国之魂，并向全党和全国人民发出了号召：“倡导富强、民主、文明、和谐，倡导自由、平等、公正、法治，倡导爱国、敬业、诚信、友善，积极培育和践行社会主义核心价值观。”党的十九大报告指出：社会主义核心价值观是当代中国精神的集中体现，凝结着全体人民共同的价值追求。全面理解文化强国的深刻内涵，把握社会主义核心价值观建设与社会主义文化强国建设的内在联系，构成全面理解把握十九大精神的一个重要方面。

一、社会主义核心价值观是兴国之魂

中共十七大报告把社会主义核心价值观建设当成是整个文化发展繁荣的首要任务，十八大报告继十七届六中全会的决定之后再次强调指出，社会主义核心价值体系是兴国之魂。习近平总书记指出，核心价值观是一个民族赖以维系的精神纽带，是一个国家共同的思想道德基础。如果没有共同的核心价值观，一个民族、一个国家就会魂无定所、行无依归。现在社会上出现的种种问题病根都在这里。这方面的问题如果得不到有效解决，改革开放和社会主义现代化建设就难以顺利推进。

我们党为什么要如此强调社会主义核心价值观建设的重要性？我们从不同的角度来思考这个问题。

（一）第一个角度，价值信仰系统在整个文化中处于核心的地位。

作为一种整体的文化或者文明，主要有三层结构组成的。外围的结构是工具系统，认知系统。我们有时候贬义上把它说成是西方来的奇技淫巧，中性上说这是现代西方的现代科技，褒义上说我们五四运动两个口号之一的赛先生，就是科学。这个外围工具系统正如我们古人说的“日日新，苟日新，又日新”，生活的潮流是天天在改变，生活的潮流撞击你以后，你不得不被改变，这个系统只要不变，就意味着死亡。好有一比，这个系统像是我们日常生活中的器皿系统，它越新越好用，例如电饭煲，最近生产的一定较十年前生产的好用。文化的第二层结构是审美系统的部分。主要是一个民族，一个种群，他的情感类型，特定类型，很多时候无关乎先进落后、好坏优劣。就好像古希腊的艺术是不可超越的，我们的唐诗宋词某种意义上也是不可超越的。我们在讨论这个部分的时候会用另外的眼光去对待它，另外的方法去评价它 。文化的第三层结构，就是最内核的系统——是价值信仰系统。作为一种整体的文化或者文明，它的内核的部分是它的价值信仰系统，这个系统越发的不好用先进落后、正确错误或者优劣高下去评价。

我们说中华文明、中国文化是世界文明史上的奇迹，说我们五千年文明，一以贯之、延绵不绝，或薪火相传、香火不断 ，这里所谓的薪火、香火，指的是什么？我们没有中断的东西究竟是什么？绝对不是指外围的那个工具系统，而是指最内核部分，它的价值信仰部分，才是我们五千年一代又一代薪火相传的那把火。所谓弘扬传统，主要是指最内核的那个系统，它是那个虚乎乎、软绵绵、暖融融的天理、大道、道德理想、价值理想，它持续不断地牵引我们、照耀我们、温暖我们、慰藉我们，给我们以荣誉、荣耀、希望、信心、力量，至今让我们自己仰望，让别人惊异、羡慕、嫉妒 。这个系统更像文物，越古老越有价值（故我们可以将之比喻为“青铜鼎”）。

（二）第二个角度，我们从价值系统在国家当中、在社会当中的地位和作用，来看为什么要重视社会主义核心价值观建设

无论是现代的国家，还是古代的国家，其实价值系统都是它的灵魂，也是社会秩序的永远的源泉。什么时候，一个社会如果没有这种判断大是大非、大善大恶、大美大丑、大真大假的基本的价值标准的话，这个社会马上陷入无序、混乱。富兰克林·罗斯福二战的时候说过这么一句话，国家像人一样，不只是每个部分的总和，它还有更深更广更持久的东西。这个东西是如此的难以表达，不能诉诸语言，但是这个东西是什么呢？就是关系到国家、社会前途的那种东西，它是一种精神、一个国家的信念、一种社会的信念。这个东西实际上是什么？就是作为一个国家所有公民的公约数和公倍数的那种价值，我们现在叫作核心价值。

“君子务本，本立而道生”，这是中国古人的教导。我们这么大国家的执政党，尤其在今天面对未来思考的时候，务必要搞清楚，思想文化中的什么东西是最为重要的，是根本的东西，无心恰恰用，用心恰恰无。最有用的东西不能拿来作为你手上的工具，达到你小小的目标。我们反省一下，我们原来重视的那些思想文化是什么？或者是政党的政治追求、政治利益，或者是一个地区的经济数字、经济利益。它本质上矮化了、窄化了文化，庸俗化了文化。 真正的、长远的、有高远眼光的政治必须以文化做支撑的。从理论上来说，著名社会学家马克斯·韦伯认为，在某种意义上成功的政治行动总是可能的艺术，你去做可能做到的那些事情，但是要达到这种可能，往往只有努力求取这个可能的任务之外的不可能。一种真正的长远存在的政权、一种真正有高远理想的政治，背后也是需要这种追求不可能作为前提。我们不能光是看到眼前，而要想更远的东西。政治自有一套它自身的逻辑和思维方式，

就是像柏拉图曾经说过的，哲学家是想那些未来的事情，政治家是要解决眼前的问题，怎么渡过眼前的危机。但是由政治家形成的群体，其背后必须要牢记未来的事情，要有哲学家的那种关怀。

（三）第三个角度，从文化价值对于中华民族具有独特的重要性，来看核心价值观建设的重要性

我们知道，世界上的几大古典文明，真正延续至今的只有中华文明。其中一定有某种东西代代相传、薪火相传。我们今天要搞中国特色社会主义，特色来自哪里？来自中国的悠久的历史，来自它在世界上的独特性。世界上唯有这么一个民族，这么一种文明是五千年延绵不绝的，这就是它的最大特色。冯友兰先生在西南联大的纪念碑文上写的一段话，简洁、优美、深邃，指出了我国的最大特色之所在："我国家以世界之古国，居东亚之天府，本应绍汉唐之遗烈，作并世之先进，将来建国完成，必于世界历史，居独特之地位。"他说为什么独特？是因为"并世列强，虽新而不古"：现在这十几个崛起的国家，他们没有从古至今延续的历史；而"希腊、罗马，有古而无今"——这些被称为古文明的国家，其文化价值的香火实际上已然中断；"惟我国家，亘古亘今，亦新亦旧，斯所谓'周虽旧邦，其命维新'者也"。我们好好理解这段话，就知道文化价值对于中华民族具有何等独特的重要性。

（四）第四个角度，从我国社会多重转型引起的文化断裂、传统衰微、价值紊乱、价值真空和社会失范、社会脱序等现象，来看核心价值观建设的重要性

中国共产党作为一个超大规模国家的唯一的执政党，作为中华文明的守护人，看到社会多重转型引起的这些现象，其有责任重新建立秩序，首先是精神的秩序。 很长时间以来，我们就在谈论"三信危机"。现代市场经济尤其需要一种信任文化。现在人们还在谈论的美国次贷危机引起的世界金融风暴、金融海啸，实际上是一种信任文化突然出了问题而造成的。信任文化建设和核心价值体系建设，是一种什么样的关系？有人统计中国企业每年因为诚信问题遭受的经济损失将近六千亿，其他的和价值文化问题有关的损失更是不计其数。

要正确地理解建设社会主义核心价值观这一任务的艰巨性，就一定要看到

中国面对的社会问题的复杂性：我们同时面临着现代性、前现代性和后现代性三重困扰。现代性给中国带来了发展的机会，同时也带来了文化上的困扰。前现代性，不管你喜欢不喜欢，它仍然存在。最近二十年，我们又遭遇到后现代性的困扰。在我们同一个社会空间里存在三个历史阶段的事物：现代性，外来的；前现代性，我们由来已久的，几千年就已经形成的；后现代性，真实地在远方最发达的那些国家发生出现的，它像传染病一样地传播到我们这里。归纳起来，叫作时空压缩的困扰。就整个世界大趋势来说，现代文化已经进入黄昏期，后现代文明已经开始形成。但是就我们中国人自己的生活与社会现实来说，现代化仍然是历史的主旋律，也是中国人民普遍的激情。一方面，我们无法越过现代文明进入后现代文明；另一方面，又不能不成为正在后现代化世界的一部分，不能置身于后现代潮流之外。总之，我们在现代化的门槛前和路途当中就遭遇到后现代化的种种问题，所以我们要同时面对前现代社会、现代社会和后现代社会的种种固有的问题，还要面对三类性质不同的问题混杂在一起而产生的新的特殊问题。从这个意义上来说中国的确是一个极为独特的国家，极为独特的存在，是一个特殊的世界。

（五）第五个角度，我们党之所以把建设社会主义核心价值观看得如此重要，很大程度上是因为，今天的中国，进行意识形态的创新、改变意识形态创新滞后的局面是刻不容缓的任务

长期以来，我们意识形态的创新滞后于社会经济、社会政治的创新。意识形态对任何一种制度的巩固发展都是至关重要的。一种制度有四大要素：有指导思想或者叫意识形态，有象征体系，有社会角色在制度中行为的内在的规定性，还有行为规则或者行为规范。这四种要素中什么是最重要的？后面的三种都是表层的，都属于制度的外层保护带。改革开放四十年，我们进行的基本上是局部的、策略的、外围的改革，外围的制度调整。作为一种制度的核心、硬核部分的指导思想或者意识形态，我们的调整非常之小。要真正走向深水区的改革、完成改革的攻坚任务，就必须完成指导思想或者意识形态的创新。作为执政党——世界上连续历史最长、人口最多的超大规模国家的执政党，迫切需要有一种明确的清晰的世界观、价值观。唯有如此，党和国家的战略需求、核心利益和政治选择才能充分地被表达、被评估、被理解。这些年，我们逐渐从

一个独唱的社会转化为一个复调的社会，要表述、描述、批评或歌颂这样一个社会，我们必须构建一种更为复杂、更为丰富的话语系统。中共十六大报告指出，我们一定要适应实践的发展，以实践来检验一切，自觉地把思想认识从那些不合时宜的观念、做法和体制当中解放出来，从对马克思主义的错误的和教条的理解当中解放出来，从主观主义和形而上学的桎梏中解放出来。今天我们在很大程度上从以上的桎梏中解放出来了，但是依然面对三个问题：解放出来以后怎么办，往哪里去？第二，解放思想是否进入一个以建设为主的新阶段？摧毁、批判固然重要，固然不易，但建设、创造才是目的，也更为艰难。现在建设社会主义核心价值体系，我觉得是解放思想的一种深化。第三，我们的社会怎么做到有活力？从文化上说有不竭的发展的活水源头，就是每一个人内部都保留一个自由开放的心灵，他的生命的能量级提到最高的层次，整个社会的一种宏观效应，就是有活力。我们今天遭遇的相当多的问题都和我们的"说法"过时有关，我们的"说法"远远没有跟上我们的活法、我们的做法，这样也会造成一种脱序。

社会秩序的建立是靠语言工具来达成的，如果我们用于建构秩序和意义的语言工具自身内部不相洽，或者与我们的生活世界不相关的话，就会给我们的社会生活招致许许多多的矛盾情景。

二、社会主义核心价值观的特质

中共十九大报告指出：要以培养担当民族复兴大任的时代新人为着眼点，强化教育引导、实践养成、制度保障，发挥社会主义核心价值观对国民教育、精神文明创建、精神文化产品创作生产传播的引领作用，把社会主义核心价值观融入社会发展各方面，转化为人们的情感认同和行为习惯。坚持全民行动、干部带头，从家庭做起，从娃娃抓起。深入挖掘中华优秀传统文化蕴含的思想观念、人文精神、道德规范，结合时代要求继承创新，让中华文化展现出永久魅力和时代风采。

（一）价值观是文化的内核

究竟什么是价值和价值观呢？学术史上不同学派有不同的回答。一是"观念说”：价值归根结底是人类的一种精神现象，是属于人的旨趣、情感、意向、态度和观念方面的感受状态，它只产生于、存在于人们对实体的评价意识之中，只是来自于人的主观精神表现，并非一种客观的存在。二是“实体说”：价值本身是一种独立存在的实体或现象体系，人们最终可以在世界的某个地方或某种状态下找到它的终极存在。持价值实体说者又分为两派，一派认为价值是现实世界之外或之上的一个独立世界，是现实世界的最高的本质状态；另一派则把价值与价值实体等同，把一个有价值之物直接视为价值。三是“属性说”：价值并非特殊的实体，而是作为实体所固有的或在某些情况下表现出来的特殊属性而存在的。持属性说者又分为两派：“客观属性说”认为，价值是对象本身所具有的某种属性，不会因为主体的不同而不同；“主体属性说”则认为，价值就是作为主体的人自身所固有的本性、意识、意志等，人性就是价值。四是“关系说”：所谓价值、意义本身是一个关系范畴，指相互联系和运动所产生的一定作用和影响；价值既不是某种独立的实体，也不是任何实体固有的属性，而是人所持有的对象性关系现象。五是“实践说”：首先承认价值是一种关系现象，同时指出价值的客观基础是人类生命活动即社会实践所特有的对象性关系，价值是这种关系的基本内容和要素；价值的本质，是客观属性同人的主观尺度之间的一种统一，是世界对人的意义。

以上种种观点并不构成我们所要讨论的“价值观”或“价值观念”。价值观念不是有关价值是什么的看法，而是关于什么是有价值的这样一种问题的看法。“价值是什么”是学者要思考探索的学术问题，普通人没有必要也不会为这一问题冥思苦想。但是，“什么是有价值的”是所有的人都会遭遇到而又必须作出回答的日常生活问题。所谓价值观念，是人类社会时时处处都存在的价值关系和价值现象在人的头脑中的反映和显现。价值观念，即观念形态的价值意识，是指人们关于基本价值的观念系统，也即人们内心深处的价值取向和态度情感，它不同于严格意义上的价值观，后者作为一门理论分支，是关于某个对象领域的学说系统。

价值观念作为人类特有的一种精神形态，是指人们关于基本价值的信念、信仰和理想系统。从内容上看，它是人们关于什么是好、什么是坏，以及自己向往什么、追求什么、拥护什么、反对什么的观念、思想、态度的总和。从形式上看，价值观念具有不同于科学认知系统的特殊思想和精神形式。价值观念还有一个重要特征，就是方向性。价值观念既然包含对事物和行为的价值的理解和对好坏作出的判断，也就指出了价值的取向和追求的方向。价值方向相近的价值观念一旦结合到一起，就形成价值体系。值得指出的是，价值体系只能是价值观念的体系，而不能是由价值构成的体系。在一个价值体系当中，各种价值观念的地位并不相同，有些处于主导地位，有些处于从属地位。处于主导地位的，就是人们所说的核心价值观念；处于从属地位的，就是人们所说的外围的价值观念。

（二）社会主义核心价值观的内涵

“倡导富强、民主、文明、和谐，倡导自由、平等、公正、法治，倡导爱国、敬业、诚信、友善，积极培育和践行社会主义核心价值观。”中共十八大报告提出的十二个价值理念，富强、民主、文明、和谐，主要是在国家层面讲的；自由、平等、公正、法治，主要是在社会层面讲的；爱国、敬业、诚信、友善，主要是在公民层面讲的。

我们党倡导的这样一种价值观，与古今中外大多数国家所倡导的价值观一样，都具有以下特质：第一，简洁明了。核心价值观必须简洁明了，因为若是把复杂的意识形态理论体系直接作为核心价值观，多数社会成员就无法理解它，更无法践行它。第二，人人都能懂，但又没人能够全懂，因为价值理念是与人的生命生活生存血肉相连的，是不断生长变化的，既是在我们生活中的常识常理常德常情，又是我们永远追求的牵引我们温暖我们照耀我们的未来理想。第三，人人心中有，人人心向往，没人能全做到。国家、社会和公民的价值观，说到底是人的价值观，它必须符合人性，或具有一般人性的基础。当年孟子对仁、义、礼、智这四种核心价值理念一般人性根据的论证，对我们今天核心价值观的建设仍有重要意义。孟子认为，人之所以能培育出仁义礼智这四种德行（核心价值），是因为人性中存在作为仁义礼智这四种德行萌芽潜能或种子的“四端”（恻隐之心、是非之心、羞恶之心和辞让之心），也就是说，作为仁义礼智这四种德行萌芽潜能或种子的“四端”，是人人心中生而有之的，无须从外部灌输进去，尽管四种种子能否开出仁义礼智的道德价值之花，还要取决于后天的空气阳光水分养料等诸种条件。一种有着深刻人性基础的价值观，必然也是人人心向往的。既然核心价值观表达的是人类的道德价值理想，是一种至善至美至真的境界，当然在现实生活中不可能有人能够完全做到。第四，一个国家的所有公民，不分贫富贵贱，不分阶级阶层，不分宗教信仰，不分政党派别，人人都有分享这种核心价值观的权利，人人都有遵循这种核心价值观的义务。既然核心价值观是国家提供给所有公民的某种特殊的文化公共品，当然就不是对部分人少数人有效。即便是在等级森严的中国封建社会，仁义礼智信这种核心价值观也是人人共享的；无论是居庙堂之高的达官贵人（直至帝王），还是处江湖之远的平民百姓（包括穷乡僻壤的农夫村妇、街头巷尾的贩夫走卒），都是用这“五常”去判断生活中的是非真假美丑善恶。

三、培育和践行社会主义核心价值观的难点思考

建设社会主义核心价值体系，培育和践行社会主义核心价值观，是一项为天地立心的非常艰巨的任务。那么，完成这项任务的主要难题是什么？

第一，建设社会主义核心价值体系，培育和践行社会主义核心价值观，首先遇到的难题是它的定位和表述。我们知道，世界上多数国家的核心价值都表达得非常简洁，比如法国为自由、平等、博爱，美国为自由、民主、人权，高度浓缩的几个词，扩充开来可以作为一种有学理的、有生活经验作为基础的理论学说，类似孟子说的“四端”，有普遍的人性作为基础支撑。当然最简洁的是我们中国古人，仁、义、礼、智、信，五个字就全面地予以表达了。

第二，我们是一个多时态共存的社会，在这么一种困境下难以形成共识。一个历史最长、人口最多、近代以来变化最快的国家，其内部的复杂多样一定也是世界之最。今日的中国，就像是各个历史时代的人物同台表演的一个奇特舞台，各个历史时代的事物同时展出的一个陈列馆。在这么一种情形下，要建设一种作为全社会思想共识基础的社会主义核心价值体系，要找到一个13多亿人口都能认可的价值，一个类似最小公倍数、最大公约数的东西，实在不是件易事。

第三，让共产党员尤其是党的领导干部普遍自觉践行社会主义核心价值观并非易事。一种政治文化所倡导的价值，能否成为社会文化中的核心价值，能否最终成为多数社会成员所自觉追求普遍遵循的价值，固然要看能否有效地宣传，但最关键的是看这些价值的大力倡导者是否同时是这些价值的真诚信奉者

和坚定的践行者。文化并不仅仅存在于文献、文物、经典以及其他种种文化载体当中。当然，就像马克思所说，精美的精神天生就这么倒霉，它必须附着于粗鄙的物质当中，文化固然在物中，在书中，在事中，在制度中，但更在活着的人心中。文化的最好载体是活着的人，是带血的搏动着的心。

我们常常只知只见物的载体，不知不见人这个最重要的载体。要知道，当某种文化不在人心中存在的时候，即便它依然在物中存在，也只能是休眠式地存在；只有当它在人心中存在的时候，才会在各类物的载体中苏醒，才会在文化的现实生活中真实地发挥功能。我们现在觉得传统文化很重要，以为去看故宫，去读《论语》，就可以让它复苏。但是要使它真正作为活的存在，在我们的个体生命、在整个社会生活中复活，也非那么简单。首先要活在活着的个体生命当中，要有行动、意志、生命去张扬它，撑开它。形式要是有内容的话，形式是最重要的内容，形式如果没有内容，那它什么都不是。

对于任何一种文化文明来说，主义、理论、学说、理念，在某种条件下，构成魂魄式的重要的东西，但是如果它们从有机活体当中被剥离出来的时候，它什么都不是，不管你表达多么美好的愿望。我们现在总以为标语还贴得不够，若干规定还发得不够，其实这些已经从生活生命中剥离出来，已经什么都不是了，是标本而非活物。现在为什么假话大话空话这么多，一个重要的原因在于我们把文明的有机体肢解了，把其中原本作为活体中极为重要的构成要素的理念、主义、理论、学说，单独地剥离出来，以为仅凭它们就能有效地保存、传递和创新文化道德价值信仰。 事实上，再好的理念、主义、理论、学说，也必须要在生活的血肉之躯当中才有功能。这是一个不容易说清楚但是又必须说清楚的问题。

第四，社会主义核心价值观与一般社会文化的契合相宜需要长时间的调适才能做到。社会主义核心价值体系虽然必须有理想主义的光芒，必须以至真至善至美为最终追求目标，必须以马克思主义为指导，但它同时必须将中国的历史传统作为营养液，将整个中国的社会文化作为生长环境和土壤。在我们现在这么一个五光十色、众声喧哗的社会里，我们最急于需要的是一个文化公共品，这就是我们说的社会主义核心价值体系。中国不是一个简单的源自西欧那种民族国家，我们既是一个民族国家，又是一个文明体。

中国共产党在这样一个古老而又年轻的文明体执政，所提供的一切政治公共品同时也是文化公共品。作为公共品，至少要有两个特征，一是人人愿意消费，二是人人都可以消费。如果我们为社会提供的至关重要的精神公共品老百姓不愿意消费，或消费不起，不仅浪费了资源，做了无用功，而且会带来一系列负面的后果。因此，“贴近实际、贴近生活、贴近群众”，是社会主义核心价值观建设必须遵循的基本原则。文化实际上就是一个民族在历史当中，一代一代人活出来的东西，就像原始森林中年复一年地花开花落、叶发叶落而逐渐积累起来的腐殖质土壤。

如果否定了历史的延续性，那也就背离了我们党原本的目标，因为党是中华民族的先锋队，先锋队如果你不代表你这支部队，并且也忘了你的使命，那还能叫先锋队吗？我们是中国人的后代，文化上所谓一以贯之、薪火相传，传的是什么？传的就是从我们古人就信仰的至今依然活在人们心里、在生活中发挥实际影响的那些东西。传统构成实际生活的一部分和人民精神世界的一部分。贴近实际、贴近生活、贴近群众，从某种意义上说，就是走进传统。中国共产党人无疑是马克思主义理论上的衣钵传人，理论上我们必须用现代世界眼光，站在世界文明这个潮头上来规划古老而又年轻的中国的未来，所以要引入诞生自最先进的西方文明的马克思主义。但是中国共产党人首先是中国人，我们在文化上要当老子孔子的孝子贤孙。

返本方能开新。我们在文化上要创新，意识形态要创新，价值信仰体系要重建，就要尊重自己的历史，尊重文化上的祖宗，回到自己的原典。一个对自己民族的历史怀着轻薄态度的社会，是不会有创新的智慧的。面对真实的现实问题，重新向文化轴心时代的那些先贤们讨教，与他们切磋对话，必能让我们获得开拓未来之路的勇气和智慧。章太炎先生的一番话，既深刻揭示了现代各种主义与文明的关系，又告诉了我们继承传统应该继承些什么：“孔氏旧章，其当考者，惟在历史——特春秋明文，益当葆重耳。虽然，徒知斯义，而历史传记，一切不观，思古幽情，何由发越？故仆以为民族主义，如稼穑然，要以史籍所载人物、制度、地理、风俗之类，为之灌溉，则蔚然以兴矣。不然，徒知主义之可贵，而不知民族之可爱，吾恐其渐就萎黄也。孔氏之教，本以历史为宗。宗孔氏者，当沙汰其干禄致用之术，惟取前王成迹，可以感怀者，流连弗替。”①

第五，社会主义核心价值观建设还难在旧的意识形态习惯难以改变。这里指的“左”的意识形态，主要来源于苏联，与苏联模式的计划经济体制有着血肉联系，也在一定程度上受到革命战争年代所需要的思维方式的影响，以不合时宜的观念、做法和体制以及对马克思主义的错误的和教条式的理解为基础，以主观主义和形而上学为思维方式，以左倾为特征。

旧的意识形态包含着一些有害的思维方式。一是把重要的东西变成唯一的东西的思维方式；二是泛政治化的思维方式；三是重理轻情的思维方式；四是视欲为恶的思维方式；五是重主义轻生活的思维方式；六是人要完人、金要足赤的思维方式，非此即彼、战场式的思维方式。这些个思维方式的背后，隐藏着我们过去某些社会主义者的几大迷思：一是离开甚至拆除现有的历史舞台，另起炉灶重建整个人性、社会历史的迷思；二是无菌化生存的迷思；三是一揽子解决人类所有问题的迷思。有了这三大迷思才有前面的偏执的思维方式。

四、从文化时代的来临理解建设文化强国的目标

文化时代是相对于经济时代而言的。经济时代占主导地位的世界观是这样一种经济世界观：只要把经济学和经济作为社会的中心，作为主导思想来推动个人、机构、城市、地区、国家和国际发展，财富就能得到最大效率的增加，人们在所有生活领域的需求和展望就可以获得最大效率的满足。经济时代，多数国家和政府在为各种经济和非经济事务决策的过程中所采用的均为经济发展模型，这种发展模型把人类需求分解为经济的和非经济的两类，并把经济需求放在最主要的位置。经济时代，社会中的支配力量是：专业化、产品、生产、资本积累、谈判动机、竞争、技术、集中化、城市化、机械化、消费、消费者至上主义、全球化、贸易，以及货币化。经济时代经过长期的演变，在20世纪形成了今天的世界体系；它的主要目的是促进世界和经济发展；世界各国按它们的国民生产总值、经济增长率、消费量、储蓄和投资活动、国民人均收入等经济指标排列座次；经济实力最强者美国在这个世界体系中占据中

① 章太炎：《章太炎全集·太炎文录初编·别录》（卷二），上海：上海人民出版社，2014年版。

心地位。

种种迹象表明，文化时代将要来临。加拿大著名文化学者D.保罗·谢弗（D. Paul Schafer）认为，文化时代必须奠定在不可或缺的四大基础之上：一是就文化的性质达成总体上的共识，二是扩大、加深对文化的理解，三是树立文化史观，四是加强对文化精髓理论、实践准则以及历史传统的利用。这位学者是这样来刻画文化时代的主要特征的："在其包含一切的结构中，文化和民族文化、整体论、人民、人道关怀、共享、利他主义、平等、自然资源保护、合作，以及精神文明和环境保护，将获得更高的优先发展地位。这就有可能降低人类对自然环境、自然资源和其他物种的要求，同时也能够把财富、收入、资源和机会更平等地分配给全世界所有的人民和国家；同时，这种时代还将把人道主义推向一个更加强大的地位，使地球文明的未来发展方向得到切合实际的、持续连贯的确立。"①

文化作为一种软实力，在日趋激烈的综合国力国际竞争中处于举足轻重的地位。"软实力"（也叫"软权力"）的概念是美国哈佛大学肯尼迪学院的院长约瑟夫·S.奈（Joseph S. Nye）首先提出来的。十几年来，约瑟夫·奈所提出的"软实力"概念日渐成为世界各国政要和学者反复使用和阐发的重要概念，提高软实力也成为许多国家的自觉奋斗目标。软实力固然不是凭空而生的力量，它的强大一般是与经济、军事的强大相伴随的，它的提升也是需要付出实实在在的代价的。但是，经济和军事的强大并不必然带来文化的强大，没有强大的文化力作后盾的经济、军事上的强盛一般不能持久；而且，与经济、军事力量的提高所要付出的代价相比，软实力的提高所要付出的代价是低廉的。在资源、能源日趋紧张的今天，通过提高软实力增强国家的竞争力，尤为划算和显得必要。

经济文化化和文化经济化的发展趋势，使得整个经济中的文化因素占据着日益重要的地位，也使得文化产业迅速兴起成为整个经济增长中最引人注目的亮点。按文化人类学的新进化论学派的说法，文化是人类利用能量的一种机制。这种机制越是先进，人类人均利用的能量就越多。由此看来，不同社会经济体在发展程度上的差别，主要是由不同文化的发展程度上的差别所决定的。当今

① [加]保罗·谢弗：《经济革命还是文化复兴》，北京：社会科学文献出版社，2006年版，第9页。

时代，那些发达的社会经济体，经济在日益增强的程度上文化化了，文化也在日益增大的程度上经济化了，也就是说，人类过去在生产上主要听命于自然必然性、在消费上主要受制于自身的生物性、在流通上主要受制于地域性的经济活动，今天已在很大程度上变成了已克服种种自然的限制的自由自觉自为的创造性、享乐性、审美性的文化活动。作为人类利用能量的一种机制的文化，经过漫长的进化之后，终于达到了一个历史性的重大转折点，它所能利用和驾驭的能量已经足以使人类的生存方式、生活方式发生质变。人类已经处在了一个刻不容缓的历史转折点，必须朝着一个新的时代迈进，这便是文化时代。在文化时代，文化在社会历史舞台上已从幕后走向前台，从边缘走向中心，由配角变为主角；发展最终要以文化概念来定义，文化的繁荣是发展的最高目标；一个国家能否高瞻远瞩，尽早确立文化立国的战略，将决定它在未来世界的地位。

在这样一个时代，我们要谋求国家强盛文明复兴人民幸福社会持续进步，就必须形成一系列正确的文化理念：应确立文化发展是社会政治经济发展的最终目标的理念，用文化去评价整个社会的进步；应确立文化竞争力是国家核心竞争力的理念，把文化的大发展大繁荣上升为国家战略任务；应确立文化可以创造永久性财富的理念，推动我国的文化积淀、文化资源和文化创意转化为更多财富；应确立文化是无形资产的理念，使文化和文化创意发挥比货币资本更大的渗透力；应确立文化具有独特规律的理念，不能像搞运动和发展制造业一样发展文化产业；应确立大力发展文化贸易是主动调整贸易战略的理念，加快转变文化的贸易增长方式；应确立文化发展是优化产业结构的理念，用文化繁荣带动现代服务业发展。

（作者周熙明，中共中央党校文史部原主任、教授、博士）

文化自信时代重读核心价值观

李文堂

一、新时代的价值观重申

19世纪，尼采以一种预言家口吻宣布：“上帝死了！”然而20世纪的福柯也很快宣布：人也死了！西方文化遇到了价值虚无主义的严峻挑战。自由主义虽然通过社会契约与法治去解决社会冲突，然而其“价值中立”与相对主义的文化立场，加剧了这种虚无主义的流行。自由主义无心也无力回答人生与社会的意义问题，而把这些问题扔给宗教去解决。

马克思主义具有一种究天人之际、通古今之变的价值追求，对原子个体主义进行深刻批判，强调人的价值实现的社会历史过程，试图克服原子个体主义带来的人与自然之间、人与人之间等一系列冲突，最终实现人的自由全面发展。这样的文化理想，比自由主义更符合中国文化价值。社会主义在中国的传播与实践不断取得成功，原因很多，其中一大原因就是中华优秀传统文化土壤的滋养。中国文化的道德生命意识、仁爱精神、共同体精神、担道精神等道德理想主义，实际上成为革命与建设时期重要的文化价值资源。20世纪30年代，中国共产党在知识界开展新启蒙运动，提出民族文化口号；1938年《论新阶段·中国共产党在民族战争中的地位》提出马克思主义中国化，强调要继承孔子到孙中山的历史文化遗产。1940年《中国文化》创刊号发表“民族的科学的大众的”文化纲领；1943年《中国共产党中央委员会关于共产国际执委主席团提议解散共产国际的决定》指出：“中国共产党人是我们民族一切文化、思想、道德的最优秀传统的继承者，把这一切优秀传统看成和自己血肉相连的东西，而且将继续加以发扬光大。中国共产党近年来所进行的……整风运动就是使得马克思列宁主义这一革命科学更进一步地和中国革命实践、中国历史、中国文化深相结合起来。”这一切都清楚地表明，延安时期中国共产党具有强烈的中华文化自觉与担当。

今天，经过中国共产党长期不懈的努力，中国特色社会主义进入新时代，意味着久经磨难的中华民族迎来了从站起来、富起来到强起来的伟大飞跃，迎来了实现中华民族伟大复兴的光明前景，意味着社会主义在中国焕发出强大生命力，意味着中国文明通过社会主义得到复兴与更新。在这样的新时代，中国共产党越来越自觉到自己的文化身份与历史使命，越来越认识到中国道路的文明背景，一个文化自信的时代开启了。十九大不忘初心、牢记使命，将为人民谋幸福与中华民族谋复兴牢牢连结在一起，将文化自信作为新时代中国特色社会主义思想的重要组成部分，写入报告与党章。文化的地位再一次上升，不仅是“五位一体”的建设工作，而且作为四个自信之一的政治认同。在这样的时代，社会主义核心价值观的文化维度进一步凸显，文化内涵得到进一步充实。

十九大报告指出，文化自信是一个国家、一个民族发展中更基本、更深沉、更持久的力量。这种力量就是价值观的作用。习近平总书记指出，培育和弘扬社会主义核心价值观必须立足中华优秀传统文化。牢固的核心价值观，都有其固有的根本。抛弃传统、丢掉根本，就等于割断了自己的精神命脉。博大精深的中华优秀传统文化是我们在世界文化激荡中站稳脚跟的根基。要深入挖掘和阐发中华优秀传统文化讲仁爱、重民本、守诚信、崇正义、尚和合、求大同的时代价值，使中华优秀传统文化成为涵养社会主义核心价值观的重要源泉。他的这些重要文化思想，表明我们党在新时代走向第二次中华文化自觉，为我们今天建设社会主义核心价值观找到了文化根源与坚实的立足点。

一段时间里，有些人将中华优秀传统文化、革命文化与社会主义先进文化割裂开来，甚至简单地对立起来，对三者之间的承继与包容关系重视不够，犯了历史虚无主义的错误。十九大报告以强烈的历史使命与连续性意识，总结了中国特色社会主义文化的历史源流与基本构成，即“源自于中华民族五千年文明历史所孕育的中华优秀传统文化，熔铸于党领导人民在革命、建设、改革中创造的革命文化和社会主义先进文化，植根于中国特色社会主义伟大实践”。这种历史主义的文化自信，为社会主义核心价值观提供了广阔的文化资源。

社会主义核心价值观富强、民主、文明、和谐、自由、平等、公正、法治、爱国、敬业、诚信、友善这24个字，是我党在总结中华优秀传统文化、革命文化与社会主义先进文化的基础上提炼出来的，具体表达了社会主义现代化国家目标、现代性核心理念与共同体的价值认同，具有明确的价值引导作用。

二、我们的国家目标

社会主义核心价值观首先表达了建设社会主义现代化强国的价值目标，即富强、民主、文明、和谐。

富强作为现代化国家目标，是中国人百年悲情痛定思痛的结果。晚清以来，中国人深刻认识到，贫穷落后就要被挨打。严复翻译《原富》的目的就是要让中国人民富起来，通过富民而富国，使国家强大起来。在现代民族国家逻辑中，“富”必“强”。当然“强”不必“霸”，但不“强”是不行的，不强易被欺，也没有话语权。十九大报告指出，中国特色社会主义进入新时代，意味着近代以来久经磨难的中华民族迎来了从站起来、富起来到强起来的伟大飞跃，迎来了实现中华民族伟大复兴的光明前景。这几年，我们的经济增长对世界经济增长的贡献率超过30%，2017年我国经济总量达到80万亿元人民币，折合约12万亿美元，稳居世界第二位，农村贫困人口由8 249万人减少到4 335万人，贫困发生率从8.5%下降到4.5%。如果这么发展下去，富强之路越走越光明，中华民族伟大复兴指日可待，中国有望回到世界舞台中央的位置。

当然，富强作为社会主义核心价值观，并不局限于民族国家的价值目标，而是生产力发展逻辑与社会主义本质要求。因此，我们讲的富强，必然是共同富裕的基础上的强国目标，否则与那些建立在贫富分化基础上且富且强的国家没有差别。在追求富强之路上，美国的资本主义模式与北欧的社会主义模式差异巨大。我们富强之路是第三种模式，是由中国特色的社会主义性质决定的。

民主是五四新文化运动喊出的口号，是中国政治现代化的价值目标。各国的民主化道路都有自己的历史特点。英国议会民主制是通过不流血的“光荣革命”实现，这与英国长期的封建制与有效的议会制传统密切相关。法国这个具有中央集权与绝对君主制传统国家，议会并没有有效发挥作用，革命是流血的，而且革命与复辟交替进行，最后也没有走议会民主制道路，而是搞了一个半总统制，政局才稳定下来。美国的三权分立完全是另一个道路，更无可模仿。因此，十九大报告强调，世界上没有完全相同的政治制度模式，政治制度不能脱离特定社会政治条件和历史文化传统来抽象评判，不能定于一尊，不能生搬硬套外国政治制度模式。经过近一个世纪之久的反复探索，中国共产党走出了一条人民民主道路，这个民主是党的领导、依法治国有机统一的。人民通过代表大会行使法定的国家权力，同时始终通过党的领导形成共同意志。当然，随着新时代主要矛盾的变化，人民对美好生活的需求越来越高，社会主义民主仍然有待进一步完善。因此，报告强调，要长期坚持、不断发展我国社会主义民主政治，积极稳妥推进政治体制改革，推进社会主义民主政治制度化、规范化、法治化、程序化。

文明是中华民族古老价值理念，也是社会主义人的自由全面发展的必然要求。中华民族首先是一个文化民族，奉行文化论而非血统论，是一个以文教立国、文人治国的文明体。中华民族复兴意味着一个文明体的复兴。中华民族要强起来，没有高度发达的文化是不可能的。十九大报告再次强调，文化兴国运兴，文化强民族强。中华民族真正要强起来，不仅依靠政治经济军事的硬实力，而且需要依靠真心诚意的文化感召力、动员力。作为文明古国，历来懂得文化主义的怀柔方略，远人不服，则修文德以来之。习近平总书记指出，古往今来，中华民族之所以在世界有地位、有影响，不是靠穷兵黩武，不是靠对外扩张，而是靠文化的强大感召力和吸引力。因此，我们必须坚定文化自信，坚持百花齐放、百家争鸣，积极发展中国特色哲学社会科学，繁荣文艺事业与产业，不断满足人民对美好生活的需要，才能真正摆脱挨打、挨饿与挨骂的逻辑。

和谐是中国文化一以贯之的追求。中国文化讲“天人合一”“惟和”“和而不同”“致中和”，等等，既强调人与自然之间的和谐，也强调人与人之间的和谐，与西方文化人神冲突与丛林规则的紧张关系迥然有别。马克思强调共产主义就是人和自然界之间、人和人之间的矛盾的真正解决。不过这个文化理想只有在中国文化中才若合符节。这个“和而不同”的和谐理念，对形成“和谐共生”“多元一体”的文明体系起到了积极作用，对我们今天构建民族和谐、宗教和谐、政治和谐、阶层和谐、人际和谐等社会和谐具有重大现实意义，对于形成中华民族像石榴籽一样紧抱的共同体意识具有重大文化意义。

三、现代性的核心理念

自由、平等、公正、法治是社会主义市场经济、民主政治与法治国家建设的基本理念，是现代性的核心价值。

黑格尔说，现代性的原则就是自由。现代性以自由为起点，建立起平等、公正的法治体系，以确保市场经济、民主政治的有效运行。但是西方各国对自由的理解非常多样，导致不同的社会制度模式。西方文化中发展出意志自由、人格自由与个体自由三种基本意义。意志自由是基督教的核心思想。法国、德国文化价值观中，在意志自由基础上发展出人格自由精神，强调公民自由、政治自由这种共和主义的积极自由观，而英美清教文化传统中发展出个体自由精神，强调市民社会自由、财产自由这种自由主义的消极自由观。马克思主义试图克服政治社会与市民社会的分离，提出有人格个体的自由观，通过社会历史过程，实现人的自由全面发展，因而对人格自由与个体自由有批判有继承。社会主义的自由观，依法保护公民自由与财产自由，不断推动实现人的自由全面发展，使物质生活与精神生活不断增强自主性质。

平等是新中国社会主义实现人民当家做主的突出理念。平等可以分为人格平等、法律平等、机会平等与实质平等。社会主义强调人格平等，这种平等是以人的自由意志与道德尊严为前提的，与中华优秀传统文化讲一视同仁相贯通。法律平等是以人格平等为基础，保护法律面前人人平等，反对一切特权思想，保障人民享有平等的权利。机会平等是社会成员参与社会生存与发展的各种机会的平等，只有确保竞争机会、教育机会等平等，才能保证社会的横向流动与社会上下流动，否则容易导致社会阶层固化。实质平等则强调人的实际生存状态的平等，特别是社会福利保障。这种实质平等具有社会主义团结、人道性质。

平等不是简单的平均主义。平等需要公正来补充，否则就可能是一种不公正的平等。公正，主要可以分为分配公正、交换公正与司法公正。分配公正包括权利分配与财产分配，这种分配是根据一定规则实现的，如法律规定或市场机制，使每个人得其应得。交换公正是市场交换原则。司法公正则是法治社会的基本原则，法律是公正的制度保障，如果司法不公，法律也就失去意义。

法治是实现自由、平等、公正的价值的制度保障。法治作为社会主义核心价值观，主要强调社会主义现代化的法治精神，强调法的价值与权威。十九大报告强调，要建设社会主义法治文化，树立宪法法律至上、法律面前人人平等的法治理念。这种法的至上权威，是一种长期积淀的法治文化。西方法治精神实际上植根于基督教文明。尽管现代西方体制上讲政教分离，但文化观念上存在着千丝万缕的联系。伯尔曼强调，法律必须被信仰，否则就形同虚设。西方的法文化意义广泛，并非局限于国家法领域。在宪法背后有自然法支撑，而自然法背后常有上帝的永恒法的影子。英国大法官柯克与国王的辩论，凸显了“王在法下”的精神，而这没有神圣的法源是不可思议的。宋代宰相赵普与皇帝赵匡胤的对话也凸显了“道理为大”的自然法观念。实际上中华法系也有自己的自然法观念，齐法家所谓“道生法”“道高于政”的思想，都凸显了道法至上的法文化。而传统的法官，都是接受这种自然法的教育，强调天理良心在司法活动中的作用。我们今天的社会主义法治文化建设，在合理吸收西方优秀法文化的同时，也要挖掘中华优秀传统文化来滋养。

四、共同体的价值认同

爱国、敬业、诚信、友善是构建社会主义共同体的道德责任。

自由、平等、公正、法治主要突出现代性的个人权利，但是一个社会共同体，仅以权利原则是难以维系的。自由主义讲权利保护比较多，在道德价值问题上，往往持价值中立原则或价值相对主义立场，无法给社会提供整合社会的共同价值。自由主义的哲学立场往往建立在原子个体主义与社会契约论基础上。这种社会模式就像在一辆公共汽车里的乌合之众，不问你从哪里来，到哪里去，只要遵循一定规则，相安无事就好。因此它有严重弊端。比如近10年来，美国枪击案爆发频率越来越高，据英国《卫报》10月份公布的一项统计结果，美国人拥有约2.65亿支枪，每位成年人都有超过1支枪，平均每10天有9天是枪击日。2017年连续9起，而且死伤数目很大，但是控枪辩论一直没有结果。联邦法官对宪法第二修正案关于持枪的合法性条款做个体主义的辩护。这种原子个人主义假定了一种充满恐惧与防范的丛林规则，即所谓的“自然状态”，因而持枪就成了一种个体权利保护的需要。在美国几次枪击事件后，因恐慌导致购枪数量上升，就是一种自然状态的心理反应。因此，我们可以看到，一个社会如果建立在仁爱基础上的共同体的文化约束，那么权利保护与法治成本就很高，甚至陷入无政府状态。

社会主义核心价值观，立足中华优秀传统文化，以仁爱为基础，建立家庭、社会、国家的共同体意识，这与马克思主义矫正原子个体主义，反对将个体与社会对立，强调个体的社会历史存在，认为个人自由只有在真正的共同体中才能实现的观点是相贯通的。

中国文化具有强烈的共同体价值认同。中华民族历史上有忧国忧民的传统，范仲淹的忧乐观、岳飞的精忠报国思想、顾炎武的“天下兴亡、匹夫有责”思想，在近现代历史上汇聚成强烈救国救民精神，在帝国主义压迫下，表现出强大的精神动员力量，推动中华民族走向民族觉醒，同时使中华民族的爱国情感与民族意识，不同于一般的民族主义，更有历史文化家园感与道德理想主义色彩。

敬业、诚信是一个职业社会、一个陌生人社会必需的美德，否则一个共同体的社会分工与交换无法进行。这种美德，社会学家、文化学家称之为“社会资本”。经济学家过去往往做经济人假设，人同时也是一个道德人。一个有敬业、诚信美德的社会，交易成本会大大降低，而且法治成本也大大降低。而这种社会资本往往是历史文化积淀起来的。马克斯·韦伯分析了西方新教改革后形成的职业伦理具有上帝呼唤的神圣意义，诚信也以信仰为基础。随着这种文化淡出，功利主义抬头，这种资本也会逐渐丧失。中国市场经济历史悠久，宋代的契约经济就已经非常发达，敦煌发现古代契约文本几百件，形成了一个重仁重义、反对不义之财的市民文化传统。阳明学强调天理就在内心，发明纯乎天理之心，达到吾心光明，致良知、事上磨炼，走向民间，强调满街都是圣人，各行各业无论是在什么岗位，都可以通过致良知于事事物物，成圣成德，实现自我价值。这个思想运动推动了中国文化入世价值观的形成，对于我们今天建构社会职业伦理具有重要文化意义。

友善是社会的基本美德，是社会建构的基石。友善存在于任何文明当中，表现为多样文化意义。无论古希腊、基督教共同体都强调友爱的美德。近代法国启蒙价值观所谓“博爱”，法文就是兄弟之爱的意思。因此，许多古典社会都有情同手足的美德观，并由此发展为超越血亲意义上的平等人格之间的友爱关系。子夏所谓“四海之内皆兄弟”，进而发展到韩愈“博爱之谓仁”都为中华文化的友善美德提供了思想基础。如果没有孔子奠定的仁爱思想，那么中华文化强调的家庭共同体、社会共同体、国家共同体等伦理基础就不复存在。我们今天的社会主义大家庭，没有仁爱的文化基础，没有友善美德，将土崩瓦解。

五、谁是价值实践主体？

价值观总有价值实践主体。社会主义核心价值观，实践主体是谁？

社会主义核心价值观是面向中华民族、面向广大人民、面向社会、面向全党提出的。广大人民都是价值的担当者、实践者，都是价值实践的主体。但是，价值观的培育、弘扬、践行过程中，就需要先知先觉者，就需要有个先锋队、先行者，带领广大人民去践行社会主义核心价值观。十九大报告明确指出，中国特色社会主义最本质的特征是中国共产党领导，中国特色社会主义制度的最大优势是中国共产党领导，党是最高政治领导力量。因此，代表广大人民根本利益的中国共产党就成为特殊的价值担当主体。

富强、民主、文明、和谐这样的现代化国家目标，是作为执政党的中国共产党“五位一体”的建设目标，是中国共产党对人民的庄严承诺，自由、平等、公正、法治这样的现代性核心理念，是中国共产党治国理政，建设社会主义市场经济、民主政治与依法治国的价值取向。爱国、敬业、诚信、友善，是党动员人民构建社会共同体的价值准则，如果没有身体力行，就丧失道义动员力、感召力。党能否在实际工作中坚持社会主义核心价值体系这一基本方略，贯彻落实这个价值观，而不是挂在墙上的宣传口号，关键也看我们党，责任首先在我们党。

从中国共产党的起源及其社会文化功能来看，她既不同于西方议会制下的诞生的利益代表型政党，也不同于西方一般的工人阶级政党，而是一个经过列宁主义的洗礼，在后科举制时代，在新文化运动中诞生的道义型政党，具有强烈的道德理想主义，具有高远的文化追求，具有强烈的历史使命。因此，她成为中华民族复兴道路上的担当者、社会主义核心价值的实践主体，理所当然。

只有广大人民认同这个核心价值观，入脑入心，自觉加以实践，社会主义核心价值观才算真正确立起来。但是，长期以来，社会主义核心价值观的表达和宣传仍然太政治化，意识形态语言色彩太重。这就需要将社会主义核心价值观进一步提升到人文价值层次，提升到超越的文化信仰层次上来，贯通中西文化，重建中国人的道德生命意识，重建天理良心体系，立足心性改造国民教育方式。这就挑战我们的文化领导能力、文化创新能力，需要团结广大知识分子与文化人共同参与。

核心价值观传播不能局限于党内，也不应该局限于校园内，而应该通过公共空间（文化创意空间）向周围群众去传播。草根社会的人与人之间直接交往的人际传播是最有感染力、影响力的。基督教的传播很大程度上也依靠人与人之间的在场传播。周期性的、日常的、仪式化的、读经式、交往式的传播活动，会逐渐影响人的思想行为。现在我们在社会基层虽然也建了很多文化站，但其价值传播功能不足，只有一些知识性的书，没有文化经典导向与文化人的在场传播，因而主导价值取向不明。这个方面，我们应该继承与发展传统的书院文化。传统书院不仅仅具有教育功能，而且具有文化道统维系功能，在与佛教寺院文化的竞争中发挥出强大活力，成为传播儒家文化的“道场”。今天我们可以在融合中华优秀传统文化与社会主义文化的基础上，继续发挥书院的藏书、祭祀、讲道、养心等功能，将传统书院改造成符合现代人的文化气质、贴近百姓生活方式的“文化道场”，使我们的主导价值在民间生活中有真正的落地空间。在许多农村地区，传统祠堂教化功能也有待恢复。最近三年，浙江省大规模修缮农村祠堂，将它改造成充满现代生活气息的“文化礼堂”，挖掘村落历史文化遗产，发挥文化创意，重塑集体记忆，整理家规家训，复活集体仪式，以文化空间推动美丽乡村治理，重构在市场经济与选举民主撕裂的村落共同体意识，取得了辉煌成就。实践证明，只要我们党的文化意识真正觉醒，按照文化传播规律办事，一步一个脚印去走，文化建设一定会落到实处，社会信仰的重建必将显露希望的光芒。

（作者李文堂，中共中央党校文史部主任、教授、博士）

传统幕僚文化与新型智库建设

张　伟

智库在当代世界，尤其是西方发达国家，成为社会体系不可或缺的公共角色。它对社会健康运行起着不可替代的作用，对社会各个阶层都有深远的影响，成为国家软实力的重要标志。我国的智库建设也已经成为国家治理体系和治理能力现代化的重要内容。讲传统，中华文明源远流长，历史上从来不乏影响时事发展、让后世津津乐道的智囊人物；讲当下，中央顺应时势、及时决策，大力推动中国特色新型智库建设，迅速形成智库建设热潮。我国智库建设进入了前所未有的“春天”。

智库建设绝非空中楼阁，我国智库建设难免受古代幕僚文化影响。中国特色新型智库之“新”，主要是针对我国“传统智库”，如古代历史上的智囊人物、幕僚机构、幕僚文化等而言。开展中国智库建设，有必要了解中国历史上的相关文化和制度背景，有助于理解“中国特色新型智库建设”新在哪里。我国智库建设的重要任务，就是要在传统幕僚文化的基础上，实现中国智库的“现代化”。

一、古代幕僚文化与制度

中华民族是一个充满智慧且重视智慧的民族。据说“有巢氏时代”，当大军远征时，只得在旷野上临时搭起的帐篷内休息。这种帐篷，古代称“幄幕”。“幄幕”里的大小事物总要有人处理，这里的人便是“幕僚”形成的雏形状态。中国古代并没有现代意义上的“智库”机构。从向决策者提供咨询的角度，有两种常见情况。一是在政府机构和人员设置中，有些官职具有咨询、参议与信息搜集整理等方面的职能，为决策者提供信息和建议；二是以个人身份为权威人物出谋划策的幕僚。当然，这两种在有些情况下可能重叠。[①]其中一些著名的“智库”，如战国孟尝君的“三千门客”，唐代李世民的“十八学士”等，在历史上留下一段段佳话。归纳起来，主要有以下几类。

内朝官。在中国古代，以丞相为首的行政机构是正式的“朝廷”，领导全国各级政府的政务活动。当皇帝的权力与相权发生冲突时，有些皇帝会在“朝廷”之外任命一些亲信官员，另组班底，构成“内朝”。如汉武帝为削弱相权，提拔一些地位低微的儒学之士为侍从，任命他们为尚书、侍中、常侍、散骑等官。因他们在宫中办事，故称为“内朝”。这些人学识渊博，来自民间，比较了解民间疾苦，汉武帝常征询他们的意见，有时还让他们在朝廷与大臣辩论时政得失。这些内朝官事实上就是皇帝个人的国策顾问，在汉武帝推行改革中发挥了比较重要的作用。当然，随着历史的发展，当“尚书”等内朝官取代外朝官成为决策中枢之后，它便不再具有“智库”的性质了。

谏官。谏官是中国古代对君主直言过失并加以规劝的官员，如唐代的左、右拾遗与左、右补阙，宋代的司谏与正言，等等。宋时非常重视谏官的作用，设有专门的机构——谏院。而且，宋时谏官拥有很大的权力，散朝之后，皇帝与宰相议事，旁人不得参加，但谏官可以列席。因此，谏官所上章疏也多有关军国大事，在宋代政治生活中发挥了很大作用。宋以后，台谏合流，谏官的“智库”功能有所削弱。

使臣与采风官。中国自先秦时就有派人到民间采风编为歌谣的传统。《汉书·艺文志》谓：“古有采诗之官，王者所以观风俗。”这其实是古代君主搜集情报的一个重要渠道。这一传统为后人所继承，如王莽执政时即遣八人“分行天下，观览风俗”。[②]后世的采访使、巡按等名目的官员，甚至由一些宦官出使，往往都负有监察州县官员、了解民间疾苦、搜集地方舆情的责任，堪称皇帝的耳目与另一智库。

“师傅”与经筵侍读。中国君主向来重视对继承人的教育，商周之时即有师、傅、保等官员，辅导太子的学习与生活；其余王子及宗室等，也都有专门

---

① 何勇强、卢敦基：《中国古代如何使用“智库”》，《中国党政干部论坛》，2015年第3期。
② 《王莽》，曹相成译注：北京：中华书局，1986年版。

的老师，宋代甚至有宫学、宗学等专门的教育机构。至于君主自己的学习，汉唐以来，很多皇帝常听大臣讲经论史，汉时即有侍讲之名。至宋代，经筵讲读日益制度化，讲读官员的任用、讲读课目的设置、讲读日程的安排，成为常制，至元、明、清沿袭不变。这些学官，对于普通宗室子弟来说，只是一个老师，但对皇帝或有望继位为君的王子们来说，学习中的讲读讨论，常要涉及时政，讲读官因此也常起到智库的作用。

翰林、史官与馆阁官。中国自夏以来即有史官。史官的基本职能是记录皇帝的言行、编撰史籍。所谓左史记言，右史记事，有些史官因工作关系直接随侍皇帝身边，常得垂询应对；还有翰林学士等负责起草诏书的官员，在起草诏书的过程中也不免与皇帝讨论政事；唐宋以后广置馆阁，这里既是档案馆、图书馆，也是国家的储才之所，号为清望，他们常有机会与皇帝接触，加之本身知识渊博，也常成为皇帝的顾问。

幕府僚属与参谋官。幕府本指将帅出征时所设的军帐，主帅往往辟官参议军事。如汉代大将军当政，所辟幕府僚属往往成为他的智囊。宋代也有参谋、参议等官，参与军中谋议，与此类似。唐五代后，幕府的职位日渐固化，其职能也不再限于军事，而多参与民政、司法等领域。在唐五代藩镇割据的局面下，幕府官员与主帅的关系较为密切，他们对于长官，多能起到智囊的作用。当然，随着后来削藩措施的推行，幕府官员多由朝廷直接任命，其智囊的职能自然也便弱化了。

家臣、门客、胥吏与师爷。春秋战国时，诸侯有家臣，有的还豢养大批门客，即使到后世，权贵之家也多有部曲、家将、清客等类人物，他们与国家往往没有直接关系，依附于主人而生存。其中的才智之人往往成为主人的智囊。秦汉以后，随着官僚制度确立，吏员在国家行政中的作用日渐突出，一些吏员因其出色的才干成为长官的智囊，有些甚至得其提携，至位将相。唐宋以后，随着科举制的推进，官、吏分途开始变得严格，官、吏对立也变得尖锐，至明以后，一些地方官员请人帮助自己处理政务，俗称“师爷”。清代是师爷的全盛时期，绍兴师爷尤其著名。他们虽也以幕友相称，但与汉唐幕府官员已有本质区别，他们不再是国家工作人员，而只是官员私人秘书或顾问。

明清师爷，它的产生与科举制度的发展有密不可分的关系。科场上的胜利者虽长于文章，熟习经史，但多有不谙世事的腐儒，行政能力低下，甚至有被胥吏玩弄于股掌者。因此，熟习吏事的“师爷”便应运而生。中国古代的地方行政，有两件事情却是所有地方官员最为看重的，一是税收，二是司法。清代师爷极盛，也有各种名目，但最常见的则是钱粮师爷与刑名师爷。因此，精通钱粮、刑名方面的知识便成为官员选用师爷时需要考量的重要内容。

二、现代智库与古代幕僚的主要区别

总体来说，现代智库与幕僚、师爷等具有显著区别，是规范化、制度化和科学化的咨询机构，是智囊集中地，是以服务社会、服务决策为宗旨。具体来说：

第一，从人身依附性幕僚到公共组织，利益取向不同。在中国历史上，并没有现代意义上的智库，只有带有人格依附色彩的“智囊”，也称谋士、策士、幕僚、军师或翰林等。尽管智囊的智谋对社会公共活动产生重要影响，古代智囊是从属于私人的个体或团体，但其根本目标是服务于个人。与古代智囊不同，现代智库是以追求公共利益最大化为目标，服务于公共决策活动，根本上是为了保障公共管理的公共性和科学性。智库服务于政府、社会以及整个国家，而不是服务于某个执政者个人；以政策研究为核心，但不仅仅限于出谋划策；智库是具有鲜明社会公共属性的非营利性组织，而不是依附性的私人幕僚。

公共性或非营利性是现代智库的重要特征。智库是以服务公共决策为目的，开展公共政策研究和咨询的专业化社会组织。不同于一般企业战略规划、咨询机构，智库是公共决策咨询体系的组成部分，对公共事务会产生重要影响。智库主要是以公共政策为研究对象，以影响政府决策为研究目标，以公共利益为研究导向，以社会责任为研究准则的专业研究机构。因此，我国新型智库都属于公共事务类型，都是讨论公共议题的，不是讨论私人议题的。公共性议题类的智库在中国是没有传统，中国传统的智库是私人性的智库，比如说以前的幕僚、师爷等。

第二，从单打独斗到通力合作，组织形式不同。虽然“智库”的雏形“智囊团”早在中国古代早已出现，如春秋战国时期的门客集团、东晋时期的清谈派、三国时期魏国和吴国的谋士群体等。但是，现代智库与古代智囊（团）有着本质上的区别。

智库为公共管理和国家治理聚贤荐才。智库通过为政府储存和输送人才，提升国家治理能力的水平和素养，进而提升国家治理能力现代化。智库之所以能影响决策，关键在于其拥有一大批贤能之士，包括专业人才和智库管理人才，发挥专家团队优势、有效激励智库人才是决定智库生存与发展的核心因素。中国智库成长经历业已表明，人才在政府和智库之间流转，对于建设成功智库的重要性。智库作为思想库，其影响力的实质在于聚集一大批有思想、有理想的优秀研究人员和人才团队。智库要努力培养和造就一批德才兼备的专业人才和管理人才，充分发挥人才“旋转门”作用。政府可在智库的研究人员中选拔高级官员，而离任的政府高级官员也可进入智库开展政策研究工作，继续发挥专长和影响力。

第三，从一般知识到特定方案，专业程度不同。现代社会，公共决策活动具备高度的专业性和复杂性特征，决定现代公共决策需要专家和智库的辅助参与。公共决策是政府配置社会资源的主要手段，体现着社会价值的权威性分配，直接影响利益相关者之间的利益关系及社会利益格局。由于公共政策的社会联动效应，公共决策一旦失误，造成的损失和社会后果是非常严重的，如一项经济政策产生的社会效应不仅仅是刺激GDP的增长，还会影响到就业、社会福利、医疗保险、政治稳定、大众文化、社会心理等领域。因此，从促进社会进步与社会发展来看，公共政策的最优化应该是最大限度地满足社会的公共利益，而不是为了牟取部门利益、行业利益、团体利益甚至是个人利益。由此可见，公共决策是一项科学性、专业性、系统性很强的工作。

古代智囊主要向决策者提供一般知识，现代智库主要是向决策者直接提供决策方案。古代智囊团是由一群谋士组成的为君王服务的参谋团队，这些谋士一般精通军事、外交、历史、地理、文学等学科知识，如苏秦、张仪等。而现代智库是指由专家组成的，为决策者在处理经济、社会、科技、军事、外交等方面事务出谋划策，提供最佳理论、策略、方法、思想等的公共研究机构。古代智囊团都是直接为君王服务的谋士团队，而现代智库的种类则相当丰富，包括官方、半官方、高校、民间、网络、媒体等各类型智库。古代智囊和智囊团的策略重点是军事和外交，而现代智库的关注点则从军事、外交拓展到经济、社会、科技、文化、民生等诸多方面。

第四，从传统经验到现代科学，思想水平不同。中国特色新型智库在研究内容和方法上都具备传统智囊不具备的创新特点。一是智库研究内容必须以理论创新为基础，表明决策咨询研究离不开学术研究的强有力支撑。决策咨询研究虽然是基于现实问题和实践需求，但不能脱离人文社会科学研究和自然科学提供的理论基础。决策咨询研究的重要责任，就是通过语言系统的转换，将理论研究成果转化为能够影响政策制定者做出有助于提升大部分社会成员福祉的公共政策，由此提升理论研究的应用价值。二是智库研究应体现决策咨询研究的问题导向与前瞻性，表明智库研究必须具有实践意义与可操作性。决策咨询的研究成果应当可以落地，转化为实实在在的可执行可操作的政策，而且要在制度设计上具有合理性，这就要求智库专家重视实地调研，在全面掌握问题现状与趋势的基础上，提出符合发展趋势、能指导现实并包含未来的政策建议，切忌脱离实际的主观臆断。三是创新智库的研究方法。不同类型的智库在弥合知识与政策之间的鸿沟时，所采用的方式方法很多，有的通过内参、专家咨询会等形式直接为政策制定者建言，有的选择出版具有影响力的专著、研究报告获取公众影响力，或选择在媒体上发表自己的观点获取媒体影响力，从而间接影响政策制定。不同类型的智库及其采用的不同方式，对政策制定的影响力往往存在较大差异。

第五，从工具化到民主化，价值取向不同。智库是政府系统之外的社会机构，是政府与公众之间理性沟通的通道，是公共利益聚合与表达机制，是启发民智的平台。建立智库参与公共决策过程的机制，将对决策目标的优化、决策程序的科学化、决策技术的革新，也对决策民主化起到巨大的推动作用，使得决策过程公开化、民主化有了制度性基础和保障。尤其是通过培育和繁荣智库（思想）市场，在智库之间形成参与决策的竞争机制和秩序，将有力助推决策公开化、民主化的实现。从国际上来看，由于现代社会的信息、环境和技术等决策因素日益复杂、多变，决策部门与决策研究咨询部门逐渐分离，公共政策制定也越来越依赖于来自政府系统内外的、由各种专家组成的智库所提供的政策建议和方案，使得公共政策过程和结果不再局限于决策者的“小黑屋”。

三、脱胎于幕僚文化的内参模式

通进奏章，是“智库”官员发挥作用的最重要渠道。这些官员中，谏官与使臣所上章疏尤为特殊。对于谏官来说，上奏章是其最本职的工作，而且谏官拥有其他官员所没有的“风闻言事”的特权，他们与台官相结合，常成为皇帝制衡丞相的利器，在政治斗争中发挥重要作用。至于使臣，他们多因负有特殊使命，所上章疏也非常有针对性。在宋代，使臣出使外国，回国后撰写奉使记（录）成为一项传统。他们所撰写的奉使报告，也成为朝廷了解外国国情、制定对外政策的重要依据。另外，对于经筵官来说，经筵议论则是他们发挥智库作用的主要渠道。经筵讲读中，皇帝经常会出言询问。作为一国之主，他的问题不一定是经史方面的，而往往会涉及时政得失。一些讲读官也往往在讲论经史之时夹带“私货”，讲述自己的执政理念，进而影响皇帝决策。智囊人员发挥作用的另一重要途径便是起草文书。因为在起草文书中经常需要与决策者互相商量，文书的执笔者往往能影响君主或长官的决策。编撰典籍是智库官发挥作用的又一重要途径。当代的智库撰写研究报告或论文，分析形势，注重作预判性的研究，而古人则更重视从历史中寻找智慧。甚至，因智库人员常与君主、长官有较亲密的私人关系，日常讨论有时能发挥非常重要的作用。

应该说，我国当前新型智库建设与中国古代幕僚制度并没有直接的传承关系。然而，文化和制度的血脉难以轻易割断。我国开展智库建设，难免受到古代幕僚制度的影响。其中最具有典型意义的，是中国智库的“内参”模式所带有的古代幕僚文化痕迹。

“内参”是中国智库成果的重要形式。内参已经成为各部门和地方反映情况的重要渠道。许多中央或国家部委都有各自的内参，通过各种形式呈送中央或国家领导。一些资政职能较重的部门，甚至有数份具有不同特点与功能的内参。尤其中央和省级重点新闻媒体单位，在公开报道之外，往往通过内参向中央或地方党委政府反映社情民意。[①]其中，影响最大、数量最多、内参制度最健全的是新华社。[②]如果说新华社内参更多以信息为主，那么其他机构的内参则更具有“智库”成果的思想性、建议性特征。

内参是领导干部获取信息的重要来源和进行决策的重要依据。内参真实度、敏感度、深度都远超公开报道，形式高度简洁、内容直奔主题，因此内参具有很强的可读性和参考价值。并且，内参作为特殊的内部信息汇报渠道，可以直接到达决策者的办公桌，其效率是一般渠道所不可比拟的。一些领导干部

① 政知局：《直通中南海的内参，如何影响中国？》，《凤凰资讯》，2016年4月20日。

② 参见维基百科，网址https：//zh.wikipedia.org/wiki/%E5%86%85%E5%8F%82。

也非常重视内参的信息，不少领导干部工作的一天是从看内参开始的。领导干部甚至就重要问题直接在内参上做出批示，带有领导人批示的内参转到相关省市或部委领导手中，有助于推动一些重要问题、复杂问题的迅速解决。长期主管文宣工作的胡乔木赴美访问，曾发表题为《中国领导层怎样决策》的公开演讲，向国际社会透露内参是领导及时了解信息的最重要的来源之一。[①]有学者在总结中国公共政策议程设置的模式时，提出了其中有一种所谓的“内参模式”。[②]

毫无疑问，作为传统的智库成果形式，内参在我国公共事务决策过程中占有重要地位；在当前智库建设中，内参将继续发挥不可替代的决策咨询作用。同时，内参模式的最大特点，是其信息内容和传递过程的封闭性。而恰恰是这种封闭性，不仅成就了内参模式，也限制了内参模式在智库建设中作用的进一步发挥。

首先，内参信息影响议程设置的均衡性。在决策过程中，决策者应基于全面、客观的政策信息，对政策问题的轻重缓急程度、对策方案的成熟程度进行综合权衡，对相关者利益冲突进行考量取舍，最终做出政策决断。其中，作为政策科学中的一个重要认识，议程设置决定了什么样的政策问题会引起决策者的关注，这本身就是一种重要的决策权力。内参渠道是封闭的、垄断的，只有少数部门、少数人员具有撰写和呈送内参的权利，而且内参内容要经过严格的逐级筛选。最终达到决策者的内参所反映的问题内容，相对于繁多的社会舆论和政策问题，往往是“沧海一粟”。这些内参所反映的问题，既不能保证是最重要的，更不能保证是最紧急的。在领导干部过于依赖内参信息的情况下，一定程度上内参不再仅仅是决策辅助工具，而成了决策权力。打个比方，在竞争性的决策议程设置中，内参是具有“插队权”的。而这个“插队权”是否优良，既无法在道德上保证，也无法在质量上保证。

其次，内参信息存在失真的风险。内参的传递渠道是单向的，自下而上，领导是否看到，看到后有什么感受甚至批示，一般情况下并没有自上而下的反馈。即使有批示，一般情况下也是传递给落实批示内容的实际工作部门、地方或相关负责人。在这种封闭且单向的信息传递过程中，由于缺乏即时互动，存

① 胡乔木:《胡乔木文集》(第2卷)，北京：人民出版社，1993年版，第271—272页。

② 王绍光:《中国公共政策议程设置的模式》,《中国社会科学》，2006年第5期。

在信息失真风险。更重要的是，在缺乏开放性、竞争性信息渠道的情况下，内参的信息即使能保证真实客观，但不能保证全面完整；内参的建议即使能保证言之有理，也不能保证面面俱到。而众所周知，公共政策无论问题还是对策，往往是复杂多变的，绝非“一加一等于二”那么简单。在缺乏公开讨论的情况下，决策风险大大增加，容易导致决策失误或难以预料的副作用。

再次，内参模式抑制了智库建设发展的空间。在当前智库影响力评价中，内参不仅是智库成果形式之一，而且是最重要的智库成果形式。相对其他内参成果形式，内参往往被当作唯一“过硬”的成果形式。尤其被领导批示的内参，成为最具有含金量的智库成果。而哪些机构具有内参渠道、具有何种内参渠道，其格局基本固化，并非简单通过智库建设所能轻易改变。实际上，只有层次最高、职能最特殊的部分官方智库拥有制度化的内参成果报送渠道。相对而言，非官方智库的研究成果很难有呈送重要决策者或重要部门的途径；即使有，也只能通过非制度性的、不可持续的特定渠道，或者利用体制内其他智库机构的内参渠道。这样，表面上是挤压了非内参智库成果的传播空间，实质上是挤压了非官方智库的发展空间，最终抑制了智库建设整体的发展空间。

内参模式封闭性的实质，是将公众排除在决策过程之外。在这个模式里没有民众与决策者的互动，只有智囊们与决策者的互动。其中，决策者居于绝对主导地位，而智囊则居于被动附属地位。智囊建议能否受到决策者青睐，具体对决策者产生什么影响、多大影响，主要取决于决策者。智囊往往不会努力争取民众的支持，而更看重决策者的赏识；他们有时甚至不希望所讨论的问题变成公众议程，因为担心自己的议案可能招致民众的反对，最终导致决策者的否决。智囊建议往往缺乏独立性，倾向于揣摩和迎合决策者的喜好，前瞻性及战略性的眼光受限，更多体现和支持了“长官意志”。

实际上，向决策者或决策部门呈送内部报告，是每个智库都会有的、常规性的成果传播形式之一。问题不在内参模式本身，而在于内参模式的垄断性。解决问题的关键，在于培育多元化的智库机构竞争机制，以及开放性的智库成果传播机制。

（作者张伟，中共中央党校政法部教授、博士生导师）

优秀文化传承与道路自信

包路芳

英国著名的科技史专家李约瑟毕生编著了15卷的《中国科学技术史》，却被一个问题所困惑："尽管中国古代对人类科技发展做出了很多重要贡献，但为什么科学和工业革命没有在近代的中国发生？"这在以后被称之为李约瑟难题。英国另一位著名学者汤因比，经过对中国和世界历史的深入研究，则发出了这样的预言：21世纪将是中国的世纪，正如19世纪是英国人的世纪，20世纪是美国人的世纪一样，中国必将重新崛起。面对中国改革开放以来的飞速发展，世界为之惊叹，中国何以能够在如此短的时间里，走过西方发达国家一二百年的里程，这又被称为新的李约瑟难题，全世界都在关注中国道路和中国模式。对此，习近平同志在2014年初访问欧洲的时候，简要地给予了回答：那就是中国幅员辽阔，人民勤劳勇敢和具有五千年的文化积淀，丰富的优秀传统文化家底，是中国崛起和发展的坚强基石。

习近平同志说："中华文明源远流长，孕育了中华民族的宝贵精神品格，培育了中国人民的崇高价值追求。自强不息、厚德载物的思想，支撑着中华民族生生不息、薪火相传，今天依然是我们推进改革开放和社会主义现代化建设的强大精神力量。"回顾中华民族五千年文明史，中国在古代创造了辉煌的农业文明，通过精耕细作和优秀传统文化的维护，在有限的自然资源基础上养活了比别人多得多的人口。虽然也饱经战乱、朝代更替，总体上几千年既没有换人也没有换地，直到清中叶还是信心满满的。当古老的农业文明面对强大的工业文明，由西方开启的现代化风潮席卷神州大地，令人痛心的屡战屡败、屡败屡战的近代史不堪回首，成为每一个中国人的痛。经历了几多战争和平、几多革命改良、几多文化风暴，这一百七十多年中国人有太多的辛酸和血泪。正是在亡国灭种的威胁下，中国人民自强不息，在中国共产党的领导下完成了历史赋予的“三件大事”。从一盘散沙凝聚成强大的中华民族，在一穷二白基础上快速推进现代化建设，特别是改革开放以来的加速发展，充分证明了只有社会主义才能救中国，只有中国特色社会主义才能发展中国。正如习近平同志总结的那样：“独特的文化传统，独特的历史命运，独特的基本国情，注定了我们必然要走适合自己特点的发展道路。”

人类的思维和行动，归根结底是由许多二元对立概念建构的。其中最基本的莫过于公与私的对立概念，几千年来影响着人们的思维，决定着人们的成败得失，还被赋予高低贵贱的道德评判。之所以如此，是因为人类这一独特的群体，一方面如所有的生物一样是个体存在的生命史，另一方面，人类独特的生命史又必须是在群体中来完成。于是人既是生物的个体的人，更是社会的群体的人，始终生活在公与私的纠结之中。在不同的文化和不同的时代背景下，公和私的分量此消彼长，分分合合，莫衷一是。公私分野，在不同的时代和不同的国家产生了不同的社会制度选择，中国之所以走上社会主义道路并进而深化出中国特色社会主义，既是历史的选择、人民的选择，也是文化的选择。

一、以私制公是西方资本主义社会的伦理基础

恩格斯在《家庭私有制和国家的起源》一书里，给我们形象讲述了公与私的发展历程。由于劳动生产率的发展，产生了私有财产，因此形成了阶级和阶级对立；由于各阶级的冲突导致以血亲家族为基础的旧社会被炸毁，被组成国家的新社会所取代；家庭制度受所有制支配。在本书中，恩格斯研究了史前各文化阶段与家庭的起源、演变和发展，着重论述了人类史前各阶段文化的特征、早期的婚姻和从原始状态中发展出来的几种家庭形式，指出一夫一妻制家庭的产生和最后胜利乃是文明时代开始的标志之一。恩格斯根据大量史料，阐述了原始社会的基本特征。分析了原始社会解体的过程和私有制、阶级的产生，揭示了国家的起源、阶级本质及发展和消亡的规律。

欧洲在经历了漫长的中世纪神学统治之后，14 世纪中叶从意大利的佛罗伦萨、威尼斯开始的文艺复兴运动，迅速扩大至欧洲各地。一直漫延到 17 世纪初

的这场思想文化运动，高举人文主义精神的大旗，核心是提出以人为中心而不是以神为中心，肯定人的价值和尊严。主张人生的目的是追求现实生活中的幸福，倡导个性解放，反对愚昧迷信的神学思想，认为人是现实生活的创造者和主人。“公”为核心的封建国家神学架构，受到了倡导个人权利的“私”的冲击，为欧洲的工业革命注入了思想解放的活力，由此带来了工业文明的蓬勃发展和资本主义制度的建立，成为人类历史上辉煌的一页。因此也形成了欧美为代表的西方文明的特征：强调个人的私，通过个人权利的保障来制约公权，形成“以私制公”的所谓现代民主治理体系。个体主义成为西方伦理道德文化最基本的精神特质，“个体主义的基本观念有：个人利益先于和重于社会公共利益；社会公共利益由个人利益合成且终究是为了个人利益；个人利益不应为了社会公共利益而被损害或无条件地被牺牲”。①

早期资本主义在原始积累阶段，把“私”字发展到压倒一切的高度。“人不为己、天诛地灭”成为人们普遍的信条。新兴的资产阶级为了追逐利润，不择手段地对内剥削，对外侵略，海盗劫掠，贩卖黑奴，在生存竞争、为富不仁的残酷剥削制度中，积累了每个毛孔都渗透着劳动者斑斑血迹的原始资本，建立了贫富两极分化的资本主义社会。以“私”字为中心的资本主义思想和制度极大地调动了人们创造社会财富的积极性，发展了近代的科学技术和工业生产，促使社会生产高速度发展，社会财富急剧增加。但社会财富分配极度不公，加剧了贫富两极分化和阶级对立，造成了严重的社会政治和经济危机。于是产生了要用暴力手段“消灭私有制”“实现公有制”，建立“共产主义社会”的早期马克思主义理论和实践。伴随帝国主义扩张和资本对全球殖民地的掠夺，公与私的矛盾引发世界性危机和政治格局变化，二次世界大战后大批殖民地、半殖民地国家独立，先后产生了苏联、中国等一系列社会主义国家，开始了近半个世纪的东西方两个阵营的冷战和竞争。在这一历史进程中，西方文明也在不断调整公与私的关系，经济制度上不断完善股份制，政治上发挥工会作用，缓和劳资矛盾，推进资本主义民主制度，淡化阶级对立的所谓民主资本主义（甚至有的就称之为民主社会主义）兴起，使资本主义制度得以不断更新和发展，更以自身标榜的所谓“民主、自由、人权”，不断影响今天的世界。

① 唐凯麟：《伦理大思路》，长沙：湖南人民出版社，2000年版，第204页。

无论其形式如何翻新，坚持从私人利益出发谋求公共利益与私人利益关系的和谐，是西方近代文艺复兴以来公私之辨的主流。从西方伦理思想家解决公共利益与私人利益的关系中，可以明显地看到两种基本思想路径：一是从个人利益的视角出发，在市场经济的社会模式中，来构建自己的公私利益关系理论，旨在论证个人利益之于现代社会的充分合理性与正当性；二是在强调个人利益至上的基本原则下，注意到公共利益之于现代社会的不可或缺性，即使在极端强化个人利益优先的古典自由主义理论中，也从来不缺乏对公共利益的肯认。①

二、崇公抑私是中国文化的传统取向

具有五千年文明史的古老中国，从一开始就走出了和西方文明完全不同的发展道路。德国学者魏特夫（Kart August Wittfogel）在马克思、恩格斯关于亚细亚生产方式的研究基础上，迎合当时的“冷战”需要，1957年出版了《东方专制主义》一书，“创造性”地提出了包括埃及、西亚、中国、印度、墨西哥、秘鲁等地在内的所谓“东方”，由于水利灌溉对于农业的发展具有特殊的意义，决定了社会的分工情况、村社组织的长期存在，决定了作为水利设施的兴修和管理者的国家最高统治者必然实行专制统治。在魏特夫看来，由于“治水农业”社会的水利建设和管理工程巨大，需要高度集中组织和强势控制才能完成，导致“建立了庞大的社会和政治结构”，于是就形成了所谓的东方专制主义，而中国正是这一特征的集中反映。剔除其失实和偏见的一面，魏特夫认为东西方社会是两个完全不同的社会形态，东方社会的形成和发展与治水密不可分，大规模的水利工程的建设和管理必须建立一个遍及全国的组织，说明中国文明有着重社会轻个人的取向。

比之西方文明重私轻公的特质，中华文明一直具有崇公抑私的特性。也就是说中国文明很早就形成了集体主义的倾向，在公私分野中从一开始就偏向于“公”的一方，所谓“昔先圣王之治天下也，必先公。公则天下平矣，平得于公，尝试观于上志，有得天下者众矣，其得之以公，其失之必以偏，凡主之立

① 于建东:《公与私的抵牾与和谐——一种中西比较的伦理视角》,《伦理学研究》,2013年第2期。

也，生于公”（《吕氏春秋・重己》）。追溯中国最早的政治传说，自从盘古开天地，三皇五帝时就实行选贤任能、权利禅让的政治制度，从而树立了大公无私的千秋典范。《商君书・修权》曰：尧舜之位天下也，非私天下之利也，为天下位天下也。《荀子・成相》强调：天之生民，非为君也。天之立君，以为民也。《吕氏春秋・贵公》亦强调：昔先圣王之治天下也，必先公，公则天下平矣。一方面要论证王权的天命合法性，另一方面也意在抑制帝王之独占天下而极度膨胀的权力欲和为所欲为的一己之私欲。“夫正国者，不可以昵于权，行权不可以隐于私。昵于权，则民不导；行权隐于私，则政不行。”（《国语・晋语八》）秦统一全国后，中央集权的政治体制正式形成，君主政治统治的合法性应基于其代天牧民或公心为民的贤德基础上，故汉儒董仲舒极力推言“王承天意，以成民之性为任者也”（《春秋繁露・深察名号》）。鲍宣亦强调天子：治天下者当用天下之心为心，不得自专快意而已也。（《汉书・鲍宣传》）。

在五千年文明史里，我们民族在公与私的较量和选择中，早已形成了一套辩证的看法和做法。《诗经》云：“雨我公田，遂及我私。”（《诗经・小雅・大田》）明确表明公私和谐共存的社会现实，儒家经典里的“人不独亲其亲，子其子”，这个“不独”的意思就是先私而后公。“老吾老以及人之老，幼吾幼以及人之幼”，这个“以及”的意思仍然是先私而后公。在为私的基础上以公为主导，这就是《礼记》所说的：“大道之行也，天下为公”的“大同世界”，也形成了“公道”“公德”“公正”“公平”等一系列道德伦理观念。

如何处理好公与私的关系，是古往今来为政者探讨最多的问题之一。总的来说，在我国二千多年的封建历史中，崇公、尚公形成主流。儒家经典《大学》强调：“大学之道，在明明德，在亲民，在止于至善。知止而后有定；定而后能静；静而后能安；安而后能虑；虑而后能得。物有本末，事有终始。知所先后，则近道矣。”从而形成中国传统知识分子一直坚守的信念：“诚心、正意、修身、齐家、治国、平天下”，以仁为本，忠恕至上，在性格上体现出温和与理性，在执政上体现着“人本”和“民本”理念，形成了“水可载舟也可覆舟”的“贵民”思想。造就了如宋朝政治家范仲淹“先天下之忧而忧，后天下之乐而乐”，明清之际顾炎武的“天下兴亡，匹夫有责”的担当精神。每当民族危机、国难当头之际，总会有人挺身而出，甚至慷慨就义，更多地表现在刚直不阿、为民请命上，重视安民和治国的关系，彰显高尚的公而忘私精神。

这种天下观所强调的“崇公抑私”的政治理念，旨在倡导一种高尚的“尚公抑私”政治情操，也不断在实践中提供制度上的保障机制，强调国家至上。但由于君主居于国家之巅，最后的结果是加强了君主专制。由于不敢承认人民有自生自治的能力，不承认人民有反抗而更换政统的权利，不承认人民享有真正的治权，而将整个天下治乱完全系于帝王一人之身，“崇公抑私”的政治价值，往往会被扭曲而最终走向或陷入君主以我之大私为天上之大公的窠臼，形成公私失衡、治乱交替、王朝更换的历史演变。因为缺乏对公私的一种合理的明确界分，甚至不承认“私”的合理性，实际结果是，奉行上述政治道德者虽不乏其人，但“私”也不可避免地或只能是以“公”的面目出现、蔓延开来，从而公私之间的界限也就往往被模糊或扭曲，“以权谋私”“假公济私”者得以合理合法地肆行于世①，历朝历代公私不分，贪污腐败盛行，亲民掠民轮回。加上以农为本、重农抑商、安土重迁、封闭保守，自宋以后中国资本主义总是萌芽，却总是成长不起来，直到西方文明打上门来，才惊慌失措地面对“三千年未有之变局”。

不难看出，中西在公私关系措置问题上存在很多差异，比较突出的就是中国传统文化压倒性的价值主张，即尽量消解或弱化“私”在现实生活中的地位和影响；而西方文化则更加强调“私”的基础性和生命本然性的意义。但是中西公私之辩在价值维度上也存在着明显的共通性，即都注意到公私关系对社会和个体存在与发展的重要意义，都强调通过不同寻求公私关系的和谐。从中西文化对公私赋意来看，中国传统文化习惯上从伦理的视角审视公私问题，带有浓厚的道德意味，公与私都裹挟着巨大的道德力量，“崇公抑私”成为中国人的基本价值取向，深深地影响着中国的政治、经济与文化生活。②

三、公而忘私与中国社会主义道路选择

西方兴起的工业文明，伴随着帝国主义的扩张而散布到世界各地，也深刻

---

① 林存光:《公与私——中国传统思维偏向散论》,《聊城大学学报(社会科学版)》,2003年第2期。

② 于建东:《公与私的抵牾与和谐——一种中西比较的伦理视角》,《伦理学研究》,2013年第2期。

地影响着东方社会的发展，几百年实践成果可谓一言难尽。从日本的“脱亚入欧”、印度全面复制英国的民主制度，甚至连国家通用语也改成了英语，成功或是不成功？只能说鞋子合不合脚自己知道，各个国家和民族都有独特的路径。在具有五千年文明史的中国，对西方文明的影响从拒绝到接受，已经有近二百年的历史，大约在一百年前大力倡导民主和科学，企图以此替代自家的“孔家店”。但在半殖民地半封建的社会现实面前，中国人最终选择了“走俄国人的路”，看似受列宁、斯大林的影响，事实上却有着深刻的文化逻辑。

从1840年开始，面对西方文明一波强似一波的入侵，古老的中华帝国丧权辱国、节节败退。龚自珍、林则徐、魏源提出“睁眼看世界”，中国人开始正视变化了的世界。冯桂芬提出“采西学，制洋器”，洪仁玕在《资政新篇》提出“革故鼎新”，国人意识到一定要变。以李鸿章、张之洞为代表的洋务派，采取“师夷之长以制夷”，最后演变为“中学为体，西学为用”，派出留学生，学习西方的科学技术，意在物质文化上进行赶超。甲午战争以后，面对迅速崛起的日本军国主义，对中国人刺激不小，国人意识到必须进行制度的变革。康有为提出“君民共主制”；梁启超主张“以群为体兴民权”；谭嗣同声称“主权在民”；严复“民主政体”，皇权支持下的“戊戌变法”，终因皇权的反动而失败。孙中山一生奔波，努力将西方文明与中国传统文化相结合，以“天下为公”作号召，推翻了两千多年的封建体制，却无力改变四分五裂的局面。北洋政府时期急速引进西方的民主制度，却以贿选、暗杀、军阀混战而失去人心。

1921年诞生的共产党，最早只是五十多人的一个小群体，在共产国际扶持下蹒跚学步。一群出生于剥削阶级家庭的知识分子，靠着救国救民的理想，将西方辗转传来的共产主义作为信念，背叛自己的阶级而投身工农大众运动，开始了一场轰轰烈烈的革命。大地主儿子彭湃先革了自家的命，1927年10月在广东海陆丰地区领导武装起义，建立了中国第一个农村苏维埃政权。为何舶来的马克思主义会有如此大的魅力，让无数共产党人“砍头不要紧，只要主义真”？其内在的逻辑是共产主义理想，首先与中国几千年的“天下大同”愿望相符合，最能凝聚人心，所以“唤起工农千百万”；其次是在亡国灭种的危机下，马克思主义激发了中国知识分子“公而忘私”的担当精神，前仆后继地高举旗帜，在困难和死亡面前，总是共产党员冲锋在前；第三，俄国人运用马克思主义理论，采取武装斗争的形式夺取政权，既树立了革命成功的榜样和信心，也符合中国“武力定天下”的传统，面对大革命后反动派血雨腥风的大屠杀，年轻的中共只能“以武装的革命去反对武装的反革命”，毛泽东同志总结为“枪杆子里面出政权”。第四，马克思主义的政党组织方式，逐渐形成“支部建在连上”“党指挥枪”“三大纪律八项注意”“民主集中制”等建军、建党原则，使共产党领导下的中国革命，从根本上区别于历史上的农民起义、流民暴动，从而也走出了历史的轮回。中国共产党成为一只打不烂拖不垮的坚强队伍，历经磨难不断成长，领导中国人民从黑暗走向光明，实现了人民的解放和国家的独立。

1949年新中国成立，面对的是一穷二白的经济社会基础和东西方意识形态对立的冷战局面。美国作为世界第一强国，无论军事实力还是经济发展水平与新中国都是百倍之差。“抗美援朝、保家卫国”一声号召，中国人民同仇敌忾，硬是用三年时间“御敌于国门之外”，成就了美军史上最沉痛的伤亡率，第一次让美国人在没有胜利的停战协定上签字。用毛泽东同志的话说：美军是“钢多气少”，我军是“气多钢少”，以气胜钢的后面，是毛主席的儿子和普通民众的子弟一样气壮山河的流血牺牲。面对饿死上百万人的大饥荒，中国的社会没有乱，民心依然在共产党的一边，靠的是上下一心、同甘共苦、共渡难关，人们相信只要有党的领导，一切都会好起来。即使出现了十年“文革”动乱，在“斗私批修”的鼓噪下，文斗武斗波及各个阶层，人们的信念依然坚定，在曲折中不断探索社会主义的前进路径。这三十年中，我们确立了社会主义制度，基本完成了国家的统一，实现了各民族空前的团结，在落后的农业大国建立了初步的工业化基础，前所未有地改土造田兴修水利，在极其困难情况下研制成功“两弹一星”，成为任何国家不敢轻视的东方大国。靠的是“组织起来，共同富裕”的社会主义理想，靠的是无数共产党员“大公无私”的奉献，靠的是共产党知错必改的坦荡胸怀。正如陈毅元帅所言“心底无私天地宽”，正是依靠“公而忘私”的为人民服务精神，中国共产党才能领导人民历经曲折，不断开拓，渐入佳境。

改革开放四十年来，中国的建设取得举世瞩目的巨大成就。首先是经济保持快速增长，1979至2012年我国国内生产总值年均增长9.8%，同期世界经济年均增速只有2.8%，高速增长期持续的时间和增长速度都超过了经济起飞时期的日本和亚洲“四小龙”，创造了人类经济发展史上的新奇迹。其次是经济总量连上新台阶，国内生产总值由1978年的3 645亿元迅速跃升至2017年的82.7万亿元，综合国力大幅提升；第三是经济总量居世界位次稳步提升，1978年我国经济总量仅位居世界第十位，2010年超过日本，成为仅次于美国的世界第二大经济体；第四是对世界经济增长的贡献不断提高，经济总量占世界的份额由1978年的1.8%提高到2017年的15%左右，2008年下半年国际金融危机爆发以来，我国成为带动世界经济复苏的重要引擎，2017年对世界经济增长的年均贡献率超过30%。这些抽象的数据后面，是中国城乡面貌日新月异，人民生活蒸蒸日上，国际形象与日俱增。

当我们在总结中国发展奇迹原因的时候，不能不归功于中国特色社会主义道路的成功。面对“文革”结束后百废待兴、国弱民穷，邓小平同志指出“贫穷不是社会主义”，针对社会主义初级阶段的现实状况，必须借鉴世界先进国家的经验，实施改革开放的战略决策，让一部分人和一部分地区先富起来，先富带后富。他指出：“社会主义的本质，是解放生产力，发展生产力，消灭剥削，消除两极分化，最终达到共同富裕，”开创了中国特色社会主义的前进道路。1992年1月，邓小平同志的南方谈话，提出著名的“三个有利于”震动全国，解决了困惑中国多年的改革难题，为思想解放再次指明了路径。以后，江泽民时期开展的“三讲”教育，提出“三个代表”重要思想；胡锦涛时期开展的“保持共产党员先进性”教育，提出的“科学发展观”；以及习近平新时代中国特色社会主义思想，不断推进中国特色社会主义的理论和实践，无一不包含共产党的“立党为公、执政为民”的基本宗旨。

四、立党为公是中国特色社会主义的本质要求

党的十八大以后，习近平为总书记的党中央坚定不移高举中国特色社会主义伟大旗帜：既不走封闭僵化的老路，也不走改旗易帜的邪路。面对世情、国情、党情的深刻变化，告诫全党正面临执政考验、改革开放考验、市场经济考验、外部环境考验，以及精神懈怠危险、能力不足危险、脱离群众危险、消极腐败危险。2013年夏天开始，围绕保持党的先进性和纯洁性，在全党深入开展以为民务实清廉为主要内容的党的群众路线教育实践活动，集中解决形式主义、官僚主义、享乐主义和奢靡之风的“四风”问题：“历史和现实都告诉我们，密

切联系群众，是党的性质和宗旨的体现，是中国共产党区别于其他政党的显著标志，也是党发展壮大的重要原因；能否保持党同人民群众的血肉联系，决定着党的事业的成败。”新一届党中央雷厉风行，“八项规定”实施以来一大批老虎、苍蝇被清除，反腐败斗争大得人心。

在极不平凡的五年里，党中央“全面加强党的领导和党的建设，坚决改变管党治党宽松软状况。推动全党尊崇党章，增强政治意识、大局意识、核心意识、看齐意识，坚决维护党中央权威和集中统一领导，严明党的政治纪律和政治规矩，层层落实管党治党政治责任。坚持照镜子、正衣冠、洗洗澡、治治病的要求，开展党的群众路线教育实践活动和‘三严三实’专题教育，推进‘两学一做’学习教育常态化制度化，全党理想信念更加坚定、党性更加坚强”。中国特色社会主义制度更加完善，致力于现代治理体系和治理能力现代化的目标，社会主义民主政治不断推进，市场经济的主导地位彻底确立，多种所有制各显其能，社会主义核心价值观释放正能量，生态文明建设日益重视，调结构、稳增长、保民生大见成效。党的十九大胜利召开，标志着中国改革开放进入新阶段，一个风清气正、和谐美好的中国特色社会主义新时代正在到来。

中国特色社会主义的伟大实践，在国内外都获得了广泛的认可和赞誉。美国著名的未来学家约翰·奈斯比特夫妇，在实地调研的基础上出版了《中国大趋势》一书，他总结中国所取得的成就，找出了“新社会的八大支柱”：解放思想、“自上而下”与“自下而上”的结合、规划“森林”让“树木”自由生长、摸着石头过河、艺术与学术的萌动、融入世界、自由与公平、从奥运金牌到诺贝尔奖。由此指出中国发展的大趋势：“2009年中国却在创造一个崭新的社会、经济和政治体制，它的政治模式也许可以证明资本主义这一所谓的‘历史之终结’只不过是人类历史道路的一个阶段而已。”[①]毫不掩饰地肯定中国特色社会主义制度的伟大成功，八大支柱中的“自上而下”与“自下而上”的结合、规划“森林”让“树木”自由生长，可谓富有西方文化特色的解读，但抓住了上下齐心、公私共荣的要害。

站在东西方文化比较的角度，我们可以看出，比之西方以个体为本位的社会文化结构，中国人从来都是以群体为本位的社会文化结构。天下为公、天下

① ［美］约翰·奈斯比特、［德］多丽丝·奈斯比特：《中国大趋势——新社会的八大支柱》，北京：中国工商联合出版社，2009年版，第4页。

大同、和而不同、中和位育等文化表述，不仅在历史上影响着我们民族的发展历程，也深刻地融入民族的血液中，表现在每一个历史的选择关头。过去面对半封建半殖民地的痛苦挣扎，我们选择了走社会主义道路，今天面对21世纪全球化的挑战，我们选择走中国特色的社会主义道路，这既是文化的必然选择，也是人民的必然选择，更是历史的必然选择。

我们只有牢记为人民服务这一根本宗旨，坚持以人为本、立党为公、执政为民，始终保持党同人民群众的血肉联系，坦荡做人、谨慎用权，问政于民、问需于民、问计于民，从人民伟大实践中汲取智慧和力量，永远保持共产党员的先进性和纯洁性，才能不辱使命。正如习近平同志在党的十九大报告所指出的那样："不忘初心，方得始终。中国共产党人的初心和使命，就是为中国人民谋幸福，为中华民族谋复兴。这个初心和使命是激励中国共产党人不断前进的根本动力。全党同志一定要永远与人民同呼吸、共命运、心连心，永远把人民对美好生活的向往作为奋斗目标，以永不懈怠的精神状态和一往无前的奋斗姿态，继续朝着实现中华民族伟大复兴的宏伟目标奋勇前进。"①

（作者包路芳，北京市社会科学院社会学所副研究员、博士）

---

① 中国共产党第十九次全国代表大会报告。

党员干部谈十八大以来的文化建设

薛伟江

中共十八大以来，党中央高度重视文化建设，强调意识形态的极端重要性，提出了坚定文化自信的战略要求，在干部群体中引发热烈反响。为此，我们在党员干部中进行了专题调研，通过访谈的方式了解大家对十八以来文化建设的感受和建议。同志们普遍感到，在党和国家事业向全新阶段迈进的时刻，思想文化的引领尤其重要。人类历史反复证明，伟大的时代诞生伟大的思想，伟大的事业催生伟大的理论，在党中央的坚强领导下，我们党将在传承和弘扬优秀传统文化的基础上，进一步总结中国特色社会主义建设的实践经验，推动马克思主义中国化，塑造社会主义先进文化，进而开启民族复兴和人类文明进步发展的新时代。

一、巩固马克思主义在意识形态领域的主导地位

干部们一致认为，党和国家意识形态的强大有力，是中华民族伟大复兴的重要基础，其重要前提，是巩固好发展好马克思主义在意识形态的主导地位。能否做好意识形态工作，事关党的前途命运，事关国家长治久安，事关民族凝聚力和向心力。近年来，马克思主义在意识形态的主导地位在不断强化，但也有所虚化。针对这一状况，习近平总书记对意识形态领域的斗争始终保持着清醒头脑和深刻认识，站在党和国家事业全局的高度，先后召开全国宣传思想工作会议、文艺工作座谈会、新闻舆论工作座谈会、网络安全和信息化工作座谈会等会议，强调意识形态工作是党的一项极端重要的工作，阐明了关乎意识形态工

作长远发展的一系列重大理论和现实问题，为加强意识形态工作指明了方向。

同志们普遍感到，十八大以来，以习近平为总书记的党中央前所未有地强化了意识形态工作。从党员干部队伍层面来看，全党理论建设进一步加强，党的意识形态教育贯穿党员干部成长的始终，不间断地灌输和提高。从高校来讲，教育系统抓得很紧，效果也是明显的，不仅设置了马克思主义一级学科，开办了一大批马克思主义学院，形成了“二课”（马克思主义理论课和思想政治教育课）的教学布局，而且高度重视马克思主义人才培养，给予了各种政策倾斜。目前在领导干部群体中，大家对马克思主义的理性信仰，只有加强，没有削弱。此外，改革开放四十年来的巨大成就，整个改革开放事业始终贯穿着中国特色社会主义理论的光辉，即使是反马克思主义的异见分子，也不得不认可我们的做法。现在社会上有些人对主流意识形态有意见，多数还只是针对具体的观点、做法，但是，马克思主义的意识已经深深渗入了每个人的骨髓，绝大多数有作为有追求的年轻人，他们的思维方式、立场、观点和方法都带马克思主义的基因。

同志们指出，改革开放以来，虽然党的意识形态工作总体不错，但从全社会或社会基层来看，马克思主义的主导地位还需要进一步强化。更准确地说，马克思主义的指导地位在一些地方，是被“虚”化了，高高在上，与人们的日常生活、心灵滋养没有融合，与传统文化和国外治理经验不能有机结合，是个空架子在指导意识形态。领导干部们的思想相对稳定，普通党员的工作还需要加强，对群众的意识形态教育基本没有。基层搞意识形态教育，还是停留在写大字、贴标语这些形式上，群众的参与度比较差。高校的马克思主义专业招生培养，很卖力，但效果有限，学生毕业了还真的没有办法就业，只好再去读一个学位。这很成问题。另外，最值得吸取的教训是在一些领域人心散了，前些年有的地方和单位过分注重物质建设的作用，夸大了经济作用，精神文明建设有欠账。理论研究中的评价指挥棒过分量化，标准过度西化，产生了一种浮躁的心态。核心是个别领域的指挥棒出了问题。

干部们指出，个别领域和地方的意识形态领导出现主导思想虚化的状况，原因是比较清楚的，与我国正处于转型期的整个大背景、大形势有关。改革开放以来，思想意识形态多元化迅速发展，对主流意识形态的消解作用很大。近些年因为强调经济工作，党内理论武装、思想建设这些方面没有跟上。物质、精神两个方面工作还是一手硬一手软。尤其是90年代以来，国外的西化的东西很多，形形色色意识形态的输出与渗透，是一个不容否认的事实；唯经济结论盛行，对马克思主义质疑的声音不绝于耳；党内腐败对党的形象和马克思主义产生消极影响；互联网媒体时代的到来，对马克思主义理论的宣传引导提出更高要求。此外，一些地方党委和政府不擅于、不愿意抓思想工作，意识形态阵地意识不强；理论工作者做思想工作的时候，针对性、解释力、说服力不够，理论都是虚的。总之，意识形态工作还是要抓长、抓实、抓细，要常抓不懈、润物无声、久久为功。

同志们普遍认为，对于党的意识形态工作的前景是可以自信和乐观的。随着西方经济政治危机的出现，他们的意识形态理论弊端在显现，而我们的优势越来越突出。西方也有他的劣势，他们自己对西方是否代表主流也有怀疑。虽然从新中国成立到改革开放前的三十年信仰马克思主义的人多，但也未必都是真信，信得那么坚定。相反，经过近30年的洗礼，真心相信的人会越来越多。随着中国不断走向富强，中华民族伟大复兴逐渐实现，真信的人还会越来越多。现在有些网络上的发言只是一种情绪上的宣泄，并不是理性的思考，也不一定就是否定马克思主义的声音。新一届中央领导集体坚持马克思主义、社会主义的定力很强，只要我们自己把政治底线把牢，加上经济形势全面向好，我们就能巩固马克思主义在意识形态领域的指导地位，巩固全党全国人民共同奋斗的思想基础。

二、坚定文化自信，大力传承和弘扬优秀传统文化

同志们认为，坚定文化自信是党中央的一大英明之举。一方面，强调文化自信符合现阶段中国发展精神支撑的需要，也符合国际上对我们的认识。道路、理论和制度这“三个自信”更容易被党外、国外曲解，认为是共产党为自己政党做的理论解释和文化依据，是自己给自己找理由，有自夸的意味。谈文化自信更容易在党内外、国内外得到认同，文化更容易找到最大公约数。针对西方意识形态的冲击和话语权的争夺，这是根本上管用的办法。前不久的G20杭州峰会非常圆满，不仅是经济上成功，更是文化的自信和成功。另一方面，提出文化自信反映了共产党的责任担当。随着我们党对人类文明的把握越来越深刻，更多成果和先进文化产品出现，提出文化自信恰逢其时。总之，文化自信是自信中的自信，它更基础、更广泛，也更深厚，是更容易被老百姓认同的一种自

信。一个国家，一个民族，要达到真正的团结稳定，只能建立在文化的层面上。大家大文化方面都认同了，就不会轻易改变。

有同志指出，当前社会上包括干部群体中，存在着诸多文化不自信的现象，主要表现为：盲目矮化自身，对世界科技文化无条件地接受和推崇；淡化传承已久的文化习俗和节日，漠视西方宗教文化的盛行；热衷于丑化自己的历史，特别是中国共产党的历史，有虚无主义之风；美化西方的所谓普世价值观；把具体的不文明行为与文化优劣混淆挂钩，无端指责甚至夸大或炒作。此外，仍用老的一套东西来解释当前问题。专家学者没有扎下去，在利益的诱惑之下，浮躁了，研究成果缺乏创新。40年来中国的规律、经验和成功秘诀在哪里、世界意义在哪里，我们讲得苍白。反倒让老外给我们总结，我们又拿过来做研究依据，这样谈何自信？以前我们总讲中国特色，别人学不了。现在就要自信，要讲有普遍价值和共性意义，故事是中国的，但意义是世界的。

有同志认为，中华民族的伟大复兴，首先是文化的复兴，只有继承中国传统优秀文化，实现马克思主义的中国化，党的事业才能取得最终胜利。从孔夫子到孙中山应当给以总结，继承这一份珍贵遗产，这个任务仍然任重而道远。在相当长的一个历史时期里，我们在文化建设上有两个弱项。一是没有很好总结归纳传统文化的优长，虽然大多数人是认同传统文化的，从五四运动过于极端，泼脏水时把婴儿也泼掉了，忘记了这是个扬弃的过程。二是我们民族心理中关于文化自信的建构，总体上同经济社会发展还没有同步。新的文化支撑正在形成或相对脆弱，对传统文化又过于放大了问题，没能本着扬弃的态度很好地守住精华。所以，过去我们着力解决民生的事，建设了举世瞩目的物质文明，让中国成为世界第二大经济体。接下来就要着力在民族精神层面、文化建设层面有所建树，形成成熟的精神文明和坚定的文化自信。

不少同志指出，我们共产党人没有理由在文化上不自信。一方面，中华民族繁衍生息的历史就是中华文化自强不息的过程。另一方面，今天中国的发展让我们没有理由不自信。经过30多年的发展，中国经济取得了公认的成就，形成了自己的经济发展模式，经济发展的客观性决定了文化的客观性，这是有说服力的。现在对“两个一百年”目标，赶英超美，大众创业，万众创新，百姓都充满期待。尤其值得我们自豪的是，我们未来发展还有更大的潜力、更好的前景。中国经济很多发展方式在世界上都是独特的，这种模式反过来会推动发展。中国不要急，把现实的问题解决好，国民心理状态也会成熟，文化自信会不断提升。

三、对加强文化建设的意见与建议

（一）在意识形态领域，不要把学术问题政治化、复杂化，尽量通过充分说理解决问题。政治与学术目前的界限不是很清晰，导致宁左勿右，上纲上线。不讲政治可能会走到另一面去了，学术探讨可以没有禁区的，但政治底线不能突破。现在普遍感到，螺丝拧得比以前更紧，有些太紧了。但标准怎么把握？要把标准划清楚。不能影响学术繁荣发展。要以法律为标准，四项基本原则必须坚持，但是不要连政治倾向也去抓典型。

（二）要有政治定力。对当前出现的各种各样“非马克思主义”思潮，我们首先要有自信，同时要互信，不要风吹草动就草木皆兵。有些人搞颠覆渗透，我们要密切观察，该出手时要出手。但不要搞全民的运动式的做法。要相信，我们意识形态的主导地位不会动摇。

（三）针对实际问题，加强对马克思主义的研究和宣传。我们意识形态工作以马克思主义为指导，一定要发挥马克思主义真理的力量。要研究马克思主义的出发点是什么。关心人，占领道德的制高点。马克思主义是研究人、维护人、发展人的，他之所以反资本主义也是因为资本主义剥削人、异化人，剥夺人的自由。人是社会发展的主体和最终归宿。我们的目的也是为了人的全面发展。自由人的联合体并不是只停留在理论上。我们目前只是受到客观条件限制无法完全实现而已。要在这上面做文章，讲道理，否则就占领不了制高点，在跟西方的斗争中会始终处于下风。同时，马克思主义的基本立场、观点要时代化、通俗化、大众化。习近平总书记提出了一个根本问题，写出中国特色社会主义政治经济学。要有历史深度、理论厚度。结合当前实际，实现对马克思主义政治经济学的扬弃。但当前很多著作、文章，只是照抄。逻辑上倒是不错，但是不针对现实问题。十八大以来，对总书记系列重要讲话的阐释很多，已经流于形式化、概念化、庸俗化，存在着过度解读的问题。一些人不是真心的拥护相信，只是把理论研究当作工作来完成，谋取功利。要把这个东西当作任务，要有党性、责任感在里面。否则，写出来的东西形式上挺好看，但读起来很吃力。有些领导干部都嫌累，不爱读，普通群众怎么可能会去看。

（四）培养文化自信需要多方发力，特别是作为主要承担这方面职责的党委宣传部门，要注重发挥引领作用，把积淀文化、以文化人这种慢功夫一步一步抓到位，不能一提到宣传就是简单地迎合上级或挖空心思出亮点。做好宣传思想文化工作需要远处着眼，深处着力，防止功利化。

（五）加强对中国当代文化的塑造，提高"四个度"。一是注重提高中华文化的"能见度"，特别是把积极的、正面的东西充分展现出来；二是同步提高中华文化的知名度，把最精髓的、符合发展趋势的文化底蕴最大限度地焕发出来；三是提高可信度。及时总结梳理新的文化现象，澄清文化疑惑，特别是对近代史和党史的研究和宣传，推动形成能被社会广泛认可的，具有说服力和历史穿透性的革命文化；四是提高美誉度。杭州峰会就是正面的案例。

（六）推动各种文明文化交流互鉴，在比较中增强自信，文化要以我为主，为我所用，趋利避害。要传播中国文化，发出中国声音，提出中国方案，积极参与全球治理。近年来，一些文化政治层面的国际合作交流减少了，可以酌情增加一些，尽可能利用国际机会和舞台表达中国的声音和理念，国家对外传播不应仅仅走外宣的固定途径。要注意发展培养民营企业家群体的企业文化和精神，使之成为对外交往重要的纽带。

（七）认真研究解决互联网管理中的"信息孤立"问题。我们的科学家在国内上不了国际互联网，他的信息获得就会有障碍。除了培养好我们自己的网络企业，也要在确保信息安全的前提下，让科研人员更加从容自信地接入国际互联网。建议对特定人群实行有限度的网络放开。比如海归科研人员要动态跟进国际前沿问题，确实有这方面的紧迫需要，否则时间久了，就容易与前沿脱离。是否可以考虑知识分子和科研人员的用网要求，逐级开放，不搞一律关闭。

（八）树立党员干部群体的良好形象，避免塔西佗陷阱。共产党的干部首先要是一个好人，要让你身边的人能够感受到你有人的温度。党员干部要管好自身和家庭，特别是子女。干部子女的形象对党的形象影响很大，对干部自身形象影响也很大，其危害不亚于西方对我们的攻击。领导干部要把身段放下去，走到群众之中，与民众"打成一片"。

（作者薛伟江，中国马克思主义基金会秘书长、副研究员、博士）